Graham A. Reid

LONDON, 30/8/11

JOHN MIRK'S *FESTIAL*

EARLY ENGLISH TEXT SOCIETY
O.S. 335
2011

JOHN MIRK'S *FESTIAL*

EDITED FROM BRITISH LIBRARY MS COTTON CLAUDIUS A.II

BY

SUSAN POWELL

VOLUME II

Published for
THE EARLY ENGLISH TEXT SOCIETY
by the
OXFORD UNIVERSITY PRESS
2011

OXFORD
UNIVERSITY PRESS

Great Clarendon Street, Oxford OX2 6DP

Oxford University Press is a department of the University of Oxford.
It furthers the University's objective of excellence in research, scholarship,
and education by publishing worldwide in

Oxford New York
Auckland Cape Town Dar es Salaam Hong Kong Karachi
Kuala Lumpur Madrid Melbourne Mexico City Nairobi
New Delhi Shanghai Taipei Toronto

With offices in
Argentina Austria Brazil Chile Czech Republic France Greece
Guatemala Hungary Italy Japan Poland Portugal Singapore
South Korea Switzerland Thailand Turkey Ukraine Vietnam

Published in the United States
by Oxford University Press Inc., New York

First published 2011

British Library Cataloguing in Publication Data
Data available

Library of Congress Cataloging in Publication Data
Data applied for

ISBN 978-0-19-959037-7

1 3 5 7 9 10 8 6 4 2

Typeset by Anne Joshua, Oxford
Printed in Great Britain
on acid-free paper by
TJ International Ltd, Padstow, Cornwall

CONTENTS OF VOLUME II

LIST OF PLATES

ADDITIONAL BIBLIOGRAPHY

Connolly, Margaret (2009) (ed.), *The Index of Middle English Prose: Handlist XIX: Manuscripts in the University Library, Cambridge (Dd–Oo)* (Cambridge).

Fletcher, Alan John (2009), *Late Medieval Popular Preaching in Britain and Ireland: Texts, Studies, and Interpretations* (Turnhout).

Hamer, Richard (2006–12) (ed.), with the assistance of Vida Russell, *Gilte Legende*, 3 vols., EETS 327, 328, 339.

Hanna, Ralph (2000), 'Humphrey Newton and Bodleian Library MS Lat. Misc. C.66', *Medium Aevum*, 69: 279–91.

—— (2008) (ed.), *Speculum Vite*, EETS 331, 332.

THE *FESTIAL*

[50] *De festo sancti Iacobi apostoli*

Gode men, suche a day ȝe schul haue Seynt Iamys day, Goddys holy apostyl. Wherefore ȝe schul faston þe evyn and on þe morowen come to chyrch and worchep God and hys holy apostul.

þis Iames was a ful holy man for he [c]ome of a ful holy kynde: he was oure Lady sustur sone and Crystus auntus sonne and Seynte Iohn þe euaungelyste broþur, and was sende be ordynaunce of alle þe apostelys into Spayne to preche Goddys worde and to turne þe pepul þat were oute of beleue into cryston fayth. Bot for þe pepul was so ferus and so combrode wyth deseyte of mawmentry, he mythe turne no mo bot nene men, of þe whyche he lafte too þere to prechen and seven he toke wyth hym and ȝode aȝeyne into Iewry, for he herde tellyn þat þer was a man þat was ful of develys crafte þat was called Ermogenes and hys discipul þat [was] called Philete. þeis too haddon so be hur crafte begyled and peruertud þe pepul þe wyche Seynt Iames hadde turned before to þe cristen feyth þat þei lafton þe criston fayth and sewed þe techyng of þese men.

Bot whan Iames com aȝeyne to hem, he blamyd þe pepul for they weron so sone turnyd fro þe fayth þat schulde savyn here sowles and takyn aȝeyne þat falce beleue þat was dampnacion to ham and levedon vpon a man þe wyche wroght alle be þe fyndys crafte and troyling of wychecrafte. þan harde Ermogenes of thys and sende to Iamys Phylete hys dyscipul to dispute wyth hym of þe feyth, hopyng þat wyth helpe of þe fende he schulde han ourecomyn Iamys. But whan Iames, in hering of alle þe pepul, hadde ourecomyn hym and dud so mony grete m[i]racles in hy[s] syght, Philet forsok hys maystyr and alle develes crafte and becom Iames dyscipul.

þanne herde Ermogenes hereof, and he was neygh wode for wrothe and callyd to hym a company of fendys and bade hem gone and bry[n]gon Iames and Philet hys dyscipul to hym yboundon. But when þeis fendes comyn towarde Iames, Goddys angelus weron redy and bowndon þese fendes so sore wyth brennyng cheynus þat þei cryed to Iames for woo and sayden: 'Iames, Goddys | apostul, haue mercy on f. 94r vs, for angelus haue bonden vs so wyth brenny[n]g cheynys þat wo is vs in yche a syde!' þan seyde Iames: 'Whareto be ȝe comyn hydur?'

[50] 2 Gode] G- *in blue, dec., 2 ll. deep* 5 come] lome 14 was] *om.* 26 miracles] mracles *with dot over final minim* hys[1]] hy 30 bryngon] brygon 30–3 and . . . Goddys] *bottom right f. 93v damaged through 4 ll. of writing space and mended with new (blank) parchment* 33 Goddys] apostul *catchword bottom f. 93v* 34 brennyng] brennyg þan sayde þei: 'Ermogenes for grete wrathe send vs hydur to brynge the and Philet yboundon to hym, and nogh Goddes angelys an so bounden vs þat we ne mow ster neyþer hand ne fotte, and wo is vs to suffyr þis peyne.' þanne seyde Iames: 'God lowse ȝow, so þat ȝe gone to Ermogenes and brynggyth hym ybounden hydur to me, so þat ȝe done hym no schathe.'

þan comyn þese fendys to Ermogenes and saydon to hym: 'þowf þou sende vs thydur as we weron bownden wyth brennyng cheynus, but nowhg we schul bynd þe and bring þe before Iamus, forbedyng to do þe no skathe', and so broghtyn hym boundon before Iamus and saydyn þus: 'þis man hath done þe persecucion myche and vs myche penaunces, wherefore ȝef vs power and we schal veinge þe an vs anone.' þan sayde Iamus: 'My maystyr Ihesus Criste badde me and alle oþer don gode aȝeynus euel', and þan he bad Philet gone and vnbynde Ermogenes and so lette hym gone lowse wydur þat he wolde.

þan was Ermogynes so confused þat he seyde: 'I know þe malys of fendus, wherefore I prey þe ȝyf me sumwhatte of þine wyth me or ellys þei wyl slee me.' þan Iamus betoke hym hys owne staf, and whanne he hadde þat, he ȝodde forth boldely to hys house and toke hys bokys and bare hem alle to þe see and drownyd hem þere, þat þe sauer of hem, if þei haddon ben brente, schulde an enfecton many a man. And whanne he haddon so donne, he com to Iames and felle doun to hys fette and askyd hym mercy and prayde hym mekly þat he wolde criston hym. þan was Iamus fayne and fulwode hym and made hym stedefaste in þe beleue of Ihesu Cryste, so þat he was aftur ane holy man and of suche perfeccion þat God wroght many myraclys for hym.

þan herde þe Iewes hereof, and anone tokon Iamys and boundon a rope abowtyn hys nek and loggyd hym to Kyng Herode, prayng hym of leve to done hym to deth, ellys he wolde turne alle here nacion to Cristus fayth and so destroyn alle he[r]e lawe. þan Herode commawndeth to smyte of hys hede. And so whan he was beheded, Ermogenes and Philet and oþer mo of hys disciplus tokyn Iamus body, and for they durste notte for drede of þe Iewes berion it þer, þei tokyn it wyth hem into a schyppe and ryved into þe see, praying God to lede hem þidure as he wolde þat þe corse schulde ben ybroght to byryon.

þan God gouerrend þe schypp so þat he londyd in Spayne in þe londe þeras was a quene callud Lupa, þat is in Englys an scheo-wolf,

37 an] and 66 here] hele 74 an] and

þat for hur wykkyd lyving was kallud so. þan tokyn þay þis corse and leydon it on a grete ston, þe wyche wex so softe vndur þe corse þat þe corse dyvod doun into the ston and lay in þe stone a[s] it adde ben a toumbe made þerfore. And whanne þei haddon done so, summe of hem kepton þe cors | and som ȝodon to þe quene Lupa and saydon f. 94v hur þat, for enscheson þat scheo wolde not reseyuon Iames, Goddys apostel, whyl he was on lyve, God had sent hys body þidur wythoute any gouernans of schypman to ben yberied þere. Wherefore þei prayed hur of an abul place to beryen hym inne to hys worschep, as fel for such an holy man. þan þis quene dud hyr wlues kynde and, for scheo wyste þat þe kyng of Spayne was a wyckyd man of maneres and wolde wykkydly don be ham, þerfor scheo sende hem to þis kyng, praying hym to ordeyne for hem suche a place as was abul for hur cors.

þan whan þe comyn to þe kyng and dedon here message, anone he made hem to caston hem into preson and byndon þem fast wyth ernus. But whyl þat he satte at hys mete, an angel com fro heven and opened þe preson and bad hem gone here way, and so þei dedun. But wan þe kyng herde þat þei were gone, he sent aftur hem in grete wrathe mony knytus to fa[c]hyn ham aȝeyne. But wan þeys knytus commyn to þe burge there þei weron gon over and þei sewed ferusly aftur, anone þe burge brake vndur ham and þe fellon doun into þe watyr and weron drownod vchon. þan was þe kyng aferde of þat veniauns and send aftur hem othur men, praying hem pesabully to comyn aȝeyne to hym, and þei schuldon haue alle hur wylle. So þei turnyd aȝeyne to þe kyng and convertyd alle þe pepul of þe cyte to cryston beleue.

But whan þis cam to þe quenus ere, scheo was neygh wode wrothe and þoght for to don hem boþe harme and dyspyte, and send aftur hem, praying fayre þat þei woldon com to hyr and sche wolde wel ordeyne for hym. So whan þei com to hyre, scheo sayde to hem: 'Goth to suche a hul and takuth þere bullus and ȝokuth hem in a wayne and leggyth þe corse inne þe wayne and leton þe bolus chesun here way, and whydur þat þei leduth þe wayne I grante ȝow þat place to byryen ȝoure corse inne.' þus scheo sayde for grete malys, hopyng þat þeise wylde [b]es[tus] woldon hane slayne hem or woldon ane al to-drawen hem and so þesemal al to-tere hem, and Seynte Iamys body too. But whan þese men comyn to þe hulle and sene þe bullys, þe madon a crosse aȝeynus hem, and so þe bullus mekely stodon stylle tylle þei

77 as] at 86 ham] *alt. from* hane? scheo] w *add. and canc.* 94 fachyn] fathyn 110 bestus] þes

haddon ȝokyd hem in þe wayne, and þei leton hem gone. And so in sythe of alle men, wythowte any tokyn, þei laddon þe wayne wyth þe corse streghte into þe quenys palys. And whan þe quene soe þat, þan scheo repentud hyr malys and askud mercy of Seynte Iames and was f. 95^{r} made cristen, and wyth gode wylle ȝaf þat palys to Seynt | Iamys wyth all þat lay þertoo, and so bulde þer an honest chyrch and so byried Seynt Iames wyth alle þe worschep þat scheo cowth. Wherefor God into þis day worched many grete miracles, of þe whyche þis is one.

A man þat [was] callet Bernarde was takon wyth enmyes and done in þe grounde of an hye toure in a dep do[n]geon and was seruet wyth ernys as many as he myght beron. And whan he was in þat woo, he cryed hertefully to Seynte Iamus for help. Þan com Seynt Iamus to hym and badde h[y]m ben of gode comforde, and brake þe ernus þat he was boundon wyth and hengyd hem aboute hys nek and bad hym sewe hym vp into þe topp of þe toure and bad hym lepe doun and beryn hys cheynus to hys body in Spayne. And so he lep doun wythoute any harme to þe erthe and ȝode to Seynte Iamus and offred þer hys bondys os Seynt Iames bad hym.

Thre knytus ȝodon to Seynte Iames in company, and one of hem be praying of a pore womman in þe way toke hyre scryppe to beron for scheo was wery. And sone aftyr he fonde a seke man in þe way towarde Seynte Iames and, for he mythe noght gone, he sette hym on hys horse to rydon, and he hymself ȝode on hys fette, bering þe pore wommannus scrippe and þe seke mans staf. But whatte for hete of þe sonne and for travayle, whan he com to saynt Iames, he fel sek and lay thre dayes spechelasse. So þe thridday he ȝaf a grete syk and spake and sayde: 'I thank God and Seynt Iames, for be hys prayeres I am delyuered of grette multitude of fendys. For now cam Iamys hydur in wyth þe pore wommans scripp þat I bare aboute my nekke, and wyth þe seke man[n]us staff þat I ladde on my horse he hath [dryuen þe] fendes hennes. But getyth me a preste, for I schal not lyvyn bot a whyle.' And þan he turnyd to one of hys felowes: 'Frende, leue thy lorde þat þou serueste, for he is sotly da[m]pned and schal in schorte tyme dyon on a wykkyd deth.' Soo whan he hadde beried þis knyth, he ȝode home and tolde hys lorde how þe dede knyth sayde, bot he sette þat at noght, and so wythinne a schorte tyme he dyed, os þe knythe tolde and was dampned.

121 nota *in margin with red paraph* 122 was] *om.* 123 dongeon] domgeon 126 hym^{2}] hem þe] *rep. next line* 132 nota *in margin with blue paraph* 137 mans] wommans 143 mannus] mamus dryuen þe] *om.* 146 dampned] dapned

Anothyr tyme xxx[ti] men plythen troghte to go to Seynt Iamus and abydon togydur in hele and in sekenesse, saue one of hem wolde not trowgh plython bot ȝode forth wyth hem in company. Þan it happened so þat on of hem fel seke and lay fyftene dayes. And for he lay so long and semed þat he schulde be dede and not skapon, alle hys felowes ȝodon hure way and lafton none wyth hym of alle þat hadde plyght trowth. Þan þis man þat plythe none trowth he abydyd wyth hym, and, os he myth, he caried hym forth wyth hym. But for he mythe travayle bot softely, he abode alle a nyght vndur an hul, and so where þei boþe sore adrede | for wylde bestes and cursyd men of þe f. 95[v]
cuntre. But þan abowte mydenyght cam Seynt Iames rydyng and comforde hem and sayde: 'Schew me þi felow, for he is nogh dede, and ley hym before me, and lepe þou vp behynde me.' And so, be þat þe sonne rose, þe haddyn gone fyftene dayes iurney and comyn to þe Monte Ioy halfe a myle fro Seynte Iames. Þere Seynte Iamus lette boþe doun and badde þe man fa[cc]he þe chanonus of Seynte Iamus to bery hys felowe, ande bade hym say to hys felowes how Seynte Iamus sent hem worde þat here pylgrymage stode hem in no profytte for þei helde nowght her trowthe þat þei haddon made, *et cetera*.

[51] *De sancta Anna matre Marie uirginis*

Gode men, ȝe schul suche a day haue þe fest of Seynt Anne, þat was modur to oure Lady. Wherefore in worschep of oure Lady Mari ȝe schulde come þat day to Holy Chyrch and worchepon hur modur Seynte Anne. Ȝanne schul ȝe knowen þat we redyth of fyve holy wommen þat weren kalled Anne. And lest any vnkonyng man toke one for anoþer, þerfore I wil telle ȝow of this womman to knowen one be anoþer.

Þe forme Anne was modur to Samuel, Goddys holy profetthe, þat is schef aftur Heyly and gouernod þe pepul of Israel fele ȝerus. Þis Anne hadde ane husbande þat was called Elchana and mythe haue none schyldren be þis Anne, for scheo was bareyne. But at þe laste, be ȝevyng of grete almus and wyth deuoute preyer to God, God grauntid þis Anne a sone þat was called Samuel, os I sayde beforon.

Anothour Anne was wyf to a man þat was callyd Raguel, and haddon a doghtur þat was callyd Sara, þe wyche Sara hadde seven husbandys. And eure þe fende þe forme nyghte strangeled hem, for

151 nota *in margin with red paraph* 166 man] ma(a *alt. to* n?) facche] fatthe
[51] 2 Gode] G- *in blue, dec., 2 ll. deep* 15 ij[a] *in margin with blue paraph*

þe wolde haue cowpled wyth þis womman Sare for grete lust of hur flesse and not in reuerens of God ne in purpos to geton chyldron to do Goddys seruice. Wherefore God ȝaf þe fende power to sclene hem or þei hadde defowlyd þe womman. Bot aftur com Tobye þe ȝonge, þe wyche an angel browth to Raguel hous, and so be tysyng of þis angel þis Tobye weddyd þis Sare. And þre dayes and þre nythes he forbare hys wyfe, and weron in here preyeres, and so þe ferthe nyght ȝode to hur bedde and haddon schyldron.

þe thrydde Anne was Thobyes wyf þe elder, þe wyche was fadour and modur to þis Tobye þat I haue spokyn of beforen, þe weche Tobye þe elder was an holy man and dud besyly þe werkys of mercy and of charite, and ȝete God to previn hys meke suffraunce made hym blynde. þus on a day, whan he hadde beryed so many dede bodyes þat weryn slayne þat he was wery of trauayle, he lay downe in hys hows be f. 96r þe wowe to | reston hym. And so os he lokud vp, þe fyntyng of swalowes fel vpon hys eyen and so was blynde. Bot for he toke hys desese paciently and euer thankyd God of hys visitacioun, þerfor God sende hym hys syght aȝeyne.

þe ferth Anne was in þe tempul of Ierusalem whan Ioseph and our Lady broghton Criste int[o] þe tempul on Candelmes Day. And þan cam þis Anne and prophesyed of Cryste how it fel aftyr of hym. þis Anne was so holy þat, whan scheo hadde ben wedde seven ȝere and hur husband dyed, þan schoe ȝode into þe tempul of Ierusalem and was þer seruyng God day and nyght tyle scheo were foure score ȝer olde. And þan scheo hadde suche a grace þat scheo see Criste yor scheo dyed and handled hym wyth hyre handes.

þe fyfte Anne is oure Lady modur and fostred hyr of hur brestes. And whan scheo was of age, scheo browte hur into þe tempul of Ierusalem and lafte hyr þare among othur virgynes of hur age to lerne Moyses lawe and to serue God boþe day and nyght, and so dude. þis Anne hadde an husbande þat was called Ioachym, þe whyche cam of þe lyne and of þe kynde of Dauid þe kyng. But for cause þat prophetes toldyn long beforen how þat þe ky[n]gdam of Dauid schulde decende to Criste and so dydon wryton in bokys, þe wyche bokys weron kepte in þe tresurye of þe tempul in mynde of þis thyng, Herode kyng of Ierusalem þoght to turne þis kynde of lynage in hym and hys eyres aftyr hym, wherefore he toke þese bokys oute of þe tresurye and made to brenne hem, so þat, whan þei weryn done away,

26 iij *in margin with red paraph* 28 was] *rep. next line* 36 iiij *in margin with blue paraph* 40 into] in te 50 kyngdam] kygdam

þe mynde of Cryste schuld a ben forȝeton and he myght so conveyon be sleytys þe lynage of Kyng Dauid doun into hym and to hyse. Wherefore þer ben bot few bokys þat tellon oponly how þat Ioachim cam be descende from Dauid. But whan þis Herode hadde done þis fowle dede, ȝete were there gode men and wyse þat hadde copyes of these bokys wyth ham at home, þe wyche tellyth how Ioachim cam of þe kynde of Dauid.

For Dauid hadde mani childron, and among alle he hadde on þat was callyd Nathan, of þe whyche was þer on Leui, and of þis Leui was þer on Panther, and of Panther was þer on Barpanther, þe wyche Barpanther was Ioachymes fadur. And he was fadur to Mary, Cristis modur, þe whech he hadde be Anne hys wyf, and aftyr ȝaf hyr in mariage to Ioseph. And þan dyed aftur Ioachym, and Anne toke anoþer husbande was called Cleophas and hadde be hym anoþer doghtur was callud Mari Cleophe, and aftur he dyed. And þan sche toke þe þridde husbande þat was callyd Salome, and be hym scheo hadde þe þridde doghtur and was callyd Mari Salome. And so whan scheo hadde geton hyr þre schyldren in worchep of þe Trenite, scheo wolde haue no mo, but aftur alle hyr lyue scheo ȝaf hyr to chastite and to holynesse.

And so of þese þree doghtyres þer com an holy lynage. For þe forme doghtur | Mari scheo bare oure Lorde Ihesu Criste; þe secunde f. 96v
Mary Cleophe was weddyd to a man þat was callud Alpheus and hadde foure sonnes, Iames þe lesse, and Ioseph þat was callyd Barsabas, Symon, and Iudas; þe þrydde Mary was weddyd to a man þat was callyd Zebedeus and hadde be hym to sonnus, Iamus þe more and Seynt Iohn þe euaungeli[st]e. Þus, as God sayde hymself, of a gode tre comyth a gode froyte. So of þeis holy woman Seynt Anne com an holy ofspryng. Wherefore ȝe schal pray to Seynt Anne to pray for vs to hyr holy doghtur oure Lady, þat scheo wyl pray for vs to hyr dere Son to ȝef vs hele boþe in body and soule, *et cetera*.

[52] *De festo sancti Laurencij sermo*

Suche a day ȝe schul haue Seynt Laurens day, Goddys holy martir, þe whyche martirdam, os Maximus seyth, sch[yn]yth to alle Holy Chyrche and lyghteth alle þe worlde. Wherefore ȝe schul faston þe

82 euaungeliste] euaungelie
[52] 2 Suche] S- *in blue, dec., 2 ll. deep* 3 schynyth] and schewyth

even and comon on þe morowen to þe chyrch in þe worschep of God and of þis holy martir Seynt Laurence.

þis holy martyr, for he was holy in lyvyng, he was [meke] in passyon suffering and perfytte in ensaumpul ȝeving. þan seyth Seynt Austyn þat ensaumpul in doing is mych more commendabul þan is techyng or spekyng. þerefore Seynt Laurence ȝaf alle cristen men ensaumpul in doing and so to techon uche man to schewen aȝeynus malys mekenes, aȝeynus covetys largenes, and aȝeynus persecucion loving and swetnes.

þis holy martir scheweth aȝeynus malys mekenes. For whan Seynt Syxtus þe pope hadde ben in Spayne and browth La[uren]s wyth hym from þen to Rome, he ordeyneth hym hys archedekon to servon Holy Chyrch and to servon hem þat weren pore. Herefore þe emperoure hadde envye to hem þerefore and schapud for to don hem to deth. þan þoght Laurens for schewon mekenesse aȝeynus malys and herkenud ȝarne aftur pore men and wommen and ȝode to hem and ȝaf to hem þat neded mete and drink and cloþus. And so he com into a wydow houce þat mony pore men weren inne iherborowod wyth hur, þe whyche wydow had ben long seke on þe hede-hache, bot Seynt Laurens had compassion of hyr and helud hyr of hur seeknesse and toke alle þe pore þat weron in hur houce and mekely knelod adoun on his kneus and wasch here fette and seruod hem of mete and drynk. And for he harde þat þer was a pore blynde man in an houce besyde, he ȝode þidur anone and helud hym. þus þe more he herde of þe emperoures malys aȝeynus hym, þe more he ȝaf hym to mekenes and to holy deuocions.

He schewid also aȝeynus couetyse largenes. For whan þe pope Syxtus hadde betakon hym þe tresoure of þe chirch to delon to hem þat weron pore and seke and blynde and other þat haddon nede, þan was þe pope Syxtus takyn and ladde forth to be byheddyd be byddyng of þe emperoure. þan schewod Laurens hys mayster, re[nn]yng, and sayde to hym on hegh þat alle men herdon: 'Holy fadur, forsake me not, for I haue dalte alle þi tresoure þat þou betoke me. Wherefore, f. 97[r] fadur, go þou not to þi passion þine none | bot lete me go wyth þe, and os we haue seruid God togydur, lete vs suffur oure deth togydur for hym.' þan sayde þe pope: 'I wil go toforon and þou schalte commen aftur and suffur more payne þan I, for I am olde and may not dyre and þou arte ȝong and mythe suffyr myche. Wherefore make þe

7 meke] *om.* 15 Laurens] lazarus 33 haddon] no *add.* 35 rennyng] remyng 40 schalte] *alt. from* sclalte

redy, for þe is grete turment towarde.' Þan where þere somme, for þei hardon Larens spekon of tresoure, and ȝodon anone and toldon þe emperoure how þat Larans hadde tresoure hydde in hys warde. Þen send þe emperoure aftur Larans and bad hym delyuir þe tresoure þat he hadde hydde wyth hym, and if he wolde notte he wolde put hym into suche a turment and passyon þat he schulde be fayne to don hyt. Þan was Larans stylle and ȝaf hym none answere. Wherefore þe emperoure commaundeth anone to caston hym in preson and done hym alle þe peyne þat þei mythe til he wolde fayne ȝeu vp þe tresoure.

But how þis pope Sixtus and Larens hys dekon comon to þis tresoure now it is to tellyn. We redith how þer was an holy man was called Origenes þat conuertyd Phylippe þe emperoure to cristen feyth and also Philyp þe emperoures sone. And þan, for þe rem of Fraunce was þan rebel aȝeynus þe emperoure of Rome, þis emperoure Philyp sende a knyte of hys to France wyth a grete oste, þe wheche knyte was callud Decius, and a worthy knyte and an aunterus in batayle. Wherefore he ourecom þe rem of Fraunce in a schorte tyme and made þem buxum to þe emperoure as þei weron before. Þan whan þe emperoure Phylipp herde how he hadde wel donne, in grete worschep of þis Decius and to þankon hym, he toke wyth hym a smal mene and ȝode fer oute of Rome aȝeynus hym. Þan for þis Decius sawgh þat þe emperoure dude hym so grete reuerens and worschep, and þoght in his herte it was for fer of hym and þoght he wolde ben emperoure hymself, þenkyng þat he were myche more worthy þan he was, wherefore in þe nyght aftyr, as þe emperoure lay in hys bedde slepyng, þis knyght Decius ȝode to hym and slowe hym and so toke hys oste wyth hym to Rome. And whan þe Romanus and þe senatoures herdon þerof, what for drede of hym and whatte for þe grete manhed of hym, þei coroned hym emperoure.

Þan harde Phylyp þe emperoures sone how þis Decius hadde slayne hys fadur and was emperoure, he drede leste he wolde a slayne hym, and [toke] alle hys fadur tresoure and broght it to þe pope Sixte and to Seynt Larans, praying hem, if it so fel þat Decius slogh hym, þat þei schuldon dele þat tresoure, som to Holy Chyrch, and þe remland ȝef to þe pore þat haddon nede. Þan sone aftur þis Decius made takon þis Phylyp and slene hym. And whan he herde Larans hadde þis tresoure, he made to put hym in preson and constraynid hym wyth grete penaunce to bring forth þis tresoure. Þan was þer in preson a man þat hatte Lucillus þat be grette wepyng hadde lost hys

60 nota in *margin with blue paraph* 74 toke] *om.*

f. 97v syght, þe weche Scynt Larens folwode and made | hym to sene. Wherefore many blynde þat herdon þerof comyn to Larens and he helud hem alle be vertu of God.

þan sone aftur þe hemperoure sende to Laurens to lokon ȝef he wolde schewen hym þe tresoure. þan Laurens prey[ed] of þre dayes furste and sayde: þan he wolde schewon þe tresoure. So þeis þroe dayes he ȝode lows, gedering alle þe pore togydyr and halte and blynde and crokyd þat he myth fynde, and broght hem þe þridday before þe emperoure in hys palys and sayde: 'Lo, here is þe tresoure þat I behette to schew þe. þis tresoure wol abydon and neuer ben lorne, and þis schal neure faylon bot eure schal laston beforen God in heven. By þeise I haue send þe tresoure þat þou askuste before me into heven.' þus Laurens schewod aȝeynus couetyse largenesse, for he largely dalte aboute for Goddys sake þat þei woldon han spenduth in vanite and lust of synne.

He schewod also aȝeynus turnent of passyon loving swettenesse. For whan þe emperoure herde þis, he commaunded to bryngyn hym forth and alle maner of turnement-gynnus: ȝardus, skorges, staves, ewles, hokus, pannus wyth colus, fyre-brondus, brenny[n]g schaf[t]es [of] yron, salte, pyche, code, brynston, molton lede, fyr-forkys, barrus, and a grete gryderen—and commaundeth þat alle schulde be spendud on hym but he wolde schewon þe schyrch-tresoure and forsakon hys God and offren to mawmentes. þan s[ay]d[e] Larens: 'Vnblessid man, þese metus I haue ȝore desyrid, for rythe os swete metus pleson þi body, rythe so þeis turmentis pleson my soule and makuth here stronge for to suffron passyon for my Lordys sake.'

þan was þis emperoure nygh wode for wroth and commaundeth to beton hym wyth skorges and knottys wyth lede, þat þe blode ran doun on vche a syde, and aftur leydon ȝerdus of yron brennyng to hys sydus þat brent þe flesse to þe bare bone. But Laurens eure thankyd God wyth glade chere, þat made Decius wondur sore tenud and sayde to hym: 'Thogh þou wyth þi wychecrafte skorne þis turment, þou schalt not skorne me.' Wherefore he commaunded eftsones to beton hym wyth whyppes and knottys of ledde tyl hys bonys weron bare alle aboute and þe flesse wyth þe blode droppud doun on vche syde. þan Larans heffud vp hys handes and prayed God to takon hys soule. þan a voyse fro heven answered and sayde, þat Decius herde: 'Ȝit þou moste abyde more turment and passion for my luf, and þan þou

86 þan] s[eynt] *add.* preyed] preying 100 brennyng] brennyg schaftes] schafes
101 of] *om.* 104 sayde] send

schalte come to me wyth grete worchep and ioye.’ Þan sayde Decius: ‘Here ȝe alle how þeyse fendes comfordeth þis rebel wreche’, and bad beton hym eftesonus wyth skowreges.

Þan was þere a knyte þat was called Romanus þat seygh an angel wyth a schete of sylke wypon Laurens sydys. Wherefore he halsed Laurens þat he schulde not forsakyn hym bot hyen þat he were folwod. So whan Larans | hadde cristened hym, anone be comament f. 98r of Decius he was behedud. Þan bad Decius makon a grete hotte fyre of brennyng colys and sette þeron a grete gryderen and leggen Laurens þeron an so rostyn hym to deth. So whan he was leyde on þis grydyl and þruste doun wyth fyre-forkys, Laurens lokyd on þe emperoure and sayde to hym: ‘Wreche, þis on syde is inogh—turne and ette whylle þat other syde rosteth.’ And þan Laure[n]s helde vp hys eyen to God, þankyng hym of alle hys sonde, and so ȝaf vp hys spryte into Goddys handes. Þan ȝode þe turmentoures hur way and lafton þe body lyggyng so on þe grydil. Þen comyn cristen men be nyghte and tokyn þe body and byried itte wyth grete lamentacion and wepyng, bothe wyth eyon and wyth herte.

Þus Seynt Larans schewod aȝeynus malys mekenesse, for þe more he was þratte, þe more meke he was. And aȝeynus couetyse he schewod largenesse, for þe more þei covette þe chyrch-gode, þe more largely he dalt itte to hem þat haddyn nede. And aȝeynus passyon he schewed louyng and swetnesse, for þe swetnesse þat he hadde of þe love of God in his herte wythinneforth made hym to sette noght be þe passyon and þe turmenting þat he suffred wythouteforth.

Seynt Gregory telleth þat a prest was called Scatulus was aboute to a mended a schyrch of Seynt Larans þat was dystroyed wyth Lumbardus. Bot whan he wanted mete to hys werkemen, he was sory and prayed to Seynt Larans of helpe. And so he lokud into hys hoven and fond it ful of new bredde and whyte. But whan he wende hyt wolde a seruid bot for on mele, it suffised to hem alle ten dayes.

I fynde þat þer was an emperoure of euel lyuing. And whan he was dede, a legyon of fendys comyn rennyng nyght to a selle of an holy hermyte, and he for wondur of þe noyse openyd a wyndow and callud to hym þat was hyndurmaste and asked in þe name of God þat þei weron. Þan sayde he: þei weren fendes sende to þe emperoure deth to lokon if þei mython oght geton in hym. Þan commaundeth þis eremyte þat he schulde comyn aȝeyne by hym and tellen hym of hure spede. So whan he com aȝayne, he tolde þat, wan alle hys synnus

132 Laurens] laures

weron leyde on þe weyes and was nygh ourecomyn, þan com þilk brennyng dekyn and layde a grete potte on þe wey, þe whyche anone wheyed vp altogydyr. 'þan was I wroth therewyth and pullud of þe ton ere of þat potte.' þis potte he called a grete schalys þat þis emperoure lete makyn in worchep of Seynt Laurens, and for it was so myche þe fend calde itte a potte, *et cetera*.

[53] *De assumpcione beate Marie virginis sermo*

Suche a day ȝe schal haue an holy feste in Holy Chyrche. It is callud þe Assumpcion of oure Lady, þat is in Ynglys: þe takyng vp of oure Lady, for þat day scheo was takyn vp into heven and now is helpe and sokur to alle þat callyn to hure wyth ful herte. Wherefore ȝe schul faste þe evyn eury creatoure þat is twelle ȝere olde and more, os hys
f. 98v deuo|cion ȝeueth hym and aftur þat he is bedon be hys scryf-fadur, and on þe morowon ȝe schul cum to chyrch and worchep þat holy Lady wyth alle ȝoure myght.

þan schul ȝe knowen wel þat þis assumpcion was don worcheply and ioyfully and also holyly, þat is, boþe in body and in soule infere. Hit was don worchepfully, for God taght hymselfe in þe ten commaundementis þat vche chylde schulde worchepon hys fadur and hys modur. Wherefore Criste, to schewon in dede þat he taght beforen, in grete worchep to hys modur, whan he wolde takyn hyr oute of thys worlde into þe blysse þer he was hymselfe, he send an angel on message to hur wyth grete lyght, bering to hur a braunche of a palme of paradyse of þe wyche þe ȝarde was grene os grasse and þe leues dud schyne os þe daye-sterne and bare datus sother þan any erthely spices. And whan he cam to here, he knelud doun and worscheppud hyr as hym aght to don hys Lordys modur, and sayde mekly to hur: 'Heyle, Mari, my Lordys dere modur. Take hys blessing þat was borne of þe. He senduth þe worde þat þe thryd day ethen he wil comen and feche þe to hym to dwelle wyth hym in ioy and blysse wythowtyn ende. Wherefore in tokenyng þerof he sendeth to þe þis brawnch of a palme þat is in paradyse, þe whyche schal ben bore before þi bere to þi tombe. And be noght of drede bot be gladde and blythe, for in tyme of thy dying alle wykkyd sprytes schul for ferde flee away fro þe. For þan wyl my Lorde þi Sone cum to þe and fa[c]he þi soule wyth multitud[e] of angelus and beren it into

161–2 þe ton ere] *written as* þe to nere
[53] 2 Suche] S- *in blue, dec., 2 ll. deep* 30 fache] fathe multitude] multitudo

heuen wyth grete ioye and blysse.' þan oure Lady knelud adoun and helde vp hur handys and hur herte infere and þankud hure swete Sone of hys sonde and toke þis palme in hur hande wyth grete reuerens and sayde: 'I wolde fayne, and it were my Sone wylle, þat my bretheren þe apostolus myght ben here at my dying, þat I mythe onus seyen hem or I passe oute of þis worlde.' þe angel sayde: 'Hit schal be so. þis day alle schal come to þe to do þe seruice and bryng þe to þi tombe, and so þei schul bery þe.'

þan wente þis angel aȝeyne to heuen, and anone a bryte clowde lufte vp Seynte Iohn þe euangeliste þeras he prechud in þe cyte of Ephesim and sette hym before oure Lady chaumbur dore. þan Iohn knokkyd on þe schaumbur dore and come in and knelud doun and grette oure Lady. þan whan scheo seygh Iohn, scheo myght no le[n]ggar forberon but anone wepte for ioy and sayde: 'Welcum, my swete sone and cosyn', and tolde Iohn of þe message þat þe angel brogth to hur from hyr Sone and how scheo schuld dyon þe þrydday aftyr and schewod hym þe palme. And þan anone þerwyth alle þe postelys wheron broght wyth clowdys and sette beforen oure Lady dore, an whan vchon seygh oþer, þei marveyle gretly wharto þe weron so sodanly broght þidur. þan herde Iohn hem spekyn and cam oute to hem and welcommyd hem and tolde hem whatte message oure Lorde sende to hys modur and how at hyr prayer þei weron broght þidur to ben at hur dying. þan Iohn broght hem before oure Lady, and þei alle mekly fellyn doune on kneus before hur | and gretton hur. þan scheo f. 99r
ful godely welcommed hem vchone be name, seying: 'Welcom, Seynt Poule.' þan sayde he aȝayne: 'Ȝof I haue notte sene my Lorde Ihesus bodyly here in erthe, now I see ȝow I am as grettely comforded as þagh I see hym now here in presens wyth my eyeon.' þan com þer also to oure Lady sex skore of wommen þat wheron clene maydenus to done oure Lady seruyse. Wherefore þei anone madyn hyre bedde and dudon hur þerinne and setten taperres brennyng alle aboute and wokyn til it were mydnyght. þan alle fellon on sclepe saue þe postelus.

And þan com oure Lorde Ihesu doun from heven wyth a grete lyght and grete multitud[e] of angelus and grete hys modur and sayde: 'Wel be þe, blessyd modur', and so turnyd to þe postelus and sayde to ham: 'Pes be to ȝow, bretheron alle.' And þan he sayde to hys modur: 'Cum now, modur, wyth me into þe ioy þat neure schal haue ende.' þan scheo helde vp hur handes and sayde: 'Dere Sone, I ȝolde my soule into þine handes', and Cryste toke hur soule in hys armes and

44 lenggar] leggar   61 aboute] aboute/ton   64 multitude] multitudo

badde þe postelus beron hur body to a place was called Gethsemany and byrien it in a toumbe þat þei schulde fynde þere, and abyde þer til þe þridday þat he com aȝeyne to ham. And so wyth hys modur soule cleppyng in hys armys in syght of þe postelus he bare it vp into heven.

Þan tokyn þeis maydenys and wesson þe body, os þe maner is of þat cuntre, and it schone os þe sonne and sauerod sote os any spycery, and leydon it on þe bere. Þan toke Iohn þe palme and ȝode before, and Petur and Poule broghten þe bere aftur, and þe other postolus comyn syngyng wyth angelus, so þat þe song of hem was herde into þe cyte. And whan þei of þe cyte herdo[n] hem makyn suche melody, þei ronnon towarde hem wyth battys and staues and oþer wepon, in ful porpose to haue drawen doun þe bere and caste þe body into þe fen. But he þat leyde furst hande on þe bere, anone boþe hys handys weron pullud of be þe elbowe and hengud so stylle on þe bere, and wyth hys stompus stode crying and ȝellyng for ache and wo þat he suffred. Þan sayde Petur to hym: 'Kus þe body of oure Lady and knowlache wel wyth trewe herte þat Cryste, very God and man, was borne of þe same body, and þou schalte ben hole.' Þan dude he so and was hol anone as he was beforon. Þan toke Petur a date of þe palme and betoke hyt hym, byddyng hym gone into þe cite and leyne it vpon alle þat weron seke and woldun leven as he dude—þan þei schuldon ben holle of alle maner sekenesse þat þei haddyn, and so dude and helud grete noumbur of hem þus. Whan þei comyn to Gethsamany, þei dudon þis body in a tombe þat þei fondon þere wyth alle þe reuerens þat þei cowthen, and sette he[m] doun be it, as Cryste badde hem, and bydon til þe thrydde day. Þus was þis assu[m]pcion done worscheply.

And it was done also ioyfully, for þe þrydde day, as Cryste sayde, he com doun oute of heven wyth grete multitud[e] of angelus, of prophetus and oþer holy men and seyntus wythoute nombur, and [f. 99v] Seynt Mychael be|ring oure Lady soule in hys armes bryther þan þe sonne. Þan seyde Cryste to hym: 'Mychael, do my modur soule into þe body aȝeyne.' And whanne he hadde don so, Cryste sayde to hur:

'Com, my swete. Cum, my floure.
Com, my coluer. Com, my boure.
Com, my modur, now wyth me,
For quene of heven make I þe.'

79 herdon] herdom 94 hem] hen 95 assumpcion] assupcion
98 multitude] multitudo 99 oþer holy] *trs.*

þan þe body satte vp and lokyd to Criste and sayde:

> 'My dere Sone and my loue,
> I come wyth þe to þi boure [aboue].
> Where þou arte, latte me be,
> For alle my loue is leyde on þe.'

þan alle þe angellus tokon vp a song of so swete melody and hye hevenly mynstralcy þat alle þe tongus in erthe cowhton not tellon on poynte þerof, so swete it was and so mery to heron, and so wyth alle þis mirthe and melody beron oure Lady bothe body and soule into heven. And Criste sette hyre þer be hym in hys trone and crowned hur quene of heven and emperas of helle and lady of alle þe worlde, and hath ioy passyng alle other seyntus. And os þe sonne lytheth þe day, so scheo lytuth alle þe courte of hevne, and alle þat beth in hevne ben buxum to hur and redy at hur commament and done hur worchep and honoure as þei howen to done to here Lordys modur and here quene, and is one wylle and one loue wyth þe Holy Trinite þat graunteth hur whatte scheo askuth [and] at hur preyere rewarduth alle hur servauntes, and so sytteth in heven nexte þe Holy Trenite wyth body glorifyeth and is in ful certeyne þat þeis ioyes schul duren for euremore. þus was þis assumpcion don ioyfully.

Hyt was done also holyly, þat is, in body and in soule, puttyng away þe comyn condicion of mankynde þat is for te dyon and so þe body turnon into corrupcion and stynkyng careyne. But for encheson þat Criste toke flesse and blode of oure Lady body, and so weron on flesse and one blode, þerfore scheo was oute-takyn of þat condicion and was takyn into heven body and soule. But [for] somme weren in doute þerof, hyt mythe bene be Goddys ordynaunce þat Thomas of Ynde was note þere wen þe assumpcioun was done but com aftur and sayde he mythe not leven þat scheo was in heuen body and soule. Wherefore rythe os he spak þat worde, oure Lady lete here gyrdyl falle doune fro heven into Thomas handys as þagh scheo hadde sayde to hym þus: 'Ryght os þou woldyst notte leuen þat my Son was ryson from deth in very body til þou haddyst putte þine handys in hys syde and preued þe sothe, so be þe sonde þat I send þe my gyrdul leue wel þat I am in heue[n] wyth my Son in body and soule as he is.'

Other *probaciones* þer bene many, of þe wyche Seynte Bernarde

109 aboue] *om.* 123 and] *om.* preyere] scheo *add.* 124 Trenite] þat graunteht *add. and canc. in red* 132 for] *om.* 141 heuen] heue 142 nota *in margin with red paraph*

saythe: 'Ȝef it so were þat oure Ladyes body where in erthe, alle men woldon sechen it as þei doth Petur and Poule and oþer mony seyntus. Bot for scheo is bodyly in heven, men secheth not hure be walkyng on herthe bot wyth deuocion in heven.' Seynte Austyn sayth also þat corrupcion of synne makyth mankynde to turne into corrupcion of careyne. Bot God forbede þat þe body of Goddys modyr schulde turne into corrupcion and stynkyng careyne, þat was halowod in hyr modur wombe and eure aftur keppe wyth þe Holy Gost from alle maner corrupcion and anoy[n]ted wyth þe oyle of alle maner of holynesse and clannes of lyving. Þan he wythdraweth myche of þe f. 100r Son worchep | þat thenkyth any fylthe be þe modyr. For he þat is hyr Sone and welle of loue hadde ben ful loth to haue seyne þe ilke pappes þat he sek [and hadde hys fode ful swete] to haue bene gnawen wyth stynkyng wormys. Loth hadde hym bene to haue seyne þilke swete lyppys þat he ful ofte ful swetly cussyd to ben turnyd into stynkyng careyne. Loth also hadde hym [bene] to a s[e]yne þat fayre fasee of hys modyr rotyn and stynkyn þat made hym ofte glade whan he lokyd þeronne. Loth hadde hym bene to haue seyne þilke swete handys and clene han bene turnyd into fylthe and corupcion þat ful ofte cl[ens]ud hym and wesche hym [and made hym clene of corupcion]. Lothe also to hym it hadde bene to han seyne hur armes to-rotyn away be þe ioyntes þat full ofte clyppyd hym for ful grette loue and beren hym abowte to coumforde hym when he wepte. Lothe hadde hym bene to haue [seyne] wormes and grobbes to haue turned and wolwod in þat blessyd wombe in þe whyche he lay and turnyd hym nene moneth. And þus [for] he badde þe schylde worchep þe modyr, he toke hys modyr from alle þis fulthe and browthe hyr þer scheo schal ben euerlasting in worchep and perpetual clennes.

Seynt Elyzabeth of Spayne in hyr *Reuelaciones* telleth how scheo see a tombe and grete lyght abowte and os hyt were a fayre womman in þe tombe and angellys standyng alle abowte, and sone aftyr sche was takyn vp wyth angellys of þe tombe. And þan com þer beforne a gloriouse man beryng in hys honde a syne of þe crosse and a grete multitude of angellys and other seyntus wyth hym, and so tokyn þis womman into heven. Þan Elisabeth askyd an angel þat scheo ofte spake wyth whate þis mythe be. Þan sayde þe angel: 'God hath schewed þe how oure Lady was takon into heven in body and in

151 anoynted] anoyted 155 and . . . swete] *om.* 158 bene] *om.* a seyne] asoyne 161 clensud] cluppud 162 and[2] . . . corupcion] *om.* 163 bene] ful lothe *add.* 166 seyne] *om.* 168 for] *om.*

soule.' þus clerkys preuen þat oure Lady was assumpte bodyly into heven.

Wherefore I rede of a clerke loued oure Lady and vche day grete hyr wyth þe fyue ioyes þat scheo hadde of hyr Sone here on herthe. But whan he schulde dyen, he was so adred of Goddys dome þat he quakyd for fere. þan com oure Lady to hym and comfortyd hym and sayde þus: 'My dere servande, be þou not aferde, but for þou haste oftyn gladyd me rehersyng me þe ioyes þat I hadde of my Sone in erthe, wherefore þou schalte holde wyth me into [þe] ioye þat eure schal laston.'

I rede of a woman þat was greuesly tempted wyth þe fende, so þat ofte tyme he com to hyre in lyknes of a man and spake to hyr. þan sche sowthe alle þe remedye þat men kowthen techen hur to dryuen hym away wyth haly-watur and othyr holy wordys, bot alle geynot one. þan ȝode scheo to an holy ermete to haue counseyle. þan taghte he hur þat scheo schulde, whan þe fende com, heven vp boþe hur handys to oure Lady and seyne þus: 'Seynte Mary, hel[p]e me.' [So whan þe fende com ageyne to hur, scheo hulde vp boþe hur handys and seyde: 'Seynte Mary, helpe me.'] And anone þe fende was so aferde þat he sterte on bake and sayde: 'þe devel go into hys mowthe þat þe so taghte,' and so scheo was delyuered of þe fende.

A Iewe sette hys sone to þe schole among other criston chylderen. And so on a Astren Day, whan oþer schildren wenton to chyrche to | ben hoselled, he for felowschep ȝode wyth hem þider. And whan f. 100v messe was done and þe pepul schulden ben hoseled, and þis ethen schylde sagh a fayre lady stondon on þe awter and rechyn `iche´ man hys hosel, þan he among oþer schyldren toke hosyl at þis lady hand, and so ȝode hom. Bot for he hadde ben long owte, hys fadyr askud hym where he hadde ben. þan was he so adredde þat he durste not seye but sothe, and tolde how he hadde ben at chyrch and was hosellед wyth other schyldyr. þan was hys fadyr so wode wroth þat he caste þis schylde into a hotte brennyng oven þat was besyde and so stoppyd hym þer in hoppe to han brend hym. þan was þe modur so sory for hyr schylde and rerud suche a crye þat many crysten men [comyn] into hure howse to wytton what hur was. þan sayde scheo how hyr husbande hadde brente hure sone in þe hotte oven. þan þei vndedon þe oven and seyn þe schylde setton pleying wyth þe lem of

187 þat I hadde] *rep.* 188 þe] *om.* 190 nota *in margin with blue paraph*
196 helpe] hele 196–8 So . . . me] *om.* 201 nota *in margin with red paraph*
214 comyn] *om.*

þe fyre. And whan he was takon owte, þei askyd how he was sauid in þe ovon, and he sayde: þat fayre lady þat stode on þe auter and ȝaue hym hys howsel scheo com to hym into þe oven and sauid hym from þe fyre wyth hur mantyl.

[54] *Sermo de euangelio in die assumpcionis beate Marie virginis: hoc modo*

Holy Chyrch presenteth þis day þe holy Assumpcioun of oure Lady. For þis day Cryste, Goddys Sone of heven, þat was borne of oure Lady and fostred of hyr brestes, þis day he tok hur vp in body and soule into heuen and sette hyr be hym in hys trone and coronet hur quene of heven and emperas of helle and lady of alle þe worlde. Wherefore þis day alle þe angelles of heven comon beforne hur, doing to hyr alle þe seruice þat þei cowthen, os þei owen to donn to here quene and here Lordys modyr. Þis day also þe seyntus þat weren in heven comen wyth procession aȝeynes hyre, bering rosys and lylyes of paradyse, [in] tokenyng þat scheo is rose and floure of alle women and lylye of alle virgines, and so dydyn hyr homage. Þus alle þe angellus and seyntus of heven weron so gretly ioyed of hure comyng þat þei madon alle þe myrthe and melody þat þei cowthe in honoure and worchep of hure.

Holy Chyrche makyth melody and myrthe þis day of þis holy Lady and reduth and synguth bysyly. [Be] semyng þe gospell makyth no mensyon of hure, bot only of too systeres, Martha and Maria hure syster, and seth þus: Ihesus entred into a castel, and a woman was callyd Martha toke hym into hyre houce, þe wyche hadde a syster was callyd Mary þat satte at Cristes fettee and herde hys wordys þat comyn owte of Cristes mouthe. Þan for Martha was bysy to serue Cryste and þyke þat comyn wyth hym, scheo stode and sayde to Cryste: ‘Syre, sey to my systur þat scheo ryse and helpe me.’ Þan Criste answered and sayde: ‘Martha, Martha, þou arte besy and arte trowbelled abowte fele thyngus. For sothe, on is necessary. Mary hath chosyn þe best parte þat schal not be takyn from hure.’ Þeyse ben þe wordys of þe gospell of þis day.

Here is no mencyon of oure Lady be semyng to many mennes vndirstandyng. Bot he þat wyl redon whatte Seynte Ancelme saythe þerof, þere þei mon sene þat þis gospel pertyneth alle to oure Lady and to þe leving of hure, for scheo was þe castel þat Ihesus entred

[54] 3 Holy] H- *in blue, dec., 2 ll. deep* 12 in] *om.* 18 Be] *om.* 27 is] þis

into. For rythe os a castel hath diuerse propertenes þat lyggeth to a castel þat schulde be bygge and strong, ryght so hadde oure Lady diuers vertues þat made hur abul beforne alle other | wommen to reseyvin Cryste. For þeras wommen ben of kynde freyel and febul and ethe to ourecomyn, oure Lady was strong as a castel and aȝeynestode þe castes of þe fendes engynus and put hem of at alle assayes. f. 101r

For ryght os a castell hath furste a dep dyche in strenkch of þe castel, so hadde oure Lady þe deche of mekenesse so dep doune in [þe erthe of] hur herte þat þer myth no man gone ouer it. Scheo passyd alle othyr in uertu of mekenesse, wherefore God chesse hur to ben hys modur to hys Sone before alle other wommen, and hereto sche beruth wyttenesse and seyth: '*Quia respexit*'—ffor God behelde þe mekenesse of hys hand-maydon, þerfore alle generacions schul blessen me. Þis diche also, ȝef it be ful of watur, it is þe more strengar to þe castel. Þis watyr is compassion þat a man hath for hys owne gylte or for othyr monnus desese. Þis watur hadde oure Lady whan scheo wepte for hyr Sone passyon and for hys deth so muche þat, whan scheo hadde wepte alle þe watur þat was in hur, þan scheo wepte blode.

Oure þis deche lythe a drawe-bruge þat schal be drawen vp aȝeynus enmyes and lette down to frendys þat wil kepe þe castel. Be þis brugge ȝe schal vndirstanden dyscrete obedyens. For ryght os a man schal notte lette doune þe brugge to hys enmye, þoghe he [be] bedon, ryght so a man schal not done noþinge for no bydding þat wyl lete þe fende into hys soule. Þan schal he leton þe brugge of bedyens doune whan he is bedon done þat is spedeful for hys soule, and þe saunur þe bettor, and be buxum to hym. Þus dud oure Lady. Whan Gabriel þe angel cam to hure and spake to hur of þe concepcion of hur Sone, scheo lette notte doun þe brugge anone tyl scheo knewe wel þat he was frende and none enmye, and how sche schulde conceyven and bene maydyn and so kepon þe vowe of schastite þat scheo hadde made beforen. And so whan sche harde þis, anone scheo lette doune þe brugge of obedyens and sayde þ[us]: '*Ecce, ancilla domini*'—lo, here, Goddys owne maydon—'be it done to me aftur þi worde.'

Þis castel is doubul-wallod—a forthur, þat is þe lowere, and þe [hyndur, þat is þe herre. Þe forthur betokeneth weddelok, for sche was a wyfe to Ioseph, elles þe Iewes wolden haue stoned hur to dethe as a lechoure yf sche hadde conceyued oute of weddelok, and also þe forthur wall betokeneth paciens. Þe] hyndur betokeneth virginite, þat is maydonhedde. For maydonhodde is lytil helpe wyth bot it be

41–2 þe erthe of] *om.* 55 be] *om.* 65 þus] þe 68–71 hyndur . . . þe] *om.*

strenthet wyth þe wal of paciens. A maydon is lytul þing worthe þat can nothink suffyr of persecucion ny of desese but scheo pleyne and is a claterer and a gangerel, a fliter and chyder, a curser and swerere and a skolde of hur mouthe. Þis defendeth not maydonhode bot rather casteth hyt doune. Wherefore a maydon moste ben of lytul wordus, and [loke þat] alle þat sche spekuth be honest and worchep to hur persone. For it is an holde Englyse seyde [sawe] þat a maydon schulde ben seyon and not herde. Þis vertu hadde oure Lady. For Seynt Barnarde seythe: 'Rede alle þe gospelles oure, and þou schalte not fyndon þat oure Lady in alle hur lyfe spak bot foure schythes: onus to Gabriel, þe secund to Elyzabeth, þe þrydde to hur Sone in þe tempul, þe ferthe at þe weddyng in þe Cane of Galile.' Þus [mo]t þe walle of paciens defendon þe walle of maydenhodde. Þis wal of maydonhode |
f. 101v is passing alle oþer in heyght. For þere þer it is wel keppe, hit is herre þan weddelok, [hit is herre þan wedowhode], and hath worchep in heven passing alle other. Þis walle kepte oure Lady, for scheo was clene maydon bothe be fre wylle and be vow, and ȝytte scheo hadde a degre passing alle maydenes þat eure weren or eure schulden ben, for scheo was maydon and modur.

In þis wal is a ȝate þat betokenyth feythe. For rytght os it is inpossybul for a man to gon into a castel thorowgh þe hole walle, rythe so it is inpossybul for any man to plese God wythoute feythe. Þis feythe hadde oure Lady passing alle other, for þere þer it was semyng to ben inpossybul þat scheo schulde conseyvon wythoute coupul of man, for it was neure beforne seyen, be techyng and informacion of þe angel scheo leuid, and so cam Cryste and entred be þis ȝate of beleue into þis castel, þat is, into þe body of oure Lady. Þis ȝate hadde a toure ofbouen þat betokened scharite, for þe vertu of scharite it is abouen alle vertues. Þis vertu hadde oure Lady and ȝytte hath. For ryghte os men and wommen and schyldren flene into a castel for drede of enmyes to haue sokur, [so alle men and wommen flene to oure Lady for sokur] in here desese, insomyche þat þe leste schylde þat con spekon, when he is aferde, anone he cryeth, 'Lady, Lady!' Þus scheo is sokur to alle, boþe ȝung and olde, ryche and pore, seke and holle.

Þe capten of þis castelle is þe Holy Goste and þe souderes holy angelles þat walkuth wyth hur boþe day and nyght to kepon hure saue in vche way. In þis castel ben too susteres, Martha and Maria bothe. Martha scheo reseyueth Cryste into hur houce and was besy to seruon

78 loke þat] *om.* 79 sawe] *om.* 84 mot] but 86 is passing] *rep.* 87 hit . . . wedowhode] *om.* 90 passing] *rep.* 103–4 so . . . sokur] *om.*

hym and þike þat comyn wyth hym; Mary scheo satte at Cristes fette and hadde grete luste to heron þe wordys of hys mowthe. Be þis too systerres Holy Schyrche vnderstondeth too maner lyuyngys of men. Þe on is attyf, þe oþer is contemplatyf. Þe attyf is in þe bysynes of þe worlde, þe wyche may not bene wythoute trowbul and grete bysynes, bot þat schal ben only for Crystes sake and to haue wherewyth a man reseyue pore men and ȝeuen hem þat hem nedeth—mete, drink and clothe, herbar and helpe to þe seke and hem þat ben in preson, and to byry þe dede. Þis is vndurstondon be Martha. By Mary ȝe schullon vndurstondon þe contemplatyf lyf [þat lyggeth] to men of Holy Chirch þat schul voydon in alle þat [þei] cun or may alle maner worlely bysynes and ȝef hem to spyritual occupacion, þat is, to redyng, to praying, to wryting, and to contemplacion. And þow þei lyfvon þus [perfytely], ȝitte ben þer couetouce men þat seyne it is loste alle þat men of Holy Schyrch haue, for it semeth to hem þat þei done no gode bot pleyeth hem. And þof men of þe worlde playnon þus, it is no wondur. For Seynte Augustine seythe þat alle þe worlde is Holy Chyrche, and ȝytte þe worlde, þat is, wordely men, hateth Holy Chyrche. Bot eure Cryste answereth for hem and is here avokette, and so wyl alle tyme þat þei lyuen in pes and rest wyth hemselfe.

But now se we how oure Lady fulfyllid bothe þeis lyues. Scheo was furste Martha. For þereas Martha was besy to reseyven Cryste into hyr houce, Mari reseyued hym into hur owne body, and þereine he was neyne monethes. And þereos scheo fedde pore | wyth mete and f. 102r
drynk, scheo fede Cryste hymselfe wyth hyr handys and ȝaf hym drynk of hure brestys. And whan he was nakyd, scheo clothed hym as a norysch. And whan he was seke be kynde of ȝouthe, scheo com to hym and visyte hym and wossche hym and hys cloþus and beddyd hys bedde and layde hym þereine. And whan he was bondon hande and fotte wyth hys swethel-bande and was as a presonnere, scheo com to hym and toke hym vp and vnbonde hym, and so losed hym of hys bondys and helud hys sorus wyth hure mylk of hur pappys. And whan he was dedde, scheo halpe to byryen hym and to leggen hym in hys tombe, and þus fulfyllyd þe offyce of Martha, parformyng in þe vij werkys of mercy. And ȝette scheo was ofton harde trobulled herewyth, for it was grete trobullyng to hur herte whan scheo was so pursued þat scheo moste nede take hur ȝonge Sone and beron hym oute of hyr owne houce and gone ferre oute of cuntre into anoþer londe þat was ful of mawmentys and þere þer scheo knew no man. Scheo was also grettely

120 þat lyggeth] *om.* 121 þei] *om.* 124 perfytely] *om.*

trowbulled whan scheo see hure Sone takon and beton and byfettyd and done nakyd and sore ybete wyth scowreies, þat hys body, þat was furste as whyte os mylke, sone aftur it was alle rennyng blode, and aftur he was nayled to þe cros hand and fotte and so done to dethe before hyre hyen. þis was to hure a grete trobul. þus scheo was actyf.

Scheo was also contemplatyf. For os þe gospel telleth, scheo gaf so grete delyte to hur Sone worde and to herren hys prechyng þat scheo bare in hur herte alle þe lyfe and þe techyng of Cryste from þe tyme þat he was borne into þe tyme þat he steye into heven, insomyche þat scheo tawte þe euaungelyste[s] muche of þat þei wryton, namely Seynte Luke, for alle þat he wrotte nygh he lernyd at hure. þus scheo fylled þe lyfe of Mary. And for it was þe bettur, aftyr þat hure Sone was steyed vp into heven, scheo lafte alle othyr bysynes and ȝaf alle to contemplacion tyl þe tyme þat hur Sone fette hure owte of þis worlde. þus eury creature þat can vndirstandon may sene þat þis gospell is þis day comnabuly redde in Holy Chyrche, for it comprehendeth hure lyfe from þe begynnyng to þe endyng. þan for þis day was þe endyng of hur lyfe, þerefore þis day þis gospell is redde in Holy Chyrche.

þan schul ȝe knowe þat scheo hadde fyve special ioyes of hure Sone here in erthe, þe whyche gladuth hyr myche whan þei ben rehersyd to hure. But now scheo hath vij special [ioyes in heven], þe wyche scheo schewod to Seynt Thomes of Cawnturbyry and badde hym greton hyr wyth hem in þis wyse, behotyng hym for serteyne þat alle þoo þat vche day devowtely greton hure wyth hem he schal sene hure or he f. 102ra dye, and hys soule schal com to blysse. | þan schal he say þus:

Be gladde and blythe, quene of blysse,
For þine ioy passing isse
In heuen, courte and halle.
In þat courte þou hase no pere
Of ioy, of blysse, of gentil chere
Saue þe Lorde of alle.

Be gladde and blythe, swete crem, |
f. 102rb Bryter þan þe sone-bem
Whan it is moste schene.
þe chere of þe it is so brythe
þat alle heven it makuth lytgh
And seyntus alle bedene.

159 euaungelystes] euaungelyste 170 ioyes in heven] *om.* 174–252 þan . . . on] *in double cols. to end f. 102*[v]

Be gladde, Lady, and so ȝe mowe
To sene alle infere [b]owe
To ȝow þat ben in blysse. |
Alle ȝow lowton and done honour— f. 102va
þus in heven ȝe haue þe floure
Nexte to God i[w]ysse.

Be gladde and blythe, swete thynge,
þere ȝe ben quene, ȝoure Sone is kynge,
Sytting in hys trone.
Whatte-eure it be ȝe preyon fore,
'Modur', he sayth, 'and quene icore,
I graunte wel ȝoure bone.'

Be gladde and blyþe, Lady free,
Syttyng be þe Trenite
In blode and flesse ifere.
Ful of ioye and eke grace,
God hath makyd þer ȝoure place,
As to hys modyr dere.

Be glade and blythe in alle wyse,
For alle þat done to ȝow seruise
Ful wel is quitte here mede.
þin Son is gente—non suche may be—
He bydde[th] alle schulde loue þe
And he wil beton þere nede.

Be gladde and blyþe, quene of heuen,
For þese ioyes alle seven
Neure schulle ȝe mysse.
Wel is ȝow þat ȝe were bore
þus to ioy for eure more
Wyth [þ]e kyng of blysse.

Now, swete Lady, I ȝow praye,
Helpe vs at oure endyng daye
And schelde vs from þe fende.
And graunte vs alle suche a lytht
For vs of ȝow to haue a syght
Er þen we hennys wende.
Amen

188 bowe] howe   192 iwysse] in blysse   202 ioye] *over er.*   209 byddeth] bydde   216 þe] hye

I rede of a clerk þat louid oure Lady myche. And for he redde ofte of hyr bewte, he hadde a grete luste to a sene hyr. þan prayde he ȝerne þat he muste sene hur onus or he dyed. þan at þe last com þer an angel to hym and sayde, 'Sir, for þou seruest oure Lady wele, scheo w[o]l þat þou haue þi prayer. Bot if þou see hyr in þis worlde, þou schalte lese þine eye-syghte, for þe lythe and þe clerete of hure is so bryght þat þine eynon mon not beron þe syght þerof.' þan seyde he: 'I f. 102vb vouche wel safe, so þat I may sen hur.' | þan sayde þe angel, 'Cum suche a day to þat place, and þan þou schalte sene hur.' þan was he wondur fayne and gladde of þat ioyful syght. But þan he þowthe how he schulde done when he were blynde. þen he seyde to hymselfe: 'I wil hyde myne one eye and lokon wyth þat other, so þagh þe on be blynde, I schal sen wyth þat other.' þus whan he com to þis place, he leyde hys hande on hys eye and lokud forthe wyth þat oþer, and so cam oure Lady and schewed hyr to hym. And whan scheo hadde so idone, scheo ȝode hur way. And whan scheo was gone, he toke away hys hande from hys yen, and þan was he blynde on þe one eye and lokyd wel wyth þat other. þan was he so ioyful of þat syght þat no man myght tellon þe ioy þat he hadde in hys herte þerof. þus for he was so ioyed of on syght, hym thowte he schulde dyen bothe he mythe haue anoþer syghte of hur. þan prayed he bysilyche day and nyght þat he moste sene hur eftesonus. þan cam þe angel aȝeyne and seyde: 'þou arte blynde on þe one nye, and if þou see hur eftesonus, þou moste be blynde on þine othyr eye.' þan sayde he: 'I vouche safe, so þat I may sene hur.' þan com þe angel to hym and seyde: 'Com aȝeyne suche a day to þat same place, and þere þou schalte sene hur.' So whan he was comyn, oure Lady aperud to hym. And whann he hadde lokyd on hur a whyle, þan scheo spake to hym and seyde: 'My dere f. 103r servaunte, whanne þou seyest me er, þou dedest lese þine on | eye. How wylte þou done now and þou schul lese þine other eye?' þan sayde he: 'My dere Lady, þof I hadde a thowsand eyen, I wolde vowche safe to leson hem alle þat I mythe se þe þus as I haue seyn.' þan sayde oure Lady: 'For þou haste so grete lekyng in þe sythe of me, I wil notte bereue þe þine syght. Bot see now wyth boþe þi eyeon os þou dyddyste beforen', and so went hur way. þan anone þis clerke see wyth boþe hys eynon bettur þan he dyd beforen, *et cetera*.

228 wol] wel

[55] *De festo sancti Bartholomei*

Suche a day ȝe schul haue Seynt Bartholomeis day, Goddys holy apostel. Qwerefore ȝe schul faston hys evon and comon in þe morowon to Holy Chyrch in worchep of God and of Seynt Bartholomew.

Ȝe schul knowen þat Bartholomey is in Lateyne *Bartholomeus: interpretatur filius suspendentis aquas, siue filius suspendentis me*. Þus Bartholomew is vndirstondon in Englis 'þe sone of hongyng vp watres' or 'hongyng vp me'. Þan os ȝe knowon wel, God is he þat hongyth vp watur too wayes. On hys whan he halte vp clowdes in firment til he see tyme to lette hem doune falle and reyneth where hym lyste. Another way he honguth vp watur whan a man or a womman is so sory and contrite for hys synnes þat he weputh for hys gylte bytturly. Þan God takuth þeis terus and hanguth hem vp in þe balle of heven, þat alle þe seyntus of heven mowne haue syght of hem in grete ioye to alle þe angellys þat þere ben. For it is grete ioye [to hem] þat ben in heven whan þei sene any man othyr womman þat doth amysse turnyn and levyn þer synne, wepyng for contricion.

Wherefore on ter of a man or of a womman þat weputh in þis maner it quenchi[t]h þe grete brennyng fyre of helle þat was ordeyned beforon to hym. Of þis ter spekuth Seynt Ionn Grysostomum: 'O þou ter, þat arte mekely lette in oryson, þi mythe is so grette þat þou goste into heven vp to Goddys trone wythowte warnyng and takuste þe worde of þe iuge mouthe, makyng hym to turne hys dome into saluacion þer before he moste a spokon it into dampnacion; and þere þou makyst þine accusatoures dome—þat bene fendes—so þat þei haue noþing to legge aȝeynus þe; and also þere þou quencheste þe fyre of helle þat þe fendes hadden bette redy aȝeynus þine commyng; and þus þou peynust þe fende worse þan he mythe han peynot þe.' Þus God honguth vp watur.

Þan for Seynte Bartholomew was Goddys sone, as alle ben þat serven hym devowtelyche, [he] was hangud vp in þre wyse: in devowte orison, in faythful monicion, and in suffring of grete pascion. He was hangyd vp in devowte oryson, for alle þat he sayde wyth hys mowthe he spake wyth hys herte, so þat in alle hys orysones hys herte was hangyng vp to God, as þe preste byddyth þe pepul in hys masse

[55] 2 Suche] S- *in blue, dec., 2 ll. deep* 10 vp] wateres *add. and canc. in red and black* 16 to hem] *om.* 20 quenchith] quenchich 26 makyst] itte *add.* 32 he] *om.*

whan he sayth: '*Sursum corda*', þat is: heveth vp ȝoure hertys to God, and þei answeron aȝeyne: we haue to God. þus hadde þis holy seynte hys herte hengyng vp to God, so þat, for þe grete deuocion þat he hadde in hys orisones, iche day he knelud an hundreth sythes to God and an hundryth sythus in þe nyght. But for he schulde not be wery of þis grete travayle, God made angelus for to swen hym to kepon hym and to comforte hym þat he schulde not werion. þus was he hangud vp be holy oryso[n].

He was also hangud vp be feytheful monicion, for God ȝaue hym so grette power overe fendes þat be hys monycion and commaundement
f. 103v he suspenduth hem of þe | power þat þei haddyn in Goddys creatures, boþe in men and wommen and oþur mawmentys. We reduth of þis, how þat Bartholomew com to þe londe of Ynde and ȝode into þe tempul in þe wyche was a mawmete þat was kallyd Astorothe, þat was an ymage made of golde an syluor, of ston or of tre, be monys handes, and sette vp in þe tempul. þanne a fende ȝode into þis ymage and ofte wolde speke to hem þat dyd hyt worchep, so þat be suche schauntement of falce wordys he makuth þe pepul to levon þat hit was here god and none othyr. And ȝete to make þem to haue þe more beleue in hym, he made hem mony crokyd, seke, halte and blynde, deff and dome, and many othyr weyes seke, and þen wolde he bydde bryngon hem to hym. And whan þei weron broghte to hym, he losed hem of þe sekenesse þat he leyde vpon hem, and so semyng to hem þat þei were helud be hym. Bot þe sekenesse þat God sent vpon any man, þat he mythe notte helon be no crafte þat he cowþe done. þan was þe tempul ful of seke folke broghte to be helyd of hure god.

But from þe tyme þat Bartholomew com into þe tempul, he suspendut so hys power þat he ne mythe helyn none of hem. Wherefore ȝey ȝodon to anoþer tempul syde, þer was another mawment, and askyd hym why here god ȝaf hem none answere nor helud none of here seke pepul. þan answerod he and sayde: for Goddys hegh apostyl, Bartholomew, was comen into here tempul and hadde boundon here god so sore wyth brennyng chaynes þat he durste notte ne mythe not speke on worde, and tolde þe fethurus of Seynt Bartholomewe, and sayde, for sothe, þat Bartholomew knew and herde vche worde þat he spak to hem be þe reuelacion of an angel þat tellyth hym and seyde: 'Whan ȝe sechen hym, if he wil, ȝe schulde

42 made] an *add.* 43 comforte] comforted 44 oryson] oryso 53 dyd] dyddyd 56 mony] *alt. from* meny? 67 mawment] mawmentes

fynde hym, and if he wyl [not], ȝe schal not fynde hym tyl hys owne lekyng be.' þan ȝodon þei aȝeyne hom and sowton hym and mythe not fyndon hym be no way.

þan os Bartholomew walkod among þe folk, a wode man þat hadde a fende in hym cryed to Bartholomew and sayde: 'Bartholomew, Goddes apostyl, þine holy preyeres brennyth me sore!' þan answerod he and sayde: 'Holde þou þine pes, þou fende, and go owte of þis man!' And so wyth þat worde þe fende lafte þe man and he was holle. þanne hadde þe kyng of þe cyte a dowghture þat was wode and bowndon wyth chaynes for harme þat scheo dydde to hem þat scheo myght oure-rechyn. And whan þe kyng herde of þis wode man, how he was helud, anone he sent to Bartholomew, preying hym to com and helyn hys doghter, and so dudde. And whanne he hadde so done, he prechyd so [to] þe kyng þat he turnyd hym to Crystes feyth.

þan he commaunded to draw doune alle þe mawmetys þat weron in þe tempul. þan went men and caston ropys aboute þe nekkys of here goddys and woldon han drawen hem doune, bot þei mythe not steren hem, for þe fende was wythine hem. þan commaunded Bartholomew þe fende to gone oute of þike ymages and al to-pullen hem to powdyr. þan anone þe fende dude o[s] Bar|tholomew bad hym done ande f. 104r pulled hem doune and breke hem. þan for þe tempul was ful of seke pepul, he prayed to God þat þei moste haue hele. Anone þei weron holle alle. So þerwyth com an angel from heuen in sythe of alle þe pepul, so brythe þat alle þe tempul schon of hym, and flogh alle aboute þe tempul, so þat in foure partyes made a syne of þe crosse wyth hys fyngur in þe wal and sayde þus to þe pepul: 'Ryghe os alle ȝe ben helud of ȝoure sekenesse, ryghe so schal þis tempul be clensed of alle fylthe of mawmentri and of fendys crafte and of hys power. But furst I wil schewon ȝow þe same fende þat ȝe haue worcheppot and holdon as for ȝoure god.'

þan þe fende aperud in syghte of alle þe pepul leke a man of Ynde, blak alle togydyr as piche, wyth a scharpe nese and a lothly fase, wyth a berde doune to hys fote, blak as soote, wyth eynon brennyng os yron brenyth in þe fyre, sparkeling on yche syde, and blowing of hys mowthe flamus of brennyng fyre, wyth hys hondus bowndon behynd hym wyth cheynes brennyng. þan sayde þe angel: 'Low, þis is he þat ȝe haue kallud ȝoure god!' But for þe pepul was gratly affrayed of hym, he badde hem make a syne in hure forhed of þe crosse and haue

75 not] *om.* 76 sowton] sowtom (*third minim of* -m *canc.*) 88 to[1]] *om.* 94 os] of 108 and] þe *add.*

no drede. þan in þe syghte of hem alle, þe angel vnbonde þis fende and badde hym gone þereas was no accesse of men ne of beste and be þere til þe day of dome. þanne wente he forthe wyth grete waylyng, and þe angel flow vp into heven in syghte of alle þe pepul. þan was þe kyng and hys wyfe and alle þe pepul turnyd to þe feythe and folowod [of] Seynt Bartholemew. þus Seynt Bartholomew [was] hongyd vp be feythly monicion, for he suspenduth þe fendus power þat he neyþer mowthe ne durste do nothyng bot as by hys byddyng and leting.

He was also hengud vp be suffering of passion. For whan þe byschoppes of þe tempul seyn alle þe pepul go to Crystes feyth and levyn þe fendys mawmentrye, þan ȝodyn þei to a cyte besydes, þer was a kyng þat hatte Astrages and was broþer to þe kyng Polymyus, and pleyned to hym, wepyng sore, and sayde: þer was a man ycomyn to hem þat was callyd Bartholomew, þe wyche hadde so turnyd hys broþer and alle þe pepul to criston feyth þat þei sette notte be here goddys bot hadd drawen hem doune and bresud hem to powdyr, and so was hure tempul halowod to Criste þat was done on þe crosse. And so þei preyde hym of hys help and sokur.

þan þis kyng sent anone a thowsand men armed aftur Bartholomew, and whan he com beforne hym, he askud hym why he hadde turnyd hys broþer from hys fayth and made hym to beleven on a dede man þat was hangyd and slayne on þe crosse. þan sayde Bartholmew: 'I haue bowndyn þe fend þat þi broþer helde for hys god and schewed hym, and if þou myghte do so wyth my God, I wil levyn as þou doste, and ellys wil I notte.' þan commawnduth þis kyng to hangon Bartholomew on a crosse and turmentyn hym þer longge. And whan he was longe turmentud on þe crosse, he makyd to don hym doune and flene hym altogedyr. And whanne he was flayne, þan he made to smyte of hys heued. And whanne he was dede, cristen men comyn and byried hym wyth alle þe reuerence þat þei cowthyn. þus was Bartholomew hengyd vp in grette passyon suffering.

f. 104v We reduth in þe *Gestes of Romanes* þat, | whanne þe emperour Fredwek hadde dystroyed a grette cyte, þan was þerin a chirch of Seynt Bartholomew þat was a chef chyrch and oþer mo of holy seyntus, a godde holy man com be þat cite and segh a grete company of men, alle [c]la[d] in whyte, stondyng and conseling togydur. And for þis man hadde grete wondur of hem, he askyd on of hem whatte men þei weron and whatte was here consel. þan seyde he how þat was

118 of] and was] *om.* 122 to] *rep. next line* 143 nota *in margin with blue paraph* 148 clad] blak

Seynt Bartholomew and oþur seyntus þat haddyn chyrches in þat cyte destryed, and þer tokon hure counsel whatte þei mython done wyth þe emperoure þat hadde done hem þat vylenye and harme: 'and now þei haue takon ful purpose þat þe emperoure schal comyn anone before God to makon an answere of hys mysdede'. And so þe emperoure dyed anone on a foule deth and was dampned to helle for eurer.

I rede in þe lyfe of Seynt Gowdolok þat furst enhabyte Crowland in þe fennus, for þe forme day þat he com þidur was Seynte Bartholomew day, he prayed þis holy apostel to ben hys patroun and hys sokur aȝeynus þe wykud spyritus þat wonon in þat wylde place. For þat place was named and icallyd þe habitacion of fendys alle þe cuntre. Wherefore yche man was aferde for to comon þidur, and no man durst not dwelle þere for ferde of hem. Þan for þis holy man was comon and dwellud þere [for to dryue hem away, þeys fendys weron so wroth þat þei tokon þis man bodyly and beren hym vp into þe eyre and turmentyd hym spytusly many weyes. At þe last þei woldon haue broght hym to þe paynys of helle, and when he segh hem] he was sore aferde þat he hadde ner lost hys wytte. But ȝitte be grace of God he hadde mynde of Seynte Bartholomew, and þan he callyd to hym wyth alle hys myght, besechyng hym of help and sokur. And þan anone com Seynt Bartholomew, schynyng fayre and bryther þan þe sonne, and spytusly rebukud þeys fendys, and commawnded hem to bring hym aȝeyne to hys place. Þeyse fendus þanne madyn a ȝellyng and a crying, bot þei broghton hym saue wythoute harme to hys place. Hyr crye was so hydus þat a man mythe ben gaste to here hyt, and þei seydon: 'Allas, allas! Now we haue loste oure mythe and oure habitacion, and now we schal go [to] helle for euremore into þe peynus þat eure schullon laston', and so ȝollyng ȝodon here way. Þan þis holy man þankud God and Seynte Bartholomew for þe help and sokour þat he dude hym, and was eurermore aftur redy to hym in vche nede whan he callyd to hym. Hereby ȝe mown vndyrstandon þat þis holy apostel is redy to alle þat calluth to hym wyth a fulle herte. Wherefore þilk þat ben wonte to wyrchon on hys evon aftur none and on hys day aftur evensong, be hym ware lest þis holy seynt suffur þe fendys to haue power in hem and for couetyse of a lytel werke bringon hem þereas þei schullen ben harde iwirkyd for euermore in þe peyne of helle, *et cetera*.

165–8 for . . . hem] *om.* 178 to] *om.* 185 seynt] seyntus

[56] *De festo sancti Alkemundi Salopie*

Suche a day ȝe schul haue Seynte Alkemundus day. He is patron of a chyrche. Þan schul ȝe know þat a patron in Englys is a defendur. Wherefore ȝe schul vndurstande þat iche chirch hath too patronus, one in heven, anothyr in erthe: on to defende hur from gostely enmyes and anoþer to defende hur from bodyly enmyes.

He þat is patron in erth he is haldon to defende hys chyrch from alle here enmyes nyght and day, so þat þei þat done dew seruys þerine beth not dysturbut no lettyd be no wyse. From þe begynnyng of | f. 105r Holy Chyrch, whan sum were cristen and sum were paynemys, þe pay[n]emys haddyn suche envye to holy crysten men þat, whan men weron at þe plowgh and at here other labores, þeis pay[n]emys comyn to hem and dyden hem grete dyspyte and desese, so þat þei durste not gone to here labores for hem. And also þei ȝodon into here chyrches and dispoyled þe prestes as þei weron at hure messe and caston doun þe challys with Goddys blode and tokyn Goddys body and trode it vndur here fete. And if þe cristen men weron byggar þan þei, þanne þei schallingid þe prestes and seydon þat þe gospel was falce and of no fayth, and þus dude grete desese and grete disturbans in Holy Chyrch. Þan lordys and grete gentellys, for grete luf þat þei hadde to God, þe tokon, sum of hem to hon chyrch and some to anothyr, to ben patronus to defende vche man hys chyrch, and so with strong hand kepton þe parischon[es] þat þei ȝodon in pes to here labores and kepton so here chyrches in Goddys seruise, so it was done wythowte disturbans of any pay[n]im. Wherefore ȝitte in þe londe of Surre it is an vsage þat, whan þe gospel schal ben redde, ano[n]e iche knythe þat is in þe chyrch drawyth hys swerde and so haldyth it stylle nakyd in hys hand til it be done, in schewing þat he is redy to fython with any man þat wol comyn and chalangen anyþing þat is redde in þis gospel, for þat londe is faste be þe pay[n]emys. Þus patronus in Holy Chyrch begonnon furste in hurthe.

Holy Chyrch hath also a patron in heven, þat is, þe seynte in worchep of þe wyche þe chyrche is makod and halowod. Þis patron keputh hys parich, preying for hem bysyly to God nygh an day, for be hur mayn swyng Holy Chyrch is holdyn vp and Goddys seruise þerine mayntenid. He also takyth alle þe preyeres of Goddus

[56] 2 Suche] S- *in blue, dec., 2 ll. deep* 11 paynemys] payemys 12 paynemys] payemys 23 parischones] parischon 25 paynim] payim 26 anone] anocle 30 paynemys] payemys

seruandus þat ben done in hys schyrch and offereth hem vp beforen þe hegh maieste of God. And rythe os [a] temperal lorde helputh and sokuruth hys tenauntes, rythe so þe seynt þat is [patron] of a chirch helputh and defenduth alle þat ben parychonus to hym and doth hym worschep, halowing hys day [and] offering to hym.

þan how Seynt Alkemonde was makud patron to þis chyrch, ȝe schul herun. þis holy seynt, os we rede in hys lyfe, he was kyng of Northvmburland, and for he was in hys ȝowþe of gode maneres and curteyse and hende and ful of alle vertues, alle men louid hym. Wherefore he was made kyng, note only for þe ky[n]gdam fel to hym be heritage, bot also for he was eure ful of grace and alle gode thewes. Herefore alle þis pepul made hym kyng. And þof he were þus avaunsed passyng aboven alle oþer, he was nere þe prudder of hys state, bot þe herer he was vaunsed, þe lower he was in herte and þe more meke in all hys werkys, thenkyng algate in hys herte how þe more a man hath, þe more he hath to [ȝeue] acountes of and þe more greuesly he schal ben apechyd before God. Wherefore to hem þat weron meke he was lowe and sympul, and to hem þat weron proude and rebel he was prowde to aȝeynestandon ham in alle here malys. He hadde eure grete compas|syon to alle þat weron in any desese, and to f. 105v þe seke and to þe pore [he was] boþe fadur and modur, to holpyn hem and sokeron hem in alle þat þei hadde nede to. He vas large of mete and drink to alle þat woldon askyn it for Goddys sake. He was devoute in Holy Chirch and sustenid alle þat weron seruing God in þe chirch. He hadde eure a fervent desyre to dyon for Goddys ryghte and for defense of Goddys pepul, and herefore he prayed to God nyght and day.

þan were þere in Yngland foure kyngus. Wherefore þer was grete debate betwysson hem, and myche criston blode þer was schedde in diuerse parteys of Ynglande. þan was þer a dyke of þe Marche of Walys and was a cursyd man and a cursyd lyuer and pursued þe deuk of Wyldeschyre and alle other of þat cuntre and distroyed hem, and so ofte refylud hem and pyllud hem and þe cuntre so greuosly, wythoute compassion of any persone. þan for Seynt Alkemonde hadde lordeschep in þat cuntre nygh to Wyldeschyre, and be counseyle of hys frendes, he ȝode þidur to kepon hys tenauntes from ere enmyes. And whan he com þidur, anone he ȝode betwene þe too deukys and sayed ȝif he myth ha browthe hem to pes and so to han sauid gylteles

38 a] *om.* 39 patron] *om.* 41 and] *om.* 46 kyngdam] kygdam
52 ȝeue] *om.* 57 he was] *om.*

blode vnschedde in boþe partyes. But þe duke of þe Marche and alle hys oste weron so prowde of hemself þat þei wolde not acorde. Wherefore þei setton a day of batayle besyde a forde þat was callud Chylmysforde.

þan weron þe men of Wyldeschyre sore adred, what for þei knew notte þe mythe of here enmyes, what for þei weren to weyke to ȝeynstande hem. þerfore þei comyn to Seynt Alkemonde, praying hym of helpe and sokur and to stande wyth hem in hure ryght in þe day of þe batayle for þe loue of God and in help and sauacion of gylteles pepul. þan was Seynt Alkemonde glade and fayne, for he seygh þe day was comyn þat he hadde ofton prayid God fore, þat he moste dyon in a rythwys querel and in help of Goddys pepul, and graunted hem to com wyth gode wille. So whan þe day was common of þe batel, þei fowtyn so egerly on eyther party þat boþe þe dewkys weron slayne and myche othyr pepul. And os Seynt Alkemonde fauthe manly for Goddys pepul, he was slayne also, and so, be Goddys help and þis holy mannes, men of Wyldeschyre haddon þe felde. þus for he schedde hys blode and suffred deth for Goddys loue, he is an holy martyr before God and alle hys angellys.

Bot ȝitte to schewon how wel God is plesud wyth hym þat fyteth for defense and help of hys pepul, I telle ȝow be ensampul. I rede in þe lyf of Seynt Odo, þat was erchebyschoppe of Caunterbery, how þe kyng of Yngland, Adelston, fawthe aȝeynus cursyd men þat weron comyn into hys land to haue destroyed it. And os he knythly fawte aȝeynus hem, hys swerde brake faste be þe hylte, and whan hys swerde was brokyn, he stode astoned of hymself. Wherefore hys enmyes þat beforen begune to flen, when þei knewyn þe kynges myschef, þei turnyd hertefully aȝeyne and geton lond on fast on þe kyngus hoste. þan os Seynt Odo was besydys, praying for þe kyng, he f. 106r seygh þe kyng alle discomforded for defawte of wepon | and called to hym and sayde: 'Why standust þou so stylle and haste a swerde be þi syde? Pul it owte and fythe with þine enmyes, and þou schalte haue þe victorye of hem.' þan lokyd þe kyng to hys syde and fond a swerde, þereos he wyste none of before. And whan he hadde þat oute, God ȝaf hym þe victory of hem sone aftur. þus God sende hym a swerde be miracul, schewing þat he helputh alle þat fythe in rythe.

þus Seynt Alkemunde schedde hys blode and sufred deth for Goddys sake and Goddys pepul, wherefore he is now an holy martir before God and alle hys angellus. Wherefore God scheweth many

104 wepon] and callud to hym *catchwords bottom f. 105v*

miraclus in þat place þer hys holy blode was sched. But for encheson þat Seynt Alkemonde was slayne fer oute of hys cuntre, hys men tokyn hys body forthe wyth hem for grete loue þat þei hadden to hym and haddun it to þe towne of Lylleshul. And os sum seyne [for encheson þat lytyll before þer fast by was a grete batayle betwysson men of Scheropschyre and of Staffordschyre and myche pepul was þer slayne of grete and smale and beriet in þat chyrch-ȝarde, þerfor þay beried Seynt Alkemonde þer, and as] olde men [seyne], þeras he was beried grete lyght hath ben seyne ofte tyme. But sone aftur, for hys frendys thowton þat he lay not so honestly os felle for suche a kyng, þerfore þei toke vp hys body and lad it to þe cite of Derby and beried hym þer in a chyrch at þe tounes ende þat was callyd Whyte Chyrch, to þe wyche place þe bodyes of grete men were caried and þer beried as for grete worchep. But aftur, þe prestes of þat chyrch for serteyne causes þei remewod hys tombe and leydon it þere þer it is nowh to more worchep and honest to þis holy martyr, wherefore God scheweth grete miraclus. So whan þei remevith hys tombe, þer com oute so swete a sauyr þat iche man þat felld hit knew wel þat it was not of erthly `s´mel bot of gostely sende be þe mythe of God, þe whyche swete sauir dured long in þat chyrche tyl a reneyned man þat [was] not w[orþi] to saueron hyt cam into þe chyrch, and þan anone þat sauor sesud.

þus [for] þe grete miraclus þat God schewod þer be Seynt Alkemond, þe name of hys holynesse [spradde] wyde in many cuntres. Wherefore a quene of þis March of Walys, þat was cosyn to Seynt Alkemonde, lete makon þis chyrche in þe worchep of God and of Seynt Alkemonde, and þus he was makud patroun of þis chyrch. Wherefore ȝe schul now knelon doun.

[57] *De natiuitate beate Marie*

Suche a day ȝe schal haue ane hye fest in Holy Chyrche þat is callud þe Natiuite of oure Lady, þat is in Englys, þe borne-day of oure Lady, for as þat day scheo was borne of hur holy modur, Seynt Anne, in blessud tyme to alle cryston pepul. Wherefore ȝe schul faston þe evyn and in þe morowon comyn to chyrch and worcheppon oure Lady and hur holy fadur, Seynt Ioachym, and Seynt Anne, hur modur. For hit

117–21 for . . . as] of   121 seyne] *om.*   133 was] *om.*   134 worþi] where
136 for] *om.*   137 spradde] *om.*

[57] 2 Suche] S- *in blue, dec., 2 ll. deep*

is inpossybul to me to tellon þe ioy and þe gladnesse þat þei haddon in hure hertys þat [day] whan þei sene here chylde borne, for þe wyche þei haddon preyd twenti ȝere beforon to God nyght and day and dalte myche gode in almus dede. Þerefore þei haddyn be certeynn reuelacion of God þat sche schulde be holy and plese God passing alle other wommen. And also be þe burth of hur þe grete repreues þat þei haddon sufred so long tyme for hur barennesse þanne was putte away, and fro þat tyme þei went forth boldely among othur of hur lynage wyth worschep and honure. Þus þe burth of þis doghtyr gladuth þe f. 106v fadur and þe modur and alle | neyghbures abowton. Wherfore, for God hadde ȝen ham froyte of hur bodyes be grace more þan be kynde, alle hur neyghburres comyn to comforde Anne and kallud hur doghtur Marie, for so badde þe angel er þat sche were geton.

Þan ȝe schal know wel þat Holy Chyrch halowoth only þre burthe-dayes, þat ben of oure Lorde Ihesu Cryste, and of oure Lady, and of Seynt Ihon Baptiste, schewing oponly þat vche man, womman and schylde þat schal ben saved he mote ben þryes borne, furste of hys modur wyth þrowes and wepyng, and efte oute of synne wyth watur wassyng, and þe þridde tyme oute of þis worlde to ioy passing. Þe forme is tokened be þe burth of oure Lady, þe secunde be Seynt Ihon Baptyste þat was folower, and þe þrydde be oure Lorde Ihesu Criste, for in hys burth was grete murth seyon and herde. Bot þogh a womman be Goddes sentens bare hur schyldren wyth so grete penaunce þat hit is wondur þat scheo is note al to-brokyn lyme-mal in hur burth-tyme, nerþeles Y may we[l] han ful beleue þat Seynt Anne was esud of þat penaunce in grete parte in bering of hur dowthur, for scheo was halowod in hur wombe and holy borne and holy euer aftur.

Aftur þat scheo was borne and wenod and was þre ȝer olde, Ioachym and Anne and oþur of hur frendus broghton Mari to þe cyte of Ierusalem to offur hur to þe tempul, os þei haddon beforon made hure avow. Þan for þe tempul stode on an hulle and weron fyftene grees to þe dore, þei setton Mary at þe netherest gree whyl þei madon hem redy to done hure offeronde. Ȝan ȝode oure Lady hure one vp alle þe grees and knelud doun at þe ouermaste gree and made hure preyeres, as scheo hadde [be] of ful age. For þe Holy Goste was eurermore wyth hur and ȝaf hur grace and wytte to knowyn Gode, þof scheo were ȝunge, and God send angelus to techen hur and kepe hur in alle weyes. Wherefore whan hure fadure and hure modur ȝodon

9 day] *om.* 32 wel] weh 43 be] *om.*

hom and lafte hur þare hur one, scheo makud no bere of wepyng ne chaunged no chere os other schyldron done, bot yaf hur anone al to spiritual occupacion and deuocion, and toke suche a rewle forthwyth, þat yche day from þe morowon to vndur of þe day sche was algates in preyeres, and from vndron tyl none scheo occupyud hur crafte of weving cloþes and ornomentes to þe tempul, and at none þe mete þat was broght to hur to eton scheo ȝaf it to pore folke and was hurselfe in deuocion tyl an angel browthe hur mete. þus scheo leuyd so clene and so honestely and passyng alle other in bewte þat alle hure felowes called hur 'quene of maydenes'. And whanne any man spak to hur oghte, mekely scheo lowtud þe heued and sayde: '*Deo gracias*', for þis worde was eure comyn in hur mowthe. þus is scheo lykened to a spyceres schoppe, for as a spycerus schoppe smelluth swote of diueres spyses, rythe so was scheo swote for þe presens of þe Holy Goste þat was in hur and þe habundauns of vertues þat scheo hadde. Scheo smellyd sweter þan any wordely spices, and so reson wolde, for scheo moste nedys be swete of vertuus þat schulde bere of hur body þe kyng of alle vertues.

þan for hur burth-day is ioy and | gladdenesse to alle criston f. 107r pepull, ȝe schul heron how þis day was furst schewod to cristyn men. A grete clerk Iohn Belette teleth how þer was an holy man þat prayed be nythes tyme to God. And whan he was in hys deuocionus, he herde syng in heuen of angellus in heuen on nythe in þe ȝere, and it fel many ȝerus euremore in þat on nythe. Wherefore he prayed God þat he moste weton þe causes why he herde þat melody þat certeyn nythe and none noþer. þan com an angel and tolde how þat nythe oure Lady was borne of hur modur, and þerfore angellus and alle oþer seyntus madon þat melody in heven. þan ȝode þis man to þe pope and tolde hym þis, and þanne he sende alle cristondom, commawndyng alle men to havyn þis fest, and þus com þis fest forth.

Also oure Lady [was] efte borne be watur waschyng, þat is be folowing. For whan hyr Sone Ihesus was folowod in þe flem of Iordane, þan, as holy faderes telleth, scheo and þe postelles weron folowod wyth þat tyme—for ryght os Cryste fulfylled þe Holde Lawe and þe Newe in alle þat lay to a man, rythe so oure Lady fulfyllud boþe lawes in alle þat felle to a womman—at þe wyche folowing hure Sone toke hys rythe name, and scheo also. For os þe gospel telluth, til Ihesus was folowod and þe Fadur spak to hym from heven and callud hym hys dere Sone, alle men wendon he hadde ben Iosep sone, getton

67 nota *in margin with red paraph* 77 was] *om.* 79 weron] *rep.*

of oure Lady. Bot aftur þat tyme he was callud Ihesus, Goddys Sone. So oure Lady beforon was calud Ioseph wyfe, bot aftur was Ihesu modur and wasse þe passyngar name be myghte of worschep to hure and more lekyng to hur. Wherefore ȝitte to schewon alle criston pepul how myche scheo louid hure Sone Ihesu, where þat any ymage is of hure, scheo hath hure Sone wyth hure.

We reduth in þe miraculles of hure how þer was a wydow and hadde bot on sone, þe weche scheo louid os hureselfe. Hyt happutte þat þe sone was takutte wyth enmyes and done in preson and putte to grete destresse. Wherefore þe modur cryed to oure Lady nyght and day to helpon hure þat scheo hadde hure sone deleuered oute of dyssese þat he was ine. But for hure þoȝght þat hure prayer avayled not, scheo ȝode to þe schyrch to an ymage of oure Lady and sayde þus to hur: 'Blessud maydon, ofte I haue preyed to þe for delyuerans of my sone and noght helputh. Wherefore so as ȝe wil not help me to haue my sone, I wil take ȝoure Sone in stede of myne tyl ȝe send myn hom', and toke þe ymage þat was on oure Lady barme and bare hyt home and lappod it [in] whyte clene cloþe and lokkyd it in hur cofur. Þan in þe nyght aftur oure Lady aperud to hur sone in preson and vndude hys bondys and openyd alle þe dores and badde hym gon home to hys modur and seyne hure: I preyde hur, os I send hure hure sone hol an sounde hom, so bryng scheo my Sone aȝeyne to me wythowte harme. Þan was þis womman wondur gladde of þe comyng of hur sone, and anone toke þe ymage and bare it aȝeyne to chyrche
f. 107v and sette it aȝeyne and | sayde: 'Blesful Lady, I thanke ȝow wyth alle myne herte for þe sonde of my sone, and now I haue browthe aȝeyne ȝoure Sone wythoute harme. And eure wil I lyf, my sone and I wol ben ȝoure seruandys wyth gode wille.'

Þe thrydde tyme oure Lady was borne to ioy passyng. For whan scheo passed oute of þis worlde, hure Sone Ihesus was redy wyth grete multitud[e] of angellus and oþer seyntus and broght hur wyth grete worschep vp into heven and þer crownyd hur quene of heven and emperas of helle and lady of þe worlde, so þat scheo is now in blysse þat eure schal laste. Wherefore I sette here þis ensaumpul.

I rede in þe miraclus of oure Lady how þer was a Iew þat was borne in France and com into London for certeyne nedus þat he hadde to done wyth oþur of hys nacion, and so from þen he went to Glowcestur, and so to Brystow. And so as he wolde haue gone from

91 hure] þat *add.* 92 nota *in margin with red paraph* 103 in[1]] *om.*
116 multitude] multitudo 120 nota *in margin with blue paraph*

Brystow to Wylton, he was takon wyth theues and fowle ferde wyth and browth into an holde houce þat was an oute-sete, and bondon hym to a poste be þe fette and hys handus behyndon hym, and lafton hym þare alle nyght. Þan os he fel in a sclepe, he seygh a fayre womman clade alle in whyte—seche anoþur of bewte he neure seygh—þe whych com to hym, and þerwyth anone he weke, and lokyd abowtyn hym, and felde hymselvyn lowse, and wondred gretly how þat myght bene. Þan he sawe oure Lady so bryght þat hym þowthe scheo passyd þe sonne in bryghtenesse. And þan he seyde to hure: 'Whatte, gentil Lady, are ȝe þat þus godely han done be me þis tyme of þe nyght?' Þan answered scheo: 'I am Mary, þat þou and alle þine nacion despysuth and seyne þat I bare neure Godys Sone of my body. But neurþelesse I am now icomyn to bryng þe oute of þine errory þat þou arte ine. Whereforre come now wyth me and go stande on þendur ston before þe and loke dounwarde.' So whan he lokud doune, he seygh so horybul peynus of helle þat he was nygh oute of hys mynde for fere. Þan sayde oure Lady to hym: 'Þeis peynys ben ordeynyd to alle þike þat wil not leue on Crystes feyth. Ȝitte come forth and sewe me', and scheo sette hym on an hye hylle and schewod hym a place of grete ioy ande blysse þat he cowthe not tellon þe ferþe parte of þat ioy þat he seygh and of þe swote smelle þat he felde. Þan sayde oure Lady to hym: 'Þis place is ordeynyd to hem þat levon on þe incarnacion and how Goddys Sone of heven was borne of me, and I clene maydon beforyn and aftyr, and aftur schedde hys blode on þe crosse for mankynde. But now I haue schewed þe boþe þe ioy ande þe payne—chese wheþer þe is leuer', and passud from hym. Þan ȝode he myche of þat nyght, he wyste neure wydur, bot on þe morowh he com to Bathe and þer was folowode of þe byschop and callud Iohn and was aftur an holy man and ful deuowte to oure Lady. Now ȝe schal pray to oure Lady, *et cetera*.

[58] *De exaltacione sancte crucis sermo*

Suche a day ȝe schal haue Holy Rode Day, þe whyche day ȝe schal come to þe chyrch in worchep of God and þe crosse þat Criste dyed on to bye alle mankynde. Þan ȝe schal knowe how þat þe Holy Rode Day þat comuth aftur [Astur] is callud | þe fyndyng of þe crosse, for f. 108r

141 ordeynyd] note *add.*

[58] 2 Suche] S- *in blue, dec., 2 ll. deep* 5 þat . . . crosse] is callud / þe fyndyng of þe crosse þat comuth aftur Astur] *om.*

þat day Holy Chyrch makuth mynde Seynt Heleyn fonde þe crosse. But þis day is þe exaltacion of þe cros, oþer þe lyfting vp of þe crosse, for aftur þat Seynte Heleyne hadde sette þe crosse in þe tempul of Ierusalem, cryston men dudon hytte grete worschep and honoure. But aftur þat worschep hyt was kaste adoune be a cursyd kyng, as ȝe schullen hereon, þat come into þe tempul of Ierusalem þere þe crosse stode rychelly arayed. Þei toke þe crosse forth wyth hem. And so whan þe crosse was gone, þe worschep lesyd and dyed.

Þe kyng was kyng of Pers and was callyd Cosdra, þe whyche God sufred to han such an eure for þe cursid lyf þat þe pepul was inne, þat, aftur þat he hadde destroyed many kyngdames, þan he come into Ierusalem and pylod þe cyte, ande ȝode into þe tempul, and toke alle þe tresoure and alle þe syluer uesselles þat he fonde wythinne and schalys and vestimentes, and bare alle away. And he tok þe holy crosse forth wyth hym into hys owne cuntre. Þan herde þe emperoure Eraclius hereof and was wondur sory, and send to þe kyng Cosdre for a trete. And he prowdely ȝef an answere and sayde he wolde no trete holde wyth hym til he and alle hys pepul hadde forsakon hure cristendam and done sacrifice to hys mawmetus. Þan þis emperoure Eraclius betoke alle to Goddys kepyng and gedered to hym an oste to fythe wyth þis mysbeleuid kyng, hopyng to God to geton þe holy crosse oute of hys hande. Þan whan þis kyng Cosdre com hom, suche a fantesy fel in hys herte þat he betoke þe gouernaunce of hys rem to hys sone, and he hymself lete make hym an howce [in] maner of a toure leke to heven, and made it of golde and syluur and of many schynyng precious stonus. And he sette hymself in a cheyer of golde and perles, and commaundeth þat alle men schuldon callun hym God of heven, and setton on hys rythe hande þe holy crosse as in stede of þe Sone, and on hys lefte hande he sette a towne-cok [in] stede of þe Holy Goste, and þus satte þere as a fonnot man.

Þan wan hys sone herde þat þe emperoure Eraclius com þidure-warde wyth hys oste, he ȝode aȝeynus hym wyth hys oste and mette at a grete watur, oure þe wyche lay a brugge. But be Goddys ordenawnce þese too ostes asentyd so þat here too cheftenes schuldon fython on þe brugge hemself, and whethyr of hem hadde þe victory schuld haue boþe þere remus. Þanne hadde þe emperoure Eraclius so ful feyth in þe uertu of þe holy cros and in þe preyer of hys criston pepul þat he ourecom hys enmy anone. Wherefore alle þe oste on þat other syde weron so sterud be þe Holy Goste þat þei of fre wille comyn alle to

29 in] *om.* 34 in] *om.*

criston feyth. And whan þei were alle ifolowod, Eraclius ȝode to þe kyng Cosdre os he satte in hys trone and sayde: ‘For encheson þat þou haste done worchep to þe holy cros, þou schalte haue schoyse wethu[r] þou wold be crystened and haue þine `rem´ for a lytul try|bute or ellys take deth anone.’ But for he wolde not be no way ben f. 108v cristened, anone Eraclius smote of hys heued and made to brekon þat hous. And þe siluer he partyd [among] hys oste, but þe golde and þe precious stonys he kepte to restore chirches þe wyche þe kyng hadde dystroyed, and so toke þe cros and wente to Ierusalem.

And whan he com fro þe Mounte of Olyuete towarde þe cyte, ryding gayly on hys trappod stede, and wolde a so gon into þe cyte, sodenly þe ȝate felle togydyr and was a parpyn-wall. þan was þe emperoure ande alle hys oste gretly astoned and sory in hure herte and wondryng of þis mischef þat befelle. So þan os þei made here mone vchone to oþur, þe sen an angel bryter þan þe sonne com downe from heven wyth a syne of þe crosse in hys hande, and stode on þe ȝate and sayde: ‘Whan þe kyng of heven com thorowh þis ȝate towerde hys passion, he com neyther on hegh horse ne in cloþus of golde, bot mekely rydyng on a sympul asse bak, leuyng ensaumpul of mekenesse to alle criston pepul aftur hym.’ And whan he hadde seyde þus, he stey vp into heuen aȝeyne.

þan þis emperoure, wyth alle þe deuocion þat he cowthe, he dysspoylyd hym to hys schurte and so barfotte toke þe cros in hys hande and ȝode to þe ȝate, and þan anone it openyd aȝeynus hym, and so ȝode to þe tempull and offerod þe crosse aȝayne þeras it was beforon wyth alle þe reuerens and solempnite þat he cowthe. þan what for ioy þat he had don þe cros aȝeyne and whatte for þe grete miraclus þat God schewod þere þat tyme, þe cros was worschepud more aftur þan it was before. And so aftur, þe worchep of þe cros þat was caste doun beforon was þus enaunsed. Wherefore þis day is callud þe exaltacion of þe cros. For as Seynt Austyn seyth: ‘þe cros, þat was furst of grete despyte and of vylenye, now it is of so hegh worschep þat emperoures worcheput hit.’

I rede in *Legenda Aurea* how a Iew com to a chyrch. And for he segh no man þerine, he ȝode to a rode and, for grete envye þat he hadde to Criste, wyth hys swerde he cutte þe rode þrote. And anone þerwyth þe blode sprente on hys cloþes so þat hit be-spredde alle hys cloþes wyth blode. And whan he segh hymself so be-bledde, he was adredde.

48 wethur] wethul rem] *in margin with caret* 51 among] from 78 nota *in margin with blue paraph*

Wherefore he toke þis rode and hydde it in a priuey place. And so as he ȝode homwarde, a criston man mete hym and segh hym alle blody. He sayde to hym: 'þou man-queller, where aste þou ben and done hym þat þou haste slayne?' þan forsoke þe Iewe and sayd it was not so. 'Ȝus,' quoth þe criston mon, 'and þi claþes be alle be-bledde of hym.' þan þis Iew knelud adoun and sayde: 'For sothe, þe God þat ȝe criston men beleuon vpon is of grete myght', and tolde hym alle how he hadde done, and cryed: 'Cryste, mercy' wyth alle hys herte, and þan was folowod and aftur was an holy man. Now ȝe schul knelon adoun and pray to hym þat schedde hys blode on þe cros for ȝow and alle mankynde, *et cetera*.

[59] *De embryng dayes sermo* |

f. 109r Thys weke ȝe schul haue Embring dayes, Wednesday, Fryday and Saturday, þe wyche dayes Seynt Kalyx, ane holy pope, ordeyned to be faste foure tymes of þe ȝere of alle þat ben foureten ȝere holde and more for certeyne skylles þe wyche [ȝe] schal here.

Oure holy faderes of þe Holde Lawe þei faston foure tymes of þe ȝere aȝeyne foure hegh festes þat þei haddon. þan for we schuldon sewon ous Goddys schyldron and sewon þe traas of owre holy faderes of þe Olde Lawe, þerfore we faston foure times in þe ȝere. Furste in March, in Wyssontyde, betwysson heruest-tyme and begynny[n]g of sede-tyme, and beforon Cristonmesse in dede wyntur.

March is a tyme þat dryeth þe erth of [s]lo[b]ure and wete þat is þerinne. Whefore we faston þat tyme to dryen þe erth of oure body of humerus þat ben enmyus boþe to þe body and to þe soule þat tyme þe humerus of leccherye temptuth a man most. We faston in Wysson weke to gete grace of þe Holy Gost þat we mon lyvon in perfite charite towarde God and alle oure euen-criston and to haue mekenesse in herte to putton away pride þat tempteth a man greuosly þat tyme. We faston betwene heruest- and sede-tyme to haue grace to gedur froytus of gode werkys into þe [b]erne of oure conciens and so be gode ensaumpul of gode lyving sowen hem among alle þat we comyn wyth, pore and rych. We faste in wyntur, þat deduth and slegh alle stynkyng wedus, to slen in vs þe stynkyng wedus of synne and of vys, þe wyche han grewon in foule erthe of oure flesse, þat makuth oure angellus and alle oþur gode men to etchewon oure company. For vche gode man is

[59] 2 Thys] T- *in blue, dec., 2 ll. deep* 5 ȝe] *om.* 10 begynnyng] begynnyg 12 slobure] floure wete] whete 20 berne] herne

loth to be in company wyth a vicious man, for as a nettyl brennyth rosys and oþur floures þat ben nygh hure, so a vicious man steruth and settuth of fyre hem þat ben by hym, so þat a gode man schal ofte be grevod wyth a vycious man.

For þeis skyllus we fastuth foure tymes in þe ȝere, and vch tyme iij dayes, Wednesday, Fryday and Saturday, þat betokeneth þe special vertues þat most helputh a synful mannus soule to geton grace and mercy of God, þat ben fasting, devoute preyng and almus ȝevyng. Fasting it clensyth a mannus flesse of euel stering and luste to synne of glotonye and of letcherye, for þese ben synne[s] of flesse. Devoute preyere hyt m[e]kyth a mannus soule and partuth away sclowthe and envye. Almus dede hyt quenchyth synne and þe fyre of couetyse and putteth away dedly wrath oute of mannus herte and makuth hym merciabul.

For os þe opynion of s[um]e is, þei ben callud Embryng dayes for encheson þat oure holde faderes woldon eton þeis dayes kakon þat weron bakon in þe ymbren and was callud *panis subcinericius*, brede bakon vndur þe askus, so þat in eting of þat brede þei reduced to mynde þat þei weron bot askus and to askus schuldon turne, þei wyston neure whanne. And so be þis þoghte þei putton away alle delicate metys and drynkus and weron payed on drye metys and tokon none hede bot þat þei haddon a sympul sustynaunce, for þe þoght of | deth makuth a man to haue lytyl wylle to eten or to drynkon both only f. 109v þat nede dryuith hem to. In ȝoure faste þenk ȝe on ȝoure deth and parteth ȝoure metus wyth hem þat haue none suche as ȝe haue, and þan God wil fede ȝow of hys borde in heven, and so God graunte.

[60] *Festum sancti Mathei apostoli*

Suche a day ȝe schal haue Seynt Matheus day, þat was Goddys holy apostoll and eu[a]ngeliste. Wherefore ȝe schul faste hys evyn and comyn on morowh to chyrch and worcheppon God and hys holy apostel. Þan schul ȝe knowe þat þis holy apostel Seynt Mathew is commendyd in alle Holy Chyrch for fowre holy uertues þat he hadde—he was obedient to Criste radly, he fedde Criste gladly, he preched þe gospel boldely, and suffred passion mekely.

Furste he was obedient to Criste raddely. For os he satte in a tolboþe, ful besy to geton worledus lucur and tenduth alle þerfore, Criste

35 synnes] synne 36 mekyth] makyth 40 sume] synne *alt.* to svmnne?
[60] 2 Suche] S- *in blue, dec., 2 ll. deep* 3 euangeliste] eungeliste

com þat way and lokud on hym and badde hym comyn and sewen hym. And he anone laft alle hys scourus and hys counterus and hys bokus þere and sewod Cryste forþe, and hadde suche a loue to Criste þat he was wondur fayne in hys herte to forsakon alle hys gode and so to sewon Criste pore and sympul.

Also he fedde Criste gladly. For þan he prayed Criste to ete wyt hym, and so made Criste a grete feste, not of deynteth metys, bot in feding of Criste and of þe grete company þat sewod Cryste. For he putte away none, bot was gladde to fedon hem alle for Cristes sake, for where þat Cryste wente, gre pepull went wyth hym, some to sene myraclus þat he wrowthe, some to ben helud of hure sekenesse, sume to heron hys prechyng, some to haue here lyuelode, some þat weron hys enmyes to han takyn hym in some worde, if þei myton, to haue desesed hym þerby.

þus whan Mathew had festod Criste and alle þat comyn wyth hym, Cryste made hym þanne one of hys dyscyplus and ȝaf hym conyng to preche þe beleue, so þat aftur he prechyd Goddys worde boldely and spared neyther for thrette ne for drede of deth. Wherefore he was sent to a cyte was callud Nadabar, where he fonde too men þat weron þe fende alle betawth, for be nygrymauncy and ioglery þei dudon many þingus þat weron wondurfull to mannus seghte, and alle for men schulde leuon on hem and ȝeuen hem [gode] and feston hem and done hem grete worchep. Bot whan Seynt Mathew [com], he diskerud alle here wychecrafte, so þat þe pepul knew opynly þat alle was of þe fende þat þei wroghton. Wherefore þi weron so wrothe, þat be here crafte þei makyd to dragonus, grete and horribul, to sputte fyre and brethon so foule stenche þat it slogh many men. þese dragones þei browghton forth wyth hem to haue deuowrid Seynte Mathew. But whan Mathew herde, he made a syne of þe cros beforon hym and ȝode aȝeynus hem, and anone þe dragonus fellon dede beforne hys fete.
f. 110r þan seyde Mathew to hem: 'Ȝyf ȝe haue any | myghte, reysuth hem aȝeyne to lyue', but þei myghon haue now powere in hys presens. He seyde: 'If I were not Goddys servaunte, I wolde make hem to do to ȝow þat ȝe purposyd to me. But it is þe techyng of oure maystur algatus to do gode agaynus evel. Wherefore I bydde ȝow dragonus þat ȝe ryson vp and goth þidur þere ȝe schul neure greue man ne beste', and so þei ryson and ȝodon away. þan Seynt Mathew turnyd to þe pepul þat was gederid to þis syght and prechyd hem þe ioye of

12 counterus] *final minim of* -un- *dotted as if* -mi- 31 mannus] mannnus 32 gode] *om.* 33 com] *om.* 34 wychecrafte] and *add.* 35 wroghton] wyth *add. and canc.*

paradyse and sayde how þere is day and neure nyght, þer is euerlastyng ȝowþe and neure elde, eure hele and neuer sekenesse, song and myrthe wythowte sesyng, rosys and flowres wythowte welowing, popynioyes and byrdes eure syngyng, loue, reste and alle maner lekyng, so þat alle þat wyllyn beleue on Cry[s]tys beleue schul commen þider and haue þis ioy wythoute endyng. Þus he prechyth Goddys wordys boldely.

He suffrid also passion mekly. For he preched in a cyte þer wykkyd men tokyn hym and beton hym ful sore and aftur putton oute hys hyen and caston hym in a preson tyl þei haddon conseylyd whatte deth he schuld dyon on. Bot þan com þere an angel to Seynt Andrew, as he was preching in a ferre cuntre from hym, and broght hym oure þe see to þe preson þer was Mathew ine. And whan he segh hym so foule ferde wyth, he wepte for rewth of hym and prayed to God for hym, and so anone God restored hym hys syght aȝeyne. And þan Andrew ladde hym of preson and badde hym gone aȝeyne and prechen Goddys worde, and Andrew ȝode aȝeyne into hys cuntre.

Þan os Seynt Mathew prechyd in þe cyte of Nadabar, þe kyngus sone of þe cyte dyod. Wherefore þe kyng sent for Seynt Mathew and prede hym to reron hys sone aȝeyne to lyve, and so dude. Wherefore þe kyng and hys wyf and a dowghtur þat was callud Euf[igeni]a, tokon criston fayth, and þe more parte of þe pepull. And for he knew þat God hadde schoson hys doghtur to ben an holy womman, he blessud hyr and ȝaf hyr þe veyle of schastite, and was aftur a kepar of many othyr virgines. Þan dyed þe kyng, hur fadur, and cam anoþer was calud Hyrtachus þat louid þis Euf[igeni]a. He spak to Sent Mathew, preing hym to helpon þat Eufigenia wolde assent to hym and ben hys wyfe: for aftur hym scheo woldo and aftur none noþer. Þan sayde Mathew þat myght not ben, for scheo was weddod to þe kyng of heven and myght not breke þat spowsode. Þan was þis kyng so wrothe þat he sent men to slene Seynt Mathew. And so as he hadde sayde hys masse and stode at þe auteres ende in hys deuocionus, com one behynden hym and wyth a swerde slogh hym. Þen cryston men tokon hys body and byried it in þat same chyrche. Þan also þis kyng made to setton fyre on vche syde of þis Eufigenias house to han brende hur þerine. But þen Seynt Mathew aperud and turnyd þe fyre to þe kyngus palys and brent hit vp altogydur and lafte nothyng, saue þe kyng vnnethe skope awey and a ȝung schylde wyth hym. And þan was

52 byrdes] wythoute *add. and canc.* 53 Crystys] crytys 69 Eufigenia] Eufenysa 74 Eufigenia] Eufennysa

þe kyng smeton wyth a myselrye þat was so violent to hym þat, for woe þat he hadde, wyth hys owne swerde he slow hymselue. And for f. 110v he schapud a foule deth | [to] other, it felle on hymself, *et cetera*.

[61] *De sancto Michaele archangelo sermo*

Suche a day ʒe schul haue Seynt Michael day, Goddys holy archangell. Ʒe schul knowon þat Holy Chyrch makuth mencion þat day of alle Goddys holy angellus for þe grete helpe and seruise þat mankynde hath of hem. But specialy [sc]he[o] makuth mynde of Seynt Michaell for þre prerogatiues þat he hath befor alle other. For he is wondurfull in appering, he is mervelus in miraclus worching, and victorius in hys fyghtyng.

He is wondurfull in appering. For os Seynt Gregory sayth, whan God wol worchyn any wondurfull dede, þen he sent forth Seynt Mychael as hys howne banerere, and he beruth hys schelde and syne of hys armys, þerine is þe syne of hys cros. Wherefore he was sent wyth Moyses and Aaron into Egypte to worche þere merveylys þat þere weron done, for þogh þe syne were in Moyses, þat myght of þe worchyng was done be Mychael. Also he departyd þe Rede See and hulde þe watur on tweyon whyl þe pepul of Israel ʒode þorogh þe see drye-fotte. He ladde hem fourety ʒere in deserte. He broght hem oure flom Iordayne and helde þe watyr aʒeyne so þat þe watur rebounded aʒeyne lyk to a grete hull whyl þe pepul ʒode ouer drye-fottes, and he broght hem into þe londe of beheste. Also he keputh paradyse and takuth in þe soules þat ben send þidur. He schal sleyne Antecriste in þe Monte of Oliuete. He schal bydon alle þe dede ryson at þe day of dome. He schal bryngon to þe dome þe crosse of Criste, þe nayles, þe spere, þe croune of þorne, and alle other instrumentes of hys passion to schewon how rythewysly heo schul ben da[m]pnyd þat setteth noghte be Cristes passion. Þus Sent Michael apperuth wondurfully.

He wyrchuth miraclus meruellysly. For as we redon, in Appulea in þat cuntre is a hyghe hull þat is callud Garganus, and a cyte nyght to it, in þe wyche cyte dwellyth a ryche man of diuerse catell. And for hys bestys lesowod on þat hull, on a tyme a bul lafte behynde other

89 to] *om.*

[61] 2 Suche] S- *in blue, dec., 2 ll. deep* 5 scheo] he 25 dampnyd] dapnyd þat] þei þat *add.* 28 nota *in margin with blue paraph* redon] þat *add.*

bestys. Wherefore þis man wyth hys seruandus ȝedon to sechon þis bole and so fondon hym standyng alle hymself beforne ane hole of a den þat was [þer]. þen on schette a narogh at þis bulle, bot þe arow turnot aȝeyne and smote hym þat schette it and wonded hym sore. Wherefore þei weron alle aferde and ȝodon and toldon here byschoppe of þis þing. þan as þis byschoppe preyed to han wyttering of þis þing, Seynt Michael cam to hym and sayde how hyt was hys wille þat þe man was hurte wyth hys owne arow: 'For so be þat doing men schuldon knowon þat I am keper of þis place. Wherefore go þou and make of þat den a chyrch þat pepul may comyn ydur and worscheppon God and me', and so dudde.

Also he aperud to anothur byschoppe at a place þat is callud now Mychael in þe Mownte in Cornewayle and badde hym gone tul an hull topp þat is þere, and þereas he fonde a bole tyed, þer he badde hym makyn a chyrch in worschep of hym. But for þer weren too roches on eþer syde of þe chyrch, þat þe werk myght not vpp for hem, Seynt Mychael badde a man in a nyth go þidur and putton away | þik f. 111r roches and drede noþing. þan ȝode þis man þidur and sette hys schuldur to þe roche and badde hym in þe name of God and Seynt Michael steron vttur, and so þei dedon as myche as neduth.

In Seynt Gregorius lyf we reduth how þer was suche a qualme of pepul in Rome þat þei sene arowes of fyre comyng fro þe eyre and slee men an hoiode nowmbur. þan Seynt Gregory prayed to God to ceson þat pestelens, if it were is wille, and þan he seygh an angel standyn on a castel and wypyng hys blody swerde and puttyng it into hys scheþe, þe whych angel þe seydon was Seynt Myghel, þat was send þidur fro God to ponisch þe pepul for hur synne. þus Michael was meruelus in miraclus worchyng.

He was also uictorius in hys fythyng. For whan þe cytecenes of Cepontyne weron oppressyd wyth payne[m]s and schuldon ȝeue hem batel, þei preyed ȝ[ern]e to Seynt Michael of help. þan þe nyght before þe day of batel he apperud to þe byschoppe and badde hym ha no drede bot gone to þe batel boldely and he wolde helpon hem. þen on þe morow whanne þe batell schulde meton, þe hull of Garganes was hyllode wyth a grete myste, and oute of þe myste com flying so þik arrowes of fyre and boltys of þondur þat þei w[o]nde þe paynemus so greusly þat flown alle þilk þat myghte flee and many of hem weron slayne. And þilk þat weron sauid seyen þe miracul of God and weron made criston men be help of Myhael.

34 þer] *om.* 61 paynems] paynes 62 ȝerne] ȝopie 67 wonde] wende

Seynt Iohn euaungelyste seythe in þe Apocalyps how Michael and hys angellys foghton wyth Lucifer in heven, þat is callud þe dragon, and hys angelus. And so wyth help of God Michael hadde þe victory and drof oute of heuen þe dragon and all hys ferus into þe eyre betwysson heuen and erth, and þere þei ben as þikke as motus in þe sonne. But for Cryste com to helle wyth a berste of þondur, ȝytte whan þei heron þondur for fere þerof þei fellon doun to þe erthe, and þan þei gon not vp aȝeyne tyl þei haue done some grete malys. Þan þei reyseth debate and makuth manslawte; þei make wommen to ourelygon hure schyldron; þei reron fyre and brennon howses; þei reruth wyndus þat castuth doun stepulles, trees, and houses, and othur myche harme, and drowneth scheppys in þe see, and done þe harme þat þei mowne. And myche more þei woldon, ȝef þei were not restreyned be Seynt Mychael, for alle here sorogh is to sene soules bene borowed wyth angelys into heven into þat place of ioye þere þei weron.

Oþur spyritus weron in heven þat stode not stedefaste in scharite towarde [God] but sumwhatte floterode, þe wyche Seynte Mychaell drof owte of hewne into an yle of þe see, þe weche Seynt Brendan segh and telluth þus: 'As I was schyppyng in þe see, I cam into an yle and see a tree þat was so brode and so myche þat it is wondur to tellon, on þe wyche tree setton berdus whyte os snow þat weron thykker þan leues on þe tree. Þan I prayed to God to haue wyttyng whatte þei f. 111v weron. Þan cam þer one of hem | and satte on þe horne of þe schep and baterud wyth þer wengys and gaf a soun as it were organus. Þan sayde I to hur: "Ȝef þou be Goddys messangere, speke to me and telle me what ȝe ben." Þan he sayde: "We weron angellus in heven whan Michael drof oute Lucifer and hys angellus. And for we ȝeynestodon not hym as Michael dude, we weron dryuon oute also. But we ben [not] so departud [but] þat we commyn vch holy-day hydur, and here we worscheppon God sewuen sythen in þe nyght and in þe day, os ȝe done, and haue no noþer peyne, bot only we ben putte from Goddys presens."'

Þus Seynt Mychael was wondurful in apering, he was mervelus in miraclus doing, and he was victorius in hys fytyng. Þan schul ȝe knelen adoune.

88 God] *om.* 98 drof] *rep.* 100 not] *om.* but] *om.*

[62] *De sancto Luca euangelista sermo*

Gode men and wommen, suche a day ȝe schul haue Seynte Lucus day, Goddy[s] holy euangelyste.

Þan schul ȝe knowe þat Criste hath foure euangelyste[s], Mark, Mathew, Lucas and Ione, þe wyche wryton foure gospellus þat ben Cristus worde. For 'gospel' is redy Englys 'Goddus spel', þat is, Goddus worde. Wherefore þese foure wryton not only what Criste spak but also what he dude and what he suffred here in erthe for monkynde for encheson þat we and alle oþer þat weron beforne vs and schullon comyn aftur vs schuldon knowon and wyton whate Criste dude and taghte in helpe and sauacion of vs.

Þen for þeise foure euaungeliste[s] ben lyked to foure diuerse bestes and so ben peyntud in foure parties of þe cros for foure parteys of Criste—þat is, for Mark a lyon, for Mathew a man, for Luce a kalf, for Iohn an eron, herefore many lewed men wenuth þat þei weron such bestes and not men. But þilk þat þoo vndirstandon þei schul know þat þei ben so lykyd to þese bestes for Crystes doing in þe gospelles þat þei wryton was lyk to þe kynde of þese bestys, as þus: Mathew he wrotte moste of Cristes manhed and þerfore he is lyke to a man. Luc he wrote moste of Cristes sacrifise and hys deth, and þerfore he is lykenode to a [k]alf or a nox, for a kalf was offered in sacrifise in þe Olde Lawe for synne, tokennyng þat Criste schulde comyn þat schulde ben offered in sacrifise for synne of þe pepul in þe auter of þe cros. Mark wrote moste of Cristes vpryse from deth and þerfore he is lykned to a lyon, for, as bokus telluth, þe kynde of þe lyon is such þat hys whelpys þre dayes aftur þat þei ben borne þe schul lyggon dedde. Þan þe þrydde day þe lyon comyth and, for he seth hys whelpys dede, for sorow he makuth such a rerud þat þe dede whelpus þerwyth wakenyth and quickeneth and so takyn lyf. Þus whan Cryste hadde lyne dede þre dayes, þe þridde day þe Fadur of heuen spak to hym and badde hym ryson and so rerud hym from deth to lyue. Ionh hys lykened to an erron þat is kyng of foules, for an erron of kynde he flyegh heygh and next þe sonne and hath grete delyte to lokon on þe sonne. So Sent Iohn he went nexte to God, for he preched and wrotte moste of Cristes Godhed and lytil of hys monhed. For þese skyllus þese euangelistes ben lykned to þese foure bestes.

[62] 2 Gode] G- *in blue, dec., 2 ll. deep* 3 Goddys] goddy 4 euangelystes] euangelyste 12 euaungelistes] euaungeliste 13 cros] and *add.* 21 kalf[1]] half kalf[2]] þat *add.*

But now ȝe schul knowon þat Seynt Luk is lykned to a kalf, þat was offred in sacrifice, for he offred hymself in sacrifice to God day and nythe by þre wayes: in þowght, in worde and in dede. He offred hys f. 112r þoght to God, for | þeras he was wonte before to þenke on vanite and how he myht geton wordus godus—for he was a leche of crafte and, as bokys tellon, a leche boldely slegh a man, and he ful helte hadde sum tyme do mys beforne—wherefore he turnyd hys þoght al to God and repentyd þat he hadde done omisse, and þus offred hys þoght in sacrifice to God. For as þe Boke sayth, God hys heygly plesyd wyth [hys] þoght þat is sory for hys synne.

He also offered hys worde to God in sacrifice, for þere þar he was wont before, or he cam to þe apostolus, to spekon mony an ydul worde of none avayle, aftur he turnid alle hys speche in profyte to hym and to alle oþer criston pepul. Wherefore he ȝode to oure Lady and lerud at hur þe gospell þat he wrotte. And for encheson þat he was clene maydon and hadde neure wyf ne chylde, he was myche þe more chere to oure Lady and tagh hym ful godely how þe angel Gabriel cam to hure on message from þe kyng of heven, and whatte he spak to hur, and hur answere aȝeyne, and so alle þing þat scheo dud wyth hur Sone in hys ȝowthe and aftur tyl he was steyed vp into heven. And whanne he hadde lernyd þis perfitly, þan he lokyd what Mark and Mathew hadde wryton and so toke at hem, and þereas þei passyd darkly forth, he wrote oponly alle þing. And þus in techyng and in preching he ofrod hys worde to God.

He ofred also hys dede to God in sacrifyse, for he peynid hys owne body wyth diuerse penaunce of fastyng, of harde lyggyng, of harde cloþing. Also he was [wyth] þe apostolus in all here pursute þat þei suffryd, and also he wrotte alle þe persecucion þat þe postolus suffred and þe desese þat þei suffrut of þe Iewes in Ierusalem, and wyth hem he hadde grete pursute for Goddys sake. And also he wrote alle þe persecucion þat Seynt Stewne suffred and how he was stoned to dethe, and aftur hys deth he ȝode to Seynt Poule and sewod hym in bonechef and in myschef, and lafte hym neuer tyl dethe departyd hem. And þan he ȝode into a cuntre þat was called Bytynye, and þere he preched Goddys worde. And whan he was iiij skore ȝere olde and ten, þan he dyed ful of þe Holy Goste and holy vertues. So aftur hys deth God schewod for hym many fayre mir[a]clus.

40 for] *rep. f. 112r* 41 wordus godus] goddus wordus 46 hys[1]] *om.*
51 he[2]] scheo 63 wyth] *om.* 73 miraclus] mirclus

[63] *De festo sanctorum Simonis et Iude*

Such a day ȝe schul haue þe fest of Symonde and Iude. Wherefore ȝe schul faston þe evon and comyn on morowe to chyrch and worcheppon God and hys holy apostolus.

þan schul ȝe knowen þat eyther of þeyse apostolus haddyn too names: þat one was callyd Symond Ȝelotes and Symon Chananeus, and þat other was callyd Iudas Iacobi and Iudas Thadeus, schewing in þis how þe name þat a man hath hit deduth in þis worlde and passuth oute of mynde in schortyme aftur hys deth. Wherefore yche criston man schulde be besy to geton hym a name þat schal be wryton in heven in þe boke of lyue þat schal laston for euremore. Herefore þese too apostolus suffred grete desese and trauayle and penaunce and at þe laste peyne of deth for Goddys sake wyth meke herte and clene conciens of alle maner fylth of [s]ynne.

Symon is vndirstondon obediens þat makuth a man meke in herte, and Iudas is vndurstandon confession þat clensith a mannus consciens of alle maner fylth. þus be here deth þei ȝeuyn vche man ensaumpul and | techeth how þat þei þat suffreth ani desese for Goddus sake (f. 112v) wyth meke herte and clene conciens þei schullun ben worcheppud of God in heven and haue þer name wryton þer in þe bok of lyue wyth grete worchep to þe fraternite of þe seyntus of heven.

But þer ben many þat God senduth desese and greuos for grete loue and for grete encrese of mede in heven, but for þei takuth not it wyth meke herte and clennesse of conciens but grutchit þerwyth and pleneth ȝerne þervpon, þerfore þei haue grete nede to prayon to God of helpe and to ben helud of þat seknesse þat þei haue in here herte [and] spirite.

But we rede in þe lyue of þeise apostolus how a kyng þat was callud Abagarus dede. þere we rede þis kyng was lepur and herde of oure Lorde Ihesus Criste þat he wroghte many miraclus and helud alle seke. Wherefore he wrotte to hym a lettur in þis wyse: 'Kyng Abagarus gretuth wel Ihesus Sauior þat precheth in places of Ierusalem. I haue herde of þe miraclus þat þou doste, how þou helyst alle maner seknesse wythoute herbus othur any salue, and curuste blynde and halte and crokyd wyth a worde, and—þat is more wondurful—þou reysust dede bodyes to lyue aȝeyne. Wherefore I

[63] 2 Suche] S- *in blue, dec., 2 ll. deep* 14 synne] fynne 15–21 Symon . . . heven] Symon . . . fylth (f. 112v) *and* þus . . . heven (f. 112r–v) *trs.* 27 and] *om.* 28 Narracio *in margin in the long hand*

thenk in myn herte þat þou arte Goddys Sone and arte comon doune from heven to erthe and lyuest among men os one of hem. Wherefore I wryte to þe prayng þat þou come to me and hele me of my lepur þat greveth me sore, for I haue vndurstondon how þe haue schapud to do þe to deth, and I haue a lytel cite þat is gode and honeste and plentvows and is inowh for vs boþe. Wherefore I prey þe com to me, and dwelle we togydur in reste and pes from þine enmyes.' Þan Criste wrote aȝeyne to hym and sayde: 'Þou arte blessud þat leuest in me and hast not seygh me ȝette. But for þou wylnyst me to come to þe, I say þat I mote done þat I am comyn fore, and þan wil I sende some of myne discipulus to þe þat schal hele þe of þi seknesse.'

Þan for þis kyng myght not haue Criste to hym, for grete desyre þat he hadde to sene hym he sente a maystur-poyntur to Criste to peynton Cristus visage as lyk os he cowthe and bring to hym, hopyng so to haue some maner of knowleche of hym. But whan þe peyntur was comyn to Cryste and lokud on hys visage, it schone so brythe þat he mythe noþing sene of hym. Wherefore he was alle murnyng in hys herte þat he was sent so ferre and mythe not spedon. Þan Criste toke a clothe of þis peyntur and whypud hys owne vysage þerwyth, and þan was þe forme of hys vysage apertely þeron alle othur þanne þe poyntur cowþe a makud, and bar þat to þe kyng from Criste. Þen was þis kyng wondur gladde of hys sonde and dude hyt þe reuerens þat he cowth, til aftur Cristes ascencion Seynt Thomas of Ynde sende on of þese apostolus, Sent Iude, to þis kyng. And whan þis kyng seygh Seynt Iude, þan saw he a schyning in his face þat he wende he hadde f. 113r ben Cryste hymself. Þan seyde Iude: | 'Beleue in Criste and þou schalte haue þine hele.' Þan sayde he: 'I beleue in hym and fayne wolde ben wrokyn on hem þat hath done hym to dethe ȝif it were in my power.' Þan toke Iudas þe lettur þat he sente þe kyng byforon and wyppe þe kyngus forhed þerwyth, and anone þe lepur fel fro hym and was hol as fyssch.

Þan whan þis was done, Iudas ȝode to Symonde, and ȝodon þan boþe infere into Pers to preche Goddys worde, and þer wrowgthon many miraclus, so þat þei turned þe kyng and too a syxti thowsand of othur pepul to Cristus feyth. Þan þe cristen pepul encressud so, þe kyng and nyght alle þe pepul of [þe] cuntre wythdrowon þe offering þat þei weron wonot to offron to hure mawmetys, þe wyche þe byschop[pys] of þe tempul hadde to hure lyuelode. Bot whan þis was wythdrawon, þese byschoppys weron so wroth þat þe gadyreth

50 he] scheo 52 brythe] *alt. from* blythe 72 þe² *om.* 74 byschoppys] byschop

hem togydyr and also many oþer os þei mython be frenschep and be hyre, and tokon þese apostolus and laddon hem into hur tempul to haue done sacrifise to hure mawmetys, or ellys to be done to dethe. þan cam þer an angel from heven and askud hem we[t]hur þei woldon haue: here enmyes dede anone beforon hem, othur þei suffred martirdam for Goddys sake. þan seyde þe apostolus aȝeyn: 'Boþe we desyron to haue oure enmyes turned to feyth and we for to suffron deth for oure Lordys loue.' þan þei turned hem to þe mawmetys þat weron in þe tempul and commawndeth þe fendys þat wero[n] in hem comyn owte, and schewod hem to þe pepul and þan al to-plukkyd þe ymages to poudyr, and so dude. Wherefore þese byschoppys weron wondur wrothe þat þei anone fellon on peses. þan anone com þerwyth a [þ]o[n]dyr and a leyth and þerwyth cleff þe tempul in þre partes doun into þe grounde. þan þei sodenly, þe byssopes wyth þe pepul, sclowon þe apostolus. þan toke þe kyng here bodyes and byrryod hem and made a ryall chyrch in worchep of hem, *et cetera*.

[64] *De festo omnium sanctorum sermo utilis*

Gode men, such a day ȝe schul hauen a solempne fest in alle Holy Chyrche of All Halogh. Wherefore in worchep of God and alle seyntus of heven ȝe schul faston þe evon and comon on þe morowon to chyrch and worcheppon God and alle hys halowon.

þan ȝe schul knowon þat þis fest was ordeyned to grete helpe of alle criston pepul for þree causes, þat ben: for a tempul halowing, for omission fullyng, and for necgligens clansyng. Furst it was ordeynot for a tempul halowing. For whan þe Romanus weron lordys of alle þe worlde, þei madon a tempul in Rome rownde os dof-hous and callud it Panteon, and setton in þe mydul of þe tempul an ymage þat was chef mawmete of alle Rome, and þan of yche londe in þe worlde an noþer ymage rounde alle aboute be þe wall, and þe name of þe londe þat þe ymage was of was wryton vndur þe fette of þe ymage. And alle weron so made be nygremancy þat whan any londe turnyd fro þe emp[er]oure of Rome, anone þe ymage of þat lond turnyd | hys faas to f. 113v
þe walles and hys bak to þe ymage of Rome. So whan þe byschoppus comyn into þe tempul and seygh an ymage turnyd, þei lokyd of what londe hyt was and so ȝodon anone and tolde þe emperoure. And he

79 wethur] wehur 84 weron] wero 88 þondyr] powdyr 89 sodenly] sode/denly 90 kyng] toke *add.*

[64] 2 Gode G- *in blue, dec., 2 ll. deep* 16 emperoure] empoure

þan anone gederod a grete oste and sende þidur, and sette hem at rest and at pes aȝeyne. þan dured þis tempul tyl þe tyme of pope Boneface þe ferthe com, þe wyche ȝode to þe emperoure þat was callud Foca and prayed to ȝeuen hym þat tempul þat he myghte putton oute of it þe multitude of fendes an halow it in honowre of oure Lady and of alle martyres, and so he dyod. þan com aftur an othur pope was callud Gregorius and ordeyned þis day to be halowod in þe worchep of God and of alle seyntus, and so commaundyd alle Holy Chyrch to do þus, and þis fest was þus furste begonnen.

þis fest was also ordeynyd be þis same pope to fulfyllon oure omyssionus. For many a seyntus day we leueth in þe ȝere onseruod, for þei ben so fele þat we mon not seruon all. For as Seynt Ierom tellyth, vche day in þe ȝere ben mo þan iiij thowsand of martyris, owtakon þe forme day of Ianiuere. Wherefore Holy Chyrch ordenyth conabully þat, for hit is so þat we mow not halow vche seyntus day at hys day, we schul han alle in one day and so fulfyllon in one day þat we haue laft behynd alle þe ȝere. þus vche seynt of heven hath hys worchep of vs whil we halowon þis day devowtely as we owon to done.

þis fest also it was ordeyned to clensen oure necgligens. For þowh we halowon bot few seyntus dayes, [ȝet we ben ful necgligent in oure seruice and forȝeteþ many þinges] be vnkonyngus and be doing of othur worldus occupacionus. Wherefore in þis feste we schul makon amendus þat we haue trespased in othur festus beforne. Wherefore [ȝe] schul know wel þat þei haue grete synne þat doth not hur bysines þis day to serue God and alle hys seyntus, vche creature in hys degre and aftur hys conyng and hys hauing. And knoweth wel þat þis day ȝoure preyeres schul ben sonner herde of God þan any othyr day, [for þis day alle þe seyntus of heven yfere prayon for vs. Wherefore] ȝe schul knowen for certeyne þat alle seyntus preyeres at onys schul ben sandur herde þan on er too by hymself. þe seyntus þat now ben in hevne weron somtyme os we ben now of oure flesse and blode and of oure forfaderes. Wherefore þei han compassione of vs and ben fayne to geton any pray[e]r of vs þe whyche þei mon presenton God wyth in oure name.

þan for to schewon þat alle seyntus comyth gydur þis day to prayon God for vs, I telle ȝow þis þat I fynde iwryton in *Legenda Aurea*. þis vysion was seyn þe secund ȝere nexte folowing aftur þis fest was

22 emperoure] e- *alt.* 39–40 ȝet . . . þinges] *om.* 40 and be doing] *rep.* 41 in þis feste] *rep.* 43 ȝe] *om.* 46–7 for . . . Wherefore] *om.* 52 prayer] pray lr 56 nexte . . . fest] aftur þis fest nexte folowing þis fest

ordeyned to ben halowod. Þer was a kepar of Seynt Peteres chyrch in Rome þat þis day, aftur mateynes at mydnyth whan alle weron gon from mateynus to bedde, þis man for deuocion þat he hadde he ȝode to vch auter in þe chyrch and dyd hys deuocion. And whan he hadde gon alle abowte, þan he ȝode to þe heye auter. And whan he hadde ben longe þere | in hys deuocion, he fel on slepe before þe auter. Þan anone he was rapt in spryt and segh þe kyng of blysse syttyng in hys mageste and a grete multitude of angelus abowton hym. Þan cam þere a fayre quene wyth a rych corone on hure hed, rychely arayed, wyth grete company of virgines and othyr wommen sewing hure. And whan scheo come, anone þe kyng rose aȝeynus hure & made to setton a cheyere of golde and made hure sytton þerine. Aftur hure com one cladde in camel-skynnus, and hym sewod a grete company of olde men. Aftur com on cladde lyk a byschopp, and hym sewod anoþer company lyk to hym onestly cloþed lyk byschoppes. Aftur hym com such a multitud os þei weron knytus of diuerse pepul, and alle comon before þe kyng and so knelyng doun dudon hym worchep.

f. 114[r]

Þan þei þat weron lyk byschoppes begonon and saydon mateynus. Þan spak þis man to þe angel þat ladde hym and askud hym what alle þis pepul was þat he sagh þere in such diuerse aray. Þan sayde þe angel þat þe kyng was God hymselfe, þe quene was oure Lady, and he þat was cladde in kamel skynnus was Seynt Ionh Baptiste, and oþer patriarchus and prophetus wyth hym. Þe byschoppus weron Seynt Petur and other apostolus wyth hym and othur men of Holy Chyrch. Þe knytus weron martyrus and confessoures and othur pepul þat weron Goddys seruandus trew here in erthe, and comyn alle þus before God and þankud hym for þe worschep þat þei haddon as þis day in erth of alle mankynde. Wherefore þei prayed al to God for ȝow þat bene in erth, þat God schuldon quiton ȝow for ȝoure travayle in heven. Whefore ȝe schul knele doun and pray to oure Lady and alle other seyntus to pray to God for ȝow þat he ȝev ȝow such grace þat ȝe may plese hym in þis worlde, *et cetera*.

[65] *Sermo in die animarum ad parochianos*

Gode men and wommen, þis day is Alle Soule Day þat ben in purgatori in Goddys preson and han grete nede to ben holpon. Wherefore os Holy Chyrch þis day worcheputh alle seyntus þat ben

73 doun] and *add.*
[65] 2 Gode] G- *in blue, dec., 2 ll. deep*

in heven generall infere, hoping to ben holpon by hem, ryght so tomorowe Holy Chyrch makyth mynde and syngeth and reduth generalych for alle þe soules þat ben in purgatory, hauyng ful beleue to releson hem of hure peyne owther in parte or in alle. Wherefore uche criston man and womman schal os þe morowhe helpon þe sowles þat ben in purgatory peyne, for so þei mowon and þei wyllon. For þe lest preyere þat is made for hem doth hem gode, þogh me say bot þus: 'God, haue merci on alle cryston soules', so þat he þat seyth hitte be in charite and owte of dedly synne.

þan schul ye knowon þat þree thyngus helputh moste soules oute of penaunce, þat ben: deuowte in preyere, almus dede ȝevyng, and masse synggyng. Devowte prayng hit helputh myche a soule. For os a lorde þat hath a man in destresse, at þe preying of hys gode servaunde othur he relessuth hym of alle other of som[m]e, so God at þe prayere of hys trewe seruande relesuth a sowle þat he prayeth for owther in parte or in alle. |

f. 114v þan for to shew how grete gode preyeres helputh þe sowle, I telle ȝow ensaumpul. I fynde in *Legenda Aurea* þat þer was a man þat hadde hys hous be þe chyrch-ȝorde so þat þe dore oponyd towarde þe chyrch. þan hadde he a maner þat, as ofton os he com or ȝode oure þe chyrch-ȝorde, he wolde seyn *De profundis* for alle criston soules. þan it happonid so þat on a day he was pursuod wyth enmyes þat he flow homwarde. Bo[t] whan he com into þe chyrch-ȝorde he þowth: 'Now is tyme [to] say *De profundis*', and knelud adoune and sayde [it]. And anone þerwyth alle þis chyrch-ȝorde rose ful of bodyes, vchone wyth an instrument in hys hond of hys crafte, and dryuon aȝeyne hys enmyes. And whan þei sene [þat, þei] cryed God mercy, and þis mon, and he was eure aftur þe more devoute preying for soules. þus devoute preyere helputh myche soules.

Also almus dede ȝeving helputh þem myche. For os watur quenchyth fyre in oure syght, ryght so almus quencheth þe fyre þat brennyth hem in hure peyne. And ȝef almus be ȝevon for hem þat ben in blysse, for þei haue no nede þerto it is put into [þe] tresoure of Holy Chyrch, and at Goddys byddyng hyt is delud amongus hem þeras he assyneth hyt. And þan þe sowles þat ben holpon þerwyth heghly þei þankon þik soules þat hyt was done fore. þus schul ȝe knowon þat almus dede helputh myche soules. For oftymes seyntus haue herde fyndes weylon and ȝellon for þat by almus dede and gode preyeres

18 somme] somne   21 nota *in margin with blue paraph*   27 Bot] bo   28 to] *om.*   it] *om.*   31 þat, þei] *om.*   37 þe] *om.*

oftyme soules weron takon oute of hure bondys. Wherefore in olde tyme gode men and wommen woldon þis day byon brede and delon it for þe soules þat þei knewon and louedon, hopyng wyth vche a lof to delyueron a soule oute of purgatory, and ȝote somme ben þat vseth it, bot, more harme [is], alle to fewe.

I rede in þe same boke þat a knythe, os he ȝode to a batayle, he badde a cosyn þat he hadde, ȝef he dyed in bateyl, þat he schulde sellon hys horse and delon þe money þerof in almus dede for hys soule. Þan whan þe knythe was dede, hys cosyn lykud wel hys horse and toke hym to hys owne vse. Þan sone aftur þis knyte aperud to hys cosyn and sayde: 'For þou hast note done be my horse os I badde þe, þou haste made me to bene in purgatory eyght dayes. Wherefore [God] wyl take vengeauns on þee, for þi soule schal go to helle and myne schal go to þe blysse.' Þan anone an horybul noyse was harde in þe heyre of lyonus and berus and wluus þat caghton vp þis man bodyly and beron hym forth þat neure man herde more of hym.

Þe thrydde helpe þat soules haue is masses sy[n]ggyng. For [whan] any soule apperuth to any man, euermore he wolnyth and prayeth to haue masses songon for hym. For ryght os mete or drynk comforteth a man whan he is febul, so þe sacrament of þe masse conforteth and strenktheth þe soule þat it is done fore.

I rede also in þat same legende how a byschoppe suspendud a preste for he cowthe synge none masse bot of requiem, þe wyche he song vche day devoutely aftur hys conyng. Þan on an heygh haly-day, as þis byschopp ȝode towarde chyrch to mateynus, whan he com into þe chyrch-ȝorde, dede bodyus rysen vp aboute hym a grete nowmbur and sayden to hym: 'Þou sayste | no masse for vs and now þou haste f. 115r takon oure preste from vs. Do þat þis be amendud, or for soth þou schalte be dede!' Þan was þis byschopp so agaste þat he sende for þis preste anone and badde hym syng os he dud er, and he hymself dude aftur as of[t] os he myth.

In þat same boke we fynde þat fysseres of Seynte Tybaude in þe hotte heruest tok in hure nettys a grete clotte of yse and beron it to hym, for he was potagur, and wyth þat yse colud hys fette. Þan herde he a voyse þat spak to hym oute of þe yse and sayde: 'I am a soule þat drye my penaunce here. And if þou woldyst syngon þrytti masse continualy, I schulde be delyuered of my penaunce.' Þan þis gode man sayde he wolde. And whan he hadde sayde a quarte of hys

47 is] *om.* 55 God] *om.* 59 synggyng] syggyng whan] *om.* 63 þe soule] *rep.* 73 oft] of

masses, be stering of þe fende one com to hym and tolde how alle þe towne was at debate and vchone redy to slene othyr, and he most nedys comyn to seson hem, and so dude. Eftesonys [he] began aȝeyne. And whan he hadde seyde half, þan com þer another and tolde hym how enmyes weron commyn and beseged þe toune, and he moste nedys comyn and ordeyn þerfore, and so lafte þat tyme hys masse. Eftesonys he begane aȝeyne. And whan he hadde songon alle saf þe laste, þan com þer worde þat alle hys palys and myche of þe towne was fyred, and he most help hymself, leste he were brente. Þan sayde he: 'Þagh alle bren, and I boþe, wyth þe help of God I wyl synggeon þis masse!' And whan þe masse was sayde, it was [f]ondon alle fantayse of þe fende and noght ellys. And þan was þe yse molton away and so þe soule holpon.

[66] *De sancto Martino sermo breuis*

Suche a day ȝe schul haue Seynte Martine day. Þis is aftur þe apostolus yholde þe holyest corseynt þat is in Holy Chyrch. And þat is knowon be þe grete myraclus þat God schewod be hym, boþe in hys lyf and aftur hys deth.

Furst, whan he was bot fyftene ȝere olde, os he rode among oþer knytus and was not ȝitte ifolowod, he kutte hys mantyl in too partees and ȝaf half to a pore man. Wherefore in þe nyght aftur, he sagh Criste cladde in þat same clothe and sayde to hys angellus be hym: 'Martyn, þat is not ȝitte folowod, hath clad me in þis cloth.' Wherefore aftur he [wa]s folowod, and þan he lafte alle þis worldys occupacion and ȝaf hym alle to holynesse. Þan os he ȝode be þe way, þe fende mette hym in lyknesse of a man and askud hym wheþer he wolde, and sayde: wether þat God wolde. Þan sayde þe fende: 'Go wythur þou wylte, I wil be þine enmye in alle þat I can or may.' Þan sayd he: 'God is my helper, wherefore I drede notte whate eure man do to me.'

Þan he lyued so holyly aftur þat he reysed [iij] men from deth to lyue. So for þe grete holynesse of hym he was schoson byschop of Towres. And os men weron in þe [see], nygh to haue bene spyllyd, one of hem þat knew þe holynesse of hym cryed and sayde: 'Seynt Martyn, helpe vs now!' and anone þe weron holpon. And os he rode

83 he] *om.* 91 fondon] sone done

[66] 2 Suche] S- *in blue, dec., 2 ll. deep* 11 was] is 18 iij] *om.* 20 see] way nyght abowthon in hys visitacion, houndys huntud an hare vndur hys horse wombe. Þan for he hadde compassion of þat cely best, he badde þe houndes stand stylle tul þe gylteles best were paste here | enmyes. Þan f. 115v anone þe houndes stodyn stille os þei haddyn ben pyghte into þe erth til he ȝaf hem leue to gon. Þan os he went forth, he seygh a grete neddyr swymmyng ouer a watur. Þan Seynt Martyn turnyd aȝeyne to hur and badde hur turne aȝeyne to þe bank þat scheo cam fro, and so heo dude anone. Þan Martyn sykyd inwardely and sayde: 'I am sory þat nedderes heruth me but men wyl not here me.' Anoþer tyme in þe ȝate of Parys he cussed an horrybul mysell, wherby he was helud anone.

He was of so grete paciens and suffring þat hys clerkys smoton hym bot he toke it softely and lete it passon and was neure þe wroþer aftur wyth ham. Anothyr tyme os he rode be þe way alle hys one—for þat was hys maner—and hadde on hym a rogh blak mantyl, þan com þere a carte wyth cariage, but [whan] þe bestus þat drowon þe carte seygh hys mantyl wafton wyth þe wynde, vche one urled so wyth othur for ferde þat þei broston hure gere and foule ferdon wyth hemself. Þan þei þat dryuon þese cartus wyth hur godys beton Martyn and ȝeveon hym mony sore strokes, but alle he sufred and sayde nothyng. Þan wenton þei aȝeyne and ryghtud here gere and woldon han gone hure way, bot for alle þat þei mython done, þei myghte notte steren of hure place til þei knewon how it was Martyn þat þei haddon beton and cryed hym mercy. And anone he forȝaf hem, and þan hur bestus ȝodon forthe hur way esely.

Another tyme os he satte in hys selle, þe fend com to hym lyk a kyng clade in purpul and coroned wyth a schyning crowne of golde and sayde to hym: 'I am comyn from hewne to erthe. Furste I com to þe to speke wyth þe for grete loue þat I haue to þe. Beleue on me, for I am þi Lorde Ihesus Criste.' Þan Martyn lokyd on hym and sayde: 'My Lorde Ihesu Cryste wil not comyn in þis aray. Bot if þou be hee, schew me þine woundes þe whyche þou suffrud for me, and þan wil I levon on þe.' Þan anone þe fende vanyste away as smoke and lafte an horribul stynch þat fullyd hys selle full. Anoþer tyme aftur, þe fende com to hym and repreuid hym for he toke to hym men þat, aftur þe hadde synguth and weron schryuon, þe fellon eftsonus to þe same synne, and sayde: þogh he toke hem to hys mercy, God wolde not. Þan sayde Martyn: 'Wrech, and þou woldyst levon þi pursewing criston pepull and askun God mercy wyth a meke herte, I truste to God þat he wolde ȝef þe mercy and take þe to [hys] grace.'

27 grete neddyr] *trs.* 28 hur] to þe bank *add.* 37 whan] *om.* 61 hys] hur

þanne whan he schulde passon oute of þis worlde and lay on hys deth-bedde, he sagh þe fend syttyng and aspyod on hym ȝef he myght haue [c]awthe hym wyth any mysse in hys ende. þan sayde Martyn to hym: 'Go forthe, þou vnsely beste. þou schalte fynde no mysse in me, botte Abrahammes barme schal reseyue me.' þan sone aftur, he ȝaf vp þe goste and was beried wyth grete honoure in hys owne chyrche of Towrus. þan foure and fyfty wyntur [aftur], þer com a byschopp þat translatud hym. And whan he hadde made alle þing redy, he leyde
f. 116r handde to Martynnus | body to haue borne it forthe, bot he myght not steron it be no crafte þat he cowthe don. þan he þowthe it was note Seynte Martynus wylle to ben steryd from þens and þoght to levon of. And þerwyth þer com a fayre olde man and badde hym go to and he wolde helpe hym. And þan anone þei beron forthe þe body wythoute any lette. So whan þe seruyse was done, þis olde man vanysched away, whereby þei knewon þat it was Seynt Martyn.

þan for God schewod grete miraclus be hym vche ȝere at þe day of þe t[ra]nslacion, mych pepul drogh þ[i]dur for to beron hys schryne abowte in diuerse stretys of þe towne. þanne were þere too beggarus, of þe wyche on was blynde and þat othur crupul. þan to make men to haue þe more compassion of hem, þat was blynde bare þe crupul on hys schuldur, and he tagh þe blynde where he schulde gone. And for þei geton myche gode þus, þe weron aferde þei schuldon haue mete wyth þe schryne and Seynte Martyn wolde an helud þem. Wherefore þe schapud hem to gone oute of þe way into anoþur strete þereas þe schryne schulde not comyn. Bot þan it felle so þat soddeynly þei metton þe schryne at a cornel of a strete, and anone þei weron hole boþe. þan seydon þei to Seynt Martyne: 'We þonkyn þe for þe grete gyfte þat we haue hadde for þi loue, but for oure hele we þanke pe rygthe noght, for now we moton geton oure lyuelode wyth swynk and travayle and haue lyue[d] at oure ese before.'

[67] *De festo sancte Katerine sermo*

Gode men, suche a day ȝe schul haue Seynte Katerine day, þe whyche was an holy martir.

þan ȝe schul knowon þat Seynte Katerine was a kyngus dowthur. But þogh scheo were comon of so hygh blode, for Goddys sake scheo

64 cawthe] tawthe 68 aftur] *om.* 78 þe] *alt. from* he? translacion] tnslacion þidur] þdur 82 he] -e *alt from* -o? 91 lyued] lyuelode

[67] 2 Gode] G- *in blue, dec., 2 ll. deep*

sette noghte be þe pompe of þe worlde but sette hur herte alle in oure Lorde Ihesu Criste. Wherefore whan scheo hadde ben at scole and was lerud at þe fulle and cowde spyton wyth any clerke þat com to scole, whan scheo herde þat Maxencius þe emperoure was comyn to þe cyte of Alysaundyr to make a solemp offering to hys goddys of bollus and calueron and othur bestus, so þat alle þe cyte dynote of þe noyse of hem, þan Katerine blessyd hur and ȝode into þe tempul to þe emperoure and baldely rebukyd hym and sayde he dude foule to worcheppon fendys and leue þe worschep þat he schulde do to God of heven þat made alle þing and send hym lyf and hele and alle þing to hys nede, and preuyd be very reson and skylle þat Criste was God and bouthe mankynde on þe crosse wyth hys deth oute of þe fendes bandam. Þan badde þe emperoure don hure into warde tyl he mythe ben a lesur to heron hure, for þan he was so bysy to pleson hys goddy[s] þat he mythe not tende to hure.

Þan þis mene whyle he made to fa[c]he fyfty scole-maysteres of þe wysest þat weron in any cuntre. And whan þei weron comyn, he badde hem gone and spyton wyth Katerine and ourecomen hure, and he wolde rewardon hem heyghly for hure trauayle. Þan hadde þe maysteres grete hokur þat þey caried | wer of so fere cuntre to spyte f. 116v wyth a womman, wyl þe leste scoler of þere hadde ben wyse inowh to haue ourecomyn hure. But whan Katerine hadde spokyn wyth hem a lytyl whyle, be helpe of þe Holy Goste scheo conuertyd hem so þat þei alle leuyd on Cryste and wyth gode wille woldon take deth for hys loue. Þan anone Maxencius commawnded to makon a grete horribul fyre and bren hem alle þerine. But God schewod þere hys miracul for hem so þat þere was no cloth þat þei hadde, no none here of here heued tamyd wyth þe fyre, bot alle lay dede be othor as fayre chere[d] os þei hadden ben on slepe.

Þan was þe emperoure wode for tene and made to done Katerine nakyd and so to beton hur fayre body wyth schoureges þat alle hur fayre body was ful of woundes and rennyng alle on blode, and made to putton hur into preson to abyde þere þritti dayes wythoute mete or drink til he com aȝeyne, for nedys he muste gone fro þennus. Bot þe quene hadde a grete longyng to speke wyth Katerine and toke wyth hure on a nyght a knyte þat was kallud Porphyrius, and ȝodon to þe preson and spake wyth Katerine. And þan see scheo an angel þat hadde in eyther hande a crowne of schynyng golde and sette þat one on [þe quenes heued and þat othur on] Porphyrius heued and bad

20 goddys] goddy 21 fache] fathe 33 chered] chere 44 þe . . . on[2]] *om.*

hem bene stedefaste in þe beleve, for wythine þe þridde day þei schulde boþe com to God be martirdam.

þan come þis emperoure hom and anone sende aftur Katerine and wende [scheo] hadde ben nygh dede for hungur. Bot scheo was þanne alle þilk dayes fedde wyth a coluor from heven so þat scheo was in bettur poynte þan scheo was beforon. Wherefore þis emperoure was nygh wode and commawndyd to sette Katerine betwene [iiij] whelus þat weron wondurly makuth so þat too turnyd vpwarde and too dounwarde, ful of kene hokus, so þat too schuldon haue alle to-rasud hyre vpwarde and other too donwarde. But whan Katerine was sette in þese weles, scheo prayed to God to help[o]n hur. And anone þer com an angel from heuen and smote alle þe welys into pesus os hit hadde ben a whyrwlewynde. þei ronnon on þe pepul and slow anone iiij thowsand of hem. þan sawe þe quene þis miracull and anone com doune before hure husbonde and spak to hym boldely [and] rebukyd hym 'for he sagh Goddys myracul so oponly and ȝitte wol not leuon on God'. þan anone þis tyrande commawnded to lede forth þe quene and furste rason hur pappes wyth hokus from hur body and þan smyton of hur hed, and so dudon. þen on þe morowh, for Porphirius hadde beried þe quene, he was takon and an hundred knythes of hys felowes and weron beheduth vchon for Goddys sake.

þan þis emperoure spake fayre to Katerine and behatte hure þat he wolde weddon hure and done hur alle þe worchep þat he cowthe if scheo wolde forsakyn Criste and levon on hys god. But for scheo sette f. 117r noghte be hym ny be hys goddys, | he made to smyton of hur hedde. þan whan þe hed was off, in stede of blode ran oute whyte mylke, and anone þerwyth com angellys and tokon hur body and bere it vp into þe eyre and so forth twenti dayes iurney into þe mounte of Synay, and þere byried itte wyth grete worchep where God hath wrowte many grete miraclus and ȝitte doth into þis day.

I rede of a man þat furste seruid Seynte Katerine and fast here evyn, as many done, but aftyr he lafte of. þan in a vision he sagh a grete company of fayre maydenes comyng be hym, and among ham was one passing alle othyr in bewte. Bothe whan sche com by þis man, sheo hudde hure face and wolde note lokyn on hym. þan askud he one of þe hyndemaste whatte þei weron. þan seyde he þat þei weron alle seyntus of heven, and þat was Seynte Katerine þat hudde hure faas from hym and wolde note knowon hym for encheson þat he hadde

48 scheo[1]] *om.* 51 iiij] tweyon 55 helpon] helpn 59 and[2]] *om.*
71 com] an *add.* 75 Narracio *in margin in the long hand*

lafte þe knalache of hur. þan þis man repentut and turnid aȝeyne to hys deuociones as he hadde done before.

[68] *De festo dedicacionis ecclesie sermo bonus*

Gode men, such a day ȝe schul haue ȝure church haly-day, þe whych day ȝe schul cum to chirch and wor[chep]pon God, hauing in mynde þre causes why þe chyrch is halowod, þat ben: for þe chyrch clensyng, for devoute preying, and for þe dede byriing. Mony othur causes ben why þe chyrch is halowod, but of þese þree we schul spekon as at þis tyme.

Furste þe chyrch was halowod for [h]ure owne clansyng. For þe chyrch is a place ordeynot þat criston pepull [schulde] come togydyr in charite to wor[chep]pon hure God in rest and pes vchon wyth oþer. þan is God fayne of hem, and cometh to hem and ȝeveth hem hys blessyng and walkyth amongus hem and hys wondur fayn of hem, and algatus he hath grete luste and lykyng to ben amongus hem and dwelleth wyth hem whil þei ben in rest and pes vchon wyth othyr. Bot whan þe fend seth þis, he is wondur sory and secheth alle hys malys to sayon if he mowe be any way dryvon God away from hem, for wel he wotte þat God abyduth not þereas debate is and descencion. þan for oure holy faderes knewon þis malys of þe fende, þei ordeynot þe chyrch to ben halowod. And so be holy preyer and halowinge scheo is clansed of þe fende and of hys malys, and hath no power aftur to comyn in chyrch but hit so be þat sum wykkyd lyuer þat is belafte wyth þe fynde bryng hym into chyrch wyth hym. For also long os a man is owte of charite, þe fende is in hym and hath power oure hym.

þan to schewon ȝow how þat þe fende is dryuyn oute of chyrch be halowing, I telle ȝow þis ensaumpul I fynde in *Legenda Aurea*—and Seynt Gregorye rehersuth þe same in hys boke þat is callyd *Dyalogge[s]*. He sayth þere þat whan a chyrch was halowot and relykkus of seyntus broght þidur, sodenly a swyn ran among þe pepules feet hydur and þidur, and so ȝode oute at þe chyrch dore and | was seyne no more aftur. þus God schewuth opynly how þe f. 117v
fende be halowing of þe chirch was dryven oute of þe chyrch. And to schewon how sory he was to leson hys habitacion, þe fende cam aȝeyne þe nyght aftur and ran on þe chyrch wyth such a noyse þat he

[68] 2 Gode] G- *in blue, dec., 2 ll. deep* 3 worcheppon] worpon 8 hure] oure 9 schulde] *om.* 10 worcheppon] worpon 24 nota *in margin with blue paraph* 27 *Dyalogges*] dyalogge

ferut alle þat herdon it. And þe secund nyght he cam aȝeyne and made a more hydous noyse, as þagh alle þe chyrch hadde fallon down at onus. Þan he went forth and cam no more aȝeyne.

Þe chyrch also is halowod for devoute preyng. I hope þat alle preyen wel at home in ȝoure owne howses, for, as Seynt Austyn sayth, a gode dede hys a gode preyere, so þan þat a man doth wel he preyeth wel. But ȝitt whan any of ȝow wyl spekon wyth hys frende for any spedeful þinge, he goth hom to hys hous, hopyng wel þat he wol make þer bettur chere þan in anoþer place. Ryght so, whan ȝe wyl spekon wyth God, comyth to hys hous, þat is Holy Chyrch, and þer spekuth wyth hym. For whan a man prayeth to God, he spekuth wyth God, and whan he reduth, God spekuth wyth hym.

But for many of ȝow wyttuth noght how ȝe schulde prayen God, þe settyng of þe chyrch it telluth ȝow. It is sette into þe est, techyng vche man whan he prayeth to God, sette hys herte into þe est and þenk þat paradyse is in þe est. Wherefore ȝe schullon pray God devoutely þat he haue compassion on ȝow, þof ȝe ben exulut oute of ȝoure heritage be malys of ȝoure enmy, and þat [h]e in ȝoure dying send hys angel and fache ȝoure soules into paradise aȝeyne into þat blysse þat ȝe loston by ȝoure faderes trespace. Also ȝe schul þenkon how þat Criste dyud in þe est of þe crosse. Wherefore ȝe schul pray to hym devowtely þat he ȝef ȝow grace so to þenkon on hys passion þat ȝe be worthy to ben wryton in þe noumbur of hem þat he dyud fore on þe cros. Also ȝe schul þenkon þat Criste schal comyn oute of þe est to þe dome. Wherefore ȝe schul preyon hym to ȝef ȝow contricion of herte for ȝoure mysse-dedus, and opon schryfte of mowthe, and satisfaccion in dede, þat ȝe mon ben sekur to stonde on Crystes ryght hande in þe dome þat schal come and skapen þe horribul rebuke þat schal be done to ham þat schul be dampned for hure grete herte, þat wolde not ben sory for hure mys-dedus ne askun mercy in tyme of mercy. For such deuowte prayeres Holy Chyrch was halowod, for God hymself seyth: 'My hous is an hous of prayeres', bot, more is þe harme now, it is makut an hous of dadul, of wyspering and rownyng and of spekyng of vanite and of othur fulthe.

Wherefore I rede how, as an holy byschop was at hys masse, hys dekon turnot to byddon þe pepul bowen hem downe to þe blessyng. Þan seygh he too wommen rowne togedyr, and þe fende satte in here nekkys wrytyng on a long rolle as faste os he mythe. Þan aftur masse be bydyng of þe dekon þe byschop sende aftur þese wommen and askud hem how þei haddon ben occupyod in þe masse-tyme. Þan

51 he] be

saydon þei how þey haddon sayde hure Paternoster. þan þe bischoppe | commaundud þe fend to redon þat he hadde wryton. f. 118r And whan he hadd red all þat þei hadde talkud of, þei fellon doun to þe grounde and askud mercy mekly, and so weron browth oute of þat cursyd boke.

Also Holy Chyrch is halowod for þe long resting. For whan any body is dede, þan is hys cors browthe into þe chyrche to hys rest. For Ionh Belette telluth: some tyme [ri]ch m[e]n were hulle-toppes beried, and atte þe fette [and in] þe [sy]des [in] tombus makud in þe roches, and pore men weron beried at home in hure howne howce. Bot for þe sauir and for þe odur of þe cors was so greues to ham, holy faderes ordeynod chyrch-ȝordys, and þe cors to ben byried þere for too skyllys. One: to ben prayed fore. For euremore Holy Chyrch vs[yth] to pray[o]n for alle þat lyggon in þe chyrch or in þe chirch-ȝorde. Anoþur is for þe bodyes of þe dede schul lyg þer in reste wythowte travayle or vexing of þe fende. Wherefore þe fende hath no power to do nowte to none þat is byryed in criston byri[n]es, bot hyt so be þat he haue so trespased þat he be not worthy to lygge þere. For Iohn Belet telluth how none schulde ben beryed in chyrch but þe patrones of þe chyrch, and prestes and clerkys þat defenduth þe chyrch from gostely enmyes wyth hure preyeres, and othur patrones þat defenduth hem from bodyly enemyes. For such haue ben byried þat in þe morow þe cors hath ben caste oute of þe chyrch and alle þe cloþus lafte in þe byrynes.

Also an angel com to a wardeyn of a chyrch and badde hym go to þe byschop and bydde hym done oute of þe chyrch hem þat he hadde beried þere, or ellys he schulde be dede hymselue wythinne þrytti dayes aftyr, and so was, for he wolde notte don os he was bydon.

We reduth also in þe *Gestes of France* þat an angel tolde an holy byschopp þat hatte Eukrius how þat Karolus þe kyng of France was dampnot for encheson þat he berafte Holy Chyrch hure ryghtes þat holy men haddon ȝeuon to it before, and badde hym gone and opyn hys tombe and see þe sothe. þan toke þis byschop othur men wyth hym, and whan he hadde oponid þe tombe, þer com oute a grete dragon and flogh forth and lafte þe tombe brenny[n]g wythine os it hadde ben a knylle-mowth. þus byriing in holy place helputh not ham þat ben dampned.

74 bischoppe] commaundeth *catchword bottom f. 117v* 80 rich] vch men] man 81 and in] *om.* sydes] fedes *alt. to* sydes? in²] *om.* 83 ham] þat *add.* 86 vsyth] vson prayon] prayn 89 byrines] byries 107 brennyng] brennyg

Also þer beth many þat walkuth aftur þat ben beryet in holy place. Bot þat is not of vexing of þe fende but of grace of God for to geton ham holpon of some synne þat þei ben gylty inne and moue not haue no rest tyl þat synne be holpon. As fel besyde þe abbey of Lullesyll be þre men þat haddon [stolon] a nox of þe abbotes, and he hadde made a Sentence þerfore. Þan too of hem weron schryuen and askud mercy, bot þe þrydde dyod and was not assoylud. Wherefore hys spyrite ȝode nythes, and so ferruth alle þe pariche of Halys þat aftur þe sonne going doun þer durste no man gone owte of hys dore. Þan os þe f. 118^{v} preste, syr Thomas | Wodewarde—aftur was parson of Rokeley, þan was parich-prest þere—toke Goddys body þere and ȝede towarde a seke man at þe sonne going doune, þan cam þis sprythe and mette hym and tolde who he was and why he ȝode, and prayed hym to takon hys wyf and gon to þe a[b]botte of Lylleshull and helpon þat he were asoylud, and or he myght haue no reste, and so wente to Lulleshull and haddon hym asoyled, and so hadde reste, *et cetera*.

[Additional 1] *Sermo de nupcijs*

As ȝe here all seyne, a man and a woman ben weddut togydur, os þe lawe of Holy Chyrch techuth. God of hys godenesse ȝef hem grace so to kepon þe sacrament þat þei han takon so þat God be payut and þei worscheput þ[er]by in heuen and in erthe.

But for þer ben many þat takuth þis sacrament and wyttuth lytul whatte charge is þerwyth, þerfore I wil schortely at þis tyme sewe ȝow what þis sacrament is, þat ȝe schullon in tyme comyng drede God þe more and kepon ȝoure ordur þe bettur. Wherefore ȝe schul knowon þat þis sacrament is holy: furste for gode begynnyng, sython for gode leuing, and aftur for gode endyng. For þei þat takuth hede what charge þei take at þe begynnyng and ben besy to kepon it aftur in hure lyuing þe schul comyn to þe blysse þat is wythowtyn endyng.

Ȝe schul knowon þat þis ordur was not furste fondon be erthely man bot be þe Holy Trenite of heuen. Fadur and Sone and Holy Gost made hit in paradise erthely and is in a place in þe est and so heygh þat þe flode of Noe cam not nygh it, in þe whyche place is so myche ioy and blysse þat no tonge may telle no ne herte may thenk. And for encheson þat þis ordur was made in þat mery place, ȝit Holy Chirch

114 stolon] *om.* hadde] haddem 121 doune] and *add* 123 abbotte] albotte
[Add. 1] 2 As] A- *in blue, dec., 2 ll. deep* 5 þerby] þat by

suffreth it to be made here in erthe wyth myrth þat is holy hymself and wythoute vylony.

þan was it made þus: whan God hadde makud þis worlde and all þinge at hys wille þerin for man, þan at þe laste he makut man. So whan þat he was makud, he fond alle þing redy and buxum to hys honde. þan sayde þe Holy Trenite yfere þus: 'Make we man lyk to vs in ymage', þat is, be ymaginacion. Be vertues þat a man hath in hym mon is lyke to God in soule bot not in body. þerfore alle þe uertues þat a man hath þei comyn oute of þe soule into þe body. þan browthe God þis man Adam into paradyse and makyd hym keper þerof, and is ful of trees bering froyte alle þe tymes of þe ȝere—schul ben none lyke in þis worlde. þan in þe mydul of paradyse God sette on tree þat was passing alle oþur in bewte and of uertu as for a princepal reseruot to hymself, þat also ofte os Adam seyght þat tree, he schulde haue mynde of God. For in wele a man forȝeteth God and hymself, bot he be holpon be grace. þan seyde God to Adam: 'Ete of alle þe tren þat ben in paradyse, saue only of þis tree ete not in peyne of deth!' And þus be Adam þis same forbode passud into Eue.

þan seyde God: 'It is not gode a man to ben [be] hymself. [Make we hym a helper lyke to hymself.'] Here begane þe forme | weddyng of f. 119r
man and womman. Wherefore, os by Goddys ordynaunce, a man schal takon a wyf lyke [to hymself, lyk] of age, lyk of condicions and lyk of burth. For þereos þese ben acordyng, it is lyk to fare wel, and ellys not. In mynd hereof þe preste schal makon a quere be hure oth wether þei ben cosynnes wythinne degre of mariage or no, wheþur eyther of other haue any bettur ryght to any other, wethur þei ben in ful wylle eythur to othur to lyvon togydur and kepe þe scharge þe whyche he wyl leyne on hem.

In tokenynge of þis, angellus be Goddys byddyng browthon alle maner bestys before Adam. Bot for þer was no best lyk to Adam, God made hym to slepon, and þanne anone hys spryte was rapyt into heven, an þer he sagh alle þ[y]ngge þat schulde fallon aftur by hym and alle hys ospring. But þis mene-wyle God toke on ryb wyth þe flesse of Adam [syde and] ma[d]e it a womman, flesse of flesse and bon of bon. þan wakud God Adam and sette þe womman before hym and ȝaf hure to Adam. And so doth þe preste wan he ȝeth þe womman to þe man. þan legh þe mon syluer and money on þe boke, þat beruth a

39 be] *om.* 39–40 Make . . . hymself] *om.* 40 forme] worde *add.* 42 to hymself, lyk] *om.* 52 þyngge] þngge 54 syde and] and sayde made] make

ymage of a man, in tokenyng [þat he] takuth hure in atent to geton chyldron, þat ben Goddys ymages, for to restore þe noumbur of angellus. þan toke Adam þe womman and seyde: 'þis [is] now bon of bon and flesse of flesse. For þis a man schal levon fadur and modur and draw to hur as a parcel of hymself', and louon h[ure] and [sc]he[o] h[ym] trewly infere, and schuld ben too in on flesse, for þe schylde of hem is on flesse of fadur and modur.

þan aftur, for þe womman be techyng of þe fende wyth hure honde toke froyte of þat tree þat was forbodon and ete þerof and ʒaf hur husbonde Adam, [in] schewing þat [sc]he[o] louid hyre husbonde [more] þan God, þerfore þe prest blessuth a ring, þat betokeneth God þat hath neyther begynnyng ne endyng, and duth [hit on] hur fyngur þat ha veyne to hure herte, [in] tokenyng þat [sc]he[o] schal loue God oure all thyng and þanne hure husbond. þan þus whan þei haddyn brokyn Goddys forbedyng, anone be Goddys bydyng an angel drof ham oute of paradyse into þis worlde to geton hure lyflode wyth travayle and desese, and þe womman to beron hure frythe wyth woo and peyne. Herefore þe preste takuth hem be þe hande and brynguth hem into chyrch, þat is Goddys hous, as þilk þat han sworne and made an opon oth to lyvon in Goddys lawe and to fulfyllon hys commaundementes, and so setteth hem beforon þe auter as before Goddys awne faas. þan for þe Holy T[renit]e dyde alle þis offyce before sayde, in tokeny[n]g þerof þe prest begynnyth þe masse of þe |
f. 119v Trenite.

Ȝette for Adam and Eue weron nakud, God hadd compassion of ham and clothed ham wyth pylches, þat is a cloth makud of dede bestus. So hys þer a clothe holdyn oure þeis, teching hem to haue deth in mynde and þe hylling of hure graue, and so for drede levon þe ele and done þe gode. And for also myche os þe womman gultud more þan Adam, þerfore þe preste reduth more ouer þe womman þan oure þe man. þan aftur þe man cusseth þe preste and beruth it to hys wyfe, betokenyng þat þer is ful pes and ful acorde of loue betwyx God and ham, and eure schal ben whil þei holdon þe ordur þat þei haue takyn vpon hem.

þan to schewon whate penaunce þei ben worthy þat brekon þis ordur I telle ʒow þis ensaumpul. I rede þat þer was an olde knythe and

58 þat he] *om.* 60 is] *om.* 62 hure] hym scheo] he 63 hym] hure 67 in] *om.* scheo] he 68 more] *om.* 69 hit on] *om.* 70 in] *om.* scheo] he 71 oure all thyng] oure thyng (all *in margin with red carets to indicate position in text*) 79 Trenite] tyme 80 tokenyng] tokenyg þe[3]] tre *add.* 93 Nota *in margin with blue paraph*

weddud a ȝung ladi. But for þis olde man plesud not hure alle to lekyng of hur, scheo toke anothur freke knyte þat was neoghtbur to hem. But whan þei hadde long lyuod in synne, at þe laste þei dyud bothe sodenly. Þan was þer a man þat made charkolus in a park of a lordys besydes. And whan he hadde makud a grete fyre of colus, he lay by it alle nyght for to wakon on it. Þan before mydnyght he sagh a womman comyng rennyng as faste os scheo mythe, w[u]ndur gastely criing for fere. Þan cam þer aftur hure a man al in blak rydyng on a blak hors and a drawon swerde in hys hande and huntod þis womman aboute þis cole-fyre, and at þe laste he caghte hure and al to-hew hyre on peces and caste hure in þe cole-fyre and rode forth hys way. Þe same wyse he dude þe nexte nyght aftur, and eure þis cole-man seygh þat, nythe be nythe, þat he was so agaste þat he ȝode to hys lorde and tolde hym why he durste not dwel þer no lengar. Þan sayde þe lorde: 'Go aȝeyne, and I wil cum to þe þis nyght, and wyth þe myght of God I schal wyton whatte þei ben.'

Þan cam þis lorde þidur, and whan þis odur hew þis womman in peson and caste hur into fyre, þis lorde was redy and toke hym be þe bridul and coniurid hym to tellon whatte þei weron. Þan sayde [he]: 'I am such a man and scheo such a womman þat I hadde vndur hur husband, and þus uche nyghte I schal slene hure and brenne hur in þis fyre, for scheo was cause of my synne. And I ryde here on a fende lyk an horse, and þis sadul brennuth hatter þan any erthely fyre. And þus we schul done til we ben holpon be sume gode man.' Þan sayde þe lorde: 'What may ben ȝoure helpe? Telle me and it schal be don!' Þan he tolde hym how many masses mosten ben songon for hem and whatte of almus dedus. Þan dude þis lorde as he behyghte ham, and so were boþe iholpon. Þus is weddyng holy in begynnyng.

And also it is | holy in lyuing. In tokening þerof Cryste and hys f. 120r modur Mary and hys disciplus weron callud to a wedding betwysse Iohn euaungeliste and Mary Mawdeleyne, and so be hys comyng he halowod weddyng þat is now vsud, as I haue sayde before. In tokenyng hereof, aftur masse þe prest is prayed to þe mete. Þan comuth he and blessuth hure mete and hur drinke, and Criste wyth hys blessing at þe preyere of oure Lady he turnud watur into wyne.

Þan to schew ȝow þe vertu of a prestes blessing, I telle ȝow þis tale þat was don in dede. A certeyne felowes haddon takon a stene of ale to drynkon in a erbere. Þan schulde þe preste of þe toune ha ben on of hem, but for he hadde not songon, he badde hem drynkon wyl he ȝode

100 wundur] wndur 110 hew] hewon 112 he] *om.*

to syngon. Þan sayde on of hem: 'Sir, blesse þe drynk er ȝe gone.' Þan sayde he: 'God blesse it, and I do: *In nomine patris et filii et spiritus sancti, Amen.*' And anone þerwyth þe stene barste al to pesus, and a grete tote was in þe stene-bothom. Þan alle heldon vp hure handus to God, þonkyng hym þat sauid hym wyth hys blessing from poysynnyng.

Weddyng is also holy at hys ending. For þei þat keputh it wel in hure lyuing þei schul come and ben takon in [at þe grete] weddyng þat schul ben aftur þe day of dome, whan God and Holy Chyrch schul be weddud togydur for eure [in eure]lasting blysse.

So besyde Northamton was a chylde of eleven ȝere olde þat was syk in a pestelens and was in a transon. But whan he woke, he tolde many wond`r´us. Þan among othur þer was neygh besyde a man þat hadde a lemman vndur hys wyf so priuey þat no man wyste hit. Þan þoght þis man to gone and spekon wyth þis chylde. And as he ȝode þidurwarde, he mete þe fende lyk to hys lemman and kussyd hur and ȝode forth. And whan he com to þis schylde, he askud hym how he ferde. Þan sayde he: 'Syr, wel, but þou farust ful ylle, for þou haste a lemman vndur þi wyf aȝeynus Goddys lawe, þe wyche þou wendust þat þou haddust cussud in þe way hydurwarde, bot it was a fende lyk to hur and hath wyth þat cusse sette a kanckyr in þi lypp þat schal ete þe into þe herte-coll, but þou amende þe.' But for þis man toke hys wordes bot for a fantasye, þis kanckur quikkonod and ete hym os he sayde, and dyud þeron. Wherefore vch man and womman be ware þat he holde þat [heygh oth þat] he hath made before [God and alle hys seyntus. For whoso brekuþ þat oth he schal not scape] wythoute vengeans.

[Additional 2] *In die sepulture alicuius mortui*

Gode men, as ȝe alle [se]n, here is a myrroure to vs alle: a corse browth to þe chyrch. God haue mercy on hym for hys mercy and bryng hym into hys blysse þat eure schal laston.

But, gode men, ȝe schal vndurstande þat þis cors is broght to chyrch for þree pryncepal causes. Þe forme is to schewon vs þat he
f. 120v was | meke and buxum in hys lyue to God and to Holy Chyrch. But

133 gone] *alt. from* done 140 at þe grete] þat degre 142 in eure] *om.* lasting] in *add.* 143 Nota *in margin with blue paraph* 157 heygh oth þat] *om.* 157–8 God . . . scape] *om.*

[Add. 2] 2 Gode] G- *in blue, dec., 2 ll. deep* 2 sen] heron

for he knew þat he ofte tyme mystoke hym aȝeynus God be pride, os we alle doth, þerfore at hys dying he bequeth hys soule into Goddys handys and hys body to Holy Chyrch, pottyng hym holy into Goddys mercy to don wyth hys body and hys soule what hys owne wylle be. For þer schal neure man ben sauid bot only þat is meke to God and to Holy Chyrch. Þis is þe forme cause why hys corse is browthe to chyrch. Ryghte os þe modur forsakuth not hur chylde þat wol mekon hym to hur, ryght so Holy Chyrch reseyueth vche man þat wyl mekon hym and knolach hys gylte in purpos of amendement.

Þe secunde cause is: mankynde was makyd of slem of þe erth þat is of kynde stinkyng in hymself. Þerfore mannus flesse, be hit neure so fayre no swete whyl it is on lyue, anone os it is dede hit begynnuth to stynke and turne to foulest careynn þat is, and sonnest a man schal takon hys deth of þe sauur þerof. Wherefore hyt is broght to þe chyrch to ben hud in þe erth þat is halowod. For vche cors is vrth and comyth of þe erth and lyuith be þe erth and is at þe laste beried in þe erth.

Þan hath he on [hym] a whyte sch[e]te, schewing þat he was clene schryvon and clansud of hys synnus be contricion of herte and be asoyling of Holy Chyrch. Þan is hys hed leyde into þe west and hys fette into þe est to ben þe more redy to sene Criste þat comyth oute of þe est to þe dome, and so ryson aȝeynus hym. He hath also a cros of tre sette at hys hed, schewing þat he hath ful beleue to ben sauid be Crystus passion þat dyud for hym on þe cros of tre. Þan is þer anoþer cros of a wax candul leyde on hys breste, in tokenyng þat he dyed in brenny[n]g charite to God and man. For alle þik þat dyon in ful charite þei schul haue helpe and parte of alle þe suffrages of Holy Chyrch alle þe worlde, and þei þat dyoth oute of charite schal haue no parte of þe prayeres of Holy Chyrch. Þer is also a mete-ȝorde leyde be hym in stede of a staf, in tokenyng þat he goth to hys long home. Bot þis staf is brokon, in tokenyng þerin is no defence but mote nede t[a]kon bettur and worse as he hath deseruyth. Þen is þe erth caste on hym, and so þe dor tyneth on hym for euremore, and so eurelastyng farewel, and worthe hym and hys werkys! Bot for encheson þat fyndys schal haue no pouste in hys graue, þe preste springyth it wyth halywatur and goth hys way.

And ȝyt hit is ofton sene þat fendis han pouste to trobolon a cors þat hath not hys ful sacrament of Holy Chyrch, and þat I preue [be]

9 hys[1]] *rep.* 25 on] of *add.* hym] hem schete] schote 33 brennyng] brennyg 39 takon] tokon 45 be] *om.*

þis ensaumpul. I fyndc þat þer [weron] þre bretheren at debate in a toune and weron slayne alle þre, but þe too haddon alle þer rythus and þe þrydde was not hosullud, and so weron beried togydur | [f. 121r] in þe chyrch. Þan com a fend and toke þis cors þat was not anoylud and ȝode into itte and so forth into þe toun, and makud many cryes be þe whych men weron sore agaste, and dured þus a long tyme. Þan was þer a nankur in þat toun in þe chyrch, þat was in hys preyeres before mydnythe and seygh þe fende come be lythe of þe mone leke an ape. And whan he com to þe graue, anone þe corse arose and he ȝode into hytte, and so forth in hys iurney as he was wonte. Þan whan he com aȝeyne, þis ankur coniured þis fende in þe vertu of hym þat dyod on þe cros for mankynde þat he schulde tellyn hym why he hadde such power in þat cors rathar þan in any othur. Þan sayde he: 'For þis wa[s] not anneylid, þerfore I haue power in þis cors, bot þe soule is saffe. Wherefore I go not þus for harme of hys soule but to makon oþur to synnon on hym and to demon hym oþur þan he is so þat I may putton þat aȝeynus hym in þe day of dome, and seygh how þei demod here neyghburres othur þan þei schuld[e] done aȝeynus Goddys commaundement.' Þan þis ankur charged hym be þe uertu of Goddys passion to leue of and no more tempton Goddus pepul, and so sesud. Þis is þe secunde cause why þis cors is browthe to chyrch.

Þe þrid cause: for to ben yholpon be prayeres and sacramentus þat ben done in Holy Chyrch. For sum tyme, os Iohn Belete sayth, þe comyn pepul weron byryed at home in here owne houce. But þan was þer so grete stynch of þe cors and so vyolent þat it mythe not ben suffred. Þan be comyn assent þe makyt a place otwyth þe toun and byried þere þe corses. But þe ryche men þei weron byried on hullus and in roches vndur hulles. But þus was no sokur don to ham aftur hur deth. Wherefore ofton soules apperuth to hure frendys, pleynyng sore þat þei haddon none helpe. Wherefore Holy Chyrch is halowod be holy byschoppes, þe wyche leton maken chyrch-ȝordys and halowod hem and makud to bryngon all to Holy Chyrch, so þat alle schuldon haue parte of þe suffrages of þe masse and of Holy Chyrch. Wherefore we prayon bysyly for alle þat þe bonus of hem restuth in Holy Chyrch or in chyrch-ȝarde, and alle þei ben browth to chyrch. For as ofton as hure frendys sene hure byrinesse, þei schullon hauen mynde of hem and prayen for hem.

But for alle þe prayeres þat ben don for helpe of mannes sowles, þe masse is chef and princepal sokur to alle soules. But to a soule be

46 weron] *om.* 58 was] wat 63 schulde] schuldo

hymself, þe masse þat he louyth moste [in hys lyfe þat helpyth hym moste] whan he is dede, as ȝef a man or womman loue a masse of þe Trenite or of þe Holy Gost or of oure Ladyes, þat masse schulde moste helpon hym whan he is ded, but for comyn helpe of alle criston soules, aftur masse, þe salmes of þe sawter, and specialyche þe seven spalmes wyth þe letany, for þei ben sokur aȝaynus þe seven dedly synnus wyth þe preyeres of þe seyntus þat ben called to for to helpon. Also *Placebo* and *Dirrige* wyth nyne lessones, wyth þe laudes and masse of | requiem suing, hit feduth soules and makuth hem strong to f. 121v
suffren here peyne wyth þe more paciens. And þe [v] ioy[es] of oure Lady doth hem also grete socur and refressyng.

þus tolde a spryte þat com and spak oponly to a prior in audiens of moni othur þat weron callud þidur to heron þe spryte speken. And whan þe spryrite goth fust oute of þe body, if it haue alle hys ryghtes of Holy Chyrch, þan is oure Lady redy to sokurron hym aȝeynus þe fray þat þe fendys makon on hym, s[chew]ing hym wryton alle þe synnes þat he hath done, ȝolling on hym, and þreting þat þei wil drawon hym to helle wyth hem. But þan is oure Lady redy—blessud mote sche ben!—and rebukyth þe fendys and sayth to hem þus: 'I am Goddus modur and þat I pray my Sone, þat he ȝef þis soule a place in hewuen. I am also emperace of helle and haue power oure alle ȝow fyndys, and þerfore I commaunde ȝow þat ȝe frayne þis soule no lengar, but goth ȝowre way and latte hym han reste. I am also lady of alle þe worlde, and þerfore I graunte þis soule helpe and sokur of alle þe suffrages þat ben done in Holy Chyrch and of alle þe prayeres of seyntus in heven.' þen goth þe fendes fleyng away ȝelling, for þei mow not haue hur purpos.

þus ȝe schul knowon, [gode men and women, þat for þese iij causes corses ben browth to chyrch] to ben ybyried. Wherefore vche man and womman þat is wyse make hym redy þerto, for alle we schul dyon, and we wyte note how sone, *et cetera*.

[Additional 3] *Qui sunt sepeliendi in cimit[e]rio*

Now, sir preste, tak gode hede in þi byriing, lest þou do any error, as ofton is seyne. For þou schalte know þat þer ben some þat schullon

85–6 in . . . moste] *om.* 88 ded] moste *add.* 94 v] *om.* ioyes] ioy
100 schewing] swening 112–13 gode . . . chyrch] *om.*
[Add. 3] 1 *cimiterio*] cimitorio 2 Now] N- *in blue, dec., 2 ll. deep*

ben byriod in chyrch and in chyrch-ȝarde, and some in chyrch-ȝorde and not in chyrch, and some neyther in chyrch ne in chirch-ȝorde.

Þilk schul ben beried in chirch þat ben mynisteres in Holy Chyrch, and also þe patrones of þe chyrch þat in hure lyf defenduth Holy Chyrch from here enmyes. Othur schulde not ben beryed in chyrch wyth no reson, but now þei ben suffred becaus þe chyrch schulde haue [t]o grete harme in warnyng þerof. But ȝitte it is notte profytte for a man to ben byried in chirch no more þan he hath to be byriod in chyrch-ȝorde, for in þis cas holy place helput notte. Heven is an holy place, and ȝytte Lucifer was caste oute of hyt os for cursyd. Paradyse is an holy place, but Adam, for he was vnbuxum to God, he was dryuon oute þerof. So he þat is vnbuxum to God and to Holy Chirch and is cursyd schal not ben byried in sentuary.

For os Iohn Belet telluth, þer was a cursud man byried in chyrch, and on morowon hys body was fondon nakud vtwyth þe chyrch-ȝorde bot þe cloþus þat he was byried in lafton in þe graue. Also he telluth of another þat was byried in þe chirch, and þat same nyght an angel spake to an holy man and bad hym go to þe bysschop and bydde hym f. 122r caste oute þat cursyd body. Bot | for þe byschop wolde not don os þe angel badde hym, þerfore he dyed wythinne þrytti dayes afftur. Werfore he þat is cursyd be Holy Chyrch he schal not ben byrie[d] in centuary, bot it be so þat before hure dying þei weron repentant and askud mercy.

And a thef þat is slayne in hys þefte schal not ben beried in sentuari. A man or a womman þat is slayne in avowtry schal not ben byried in sentuary, but he crye mercy before hure deth, for in þat þei brekon here spowsehed þei ben vnbuxum to God and falce forsworne. And a þeff schal not ben byryed in sentuary, bot it be so þat he haue made satisfaccion or he dye. A womman þat dyeth in chyldyng schal not ben byred in chirch but in chirch-ȝarde, so þat þe schylde furste be takon oute of hure and byried outewyth chyrch-ȝorde. An he þat dyeth in iustes, bot he ask a preste ere he dye, he schal not ben byried in sentuary. And he þat dyed sodenly or is slayne cummyng fro hys lemman, and hyt may be fondon þat he dyd lechery, he schal not ben byried in sentuary.

But he þat dyeth sodenly or sleygh hymself be myschef aȝeynus hys wylle, or is drownyd be myshappe, he schal neure-þe-latter ben byried in sentuary. For whate maner deth a gode man or a gode womman dyoth on þei schal ben saf.

10 to] no 14 holy] man *add. and canc.* 14–15 he was dryuon] *over eras.?*
24 byried] byrie 29 before] *rep.*

But he þat in wanhope slegth hymself be any wyse he schal not comme wythinne sentuary, ne Holy Chyrch schal not makon no prayeres no more for such þan for a hounde, þow it so happyn þat be priuylage of þe courte of Rome þei ben byried wythinne chyrch-ȝorde.

A body þat is foundon drownod on þe see-warth or in othur place it may be beryed in seyntwary.

[Additional 4] *De salutacione beate Marie sermo*

Hit is gode to serue oure Lady deuoutely next aftur God and greton hur wyth þe holy Aue þat þe angil Gabriel broght to hure from God of heven and sayde to hure: 'Heyle be þou, Marie, ful of grace! God is wyth þe! Blessud be þou among alle womm[e]n, and blessut be þe froyte of þi body, Ihesus! Amen.' Teche hem to sayne þus in Ynglis tonge þat þei mown vndurstande what þei sayne, and algate whan þei comyn to þis worde, 'God is wyth þe', þat þei sayne hyt deuowtely and wyth ful deuocion, not to hastely to seyne mony Avees, for it plesuth oure Lady more to bene grete devowth wyth one Aue þan wyth many wythowte deuocion.

For þus I rede þat þer was sum tyme in þe nonnery of Schaftesbery a nonne þat heghte Evlalya þat vch day for deuocion sayde as many Auees to oure Lady as ben psalmus in þe sawter þat we calluth oure Ladyes sawter. But for þis womman wolde not ben behynde no day of þat noumbur, scheo sayde hem spakly and passyngly. Þan in a nyght as sche lay in hur bedde, oure Lady aperud to hur wyth grete lyght and sayde to hure: 'Sustur Eulalya, I thank þe for þin deuoute seruice þat þou dust vche day to me. But ȝytte þou mythe | plese me bettur (f. 122v) þan þou duste and þou wol don as I teche þe.' Þan seyde scheo: 'My dere Lady, ful fayne, and ȝe wil telle me how.' Þan seyde oure Lady: 'Lef half þe Aues þat þou say[s]te, and say þat othur half alle in trete. And whan þou comyst to þis worde, "God is wyth þe", þan say þat wyth alle þine herte and alle in trete. For is no tong may telle þe ioy þat I haue in myn herte whan þat worde is sayde to me deuoutely. For me thynkut þat I fele my Son Ihesu wyth þat [worde] þan pleying in my body, and so þat is so hegh a ioye þat it gladuth me passing alle othur ioyes.' Þan sayde þis womman: 'Lady, wyth a gode wille', and so aftur lafte þe one half-dole and sayde þat oþer halfe-dole, as sche

[**Add. 4**] 2 Hit] H- *in blue, dec., 2 ll. deep* 5 wommen] womman 22 sayste] sayte 26 worde] *om.*

was taght be our Lady. For God and oure Lady boþe, and alle seyntus of heven, han lever fewe wordys wyth deuocion þan many wythoute deuocion.

[Additional 5] *De miraculis beate Marie*

Ther was a man on a time lant to anothur man iiij s of money to an certeyn day þat he schulde payen hym aȝeyne, and so þat day com an passyd fer oure þat he schulde han payed þe man þat lant hym þe money. And so hyt happut on a day þat þis man mette þat othur man þat aght hym money and bad hyt hym, and he sayde þat he had payed hym and swore fast þerto. And þe othur man sayde nay, he payed hym no peny, and þis man pursewod þe oþur be þe lawe. And he sayde he wolde swere on a boke þat he hadde payed hym þat money, and so þat oþur man þat lant þat money lette hym sweron falce on a boke.

And þerfore anone os he com homwarde, he fel syk and hys spryte was berafte oute of hym too dayes and too nygthes. And hyt was so þat hys spryte com þeros he segh God ryght os he was done on þe rode wyth blody woundys ryght þoe bledyng, wyth nayles in hys handys and in hys fette, wyth hys crowne of thornys on hys hed. And God lokud so sterne on hym þat [of] alle þe sygthes þat eure he sawgh he was neure so sore aferde, for he wolde haue kropon into þe erthe and he hadde mythe. And þan God askud hym why he hadde made hym forlorne þat he dere boght for þat gode þat he sende hym: 'For þou haste madon hym to sweron and made hym forlorne body and soule, [þerfore þou schalt abye!]' And þan he commawnded serteyne servauntes of hys to gone and skorge hym and beton hym, and so þei dudun, and made hym so sore þat too ȝere aftur and an half he lay in hys bede seke. And whan þe sprythe com to hym aȝeyne, he tolde vche man þerof and bad hym be ware of þat poynte for euremore aftur.

Aliud miraculum de sancta Maria

[Additional 6] *De oracione dominica sermo breuis ad parochianos*

Gode men and wommen, ȝe sal know wel þat iche curate is holdon be þe law of Holy Chirche for to expowne þe Paternoster to his

[Add. 5] 2 Ther] T- *in blue, dec., 2 ll. deep* 4 han] *alt. from* him? 16 of] *om.* 21 þerfore . . . abye] *om.*

[Add. 6] 2 Gode] G- *in blue, dec., 4 ll. deep*

parichionus [onys] oþur twys in þe ȝere. And ȝif he do note so, he schal be harde enpeched of God for his negligens. Wherefore as God hath geven me grace of vndurstandinge, I wille at þis tyme schewon ȝow as I fynde wrytone. |

þan schul ȝe knowen at þis begynnynge þat hit is miche more spedeful and merytabul to ȝow for to sayne ȝowre Paternoster in Englysse þan in Lateyne os ȝe doþ. For whan ȝe spekon Englysse, þan ȝe know and vndurstande welle whate ȝe sayne, and so be ȝoure vndurstandyng ȝe haue lekynge and deuocione for to seyghe hit. f. 123r

þan schul ȝe knowe þat in þe Paternoster beþ vij preyeres, þe whiche yche man and womman hauen grete nede for to preyen God fore, ffor he puttuþ away þe vij dedly synnes and getuth grace of God for to haue alle þat man neduth ffor to haue necessary boþe to lyf and to sowle. Of þe whiche prayeres þe forme his þis: *Pater noster qui es in celis sanctificetur nomen tuum*. þis is in Englys to say þus: 'Fadur owron þat arte in heven, þi name be yhalowode'. þus whan ȝe sayne 'Fadur oure', ȝe knowleche welle þat ȝe ben Goddus schyldron, and breþeron and susterone in Gode, and bene so ȝif ȝe lyven in luf and scharite and reste and pes vchone wit oþur os breþeron awon for to done. And ȝe lyven þus, þan bene ȝe breþeron and susteron to oure Lorde Ihesu Cryste, Goddys Sone of heven, and schul be wit hym heyrus in þe kyngdam of heven, and þe Fadur of heven is fayne and glade of ȝow, and takuth ȝow to hym os for hys dere children, and hathe grete lekynge for to heron ȝoure preyoures. Wherefore reysuth hup ȝoure hertus to hym and sayþe thus mekly: 'Fadur owren þat arte in hevon, þi name be halowode.'

In þis ȝe prayeth for alle mysse-beleuid pepul, wyllyng þat alle þay schulde come to þe faythe þat ȝe haue, and soo levon her false goddys, and levon in ȝoure Fadur þat is God in hevon and knowleche hym for God, maker of alle thynge in hevon and in erþe, and none oþur bot onely he. And þus ȝe halowghe Goddys name, schewing þat ȝe bene in ful charite to ȝoure Fadur God in heven and to alle hys pepull. Ande þus ȝe loue ȝoure neyteburres as ȝowreselfe, wyllynge hem to come to þe ioy of hevene as ȝe hopon to done.

Also as ȝe sayne to God: 'þi name be yhalowode', ȝe sleyne þe fowle synne of pride. For he oþur scheo þat is dedly prowde he wolde þere were none oþur lyke to hym in no degre, but dyssiruth þat his name schulde bene worchepud and drede before alle oþur and bene praysed beforne alle oþur, and for to ben seyne so wel beforne and passinge

4 onys] *om.* 18 Fadur] ffadur 42 beforne[1]] bene forne

alle oþur, and wolde þere were no God ofbovem hym for to schastice hym. And þus in alle þat he may þat is in hys myȝte he is abowton for to distroyon Goddys name and hys worcheppe and takon vpon hym þe worschep þat is dew to God. þus is he leke to Lucifer þat wolde a berafte God hys worchep, where in a poynte he felle downe into helle and syþen hath bene þe fowlesste fende in helle, þat before was þe fayrest angelle þat was in heven, and schul alle þat sewon hys trase, botte þei haue grace of amendemente.

þe secunde is þis: *Adueniat regnum tuum*, þat is for to say: 'þ[i] kyngdame be fore to comen.' In þis prayere ȝe schewon þat ȝe haue so f. 123v feruent a luff to ȝoure Fadur in he|ven þat ȝe sett notte be no worldus worchep ne rychesse no lordescheppe, but wit alle ȝoure herte ȝe desyre to come to ȝoure Fadurres kyngdam þat is in heven and for to sene hym þere þe gloriouse kyng, were ȝe schulde be ky[n]gus wit him in euerlastinge blysse, sewng þe tras of Godes schilderon þat haue grete desyre for to sene here Fadur and for to dwellon with hym þere he is.

þus he slethe þe fowle synne of couetyse þat is euer abowton for to sparon [and] for to gedur golde and tresowre, where þat he may purchason his heven here in þis worlde. And ȝif he myȝte haue þis [worlde] at her wille, he keppe neuer for to cum into heven ne in Goddys sythe, ne oþur heuen haue but his luste here. þus for þei louen more þe lekynge of þis worlde, þat is false and fadeth os a floure, þan euerlasting blysse of heuen, he schalle lese boþe and go þidur where is euer lasting beggurry and pouerte and myschef. þus he þat hath more luste for to sene golde in his koffur þan God in his blysse he schalle lese þe sythe of boþe and bene putte into derkenesse so þat he schal neuer sene [l]ythe aftur.

þe þridde prayer is: *Fiat uoluntas tua sicut in celo et in terra*: 'þi wille be done in erþe as hit is done in heuen.' In þis preyer ȝe schewon þat ȝe be buxum to Goddys wylle, desiringe þat is wille be done allegatus before ȝowres, and ȝe redy with gode wille to levon ȝoure wille and sewon Goddus wylle, os Goddus childron doth þat bene buxum to þe fadur and doþe reuerens ychone to oþer in þe degree þat God hath sette hym, þe ȝongar to þe heldar, and so vchone to oþer, as angellus done vchone to oþer in heven, so þat þe lower degre doth worschep and reuerens to hym þat is in herre degre wytoutyn any symulacion. Herefore ȝe prayen to God for to haue suche luff in mekenesse of

51 þi] þe 54 but] *rep. next line* 56 kyngus] kygus 61 and[1]] *om.* 63 worlde] *om.* 70 lythe] sythe 71 *Fiat*] ffiat 77 oþer] in *add.*

herte and [grace to do worschep and reuerence vchone to oþer, he þat is lower to hym þat is herre for luff, for he þat is herre doth worschep to hym þat is lower for grete mekenesse of herte, and] vchone helpon oþur in nede, fayne and gladde ychone of oþores encresse and sory of [his] myssecheff.

Þus ȝe schal sclene þe foule synne of envye þat may not fy[n]don at his herte ffor to do reuerens ne seruice to hem þat he is in cumpany wit bot hathe d[e]deyne of alle þat bene componabulle and seruyabulle, ande bene redy to bakbyton alle þat w[ell]e done and demon hem allegatus my[sse], and bene sory whan þei sene any man holpun and welle payed of [his] harme. And ȝif he here a lytul worde amysse, he wille lege more to and so encreson hit in [a]lle þat he may in hyndrynge of hys neyȝtebur. But þoo þat louon to bakbyton so, hellehowndus schul gnawon here bak and body wytowtyn any sesyng, but ȝif þei wille amende here or þat þay hennus passe.

Þe furþe preyour is þis: *Panem nostrum cotidianum da nobis hodie*: 'Owre vche dayes brede þou ȝeff vs þis day.' Ȝe say not þis ffor God schulde ȝeff ȝow þis in one day, alle þe bredde þat ȝe schulde haue vche day afftur, but for encheson þat brede is vche day fode and makuth a man myȝty ffor to trauelon for alle oþur þingus þat is ne|deful to hym. Þis is sayde for brede þat feduth þe body. For in f. 124r
prainge of þis brede ȝe prayon to God to haue kynde wedurynge to alle maner sedes þat bene caste in þe herþe. For whan sedes bene sowen in þe ȝeryeth, mannus myȝte and konnynge sesuþ and alle is in Goddys doinge and ȝeftur. Þus ȝe prayuth for brede þat is bodly fode.

Þan is þere brede þat is gostely fode and sustenyth þe sowle os oþur brede doþe þe body, þe whyche brede ȝe schul prayon ȝoure gostely fadur for to ȝeuon ȝow on þe haly-day, þat ȝe mow eton þat in ȝoure herte vche day aftur in ȝoure labowre and so strenkþen ȝoure sowle þerwyth þat ȝe gruccheth not agaynes God for desese þat ȝe haue in ȝowre labur but takuth hit in paciens and in penaunce for ȝowre synnus.

And þus ȝe schul putton away þe fowle synne of slowþe þat wyl newre travelon to helpon his body ne his sowle, bot faruth os a swyne etuth and drynkuth and scleputh. Wherefore Seynte Barnarde saythe þat suche þat wil note traueyle wit men here in ȝerþe þei schul travayle in helle wit fendus.

81–3 grace . . . and] *om.* 85 his] *om.* 86 fyndon] fydon 88 dedeyne] dodeyne 89 welle] wolde 90 mysse] myffus 91 his] *om.* 92 alle] ille 101 For] ffor 103 For] ffor 113 nota *in margin with blue paraph*

Þe fyfte prey3ere is þis: *Et dimitte nobis debita nostra sicut et nos dimittimus debitoribus nostris*: 'And for3eff vs oure trespace as we for3evon hem þat trespaces to vs.' Here 3e pray þe Fadur of heven for to 3evon 3ow hertus þat 3e mowen with fulle herte for3effon alle þat gyltuth to 3ow, and so prayen hym þat he for3eff 3ow þat 3e gylteth ayeynus hym. For 3owre Fadur of heuen is fadur of mercy and wille þat alle hys schildron bene merciabul, [as he is and blessuth alle hem þat bene merciabul] and saythe þus: '*Beati misericordes*': blessud bene þai þat bene merciabul, ffor þei schullen sew mercy. Þus 3owre Fadur of hewne in a lovinge man[er]e constreyneth 3ow for to done mercy þat he may 3evon 3ow mercy at 3oure prayoure. For þere may no man haue merci of hym bot suche þat doþe merci.

And in þat 3e done mercy 3e slene þe foule fende and þe fowle synne of dedly wrathe þat is [so] f[u]lle of vengeaunce and cruelte of malyce þat hit wille neuer for3evon bot allegate do þe vttraste and þe vengeaunce þat he may. Wherefore he schal haue no mercy of God in þe day of dome but dampne suche into payne of helle [and] cursud and vnworthy makuth hem for to comyn amonge Goddys chyldron. For dome witowton mercy schal be done to hym þat doth no mercy. Þus 3if 3e willon to haue mercy of God and for3evenes off 3owre trespace, þan mote 3e for3evon hem þat trespaseth a3eynus 3ow, or ellys he will not here 3owre preyoure.

Þe syxte preyer is þis: *Et ne nos inducas in temptacionem*, þat is þus: 'Þou suffur not vs to be ladde into temptacione.' Þus for 3e feluth
f. 124v welle how þe fende his besy day | and ny3te for to temp 3ow to synne, þerfore 3e pray to 3owre Fadur of heven þat he suffur 3ow no3te to be lade into temptacione be þe fendus entysinge. For sley3tely he wil brynge in a man oþur a womman into synne. Furste he temptuth hem, þat is, tastuth hym wheþur he be stronge or lethy in luff to his God. And 3if he fynde hym lethy, þan he makeþ hym sene þat is lusty to hys flesse. And so wit þe syte he makuth hym to catche a delyte in hitte and a luste þerto. And whan he hath lust, þan makuth he hym ffallen to concent þerto, and so forthe into þe dede of synne.

Þus he temptuth alle Goddus chyldron, and namely in þe synne off gloterye, ffor wit þat synne he deseyvode Adam oure former fadur and Eue. And knowyth welle þat vche beste of kynde is sonnest takon with mete leyde in grynnus and oþur gynnus. Wherefore whan 3e eton or

123 For] ffor   124–5 as . . . merciabul] *om.*   127 manere] mane   128 For] ffor   131 so] þe   fulle] folle   134 and] but   cursud] hem *add.*   136 For] ffor dome] is *add.*   144 For] ffor   145 Furste] ffurste

drynkon, he temptuth ȝow moste to glotterye: ffurst wit syȝte of mete oþur off drunke and so makuth to haue luste þerto, and þan for to [t]aston hit, and so be luste of þi taste for to eton oþur drunkon to evowrusly þeroff, and so takon to myche, oþur eton er þan tyme os in fastinge-dayus eton or þan tyme of þe day, oþur afftur tyme os in rere-sopperes, oþur in fasting-dayes sytton at nythe and drynkon to myche and so breston ȝoure faste, and offte makuth a pore man to spende hys gode in vayne, boþe in deynte metus and drynkus ferrer þan his state askus, and so his makud a beggar and a borower of oþur mennus gode and never wil quiton. Suche gynnes þe fende vseth for to ledon men and wommen into þe synne of glotory. Wherefore ȝe haue grete nede for to preyon besely to God ffor to kepon ȝow owte of temptacion. And for to putton away þis temptacione ȝe schulle begynne ȝowre mete with blesynge, þat is, to make a crosse ouer ȝoure mete, praing God for to kepon ȝow so þat ȝe falle not into glotorye. And aftur mete ȝe schal ende wyth grace, þat is, þankynge God þat he hath ȝeven grace to kepe ȝow þat ȝe haue done no surfete.

Þe vij preyer is þis: *Set libera nos a malo*, þat is to say: 'But delyuer vs frome alle evel.' Þis evel ȝe may kalle welle þe synne of lecherye. For nis no man lyuing þat may tellon þe evel þat hathe comyn be lecherye, þat is to say, mannus-slawte, envye, ffalse othus, avoutrye, ffalse eyrus, ffalse devow[r]s, murþur, ffalse defamacionus, ffalsse suspecioun, and many a sowle lorne. And whan hit falluth on a man in hys ȝelde, hit makuth hym leson his gode and his catelle and his worscheppe and his gode name, and makuth his frendus to loþon hym and hys companye and to spekon many one evel wordes be hym. For his grace schalle f[rom] hym, and so, whatte | for defawte of grace and f. 125r
losse of his gode, his wytte schal apeyron litul [and] litul til he be a mepis folle and so soffron his lemman to bene his maystur. And þan schalle he gone alle to noȝte and schal neuer be deleuered þerof, bot God wit grete preyoure sette honde to and deliuer hym.

Narracio. I rede, os þe maystur of story[es] telluth, how þe kyng Darius made a question to þre of his warde-corsus and askud hem wyche was þe strengest of þeise þre: a kynge, oþur wyne, oþur a womman. Þan sayde one: 'A kynge, ffor he may commawnde alle men and hath her lyff and here lymes in his power.' Þan answerud þat oþur and sayde how þat wyne was strengar þan a kynge: 'For wyne ofton so

157 taston] caston   174 For] ffor   176 devowrs] devowes   180 For] ffor   181 from] furnee? *alt.*   182 and] *om.*   186 storyes] story   188 wyche] swyche   191 For] ffor

owrecomeþ a kynge, be he neuer so stronge, þat hit makuth hym mytelesse and witowtyn strenþeh.' þan seyde þe þrydde, þat was kalde Zorobabel, how þat a woman was strengar þan a kynge oþur wyne: 'For a womman fo[s]turse vp a kynge off a chylde, and hem þat s[e]ttuþ and keputh wynus. And men beth not adrede to leson here strengh and here lyve ffor a womman', and sayde how þat he sawe a kynges lemman smyton a kynge vndur þe scheke wit hur hande, and whan scheo logh, scheo made hym to lauȝon, and whan scheo wepud, scheo made hym to wepen. þus is a womman strengar þan a kynge oþur wyne, and þus þe fowle synne of [lecherye] distroyeth a man boþe in his lyue and in his deþe and makuth hym so ferre ffrome Goddus grace þat he dreduth nowþer God no man ne his not ofschamed of man.

I rede of a womman þat was lemman to a man and hadde bene many ȝerus. But þan hit happoned so þat on a day as scheo was in þe chirche and harde a predicacion, in þe wyche predicacione scheo harde so horrybul payne off helle þat was ordeyned to alle þoo þat vsud lecherye and wolde not levon hit þat scheo was so contryte and sterud be þe Holi Gost þat scheo ȝode and schroff hur and toke hur penawnce, and was in fulle purpose for to haue lefte hur synne for alleway aftur.

But þan os scheo ȝode homwarde, scheo mette with hur lemman þat spake to hur to do his synne, os he was wonte before tyme. But scheo forsoke and sayde nay: ffor scheo harde a predicacione and harde howe orybull penawnce is ordeyned for alle suche in helle, and scheo was ferde þeroff and was schryfvon and wolde do no more þat trespasse. þan sayde he: 'Ȝef þinge were soth þat is preched, þere schulde no man nor womman bene ysaued. And þerefore leue hit noȝte, for hit is noȝte soth. But be we hereaftur o[f] one assent as we haue bene before. I wil plyȝte þe my trowthe þat I wille nevere leue þe bot holde to þe allegatus.' þan turnud þe womman hur herte, and dedun þe synne as þay dedun beforen.

But hit happud so þat in schorte tyme aftur þei dyud boþe sodeynly. And þan was þere a gode man holy þat knew boþe here |
f. 125v lyues and prayud to God for to wytton how hit was wit hem. þan on a day os he walkud be a watur praynge for þis þinge, he saȝ a blak derk miste owre þe watur, and in þat myste he herde þe man and þe womman spekon þus eþor to oþur, and knew welle here voyces boþe.

195 For] ffor fosturse] forturse 196 settuþ] syttuþ 201 lecherye] *om.*
220 of] os

þan sayde þe womman to þe man: 'Cursud be þou off alle men, and cursud be þe tyme þat þou were borne, for be þe I am dampned into euerlasting peynes.' þan answerud þe man: 'Cursud be þou and þe tyme þat þou were borne, for þou hast made me ida[m]pned for ever. For hade Y onus a bene contrite for my synnus as þou were, I wolde never a turnud aȝeyne as þou dedust. And ȝif þou haddust holdon gode cownande wit hym þat þou maduste, þou myȝtest haue sauid vs boþe. But I behette þe þat I wolde neuer leue þe, wherefore go we now boþe into þe peyne of helle þat is ordeynud to vs boþe ffor alleway.' And so þe myste vanysched away.

Explicit tractus qui dicitur Festial. Per fratrem Iohannem Mirkus compositus, canonicum regularem monasterii de Lulshull, cuius anime propicietur deus. Amen.

233 idampned] idapned 234 For] ffor 239 þe] *rep. next line* 240 *Festial*] ffestial

EXPLANATORY NOTES

Although the Explanatory Notes are largely commentary notes, textual notes are provided for those sermons with full collations and where a word or phrase requires explication or the text has been emended (unless the emendation is confirmed by all, or most, witnesses and/or is uncontroversial). Where a citation is specified only as 'Group A' or 'Group B', the citation is that of A/a respectively (or, if imperfect, B/b, etc.). Cross-references within the sermon are cited thus: 'see 121–40n'; cross-references outside the sermon in question are cited thus: 'see 1/121–40n'. The Explanatory Notes do not normally include cross-references to the textual discussions in vol. 1, Introduction, §§4, 6.

The author–date system used throughout this edition cites page after date, e.g. 'Graesse 1846: 5–12' (with the exception of references to *PL* or *PG*, where column is preferred to page, e.g. '*PL* 184: 0531' refers to column 531). A slash after the page number indicates that the subsequent digits refer to either line(s), columns, sections, chapters, or entries, as appropriate (and if necessary), within the larger volume, e.g. 'Erbe 1905: 2/34' indicates p. 2, l. 34, 'Tubach 1969: 133/1630a' indicates p. 133, entry 1630a. In the case of references to Douteil's edition of *RDO* (where the title *Summa de ecclesiasticis officiis* is preferred to *PL*'s *RDO*), Douteil's own practice (and that of Maggioni in citing Douteil) has been followed, i.e. to cite chapter number (as in *PL*) and (if further detail is required) alphabetized section, e.g. 'Douteil 1976: 96e' indicates chapter 96, section e. (References are all to vol. XLIA.)

Of the two available editions for both *LA* and *RDO*, Graesse has been used for quotation, rather than Maggioni, and *PL* 202 rather than Douteil. Most *F* sermons are based on *LA*, and the headnote to such sermons cites the relevant page references for Graesse and Maggioni (as well as Ryan's translation); further references within the Notes refer only to *LA* (or Jacobus, its author); if quotation is necessary, Graesse only is referenced for the quotation. (Unless stated otherwise, it can be assumed that material is from *LA*.) References to different *LA* legends within the same Note are given the full range of citation. For *RDO* (less often used by Mirk), the full range of references to both *PL* and Douteil is given throughout.

Details of content variation within the witnesses are given in the headnote to each Note. Variation as the result of a damaged MS is noted as such ('through a lost f.', 'through lost ff.'); other omissions are recorded without comment. Content variation in relation to Rev. is less fully treated, given its comprehensive revision of *F*, particularly in the *Sanctorale*, where renewed use is made of *LA* and R2 is sometimes fuller than R1/3 (for the limited material in R4, see Appendix I.iii). For details of R1, the headnotes direct the reader to O'Mara and Paul (2007), which includes details of the new sermons with which Rev. is augmented. For an edition of the *Temporale* sermons in Rev. (*F* and non-*F*), see Powell 1980. See further in vol. 1, Introduction, §3.3.

PRAYER

Hand A. See Appendix III.i for full collation. A Prayer is found in all Group A MSS, with the exception of EG (which have unconventional sermon arrangements), J (which is acephalous), and K (which begins with the Prologue). No Group B manuscript other than f has a Prayer. Prayer i in α has been added by Hand A (see Appendix IV.3). Prayer i (αDFI) asks God's blessing from birth to death; the lines are roughly octosyllabic and rhyme on *thyng*, *begynnyng*, *blessyng*, *endyng*. Prayer ii (ABCHf) is similar in content but more elaborate in expression and includes a reference to the mediation of the Virgin Mary; its rhymes are *besechyng*, *begynning*, *lyvynge*, *endyng*; the lines are longer and less regular. The succinctness of Prayer i matches the simple end-rhymes which introduce the three principals of a typical *F* sermon (e.g. 2/5–7, 3/3–4, etc.). On Mirk's rhymes, see Long (1955).

PROLOGUE

Hand A. See Appendix III.ii for full collation. Of the Group A MSS, all except DEGJ have the Prologue; of the Group B MSS, only f has the Prologue. For a major crux, which demonstrates the superiority of α's Prologue to those of the other MSS, see 10–11n.

2–5 *By . . . ȝere*: It is debatable whether *othur that bene in the same degre* refers back to *by myne owne febul lettrure* (i.e. others who are also poorly lettered) or forward to *that hauen charge of soulus . . . ȝere* (i.e. others who have a cure of souls and are obliged to teach their parishioners about all the principal feasts in the church calendar). For the first meaning, cf. *MED* **degre** *n.* 6a ('condition, state'), b ('kind, sort, type'); for the second, cf. 4a ('rank, social condition'). The first meaning is innocuous and might well be merely a modesty *topos* (see 10–11n); the second is more weighty since it carries the implication that Mirk himself had a cure of souls.

10–11 *in . . . Aurea*: α's reading is authoritative. ABCK remove the first person singular forms and the reference to the author's own ignorance, while retaining the reference to the ignorance of other priests: *in helpe of suche meene clerkus, þys tretys ys drawe of Legenda Aurea*. It may be assumed that this alteration is deliberate. In the case of HIf, however, the reading appears to be the result of scribal misreading of *mene* as *men*: *in þe help of* *such men clerkys haue drawe owt of Legenda Auria* (H), perhaps with eyeskip from *(as) I . . . I* (l. 10). F paraphrases the text: *with help of clerkes and Legenda Aurea.*

15 *Festial*: The only recording in the text of Mirk's preferred name for the collection.

1. Advent

Hand B. Dependent on *LA* (Graesse 1846: 3–12; Maggioni 1998: 11–23; Ryan 1993: i. 6–12), except for the final *narratio* (see 121–40n). The bipartite division inherent in the two comings of Christ is marked by a decorated initial in α (l. 49) and the insertion of *secundus aduentus Christi* in B. EF and Rev. divide the sermon in two (ll. 121–45 om. E). Rev. ends the first sermon at l. 28, adding material from Jacobus' dominical sermons and *FM*; the second sermon begins at l. 49 (both sermons ed. Powell 1981: 65–78; for details of R1, see O'Mara and Paul 2007: ii. 1098–9, 1099–1100). G's two sermons and one extract all use the same exemplar and are in the same language (language 2), although in two different hands. a begins imp. (ll. 1–104, *Incipit . . . redyly*, om.); first ll. h indecipherable.

1 *Incipit . . . Amen*: Not in EFGHI and Group B (so that where the Prologue is missing too, i.e. EGabcdegh, the title *Festial* is unknown). In this position in BD, but before the Prologue in ACK. No first sermon title in αBGIbf, but in Latin in AEFHKd and in the margin of c, and in English in the margin of D.

5 *two comynges*: Jacobus points out that there are four advents (L. *adventus*, 'coming'): into the flesh, the spirit, into death, and to judgement. Mirk follows his guidance in dealing with only the first and last, since, as Jacobus says, the church emphasizes these in Advent-tide.

10–18 *But . . . aftur*: *LA*, augmented by *RDO* (*PL* 202: 0071–2; Douteil 1976: 64c, 65a). The *Gloria* is sung at Mass and the *Te Deum* at Matins throughout the year, except Sundays in Advent and from Septuagesima Sunday to Palm Sunday, when the Church *layth doun* ('sets aside', ll. 14, 16) such songs of joy and bans marriage (ll. 15–16), as inappropriate to the penitential seasons of Advent and Lent (Legg 1916: 14/22–4, 26/7–12).

20–1 *þer . . . deth*: Ultimately from St Augustine, *Sermones ad Populum*, sermon 130 (*PL* 38: 0726).

21–5 *þys . . . dyed*: *LA*, cf. Rom. 5: 12–21, esp. v. 19, and 1 Cor. 15: 20–2, 45–9, esp. v. 22. See 15/161–205n.

29–30 *he . . . dome*: A complex crux in which α agrees with Group B in a shorter paraphrase of the Group A reading. EF have a lacuna, both versions of G are the same, I is eccentric, J is acephalous, and f appears to combine the readings of both Groups. See vol. 1, Introduction, §6.1.3.

30–4 *he . . . slowth*: Mirk cites two of the seven deadly sins, the chief sin, *pride* (l. 30) with its remedy, *mekenes* (l. 32), and the sin of *slowth* (l. 34) with its remedy, *swynk* (l. 33). The others are avarice, lust, anger, covetousness, and envy. Cf. the details of the sins and their remedies in *IPP* (Kristensson 1974: 124/973–141/1286, 155/1555–159/1624).

34–5 *he . . . helle*: *LA*. The ultimate source is untraced (but cf. *PL* 22: 0251, from Eusebius, *De Morte Hieronymi ad Damasum*, ch. 20).

35–40 *And . . . scryf-fadur*: On the importance of frequent confession, cf. *IPP* (Kristensson 1974: 71/69–76).

50–79 *þer . . . dome*: The Apocalyptic vision derives principally from the Book of Revelation, although other biblical passages provide material too (cf. Matt. 25: 24–31 and see 80–109n). The signs were codified in the Middle Ages and conventionally, but erroneously, attributed to St Jerome (cf. l. 53). See Heist (1952).

57 *gloppes*: *MED* **cloppes** *n.* uses the reading *cloppys* (Erbe 1905: 2/34) and ingeniously suggests a shortened form of L. *Cyclops*, but several MSS record *g-* forms (BGKbcd), suggesting that the word may be related to *MED* **gulpen** *v.* 'to gulp down (drink)' (examples include *iglopped*, *igloupet*).

68–9 *mowntayns . . . and*[1]: Lacuna supplied from Group A by comparison with *LA* (Maggioni 1998: 16/83, om. from Graesse 1846: 7).

80–109 *þen . . . ende*: Much fuller details in *LA* provide the substance of this passage. Its origin is in Matt. 25: 31–46, which provided six of the seven deeds of mercy (the seventh from Tobit 1: 20–2: 10), which were always for this reason associated with the Day of Judgement.

94 *þen . . . men*: Mirk, in the person of Christ, specifically rebukes the rich. See 110–20n.

95 *leftes*: MED **list** *n.* 3 records *lystes* (Erbe 1905: 4/13), an error for *lyftes*, a variant of which is recorded in all MSS with this lexeme. See instead *MED* **lift** *adj.* 3b.

96 *vt in euangelio*: 'as in the gospel' of the day (Matt. 25).

97–109 *þer . . . ende*: Cf. *PL* 184: 0531, from *Tractatus de Interiori Domo*, ch. 22, perhaps by St Bernard. The sinner is beset on all sides: above is Christ as judge, within is his own conscience, on his right side his guardian angel reads out his sins, on his left devils demand him as their property, and below hell gapes open.

104–5 *where . . . amys*: Cf. the questions asked by the priest in confession, recorded in a rubric to *IPP*: *Quis, quid, vbi, per quos, quociens, quomodo, quando* (Kristensson 1974: 147/between 1404–5).

105–6 *fendus . . . dedes*: 'devils challenging him as theirs by right because of his wicked deeds'.

110–20 *þat . . . ende*: For the poor as judges of the rich at the Day of Judgement, see Luke 6: 24, 14: 14, and Jas. 5: 1.

116–17 *Keputh . . . quite*: Rom. 12: 19.

119–20 *truste . . . bygyled*: For a *narratio* illustrating this warning not to trust one's executors, see 65/48–58.

121–40 *Seynt . . . led*: Bede, *Historia Ecclesiastica*, bk. 5, ch. 12 (Colgrave & Mynors 1981: 488–99). The *narratio* is in the tradition of visions of the afterlife which have their origin in St Paul's vision at 2 Cor. 12: 2–4 (cf. Tubach 1969: 71/876). Mirk condenses and reworks Bede's description of the Cunningham man's vision of hell, omitting his details of purgatory and heaven. In *MS* he provides a version almost *verbatim* from Bede (cf. Oxford, Bodleian Library MS Bodley 632, f. 69^{r-v}).

141–5 *þus . . . Amen*: Incomplete in α, but emended from D, the only manuscript to preserve the likely original rhyming conclusion to Mirk's first sermon.

2. St Andrew

Hand B. See Appendix III.iii for full collation. Dependent on *LA* (Graesse 1846: 12–22; Maggioni 1998 : 24–37; Ryan 1993: i. 13–21). J begins imp. (ll. 1–8, *De . . . holy*, om.); R2 ends imp. f. 83^{v} (*sche felle down with lucifere for hys*, cf. ll. 165–6); h omits ll. 21–64 (*And . . . Crist*) (so too R2), but otherwise the sermon is more fully treated (see 83–117n). For details of R1, see O'Mara and Paul 2007: ii. 1159–61.

2–4 *Gode . . . seynt*: The sermon (as often) is to be preached the Sunday before the saint's day. Mirk announces the day (*sech a day*, l. 2, with the day itself to be named by the priest, since it will vary each year) and reminds his audience to fast the vigil of the feast and attend Mass that day.

2 *Seynt Andrewes day*: 30 November. Andrew (d. *c.*60) was the brother of Simon Peter, a fisherman by trade, and a follower of John the Baptist before he became one of the foremost apostles of Christ.

2–3 *fast þe evon*: For the basic details and reasons for fasting, see *RDO* (*PL* 202: 0023; Douteil 1976: 11), in the course of which Beleth explains that Andrew is one of the six apostles for whose days fasting is enjoined (Douteil 1976: 11h).

5–7 *Won . . . suffryng*: Most of Mirk's *Sanctorale* sermons exhibit a structural division into three principals, introduced by simple end-rhymes (here *lyuyng*, *doyng*, *suffryng*).

8–16 *For . . . prechyng*: John 1: 35–42.

16–20 *And . . . heuen*: Mark 1: 16–18.

30 *Onsely*: Group B and ACEF agree with α, but with initial *v*-, cf. *MED* **unseli** *adj.* 'unhappy, wretched'. BGHIJKf have *sely* (*o sely* BGJf, *þou sely* HK), cf. *MED* **seli** *adj.* 'blessed, holy'. D's *vnsley* is unique, cf. *MED* **unsleigh** *adj.* 'unwise, imprudent'. Jacobus himself supplies no adjective to *senex* (Graesse 1846: 14).

37–8 *ryght . . . don*: It is by fasting and prayer that the dumb spirit is expelled from the afflicted child in Mark 9: 29.

65–79 *For . . . murth*: *LA*, considerably expanded here, although Andrew's visit to Ethiopia and several other *narrationes* are omitted (as Mirk acknowledges, l. 80, *Mony . . . telle*).

83–117 *For . . . ynogh*: *LA*, considerably condensed (although h provides a shortened version of the debate between St Andrew and Egeas, which Mirk omits altogether).

90–1 *take . . . naked*: A clear Group A/B crux here, where Group A MSS read, with minor variants: *do Androwe naked*, and α agrees with Group B. See vol. 1, Introduction, §4.

92–3 *and don . . . cros*: α is here closest to cd(h) of the Group B MSS (*to be don on þe cros* cd, *to do hym on þe cros* h). Group A MSS (and abeg of Group B) read: *to a cros*, perhaps through eyeskip. f is unique, as often, but closest to αcd(h): *and to put him on a crosse*.

94–6 *Heyle . . . Cryst*: The crux demonstrates α's closeness to Group B and Group B's closer relationship with *LA*. Mirk condenses St Andrew's address to the cross in *LA*, so that the Group A reading (*Heyll holy cros þat my maistur Ihesu Criste died on*, with minor variants) is less effective and more remote from *LA* than the reading in α and Group B (except for f, which omits ll. 95–6, *þe*[1] *. . . hanget*), which includes the lexemes *presyous* and *hanget*, cf. *pependit*, *bona crux . . . decorem et pulchritudinem* (Graesse 1846: 18). See vol. 1, Introduction, §4.

116 *schaffly*: α's reading is unique amongst the MSS (which have a form of 'scarce(ly)'), nor is it recorded in *MED*, but its apparent meaning ('thinly, meagrely') might be derived from the verb *shave* (*MED* **shaven** *n.*, with the recorded variant *shaffe*, 'scrape or slice into thin pieces').

118–76 *Aftur . . . soules*: *LA*. The *narratio* is in London, BL MS Harley 2250 with a rubric which names the bishop as St Cuthbert (see Appendix II.ii, description of MS Harley 2250). As Jacobus notes in the legend of St Bartholomew (Graesse 1846: 545; Maggioni 1998: 836–7; Ryan 1993: ii. 113–14), a very similar story is told of that saint. For other analogues, see Tubach 1969: 23/214.

124 *chyrslych*: Apart from *tenderly* (Idf), the standard reading is *chereshely*, or some variant thereof (but *charyly* H), from which α's unique and erroneous reading *chyrlych* has been emended (cf. *MED* **cherishli(che)** *adv*. which records the variant *chirsly*).

135 *ȝe . . . charge*: 'Yes, never mind that!' (cf. *MED* **ye** *interj.* 1e 'as an introductory word of response . . . yes, indeed; also, implying impatience: yes, yes; also, implying scepticism: well, yes'; *MED* **charge** *n.* 6b '(it is) no charge, it doesn't matter, never mind'). However, Group B readings such as *yeueth* (a) suggest that *ȝe* (αd, om. Group A) may be intended as the imperative 'give!', cf. MED **yeven** *v.*, which records contractions *yemme*, *ȝemme* ('give me!'), *gevet* ('give it!').

142 *bet . . . harde*: The original reading is that of most Group A MSS and f, i.e. *bete vpon þe yate so harde*, cf. *LA crebris ictibus pulsans* (Graesse 1846: 20). See vol. 1, Introduction, §§4.1, 4.2, 6.1.3.

149 *A . . . fote*: 'a man's face, which is earth and only (the length of *sc.*) a man's own foot'. The lady's question asks: what is the greatest miracle that God ever made in a foot of earth? The answer is: man's face, which is a miracle in itself because each face is unique, and which was made in a foot of earth because the human body is just earth and the face is the length of a human foot. α's reading, however elliptical and unsatisfactory, is also recorded, with minor variants, in both Group A and B MSS (see Appendix III.iii, entries for l. 149). Kf make sophisticating attempts to improve the reading: *man ys made of erþe and his face ys erþe and ys in the space of a foote* K, *a mannys face was and is the grettist miracle þat euer God made and yet it is but in the space of a mannys foot* f. The answer is much more fully and clearly expressed (with no mention of a foot) in *LA*.

149–51 *þagh . . . anoþur*: 'though all the men and women that ever were born stood together, one can be recognized from another'. α's reading is clearly original and is that of most Group A MSS (ABCEFG, but ABCG modernize *yfere* to *togeddur*). The construction *me schul knowe* uses the weakened indefinite pronoun *man* (= one, *MED* **me** *pron.*(1)). Other members of Group A did not recognize the construction: HI rationalize *me* as *men*, D reads *I schuld know*, JK have *ye shull know*. Group B stems from an exemplar with a reading close to D, in which *yfere* ('together') was misread or misinterpreted as either *afore* ('in front of'): *stod afore me ȝet schuld I know* (bcdfgh, with minor variants, or *a fote* ('a foot'): *stode a fote fro me yitt shuld I knowe* ae.

154 *where*: Several Group A MSS (DEFHIJK) and all Group B MSS interpret *where* as 'whether' (see Appendix III.iii, 154 **where**), but *LA* confirms that it means 'where'. Mirk does not supply the simple response to the question: *in coelo empyreo*, i.e. heaven (Graesse 1846: 21).

160 *let . . . questyon*: 'let him resolve the third question'. α is emended from BDHIJabceg (cf. *MED* **assoilen** *v.* 4a 'to solve', b 'to answer (a question)'). ACEFGKdf have the simpler lexeme *answer*.

161–6 *Aske . . . Lucyfer*: For the answer to the question, see 37/29–33n.

165–6 *scho . . . Lucyfer*: The reference is to the fall of the angels (see 28/151–2n). Group B and α omit material here which, although it is found in all Group A MSS (see Appendix III.iii, 166 **Lucyfer**), has no counterpart in *LA*.

3. St Nicholas

Hand B. Wholly dependent on *LA* (Graesse 1846: 22–9; Maggioni 1998: 38–48; Ryan 1993: i. 21–7). The full sermon is only in α and Group B (but not h, which omits ll. 54–68, 128–48, develops the material further at l. 53, and ends at l. 175). Group A does not have ll. 101–27, 149–91 (*when . . . miracle*, *A . . . cetera*); J ends at l. 93 (ll. 93–191, *þen . . . cetera*, om.). E also omits ll. 38–144, *hadde . . . hym*, through lost ff. R2 begins imp. f. 84^{r} (*of þe staf and sceddyng of þe mony*, cf. l. 121). For details of R1, see O'Mara and Paul 2007: ii. 1161–2.

2 *Seynt Nicholas day*: 6 December. Nicholas was a fourth-century bishop of Myra.

3–4 *for*^{3} *. . . chesyng*: 'for his selection by heaven' (lit. 'for his heavenly choosing').

8 *deleden . . . togedre*: 'had no more (sexual) dealings with each other'. Marriage was the least of the three female states, virginity, marriage, and widowhood, but celibacy within marriage was sometimes adopted as a means of regaining lost purity.

10–11 *wolde . . . name*^{1}: 'would not call him Nichol, which is a man's name, but Nicholas, which is a child's name'. Not in *LA*. The old man in the *narratio* at 2/21–42 is called Nichol, but *Nicholas* appears to have replaced *Nichol* in later ME (*MED* **Nicholas** a).

14 *he*^{2} *. . . Fryday*: Days often chosen for special self-discipline, as in St Thomas of Canterbury's flagellations (10/86–8). Nicholas is especially advanced in disciplining himself while still in the cradle.

17–18 *chyldren . . . seynt*: The saint's special relationship with children (as in Santa Claus) explains the election on the eve of his feast of a boy-bishop to perform episcopal functions until Holy Innocents' Day (28 December).

26 *and . . . Nycholas*: Perhaps a switch from *oratio obliqua* to *oratio recta*, but cf. ll. 10 (*wol* emended to *wolde*) and 33 (*taken* emended to *token*).

67–8 *hyt . . . aftur*: 'it provided enough for all the people to eat and sow for two years afterwards'.

84–5 *þonke . . . lyf*: 'thank him for (saving) their life'.

86 *and so duden*: 'and so (they) did'. A common ellipsis.

90–1 *In . . . meum*: Christ's own last words on the cross (see 27/97–105n). They are also the final words of St Mark (31/48–9).

91–3 *And . . . seke*: Cf. the similar miracle at Christ's birth (see 6/159–63n).

93–106 *þen . . . byfore*: When Myra was sacked by the Moslems in 1087, the relics of St Nicholas were seized and taken to Bari, where the tomb in the Basilica San Nicola is still said to exude a miraculous liquid.

101–3 *þen . . . stede*: The cause and effect of subordinate and main clause is not apparent, suggesting textual contamination, perhaps confirmed by the fact that *LA* includes the details of ll. 102–6 earlier (Graesse 1846: 26–7), before the destruction of Myra by the Turks (ll. 93–100). Group B MSS continue from *þere* (l. 101) as α, but Group A MSS omit ll. 102–27 (the new bishop after Nicholas's death and the *narracio* of the deceitful Christian) and lead from l. 101 into ll. 128–9 of the *narracio* of the Jew who beat the image of the saint: *þen aftur for grete miraculis þat were wrouȝt þer so þat a Iewe lett make an ymage* (A, with minor variants in other MSS). The transition is not an easy one in either Group, and the *mise-en-page* differs in different MSS, cf. *Then aftre fore grete miracles that weren wrought there / Narracio / I rede of a Iewe* . . . (F, p. 34), *Than after grete myrakeles ware wrowt there hyt fell þat a Iewe* . . . (H, f. 8^{v}, with *Narracio* in margin). However, the Group A readings do bear some relation to *LA* at this point: *Quidam Judaeus videns beati Nicolai virtuosam potentiam in miraculis faciendis, imaginem ejus sibi fieri praecepit* . . . (Graesse 1846: 27), and it is likely that α and Group B testify to a later augmentation of Mirk's original text.

107–27 *Also . . . miracle*: *LA*, cf. Tubach 1969: 261/3352.

128–48 *Also . . . mon*: A variant of the *narratio* in which a Jew or Jews abuse the crucifix or the Host, as (uniquely in drama) in the Croxton Play of the Sacrament (Davis 1970: 58–89).

149–58 *A . . . slep*: Cf. *SEL* (D'Evelyn & Mill 1956–9: ii. 565/453–84).

149–91 *A . . . cetera*: Only in α and Group B.

154 *strangulym*: 'strangle(d) him'. The simpler elisions at ll. 51 (*hacussed*), 58 (*aderthe*) have been editorially separated.

159–75 *Also . . . way*: Cf. *SEL* (D'Evelyn & Mill 1956–9: ii. 561/353–563/410).

191 *he . . . yfound*: 'he was found in his father's chapel'. The syntax is awkward and α's reading is unique. *LA* does not use the passive voice: *evigilans in capella patris sui se invenit* (Graesse 1846: 29).

4. Conception of the Virgin

Hand B. Not dependent on an *LA* legend for the Conception, since the feast was founded later (but see Graesse 1846: 869–75); however, the *LA* Nativity of the Virgin legend (Graesse 1846: 585–95; Maggioni 1998: 900–917; Ryan 1993: ii. 149–58) has some comparable material (see 6–53n, 100–12n), and the *narrationes* and details of the founding of the feast are common to several collections of Mary legends (e.g. Crane 1911, Wilson 1946). Only α and Group B have so full a sermon (Group A MSS end l. 90, apart from EF, which end l. 72). R2 divides the sermon into two (ll. 1–72, 73–112). For details of R1, see O'Mara and Paul 2007: ii. 1162–4.

2 *þe*[1] . . . *lady*: 8 December. The 1328 constitutions of Archbishop Mepham ordained that the feast should be solemnly celebrated throughout Canterbury province (Johnson 1850–1: ii. 346) and gave credit to Anselm, Archbishop of Canterbury from 1093, for its founding. Graesse's appended material begins with the letter supposedly from Anselm to his bishops, affirming the feast (Graesse 1864: 869). The doctrine of the Immaculate Conception was eventually declared dogma by Pius IX in 1854. See Warner 1976: 236–54.

6–53 *Heo . . . nede*: From the *LA* Nativity of the Virgin legend, which does not, however, include the age at which Joachim married, the name of the priest who rebuked him, Anne's prayer, nor her words at the meeting with Joachim, details which are found in the *Pseudo-Matthew* (Elliott 1993: 88/1–3), cf. *SENM&C* (Pickering 1975: 57–61/1–84).

12 *and . . . ȝere*: 'and (they *sc.*) were together for twenty years'. Elision of the subject pronoun is common in the collection, cf. *but were bareyn bothe*, l. 15.

17 *þat . . . God*: 'so that (they *sc.*) should serve God'. The inflexion *en* is plural, perhaps an error, since the natural antecedent must be *hyt*, the child.

19 *Ysacar*: Mirk, or his source, has confused the name of the priest, Reuben, with that of Anne's father, Ysachar.

26–37 *þen . . . myght*: The emphasis on Anne is from *Pseudo-Matthew*, cf. *SENM&C* (Pickering 1975: 60–1/57–78). In *LA* Anne does not pray to God for help, and it is to Joachim first and Anne next (and more briefly) that the angel explains Mary's conception.

30–1 *þou . . . bee*: 'you shall have a child such (as there *sc.*) was never one like nor ever shall be'.

43–5 *Lord . . . lykyng*: Again, this speech, which privileges Anne over Joachim, is based on *Pseudo-Matthew*, not *LA* (where both are said to be joyful at the news but neither is given a direct speech).

54–72 *Y . . . Lady*: Untraced, although there are numerous *narrationes* in which the Virgin saves both good and evil men and women. For those saved by the *Ave*, see Tubach 1969: 38/423–39/441. For the iconography of the Virgin and the rose garden, see Réau 1955–9: ii. 2/100–2. EF end here.

57–8 *oure Lady sauter*: The set of prayers recited upon a rosary, known as *oure Lady sauter* (cf. l. 69) because the fifteen decades of *Ave*s correspond to the 150 psalms of the psalter (*MED* **sauter** *n.* 1f **ladie sauter, oure ladie(s) sauter**). Later, from the sixteenth century, called 'rosary' (*OED* **rosary** *n.* 5a, 6a).

73–112 *But . . . me*: Cf. *Gilte Legende* (ed. Hamer 2006–12: ii. 988/94–990/170).

73–90 *But . . . Chyrch*: For comparable accounts, see Graesse 1846: 869–70; Crane 1911: 259–60/18; Wilson 1946: 188/34.

74 *a . . . Conquerour*: 'a king (who *sc.*) was called William the Conqueror', with omission of the subject relative pronoun.

74–5 *þe abbat of Ramesey*: Elsinus, abbot of the Benedictine abbey of Ramsey on the Isle of Ely.

84–5 *þe same . . . concepcyon*: The mass for the feast of the Conception is the same as that for the Nativity of the Virgin (8 September), except that *conceptio* is substituted for *nativitas* throughout (Legg 1916: 318–20).

89 *alle þe reme*: 'throughout all the realm' (see Glossary *sub* **al(le)**).

90 *Chyrch*: Group A MSS end here with a reference to the founding of the feast and a variably elaborate conclusion, in which D bears evidence of rhyming: *Now pray we to oure lady wyth good entent/ of our lyuyng to haue amendement/ and pray for vs to hor sonne / þat we may wyth hym* [sic] *yn heuen. / Lady, we pray þat hit soo be/ Amen, amen, pur charyte* (f. 10v, cf. Erbe 1905: 17/38–18/3).

91–9 *Also . . . aftur*: Cf. Wilson 1946: 179–80/36.

91 *seculer chanon*: A canon of a college or of a cathedral, not a regular canon like Mirk himself.

92 *matenes . . . Lady*: The office of Matins from the Hours of the Virgin, cf. *he was in myn houres, matenes and seruyse of oure Lady* (ll. 96, 101).

93 *þe . . . Maria*: The invitatory (*OED* **invitatorium** *n.*, med. L) at the beginning of the office of Matins, recorded in the breviary for the Matins of the Virgin as: *Invitatorium: Ave Maria, gratia plena, Dominus tecum* (Procter & Wordsworth 1879–86: i. xxxiii).

95–6 *þey . . . houres*: 'They said he was in their service. Our Lady said: "No, he was in my Hours".' The devils had claimed him for their own as an adulterer, but the Virgin counter-claimed him because he was drowned while saying her office.

100–12 *Also . . . me*: Cf. *LA* (Graesse 1846: 592), although Mirk had access to a more detailed version such as in Crane (1911: 262–3/20), where, as here, the exact point at which the Virgin appears to the clerk is given: *Cum autem antiphonam ad nonam, scilicet: Pulcra es et decora, etc., diceret, ecce Virgo. . . .*

105–6 *þe antyme*: For this antiphon (S. of S. 7: 6), see Legg 1916: 172/22 and n. 8.

5. St Thomas of India

Hand B. Largely dependent on *LA* (Graesse 1846: 32–9; Maggioni 1998: 53–62; Ryan 1993: i. 29–35), but see 8–21n, 94–6n, 97–111n. Only α and Group B have so full a sermon: Group A MSS variably omit ll. 68–70, 78–96, 113–17 (*þat . . . he*; *Also . . . conuenirent*; *Ion . . . feyth*); EF also omit ll. 22–6, 107–17 (*and . . . fey*; *Also . . . feyth*). For details of R1, see O'Mara and Paul 2007: ii. 1164–5.

2 *Sent Thomas day*: 21 December. One of the twelve apostles, Thomas is best remembered as Doubting Thomas (see 8–21n). Through his (non-) building of the king of India's palace (ll. 50–70) he became the patron of architects.

3 *faste þe euen*: For Beleth on fasting, see 2/2–3n.

7–8 *he . . . þerin*: 'he did not leave room for doubt in any part of it' (*MED* **scrupul** *n.* c).

8–21 *For . . . me²*: John 20: 25–8.

23 *Seynt Gregory*: From St Gregory the Great, *XL Homiliarum in Evangelia Libri Duo*, bk. 2, homily 29 (*PL* 76: 1213).

64–70 *þen . . . stones*: The chronology of the brothers' conversation is odd (the resurrected brother asks to buy the palace; the king refuses; the brother had said previously that he had seen it in heaven). In particular, ll. 69–70 (*For . . . stones*) read as an attempt to make sense of an ellipsis (ll. 68–70, *þat . . . he*, are only in α and Group B).

70 *folþe*: Emended from *forþe* and recorded elsewhere in α (see Glossary sub **folghe**) but not in *MED* **fulloght** *n.*

75–7 *þen . . . wythout*: The tradition of his burial at Mylapore near Madras (present-day Chennai) is still attested in the Christian basilica of Chennai. Mirk omits *LA* details of the translation of his body to Edessa; *LA* does not mention the unburiable hand.

78–96 *Also . . . conuenirent*: The Latin passage (see 78–94n) interrupts the material on the unburiable hand (ll. 76–7) and its participation in the Mass (ll. 97–111), and is presumably a later addition (it is found only in α and Group B).

78–94 *Also . . . exhiberent*: *LA* (Graesse 1846: 36–7), ultimately from St Bernard of Clairvaux, *De xii Gradibus Humilitatis* (*PL* 182: 0941–72).

94–6 *Item . . . conuenirent*: 'And the apostle briefly instructed in three matters all who adore God, that they should love the Church, honour her priests, and meet assiduously to hear the word of God.' Not in *LA*.

97–111 *For . . . cetera*: Not in *LA*, but partly dependent on *Mandeville's Travels* (see Powell forthcoming 2; Letts 1947: 24–5, 1949: 59 and Plate VI).

100 *er . . . 'Confiteor'*: 'before he says *Confiteor*'. *Confiteor* ('I confess') is preliminary to the Mass (Legg 1916: 216/18).

113–17 *Ion . . . feyth*: Clearly an addition to Mirk's text, found only in αDI and Group B. *LA* supplies ll. 113–14, *Ion . . . men* (Graesse 1846: 39), ultimately from Chrysostom, *Opus Imperfectum in Matthaeum* (*PG* 56: 0637–8). The relics of the magi are still in Cologne, as they were in Mirk's day (cf. 6/93–100n, 12/74–82n).

6. Nativity of Christ

Hand B. Dependent on *LA* (Graesse 1846: 39–47; Maggioni 1998: 63–74; Ryan 1993: i. 37–43), apart from a little material from *RDO* (see 13–14n) and from the liturgy (see 73–4n, 122n, 155n). E ends imp. (ll. 166–76, *hure . . . forȝeue*, om.), as does J (ll. 165–76, *þoght . . . forȝeue*, om.), both through lost ff. G has two entries, first the sermon proper, then an extract on the three Masses. h divides the sermon into two (ff. 7^{v}, 9^{r}), the first part a sermon, ending *Amen* (ll. 1–76), the second an extract (ll. 93–176). Rev. augments the text from *LA* (ed. Powell 1981: 79–91), adding a *narratio* from *FM* at l. 78 (Powell 1981: 84/103–85/129). For details of R1, see O'Mara and Paul 2007: ii. 1100–1.

6–7 *for*[1] *. . . tylle*: The threefold division of the sermon is introduced by rhymes on *ylle*. For the Northern form *tylle* (also l. 128), see Glossary *sub* **tyl(le)** and the discussion at Appendix IV.5.

10 *Gloria . . . Deo*: Luke 2: 14 (the last verse of the gospel for the first Mass of Christmas Day).

13–14 *pees*[2] *. . . mon*[4]: The first division is further divided into three, with material from *RDO* (*PL* 202: 0100; Douteil 1976: 98b).

17–21 *he . . . pride*: Loosely based on John 3: 16 and Rom. 8: 32.

25–7 *Wherfore . . . wyrschep*: See 37/65–8n.

27–31 *speken . . . dudon*: The announcement to the shepherds (Luke 2: 8–14), from the gospel for the first Mass of Christmas Day.

31–2 *angelus . . . wemen*: Cf. Rev. 22: 8–9.

34–53 *For . . . þerto*: The details are biblical (cf. Luke 2: 1–7), although Mirk's source is *LA*.

42 *a legge . . . hed*: 'and give tribute to' (lit. 'and lay a penny upon his head').

54–68 *þenne . . . hol*: *LA*, which follows apocryphal material in the *Pseudo-Matthew* and *Pseudo-James* (Elliott 1993: 93–4/13, 64–5/19–20).

57–9 *And . . . hey*: Cf. the kneeling of the animals before the lost Host at 41/208–9 (41/208–10n).

59–61 *þat . . . fewe*: Attributed to Eusebius in *LA*. Clearly an addition to Mirk's original text, it is also witnessed by DHIJK and Group B (not h).

62–8 *þen . . . hol*: As with Octavian (see 135–48n), the episode of the midwives found its way into popular drama, cf. Play VI of the Chester cycle (Lumiansky & Mills 1974: 117/525–118/563). Thebel asserts the virginity of Mary, which Salome is not ready to believe until she has performed a more thorough gynaecological test, at which her hands dry up.

62 *ȝebel*: The midwife is known as T(h)ebel. For ⟨þ⟩/⟨ȝ⟩ scribal variation, see 21/158n.

73–4 *Dominus . . . tu*: The introit (Ps. 2: 7) of the first Mass of Christmas Day (Legg 1916: 26/4).

77 *heþen*: Only αD preserve this reading (om. in most MSS but *fro/from hennus* ABCIadefg). Clearly alien to most scribes, attempts are made to accommodate it by b (*euyn fro heuen*) and c (*even frome hens*). See 9/106n.

79 *He . . . ille*: 'he provides light to those who see poorly'. The metaphor used in this division is of a partially sighted person, the darkness of whose vision is illuminated by the light of Christ's incarnation.

82–6 *For . . . world*: *LA*, ultimately from *Sermones ad Fratres in Eremo Commorantes*, sermon 47 (*PL* 40: 1326–8), uncertainly attributed to St Augustine.

84–5 *he . . . monkynde*: i.e. he almost decided not to be born in man's flesh.

87 *þat*: Only α does not supply a specifying determiner before *synne* (usually *þat*, although *þe* EF).

93–100 *Also . . . Coleyne*: The coming of the Magi is scriptural (cf. Matt. 2: 1–12), but their later legend was developed by Chrysostom. See further 5/113–17n, 12/18–23n, 74–82n.

105 *machuth . . . God*: α is emended from the Group A text, the lacuna easily explicable by eyeskip from *hys good* to *hys god*. The Group B text descends from a similarly faulty exemplar (*to make his god* abeg, *makis his god* cd, *to make his god* abeg, om. fh).

108–10 *when . . . gronde*: For the flight into Egypt, see Matt. 2: 13–15, but the fall of the idols is apocryphal (Elliott 1993: 96).

117–18 *here . . . hyt*: The omission of the nasal contraction mark explains α's reading *fydeth*, and the Group A text corroborates the reading *here he fyndeth hit and here he leuyth hit*, i.e. man finds his goods here on earth and he leaves them behind here on earth. However, a defective reading such as α's appears to have led to the Group B readings: *fordoþ* c (cf. *MED* **fordon** *v.* 3a 'render useless'), *forgoyse* d, *shall forgoo* abefgh. In these the contrast between the acquisition and loss of goods is replaced, less effectively, by two clauses of loss.

122 *Lux . . . nos*: The introit (Isa. 9: 2, 6) of the second Mass of Christmas Day (Legg 1916: 27/15).

128–30 *Also . . . hem*: 'also he attracted us to him by love; children attract love from those who see them, and they make them want to speak and play with them'.

135–48 *as . . . hym*: For Octavian and the Sibyl as prophets of Christ's birth, see Play VI of the Chester cycle (Lumiansky & Mills 1974: 104/177–112/388).

143 *barm*: Only α. Replaced in other MSS by *arm(s)*, cf. 13/91 (*barm* αABCD, *arme* GHJKacdeh, *lappe* Ef, *kne* I, *hond* b). Cf. *MED* **barm** *n.* 1a, where quotations demonstrate *in barme* used of mother and child.

155 *Puer . . . nobis*: The introit (Isa. 9: 6) of the third Mass of Christmas Day (Legg 1916: 29/8).

159–63 *In . . . hym*: According to *LA*, attested by both Orosius and Innocent III.

164–76 *þerfore . . . forȝeue*: Tubach 1969: 193/2446.

174 *prayng . . . chyldhod*: i.e. appealing to the childlike nature in him.

7. St Stephen

Hand B. Dependent on Acts 6–7 and *LA* (Graesse 1846: 49–56; Maggioni 1998: 78–86; Ryan 1993: i. 45–50). AEJ and Rev. omit ll. 107–31 (*Anoþur . . . hym*); E begins imp. (ll. 1–47, *De . . . herdon*, om.), as does J (ll. 1–44, *De . . . Goddes*, om.), both through lost ff. For details of R1, see O'Mara and Paul 2007: ii. 1103–4.

2 *Blessed . . . moght*: 'Blessed people of the power of God', only otherwise in DK but there misinterpreted (*mowth*, cf. *mogh*, 'mouth', 5/41). For the form *moght*, 'might', as verb, see 10/140 (pa. pl.) and *LALME* iv. 95–6 (pa. sg. mostly north-eastern locations, pa. pl. Rutland).

3 *Seynt Steuen:* The first martyr (celebrated 26 December), one of seven deacons appointed by the apostles to distribute alms and preach (Acts 6–7).

7–8 *þe*[1] . . . *posteles*: the scriptural Acts of the Apostles.

9–63 *When* . . . *God*: Mirk follows *LA* in omitting Stephen's long disputation with the Jews (Acts 6–7).

11 *sixe*: Actually seven (Acts 6: 3).

18 *spysed* . . . *and*[3]: The lacuna (also in cd) appears to be supplied by a conjecture of the corrector, since Group A MSS read *dysputyden with hym* and Group B *disputed (disputed*] *argued f) ayenst him*. *Spysed*, while an effective doublet with *spyted*, is not semantically appropriate (*MED* **spisen** *v.* b 'spurn').

26 *but opunly*: 'but (he *sc.*) openly . . .'.

61–2 *let* . . . *don*: Luke 23: 34.

69–89 *for*[2] . . . *schyne*: The three types of martyrdom, each of which is related to a feast of the Christmas period (St Stephen, 26 December; St John Evangelist, 27 December; Holy Innocents, 28 December), are cited only briefly in *LA*, but Mirk expands the material as a development of his third principal (*loue and holy oryson*, ll. 22–3).

76 *heo* . . . *þey*: The corrector was clearly familiar with the *heo* pl. form, since he corrects *he* to *heo*, despite the presence of the usual form *þey* in the same sentence.

77–9 *þus* . . . *þerof*: 'in this way a man can be a martyr, even though he may not shed his blood, that is, when he suffers wrong and persecution by evil men and thanks God for it'.

80–1 *For* . . . *noght*: Cf. 1 Cor. 13: 3.

84–5 *Seynt* . . . *ynoght*: Also at 8/137–9. Cf. 1 John 3: 11, 4: 7 and the *LA* legend of St John (Graesse 1846: 61; Maggioni 1998: 94–5; Ryan 1993: i. 54–5). 1 John focuses on love, the subject of Mirk's third principal, and John often refers warmly to his *filioli* (cf. *chyldren*, l. 85, 8/137).

90–106 *þen* . . . *Steven*: St Augustine, *De Civitate Dei*, bk. 22, ch. 8 (*PL* 41: 0770).

107–31 *Anoþur* . . . *hym*: From the *LA* legend of the Invention of the Body of St Stephen (3 August) (Graesse 1846: 463–4; Maggioni 1998: 714–15; Ryan 1993: ii. 42). Jacobus cites St Augustine (*Scriptura de Translatione Sancti Stephani de Jerusalem in Urbem Byzantium*, *PL* 41: 0817–22) as the authority for the senator Alexander's establishment in Jerusalem of a church dedicated to St Stephen and his widow's later mistake in carrying by ship to Constantinople the bones of Stephen rather than those of her late husband. Perhaps an addition to Mirk's original text (om. AEJ).

122–3 *anon . . . and*: The lacuna (also in the Group B text and emended here from D) is the result of eyeskip from *anon* (f. 20^{r}) to *anon* (the first word, f. 20^{v}).

124 *þou . . . schyppe*: 'you wicked prince, our master, burn the ship!'

8. St John Evangelist

Hand B. Dependent on *LA* (Graesse 1846: 56–62; Maggioni 1998: 87–96; Ryan 1993: i. 50–5), but omitting the episodes of the saint's rebuke of Crato and of a young boy. Variously truncated in different MSS (including Rev.), α's text is also found in ABCDHIJ and Group B (but see 118–19n); E omits ll. 105–44, FK ll. 105–29, and J ll.74–119, 130–44; d ends imp. (ll. 90–144, *hure . . . watur*, om. through a lost f.). For details of R1, see O'Mara and Paul 2007: ii. 1104–5.

3 *Seynt . . . euangelyst*: One of the twelve apostles, the brother of James, accredited in the Middle Ages with the fourth gospel, three letters, and the Book of Revelation. Celebrated 27 December.

4 *Goddus owne derlyng*: As the author of the fourth gospel, St John was traditionally identified with the unnamed disciple whom Jesus loved (John 19: 26, 20: 2, 21: 7, 20).

6–7 *he . . . priuyte*: *LA*, based on three of the four privileges granted John.

8–10 *as . . . hym*: John's jilting Mary Magdalene in order to follow Christ is not scriptural. In his St John legend Jacobus mentions no more than a previous intention to marry, and in the legend of St Mary Magdalene he dismisses as frivolous the suggestion that she and John were to be married (see 49/19–23n). This may explain the cautious, but perhaps not original, wording (om. ABCHJ), *as . . . opyneon* (ll. 8–9), and the omission of the passage in Rev., although Mirk himself clearly endorsed the tradition (see 12/145–56n and 49/19–23n).

12–21 *In . . . dede*: Cf. 35/19–27.

15–16 *made . . . þerin*: 'had him put in a brass cauldron full of oil and so had him boiled in it' . For a similar causative construction (using *do* rather than *make*), see ll. 27–8: *Y wol . . . do men for te drynk hyt byfore þe*, i.e. I will make men drink it in front of you.

35 *For . . . lechery*: Not in α or Group B. Supplied from BDEFHK (*withoute venym of* om. AC, *for as he was without wemme* (*wemme*] *synn J) of lechory so klene* IJ).

39–40 *Ion . . . nome*: 'John, Christ's apostle, sent me to you that you should rise up in Christ's name'.

49 *when . . . modur*: John 19: 26–7.

56–144 *He . . . watur*: The third principal, the grace granted to St John in knowing Christ's secrets, derives from their special relationship (see 4n, 57–8n) and is exemplified by episodes which separately illustrate a special revelation (the apocalypse ll. 64–7, the inner thoughts of the two rich young men ll. 79–80, the knowledge that the promising youth had turned to the bad ll. 109–10, and the appearance of Christ to St John before his death ll. 131–3).

57–8 *when . . . breste* See 28/13–17n. It is the anonymous 'disciple whom Jesus loved' who leaned on Christ's breast at the Last Supper (John 21: 20).

59 *wel*: α's *wal* is clearly erroneous, cf. *welle* (l. 60).

65–7 *God . . . dome*: St John is no longer credited with authorship of the Book of Revelation, from which was developed material on the end of the world, to be preceded by the advent of Antichrist and the fifteen signs of Doom (1/50–79n), and to be followed by the Day of Judgement.

87 *lost*: Emendation of *laft* (αABC) is confirmed by the other witnesses, cf. *ylost* (l. 93).

97 *lure*: Only α. Other MSS have *losse* (BDEFHIKacdf) or *lesyng* (AC), but *loue* Db.

118–19 *þys . . . priuyte*: The third principal ends here, and in D the *narratio* of St Edward the Confessor (ll. 120–9) and the death of St John (ll. 130–44) are transposed (as they are in *LA*). See too 120–9n.

120–9 *In . . . dude*: A familiar *narratio* (although told of St Edmund in *LA*). Only found in αABCDHIJ and Group B, it occurs at the end in D (as in *LA*), after the details of John's death (ll. 130–44), a more logical position since ll. 130–44 continue the third principal of God's revelations to John (*Anoþur reuelacyon . . .*, l. 130), which in α and other MSS is interrupted by the unrelated *narratio* of an episode occurring after the saint's death. The fact that the *narratio* is used again, but differently worded, at 35/42–78 may confirm that it was a later accretion. Mirk also uses it in *MS* (cf. Oxford, Bodleian Library MS Bodley 632, f. 95^{r-v}), where it is partly verbatim from John of Tynemouth (Horstmann 1901: i. 344/13–36).

126 *a . . . kynges*: *LA*. When the *narratio* is retold at 35/42–78, two knights are involved (as in *MS*).

130–44 *Anoþur . . . watur*: *LA*. Mirk has conflated two episodes, one (ll. 135–9) attributed to St Jerome and the other (ll. 130–5, 139–43) to Isidore.

130 *syxty . . . seuen*: Actually ninety-nine (as only K records), in the sixty-seventh year after Christ's passion (Graesse 1846: 62).

137–9 *Chyldren . . . saluacyon*: See 7/84–5n.

140–4 *he . . . watur*: John lies down alive in his grave and then disappears, fulfilling the scriptural legend that he would not die (John 21: 20–3).

9. Holy Innocents

Hand B. Dependent on *LA* (Graesse 1846: 62–6, 71–2; Maggioni 1998 : 97–102; Ryan 1993: i. 56–9, 64–5). d begins imp. (ll. 1–4, *De . . . loue*, om. through a lost f.). For details of R1, see O'Mara and Paul 2007: ii. 1105–6.

3 *Chyldremas Day*: The usual medieval name (cf. 10/127) for the feast of the Holy Innocents (28 December), children of two years and younger murdered by Herod in his attempt to ensure the newborn Christ's death (Matt. 2: 16–18).

4 *þey . . . nye*: The Latinate *Innocentes* (*MED* **innocent** *n.* 1e) is supplied with an English gloss: *þat ys, wythout nye*, i.e. that is, without harm, a clumsy attempt to render the L. *in* ('not') and *nocentem* ('harming'). The meaning, and the main thrust of Mirk's sermon, is that the Innocents did not harm others.

6–7 *þey . . . synne*: 'they were not troublesome either to their neighbours . . . nor to themselves by consenting to sin'. The lacuna (om. αD and Group B) is supplied from the Group A text.

9 *were . . . hame* The phrase *at hame* is unique to α and Group B. It perhaps represents an attempt to reinstate the rhyme lost when Mirk's likely original *weren . . . folwed in hure same* (l. 59, cf. D, Erbe 1905: 35/11, 36/28) was at some stage replaced by a version of *yfollewed in hure blode*, cf. *cristendned in her owne blode* (A). See discussion in Appendix IV.5.

14–15 *he . . . Eve*: 'he is not defiled with the filth of sin but (only *sc.*) with the sin that he has as inheritance from the nature of Adam and Eve', i.e. the child is innocent of all but original sin. Translated loosely here as 'inheritance', *draght* means, literally, something drawn or attracted to a person (cf. *MED* **draught** *n.* 4e 'attraction'). It is thus something from which the person cannot escape.

15–20 *For . . . tre*: Gen. 3: 5–7.

27–58 *þey . . . blame*: Mirk follows Jacobus in augmenting the scriptural details of Herod's slaughter of the Innocents (Matt. 2: 1–18) by material on his impeachment by his two sons and the death of one of his own children amongst the Innocents.

49–53 *For . . . wythinne*: The troublesome question as to why children as old as two were killed is treated at even greater length in *LA*.

59–67 *þey . . . feyth*: The slaughter of the Innocents is described as a baptism in blood, one of three types of baptism: in water, in blood, and in faith. See the similar comparison in the *RDO* material on St Laurence, where Beleth notes that the Church confers three privileges, baptism, preaching, and martyrdom (*PL* 202: 0148; Douteil 1976: 145f). See 47/78–9n.

59 *þey . . . same*: See 9n. The interpretation of *same* is difficult. See *MED* **sam(e)** *pron.* 2b, **in here ~** 'in their death' (although the definition, 'equivalent to a demonstrative or personal pronoun, referring to something previously mentioned: it, that, them, those', does not clearly apply). It would appear to mean something like 'baptized in their very selves', i.e. baptized in the selfsame element of which they were composed, their blood. It may therefore be closer to *MED* **sam(e)** *adj.* 1b.

69–71 *þen . . . chyldren*: Mirk reduces to this single, vague sentence Jacobus' salacious details of Herod's execution of his sons, Alexander and Aristobulus, and his imprisonment of another son, Antipater, followed by Antipater's own execution when he attempted to secure release from prison at his father's supposed suicide.

71–4 *And . . . herte-blod*: Mirk omits Jacobus' elaborate details of Herod's final illness and attempted suicide, preferring the brief alternative explanation attributed to Remigius, *in originali super Matthaeum* (Graesse 1846: 66), i.e. in *Homiliae Duodecim*, homily 6 (*PL* 131: 0898). For a similar death attributed to Pilate, see 27/52–3.

76–106 *And . . . henne*: From the *LA* legend of St Sylvester (celebrated 31 December) (Graesse 1846: 71–2; Maggioni 1998: 110–11; Ryan 1993: i. 64–5). Constantine's mercy in saving the lives of the condemned children is offered as a comparative example to Herod's lack of mercy in slaughtering the Innocents.

83 *on-fax*: The reading is unique to α (but *teryng þer here* I). It was clearly in Mirk's original text (cf. *LA resolutis crinibus*), but the obsolete/dialectal word *fax* (*MED* **fax** *n.* 'the hair of the head') may have proved obscure to the scribes. The suggestion is offered tentatively that *on-fax* means 'unhaired' (*MED* **un-** *pref.*1 b), i.e. with their hair let down. See 13/119n for a comparable problem of interpretation.

104 *and vengians*: Presumably lost by eyeskip, since it is required to match the pairing of *vengians, vengians* and *mercy . . . mercy*. Only c supplies the emendation, the other MSS offering several variant readings.

106 *henne*: αABC (cf. *MED* **henne** *adv.* 1c, 'from this life') (*hence* K). Presumably the archetype was *heþen* (see 6/77n), which was misunderstood at an early stage (most MSS read *(in) heuen*).

10. St Thomas of Canterbury

Hand C takes over from Hand B at f. 28^r (l. 165). Less dependent on *LA* (Graesse 1846: 66–9; Maggioni 1998: 102–7; Ryan 1993: i. 59–62) than on some of the numerous lives of Thomas Becket circulating in the fourteenth century (ed. Robertson 1875–85, discussed Staunton 2006). Mirk's account (see too Sermon 47) agrees substantially, and often closely, with the fullest and most authoritative account, the Latin life (Robertson 1875–85: iii. 1–154) of William Fitzstephen, Becket's chaplain, who was present at the martyrdom, as was Edward Grim, whose account (Robertson 1875–85: ii. 353–458) furnishes some details here, as does the composite account known as *Quadrilogus II* (see Greenway 1961). Cf. too John of Tynemouth's *Sanctilogium* (Horstmann 1901: ii. 373–402). ABC have lacunae between ll. 34–45, perhaps initially through eyeskip in an early exemplar: ll. 34–45, *He . . . seluer*, om. B; ll. 34–41, *He . . . sokur*, om. AC. E ends imp. (ll. 208–16, *ham . . . Thomas*, om. through a lost f.); a omits ll. 14–216 (*was . . . Thomas*) through lost ff. (censorship). For details of R1, see O'Mara and Paul 2007: ii. 1106–7.

2 *Sent Thomas day*: Thomas Becket (1118–70), the greatest English martyr, became archdeacon of Canterbury in 1154, Chancellor of England in 1155, and archbishop of Canterbury in 1162. His serious approach to the archbishopric soured his former good relations with the king, Henry II, and led eventually to his escaping to exile in France (1164–70). His reconciliation with the king in 1170 was merely superficial, and Becket was murdered 29 December 1170. The death of the premier archbishop of England in his own cathedral as a result of his stand for the rights of the Church against those of the state shocked all Europe. Henry did penance for the outburst which had led to Becket's murder, miracles were soon reported from Becket's tomb, and he was canonized very quickly, in 1173. See further Sermon 47, which celebrates the translation of his relics to a new shrine in the cathedral 7 July 1220.

3–76 *þys . . . monfully*: Not in *LA*, which begins the life of the saint only at his becoming archdeacon at Canterbury.

3–4 *þys . . . London*: See 15n.

5–13 *þen . . . womon*: For the full story of Becket's Saracen mother, see *Quadrilogus II*, on which *SEL* is dependent (Robertson 1875–85: ii. 4538, cf. D'Evelyn & Mill 1956–9: ii. 610/1–615/147). More commonly, she is a London citizen called Matilda, as in Fitzstephen and in Edward Grim, on whom see 149–63n (Robertson 1875–85: iii. 14/2, ii. 356/1), although the account now known as Anonymous I names her Roesa from Caen (Robertson 1875–85: iv. 81/1).

6 *put in dystresse*: i.e. put in prison, cf. *dystresse*, l. 9, although not so recorded *MED* (**distresse** *n.* 1a, **putten in** ~ 'expose (sb.) to danger or hardship').

14–20 *And . . . ȝurne*: As recorded by Edward Grim (Robertson 1875–85: ii.

357/3), but of Christ Church Canterbury, as in Fitzstephen's account, where she dreams that she carries Christ Church in her womb (Robertson 1875–85: iii. 13/1). See 47/10–29n.

15 *Sent Poule chyrch*: Becket and his parents were firmly associated with St Paul's, cf. *mette . . . togedur*, ll. 10–12. For the medieval civic procession which began the Wednesday after Pentecost at the church marking his birthplace in Cheapside and processed to the Pardon churchyard at St Paul's (where his parents were buried), see Keene et al. 2004: 39.

21–2 *þat . . . al*: Jacobus gives three etymologies, none of which is used by Mirk, whose etymology here appears to derive from L. *totus* ('all') and perhaps L. *homo* or even English *man*. The obscure explanation (*for he was aftur a man at all*) is found in most MSS.

24–30 *For . . . hond*: Fitzstephen (Robertson 1875–85: iii. 18–19/10).

30–4 *He . . . strokes*: Fitzstephen (Robertson 1875–85: iii. 19–20/10).

34–41 *He . . . sokur*: Fitzstephen (Robertson 1875–85: iii. 33–5/22–3). Becket was in charge of preparations for Henry II's campaigns in France, which Mirk explains as the reason for Louis VII's support during his exile there (see 107–24n).

42–5 *He . . . seluer*: Fitzstephen (Robertson 1875–85: iii. 29–31/10), who records Becket's fine appearance and entourage on his embassy to Louis VII for the hand of his daughter Margaret for Henry II's son, the future Henry III.

45–52 *He . . . of*: Fitzstephen (Robertson 1875–85: iii. 22–3/12, 25/14), who records the details of Becket's table and the king's frequent presence there.

54 *whyl hit laste*: The ominous clause is repeated at l. 75.

55–73 *In . . . þerof*: Although Fitzstephen records this episode (Robertson 1875–85: iii. 24–5/14), the comment that Becket was pleased to lose his cloak (ll. 69–70) may be a pious fabrication.

59–60 *so . . . hede*: i.e. it would indeed be charitable to give the man warmer clothes, and it is right that you should take notice of such things (or, perhaps, such men).

67–8 *bye þe oþur*: 'buy yourself another'.

77–91 *He . . . telle*: Fitzstephen (Robertson 1875–85: iii. 35–41/24–9). Cf. *LA* (Graesse 1846: 67).

82–3 *a . . . same*: 'undergarments made of the same [i.e. hair, cf. *here*, l. 82] next to the upper part of his body'. Cf. *LA*: *femoralia cilicina usque ad poplitem bajulabat* (Graesse 1846: 167), *a breche syde to hys hommes of þe same* DI, and *breches of þe same, syde to hys hammys* 47/48–9. *MED* **brech** *n.* does not record the spelling *broch*, but it may represent the historic singular (OE *broc*, pl. *brec*). For *syde to* ('next to'), cf. *MED* **side** *adv*.2 a 'beside; ~ *bi (to)*, next to (sb. or sth.)', with the quotation from D. The *MED* definition of **hamme** *n*.(1) 'that part of the human leg which is behind the knee') is too narrow, cf. *OED* **ham** *n*. A I.1.b, 'the back of the thigh, the thigh and buttock collectively' (but first recorded 1552).

86–8 *Also . . . bak*: Wednesdays and Fridays were common days for disciplining the body. For fasting on Wednesday, see Duffy 1992: 319–20, and on Friday, see Gray 1972: 164.

93–105 *When . . . men*: Fitzstephen (Robertson 1875–85: iii. 83/76), cf. *SEL* (D'Evelyn & Mill 1956–9: ii. 692/61–4). Mirk disregards the chronology of his account in order to include as *exemplum* this later episode at Pontigny (see 107–24n), which he covers more fully in *MS* (cf. Oxford, Bodleian Library MS Bodley 632, f. 92^{v}).

104 *huld*: 'kept' (cf. *MED* **holden** *v*.(1) 11f, 14d). Emended from ABC (cf. *kept* DHK and Group B, *kepte concell* J), although perhaps merely the auxiliary verb *schuld* with omitted lexical verb (cf. *shuld hold* EFI, *schuld kep* I).

107–24 *For . . . Canturbyry*: The circumstances leading to Becket's exile and the exile itself are treated briefly in Mirk (as in *LA*), but very fully in contemporary accounts, such as Fitzstephen's (Robertson 1875–85: iii. 41–118/30–115).

107–14 *For . . . lond*: The quarrel between Henry and Becket was essentially over the king's insistence on the observation of longstanding 'customs' beneficial to him but not to the Church (cf. ll. 203–4, *al . . . hym*). Mirk omits the Council of Clarendon, at which the issue was debated and where Becket wavered in his intentions, and deals briefly (*þenne . . . lond*, ll. 110–14) with Henry's summoning of Becket to answer charges before the *Curia Regis* at Northampton in October 1164, which resulted in his escape into hiding and then to France.

114–16 *þen . . . byhoued*: For another reference to Becket's six-year exile, see l. 93. He went from St-Omer to St-Bertin to Pontigny, where he stayed from November 1164 to November 1169, only leaving when Henry threatened to seize Cistercian property in England. He then moved to Soissons and, at the invitation of Louis VII, to Sens, where he remained until he returned to England, crossing the Channel 1 December 1170.

116–24 *þenne . . . Canturbyry*: Fitzstephen (Robertson 1875–85: iii. 107–13/105–8). Mirk deals only with the last of the three conferences between the king and Becket arranged by Louis VII and Pope Alexander III, that at Fréteval July 1170, where peace was agreed but Henry refused to give the traditional kiss of peace.

125–63 *þen . . . pament*: Fitzstephen (Robertson 1875–85: iii. 132–43/134–42), cf. *SEL* (D'Evelyn & Mill 1956–9: ii. 678/2089–684/2262).

127 *Chyldermas Day*: 28 December, the feast of the Holy Innocents, the day after the knights had met at Saltwood Castle, the home of the de Broc family (cf. l. 161, *won Robert Brok*).

128–9 *Syre . . . Moruyle*: Fitzstephen (Robertson 1875–85: iii. 128/126). Mirk gives the Anglicized name of Reginald Fitzurse ('bear's son').

130 *for . . . kynde*: 'because he was rough by nature', cf. Fitzstephen: *sic orsus est* (Robertson 1875–85: iii. 132/134).

131–2 *þe . . . cursed*: A reference to the king's anger on hearing in Normandy that, before leaving France, Becket had sent letters suspending the Archbishop of York (who had reluctantly crowned the young Henry III in Becket's absence) and excommunicating the complicit bishops of London and Salisbury.

135–6 *by . . . God*: So violent an oath suits the *boystrus* (l. 130) Beresone who has addressed the archbishop without even the courtesy of a salutation. The oath was in fact one favoured by Henry III and may thus have entered Mirk's account.

138–43 *þen . . . chyldren*: According to Fitzstephen (Robertson 1875–85: iii. 139/138), Becket refused to allow the door into the church to be barred (with the words recorded in *Hyt . . . chyldren*).

143–8 *þen . . . Chyrch*: The exchange in the dark is condensed from Fitzstephen's fuller account (Robertson 1875–85: iii. 139–41/138–40), in which Becket does not respond to the question *Where ys þys traytur?* until the word *archbishop* is substituted. He then commends his soul to God and refuses to leave the church (*Nay . . . Chyrch*), at which an unnamed knight strikes him with the flat of the sword, with the words, *Fle . . . ded*.

149–63 *þen . . . pament*: Broadly consonant with Fitzstephen's account (Robertson 1875–85: iii. 141–2/140–3). There the first blow is with the flat of an unattributed sword (143–8n); the second is struck by Tracy and wounds both Becket and Edward Grim (*þen . . . away*, ll. 154–8), at which point Becket commends his soul to God (*God . . . chyrch*, ll. 153–4); the third is a second blow to the head (*þen . . . dysch*, ll. 149–52); the fourth is the blow of Richard Brito, whose sword wounds Becket again in the head and then strikes the pavement (*þen . . . swerd*, ll. 158–9). Fitzstephen attributes to Hugh of Horsea the final act of desecration (*But . . . pament*, ll. 160–3), but in *SEL* (D'Evelyn & Mill 1956–9: ii. 314/1099–1101) it is Robert de Broc, as in Mirk's account.

154–6 *þen . . . hym*: The wounded man was Edward Grim, a visitor to Canterbury who later wrote a life of Becket (for his description of his wounding, see Robertson 1875–85: ii. 437/82). The emendation is from cd and the Group A text. Fitzstephen had noted earlier that Henry of Auxerre carried the cross before Thomas in the procession to the church for Vespers (Robertson 1875–85: iii. 138/137), but he does not mention a cross at this point (for this detail, see *SEL* (D'Evelyn & Mill 1956–9: ii. 314/1084–7)).

165–82 *þen . . . Sarysenes*: Cf. *SEL* (D'Evelyn & Mill 1956–9: ii. 686/2325–687/2352), John of Tynemouth (Horstmann 1901: ii. 397/26–398/7). The vision of the dead man appears to be a variant of the one in *LA*, where, before Becket's murder, a young man dies and sees an empty throne in heaven awaiting the archbishop.

183–8 *And . . . herte*: *LA*, cf. John of Tynemouth (Horstmann 1901: ii. 396/29–32).

189–95 *Anoþur . . . Thomas*: *LA*, cf. John of Tynemouth (Horstmann 1901: ii. 396/32–8).

196–205 *And . . . way*: In the year after the murder, Henry's Continental lands were the subject of interdict by William, Archbishop of Sens, and he faced excommunication by the pope. He was eventually granted absolution on certain stringent conditions, including penance at Becket's tomb (*he . . . ȝerde*, ll. 197–202) and the renunciation of the 'customs' he had attempted to enforce (*And . . . aȝayn*, ll. 202–5 and 107–14n).

206–16 *þese . . . Thomas*: *Quadrilogus II* (Robertson 1875–85: iv. 422–4/9), cf. *SEL* (D'Evelyn & Mill 1956–9: ii. 689/2413–690/2442). Not in Fitzstephen and only cursorily treated in *LA*. Part of the knights' penance was to go on pilgrimage to Jerusalem, which Tracy did not achieve (*But . . . deth*, ll. 210–13).

210 *by . . . had*: i.e. because he was delayed (*MED* **letting(e)** *vbl. n.* a, d). *Quadrilogus II* records his delay and his death in the Kingdom of the King of Sicily (Robertson 1875–85: iv. 423/9).

11. Circumcision

Hand C. Dependent on *LA* (Graesse 1846: 79–87; Maggioni 1998: 120–30; Ryan 1993: i. 71–8). E begins imp. (ll. 1–23, *De . . . war*, om. through lost ff.); F copies the sermon twice; g ends imp. (ll. 94–103, *alle . . . cetera*, om. through lost ff.). Rev. omits ll. 18–28, 34–46 (*þen . . . God*; *þe . . . vs*, preceded by *nota superius in exhortacione circumcisionis domini* R1, f. 27^{r}). For details of R1, see O'Mara and Paul 2007: ii. 1107–8.

1 *De . . . domini*: Eight days after the Nativity of Christ, the feast of the Circumcision (1 January) celebrated Christ's circumcision and naming, in accordance with Jewish custom (Luke 2: 21).

4–14 *Wherfore . . . heuen*: The analogy between the good servant (who trusts his master to keep to the terms of their initial contract) and the good

Christian (who trusts God to repay him for his Christian service) may be Mirk's own. The contractual emphasis derives from the renewing of contracts at New Year. See too 24n.

8–11 *but . . . hym*: The lacuna (attributable to eyeskip) is supplied from D (D's omission of l. 10, *ȝeu . . . gode*, is supplied from I). The other witnesses are in substantial agreement, although most omit one of the pair in the phrase *at hys ende and at hys nede*, l. 10.

14–16 *þen . . . natyuyte*: The three principals are based on the three names by which the day was known: New Year's Day, the Circumcision of our Lord, the Octave of the Nativity (*MED* **utas** *n.* from AF *utas*, 'the eighth day following a feast day'). Mirk similarly constructs his sermon for Easter Day (no. 29) around the three names for the day.

19–28 *þenne . . . God*: The passage takes its origin in *LA*, where Jacobus attributes to St Augustine condemnation of the pagan practices of the followers of Janus. Mirk adapts the passage to contemporary customs, again with a mercantile emphasis (4–14n), although he is not explicit, perhaps preferring his audience to recognize his allusions to bad practice in relation to buying and borrowing without his spelling them out. Clearly, some accept the practices, whatever they might be, as legitimate and others not—if they were properly shriven, the former would soon know that they are not acceptable (*in . . . God*, ll. 26–8).

21–2 *þe . . . vse*: Mirk, mindful of his impressionable audience, is circumspect with Jacobus' details about pagan New Year transvestism.

24 *honsel*: The first money taken by a trader in the morning, or the first meeting in a morning (*MED* **hanselle** *n.*, but without this meaning). For the belief that ill luck might come from the first transaction or meeting of the day (with a priest, for example), see D'Evelyn 1935: 223–4 (notes to IIA, ll. 356–83, p. 367 ff.). Confusion between ⟨u⟩ and ⟨n⟩ has led to several MSS reading *hoowsell* (ABDGIK, from *MED* **housel** *n.*1a 'the sacramental bread').

29–33 *þys . . . more*: See 1n.

47–76 *þen . . . cyrcumcysed*: Jacobus provides six reasons for Christ's circumcision but does not attribute them to St Augustine, as Mirk does. Mirk selects and rearranges four of the more pragmatic reasons, rejecting the second and fifth: that he might show us that we ought to be spiritually circumcised, and in order to fulfil perfect justice.

50 *maken . . . Iewes*: i.e. to provide a satisfactory answer to their charge against him, a legal term from OF *assez feire*, cf. Vulgate L. *ad satis facere* (*MED* **seth(e)** *n.* a, but for the precise meaning, see *MED* **asseth** *n.* 1c 'satisfactory answer to a question or charge').

53 *owre allur modur*: 'mother of us all'. The genitive construction survives only in αD (but see apparatus).

72–6 *þe . . . Sanctorum*: Jacobus records that the foreskin was brought to Aix-la-Chapelle, then to Charroux, and finally to the Sancta Sanctorum, the pope's chapel in Rome which contained the most precious relics.

77–103 *þys . . . blysse*[1]: Mirk discards the several allegorizations in *LA*, choosing only the more pragmatic explanation attributed to St Bernard.

100–1 *ben . . . kutte*: The reading *putte* (otherwise only in f) is presumably the result of the eyeskip in α, which removed the analogy with circumcision.

12. Epiphany

Hand C. Dependent on *LA* (Graesse 1846: 87–94; Maggioni 1998: 131–40; Ryan 1993: i. 78–84). g begins imp. (ll. 1–68, *De . . . nedet*, om.), h omits ll. 44–117 (*þese . . . al*), both through lost ff. Group B and Rev. omit ll. 49–54 (*Lewot . . . euermore*); Rev. also omits ll. 74–82 (*But . . . Colayn*). For details of R1, see O'Mara and Paul 2007: ii. 1108–9.

2 *Tolþe Day*: Twelfth Day, i.e. 6 January, traditionally the last day of Christmas festivities, but see 7–8n.

3–4 *Epiphany . . . schewyng*: Epiphany (from the Gk for 'revelation' or 'showing', cf. *schewyng of oure Lord Ihesu*, l. 4) refers to the revelation of Christ's birth, which came to the wise men by a star (Matt. 2: 1–12).

6–7 *by . . . wyn*: Mirk omits the last of Jacobus' four epiphanies in Christ's life, the feeding of the 5,000.

7–8 *þe . . . burth*: 6 January is the thirteenth day after Christ's birth when 25 December is counted as the first day (as in calculations of the octave of a feast, where the feast itself counts as the first day).

8–9 *þat . . . aftur*: i.e. twenty-nine years after the Magi arrived on the thirteenth day after Christ's birth.

11 *þe . . . Galylee*: i.e. Cana in Galilee. Variously treated by the scribes, e.g. *Cave* EF, *acana galilie* H. abe omit the location and refer to *the wedding of archideclyne* (a), a corruption of *architriclinus* (L. 'master of the feast') in John 2: 9.

12–14 *But . . . mon*: Epiphany was celebrated in the Eastern Church from the third century in honour of Christ's baptism but in the Western Church from the fourth century in celebration of the coming of the Magi to Bethlehem. Mirk follows Jacobus (and Church practice: *pursewe we þe forme of Holy Chyrche*, l. 13) in dealing only with the first of the four epiphanies he cites: the coming of the Magi.

14–73 *þese . . . fulþes*: Matt. 2: 1–12.

14–16 *þese . . . Iacob*: *LA*, cf. Num. 24: 17.

15 *sterre*: Emended from all MSS except Dabe (which share α's reading).

16 *þagh . . . kynde*: 'although they were not native Jews'.

18–23 *often . . . gold*: For these details Jacobus cites Chrysostom, *Opus Imperfectum in Matthaeum* (*PG* 56: 0637–8).

22 *bryghtur . . . sonne*: The second of three differences in *LA* between this and other stars (attributed to Fulgentius). See 32–3n.

28–9 *þen . . . dayes*: Attributed in *LA* to Jeremiah in the course of a discussion by Jacobus as to how the Magi could reach Jerusalem in thirteen days.

32–3 *þat . . . sonne*: The third unusual feature of the star (see 22n). The lacuna may be the result of eyeskip from two similar forms, *syght* and *bryghtur*, ll. 32, 33. Emendation is from D, with *glode* confirmed by most MSS (but *(had) ladden hem bifore* EFGI, *went* H, *cam* J, *shined* f, *shone* h).

37–8 *mor . . . hym*: 'more to curry favour with him rather than for any love they had for him' (*mor for te glauereng of ham*, lit. 'more for the flattering by them', cf. *MED* **glaveringe** *vbl. n.* 'deception, flattery').

46–54 *þen . . . euermore*: The iconography of the Magi is not in *LA* and is likely to be Mirk's own addition. They are more commonly depicted in Nativity scenes than *en route* to Bethlehem (Réau 1955–9: ii. 2/213–55), but see Réau 1955–9: ii. 2/242–3 and Schiller 1971–2: i. 99. Neither records Mirk's scene, but Italy furnishes numerous examples, e.g. in a panel on the pulpit of the baptistery in Pisa, or in the left panel of the 1347 triptych in Sant'Eustorgio, Milan (see 74–82n). Amongst extant English alabaster images, the Adoration of the Magi was commonly paired with the Nativity, and the raised finger and slightly turned head of one king (and sometimes two) can usually be seen clearly (although the context is the stable itself, not the journey to the stable), e.g. Cheetham 2003: Figures 51–64.

49–51 *Lewot . . . face*: 'Unlearned men are of the opinion and say that he had killed a man, and so he could not look God in the face.' This is an explanation for the Magus turning his head away from the Nativity scene; in reality he is merely turning to point out the star to the Magus behind him (*schewyng þe sterre to hym*, l. 49).

60–2 *knowlachyng . . . rotyng*: Dependent on the third of five allegorizations in *LA* of the gifts of the Magi: that gold belongs to tribute, incense to sacrifice, and myrrh to burial, by which is understood Christ's royal power, his divine majesty, and his human mortality. See too 62–4n, 67–73n, 84–101n.

62–4 *For . . . rotyng*: From the fifth of five allegorizations in *LA* of the gifts of the Magi.

66–7 *þe . . . kynde*: 'the star vanished away into her former nature', the third of three attributes of the star in *LA*.

67–73 *þenne . . . fulþes*: Dependent on the second of five allegorizations in *LA* of the gifts of the Magi: that, according to St Bernard, they brought the Virgin gold because of the tribute to be paid, incense because of the stench of the stable, and myrrh to cleanse the child's limbs and expel evil worms.

74–82 *But . . . Colayn*: See 5/113–17n. Jacobus notes the discovery of their bodies by Helena, mother of Constantine, and their removal first to Constantinople, then to Milan, and finally to Cologne.

84–101 *Wherfore . . . hadden*: Expanded from the third, fourth, and fifth of five reasons by which Jacobus explains the gifts of the Magi. The comparisons are more precise in *LA*, and Mirk allegorizes gold so as to overlap with incense (both signify prayer, ll. 90, 94).

86–7 *kneluth . . . knees*: 'kneel down, not on your one knee, as to an earthly lord, but on both your knees'. For *lord temporal*, see *MED* **lord** *n.* 5a.

102–44 *He . . . folwyng*: Matt. 3: 13–17; Mark 1: 9–11; Luke 3: 21–2; John 1: 29–34. Much expanded from Jacobus' brief mention of Christ's baptism.

104–5 *ryght . . . Law*: Christ was circumcised to uphold and confirm the Jewish law of the OT (*Holde Law*, l. 104); likewise he was baptized to inaugurate and sanctify the Christian law of the NT (*Newe Law*, l. 105). Emendation is from HJ, which contrast the Old and New Law more effectively than the other Group A MSS (*þe newe lawe* HJ, *þe newe lawe of cristundome* AC, *þe crysten lawe* BDEFGIK). Group B MSS read: *to conferme the nwe lawe*.

114–15 *Suffur . . . wylfulleche*: 'Let it happen now, for this is how we must fulfil everything very willingly' (cf. Matt. 3: 15).

115–17 *as . . . aftur*: Mirk appears to acknowledge the lack of scriptural authority by his comment, *as hys credybul*, i.e. as is capable of being believed (with the implication: but may not be true).

124–34 *Al . . . saued*: The *Gnadenstuhl* iconography invoked by the voice of God and the dove of the Holy Ghost at Christ's baptism leads Mirk into a brief excursus on the Trinity. Belief in the Trinity is acknowledged at baptism and is essential to salvation, provided the Christian also *doth þe werkes of þe byleue* (l. 131), i.e. carries out the deeds of faith, meekness, and charity (l. 133). At ll. 124, 129 *byleve/byleue* appears to mean the Creed (cf. *MED* **bileve** *n.* 2c), but it may mean simply 'faith' (2a) at ll. 131, 133. For the catechism of the Creed at baptism (where the catechumen is asked whether he believes in Father, Son, and Holy Ghost), see Legg 1916: 130/20–9.

135–44 *Wherfore . . . en*: Matt. 1: 1–17 gives the genealogy of Christ, starting with Abraham; Luke 3: 23–38 gives the genealogy in reverse, ending with Adam (but *Habraham*, l. 141) and then God.

145–56 *He . . . ordeyneth*: John 2: 1–11. Expanded from Jacobus' brief mention of the miracle at the wedding at Cana, which was not, scripturally, between St John the Evangelist and Mary Magdalene. In the sermon for St John's day (8/8–10n) Mirk refers to a broken relationship between them, and this is given as a reason for her turning to prostitution in the sermon for her feast day (49/19–23n). That he should here refer to their marriage is contrary to both these passages and to the essentials of their lives (John as a virgin, Mary as a reclaimed prostitute).

150–1 *bad . . . bord*: 'commanded (them *sc.*) to pour (the wine *sc.*) and carry (it *sc.*) to him who began the table' (i.e. the master of the feast who sat at the top table). For the interpretation of *held* (*MED* **helden** *v.* 1a(a) 'pour'), cf. John 2: 8.

13. Conversion of St Paul

Hand C. Dependent on *LA* (Graesse 1846: 133–5; Maggioni 1998: 198–200; Ryan 1993: i. 119–21). Trans. Jeffrey 1988: 320–4. E ends at l. 116. For details of R1, see O'Mara and Paul 2007: ii. 1165–6.

2 *Suche . . . Poule*: 25 January. Paul, formerly Saul (see l. 13), was a Jew of Roman citizenship who first opposed the Christians but, after his conversion on the road to Damascus (Acts 9: 1–22), became the 'Apostle to the Gentiles'.

4–6 *fro . . . apostel*: See 45/25–30n.

10–12 *furst . . . amendyng*: Based on Jacobus' three reasons to celebrate St Paul's conversion: *propter exemplum . . . propter gaudium . . . propter miraculum* (Graesse 1846: 133).

13–15 *ryght . . . hym*: 1 Kgs. (1 Sam. *AV*) 1: 18–31.

18–19 *for . . . law*: Saul was raised as a Pharisee and educated at Jerusalem under Gamaliel.

21–3 *þen . . . deth*: For Saul's presence at Stephen's martyrdom, see Acts 7: 58 and 7/53–5.

24 *deueles*: α's reading is unique (perhaps caught from l. 19 or 29, rather than anti-Semitic).

28–32 *And . . . þere*: Acts 9: 1–2.

38–55 *þen . . . don*: Acts 9: 3–6.

43–5 *þen . . . lyght*: The significance of the light (cf. Acts 9: 3) is more fully developed in *LA*.

43 *allor clerest*: 'brightest of all'. As at 11/53n, the genitive construction survives only in αD.

47–52 *þen . . . monhed*: Cf. Acts 9: 4–5. An amalgam of two passages in *LA*. Paul's conversion was miraculous (see 10–12n) for three reasons: first, because of who did it (Christ, who converted Paul from pride); secondly, because of how it was done (by light); thirdly, because of its effect on Paul. Christ's response to Paul (*þen . . . pursuest*) is from the discussion of the first reason, but the interpretation (*He . . . monhed*) is from the discussion of the second reason. Cf. *GO* (*PL* 114: 0448).

49–52 *But . . . monhed*: 'But because they believed that he had risen from death to life, that was why Saul persecuted them most and said that they believed in a dead man, and that is why our Lord Jesus said: "I am Jesus of Nazareth", using the name he used as a man.' The syntax is convoluted but depends on the parallel clauses *þerfore . . . herfore*. Christ called himself by his bodily, rather than his heavenly, name because the Jews did not believe, as the Christians did, that he had risen from death to life.

56–73 *þen . . . mon*: Acts 9: 7–21.

76–80 *hym . . . ham*: The three clauses depend on contrast between the old Saul and the new Paul (*destrye . . . encrese*, *schedden hure blode . . . redy for to schede hys blod*, *ȝode to put ham to deth . . . to take þe deth for ham*).

80 *bodyly*: Unique to αc (elsewhere *booldely* (A)).

85–96 *Wherfore . . . seruans*: Untraced and not in *LA*, except where the unicorn is a figure of death (Graesse 1846: 816; Maggioni 1998: 1245; Ryan 1993: ii. 360). Perhaps a memory of Augustine's interpretation of the unicorn as pride, *Enarrationes in Psalmos*, Ps. 91 (*AV* 92) (*PL* 37: 1178). For the unicorn tamed by virgins, see Tubach 1969: 380/5023.

91 *barm*: See 6/143n.

99–100 *in . . . on*: 'as a high example and comfort to all sinful people, [God] set up St Paul (for them *sc.*) to look at'. The image is of a physical object (such as the image of a saint) to be admired as an exemplar, here St Paul as an exemplar of the amending of sins.

100–6 *For . . . conuersyon*: An amalgam of Jacobus' first and second reasons for celebration of Paul's conversion (see 10–12n).

113–14 *for . . . hem*[1]: 'God has ordained devils to torment such people' (lit. 'for such, God has ordained devils to torment them').

114–16 *For . . . forth*: From St Gregory the Great, *Moralium Libri*, bk. 15, ch. 17 (*PL* 75: 1029). Not in *LA*.

117–28 *Wherfore . . . away*: Untraced. Not in *LA*.

119 *on-brydul*: Perhaps a form of the past participle ('unbridled'), cf. *onfax* ('unhaired'), 9/83n. Cf. *and so vnbrydyld hys hors bare hym* I, but the word is omitted in ABCHJK, with variant readings in the other MSS, e.g. *and so vnbrydylt his hors þat bare hym* D, *and so he vnbrydulled his hors and bare þe brydull in with hym* G, *and so vnbrydelid his hors and his hors bare him* abcde, *and he vnbridled his hors and brought him into a berne* f, *and with þat his hors vnbrydylde hym ȝitt his hors bare hym* h.

129 *woso . . . ende*: For the same sentiment applied to the life of Pilate, see 27/5–10n, 46/93.

133–4 *aftur . . . Poule*: 'after a man is dead, there is no chance to improve himself, and he that does (improve himself *sc.*) shall come to St Paul'.

14. Purification

Hand C. See Appendix III.iv for full collation and vol. 1, Introduction, §6.1.4 for discussion. Dependent on *LA* (Graesse 1846: 158–67; Maggioni 1998: 238–51; Ryan 1993: i. 143–51). E omits ll. 53–162 and ends imp. (ll. 183–4, *dom . . . aftur*, om. through lost ff.); F omits ll. 53–76, 87–115 (lacuna *now . . . þat*), 126–62; G omits ll. 163–84; h omits ll. 15–35 (*þe . . . mon*). For details of R1, see O'Mara and Paul 2007: ii. 1166–8.

2 *Candelmasse Day*: The usual medieval name for the feast of the Purification of the Virgin (2 February), cf. 9/3 *Chyldremas Day* for the feast of the Innocents. Candelmas Day celebrates the purification of Mary in the temple forty days after the birth of Christ (Luke 2: 22–39). In the medieval church it marked the end of the Christmas season and was celebrated by both priest and people with music and ritual (see Duffy 1992: 15–22). α and most Group A MSS encourage observance *as ȝoure deuocion techuth ȝou*, but B substitutes *curate* for *deuocion*, and Group B omits ll. 2–3 (*Wherfore . . . ȝou*).

4 *melody*: Music appears to have been a feature of the feast (*wyth a myry note*, l. 146) and the reading is confirmed by the Group A MSS and cdf, whereas the other Group B MSS have the conventional *mynde*.

5–6 *in²* . . . *offryng*: Based on Jacobus' three principals, the three names of the day: *Purificatio*, *Hypopanti*, and *Candelaria*, cf. *puryfying*, *metyng*, *offryng*. h introduces only two principals: *and specyally for ijº thyngys and oon is owur ladis purificacyoun and anoþer of candelis offeryng*, but in fact provides discussion of all three.

6 *puryfying*: All MSS read *purifiyng* or *purificacioun*, and α's *praysying* is probably the result of misinterpreting a form such as I (*p*ʳ*ryfyng*), where a superscript ⟨r⟩ (for *ur*) has been ignored and ⟨f⟩ interpreted as ⟨s⟩ (cf. apparatus for *hure Sone* 14/22, *foule* 14/92).

6 *Symeones metyng*: Simeon's meeting with the baby Christ in the temple at the time of Mary's purification (Luke 2: 25–35).

7–52 *þys . . . puryfying*: Dependent on *LA*, itself dependent on details of purification in the OT (Lev. 12) and in the NT (2n).

7–8 *þat . . . Lady*: Mirk supplies an English gloss to the Latinate *puryfycacyon*, cf. 9/4n.

8–11 *for . . . fulþe*: So Jacobus points out, observing that, although the Virgin did not conceive from man's seed but from the Holy Ghost, she nevertheless chose to undergo purification (see 32–52n).

12 *purgacyon*: So also EFI and Group B MSS (*purificacion or purgacion* f), but in fact recorded Lev. 12: 6 as *dies purificationis*, and most Group A MSS read *purificacion* (but the unusual *Iourificacion* D).

15–31 *þe . . . mon*: *LA*. The medical endorsement (ll. 25–7) of the scriptural details (Lev. 12) forms part of the first of three reasons to explain the period of forty days for a male child, while the argument of women's greater vexatiousness (ll. 30–1) is the third of three reasons to explain the doubling of the period of purification for a female child.

17–19 *and . . . fullud*: For K's revision of these lines from *LA* (Graesse 1846: 158), see Appendix III.iv, 17–19 **and . . . temple**.

20 *þen . . . temple*: Om. by eyeskip αEFHJcd.

22 *too bryddes*: Only αI; the other MSS precede *bryddes* by *coluer* (*dove* Kd), cf. *pullos columbarum* (Luke 2: 24).

25–7 *hyt . . . mon*: 'it is seven days after a woman conceives by a man before his seed converts into flesh and blood, and thirty-three days after that before it takes on human shape'.

32–52 *þus . . . puryfying*: Modified from Jacobus' four reasons why Mary accepted the Jewish law of purification: that she might give an example of humility, that Christ might fulfil the law, that he might bring an end to the Jewish law of purification, and that he might teach us how to be purified.

32 *cowpul*: *MED* **couple** *n.* 'copulation', the reading of most MSS (cf. l. 34), but *complexioun* EF (*MED* **complexioun** *n.*, not so recorded but meaning 'blending of male and female fluids in the sexual act') and *commonyng* d (*MED* **communing** *vbl. n.*, not so recorded but meaning 'sexual act', cf. *MED* **communen** *v.* 4 'to have sexual intercourse').

33 *leue wel*: 'believe well, rest assured'. So α and Group B, but most Group A MSS read: *the lawe wull þat oure lady haue no nede to þis clensyng* (ABCGHIJ, with minor variants), *lawe ordeyneth a remedy for to clanse hom but þen ȝe schull know wele þat oure lady had no nede to þis clansyng* (DEF, with minor variants in F). K (perhaps pragmatically) reads: *at þis tyme*.

37–8 *þe*[2] *. . . þe*: 'the greater you may be, the humbler make yourself' (Ecclus. 3: 20). For the Vulgate Latin variously supplied by K and Group B, see Appendix III.iv, 37 **þus**, 37–8 **þe**[2] . . . þyng.

42 *heo*: Emended here and at 154–5n, 15/56n from *he* (perhaps 3 sg. fem. pron.). *Heo* is the usual form in this hand (64 examples in this sermon), but *he* may be a form favoured in the exemplar (for the distribution of *he*, see *LALME* i. 308, map 16). See too 62n, 168–70n, 40/46n, 43/71–3n, 61/5n, 62/51–2n, 63/50n, Add1/67–71n and Appendix IV.5.

45–7 *lest . . . commyng*: 'lest they (i.e. the Jews) had said that she did not perform the Law and so they (i.e. Mary and Jesus) had attracted (*caht*, 'caught') a great slander against themselves at some future date'. Mirk does not provide details of the possible slander, but Jacobus suggests that the Jews might have argued that they did not observe the traditions of their forefathers. αabefg agree in the pa. p. of *cacchen* (*MED* 4a), cf. *haue tan* cd, *take* I, but Group A MSS offer a different reading for *caht a gret sklandur*, e.g. *and so hadden caste a grett chalange to hem* (AC), i.e. 'and so they (i.e. the Jews) would have cast a significant challenge against them'. For full details of variants, see Appendix III.iv, 46 **caht**.

50–1 *þer . . . hyt*: 'there is no evil that brings one so near to death, and yet with the opportunity of escape, as childbirth does'. For the interpretation of *wyth skapyng* (om. J and Group B), see *MED* **scaping(e)** *vbl. n.*, **gon neigh deth with** ~ 'approach death but recover'.

53–71 *Heo . . . both*: Luke 2: 25–39. Mirk compares Simeon's taking Christ in his arms with the priest's leading of the new mother from the church door into the body of the church (ll. 66–70).

56–60 *and . . . dyed*: Luke 2: 36–8, following similar details of Simeon at vv. 25–6: both are old, devoted to God's service, and have asked not to die until they may see the Messiah. On St Anne, the mother of Mary, who is not to be confused with this Anna, the prophetess, see Sermon 51.

62 *heo*: The direct referents are *Symeon and þys Anne*, but, although there are occasional examples of *heo* ('they') in Hands B and C (see Glossary), it has been assumed here that the referent is *þys Anne*.

72–6 *Ȝe . . . hure*: The ritual of Candlemas Day involved the blessing of the candles and their asperging with holy water, followed by a procession of the congregation, with their lighted candles, around the church in imitation of the procession of Mary and Joseph taking the baby Christ to the temple (Legg 1916: 246/33–250/33). During this procession, the *Nunc dimittis*, Simeon's words on seeing Christ (Luke 2: 29–32), was sung as a tract (Legg 1916: 250/10).

77–102 *þen . . . heuen*: The conversion of the pagan Februalia celebrations (actually in honour of Februus, not Februa) into the Purification of the Virgin is the first of four reasons given in *LA* for the carrying of candles at the feast. Jacobus' linking of Februa with Mars is not historical, and Mirk omits his further details about similar celebrations in honour of Pluto, god of the underworld. The pope (l. 91) who, according to Jacobus, converted Februalia into a Christian feast was Sergius I (687–701), who ordered processions on the four feasts of the Virgin (Purification, Annunciation, Nativity, and Assumption).

78–80 *for . . . euer*: 'because they had good fortune in what they did, they did not care that God of heaven had given them that luck'. Only α has the rare noun *euore* (*MED* **eure** *n.* 1b 'good fortune') at l. 79, and only αD read *euer* at l. 80. At l. 80 most Group A MSS have a reading with the cognate adj. (*MED* **eurous** *adj.* 'fortunate'), e.g. *for þey were so euerows and myȝty in her doyng* A (see 82n). HIJK, however, read respectively *uyctues* ('victorious'?), *ebreus*, *errorus*, and *chevalrous* (cf. *chyualous* l. 82). Group B MSS mistake *euore* (l. 79) for the adv. *euer* ('always'): *for they had euer the victorye* a. See too 58/15n.

82 *a . . . euorus*: The MSS offer considerable lexical variation for both adjectives (see Appendix III.iv, 82 **chyualous, euorus**), but *euorus* (see 78–80n) occurs only in αDFI, and the Group B MSS all omit the phrase *and an euorus*. Although *cheval(o)us* is followed by '[!]' in *MED* **chevalrous** *adj.*, it appears to be a fairly common form and, of those MSS with the lexeme, it is recorded in αegh (b has *chyvalrous*).

86–7 *þe*[1] *. . . Day*: Actually the second, not the first, day of February, as f's reading acknowledges.

93 *commendut*: From *MED* **commenden** *v.* 2a 'recommend' (the dependent clause with both *þat* and *to* is awkward). The other MSS have the simpler, but perhaps not original, reading, *cummawendid* (*MED* **commaunden** *v.* 1 'command').

103–10 *And . . . euen-crysten*: Based on the third and fourth of four reasons in *LA* for carrying candles at Candlemas. The third reason allegorizes the wax of the candle as Christ's manhood, born of the pure body of the Virgin Mary (cf. *Hyt . . . loue*, ll. 107–8), the wick as his soul (cf. *Crystes . . . monhed*, ll. 105–6), and the flame as his Godhead (cf. *and . . . Godhed*, l. 106). Jacobus' fourth reason offers a different allegory (tropological, i.e. relating to man): here the candle signifies faith and the flame good works, while the wick is right intention (cf. *Hyt . . . euen-crysten*, ll. 108–10). α shows considerable corruption: (i) the reading *Amoncvs self*, 'a man himself' (103–4n); (ii) the omission of *white* before *weke* (l. 105, found in all Group A MSS and in cdh of Group B MSS); (iii) the spelling *fere* (l. 105), perhaps dialectal but cf. *fyre* (ll. 106, 108); (iv) the aberrant reading *swete* for *white* (105n); (v) the omission of *brende*, 'burned' (l. 106).

103–4 *a . . . self*: 'a burning candle signifies the Virgin, her Son, and a man himself'. α has been minimally emended from *Amoncvs self*. The copy-text probably offered a reading such as *and manus self* (I), perhaps *a monnus self* (see Glossary *sub* **a(n)** *conj.* 'and'). All other Group A MSS offer acceptable readings (e.g. *and a monnus owne selfe* ABCGH, *and a man hymselfe* DJ), but K rewrites the phrase in order to bring out the *LA* detail that the wick is Christ's divinity concealed in the wax of his manhood, while the Group B MSS omit it. See vol. 1, Introduction, §§4, 4.2.

105 *swete*: Also used of Christ at l. 4, but the other MSS read *white* here, cf. *animam candidissimam* (Graesse 1846: 164–5). See too Appendix III.iv, 104 of, for the white wick, with which the soul is here compared.

110–13 *Wherfore . . . aȝeyn*: Mirk advises the Christian to rekindle his extinguished candle of charity through reconciliation with a wronged fellow-Christian.

113 *aȝeyn*: K here introduces the Vulgate L. of Matt. 5: 23–4, the source of the analogy at ll. 110–13.

113 *and . . . prest*: After Mass on the feast of the Purification, the congregation offered their candle to the priest, together with one penny (cf. *So . . . lyuod*, ll. 146–62).

115–25 *Y . . . enuye*: Dunstan (909–88) was a Benedictine monk who became successively abbot of Glastonbury, bishop of Worcester and then London, and Archbishop of Canterbury. The incident is recorded at the beginning of his life in *SEL* (D'Evelyn & Mill 1956–9: i. 204/1–205/20). Mirk briefly moralizes the *narratio*, using the analogy of the relit candle and the restored soul developed at ll. 110–13.

116 *was*: Here and at l. 126 the scribe incorporates into his text an originally marginal note, *narracio*.

126–62 *I . . . lyuod*: *LA*. Cf. Tubach 1969: 148/1825, where St Dunstan sees a similar vision of the Virgin and her entourage.

129–31 *for . . . haue*: Mirk typically chooses only one of Jacobus' reasons for the woman's inability to attend Mass, sensibly rejecting the other: that her chaplain was away at the time.

132 *bout*: Only α (*MED* **boute(n)** *adv. and prep.* 2a 'without').

142–3 *þen . . . brennyng*: *Cryst . . . serges* (ll. 144–5) and the *LA* description make it clear that Christ performed the ceremony of the Mass, the two angels acted as deacon and subdeacon, and there were two acolytes, SS Laurence and Vincent (cousins according to *LA*). α's text (so too DGIK) collapses the deacons into the acolytes (*too dekenes . . . wyth too serges brennyng*, l. 143) and requires emendation from ABCHJ (*and* (*oþer* HJ) *ij*). The problem has been resolved in the Group B text (influenced by a text similar to αDGIK) by the removal of the reference to angels at l. 144: *Crist was the preest and the ij dekenes Laurence and Vincent that beryn the seerges* (a, with variants). h embellishes the account, replacing St Vincent by St

Stephen and introducing St Peter (in a cope) to begin the Mass (see Appendix III.iv, 145 **dekenes**, 145–6 **beren . . . begonnon**).

154–5 *heo*[2] . . . *hure*: Sense demands (and the other MSS corroborate the emended text): she (the queen) told him (the messenger) to take it from her (the woman). See 42n.

161–2 *heo*[2] . . . *lyuod*: In the Group B text the relic is presented to the church: *yaue the candill to* (*kepe to* add. cd) *holy chirch for a relique euer aftir* (*euer aftir*] om. h). f makes this specifically the woman's parish church: *yaue vp hir tapere to the chirche that she was parisshen of for a riall relek*. In h the relic continues to perform miracles to this day.

163–84 *Y* . . . *aftur*: Tubach 1969: 69/851. Not in *LA* but included here to illustrate the efficacy of burning candles in church.

168–70 *þen* . . . .*lyue*: Sense demands (and the other MSS corroborate): 'then they said that there was no need of a judgement, for she had never done a good deed in all her life'. However, instead of *heo*, 'she', α reads *þay*, 'they' (l. 169). Moreover, at l. 171, *heo* is followed by the pl. inflexion of the verb (*deden*), as if it meant 'they', not 'she'. It seems likely that the α scribe was confused by a copy-text in which *heo* was sometimes 3 pl. pron. (see 62n and *LALME* i. 313, map 35) and sometimes 3 sg. fem. pron. (see 42n and *LALME* 1986: i. 309, map 17), and in which *he* could mean 'she' as well as 'he' (see 42n).

15. Septuagesima

Hand D takes over from Hand C at f. 40[r] (l. 159). Briefly treated in *LA* (Graesse 1846: 146–8; Maggioni 1998: 219–21; Ryan 1993: i. 132–3), which is avowedly dependent on *RDO* (*PL* 202: 0082–4; Douteil 1976: 77a–h, 78d). The sermon derives largely from the day's liturgy, using the introit of the Mass (ll. 55–8) to introduce the first principal, the epistle (ll. 101–3) and the gospel reading (ll. 112–16) to introduce the second, and the epistle again (ll. 154–7) to introduce the third, the last two augmented by the OT lections for the week. Pastoral teaching is introduced in the seven deadly sins (ll. 24–30). Trans. Swanson 1993: 58–64. E omits ll. 107–18 (*men* . . . *world*) and ends at l. 120 (*fendus*). G provides two versions of the sermon (McIntosh & Wakelin 1982), G(1) (Hand A, language 5) and G(2) (Hand D, language 2), both Group A texts but from different exemplars. a omits ll. 12–67 (*þat* . . . *hevynes*) through a lost f. h paraphrases and reorders the material, introducing a version of 16/5–21, 44 at l. 118, and then continuing with ll. 119–21, 154–60, 212–15. Rev. omits ll. 39–50 (*And* . . . *dedly*). R4 divides the sermon into two, the first made up of non-*F* material but including the revised equivalent of ll. 118–207 (*For* . . . *resonabully*), the second consisting of the revised equivalent of ll. 2–60 (*Gode . . . schape*), where it ends imp. For details of R1, see O'Mara and Paul 2007: ii. 1109–11.

3 *Sonday in Septuagesun*: Septuagesima Sunday is the third Sunday before Ash Wednesday, the start of Lent; the period of Septuagesima (L. *Septuagesima*, 'seventieth') is calculated, according to *LA*, from Septuagesima Sunday to the Saturday after Easter. In the Middle Ages it signalled the run-up to an intensive period of Lenten preaching and fasting. The spelling (also l. 210) is an expansion of *u* with a nasal contraction mark (perhaps an error for *im* or *in*, cf. *MED* **septuagesime** *n.*).

3–50 *þen . . . dedly*: A lengthy protheme to the sermon proper.

3–6 *þen . . . synne*: Holy Church is always gendered feminine, as in *Piers Plowman* (B Text): *'Holi Chirche I am', quod she . . .* (Kane & Donaldson 1975: I/75). As such, she is frequently imaged as a mother, and the maternal solicitude of the Church for her people is a constant theme throughout this sermon (cf. ll. 35–6, 51, 212–13).

8–9 *to . . . vche*[2]: Perhaps an erroneous repetition, since *to vche* is absent from Group A but present in Group B (except f).

14–16 *came . . . synne*: One concern of the sermon is the sanctity of marriage (cf. ll. 39–43), so that Mirk here introduces evidence from the wedding in Cana (John 2: 1–11) of Christ's support of marriage, despite his own celibate state.

22 *more . . . harm*: The phrase is a favourite of Mirk (see Glossary *sub* **harm(e)** *n.*), who often compares a past golden age with the present dross, as in the next sermon (16/4–11).

24–31 *into . . . speken*: Six of the deadly sins are mentioned: pride, covetousness, envy, gluttony, lechery, and sloth, both physical (*lyging . . . bedde*, l. 28) and spiritual sloth marked by reluctance to serve God and eagerness to serve the world, staying up all night in order to overindulge (*for outrage*, ll. 28–9) in riot, revelry, worldly amusements (*pleying of vanyteus*, ll. 29–30), and playing tricks which involve coarse speech and behaviour (*in iapis makyng . . . harlotry*, l. 30).

35–43 *Wherfore . . . deth*: See 1/10–18n. Cf. *LA*: *cantica laetitiae deponimus* (Graesse 1846: 147) and the ritual of the day (Legg 1916: 46 n. 3).

43–5 *as . . . loghuth*: Eccles. 7: 3 (supplied by K).

48–50 *For . . . dedly*: Ecclus. 7: 40.

51–4 *þen . . . resenabyly*: The image of man's sickness through sin has been effectively developed in the protheme: the rest of the sermon will deal with the three medicines offered by the Church and exemplified in the life of Adam and Eve: meditation on death, hard physical work, and bodily discipline in moderation.

55–100 *To . . . synne*: The first salve for sin, thinking on death inwardly, is illustrated by the introit of the Mass, by the image of death as an archer, and by a familiar *narratio*. For a typical sermon treatment of death, see the new funeral sermon added to Rev. (Powell & Fletcher 1981), and for its treatment in lyrics, see Gray 1972: 176–220.

56 *heo*: See 3–6n and 14/42n.

57 *Circumdederunt . . . mortis*: The opening of the introit of the Mass for Septuagesima Sunday, Ps. 17 (*AV* 18): 5–6 (Legg 1916: 45/16–19).

60–1 *euer . . . hem*: A familiar image, developed more fully (perhaps from Alexander Carpenter's *Destructorium Viciorum*) in the new funeral sermon added to Rev. (Powell & Fletcher 1981: 204, 225 (n. to ll. 105–14), and Fletcher & Powell 1978: 74–96, 91–2).

61–2 *he . . . tyme*: A familiar adage, cf. *Nichil enim morte cercius, nec hora mortis incercius . . . For noþing is more certeyn nor sykyr as deth, nor noþing so vnsekyr as þe oure of dethe* (quoted Powell & Fletcher 1981: 204). Mirk himself reminds his congregation of the fact at the end of his burial sermon (Add2/114–15).

65–96 *I . . . aftur*: A popular *narratio* in two parts, 'Trumpet blown before the house of one sentenced to death' from *Vitae Patrum* (*PL* 73: 0463) and 'Sword of Damocles' from *GR* (Herrtage 1879: 524/CXLIII). See Tubach 1969: 377–8/4994.

75–6 *medelen . . . hym*: i.e. involve himself in his own affairs and not his brother's.

102 *Sic . . . comprehendatis*: From the first verse of the epistle of the Mass for Septuagesima Sunday, 1 Cor. 9: 24–7.

105–11 *So . . . oþur*: In his discussion of labour Mirk invokes the traditional three estates, knights, priests, and commons, each with their specific duty.

110 *þe comyn pepul*: So α and Group A, but om. Group B (apart from f) and perhaps an error of repetition. As it stands, ll. 108–10 may be interpreted: 'lords must work, and other propertied men must busy themselves, in order to keep Holy Chirch and all the rest of the commons in peace and rest'.

112–18 *For . . . world*: The parable of the labourers in the vineyard (Matt. 20: 1–16), the gospel reading for Septuagesima Sunday. For the classic example of the juxtaposition of the estates and this parable, see Thomas Wimbledon's Paul's Cross sermon (Knight 1967).

118–19 *A . . . labur*: Job 5: 7.

119–20 *And . . . fendus*: See 1/34–5n.

122–53 *To . . . bysyly*: Based on the OT lections for the day and the following week, which cover Gen. 1–3 (Proctor & Wordsworth 1879–86: i. cccclxxxiv), based on Gen. 2: 16. For the fact that the liturgy of *þys day* (l.

122) tells that God set Adam and Eve to work and maintain paradise, cf. the antiphon to Vespers (Proctor & Wordsworth 1879–86: i. cccclxxxiv, based on Gen. 2: 16). The further reference to God's commandment to Adam and Eve (Gen. 2: 17) occurs at the second reading for the Thursday of Septuagesima week (Proctor & Wordsworth 1879–86: i. dii).

145–8 *for . . . þere*: Gen. 3: 21 (God clothes Adam and Eve), Gen. 3: 19 (God curses Adam), Gen. 3: 16 (God curses Eve). Mirk's nice thought, that God provided Adam with tools for his labour, is not scriptural.

151–2 *For . . . ydul*: 'for the devil, when he wants to tempt a man, cares about nothing but finding him idle'. Cf. Whiting 1968: D182.

155–6 *Castigo . . . redigo*: From the last verse of the epistle of the Mass for Septuagesima Sunday, 1 Cor. 9: 24–7.

159 *schappnes*: Recorded in MED as a variant (*shapnesse*) of Group A's *scharpenes* (*MED* **sharpnes(se)** *n.* 2a 'austerity; rigor; hardship . . . ~ **of penaunce** . . .'). Emended from *sclappnes*, presumably a misreading of *sch-* as *scl-*. Group B omits the whole phrase, *þat . . . penance*.

159–60 *lyking of synne* The new quire by a new scribe (Hand D) begins here with a lacuna (see vol. 1, Introduction, §5.2.2).

161–205 *þus . . . infere*: The penance of Adam and Eve has its origin in the apocryphal *Vita Adae et Evae* (Sparks 1984: 141–67). For material similar to Mirk's, see the contemporary prose *Life* in the Vernon Manuscript (Blake 1972: 103–18). There Eve is tempted only once, after eight days, and succumbs, after which Adam fulfils his penance. In Mirk the traditional equation of Adam, the old man, with Christ, the new man (see 1/21–5n), is made more explicit by the threefold temptation.

162–4 *fele . . . colde*: In the Vernon *Life* the number of nights (l. 162, *nythes*, 'at night') is given as forty for Adam and thirty for Eve, and the waters in which they stood (*a uattur*, l. 162) are, respectively, the rivers Jordan (emphasizing the equation of Adam with Christ) and Tigris. For the misunderstanding which gave rise to the description of their bodies as green as grass for cold, see Blake 1972: 110, n. to ll. 176–7.

201 *oyle of mercy*: The relation of Adam to Christ was further developed by the withholding from Adam of the oil of mercy until Christ's redemption of mankind. According to the legend made familiar in the *LA* material on the Invention of the Cross (Graesse 1846: 303–11; Maggioni 1998: 459–70; Ryan 1993: i. 277–84) and *SEL* (D'Evelyn & Mill 1956–9: i. 167/1–170/90, esp. ll. 14, 85), when Adam was dying, his son, Seth, asked the archangel Michael for some oil from the tree of mercy but was told it was denied man for 5,500 years, i.e. until after Christ's passion. Instead, he was given a branch of the tree which he planted over his father's grave and which eventually formed the cross on which Christ was crucified. See Sermon 33.

203–4 *whan . . . thrytte*: Gen. 5: 5.

204 *þrytty*[1] . . . *doghteres*: Gen. mentions only Cain, Abel, and Seth.

210–12 *In . . . weke*: See 3n.

214–15 *synguth . . . tracte*: Legg 1916: 132/37–133/5.

216 *Saturday afftur*: Emended from *asturday afftur*, the result of transposing *sa-* in the confusing context of *as-* in *astur* (l. 212) and *af-* in *afftur* (l. 216). The Group B reading *satirday in esterne weeke* may be the result of correction of an exemplar close to α.

216 *Saturday in albys*: Low Sunday, the Sunday after Easter Sunday, was known as *Dominica in albis*, i.e. Sunday in whites, since originally those newly baptized at Easter donned at their baptism white robes which they laid aside that day. However, according to *RDO*, the robes were donned on the following Saturday, the day before Low Sunday, which Beleth calls (as does Mirk, l. 220) *sabbatum in albis* (*PL* 202: 0134–5; Douteil 1976: 130b).

216–17 *scheo . . . Alleluya*: From Septuagesima to Easter the service of the Mass includes *tractus* (tracts) and *grayeles* (the gradual Psalms, 120–34). *Tractus* cease at Easter Day, *grayeles* the following Saturday. See, for example, Legg 1916: 45/29–38, and, for the second Alleluia on the Sunday after Easter Sunday, 145/25–9. See too 35–43n.

16. Sexagesima

Hand D. Briefly treated in *LA* (Graesse 1846: 148–9; Maggioni 1998: 222–3; Ryan 1993: i. 134–5), itself partly based on *RDO* (*PL* 202: 0083–4; Douteil 1976: 77i, 78c). Like Sermon 15, Mirk derives the structure of Sermon 16 from the day's liturgy, centring his first principal on the epistle (ll. 14–44), his second on the gospel (ll. 45–97), and his third on the OT lections for the week (ll. 98–167). Pastoral teaching is introduced in the seven deeds of mercy (see 48–54n). E ends imp. (ll. 139–67, *-as . . . cetera*, om. through lost ff.). G provides two versions of the sermon (McIntosh & Wakelin 1982), G(1) (Hand A, language 5) and G(2) (Hand D, language 2), but with fewer variants than in sermon 15. h paraphrases, expands, and reorganizes the material, using ll. 58–66, 98–131, 143–67, 68–86, in that order (see too 77–86n). For details of R1, see O'Mara and Paul 2007: ii. 1112–13.

2–3 *Sunday . . . score*: *LA*. Sexagesima Sunday is the second Sunday before Ash Wednesday, the start of Lent; the period of Sexagesima (L. *Sexagesima*, 'sixtieth') is calculated from Sexagesima Sunday to the Wednesday after Easter.

3–8 *by . . . lyfe*: Mirk takes sixty to be the contemporary average of a long life. His previous sermon has already noted that Adam and Eve (scripturally, only Adam) lived to the age of 930 (15/203–4).

9 *is . . . God*: Supplied from D but *besy* (I) is preferable to *wyse* (DEG(1)G(2)).

18–19 *it . . . here*: 'it is in compensation for sin for a man to undergo his penance here'. The *locus classicus* for this is perhaps Justinus to January in 'The Merchant's Tale': *Dispeire yow noght, but have in youre memorie, / Paraunter she may be youre purgatorie!* (ll. 1669–73).

20–35 *þan . . . telle*: Mirk paraphrases vv. 23–7 from the epistle of the Mass for Sexagesima Sunday, 2 Cor. 11: 19–33, 12: 1–9.

25–6 *of . . . strokes*: 2 Cor. 11: 24.

39 *long . . . gode*: 'related to the matter of worldly goods'.

41–2 *þank . . . paciens*: 'let him thank God and pray him meekly for mercy because of his (God's) patience'. God is likely to grant mercy because of his patient acceptance of man's frailty.

46–56 *Sexagesym . . . dome*: *RDO* (*PL* 202: 0083; Douteil 1976: 77i), more briefly treated in *LA*. See 2–3n.

46 *six sythe ten*: 'six times ten'.

48–54 *for . . . hymself*: Six of the deadly sins derive from the words of Christ at the Day of Judgement (Matt. 25: 31–46), whereas the seventh (*Anoþur werke*, l. 53) is from Tobit 1: 20–2: 10.

53 *Anoþur . . . to* 'another deed of mercy belongs to Holy Church'.

57–62 *Wherefore . . . discretely*: The deeds of mercy are fundamentally associated (see 48–54n) with these words of Christ to the blessed at the Day of Judgement (Matt. 25: 34), which are also (as Jacobus notes) the words of the introit to the Mass for the Wednesday after Easter (Legg 1916: 140/13–14).

63–6 *Wherefore . . . nowne-power*: 'and so all that have the means must physically do them (alms-deeds), and those who do not have the means must have the good intention to do (them *sc.*) if they had the means, so that their good intention shall make up for their lack of power'. The interpretation of *nowne-power* as 'non-power' (*MED* **non-pouer** *n.* a) is confirmed by D's less opaque reading *þat hor nonpower may not*, 'what their lack of power cannot', for α's *here nowne-power*.

68–96 *God . . . heuen*: The gospel reading for Sexagesima Sunday is the parable of the sower (Luke 8: 4–15), in which the seed has one of four destinations: to fall by the wayside, on rock, among weeds, or on good earth. The parable is used by Christ as an allegory of those receptive, or not, to the word of God, but Mirk applies it solely to alms-giving, the subject of his second principal.

74 *I . . . heuen*: John 14: 6.

77–86 *I . . . hytte*: Cf. Tubach 1969: 230/2944(a). The *narratio* illustrates the first of the four destinations of the sower's seed (68–96n). h ends here (with a different allegorization), adding: *In ista ebdomada dicendum est de decem preceptis vel de septem peccatis mortalibus vel de confessione ad placytum* (f. 25^{r}).

83–4 *Where . . . bycomyn*: 'where have all your almsdeeds gone?'.

93–5 *hys*^{1} *. . . ȝeue*: 'his seed falls on good earth who gives his alms to good honest and poor men, who are God's earth, and (to *sc.*) others where he knows it is alms (i.e. appropriate charity) to give'.

98–158 *He . . . dede*: The third principal is illustrated by the OT lections for Sexagesima Sunday and the following week (*as Holy Chyrch now makuth mynde*, ll. 101–2), which deal with the story of the Flood and cover Gen. 6–9 (Procter & Wordsworth 1879–86: i. dxiii–dxxxii).

98–9 *For . . . Gode*: Ps. 96 (*AV* 97): 10.

102–7 *namely . . . flode*: The Flood was occasioned by man's sin (Gen. 6: 5), because of which God said (v. 6): *Penitet me fecisse hominem* (*Me . . . man*, ll. 104–5). The assertion that it was sexual sin (*lechery . . . avowterye . . . synne aȝeyne kynde*, ll. 102–3) that offended God is derived from Gen. 6: 1–5, although there is no specific mention there of either adultery (*avowterye*) or homosexuality (*synne aȝeyne kynde*, lit. sin against nature). However, there was a strong ecclesiastical tradition that the Flood was a punishment for homosexuality, as in *Cleanness* (ll. 265–8).

105–12 *Wherefore . . . cubytes*^{2}: The details are broadly scriptural (Gen. 6: 13–22). The three couples of clean beasts, with one odd one, and single couple of unclean beasts is traditional in the Middle Ages, but the scriptural account is less clear, referring to two of every kind (Gen. 6: 19–20), seven clean beasts and birds and two unclean beasts (Gen. 7: 2–3), and a final sacrifice of a clean beast and a clean bird (Gen. 8: 20).

113 *an hundred wyntur*: Just before the episode of the Flood, Noah is recorded as being 500 years old (Gen. 5: 32); his age at the time of the Flood was 600 (Gen. 7: 6).

121–2 *for . . . wommen*: Not scriptural.

125 *fyftene cubytes*: Gen. 7: 20.

126 *an . . . fyfty*: Gen. 7: 24.

128–30 *Nereþeles . . . þere*: Josephus (AD 37–*c.*100) (Feldman 2000: 35/95). According to Scripture the ark rested on the mountains of Ararat (Gen. 8: 4). Only αDG(1)HIJ and the Group B MSS have this passage.

131 *twelue moneth*: The calculation is based on the implication that the Flood, which ended on the first day of the first month (Gen. 8: 13), had begun on the same day a year earlier.

131–6 *And . . . heghly*: Scripture records four expeditions by birds, the raven and three doves (Gen. 8: 6–12), of which Mirk mentions the first and third expeditions.

136–42 *þan . . . erþe*: The odd beast brought into the ark together with the three couples of clean beasts (l. 109) was intended for sacrifice.

145–6 *God . . . Chyrche*: 'God would take vengeance were there not prayer from Holy Church.'

147–58 *For . . . dede*: The *narratio* illustrates the assertion that the Virgin's mediative role is the principal reason for God's not wreaking vengeance on his people (ll. 145–7). Mirk's source (*þe lyue of seynt Dominek*, l. 147) may be *LA*, although, if so, he alters Jacobus' third sin, *avaritia* (Graesse 1846: 470), to *leccherye* (l. 152), the main focus of this part of the sermon (*namely for þe synne of lechery* . . ., l. 102), and excludes the important role of St Francis alongside St Dominic, pointedly making the Virgin say, *I haue one trewe servaunte* (ll. 154–5), whereas in the original narrative the saints are co-workers in saving the world.

17. Quinquagesima

Hand D. Briefly treated in *LA* (Graesse 1846: 149–51; Maggioni 1998: 224–6; Ryan 1993: i. 135–6), itself partly based on *RDO* (*PL* 202: 0083–4; Douteil 1976: 77k, 78b). Mirk uses *LA* for the proheme (see 4–21n) and as the inspiration for two of his three divisions (see 18–20n). As in Sermons 15 and 16, he derives the structure from the day's liturgy: Ps. 50 (63–7n), the epistle (74–80n), the OT lections for the week (ll. 103–22), and the gospel (133–41), and provides obligatory Lenten instruction, here in the Articles of the Creed (see 87–91n, 98–103n, 129–31n). a ends imp. (ll. 139–52, *þan . . . cetera*, om.); eg begin imp. (ll. 1–128, *Dominica . . . cedur*, om. e; ll. 1–123, *Dominica . . . schul*, om. g). E omits ll. 91–141 (*þis . . . hertyly*). G provides two versions of the sermon (McIntosh & Wakelin 1982), G(1) (Hand A, language 5) and G(2) (Hand D, language 2), but with fewer variants than in sermon 15. h offers a more conventional text than it did in Sermons 15 and 16. For details of R1, see O'Mara and Paul 2007: ii. 1113–14.

3–4 *þis . . . fyfty*: *LA*. Quinquagesima Sunday (L. *Quinquagesima*, 'fiftieth') is the Sunday before Ash Wednesday, the start of Lent. For *in* and *im* forms, see *MED* **quinquagesime** *n.*

4–21 *þe . . . where*: Based on Jacobus' second reason for the institution of Quinquagesima: because the fiftieth year was the jubilee year of remission of sins. As Mirk notes, the release of slaves dates from the OT period (*Olde Lawe*, l. 5) (see Lev. 25).

7–8 *þis*[1] . . . *Day*: The period of Quinquagesima is calculated from Quinquagesima Sunday to Easter Day (*LA*).

12–14 *vche* . . . *ȝere*: The fiftieth year as a year of plenary remission (cf. *playne remission*, l. 23) is not mentioned in *LA* because it was not granted until 1343, when Clement VI introduced it in place of the previous centenary year, established by Boniface VIII in 1300. The jubilee years were, in fact, so successful that Urban VI in 1390 reduced the term to every thirty-three years and Paul II in 1470 to every twenty-five years. *F* would appear, therefore, to have been written after 1343 but before 1390. See Powell 1982.

17 *be here lyve*: 'throughout their life' (*MED* **bi** *prep.* 4b **bi live**).

18–20 *ful* . . . *flottering*: The second and third of the three principals are based on Jacobus' three essentials for perfect penitence: charity, memory of Christ's passion, and faith. For *flottering*, 'wavering', see *MED* **flotering** *vbl. n.*, but most MSS misinterpret to mean 'flattering'.

23–5 *he* . . . *more*: A variant on the usual three essentials of penitence: contrition, confession, and satisfaction, with the latter replaced by determination not to sin again.

25–6 *Whoso* . . . *synnus*: 'Whoever behaves like this, let him believe full well that God forgives him his trespass and (gives *sc.*) full pardon for his sins'.

28–31 *Ensaumpul* . . . *before*: All four gospels record Peter's threefold denial of Christ: Matt. 26: 69–75; Mark 14: 66–72; Luke 22: 54–62; John 18: 25–7. Matthew and Mark record Peter's oaths, and all but John refer to his tears of contrition (l. 29). That St Peter became the leader of the apostles after Christ's ascension and thus the first head of the Christian Church explains Mirk's reference to the *more chere*, i.e. greater attention, paid to him after his denial of Christ than before (although his pre-eminent role had been ordained by Christ during his own lifetime, Matt. 16: 18). Prior to this *narratio*, h suggests an additional story: *Exemplum þerof I rede that þer was a vycius woman al here lyffe and hit apperyd þat S. Austin schuld cum to preche in þat same cyte þer þis woman was, cetera* (f. 26[r]).

32–60 *Anoþer* . . . *hym*: An amalgam of two common types, the sinner who repents on his deathbed (Tubach 1969: 336/4405) and the monk who returns from death (263/3376).

58–60 *þus* . . . *hym*: 'Thus (i.e. here is shown, cf. *MED* **thus** *adv.* 1a) the great contrition that this man had before (*here*, i.e. *ere*, 'before') he died released from the great pain that was ordained for him.' The Group A MSS (except H) confirm the need to interpret *here* as *ere* (with excrescent *h-*), but their majority reading might only be achieved in α by deleting *fro* after *quyte*. H and Group B omit *here he dyed*.

62–3 *make* . . . *contricioun*: *make* is unique, but the possibility of eyeskip through homeoarchy (*com to contricioun*) may justify the conjectural emendation. The other MSS read *drawe*.

63–7 *þe*[1] . . . *forth*: Ps. 50 (*AV* 51): 1 is included in services from Ash Wednesday throughout Lent (Legg 1916: 52/1).

74–80 *Hereto . . . noghte*: 1 Cor. 13: 1–3, the first vv. of the chapter which forms the epistle for the Mass of Quinquagesima Sunday.

85–6 *þerfore . . . necessarye*: Cf. 1 Cor. 13: 13.

87–91 *he . . . noghte*: The doctrine of the Trinity, as recited in the first clauses of both the Apostles' and Nicene Creeds (see 40/93–107n). For Mirk's teaching of the Creed in the form of fourteen articles (rather than the twelve by which the Apostles' Creed is associated with the twelve apostles), see *IPP* (Kristensson 1974: 92/454–95/525). Mirk here treats the equivalent of the first five Articles (92/458–93/483). See too 98–103n, 129–31n.

91–131 *þis . . . wepyng*: As customary, Mirk uses Abraham's meeting with the three messengers of God (Gen. 18: 1–22) as an *exemplum* of the Trinity. As he notes (*as Holy Chyrch þis day makyth mynde*, l. 92), the episode takes the form of an antiphon at Vespers on Quinquagesima Sunday (Procter & Wordsworth 1879–86: i. dxli), which succinctly expounds the allegory: *Dum staret Abraham ad radicem Mambre, vidit tres pueros descendentes per viam: tres vidit et unum adoravit.*

98–103 *And . . . ded*: The equivalent of the eighth to tenth and twelfth to fourteenth Articles of the Creed: Christ's incarnation, Mary's virginity, Christ's passion, his resurrection, his ascension, and the Day of Judgement. Mirk omits the harrowing of hell, the eleventh Article, but see 129–31n. Cf. *IPP* (Kristensson 1974: 94/498–95/523).

102 *step*: Unique, but cf. *MED* **steppen** *v.* 3b 'enter (into a place)', 3c ~ **oute of this lif** 'depart from earthly life', ~ **unto** 'assume or succeed to (a position)'. The conventional verb in relation to Christ's ascension is *MED* **stien** *v.* 1c(b) 'ascend', which is found in the other MSS.

103–32 *þis . . . borne*: The use *fygured* (l. 104) and *fygure* (l. 132) indicates the identification of OT episodes and characters as prefigurations of the NT (*MED* **figure** *n.* 3b 'prefiguration', **figuren** *v.* 3b 'prefigure'). Here, the (near) sacrifice of Isaac by Abraham is presented as a precursor of Christ's passion and resurrection: *þis* [the crucifixion and resurrection of Christ] *was fygured be Ysaac* (ll. 103–4), *os þis was a fygure of Cristes passion* (l. 132). Cf. the gloss on Gen. 22: 5–8 in *GO*: *Abraham ergo Deum Patrem significat, Isaac Christum. Sicut enim Abraham unicum et dilectum filium victimam Deo obtulit, sic Deus Pater unigenitum Filium pro nobis tradidit* (*PL* 113: 0139).

104–8 *Ysaac . . . firmament*: The birth of Isaac to Abraham and Sarah is announced to Abraham by God (Gen. 17: 16–19) and by the three angels (Gen. 18: 9–15). For the promise of a great nation from Abraham's seed, see

Gen. 17, *passim*, and for the comparison of Abraham's descendants to the stars of the heaven, see Gen. 17: 17.

109–22 *But . . . dude*: Gen. 22: 1–14. Isaac's age at the time is not cited in Scripture and is variously given in *F* MSS, but the lacuna is supplied here from D. Sarah was 91 when Isaac was born (Gen. 17: 17) and 127 at the time of her death (Gen. 23: 1).

125–9 *suffred . . . mankynde*: The cross laid on Christ's back on the road to Calvary has been prefigured by the wood laid on Isaac's back by Abraham (*made Ysaac bere wode to brenne hymselfe wyth*, ll. 116–17). Cf. *GO*: *Et sicut Isaac ligna portabat, quibus imponendus erat, sic Christus crucem, in qua figendus erat* (*PL* 113: 0139).

127–8 *þe*[1] *. . . palme*: For the tradition of the composition of the cross of these four woods, see the *LA* legend of the Invention of the Cross (Graesse 1846: 304; Maggioni 1998: 461; Ryan 1993: i. 278).

129–31 *Ysaac . . . wepyng*: Hebrew *Isaac* means 'laughter'. Scripture refers three times to the laughter of Abraham and Sarah at the thought that they might become parents so late in life (Gen. 17: 17; 18: 12–15; 21: 6). The comparison of Isaac with Christ is extended by the suggestion that Christ might be called *Isaac* because of the laughter of the souls at the Harrowing of Hell (the eleventh of the fourteen Articles of the Creed).

133–41 *Criste . . . hertyly*: Luke 18: 31–43.

134–5 *he . . . lyue*: Cf. Luke 18: 32–3.

141–3 *þis . . . flotering*: For the traditional identification of the blind man with any sinner, cf. the gloss on Luke 18: 35 in *GO*: *Caecus est humanum genus, quod a superna claritate exclusum damnationis suae patitur tenebras* (*PL* 114: 0324–5).

144–52 *I . . . spyryte*: A familiar *exemplum* (cf. Tubach 1969: 122/1492), used here to illustrate that orthodox belief ensures salvation. Robert Grossteste (*c.*1175–1253), bishop of Lincoln from 1235, was an important reformer, philosopher, and theologian, and Lincoln battled unsuccessfully for his canonization.

18. St Matthias

Hand D. Dependent on *LA* (Graesse 1846: 183–8; Maggioni 1998: 277–84; Ryan 1993: i. 166–71), with some details from *RDO* (see 3–6n). E ends at l. 28 and h at l. 94. For details of R1, see O'Mara and Paul 2007: ii. 1168–9.

2–3 *Seynt Matheyus day*: 24 February. Matthias was chosen to replace Judas after the ascension of Christ (Acts 1: 15–26).

3–6 *þe . . . hymself*: The final clause (*for . . . hymself*, ll. 5–6) is awkward, its referent being St Matthias. Mirk supplies only the second of Beleth's two suggested reasons for not fasting Matthias's vigil (*PL* 202: 0024; Douteil 1976: 11i/85–90).

7–12 *Whyl . . . wyttenesse*: The twelve apostles, whose names are recorded in Matt. 10: 2–4, Mark 3: 14–19, and Luke 6: 13–16, were chosen by Christ in the course of his ministry. All except Judas Iscariot are celebrated with a sermon: Peter (together with Paul, not an apostle), Andrew, James, John, Philip (together with James the Less), Bartholomew, Thomas, Matthew, Simon (together with Jude), i.e. Sermons 45, 2, 50, 8, 32, 55, 5, 60, 63.

12–28 *þan . . . helle*: Considerably condensed from *LA*, perhaps because Jacobus twice asserts that the material is undoubtedly apocryphal. For Judas's reputation as a thief, see John 12: 5–6. Jacobus provides the information that he sold Christ through avarice, not so recorded in Matt. 26: 14–16, Mark 14: 10–11, or Luke 22: 3–6, and amalgamates two scriptural versions of his death (Matt. 27: 3–10; Acts 1: 18).

25–8 *for . . . helle*: Cf. *SEL* (D'Evelyn & Mill 1956–9: ii. 697/143–4).

30–54 *we . . . harme*: Brendan the Navigator (486?–575), abbot of Clonfert, founded several Irish monasteries. Mirk's narrative is not closely dependent on any known version of Brendan's life but, of those available in the late fourteenth century, it bears best comparison with *SEL* (cf. D'Evelyn & Mill 1956–9: i. 197/515–200/604), which, according to Lavery (1984), was based on the Latin *Navigatio* (ed. Barron & Burgess 2002: 56–9/XXV). For another *narratio* of Brendan, see 61/86–102n.

32–3 *hette . . . watur*: 'beat upon the water'. Perhaps from *MED* **hitten** *v.* 1a 'strike (sb. or sth.)', ~ **on** 'beat upon (sb. or sth.)', which records the forms *het(t)en* (cf. *hytte* C).

36–7 *of Goddys curtesye*: 'through the courtesy of God'.

43–5 *Bot . . . owne*: Several versions of the *Navigatio*, including the Latin, state specifically that the cloth belonged to Jesus (and his apostles), i.e. that it was bought with the money Judas collected for the benefit of Christ and the apostles. The explanation here is close to *SEL* (D'Evelyn & Mill 1956–9: i. 199/557–65).

46 *from . . . euenson*: i.e. from evensong on Saturday to evensong on Sunday, as most versions make plain.

49–54 *þan . . . harme*: Unlike most versions, where Brendan secures Judas a day's relief from hell, Mirk truncates the story here.

52 *blomys . . . yren*: Not described in any version of the *Navigatio*.

55–67 *þan . . . apostolys*: See 2–3n.

68–94 *þan . . . gost*: *LA*. Scripture does not record Matthias's ministry nor his death, but there was an apocryphal *Acts of Andrew and Matthias* (Elliott 1993: 283–99).

68 *Iuri*: Accounts vary as to whether Matthias began his work in Judaea (as here), Cappadocia, Ethiopia, or the city of Myrmidonia, as in the *Acts of Andrew and Matthias* (Elliott 1993: 283).

71–2 *wyth . . . vnschewly*: *LA* refers only to the devil *in similitudinem infantis* (Graesse 1846: 188).

95–105 *Reynalde . . . bettur*: Ranulph Higden, Benedictine monk of Chester (d. 1364), wrote the Latin chronicle *Polychronicon* (trans. John Trevisa 1387), where the incident is dealt with at greater length (Lumby 1865–86: vii. 374–7). However, neither Higden, nor William of Malmesbury (Darlington 1928: 37–8; Preest 2002: 191), nor John of Tynemouth (Horstmann 1901: ii. 527/18–28), who record the same episode, refers to St Matthias.

96 *Wlstane*: Wulfstan (*c.*1008–95), prior and then bishop of the Benedictine abbey at Worcester.

100 *ere . . . warse*: 'ever the longer the worse'. The longer Wulfstan preached to the man, the worse he behaved.

101–2 *a . . . worthy*: 'and give him what he deserved'.

19. 1 Lent

Hand D. Dependent on *RDO* and the liturgy of the Church. *LA* provides only a single chapter for Quadragesima (Graesse 1846: 151–3; Maggioni 1998: 227–9; Ryan 1993: i. 137–8), itself partly based on *RDO* (*PL* 202: 0090–1; Douteil 1976: 87a–e). a begins imp. (ll. 1–82, *De . . .* [*And*], om. through lost ff.). G provides two versions of the sermon (McIntosh & Wakelin 1982), G(1) (Hand A, language 5) and G(2) (Hand D, language 2), both Group A texts but from different exemplars. For details of R1, see O'Mara and Paul 2007: ii. 1114–16.

2 *Sonday in Quadragesine*: i.e. the first of the four Sundays in Lent (Quadragesima), which are then followed by Passion Sunday, Palm Sunday, and Easter Sunday itself. For *in* and *im* forms, see *MED* **quadragesime** *n.*

2–4 *þan . . . dayes*[1]: L. *Quadragesima*, 'fortieth'. The forty days of Lent are forty days of fasting, beginning on Ash Wednesday in the week before 1 Lent and continuing to Easter Sunday, excluding the other Sundays (cf. *Sonday . . . fastyng*, l. 12).

4–5 *And . . . gylte*: Replaced in h by fuller material from *RDO*.

4 *þe teþþes dayes*: i.e. the tithe-days, when the people were due to pay their vicar his tithes, the tenth part of their income. Cf. *RDO* (*PL* 202: 0022; Douteil 1976: 10b, 11a).

4 *surfete*: In the context of the need to fast, excessive eating and drinking is a main concern of the sermon (cf. ll. 59–77, 110–30).

7–11 *owtakon . . . consciens*: For Beleth on fasting, see *RDO* (*PL* 202: 0020–5; Douteil 1976: 8–11).

7 *owtakon . . . nede*: 'with the exception of those whom the law offers dispensation for because of their needs'. Cf. *dispensith wyth* (l. 10) and *MED* **dispensen** *v.* 3. ~ **with** (a) 'release from obligation'.

8 *schyldron wythinne age*: 'children within (a certain *sc.*) age'. DEFG(1)G(2) specify the age variously as 11, 12, or 21.

12–13 *þan . . . Wednesday*: *LA*.

13–17 *and . . . turne*: The Ash Wednesday ritual included the imposition of ashes on the heads of the people, while the priest spoke words based on Job 34: 15 (Legg 1916: 51/2), cf. *Man . . . turne* (ll. 16–17). The theme of death was therefore very present, and Mirk takes it up later in the sermon (ll. 79–90).

18 *þen . . . skyllys*: *RDO* (*PL* 202: 0090–1) and thence in *LA* (Graesse 1846: 152–3; Douteil 1976: 87).

19–53 *os . . . heuen*: Matt. 4: 1–11, the gospel reading for 1 Lent.

24–7 *þe*[I] *. . . mede*[I]: The Preface of the Mass throughout Lent until the *triduum* (i.e. not Maundy Thursday, nor the intervening Sundays) (Legg 1916: 212/13–14), which Mirk translates as *bodely . . . mede*[I] (ll. 26–7).

28–34 *For . . . synnus*: Cf. *GO* (*PL* 114: 0138–9). Mirk uses proverbial snake folklore (cf. *ieiuni hominis sputum si serpens gustauerit moritur*, Aberdeen University Library MS 24 (Aberdeen Bestiary), f. 71[v]) for the comparison with the *olde neddur* (l. 30), i.e. the serpent that deceived Eve in the Fall (Gen. 3). This leads into a further comparison of Eve's three temptations (*glotonye . . . couetyse*, l. 32) with Christ's in the wilderness (Matt. 4: 1–11; Mark 1: 12–13; Luke 4: 1–13). For Adam as the first man enjoined to fast, see *RDO* (*PL* 202: 0083; Douteil 1976: 77l).

32 *glotonye . . . couetyse*: Man's sins according to St Gregory in the passion material in *LA* (Graesse 1846: 230; Maggioni 1990: 345; Ryan 1993: i. 209).

48 *be calkyng*: 'by calculation', i.e. counting, or reckoning, them one by one (MED **calculing** *vbl. n.* 1a). Emended from d, whose reading is superior to *talkyng* (αG(1)Kbcg), *takyng* (DG(2)), *callyng* (I), and certainly *thoknyng* (e) (the phrase is om. in the other witnesses). A variant of the word is familiar from Chaucer's pun: *So whan this Calkas knew by calkulynge . . .* (*Troilus and Criseyde*, I/71). Perhaps *tolde hym* (l. 49) was originally *tolde hem*, 'reckoned them, counted them out' (*MED* **tellen** *v.* 17a). The phrase is om. or alt. in

some MSS but others have either *tolde hym* (αDG(1)G(2)Ibcde) or *schewed him* (BJK).

55–8 *þerefore . . . couetyse*: Mirk offers the traditional *remedia*, or antidotes, to the three deadly sins: abstinence against gluttony (ll. 59–77), meekness or humility against pride (ll. 78–90), generosity against covetousness (ll. 91–109). See Bloomfield 1952, *passim*.

59–62 *note . . . day*: 'not eat before it is time but wait till noon, and when you are at your meal, do not eat too eagerly, nor any more than at any other time, and do not sit enjoying yourself any longer than on any other day'. α's *schurter* (l. 61, influenced by *lengar*, l. 62) is emended from the Group A MSS; Group B omits *sytte for luste*.

65–6 *þere . . . glotonrye*: 'there they behave out of sensual pleasure as much as (out of *sc.*) gluttony'. A radical and conjectural emendation, but only two MSS offer readings with *volupte*, neither of which is helpful: *þay þat doth so it is volupe wull is glotory* I, *and þey don hit for volupte of glotonye for þat lust ys glotonye* K.

66–8 *Also . . . blode*: St Jerome, *Adversus Jovinianum Libri Duo* (*PL* 23: 0303). Flesh-meat is meat and fish; white-meat is dairy produce. In fact, throughout the Middle Ages fish was permitted during Lent, and dairy produce was allowed in the later Middle Ages.

69–72 *take . . . God*: During Lent the priest urges the people *Flectamus genua* before the first prayer and *Humiliate capita vestra Deo* at the end of the Mass (Legg 1916: 52/5–6, 53/13–14).

80–9 *a . . . forȝeton*: Graphic descriptions of the corruption of the body (here offered as an antidote to pride) are common in the Middle Ages, particularly in lyric form (see Woolf 1968: 67–113; Robbins 1970; Gray 1972: 176–220; Boase 1972).

91–109 *Aȝeyne . . . bredde*: Self-denial must be both internal (*wythine . . . byddyng*, ll. 91–3) and external (*wythoute*, l. 93), the latter expressed through practical acts of charity, some of the hands (*ȝoure . . . drink*, ll. 93–8), others of the feet (*And . . . seruyse*, ll. 98–101), and others of the mouth (*And . . . nede*, ll. 101–3). For feeding the poor and visiting the sick as two of the seven deeds of corporal mercy, see Matt. 25: 35–6 and 1/80–109n.

92–3 *hardenes . . . byddyng*: 'determination to hold on to your worldly goods contrary to what God demands'.

101–3 *And . . . nede*: 'And he who has fasted in the past in order to make savings in his goods because of meanness now ought to make savings out of his own mouth (i.e. what he would put into his own mouth) to give to those who have need.'

104–5 *For . . . synne*: Ecclus. 3: 33.

105–7 *Herefore . . . wille*: Luke 11: 41, rather than *þe profytte*, although alms-giving is encouraged in Isa. 58: 7. h adds a suggestion to the priest: *nunc de diui[ti]is si placet et cetera, si non tunc sic* (f. 35[r]).

110–30 *I . . . cetera*: Cf. Tubach 1969: 369/4880, and, for similar stories involving corpses, 368/4877, 369–70/4889, 370/4890. A popular sermon *exemplum*, which Mirk uses again in *MS* (cf. Oxford, Bodleian Library MS Bodley 632, f. 75[r]), where it is attributed to Alexander Neckam, *De Naturis Rerum*, bk. 2, ch. 188 (Wright 1863: 334–5).

114 *De profundis*: Ps. 129 (*AV* 130): 1, one of the fifteen Gradual Psalms and one of the seventeen Penitential Psalms. Amongst other occasions, it is sung at Requiem Masses (Legg 1916: 432/12).

122–4 *þan . . . þeron*: For the motif of the corpse attacked by toads and worms, see Oosterwijk 2005.

20. 2 Lent

Hand D. Dependent on the epistle and gospel of the day and the OT lections for the week. *LA* provides only a single chapter for Quadragesima (see headnote to Sermon 19). G provides two versions of the sermon (McIntosh & Wakelin 1982), G(1) (Hand A, language 5) and G(2) (Hand D, language 2), both Group A texts but from different exemplars. a omits ll. 50–97 (*is . . . hound*) through a lost f. For details of R1, see O'Mara and Paul 2007: ii. 1119–20.

2–3 *clene Lenton*: A common term for Lent, but Mirk's use here emphasizes the sermon's dominant theme, the cleansing of man's conscience in preparation for Easter communion, cf. *clene* (l. 4), *clense* (l. 5), *to schowron . . . clenson* (l. 7), etc.

4–5 *wythouteforth . . . soule*: Cf. 19/91–109n.

7–8 *schowron . . . inne*: The conscience is compared to a domestic utensil (cf. *ȝowre vessel*, l. 13, *his vessel*, l. 15, etc.). Just as an iron pot needs to be scoured of rust, so man's conscience must be cleansed of sin. Emendation of α's *schowon* is from the Group A text (but *schryue* G(2)); Group B readings vary (*sauen* aeg, *shauyn* bd *schew* c, *wasshen* f).

9–10 *reseyuen . . . Criste*: Annual Easter Day communion was the norm by the late fourteenth century, entailing an intensive Lenten programme of penitential preparation. Complete penitence depended on contrition, confession to a priest, and satisfaction, and to receive the Host unworthily was a sin worthy of death.

11–14 *Wherefore . . . worchep*: Vv. 3–4 from the epistle of the day (1 Thess. 4: 1–7).

15–17 *þan . . . consciens*: From St Bernard of Clairvaux, *Tractatus seu Epistola XLII de Moribus et Officio Episcoporum*, ch. 6/21 (*PL* 182: 0822).

23–66 *þan . . . prosperite*: Based on Gen. 27–33, chs. 27–30 of which form the OT lections for the week (Procter & Wordsworth 1879–86: i. dcxxiii–dcxlvi). Mirk deals with the theft of Esau's birthright (ll. 25–42, cf. Gen. 27), Jacob's ladder (ll. 43–52, cf. Gen. 28), and his wrestling with the angel (ll. 53–66, cf. Gen. 32: 22–32). G(2) treats two more deceptions, Laban's of Jacob (Gen. 29) and Rachel's of Laban (Gen. 31). Mirk, however, acknowledges the selectiveness of his account at ll. 30–1.

36 *tysing*: Only α (*MED* **ticinge** *vbl. n.* b,c 'plotting, instigation'). The majority reading in both Groups is *techyng* (but *a wyle* G(2)H). See 51/22n.

38–9 *hys*[2] . . . *hym*[2]: Gen. 27: 29. Emended from ABCHJK, although the other MSS agree with α in omitting *hys fadur*, making the referent of the cursing and blessing Jacob rather than Isaac.

40–1 *þan . . . hym*: For *þan* as a subordinating conjunction ('when'), see *MED* **thanne** *adv.* 6a and Glossary *sub* **þan (þat)**.

59 *is one*: 'on his own'.

67–80 *þis . . . bedon*: Mirk had introduced the story of Jacob as an *exemplum* of *how a man schal kepe hymself clene* (l. 23), an interpretation which he maintains (ll. 67–9), despite the unedifying aspects of Jacob's deception of Esau, before concentrating on an allegorical moralization of the renaming of Jacob as Israel. If Jacob means 'wrestler' and Israel 'a man that sees God' (ll. 70–1), the lesson is to wrestle with the devil (by full confession, ll. 71–7) and with one's own flesh (by accepting the penance imposed after confession, ll. 77–80) in order to see God in heaven (l. 71).

70–1 *Iacob . . . God*[1]: The meaning of *Jacob* is 'one who supplants another' (Gen. 27: 36) and of Israel 'a prince of God' (Gen. 32: 28).

80–8 *takyng . . . hole*: Matt. 15: 21–8, the gospel reading for 2 Lent.

85 *þus rebuke*: α's *þus rebukyd* is unique (but note: *and þus rebukyd þis woman and sche toke it mekely* c) and is best explained as a misunderstanding by the scribe of his copy-text's *þus*, 'this' (see Glossary *sub* **þus** *dem.adj.*).

89–101 *þis . . . notte*: From *GO*, where the daughter is indeed said to be *anima vel conscientia cujuslibet intra Ecclesiam diabolo mancipata* (*PL* 114: 0138), but the mother is *mira fides Ecclesiae* (*PL* 114: 0139).

102–16 *I . . . cetera*: Tubach 1969: 191/2416. Also used in 34/151–65.

104–5 *thoght . . . schame*: 'kept thinking a great deal about how she might act because of the shame she felt'.

21. 3 Lent

Hand D. Dependent on the epistle and gospel of the day and the OT lections for the week. *LA* provides only a single chapter for Quadragesima (see headnote to Sermon 19). EF omit ll. 144–66 (*I . . . cetera*). G provides two versions of the sermon (McIntosh & Wakelin 1982), G(1) (Hand A, language 5) and G(2) (Hand D, language 2), both Group A texts but from different exemplars. Rev. omits ll. 52–134 (*and . . . prosperite*): *Nota historiam si velis*, R1, f. 67^{v}. For details of R1, see O'Mara and Paul 2007: ii. 1120–1.

3 *þe . . . day*: Luke 11: 14–28.

6–14 *of*^{1} *. . . othus*: One of the most significant cruxes in the collection, separating Group A MSS (including α) from Group B (to which Rev. and the printed texts belong). See Fletcher & Powell 1978: 75–6. The Group B text targets sinners who are ashamed of their sins and avoid confession, or who say that they cannot be expected to remember every foolish word or thought. The metaphor of the dumb devil is maintained in Group B, as it is not in Group A; the Group A text instead focuses on sinners who do not confess their light oaths or their frivolous and ribald speech and thoughts, thinking them insignificant and not worth confessing. Group B reads: *but ligges as long as they may for shame of menne. For ner* ['were it not for'] *shame that menne wolde speke therof and* ['if'] *a manne come not to shryue him in the lenton, there ben many menne and wommenne that wolde not come to shryft in the yeere. And that makith the deuell, for he lyeth in that man or wommanne that taries so long and comyth not to shryue him as he shulde doo and make him cleen. Therfore haue mynde of this deuell and come and make you cleene from him. But yee will say yee cannot reherse thaim, nor yee wot not wherof, and I can say of many an ydell woorde and many ydell thought. But yee will sey yee cannot reherse thaim, ye speke so many. And I answere and saye that vnkunnyng shall not excuse you at the day of doome. For whanne ye haue seid so many cursid woordis by youre owne soule and of youre neighbours, anoon yee shulde make you cleen therof but yee will not. And therfore whanne yee come to shrift, yee been dowm, and all that while that dowm deuell is withynne you, yee weene that it be but a litle synne for no synne to speke an ydell woorde to make menne laughen ne for to swere an oth—yee will say it is no harme. For soth, yis, it slees the soule. And therfore . . . .* The MS quoted here (a) is corrupt in several places, but variants in other Group B MSS are minor, c offering the most distinct variant readings.

9–11 *wenyng . . . harme*: Mirk ascribes such assumptions to *idiotae* in *MS* (cf. Oxford, Bodleian Library MS Bodley 632, f. 79^{v}).

12–13 *as . . . spekuth*: Matt. 12: 36.

14–20 *Seynt . . . pepul*: Eph. 5: 1–9. St Paul warns against loose talk in vv. 3–4.

20–2 *For . . . synne*: Mirk touches on the three stages of sin, suggestion (*þereos þei ben oftyn nemod*), delectation (*þei ben þoght on*), and consent, which leads to *þe dede of synne*, cf. *MS*: *cogitacio praua delectacionem parat, delectacio consensum, consensus operacionem* (Oxford, Bodleian Library MS Bodley 632, f. 84ᵛ). His argument is that sin consists, not just in the deed, but in word and thought (cf. *of ydul wordus, and of ydul thowtus*, ll. 6–7, *to þenkon . . . ne for to spekon*, ll. 9–10).

23–39 *I . . . comyng*: Tubach 1969: 366/4843. A popular sermon *exemplum*, which Mirk uses again in *MS* (cf. Oxford, Bodleian Library MS Bodley 632, f. 84ᵛ).

27–8 *blak as pyche*: The usual description of a sinner's corpse (cf. Ross 1960: 176/37–9).

30 *pytueslych*: αG(1)G(2)H read *spituesly[c]h*, which normally means 'contemptuously' or 'maliciously' (*MED* **spitousli** *adv.*, but see 1c 'pitiably'); other MSS have the more common *petyfully* or *pytously* (cf. *MED* **pitousli** *adv.* b 'arousing pity').

38–9 *Wherefore . . . comyng*: The medieval Church taught that the souls of the dead could be helped by four means: prayer, alms-giving, fasting, and Requiem Mass (see Add2/83–95n). The tormented soul asks for the prayers of her nuns and offers a version of the traditional warning from the dead to the living.

41–4 *þe . . . deseses*: Eph. 5: 1–2 (see 14–20n), from which Mirk develops the theme of suffering in persecution in order to introduce the story of Joseph.

49–134 *Wherefore . . . prosperite*: Based on Gen. 37–42, which form the OT lections for this and the following week (*þis day and alle þe weke aftur*, l. 50), cf. Procter & Wordsworth 1879–86: i. dcli–dclxxxii.

53–4 *But . . . oþur*: Cf. 20/29–31.

57–60 *muche . . . worchep*: Gen. 37: 5–11.

61 *eye of God*: 'fear of God' (*MED* **eie** *n.*(2) 1a). The brothers' fear of God's wrath recalls God's curse on Cain for killing his brother Abel (Gen. 4: 1–15).

61–2 *þei . . . penyes*: The sale of Joseph to the Ishmaelites (Gen. 37: 14) was for twenty pieces of silver, but the analogy here is with Judas's sale of Christ for thirty pieces of silver (Matt. 26: 15).

62–72 *þan . . . byfore*: Gen. 39.

73–87 *þanne . . . þing*: Gen. 40–1.

88–134 *þan . . . prosperite*: Gen. 41–7.

94–6 *os . . . hym*: 'as his dream had foretold twenty-two years earlier, they all fell on their knees and worshipped him'. Joseph was 17 at the time of his first dreams (Gen. 37: 2) and 30 just before the seven years of plenty (Gen. 41: 46). Twenty-two years after the dream, he would be 39 and Egypt would be two years into the years of dearth.

97 *be a latimer*: 'through an interpreter' (cf. Gen. 42: 23). If Joseph had spoken to his brothers in their own tongue, they might have recognized him (*lest he hadde ben knowen*, l. 97).

110–11 *he*^{2} . . . *bretheren*: Joseph and Benjamin were the sons of Jacob's favourite wife, Rachel, while the other ten were the sons of his other wife, Leah, or of his wives' handmaidens (Gen. 35: 23–6).

119–20 *whan* . . . *men*: 'when they had left, making good speed, as they thought to have done, Joseph sent men after them'. Only α includes the awkward *han done*, although ABCK also assume the verb to be from *wenen*, 'think, expect' (*MED* **wenen** *v.*(2)), cf. too *wenyng to hem but wele* (f). However, other MSS with the verb interpret it as *wenden*, 'go' (*MED* **wenden** *v.*), i.e. when they had left, making good speed, as they went, Joseph sent men after them. Only c avoids the reading altogether, substituting *in her wai* for *in* . . . *done*.

123–9 *And* . . . *Ioseph*: The finding of the cup and the taking of the brothers back to Egypt is repeated, first in *And* . . . *lorde* (ll. 123–5) and then in *for* . . . *Ioseph* (ll. 125–9). It would appear that two versions have been incorporated into the text at an early stage. Only two MSS offer different treatments of the material (although the MSS show numerous variants). A puts *And* . . . *lorde* into (mainly) reported speech, dependent on *sayden* (l. 122): *and begynne at ooldyst and goo to the ȝongyst and take hym þat hit were fonde with and leed hym aȝayne to her lordis wylle*. If this is the original reading, it is odd that it is not corroborated by C, usually close to A, nor does it explain why all the other MSS are in agreement. K omits *þan* . . . *and*^{2} (ll. 126–8), probably the individual revision of this intelligent and interventionist scribe. Another oddity is the non sequitur (om. in part in E and in full in abef) of *þei* . . . *so* (ll. 125–6): 'they (i.e. the Egyptians) led him back to their lord, for they (i.e. the brothers) thought they were certain that it had not been so (i.e. that they had not stolen the cup)'.

135–43 *þis* . . . *grace*: Mirk reiterates (cf. ll. 49–53) that the OT story serves as an *exemplum* of patient suffering, although he notably does not offer his audience the promise of *grete worchep* (l. 52) so apparent in Joseph's life. For those who suffer impatiently, the following *narratio* demonstrates that confession is essential, even of venial sins. For another warning by Mirk to suffer adversity patiently, see 63/22–7.

140–2 *þeise* . . . *eye*: In α the admonitory personal tone of priest to parishioner (surely original to Mirk) is lost, cf. *I do you well to wytte þat ȝe most schryf you þerof and aske God mercy for youre inpacyens and of all oþyr* *synnys, ben þay neuer soo small yn your eye* (D, f. 59ʳ, Erbe 1905: 100/10–12). For *be . . . eye*, cf. Matt. 7: 3–5; Luke 6: 41–2.

144–66 *I . . . cetera*: St Winifred was a local saint whose relics were in the Benedictine abbey of Shrewsbury (cf. *in vche houce of alle þe abbey*, ll. 146–7), the largest town near Lilleshall. Mirk's sermon for St Winifred cites a similar healing (43/106–21), but there the man is cured of epilepsy and cured permanently. Mirk uses the same *narratio* in *MS* (cf. Oxford, Bodleian Library MS Bodley 632, f. 82ʳ), where it is also said to occur *in miraculis Sancte Wenedfrede Uirginis* (cf. *in þe myracles of Seynte Wynefrede*, l. 144). Not in Mirk's main source, the *Vita II* by Robert, prior of Shrewsbury (see Sermon 43 *passim*), it may have been one of the many miracles he refers to at 43/102–5.

158–62 *ȝow . . . helle*: The distinction is made here between deadly sins (see 1/30–4n), punishable in hell, and the less serious venial sins. In the *narratio* in *MS* (see 144–66n), Mirk uses a similar image to overloading a horse with ears of corn (ll. 159–60): *multa grana aream implere possunt* (cf. Morris 1863: 93/3412–23), and he attributes to St Augustine (cf. epistle 265, *PL* 33: 1089) the statement that many venial sins can amount to one deadly sin. See too 22/129–34n.

158 *ȝow*: '(al)though'. Hands D and E show occasional confusion between ⟨þ⟩ and ⟨ȝ⟩, presumably because ⟨þ⟩ and ⟨y⟩ are not differentiated in their script and ⟨y⟩ and ⟨ȝ⟩ can have the same phonetic quality. See Glossary *sub* **ethen (eȝen)** *adj.*, **ȝow, ȝof, ȝaf** *conj.*, **ȝan(ne)** *adv.*, **ȝen** *adv.*, **ȝette** *dem. adj.*, **ȝydur** *adv.* (⟨ȝ⟩ for ⟨þ⟩), and **ȝonder (þendur)** *adj.* (⟨þ⟩ for ⟨ȝ⟩). See too Glossary of Proper Names *sub* **Ievrye (þewry), Ȝebel.**

22. 4 Lent

Hand D. Dependent on the gospel of the day and the OT lections for the week. *LA* provides only a single chapter for Quadragesima (see headnote to Sermon 19). G provides two versions of the sermon (McIntosh & Wakelin 1982), G(1) (Hand A, language 5) and G(2) (Hand D, language 2), both Group A texts but from different exemplars. g ends imp. (ll. 33–163, *and . . . God*, om. through lost ff.). ABCEFG(1)K and Rev. end at l. 134, with varyingly elaborate sermon conclusions. For expansion of the Ten Commandments material in Rev., see 47–76n. For details of R1, see O'Mara and Paul 2007: ii. 1121–3.

4–5 *Moyses . . . Lady*: As Isaac (17/103–32n), so Moses here prefigures Christ (see 38–47n, 77–83n).

5–6 *as . . . Chyrche*: The lections for 4 Lent and the following week cover Exod. 1–4 (Procter & Wordsworth 1879–86: i. dclxxxv–dccvii), but Mirk also uses material from elsewhere in Exodus.

6–36 *God . . . schapyng*: For God's promise to Moses (ll. 6–12), see Exod. 3: 7–10, and for the flight from Egypt, crossing of the Red Sea, and thanksgiving to God (ll. 12–36), see Exod. 13–15. Mirk omits major events of the intervening period, noting only Moses's announcement of God's words to his people (l. 15, cf. Exod. 12: 21–8).

11 *offreth . . . stede*: 'offer (sacrifice *sc.*) to me in this place'. Cf. Exod. 3: 18, where God tells Moses to ask Pharaoh to let them sacrifice to him three days' journey away in the wilderness.

22–4 *þree*[1] *. . . fotte-men*: Exod. 14: 7 refers to 600 chariots.

30 *wende . . . done*: α's *whan* is perhaps caught from l. 31; *done* is confirmed by all the MSS.

34 *wyth hegh stewen*: 'in a high voice'.

36–7 *And . . . fonte*: At Vespers on Easter Day and at Vespers and Matins in the following week, procession was made to the font (Procter & Wordsworth 1879–86: i. dccccxviii–dccccxxi) in commemoration of the seven-day procession of the Israelites to the Red Sea. See 77–83n.

38–47 *þan . . . face*: Not from Moses's original reception of the ten commandments (Exod. 20), but from their renewal after the recidivation of the Israelites (Exod. 34). Moses's fasting forty days and nights (v. 28) is a prefiguration of Christ's fasting in the wilderness (Matt. 4: 1–11) (see 4–5n).

45 *too*[1] *. . . hornys*: The tradition that Moses came down from Mount Sinai with two horns on his head stems from the Vulgate *cornuta*, 'horned' (Exod. 34: 29, 30, 35), a mistranslation of the Hebrew word for a divine ray of light. In medieval iconography, the horned Moses occurs, for example, on the tomb of Pope Julius II in San Pietro in Vincoli, Rome. See further in Réau 1955–9: ii. 1/176–9.

47–76 *þan . . . kepon*: Mirk's version of the commandments is modelled on the brief summary in the 1281 canon *Ignorancia sacerdotum* of Archbishop Pecham of Canterbury (Simmons & Nolloth 1901: 31–55, odd-numbered pp.), not (despite the Northern forms *salte*, l. 51 and *haly-day*, ll. 59, 61) the more recent 1357 Injunctions of Archbishop Thoresby of York (Simmons & Nolloth 1901: 30–56, even-numbered pp.). The latter is used, however, to augment Rev., together with the *Speculum Christiani* (Raymo 1968: 2265–7/15) and the *Ten Vengeances of God* (Raymo 1968: 2289/48).

47–9 *þan . . . neygbur*: Cf. Pecham's division into three and seven, each set recorded on a separate tablet (Simmons & Nolloth 1901: 31(P)). For the God/neighbour division, see Matt. 22: 35–40.

66–8 *neþur . . . teche*: Mirk merges actual manslaughter (*wyth þine hande*) with the destruction of a man's reputation (*wyth þine tonge*) and his soul (*wyth euel . . . teche*).

77–83 *þus . . . uertues*: Mirk cites two ways in which Moses prefigured Christ, the first in an implicit comparison of the OT (with its emphasis on justice) and the NT (with its emphasis on mercy). Hence, Moses came first and gave the law (i.e. both the ten commandments and the *Olde Lawe*, the OT); Christ came after and gave grace, mercy, and truth. The second parallel is between Moses fetching the people out of Egypt through the Red Sea to Mount Sinai and Christ fetching the people out of sin through the water of baptism to the hill of virtue, partly dramatized in the procession to the font in Holy Week (see 38–47n).

83–6 *For . . . erþe*: 'for he who is willing to confess himself clean and leave his filthy habits of life and keep the covenants that he made with God in his baptism shall gather together virtues so that he shall increase them higher than any hill on earth'. Cf. John 8: 51.

84 *holde*: Emended from Group A (*kepe* Group B): eyeskip explains α's repetition of *leue*.

87–95 *But . . . hym*: John 6: 5–14, the miracle of the loaves and fishes. Mirk deals peremptorily with both the gospel of the day and its interpretation. Three of the loaves may be interpreted as the three stages of penance, contrition, confession, and satisfaction; the other two are refraining from returning to one's sin and persevering in goodness. The two fish are prayers and alms-deeds, which are nourished in tears of devotion and are two sisters who get from God whatever they ask of him. The relationship of fish, tears, and sisters is obscure and suggests that the material depends on a more fully developed allegorization (untraced, not *GO*).

91 *drogh*: 'attraction, desire' (MED **draught** *n.* 4e,f), cf. *drawht* I, *withdraught* BH, *withdraynge* ACJK, but D omits the word and EFG have *drede* (*fere and drede* f). Other Group B MSS have some version of *reuth* (ab), cf. *rec`w'the* e, *to recche* c (but *to be ware* d).

92–3 *he . . . wel*: Ecclus. 15: 1.

96–128 *I . . . man*: For the popular story of Piers Toller, or Piers the Usurer, see Tubach 1969: 288/3727.

109 *beggyst*: All the witnesses (Group A only) corroborate α's erroneous *begynnyst*.

110–11 *þan . . . waior*: Paraphrased in the Group B text, which offers a version closer to that in the *LA* legend for St John the Almsgiver (Graesse 1846: 127–8; Maggioni 1998: 188–91; Ryan 1993: i. 113–15).

129–34 *Hereby . . . synne*: Mirk reinforces the lesson of alms-giving by returning to his theme of prayers and alms-deeds (ll. 93–5). For alms-deeds as helpful only for venial sins, see *Pricke of Conscience* (Morris 1863: 93/3398–3411). This caveat is omitted in some MSS (DEFG(2)HIJ) and modified in A. ABCEFG(1)K and Rev. end here, with varyingly elaborate sermon conclusions.

135–63 *Also . . . God*: *Also . . . avoutry* (l. 135) supplies a tenuous link to the tenth commandment, ll. 73–5, and the *narratio* (Tubach 1969: 355/4696) is more appropriate to Mirk's marriage sermon, where it recurs (see Add1/93–121n), although the link here is with alms-giving and masses (ll. 159–63). The material is found only in αDG(2)I; HJ elaborate and paraphrase it so much that it is best considered a separate version, while the Group B text offers a different paraphrase again. The version of these lines in the fragment (f. 65 *sup.*[v]) in Oxford, Bodleian Library MS Latin Misc. C.66 is too damaged to be linked with a specific version (see Hanna 2000: 285).

141 *scheo*[1] . . . *wytte*: Unique to α and probably the result of misreading *aferde* as *ferde* (cf. *as a wer aferd out of hur wytte* D, f. 62[r]).

153–5 *he*[3] . . . *wyfe*: 'he was such and such a man . . . and that woman was such and such another knight's wife'. Cf. *MED* **swich** *adj*. 6b.

155–6 *vndur hur husbande*: 'when she was married to someone else' (cf. *MED* **under** *prep*. 4b(a)), cf. Add1/113–14, 146, 151.

160 *þei . . . almes-dedes*: For masses and alms-deeds as two of the four ways to help souls in purgatory, see 65/14–16n.

23. Annunciation

Hand D* takes over from Hand D at f. 52[r] (l. 116). Very loosely structured (so much so that it is treated as three sermons in Rev., viz. ll. 1–87, 88–110, 111–40, where it ends). Broadly dependent on *LA* (Graesse 1846: 216–22; Maggioni 1998: 326–35; Ryan 1993: i. 196–202) and the NT passages which deal with the Annuncation. E begins imp. (ll. 1–60, *De . . . of*, om. through lost ff.); EF omit ll. 88–150. R3 begins imp. in the second Rev. sermon (1–99, *De . . . wommen*, om. through lost ff.). For details of R1, see O'Mara and Paul 2007: ii. 1169–70, 1170–1, 1171–2.

2–3 *Suche. . . Lady*: i.e. 25 March, the feast of the Annunciation of the Virgin, which celebrates the angel Gabriel's announcement to Mary that she would conceive by the Holy Ghost (Luke 1: 26–38). See Warner 1976: 3–49.

3–4 *þe*[2] . . . *faste*: 'the evening of which must be fasted by anyone who has made a vow to do so or is enjoined to do so', i.e. not a feast with an obligatory vigil.

8 *ane olde man*: Joseph was traditionally, although not scripturally, an old man (for his marriage to the Virgin, see 57/152–3n).

9–34 *And . . . sayste*: Luke 1: 28–38 (but see 12–18n), with Mirk's own paraphrase of the words of Gabriel and Mary (e.g. see 23–6n).

11–12 *Hayle . . . wommen*: The words of the *Ave Maria*, 'Hail Mary' (Luke 1: 28), which was required knowledge, ranking with the Lord's Prayer and Creed as essential for all Christians to be able to recite in the vernacular (see Add4/3n).

12–18 *þan . . . he*: Cf. *SENM&C* (Pickering 1975: 72/261–73/278). Om. ACh.

18–19 *for . . . hure*: *LA*.

22 *mekest*: Humility is Mary's great virtue: *meke* occurs six times in the sermon.

23–6 *And . . . herte*: 'and you will conceive him by faith and, without any deed of man, by the love of the Holy Ghost, which will overshadow you and quench every kind of fleshly desire, and kindle the fire of spiritual love in your heart'. Mirk's rather incoherent images of shadow and flame (a shadow which first quenches one flame and then kindles another) are the result of his collapsing together two consecutive sentences in *LA* (Graesse 1846: 219), the first dealing with the love of the Holy Ghost and the image of fire, the second a gloss on Luke 1: 35.

35–46 *þus . . . before*: Untraced, but for the onyx and other characteristics, see Evans and Serjeantson 1933: 27/BXI, 47/CXI.

43–4 *oponeth . . . reseyvoth*: Perhaps pr. sg. (cf. *oponeth . . . falleth . . . closyth*, ll. 40–1), but perhaps pa. sg. (cf. *comfordeth* l. 20, *neduth* l. 56, *conseyuveth* l. 90). See Appendix IV.1, item 61 and n. 19.

47–58 *þan . . . Nazareth*: Luke 1: 39–56. In vv. 56–7 Mary is said to have stayed about three months, with the implication that she left before Elizabeth gave birth. In *LA* she attends the confinement and acts as midwife, and in *F* too she leaves only when she has perfected her knowledge of motherhood. A sermon for the feast of the Visitation of the Virgin (2 July), licensed by Convocation at Canterbury in 1480, was added by Caxton to his 1491 edition of *F* (see vol. 1, Introduction, §3.4). See Pfaff 1970: 40–61 and 44/60–5n.

49 *Seynt Ionh Baptiste*: Elizabeth's son and second cousin to Christ.

55 *toke . . . .erth*: 'delivered John', i.e. as a midwife delivers a baby, cf. 44/65, 125, and *LA*: *quem manibus suis de terra levavit* (Graesse 1846: 220). The phrase is not recorded in *MED* with this meaning but may stem from the use of *earth* to mean human being because of God's creation of Adam from the earth (*MED* **erthe** *n.*(1) 9). For a full discussion (which does not, however, explain the idiom), see Murray 1911.

59–65 *þan . . . body*: Unlike Luke, Matthew concentrates on Joseph's role in Mary's conception of Christ (Matt. 2: 18–25). For Mary's vow of celibacy, see St Augustine, *De Sancta Virginitate*, bk. 1, ch. 4 (*PL* 40: 0398), and for

Mary's and Joseph's respective celibacy, see Luke 1: 34 and Matt. 2: 25. See too *SENM&C* (Pickering 1975: 64/125–67/180). Mary's meeting with Joseph is not scriptural but parallels the meeting of Joachim and Anne at the time of Mary's own conception (cf. 4/39–42).

65–9 *þan . . . þere*: Not scriptural (cf. Matt. 1: 19), but cf. *SENM&C* (Pickering 1975: 71/245–73/272).

69–73 *þan . . . mankynde*: Matt. 2: 20–1.

71–2 *hur . . . chylde*: 'her carer and nurse to her child'. Joseph is markedly femininized here, as he is given the role of Mary's nurse. Cf. the fourth reason for their marriage (ll. 82–4), that he might assist her in Christ's birth and ferry her to Bethlehem, Egypt, and then home to Nazareth. A conventional masculinity intrudes, however, in the third reason for the marriage, that Joseph married Mary to affirm her virginity: when the wife sins in that way (i.e. adultery), the husband makes most effort to find out the truth (ll. 81–2).

74–86 *þus . . . chylde*: Dependent on *LA*, where three of the reasons are attributed to St Bernard, not St Ambrose.

75–7 *ȝif . . . deth*: Moses commanded the stoning of adulterous wives (cf. John 8: 5).

88–110 *þan . . . þerto*: The potted lily is dependent on St Bernard's description of the Virgin as *inviolabile castitatis lilium* (Réau 1955–9: ii. 2/183) and is a familiar image of the Annunciation, as in Simone Martini's *The Annunciation* (1333) in the Uffizi Gallery, Florence. See Réau 1955–9: ii. 2.183–4 and Plate 11, and Schiller 1971–2: i. 51 and Plates 118, 119. Mirk's treatment of the lily is perverse in its reductive thaumaturgy and may be folkloric. For another instance of his interest in iconography, see 12/46–54n.

94–7 *rythe . . . stalke*: 'just as the stalk of a growing lily conceives the colour of green and then produces a white flower without man's interference and without any damage to the stalk'.

107–10 *ryghte . . . þerto*: There is actually little comparison between the Jew's refusal to believe in Mary's virginity and Mary's question to Gabriel (Luke 2: 34).

111–32 *þan . . . erþe*: To fast the *fyve evenes of oure Lady* (l. 111) is to observe by fasting the vigils of five Marian feasts in celebration of her five joys: the Annunciation, Nativity, Resurrection, Ascension, and Assumption (sometimes augmented to seven by the Adoration of the Magi and Pentecost). All five feasts are celebrated by *F* sermons (nos. 23, 6, 29, 37, 53/54). For images of the five joys, see Marks & Williamson 2003: 340–1, 390–1; for a lyric on the seven joys of Mary, see 54/175–223; for other lyrics dealing with the Virgin and her joys, see Woolf 1968: 114–58, 274–308.

114 *was . . . modur*: 'was virgin and mother'. All Group A MSS and abe of Group B read *was maade moder* (A). However, cdf read *maide and moder* (cf. *modur and maydon*, l. 30), a familiar Marian phrase, and α has been emended accordingly (for *may*, see *MED* **mai** *n*.(1) b 'virgin, maid').

116–18 *Ryght . . . flesse*: 'just as she conceived him without lust of the flesh, so she was delivered of her Son without pain of the flesh'.

116 *conseyued*: Hand D* begins the new quire (for overlap with the previous quire, see apparatus and vol. 1, Introduction, §5.2.3).

125–6 *quene . . . worlde*: Familiar titles of Mary (cf. 53/117, 54/7, 57/117–18). See too Add2/96–111n.

133–40 *I . . . laste*: Cf. *LA*, where the protagonist is, however, a male clerk.

141 *Narracio*: A feature of this hand, presumably copied into the text from the margin of the exemplar or archetype.

141–50 *I . . . Amen*: St Philibert (*c*.608–*c*.685) was abbot and founder of several French monastic foundations. (Group B's *Gilbert* may refer to St Gilbert of Sempringham, *c*.1083–1189.) For another version of the *narratio*, with an anonymous recipient of Mary's milk, see Wilson 1946: 155–6 and Crane 1911: 253–4, and cf. Tubach 1969: 386/5109. For the iconography, see Réau 1955–9: ii. 2/123–4(4). At the Reformation, the Virgin's milk, preserved at Walsingham, Norfolk, was destroyed. The late seventeenth-century hand that annotates K has written in the margin: *A fine fable of Maryes milke*.

147 *hole asse ffysche*: Whiting 1968: F228, 228a, cf. Dent 1984: F301. For other occurrences, see Glossary *sub* **hol(le)**. For the distinctive doubled consonants, see vol. 1, Introduction, §5.2.1, Hand D, Hand D*.

149–50 *to . . . Amen*: Fuller sermon conclusions are a feature of Hand D*.

24. Passion Sunday

Hand D*. See Appendix III.v for full collation and vol. 1, Introduction, §6.1.2 for discussion. Less dependent on *LA* (Graesse 1846: 223–35; Maggioni 1998: 336–53; Ryan 1993: i. 203–14) than on typical Passiontide *topoi*, as well as the gospel of the day and the OT lections for the week. G provides two versions of the sermon (McIntosh & Wakelin 1982), G(1) (Hand A, language 5) and G(2) (Hand D, language 2), both Group A texts but from different exemplars. G(1) omits ll. 86–94 (*Wherefore . . . walus*) and modifies ll. 94–101 (*And . . . sake*); g begins imp. (ll. 1–38, *Dominica . . . how*, om.); h modifies (see 24–6n) and abbreviates the sermon, ending at l. 101. For details of R1, see O'Mara and Paul 2007: ii. 1124–6.

1 *Dominica . . . modo*: The fuller title is characteristic of Hand D*; the phrase *hoc modo*, 'in this way, thus' , occurs in the rubrics to Sermons 24, 26–8, 31–4, 36, 54.

3–10 *for . . . dede*: Passion Sunday marks the first meeting of the Jews to discuss formally how to secure Christ's death (Matt. 26: 3–5; Mark 14: 1–2; Luke 22: 1–2; John 11: 47–53).

4 *Sarsynnes*: *Pharesens* ('Pharisees') in most Group A MSS, but αG(1)IK agree in *Sarsynnes*, 'non-Christians', cf. 27/110 (*MED* **Sarasin(e)** *n.* 1c). Group B MSS mention only the Jews.

10–17 *Wherefore . . . tempul*: The gospel for the day (John 8: 46–59) deals with an earlier stage of Christ's ministry, when the Jews were considering stoning him for blasphemy, but before they had entered into formal conspiracy.

12 *hym²*: All MSS except EFG(2)K have the erroneous *hymself*.

18–19 *Holy . . . Ieromy*: Jer. 2: 1–4, the OT lections for the week (Procter & Wordsworth 1882: i. dccxviii–dccliv).

24–6 *Seynt . . . erthe*: Perhaps a version of the text from St Augustine, *Enarrationes in Psalmos* (Psalm 69) (*PL* 36: 0869) which Mirk uses in the *MS* Preface: *plus persequitur lingua adulatoris quam manus persectuoris uel interfectoris* (cf. Oxford, Bodleian Library MS Bodley 632, f. 68ʳ). h breaks off here to interpolate general comments on Christian behaviour, taking up the sermon again at l. 62.

28–30 *Who . . . Godde*: John 8: 47, used again in *MS* (cf. Oxford, Bodleian Library MS Bodley 632, f. 82ᵛ). The Latin is supplied in G(2)IJK.

31–2 *þais . . . leuing*: Prov. 2: 14 (which K supplies).

38–49 *Herby . . . brokon*: Ultimately dependent on the *GR* tale of Vergil's talking head and Focus the smith (Herrtage 1879: 27–34/X), which Rev. cites in its fuller version (cf. R1, f. 79ʳ).

43 *be . . . on*: 'by that God (that *sc.*) I believe in'.

50–2 *wo . . . counsayle*: 'woe is the honest man that has to live in this world. For he will be so cheated on every side that he will not know to whom he can reveal his secrets'.

50 *wo*: Although ⟨wh⟩/⟨w⟩ can be orthographical variants, *who* ('woe') in their exemplar has confused a group of scribes, e.g *whoso* G(2), *who þat* H (*who is* om. J). *Whoo* is less confusing in the context of 21/145 and 22/9, where it remains unemended.

52 *disceyuen*: α's *discuren* (cf. *dyskeuer* G(2)) is the likely result of eyeskip from *discuron* (l. 52), perhaps in an earlier exemplar.

53–7 *For . . . hym²*: 2 Kgs. (*AV* 2 Sam.) 20: 9–10.

55 *Ioab . . . Amasa*: 'Joab smiled at Amasa' (*MED* **laughen** *v.* 3a), cf.

Vulgate, where Joab greets Amasa *quasi osculans eum* (2 Kgs. (*AV* 2 Sam.) 20: 9). Om. Group B. EFG(2) share the erroneous *Iacob*.

57 *he . . . bak*: AC adds *with a knyff* (*with a knyf euen to the hert* Group B). Amasa was struck in the side by Joab's sword (2 Kgs. (*AV* 2 Sam.) 20: 10).

57–9 *þus . . . tonge*: 'many people behave like this these days: they will speak fair to a man's face but behind his back they will slay him with their tongue'. Group B completes the moralization: *the which is a shreude* (*curssid* f) *swerde*.

62–85 *Wherefore . . . lasten*: A familiar Passiontide theme, the contrast between God's boundless generosity (revealed in Christ's sacrifice on the cross) and man's ingratitude. See 70–80n and 27/74–81n.

62–5 *Wherefore . . . telluþe*: Cf. Jer. 2: 5; Isa. 5: 4.

67 *displesuth*: So αDEFG(1)Hf, but the whole passage treats man's scorn and indifference to God (*owre pride*, *oure hertes harder þan stonus*, *werse þan Iewes*, *vnkynde*, ll. 65, 68, 69), and the original reading may have been *dyspison*, as in the other MSS.

69 *werse þan Iewes*: The scriptural details of Christ's passion focused guilt on the Jews (cf. ll. 21–4), rather than the Romans, who were effectively excluded from blame (cf. Matt. 27: 11–25, esp. vv. 24–5). For liturgical treatment of the Jews' guilt and Christ's forgiveness, see 27/106–13n, 116–19n.

70–80 *I . . . ȝow*: Based on God's complaints against the Israelites as recorded by the OT prophets, Isaiah, Jeremiah, and Micah, these words of Christ from the cross became familiar through the Holy Week liturgy, e.g. in the *Improperia* of Good Friday (see 27/116–19n) and in Tenebrae (*O vos omnes qui transitis per viam, attendite et videte si est dolor sicut dolor meus*, cf. Lam. 1: 12 and Procter and Wordsworth 1882: i. dcclxxxvii). For their frequency in sermons, devotional texts, and lyrics, see e.g. Owst 1966: 509–10; Woolf 1968: 183–238; Gray 1972: 122–45 and Plates 1 and 2.

71 *lyfte on hygh*: 'raised up on high', cf. *LA adscendit in altum* (Graesse 1846: 224). Group B's erroneous *left on erth* may have developed from a variant spelling of *lyfte*.

74 *my*[2] *. . . blody*: α's *heued* (probably the result of eyeskip from *heued*, l. 73) is emended from all the other MSS.

79–80 *alle . . . ȝow*: Extraordinarily, all the MSS (including Rev.) transpose the pronouns, with the meaning 'all the fault will be in you and not in me'.

81–2 *luyte . . . herte*: 'few who keep these words fixed in their hearts'. Only α has *luyte* (*MED* **lit(e)** *adj.* 1(3) 'few', with the variant spelling *luite* recorded), but the MS pointing confirms the reading: . . . *þat wil heron hym. luyte þat haue þeis wordys sadde in here herte. Butte* . . . . Instead of *luyte*, the particle *ne* occurs in some other MSS, e.g. *ne þat hauen þes wordes sadde yn* *hor hertys* DEFG(2), with similar readings in HJ. The other MSS have a version of A: *but letton þese wordus passe away and taken hem not sadly in herte* (for variants, see Appendix III.v, entries for ll. 81, 82).

82 *for . . . weltheful*: ABC most likely offer the original reading: *to haue rycheyse and welthe*, but otherwise only α's *weltheful* incorporates the lexeme *welthe* (although ae have the aberrant reading *welth and tethfull*). The other MSS offer two variants: *wylfull* DG(2)HIbcd, *welefull* EFJ. The corruption may originate in the exemplar of G(1)K's *to gete riches and wilfull*. fh (as often) are idiosyncratic (see Appendix III.v, 82–3 **alle . . . in, weltheful . . . and**[1]).

86–94 *Wherefore . . . walus*: *LA* (Graesse 1846: 227). The comparison of Christ's suffering body with the outfit of a contemporary youth had its origin in St Bernard and is common in sermons, devotional texts, and lyrics (see e.g. Gray 1972: 141–2). Here the crown of thorns is compared to a garland of flowers, the bleeding hands to the dancer's white gloves, the arms stretched on the cross to those stretched out to their partners in ring-dances, and the wounded body to clothes tailored so as to be fashionably tight-fitting. The passage is om. in G(1), with accommodation of the missing material by rewriting ll. 94–5: *Crist seyth hit greueth me moche þat þou settest not by my passioun . . . .*

88 *ioyust*: Not the original reading, which must be *royteste*, 'riot' (A), found in all MSS except f (*lawghist*).

90 *strong*: Only αI agree in *strong*, with numerous other variants (see Appendix III.v, 90 **strong**) and the omission of the adjective altogether in G(2) and Group B.

93 *tackyd*: For this reading (αFHJ), see *MED* **takken** *v*.(a) 'To attach something to something; also, nail (Christ) to the cross'. The majority reading (with the same meaning) is *tached* (*MED* **tachen** *v*.(1) 1a).

94–101 *And . . . sake*: Since swearing by God's body was conventionally believed to inflict fresh wounds on the crucified Christ (*þou de-marrust me*, ll. 98–9), St Bernard's words from the cross often led into a complaint against swearers (see Woolf 1968: 395–400).

96 *be*[1] *. . . me*[2]: 'swear horribly by me, and reproach me all day long'. α's corrupt reading (see apparatus) is based on two variant readings: *by thi orribulle owthes alday vmbredyste me* (ABCG(1)IK), *and by me þou swerist oryble(–ely canc.) and all day vnbraydist me* (G(2), cf. similar readings in EF) (see Appendix III.v, entries for l. 96). Although it seems likely that the first is the original reading, emendation from D(HJ) offers least intervention in α's text: *by me horrybull swerus all day vmbraydys me* (D, cf. Erbe 1905: 113/22–3). The majority Group B reading is *with thi horrible swering þou* *vpbraydis (vpbraydis*] *reyuest* abe*) me* (abcdeg). See vol. 1, Introduction, §6.1.2.

98 *de-marrust*: Not in *MED* nor Stratmann (1891), but perhaps a legitimate (rare) form, comparable to *to-marryd*, 'defiled' (see 112n).

102–21 *Narracio . . . sweryng*: For the appearance of the Virgin and Child, compare part of the *GR* tale (Herrtage 1879: 409–11/ LXXXVIII and n. p. 506). For similar *narrationes*, see Tubach 1969: 386/5103.

102 *Narracio*: Incorporated into the text in αDEF (but its marginal status marked by textura in D and a new line in EF).

104–5 *no . . . nay*: Cf. Jas. 5: 12.

105–6 *to . . . hundrus*: The practice of swearing on the Bible in *schyrus*, i.e. courts held in the administrative district of a shire (*OED* **shire** n. 3c) and *hundrus*, courts of the Anglo-Saxon hundred (*OED* **hundred** n. 5a).

111 *alle . . . grene*: An odd touch, since green is often the colour of the devil, as in the devil-yeoman of *The Friar's Tale* in *The Canterbury Tales.*

112 *to-marryd*: Not in *MED*, but see **tomarred**, *pa. p.* defiled (Stratmann, 1891) and cf. the unrecorded *demarrust* (98n).

122–9 *Wharefore . . . Amen*: Full sermon conclusions are a characteristic of Hand D*'s intervention in these two quires. For the closeness of α's conclusion to the fullest form (in ABCG(1)IK), see Appendix III.v, 128–9 **have**^{2} . . . Amen.

123 *leuyth ȝowre othus*: Preceded in Group B by *loueth youre soules and*, probably the result of the scribe of the exemplar scribe misreading *leuyth* and, rather than erasing *loueth*, creating a suitable new clause for it.

124 *techeth other*: The duty of the priest to teach his people is replicated in the duty of the people to teach their children and household servants, further emphasized in G(1)K, which expand *other* to *ȝoure seruaunts* (G(1)) and *youre childryn and youre seruauntes* (K). Both expansions indicate a lay audience.

125–6 *preing . . . hym*^{1}: The priest here reminds the people of the words of the Paternoster, essential knowledge for any medieval Christian. See Sermon Add6 *passim*.

25. Palm Sunday

Hand D*. Not in *LA*. Based on the gospel for the day. EF omit ll. 58–79. G provides two versions of the sermon (McIntosh & Wakelin 1982), G(1) (Hand A, language 5) and G(2) (Hand D, language 2), both Group A texts but from different exemplars. Rev. omits ll. 34–45. For details of R1, see O'Mara and Paul 2007: ii. 1127–8.

4–5 *Botte . . . so*: The sermon is short, in recognition of the elaborate Palm Sunday liturgy. After the usual blessing and asperging, a text from Exodus was read and then the gospel from St John (see 6–17n), followed by the blessing of palms (see 25–8n) and the procession of the people to the churchyard cross (see 18–22n). Thereafter, inside the church, the Lenten veil was removed in order to venerate the crucifix (see 29–34n). Mass then began, with the singing of the whole of the St Matthew Passion (Matt. 26, 27) by three male voices. See Legg 1916: 92/22–98/21 and Duffy 1992: 23–7.

6–17 *þis . . . Israel*: A brief narration of the raising of Lazarus (John 11: 1–46) introduces the gospel text of the entry into Jerusalem (John 12: 12–19).

9 *broþur . . . Mawdeleyne*: For the relationship, see John 11: 1–2. Lazarus' sister was traditionally associated with Mary Magdalene (see too 49/27–38n).

10 *toke . . . hym*: Apparently derived from the fact that Lazarus and Christ ate together in Bethany the day before the entry into Jerusalem (John 12: 2).

14 *many strawdon flowres*: On this custom in the Palm Sunday procession, see Duffy 1992: 24–5.

16–17 *Blessed . . . Israel*: John 12: 13.

18–22 *Wherefore . . . customes*: The clergy and people processed with the Host and any sacred relics to a scaffold south of the church (where the Host was greeted with a hymn) and then to the west door. The procession serves as a re-enactment of the entry into Jerusalem (*in . . . day*), but Mirk also interprets it as a celebration of the sinner raised from spiritual death, who may now be compared to Lazarus, whose four days dead in the tomb (John 11: 39) are allegorized as sinful thoughts, speeches, deeds, and habits (emendation corroborated by BDEFI), cf. *GO* (*PL* 114: 0400).

25 *þe Lazar*: Often found with the definite article, even when the meaning (as here) is not 'leper' but 'Lazarus' (*MED* **laser** *n.* 1a).

25–8 *But . . . Sonnenday*: Instead of the non-native olive, English processions used yew and palm, i.e. pussy-willow (still known as palm in Yorkshire, cf. *OED* **palm** *n.* 4). The MSS variously subtract either yew or palm (c adds box).

29–34 *And . . . Ierusalem*: To commemorate the honour shown to Christ in the entry into Jerusalem, the veil was removed from the crucifix, everyone knelt three times, and the antiphon *Ave rex noster*, 'Hail, our King', was sung (Legg 1916: 96/26–33).

34–45 *þan . . . to²*: *RDO* (*PL* 202: 0097–8; Douteil 1976: 96e). Om. Rev.

41–2 *to know hymself*: See 68n.

42–3 *puttuth . . . worchepus*: The inflexions perhaps indicate imp. constructions, as in the *th* inflexions of both verbs in ABCD and the verb phrases *put ye* (G(2)) and *worship we* (G(1)G(2)K) (but the form is indicative in the other Group A and Group B MSS).

46–51 *þen . . . chirche*: The account follows Matthew (Matt. 21: 12–16) rather than John (where the expulsion of the merchants from the temple happened earlier, John 2: 13–17). Mirk interprets it as a warning against financial dealings on Sundays, especially in church.

52–7 *for . . . enmye*: Palm is a traditional symbol of victory and, in Christian symbolism, of martyrdom. Here it represents victory over the devil through confession, contrition, and satisfaction.

58–72 *Hytte . . . þineself*: *GR* (cf. Herrtage 1879: 537/CCLII and Tubach 1969: 317/4126, 384/5084).

68 *Anothe delytes*: Unsurprisingly, the MSS had problems with the Greek words (*γνῶθι σεαυτόν*, 'know yourself') and readings vary considerably, apart from Group B MSS, which agree in the reading *Anatholites*.

71–2 *so . . . worchep*: 'so turn you into as great (a state of *sc.*) servility as now reverence is shown you'. The syntax is awkward in most Group A MSS, even with emendation of α's *to þe in* to *þe into* (Jabcdef, but *þe* om. Jae).

73–82 *þus . . . Amen*: This full peroration develops the *narratio* as an allegory of meekness, as Mirk encourages the people not to negate their Lenten efforts by falling into sin in the last week before Easter.

74–5 *wyth . . . mekenes*: As pride is the chief of the seven deadly sins, so meekness is its remedy, cf. *IPP* (Kristensson 1974: 155/1555–156/1566). The olive is more commonly associated with peace, rather than mercy, as in the return of the dove to the ark with an olive branch in its mouth (Gen. 8: 11). The angel Gabriel often holds an olive branch in his hand, as in *The Annunciation* by Simone Martini (*c.*1284–1344) in the Uffizi Gallery, Florence (see Schiller 1971: i. 51 and Réau 1955–9: ii. 2, Plate 11).

26. Tenebre

Hand D*. Dependent, apart from the *narratio* (see 66–102n), on *RDO* (*PL* 202: 0105–9; Douteil 1976: 100–4). AC omit ll. 66–102. G provides two versions of the sermon (the second not noted McIntosh & Wakelin 1982). Rev. omits ll. 85–91 (*ȝit . . . drownyd*). For details of R1, see O'Mara and Paul 2007: ii. 1128–9.

1–2 *Sermo . . . incipietur*: The fullest rubric of any MS other than I (which has *uigilia* for *matutinas* and omits *Perachianis . . . incipietur*), composed for a church where the sermon was followed by the parishioners receiving the 'discipline', the rod on their bare heads, or sometimes (on Good Friday only) on their hands. See the non-*F* Rev. sermon for Good Friday: *hit is* *ordeynyd bi þe mynystres of Holy Chirch þat euery man and woman shulde mekely and benigly receyve þe disciplines þese iij nyghtes* (R1, f. 90[r]). The only other informative rubric is that of FHJ, which has the sermon preached at Vespers: *Iste sermo debet dici ad vesperas* (*ad vesperas*] *in uespere* H] *post tenebras* FH, *Sermo sequens dicetur in vesperis propter tenebras* J.

4–6 *Wherfore . . . derkenesse*: *Tenables* is a corruption of *Tenebras* (Fr. *tenebre(s)*, L. *tenebra(e)*, 'darkness'). While *MED* **teneblus** *n.* records only this example, the term was clearly familiar to Mirk's audience (*hit is callyd wyth ȝow*, ll. 4–5); if not, he would not have distinguished between the popular and ecclesiastical names (a distinction which is lost in ABCKabefg). Tenebrae was a special service of Matins and Lauds for the *triduum*, the last three days of Holy Week, anticipated by being held in the evenings of the previous days with the lights gradually extinguished over the three days. See 47–60n.

8–13 *One . . . watur*: This first reason does not make explicit the connection with darkness, which is that the Agony in the Garden took place at night on Maundy Thursday (Matt. 26: 36–46; Mark 14: 32–42; Luke 22: 39–46).

14–22 *Anothur . . . face*: For Christ's arrest, see Matt. 26: 47–56; Mark 14: 43–52; Luke 22: 47–53; John 18: 1–12. The number of soldiers is not scriptural. Mirk's explanation for the kiss of Judas is from *LA* (see 32/42–5n).

20 *and*[1] . . . *Criste*: 'and so (they *sc.*) took Christ', with a change of referent from *Iudas* (l. 19) to the soldiers.

21 *bobeting*: Unique but likely to be genuine (*MED* **bobeten** *v.* 'to slap'), with the sense of playing a cruel game of blind man's buff (*MED* **bobet** *n.*), as in *bobbyng* D (*MED* **bobben** *v.* 1a, 'to strike a blindfolded person'). The word appears to have been misread as *be betyng* (Icdef), and *betyng* (with various prepositions) is the majority reading.

23–6 *þe . . . deþe*: For the darkness at Christ's crucifixion, see Matt. 27: 45; Mark 15: 33; Luke 23: 44.

24 *from . . . none*: Matthew records darkness from the sixth to the ninth hour, i.e. from noon to 3 p.m. Most MSS agree with α in *vndren*, i.e. 9 a.m. (*MED* **undern** *n.* 1a(a)), but ABCK have *prime*, i.e. 6 a.m. (*MED* **prim(e)** *n.* 1a(a)).

28–46 *þe . . . herte*: Embedded here are two reasons for the silence of the Tenebrae services: the secrecy in which Judas betrayed, and the Jews arrested, Christ (ll. 28–30), and the use of a wooden clapper rather than a bell, which is to serve as a reminder of the cross (ll. 30–40) and of Judas's hanging himself from a tree (ll. 41–6). Broadly dependent on Beleth (*PL* 202: 0105; Douteil 1976: 100c–e).

40 *of . . . crosse*: Emended from IKbcde (cf. *of þis tree* ABC). FH agree with α, but (perplexingly) follow *is* by *not* (*not of* H).

41–6 *Anoþur . . . herte*: Not from Beleth (and not in Rev.). For Judas's despair and suicide, see 18/12–28n.

47–60 *Allso . . . helle*: *RDO* (*PL* 202: 0105–7; Douteil 1976: 101). Mirk reduces Beleth's discussion about numbers of candles to *in some place mo, in some place lesse* (l. 48). Rev. cites twenty-four, the usual Sarum number. They were placed on a stand (see 47n), and all but one (Christ, abandoned by his apostles) were gradually extinguished in the course of the Tenebrae service on Maundy Thursday. After the *Kyrie eleison* and the antiphons (*Kyrius and þe versus wyth*, l. 52), the remaining candle was removed and hidden behind the altar until the end of Psalm 50 (*AV* 51), when the priest struck his book to signify the Harrowing of Hell (see 57–60n), and the candle (now the risen Christ) was brought forward. See Procter & Wordsworth 1882: i. dcclxxxii–dcclxxxiii.

47 *herce*: A triangle with spikes to carry candles (*MED* **herse** *n.* b). For an elaborate hearse surrounding a tomb, see Daniell 1997: 47 and Plate 4.

57–60 *þe . . . helle*: Christ's descent into hell (the Harrowing of Hell) was derived from Matt. 27: 52–3; Acts 2: 25–31; 1 Pet. 3: 18–20, and was commonly depicted in medieval drama, e.g. Lumiansky & Mills 1974: 325–39.

64–5 *Seynt . . . vnkyndenesse*: Untraced. AC end here with a rhyming conclusion: *fro þe which synne Criste kepe ȝow and me þat for vs dede on þe rode tree Amen*. The ensuing *narratio* serves as an illustration that *vnkyndenesse is a synne þat he* [*God*] *hathuth hegly* (ll. 63–4) but is unfortunate in that it is the master (Christ), rather than mankind (the lion), who shows ingratitude.

66–102 *Narracio . . . Amen*: From Alexander Neckam, *De Naturis Rerum*, ch. 148 (Wright 1863: 229–30). The unfortunate moralization (which suggests that Christ would be persuaded to abandon faithful mankind to *þe salte watur of peyne of deth*, ll. 101) is not Neckam's and is wisely omitted in Rev.

89–90 *whan . . . see*: 'when he saw no alternative (lit. 'no other remedy'), he waded into the sea' .

94 *þe olde eddur*: See 19/28–34n.

27. Good Friday

Hand D*. Dependent on *LA* for details of Pilate (Graesse 1846: 231–4; Maggioni 1998: 348–53; Ryan 1993: i. 211–13) and on *RDO* (*PL* 202: 0097–105; Douteil 1976: 96–9) for the Good Friday liturgy. e ends imp. (ll. 154–5, *klyppon . . . Amen*, om. through lost ff.); h ends at l. 64 (*blode*). In Rev.

sermon 27 is placed between the two sermons created out of Sermon 28 (see headnote to Sermon 28). Rev. expands ll. 106–13 (*þan . . . mercy*) and omits ll. 113–16 (*Wherefore . . . man*). For details of R1, see O'Mara and Paul 2007: ii. 1130–2.

2 *ȝe schall vndurstonde*: Supplied from D (the other MSS accommodate the lacuna in different ways).

4 *alle . . . godd*: 'everything (that Christ suffered this day for them under Pontius Pilate) turned the people to good'. The interpretation of α's *godd* as 'good' is required by the context (*þis day is callyd Gode Fryday for . . .*), and the doubling of consonants is common in this Hand, cf. *godde* 15/189, 16/15, 28/111, etc. However, the scribe may have understood *turned þe pepul to godd* to mean 'converted the people to God' (as appears to be the reading in Jabe).

5–10 *a . . . endynge*: Whiting 1968: B199. For the same sentiment (not attributed to St Augustine), see 13/129, 46/93.

11–58 *Thys . . . iseyne*: Closely based on *LA* (Graesse 1846: 231–4), with the omission of the emperor's healing by the vernicle, Veronica's linen cloth with the imprint of Christ's face. For the source of Pilate's death (noted twice by Jacobus as apocryphal), see *Mors Pilati* (Elliott 1993: 216–17); for his correspondence, Elliott 1993: 205–6 (Pilate to Claudius), 206–8 (Pilate to Tiberius), 222–4 (Pilate to Herod, Herod to Pilate), 224–5 (Tiberius to Pilate).

12 *and . . . fadur*: 'and (Pylle *sc.*) had a father'.

31 *confermed hym*: Perhaps caught from l. 37 (and the majority reading has -*o*-), but *confermyd* is a not uncommon variant of *conformyd* (*MED* **conformen** *v.*).

37 *hadde . . . hym*: Pilate paid large sums to have his office confirmed by the emperor Tiberius (Graesse 1846: 232).

38–40 *Wherefore . . . frendys*: Luke 23: 12.

41–58 *Then . . . iseyne*: Reminiscent of the story of King Abagarus, who wrote to Christ in order to be healed of leprosy. Both stories involve the death of Christ before the healing took place: for Abagarus' healing by St Jude, see 63/28–67n.

43–4 *of*[1] *. . . hym*: The lacuna (the result of eyeskip from *comen to hym . . . come to hym*) is shared with DG and has been emended from I, with which most MSS agree. It is part of a larger lacuna in HJ, but Kf offer independent versions of the text.

50 *Crystes cote*: The *tunica inconsutilis*, or seamless cloak, of John 19: 23–4, commonly said to have apotropaic power.

53 *wyth . . . hymselfe*: For a similar death attributed to Herod, see 9/71–4n.

59 *Vndur . . . man*: Pilate's role in the death of Christ is recorded in the reading of the Passion on Good Friday (John 18–19, cf. Legg 1916: 110/1), as in the other gospel texts read in Holy Week, Matthew 26–7 on Palm Sunday, Mark 14–15: 46 on the Tuesday, and Luke 22–23: 53 on the Wednesday (Legg 1916: 97/45–98/7; 99/40–100/5; 101/18–27).

60–6 *For . . . brayne*: A classic account of the scourging of Christ, as dramatized in Corpus Christi plays (e.g. Lumiansky & Mills 1974: 298/305–301/354). For comparable material in contemporary lyrics, see Woolf 1968: 19–66.

61 *hubud*: Not recorded in *MED* nor witnessed in any other MS. Perhaps an error of near-repetition (cf. *bobud hym*) or a *jeu d'esprit* arising out of rhyme-motivation.

64 *wryþen*: 'plaited'. Emended from *wryen*, which is semantically close (*MED* **wrien** *v*.(2) 1a 'turn', 3a 'twist') but is not recorded with the meaning 'plaited' required here (*MED* **writhen** *v*.).

69–74 *þan . . . soke*: Luke 23: 27–31.

74–81 *þus . . . mete*: The vengeance of which Jeremiah speaks *in Trenis* (see 76n) is the destruction of Jerusalem by Nebuchadnezzar 586 BC, whereas Josephus in his *Jewish War* refers to the misery after the later destruction of Jerusalem by Titus and Vespasian AD 70 (see 32/72–131n).

76 *in Trenis*: 'in the *Treni*' (L. *Treni*, Gk. *Threni*, 'laments'), i.e. the OT book known now as the Lamentations of Jeremiah, which was sung at the Tenebrae services in Holy Week (Procter & Wordsworth 1882: i. dcclxxxiii–dccciv *passim*). Only αABCD have the correct reading, and H and Group B either omit the phrase or attempt an alternative reading.

82–92 *Narracio . . . dethe*: From *LA* (see 32/110–24n).

97–105 *And . . . deþe*: Matt. 26: 46 records Christ's recitation on the cross of *Deus . . . me* (Ps. 21 (*AV* 22): 1), while Luke 23: 46 records his saying *In . . . domine* (Ps. 30: 6 (*AV* 31: 5)). *In . . . speraui* (l. 100) is the first verse of Ps. 30 (*AV* 31), and *RDO* (*PL* 202: 0101; Douteil 1976: 98g) is the source of the conceit that Christ recited all ten Psalms (Pss. 21–30). Mirk here recommends *In*[2] . . . *domine* (ll. 100–1) to all those on the point of death, cf. 3/90–1, 31/48–9).

101 *wyth . . . goste*: αD share a corrupt text (*wyth he sayde and so ȝaf vp þe goste*), here emended from J. Cf. *RDO*: *donec pervenisset ad istum versum . . . quo emisit spiritum* (*PL* 202: 0101; Douteil 1976: 98g).

106–13 *þan . . . mercy*: Dependent on *RDO* (*PL* 202: 0102; Douteil 1976: 98l–n). After the reading of the St John Passion (see 59n), the Good Friday service continued with a series of bidding prayers (given in full in Rev.), including ones for *hereticis et scismaticis* and *perfidis iudeis* (*for*[1] . . . *sismatus*, l.

110) (Legg 1916: 110/11–112/31, esp. 112/2, 12). Each prayer was followed by the command *Flectamus genua* (*wyth . . . orison*, ll. 106–7). Only the prayer for the Jews has the note for the officiating priest: *non dicatur hic Flectamus g*[*enua*] (*saf . . . notte*, ll. 107–8). For the Jews' kneeling in mockery of Christ (*for . . . knelynge*, ll. 108–9), see Matt. 27: 29 and Mark 15: 19. For comparable material, see Owst 1966: 507–11, and Lumiansky & Mills 1974: 300/336–8.

106 *þere sewen orisones*: 'there follow prayers', cf. *sequantur oraciones sollempnes* (Legg 1916: 110/11). α's reading (*þere are sewne orisones*, 'there are seven prayers') results from a misreading of *sewen*, cf. *sewuen* 21/81. Group B MSS read *wee sey*.

110 *Sarsynes*: See 24/4n.

110–1 *but . . . noȝte*: There is no bidding prayer for the excommunicated.

113–16 *Wherefore . . . man*: Untraced. Not in *LA*.

116–19 *þan . . . crosse*: After the prayers, a veiled cross was brought forward and the *Improperia*, or reproaches of Christ from the cross, were sung, e.g. *Popule meus quid feci tibi . . . ?*, *Quid ultra debui facere tibi et non feci . . . ?* (Legg 1916: 112/34–5, 113/8–10). Then the powerful ceremony of creeping to the cross took place (Legg 1916: 113/20–114/17 and Duffy 1992: 29).

119–20 *pray . . . ȝow*: 'pray to God (that he may grant you the virtue *sc.*) to forgive all who have trespassed against you' , as in the petition of the Pater Noster: 'as we forgive them that trespass against us'.

120–1 *as . . . crosse*: Luke 23: 34.

122–55 *Narracio . . . Amen*: For numerous analogues, see Tubach 1969: 110/1375.

148 *soo . . . crosse*: The Good Friday ritual here undertaken by the two reconciled enemies (see 116–19n).

150 *losud*: α's aberrant *kauthe* (perhaps influenced by the ⟨k⟩s of ll. 148–51) has been emended from the other MSS (but *vnlousid* f).

28. Maundy Thursday/Easter Eve

Hand D*. Largely dependent on *RDO* for Maundy Thursday (*PL* 202: 0095–7; Douteil 1976: 95) and Easter Eve (*PL* 202: 0109–17; Douteil 1976: 104–12). For an edition from British Library MS Harley 2250, see Young 1936. The sermon precedes Sermon 27 in Group B MSS and is divided into two at l. 90 in g, Rev., and Gl. (in Rev. and Gl., the order of sermons is Maundy Thursday, Good Friday, Easter Eve). Rev. omits ll. 3–11 (*For . . . profythe*), 26–47 (*Narracio . . . withineforthe*). For details of R1, see O'Mara and Paul 2007: ii. 1130, 1134–5.

1–2 *Sermo . . . modo*: The rubric (I is closest: *Sermo iste sequens non est dicendus parochanis sed quedam informacio capillanis*) states that the material is not to be preached on Good Friday but is intended merely as necessary information for curates. That it is not for preaching to the people is noted in all the Group A MSS with informative rubrics (αCHIK), so that, even when it is called *sermo* (αHI), it is said that it is not to be preached to the people, e.g. *iste sermo non est dicendus inter laicos sed inter clericos* H. However, the Group B MSS (followed by Rev. and Gl) treat it as *bona fide* sermon material (although only f has such a rubric: *A sermon to be saide o Sher Thursdaye*).

3–11 *For . . . profythe*: Group B adapts this introductory paragraph to make the material preachable (see 3–4n, 7–8n, 10–11n). Om. F and Rev. For Mirk's concern for uneducated clergy, compare Pro/8–14.

3–4 *For . . . questions*: 'because it is often seen that laymen who are full of words and proud of their cleverness will ask priests various questions'. Group B modifies the confrontational element of this introduction, replacing *For . . . wytte* with the neutral phrase *Many menne* and removing *prestus*.

7–8 *I . . . poyntus*: 'I have here listed several points'. Group B removes the authorial element by altering *here* to *herd*: *I haue herd diuers pointes tellid* (a, *titelid* cf, *wretyn* d). The change may be inadvertent, but compare *it is writen* for *I rede* (l. 26) and see Pro/10–11n.

10–11 *hit . . . profythe*: 'it shall do him honour and be of benefit to others'.

12–13 *ȝef . . . soper-day*: 'if men ask why *Schere þursday* is called so, say that in Holy Church it is called our Lord's supper'. The etymology (see 12n) must have been obscure to Mirk, whose first explanation of the name is singularly unhelpful.

12 *Schere þursday*: From *MED* **sker(e)** *adj*. 'clean', with reference to the cleansing of the soul in preparation for Easter Day (cf. *clene Lenton*, 20/2–3). The usual term from *c.*1200 until (in the north of England at least) the seventeenth century (*OED* **Sheer Thursday**), although Rev. prefers Maundy Thursday (OF *mandé*, 'commandment').

13–17 *For . . . hem*: Maundy Thursday commemorates the Last Supper (Matt. 26: 20–30; Mark 14: 17–26; Luke 22: 14–38; John 13–17), when Christ celebrated the Passover with his apostles and instituted the Eucharist (*ȝaff hem hys flesse and his blode*, ll. 14–15).

15–16 *hor ale fette*: 'all their feet', cf. 11/53n and 13/43n.

18–47 *Hit . . . withineforthe*: Mirk's second explanation of the name is based on a false etymology (*MED* **sheren** *v.*, cf. *scheron*, l. 19), but the details of grooming for Easter Day are dependent on *RDO* (*PL* 202: 0119–20; Douteil 1976: 114c). Such physical labour in preparation for Easter must be completed on Maundy Thursday, since Good Friday was a day of penance and Easter Eve was fully occupied, with Sunday obligations coming into force after noon (cf. *afftur mete was no tyme for haly-day*, 'after lunch there was no time because [it was a *sc.*] holy day', ll. 24–5).

19 *men . . . honest*: 'men would that day have their hair cut in order to look respectable', cf. *he makud to schauon his berde*, 'he had his beard shaved' (l. 27).

26–38 *Narracio . . . mete*: *AS* 1866: September v. 94/44, cf. Tubach 1969: 190/2404.

26 *Seynt Rycharde*: An error for Aichardus/Aichadrus.

27–8 *one . . . none*: After the canonical hour of None, the Mass of Holy Saturday would be celebrated.

39–47 *þan . . . withineforthe*: *PL* 202: 0119–20; Douteil 1976: 114c.

42–4 *He . . . herte*: Hippocratic theory held that the four elements of the world (earth, air, fire, and water) are also found within the body in four different humours (L. *humor*, 'fluid'). Beards are the result of too many humours in the stomach and nails grow because of too many humours in the heart.

48–166 *þe . . . Cryste*: The rest of the material, in details and explanation, is largely dependent on *RDO* (see headnote). For the ceremonies for Maundy Thursday (ll. 48–89), cf. rubrics to Procter & Wordsworth 1882: i. dcclxxiii–dcclxxxv and Legg 1916: 105–8; for Easter Eve (ll. 90–166), cf. rubrics to Procter & Wordsworth 1882: i. dccxcv–dccciv and Legg 1916: 115–34. See too Feasey 1897: 13–31. Rev. attempts to enliven the material for preaching purposes by adopting a question-and-answer format, e.g. *A question: what betokenyth þe vayle . . .?* (R1, f. 85^{v}).

48–54 *þe . . . ende*: Throughout Lent a veil hid the sanctuary from the people, drawn back only for the reading of the gospel and on feast days. The explanation for its removal on Maundy Thursday to reveal the altar is that the *triduum* of the Thursday, Friday, and Saturday of Holy Week were the days of Christ's sacrifice through his passion (altars and sacrifice being connected since Hebrew times).

53 *Consumatum est*: John 19: 30.

54–65 *Wherefore . . . body*: The ceremony of the stripping of the altars at the end of the Maundy Thursday Mass. The altar cloths are removed and brushes, water, and wine are used to clean the altar stone with its five incised crosses. The ceremony is compared to various stages of Christ's passion: the crucifixion, the scourging, the crowning with thorns, the flow of water (traditionally) and blood from the five wounds in his hands, feet, and side.

55–7 *saue . . . memburres*: Non-scriptural.

58 *a*[1] . . . *harow*: Christ's body stretched taut on the cross is compared to the stretching of an animal skin on a frame in order to make parchment. For the conceit of Christ's body as a parchment on which the Charter of Christ is written, see 41/137–40n.

66–7 *þis . . . cusse*: The *pax* (L. 'peace') was celebrated by the passing round of a tablet depicting the crucifixion, which was kissed by each member of the congregation. The explanation for its omission on Maundy Thursday is that the significance of the kiss was sullied by Judas's kissing Christ (see 26/14–22n). Mirk's explanation, based on *LA*, differs from Beleth's (*PL* 202: 0116; Douteil 1976: 111c).

68–75 *Wherefore . . . synne*: See 13–17n. For the celebration of the first Eucharist at the Last Supper as the inauguration of the NT (*Newe Lawe*, ll. 70–1) and the termination of the OT, see *RDO* (*PL* 120: 0095; Douteil 1976: 95b).

71–2 *a . . . folowhe*: 'a type of the new law of baptism'. α's reading (also D) has been emended from BCFK (*a maner of new lawe of fulwynge* BCF, *a maner of a new lawe of folowȝ* K). *MED* **fulloght** *n.* 'baptism' was clearly unfamiliar to the scribe of the Group B exemplar (whose term was probably *MED* **cristning** *vbl. n.*), with the result that the Group B text reads *the maner of the nwe lawe full out*. Similarly, a variant such as *folghe* (l. 73) has been mistaken as a spelling for *MED* **filth** in the Group B exemplar: *that is wasshyn of the filth of dedly synne* (a, with minor variants and a lacuna in f). Cf. *that is wassh with water of felthe that is of dedely syn* F, *without of fylth* (for *wit watur of folghe*) I.

73–4 *He . . . fete*: 'he who is washed with water of baptism (clean *sc.*) from all deadly sin, he has no need (to do any more *sc.*) except to wash his feet' (John 13: 10). See 71–2n. As Mirk explains in ll. 74–5, the dirty feet signify the contamination of venial sin (*MED* **effeccioun** *n.* b, i.e. infeccioun, 'contamination, infection'). The washing is then seen as cleansing from venial sin. On the important distinction between venial and deadly sins, see 21/158–62n.

76–89 *þan . . . fastynge*: The Maundy Thursday Mass is said after None, whereas Christ instituted the Eucharist after supper (*Cryste ȝaf hem þat ensaumpul*, l. 83). The passage is based on Haymo's commentary (*PL* 117: 0570) on the epistle of the day (1 Cor. 11: 20–32), in which Paul speaks of the first Eucharist at the Last Supper and warns against making this a time of gluttony. For a similar complaint, see 44/5–12n. Rev. adds at l. 89 *but if grete nede and sikenes cause it* and ends the sermon, using the rest as an Easter Eve sermon placed after the Good Friday sermon.

90–166 *On . . . Cryste*: The rest deals with the ceremonies for Easter Eve, the longest of the medieval church services, with components such as the blessing of the new fire and the paschal candle, the reading of the prophecies, the blessing of the water in the font, the litanies, and then the first Mass of Easter Day.

90–102 *On . . . sauyd*: First, a new fire was kindled outside the church and from this a special candle, the paschal (L. *paschalis adj.* 'Easter') candle was lit (see 110–18n). The interpretation of this candle as the pillar of fire that led the Israelites out of Egypt, and the association of the font with the Red Sea and of the defeated devil with the drowned Pharaoh (see 22/2–37) is reinforced by the second reading at Mass on Easter Eve, the crossing of the Red Sea (Exod. 14: 24–15: 1). A procession was made to the font each day in Holy Week, beginning on Palm Sunday (see 22/36–7, 25/18–19). Cf. *RDO* (*PL* 202: 0113; Douteil 1976: 110b).

103–9 *þe . . . notte*: The emptied font, refilled with new water, was now blessed and baptisms performed. Beleth (*PL* 202: 0115; Douteil 1976: 110w) allows baptisms only at Easter and Whitsun, but the practice had altered since his day, as Mirk notes (see 159–62n). For delaying baptism (if safe to do so) eight days before these feasts, and for the seven sacraments, esp. the sacrament of baptism, see *IPP* (Kristensson 1974: 75/141–50, 95/526–103/674).

110–18 *þus . . . synnes*: After his digression on the font, Mirk returns to the paschal candle. Five grains of incense are stuck on top of it, and, with the church in darkness, it is lit from the new fire kindled outside the church. The positioning of the grains (north, south, east, west, and centre) accords with the standard diagram of the five wounds of Christ. For Bede's statement on the five reasons for the bleeding of the wounds until the Day of Judgement, see 37/37–43n.

119–37 *In . . . synnes*: Mirk returns to the font to explain the complicated ceremony of blessing the baptismal water: the priest throws a little of the water in the font to the four points of the compass (ll. 119–20), progressively dips a candle into the water (*he . . . brennynge*, ll. 126–7), breathes three times on the water (l. 123), and pours oil and chrism into the water in the form of a cross (l. 129), after which baptisms may take place.

120–2 *For . . . Amen*: The NT Acts of the Apostles records the evangelism of the apostles.

123–4 *ffor . . . waturres*: Gen. 1: 2.

124–5 *Wherefore . . . watur*: Gen. 3: 17.

125–6 *Wherefore . . . watur*: Mirk refers to the permitted eating of fish during the Lenten fast (om. through eyeskip).

128–9 *þat . . . fologhe*: See too ll. 131–3. Cf. *RDO* (*PL* 202: 0113; Douteil 1976: 110e). For the baptism of Christ, see 44/2–3n.

129–31 *Aftur . . . togydur*: Cf. *RDO* (*PL* 202: 0113; Douteil 1976: 110f).

133–7 *þus . . . synnes*: See 103–9n.

134 *and . . . ȝere*: 'and no more often in the year'. Only CK have the emended reading. Other Group A MSS agree with α in *aftur* for *oftur*, some with α's misreading of *anone* for *and none* (*and anone* F). The phrase is part of a longer omission in the Group B text: *at . . . ȝere om.* cd (ll. 133–4); *and . . . ȝere om.* abef (l. 134).

137–40 *þan . . . folowynge*: Cf. *RDO* (*PL* 202: 0110, 0113, 0116; Douteil 1976: 106c, 110b, 111a). The litany begins as the procession moves back from the font to the chancel.

141–66 *þan . . . Cryste*: These details of the first Mass of Easter, celebrated on Easter Eve, are heavily dependent on *RDO* (*PL* 202: 0116–17; Douteil 1976: 111), cf. Legg 1916: 132/21–134/7. There is no office but *Kyrie eleison* is sung (ll. 141–6). The *Gloria* is intoned by the priest, and at this point Christ is deemed to have risen, and the church bells ring. After the reading of the epistle, *Alleluia* (banned throughout Lent) is sung, followed by a tract (L. *tractus*) (ll. 151–3). After the breaking of the bread the *Agnus Dei* is said (but see 157–8n). Divergences from a usual mass are that the Gradual or *grayel* is not sung (see 149–51n), nor the Offertory (L. *offertorium*) (ll. 156–7); there is no celebration of the *pax* (ll. 158–9), and postcommunion (L. *postcommunio*) is not said after the Eucharist (but see 159–62n). The Mass is followed by Vespers (*a sorte evensonge*, l. 162), which ends with one short prayer, or collect (F. *collecte*) (ll. 164–6).

141 *þan . . . offyce*: 'then one goes to mass, which is starting without an office'.

149–51 *Grayel . . . vertues*: *Grayel* (L. *gradualis*, cf. *gradus*, 'step') was so called because it was sung on the steps to the high altar, hence Mirk's (actually Beleth's) explanation that it is omitted because the newly baptized are not yet perfect to walk in the steps (*grece*) of virtue (*MED* **gre** *n.* 'step').

151–2 *hit . . . folowode*: 'it is a great joy for the angels to see the fall of the angels reversed by those who are baptized'. The fall of the angels had its origin in Isa. 14: 12–15, elaborated into Lucifer's desire to be as great as God, with his consequent fall from heaven with his angels.

152 *ruyne*: Only αD, but clearly the original lexeme (L. *ruina*, 'fall'), to be read both literally and metaphorically (for the latter, see *MED* **ruin(e)** *n.* b 'descent from a state of prosperity'). BCK have *raueyn* (*MED* **ravin(e)** *n.* 'robbery, plunder, prey'); H has *reyne fallyng of angels*; I has *reme*, 'realm'. For *þe . . . folowode* (ll. 151–2) F reads: *the soules be saued be foloing*, and Group B reads: *that the falling angelles shall be restorid agayne*.

153–5 *For . . . aȝayne*: 'for although they are washed (clean *sc.*) from all their sins in their baptism, yet they must work hard to keep themselves out of the clutches of the devil, so that he (i.e. the sinner) should not fall back into deadly sin'.

156–7 *þe . . . tombe*: Matt. 28: 1–9; Mark 16: 1–8; Luke 24: 1–11; John 20: 1–17. Mary Magdalene appears in all four gospels; in John she is alone, but in the other gospels she is accompanied by Mary, the mother of James, and various other women. On the various Maries associated with the life of Christ, see 49/57–64n.

157–8 *Agnus . . . sayde*: Three times according to *RDO* (*PL* 202: 0116; Douteil 1976: 111c), but Rev. inserts *not* after *is* (cf. Legg 1916: 133/29: *Non dicatur Agnus dei*).

159–62 *Postcomyne . . . childruns*: In the early Church most baptisms were of adults who did not communicate till the next day. The prayer *Spiritum in nobis, Domine, tuae caritatis infunde* serves as both postcommunion and collect at Vespers, which may explain the statement that no postcommunion is said (both Legg 1916: 134/1 and Procter & Wordsworth 1882: i. dcccii cite a *Postcommunio*) and that the following Vespers ends with a collect (l. 164).

161–2 *þere . . . childruns*: 'there came more to baptism (who were *sc.*) of great age than of children's (age *sc.*)'.

163 *anuyde*: α's *of mynde* is the result of minim error and is emended from all the MSS except K (*agrevyd*).

164–6 *alle . . . Cryste*: BCFK may preserve the original reading: *all þe sacrament of fulwyth* (*fulwyth*] *foloing* F) *is ended vndur þe passioun of Cryste*, a direct translation of *RDO*: *baptismi sacramentum universum in Christi passione consummatur* (*PL* 202: 0116–17; Douteil 1976: 111e). *All þe sacramendis of holi churche and fullyng* (H) explains αD's extra phrase *Holy Chirche and of*. α's *seruyce* is likely to have been caught from l. 163.

166 *Cryste*: No sermon conclusion is appropriate, since the material is not to be preached, but the Group B MSS provide versions of: *through the which passion wee all wern restorid to euerlastinge blisse Amen* (a).

29. Easter Day

Hand D*. No known source. EF replace ll. 81–115 (*And . . . Amen*) with a typical sermon conclusion. Group B diverges from Group A from l. 96 (see 96–8n). For details of R1, see O'Mara and Paul 2007: ii. 1135–6.

1 *De . . . resurreccionem*: Presumably delivered after the first Mass of Easter (*post resurreccionem*) but before the second Mass when the people would communicate (see 72–82n).

3–4 *Astur . . . Sonunday*: Not all MSS (EFGHJ and Group B) introduce all three names here, perhaps in error but perhaps because all three names were no longer, or not locally, current. They are, however, integral to the structure, and all MSS deal with them in the body of the sermon. For *Astur Day*, see 5–39n; for *Pasch Day*, see 40–54n; for *Goddus Sonunday*, see 55–71n.

5–39 *Hit . . . laste*: The first division may be Mirk's invention. It depends on the identification of *Astur Day* with *astur* (see 7n (*and þe astur*), 33–5n).

7 *done . . . houce*: 'put out the fire in the house'.

7 *and þe astur*: αD's *at þe astur* is probably the result of eyeskip from *at þis day and þe astur* (ABCIK), but the αD exemplar has anticipated *þis day* earlier in the line, and the emendation here avoids repetition by omitting the phrase. Mirk's explanation of the name Easter Day depends on the spelling *Astur* (*MED* **aster** *n.* 'hearth'), but the word was perhaps localized to the West Midlands (*MED*'s only citations are Bath accounts of 1459 and 1477). It was clearly unfamiliar to some scribes: EF read *at Ester* (also *Ester* at l. 3) and J has *so þe Estyr*; of the Group B witnesses, abg modernize to *herth-ston*, f to *herthe*, and cd to *chymney*, thus gaining sense but losing the relationship between the word and 'Easter'. *Astur* still caused problems when *F* was printed (Powell 2007: xi, xv). See further at 33–5n, 15/216n (*Saturday afftur*), 31/81–2n.

9 *arayed . . . rusches*: Rushes were also strewn in churches at Easter and straw at Christmas (Owst 1926: 166, n. 4).

25–6 *wil . . . hem*: From the Paternoster (cf. 27/119–20n).

27–30 *þof . . . hertus*: 'although you may deceive me with deceptive words and say that you are in full charity as you ought to be (even though you are not), you do not succeed [see 29n] in tricking God, who sees every corner of your hearts'. For the development of *glosen* from interpreting a text, to obscuring the truth, to flattering or cajoling, see *MED* **glosen** *v.* 1a, 2a, 3a. Mirk's direct admonition is modified in h, where *the pryst* replaces *me*.

29 *ȝe gaynot*: i.e. *ȝe gayne not* (*MED* **geinen** *v.* 2). with the verb and negative particle elided (cf. 53/193–4n).

33–5 *ryȝte . . . sowle*: αI's reading *klens ȝoure houses* is aberrant. All MSS have *cloþe*, except f (*straw*). The parallel clauses (*ryȝte os . . . ryȝte so*, the latter phrase miscopied as *and ȝitte so* in α) demand the repetition of *cloþe* in each clause. Equally, however, they demand *astur* in each clause, cf. *ryȝte as ȝe cloþe yowre aastur . . . ryȝte so cloþe the aastur of yowre sowle* (ABCDEFHIJK, with minor variants). HJ have *estur*, but only G avoids *astur* altogether: *riȝt as ye clothin yow now . . . right so clothe yowre sowlis*. α has lost *astur* in the first clause, and *astur* in the second clause has been misinterpreted as *aftur*. Group B reads: *right as yee cloth youre houses aftir Estern . . . right so cloth yee at aftir Estern youre soules* (abcdfg, with minor variants, in particular, *at* om. cdfg). Cf. 31/81–2n. Emendation here is minimal.

40–54 *þis . . . makyth*: The second division deals with the name *Pasch/ Pashe Day* (L. *Pascha*, 'Easter Sunday'), although Group B omits *called . . . tonge* (l. 40). Mirk's two reasons for the name are based on Beleth's derivation from L. *transitus*, 'crossing, passing' (*PL* 202: 0117; Douteil 1976: 113bd). The first reason (ll. 41–5) is weak, perhaps Mirk's own (the Christian should forgive on Easter Day *passynge alle oþur dayes of þe ȝere*); the second (ll. 45–54) is Beleth's tropological interpretation: *transimus a vitiis ad virtutes* (*PL* 202: 0118; Douteil 1976: 113h), cf. *vche criston man schulde passon* (l. 46), *Whoso passus* (l. 52), *þis passage* (l. 54).

47–51 *owte*[2] *. . . chastite*: The seven deadly sins, with their *remedia*, or antidotes, cf. *IPP* (Kristensson 1974: 124/973–159/1624). The sermon refers most frequently to the vices of wrath and envy (ll. 14, 65–6, 94–5) and lechery (ll. 13, 100), and to the virtues of love (five times) and charity (nine times).

48–9 *holynesse or bysines*: The collocation depends on two interpretations of sloth (*MED* **slouth(e)** *n.* a, b), as spiritual torpor (L. *accidia*), which may then be remedied by *holynesse*, or as physical laziness, which may be remedied by *bysines*, physical activity.

51 *owte . . . barme*: 'out of the devil's clutches into God's lap'.

55–71 *þis . . . helle*: The third division deals with the name *God's Sunday* (l. 55), perhaps recorded only here (see *OED* **god** *n.* 16c).

56 *ros . . . lyue*: Matt. 28, Mark 16, Luke 24, John 20–1.

58–9 *þis . . . hur*: The Gradual for the Easter Day Mass (Legg 1916: 136/ 17), based on Ps. 117 (*AV* 118): 24.

61 *a . . . feste*: *RDO* (*PL* 202: 0118; Douteil 1976: 113f). Latin *Pascha* has its origins in the Hebrew word for 'passover', that is, the passing of the angel of death over the houses of the Israelites in the tenth plague (Exod. 11: 23). The phrase may therefore carry two meanings: 'a great passover feast', and 'a great passing (from vices to virtues *sc.*) feast'.

63–5 *also . . . lyueray*: 'as much as it shall be well for him that comes to this feast properly dressed in God's livery . . . , so (it *sc.*) shall be evil for him that comes in the devil's livery'. The phrases *schalle bene* and *þat comyth* are transposed in α and emended here from DEFH. The imagery of communicants dressed as if in the service of God or the devil is comparable to the clear identification of the status of the communicants in the *narratio* at ll. 83–115.

66–7 *For . . . helle*: Not the gospel of the day, but Matt. 8: 12.

67–9 *wille . . . tethe*: 'While some laugh and make merry, the others weep and are sad, and while some eat and drink at God's table, they will grimace with their teeth . . . '. The sentence depends on two sets of parallel clauses, but α is corrupt through a misinterpretation of *wille þat* (*MED* **while** *conj.* 1a(a), 'while', cf. 27/45) as 'to want' (*MED* **willen** *v.* 1).

69 *helle-wormes*: For the 'Disputacioun betwyx the body and wormes' (*IMEV* 1563), see Gray 1972: 191–2; for the apocalyptic role of the Worm of Conscience, see *The Pricke of Conscience* (Morris 1863: 191/7087–96); for the appearance of worms as *dramatis personae* in the lost Coventry Doomsday play, see Ingram 1981: 217, 221, 224, 230, 237, 242, 246, 249, 253, 256, 264.

70–1 *For . . . helle*: Sin is punished in hell on a like-for-like basis, so that those who have been guilty of metaphorical backbiting, i.e. slander, will have their backs literally bitten by the worms of hell.

72–82 *Wherefore . . . ensampul*: The sermon is preached before the Easter communion, and Mirk utters a final warning on the need for charity to one's neighbour, full confession, and intention not to sin again.

76 *be . . . wrytte*: 1 Cor. 11: 29 (see too v. 27). Cf. 41/161–2.

83–115 *Narracio . . . Amen*: A common *narratio* (Tubach 1969: 158/1959, 158–9/1960), originating in *Vitae Patrum* (*PL* 73: 0998–9 and cf. too cols. 0794–5 and 1045–6).

96–8 *gnawen . . . reuerens*: For backbiting, see 70–1n, and for swearing see 24/94–101n. The passage is subject to lacunae of different lengths in several MSS. That which affects α (also DGHJ) occurs before *gnawen* (l. 96): *byn vsed to be in enuy and to bakkebyte her nyȝtborus and to ete hem* (*and to ete hem*] om. Group B) *and* (ABCIK and Group B, with numerous variants). Group B omits *be . . . reuerens* (ll. 96–8), different parts of which are also omitted in ABC and IK.

104–5 *þilke . . . swynke*: Mirk celebrates the manual worker: hard work (*mayn swynke*) keeps one out of mischief (G substitutes *laborers* for *lyueres*).

30. St George

Hand D*. Dependent on *LA* (Graesse 1846: 259–64; Maggioni 1998: 391–8; Ryan 1993: i. 238–42), but omitting, for example, the lengthy altercations between the king and the citizens (cf. ll. 10–15) and the princess's several attempts to urge George to flee (cf. ll. 21–7). Ed. Powell 2003. For the legend, see Riches 2000. Group B abbreviates further by several omissions at ll. 3–17; h has ll. 3–5 (*Gode . . . George*) but then continues with a different sermon. For details of R1, see O'Mara and Paul 2007: ii. 1172–3.

1–2 *De . . . celebratur*: Only α has this informative rubric, presumably composed to explain the presence of a sermon for St George at a time when his feast was not celebrated, i.e. before 4 January 1416 (see vol. 1, Introduction, §5.3). Most probably a rubric later than Mirk, it was itself altered after 1416 by the erasure of *non*, an erasure which has been retained, despite the awkward reading: 'a sermon for the feast-day of St George, to be delivered to the parishioners where St George is the patron of a church, because otherwise that feast is (not *er.*) celebrated'. Mirk's inclusion of the sermon may have been in recognition of the status of St Alkmund's, Shrewsbury as a royal foundation and the devotion of royalty to St George, particularly from the founding of the order of the Garter by Edward III in 1348 (see Powell 2003: 374–7). For the Austin canon college of St George in Oxford and the Shrewsbury hospital of St George, see vol. 1, Introduction, §1.1 and §5.4.

4–5 *þe . . . George*: St George was a martyr who died in Palestine *c.*305. His cult gained impetus during the Crusades (see 89–99n), and in 1348 Edward III founded the Order of the Garter, with St George as patron. From 1222, the saint's day (23 April) had been celebrated as a lesser feast-day, but Archbishop Chichele raised its status as a result of the saint's role as patron of England at the battle of Agincourt in 1415 (see Lindsay 1934: 189–92).

5–6 *bowthe . . . dere*: 'paid dearly for his feast-day' (i.e. paid a high price in order to become a saint).

7 *dragon*: Eyeskip in an exemplar from which αDHJ descend is responsible for a lacuna here: *bysydus a cyte þat was calld Syreno of þe which dragon* (ABCEFIK and Group B). An attempt has been made to remedy the lacuna by inserting *þat* ('so that') after *dragon*. Jacobus records the city as Silena in Libya (not in any extant *F* MS, where A's *Syreno* is the preferred reading).

19–20 *And . . . renowne*: Not in *LA*, which merely records that she was dressed *vestibus regalis* (Graesse 1846: 260), cf. *in hur best aray*, l. 15. For another example of George's metamorphosis into a chivalric knight with a strong sense of class loyalty, see 27–9n.

26–7 *leste . . . me*: 'lest he ruin you as he intends to ruin me' (*MED* **lesen** *v.*(4) 9ba).

27–9 *þat . . . abyde*: 'that would be a low act that I should flee, well armed a knight as I am, and that you, a woman, should stay behind'. St George's elite status is reflected in the lady's addressing him as *gentul kny(ȝ)te*, ll. 22, 26 (*MED* **gentil** *adj.* 1a, 2a). Any departure from the behaviour appropriate to this elite class would demonstrate *vylany* (l. 27), i.e. the behaviour of a churl, not a knight (*MED* **vileini(e** *n.* 3a, from **vilein** *n.* b). Being *gentul*, and, moreover, armed, George is obliged to defend the princess. In contrast, in the non-chivalric hagiography of the *LA*, George says only: *Filia, noli timere, quia in Christi nomine te juvabo* (Graesse 1846: 261).

31–2 *makud . . . hym*: 'George made the sign of the cross', cf. *cruce se muniens* (Graesse 1846: 261). Cf. l. 75 and 95–6n.

32 *sette . . . grate*: He set his spear in the lance-rest at the side of his breastplate (*MED* **grate** *n.* 3b).

34 *bynde . . . gyrdul*: Unusually, the omission is supplied from cf, the only MSS to agree with α's *bynde hym*. The majority reading is *bynde hure gurdell*, with only AC offering an alternative: *tye hur gurdull*.

37–8 *þei . . . hyron*: 'each man fled to a hiding-place' (*MED* **hirn(e)** *n.* 1b).

42 *xx thowsand*: Emended from *LA* and most MSS.

46 *in . . . londe*: 'in every corner of his land' (cf. *MED* **hirn(e)** *n.* 2a **hirnes of the world**, the ends of the earth).

51 *þe emperoure Dyoclisiane*: St George was martyred during the persecution of Christians by the emperors Diocletian and Maximian, but it was the provost Datianus who tortured him.

53–78 *þan . . . sake*: Mirk cites five attempts to kill the saint: crushing him under a millstone; tearing his body on a spiked wheel; burning him in a limekiln; beating him with dried bull-sinews; poisoning him. All except the first are broadly based on *LA*, which adds a torture on the rack.

58–9 *he . . . hit*: 'he ordered a wheel to be made, set full of hooks on the one side and sword-points on the other side of the wheel opposite it'. Such a device (a single wheel with two rims) is seen in depictions of the torture of both SS George and Katherine in the frescoes by Altichiero da Verona in the Oratorio di San Giorgio in Padua, completed 1384 and so contemporary in date with *F*. Nevertheless, most *F* MSS refer to a second wheel. See too 67/51n.

63 *in . . . lyme-kylne*: D agrees with α in the omission of the indefinite article and the addition of *brennynge* but correctly reads *lyme-kylne* (confirmed by most MSS) for α's *lyme and talne*.

65 *ȝete . . . aftur*: The parallel (not in *LA*) is with Christ's resurrection on the third day.

89–99 *Narracio . . . þereinne*: Although Mirk follows *LA* in citing a history of Antioch as his source (*in hystoria Antiochena*, Graesse 1846: 264), and the scaling of the walls and massacre of the citizens of Jerusalem is well recorded (see e.g. Hill 1962: 88–92), the details here bear no close resemblance to any recorded event of that siege (which fell 15 July 1099), nor of the eight-month siege of Antioch (which fell 28 June 1098). For the appearance of St George to Peter Desiderius to demand that his relics be carried in the army (cf. ll. 90–3), see Raymond d'Agiles's account of the First Crusade (Riley-Smith 1986: 105). St George was particularly associated with Raymond and his contingent (Riley-Smith 1986: 94, 122–3, 150–2).

95–6 *cladde . . . breste*: George's allegiance to the cross is stressed by both Jacobus and Mirk (31–2n). His wearing of the red cross on white armour is from *LA*, but is omitted in Group B, and medieval representations of the saint do not universally depict him with a red cross. In the famous canvases (1502–8) of Carpaccio in the Scuola di San Giorgio dei Schiavoni in Venice, he wears black armour, covering it with a red robe for his baptism of the pagan king and queen. However, the red cross is prominent in the Paduan frescoes (see 58–9n).

100–2 *And . . . heuen*: Only in αDHJK, and the only reference in the sermon to St George as England's patron (*saue þis rewme*, l. 101). See further Powell 2003: 374–7.

102 *Subscripsit Addeley:* See vol. 1, Introduction, §5.2.3. The abbreviation (two long ⟨s⟩ characters with an oblique slant through them) may be interpreted as *scripsi(t)* or *subscripsi(t)* (Cappelli 1929 *sub* ss).

31. St Mark

Hand D*. Dependent on *LA* (Graesse 1846: 265–71; Maggioni 1998: 399–410; Ryan 1993: i. 242–8), but with omissions (see 39–53n, 54–61n). Also dependent on the *LA* material on the greater and lesser litanies (see 62–89n). Group B (not h) condenses the text. In R2 the sermon is divided into two, the second (begins l. 62) headed *letania maior*. For details of R1, see O'Mara and Paul 2007: ii. 1174–5.

3–5 *Seynt . . . pepul*: The four NT gospels are attributed to Matthew, Mark, Luke, and John. St Mark is celebrated 25 April.

10–12 *for . . . thumbe*: 'because he was so holy a man (that *sc.*) the people always wanted to make him a priest, he . . . had one of his thumbs cut off'. The detail is not scriptural, but Jacobus refers to it twice, and Mirk uses it in *MS* (cf. Oxford, Bodleian Library MS Bodley 632, f. 70^{v}) in order to stress the seriousness of ordination.

17 *conspiracion*: Only in α. *MED* **conspiracioun** *n.* 2 glosses the single quotation (*c.*1475, Idley's *Instructions*) hesitantly ('?Inspiration; ?aspiration'). The quotation itself (. . . *heuenly conspiracion* . . .) suggests a similar context to α's, and the meaning is more likely to be 'plan, design' (cf. *MED* 1a, 'plotting of, or collusion, in an evil or unlawful act', but without the pejorative connotations).

23–4 *þaȝ . . . doinge*: 'although this man was a pagan, he was baptized by his action', i.e. he became a Christian by the Christian act of mending the shoes of poor men. The comment is an odd one, with no counterpart in *LA*. Only αI of the Group A text read *cristened*, the other MSS, together with ae of Group B, having the (perhaps original) reading *criston*. The other Group B MSS agree with αI, but their omission of *in his doinge* renders the comment nonsensical, since the cobbler is not baptized until later (l. 36). h attempts to make sense of his exemplar: *and vnderstode by hym how þat he was a peynym and was not cristenyd*.

27–8 *schewon . . . schewod*: Only α has this lexeme, with *sowe* (*amende* C) in the other MSS. *MED* records only the meaning 'to provide with shoes' (*MED* **shon** *v.* a), not, as here, 'to shoe, mend (shoes)'.

31 *of one Gode*: 'of (the *sc.*) one God'. Only αD have 'one', which is probably original, cf. *LA*: *unus deus* (Graesse 1846: 266, 267).

39–53 *þus . . . worthi*: Mirk omits the fact that Mark left Alexandria to escape persecution and spent two years in Pentapolis. He was martyred on his return to Alexandria, at a church which he had built on the seashore at Bucculi (see 42n).

42 *Draw . . . bygul-stede*: 'let us drag this ox to the ox-stall', a pun on the location of Mark's martyrdom, Bucculi, cf. *LA*: *trahamus bubalum ad loca bucculi* (Graesse 1846: 267). *MED* mistakenly defines *bygul-stede* as 'slaughterhouse' (*MED* **bugle** *n.*(1) 1b).

44–6 *þan . . . þe*: Christ commonly appears to a saint the night before his death, cf. 8/131–3, 30/80–4.

48–9 *In . . . meum*: The last words of Christ on the cross (27/97–105n).

54–61 *þan . . . froytes*: Of the several miracles ascribed to St Mark in *LA*, Mirk uses only this one, set in present-day Puglia (Apulia) in the south of Italy. St Mark's relics in Venice made him a more local figure for Jacobus, writing in Genoa, than for Mirk in Shropshire.

62–89 *Now . . . letanye*: Dependent on *LA* but with minor differences, e.g. the actions of Pope Pelagius are ascribed by Jacobus to St Gregory the Great; the safeguards when anyone yawned or sneezed are said to be general behaviour, rather than the decree of the pope; the details of Pope Liberius are not from *LA*. The association with Pelagius may be from the fact that Pelagius II died in the plague which his successor, Gregory, tried to halt by a procession and litanies (Graesse 1846: 190–1; Maggioni 1998: 288; Ryan 1993: i. 173). The ceremony of the Greater Litany has no association with St Mark, other than the same day. See Sermon 36.

81–2 *also . . . synne*: 'also because the people too soon after Easter and receiving their sacrament turned again to their sin'. Group A omits *Astur and* and reads: *aftur þe receyuynge of her housulle* (for similar confusion, see 29/7n, 33–5n). Group B, however, descends from an αK-type MS: *and also for anoon aftir Esterne daye menne turned ayenne to thaire rathir synne* (a, with minor variants). The closest of the Group B MSS to α is f: *and also bicause the the* [sic] *people turned so sone ayene to her synnes aftir ester.*

87–8 *not . . . one*: 'not in certain years, as ignorant men say, but always continually' (lit. forward onward).

89 *þe letanye*: i.e. the reading of the litany of saints. See Sermon 36.

90–100 *Wherefore . . . Amen*: Mirk refers here to Simon Islip's 1362 constitutions listing feasts (including St Mark's) to be celebrated by cessation of labour, fasting, and church attendance (Johnson 1851: ii. 425). See too Appendix V.

32. SS Philip and James

Hand D*. Since both saints were venerated on the same day, Mirk combines *LA*'s two legends (Graesse 1846: 292–3, 295–303; Maggioni 1998: 443–5, 446–58; Ryan 1993: i. 267–8, 269–77) into one sermon, which deals first with St Philip (ll. 3–38) and then with St James (ll. 39–139), more extensively but still selectively. In most MSS the material on James is set apart by a large initial ⟨N⟩ (*Now*, l. 39), sometimes rubricated or left for rubrication, sometimes preceded by *Amen*. BIJcdf have separate rubrics (f's rubric is in English). In Group B and R2 the sermon is clearly divided into two, whether or not with a separate rubric. E omits ll. 79–135 (*and . . . hymself*), modifying the conclusion; H condenses and paraphrases the sermon. Group B condenses and paraphrases ll. 32–8. For details of R1, see O'Mara and Paul 2007: ii. 1175–6.

4 *Seynt . . . day²*: 1 May. Both were apostles, St Philip a lesser figure than St James the Less, who was the son of Mary, half-sister of the Virgin and wife of Cleophas (see 51/66–72n).

5–6 *But . . . chirche*: Although a day to be marked by cessation of labour (see 31/90–100n), it was not to be fasted, according to *RDO*, because it occurs between Easter and Pentecost, *quod sit tempus laetitiae, et gaudii* (*PL* 202: 0023; Douteil 1976: 11i).

33–4 *he . . . Criste*: Emended from D, the lacuna is the result of eyeskip (*fayþe of Ihesu Criste . . . fayþe of Ihesu Criste*).

39–45 *Now . . . hym*: Based on Jacobus's discussion of the saint's four names.

40 *Iamus þe more*: James the Great, described in the gospels as the brother of John, the apostle and evangelist.

42–5 *he . . . hym:* According to *LA*, Judas kissed Christ in order to identify him so that the Jews did not seize the wrong man (cf. 26/14–22n).

44–5 *taȝte . . . hym*: 'directed them to him' (*MED* **techen** *v.* 12c).

46 *seser*: From late L. *sicera* (Graesse 1846: 296), used in the Vulgate to translate the Hebrew word for strong drink (*OED* **sicer** *n.*). Only αACD use *seser* (*MED* **siser** *n.*), from which developed the more specific word *cider*, found in the other MSS.

51 *his . . . camel*: 'his knees were so thick with disease (*MED* **il(le)** *n.* 3d) that they were swollen like a camel'. The graphic description appears to be Mirk's, since Jacobus says only: *callos in genibus sicut in calcaneis videtur habere* (Graesse 1846: 296).

58–60 *But . . . distroyed*: 'But because they were so encumbred by sin that they had no (hope of *sc.*) grace through amending their lives, of necessity Christ's prophecy had to be fulfilled and the city destroyed.' The removal of α's *bote* (perhaps eyeskip from *but*, l. 58) improves the syntax. For the prophecy, see 72–131n.

69–70 *a walkers staff*: So Group A (*walkers* om. EF), but Jacobus refers to a fuller's bat, i.e. the stick used by a fuller to thicken and clean cloth, a reading found only in Jf (*fullerys stafe*), with *fullerys* corrupted in Group B to *full*, 'foul'.

72–131 *þan . . . vtturaste*: Based on *LA*, omitting the various warnings of the city's fall and the healing of Titus, and condensing the details of Vespasian's siege. The ultimate source is Josephus, who in his *Jewish War* recounts the destruction of Jerusalem by Titus and Vespasian in AD 70, after the Jews had rebelled against Roman rule (see 27/74–81n).

72–7 *þan . . . falle*: Jacobus reminds his readers that, although Josephus attributed the fall of Jerusalem to the killing of James, a principal cause was Christ's own death, as he himself had prophesied on his way to the cross (Luke 23: 27–31, cf. 27/70–5).

77–9 *And . . . pepulls*: A reference to the Jewish diaspora and the subjugation of the Jews wherever they settled.

78 *disparpulled*: Only ACK agree with α in this difficult (and clearly original) reading (*MED* **disparplen** v. 1b 'to separate and disperse members of a group'), but cf. *disspoyled* BDIJ.

79 *and*[1] *. . . pepulls*: 'and they were, and still are, underlings of all nations'. *MED* **hinderling** *n.* ('a person fallen from moral or social respectability', cf. *hyndyrlynges* D) includes a citation (1130–5) with the spelling *hindling* (cf. *hyndlynges* α). The etymology is uncertain, and the word appears to be confused with *MED* **underling** *n.* 1b, 'one who is conquered or defeated', cf. *vndurlyngus* (*and henelyngus* ABC) ABCJK, *henlungus* I (*MED* **henlung** *n.*). Cf. too *MED* **hine** *n.* 'servant'. Om. EFH and paraphrased in the Group B MSS.

83–98 *Narracio . . . fysche*: Jacobus notes as apocryphal the story that Pilate sent Albanus (*a man of Pylatus*, l. 84) to explain Christ's death to Tiberius

Caesar. Albanus was driven by high winds to Galatia, where Vespasian was governor, and a meeting took place. Jacobus derives the name Vespasian (L. *vespa*, 'wasp') from the governor's lifelong disease, *quoddam genus vermium naribus* (Graesse 1846: 299), cf. *þan . . . waspus*, ll. 86–8.

110–24 *þan . . . chylde*: Already used at 27/82–92n, as noted in A (*Require supra in die parasceues*) and K (which omits the whole *narratio* with the marginal note: *Sicut patet in narracione in die parasceves de muliere et filio*).

111–14 *I . . . boþe*: 'I have had much more suffering because of you than you have had because of me. So it makes more sense that I should relieve my hunger on you than that I should die and you too.'

136–8 *verry . . . dedus*: The three stages of penance: contrition, confession, and satisfaction.

33. Invention of Cross

The D* insertion ends at l. 86 (f. 66ᵛ), followed by sermon 34 (ff. 66ᵛ–69ᵛ), after which Hand D completes the sermon (f. 70ʳ⁻ᵛ). Selectively dependent on different legends of *LA* (see 6–86n, 87–127n, 128–36n). For ME versions of the finding of the cross, see Morris 1871, and for the cult of the cross, see Baer 2004. The whole legend is told in the fresco cycle of Piero della Francesca in the church of San Francesco in Arezzo. EF and R2 end at l. 86; F completes the sermon after sermon 38 (see 86n). For details of R1, see O'Mara and Paul 2007: ii. 1176–7.

2 *Holy Rode Day*: A term used for both the Invention and the Exaltation of the Cross (cf. 58/2), celebrated 3 May and 14 September.

3 *ȝe . . . deuotione*; 'you are obliged to fast its vigil only in devotion', i.e. only if you have a personal devotion to the feast. Cf. *RDO* (*PL* 202: 0023; Douteil 1976: 11g).

6–86 *þan . . . fowndon*: From the *LA* legend of the Invention of the Cross (Graesse 1846: 303–11; Maggioni 1998: 459–70; Ryan 1993: i. 277–84). Cf. *SEL* (D'Evelyn & Mill 1956–9: i. 167/1–178/346).

6–17 *þan . . . tyme*: The planting on Adam's grave of a branch from the tree of the knowledge of good and evil (*þat þi fadur syngud wit*, 'that your father sinned with', l. 13) is not scriptural, as Jacobus notes (Graesse 1846: 304). It inspired the explanation of the three spindles in the Quest of the Holy Grail (Vinaver 1990: ii. 990/22–994/16). See Quinn 1962.

6–7 *þe . . . crosse*: Mirk prefers the English *fyndinge* to the Latinate *invention* (L. *inventio*, 'finding').

10 *oyle off mercy*: See ll. 35–6 and 15/201n.

18–29 *So . . . treo*: Condensed from *LA*. Mirk does not explain why the tree *wolde no wayes corde wit þe werke* (l. 20), 'would in no way comply with the task' (because it shortened or lengthened at will). He omits Solomon's use of it as a bridge and the Queen of Sheba's vision that Christ would hang on it: it was her warning that the tree would destroy the Jewish nation which led to Solomon's burying it (ll. 20–1).

25 *probatica piscina*: 'the pool Probatica'. In the traditional account the weir constructed over the buried tree was the pool of Bethesda, where an angel stirred the water and brought healing to the sick (John 5: 4–5). The cross as the actual agent of the healing is not scriptural.

34–5 *þat*[1] . . . *mercy*: Cf. *whan hit beruth froyte*, ll. 13–14.

43–59 *In* . . . *Constantyne*: Constantine's victory at the Pontus Albinus AD 312 was crucial to the Christian church because Constantine declared himself co-emperor with Licinius, which led to the religious tolerance of the so-called Edict of Milan (AD 313).

43 *Maxencius*: Actually Maximinus, co-emperor (286–305) with Diocletian, but the confusion with the emperor Maxentius (305–12) occurred at an early date. See 67/9n.

46–7 *for* . . . *Constantyne*: 'in order to deceive Constantine'.

49–50 *was* . . . *was*: 'had a bigger army than he had'.

60–2 *þan* . . . *hade*: The healing of Constantine by Pope Silvester (314–35) is recorded in *LA* both in the Invention legend (see 6–86n) and in the Silvester legend (Graesse 1846: 72; Maggioni 1998: 111; Ryan 1993: i. 64–5). See 9/76–106n.

63 *Elyn*: Helena (*c.*250–330). See Harbus 2002.

65 *Ceolus*: Mirk ignores the possibility that she was an innkeeper's daughter and follows Jacobus' other suggestion, that she was the daughter of Coel of Colchester, king of the Britons. The name varies in the MSS, and only f identifies the king correctly as *kinge Cole* (of nursery-rhyme fame).

72–82 *þan* . . . *God*: Condensed from *LA*. Mirk omits much material on Judas, including the devil's angry comparison of his behaviour with that of the other Judas (Iscariot), his elevation to bishop, and his torture and death under Julian the Apostate.

76 *þan* . . . *hym*: 'then for this (man *sc.*) must needs tell or be dead, he told (them *sc.*) to follow him'.

78 *a smeke*: 'a smoke', cf. *fumus aromatum miri odoris* (Graesse 1846: 308). The Group B reading *smellid* (*a swete smelling* f) is more remote.

82–5 *þan* . . . *cowde*: On the early cult of the cross, see Swanton 1970: 42–58. Part of the True Cross was enshrined in the Church of the Holy Sepulchre, Jerusalem; other parts were sent elsewhere, and Alfred received a piece.

86 *fowndon*. E ends here, adding *Nowe gode men and women worship we the crosse that our lorde Ihesu Crist died vppon and then shullen ye haue the kyngdom of heuen to the which god of his endelese mercy graunte bothe you and me Amen for charite*. F ends without the conclusion, but at a different period a hand (perhaps the same) has written in *narracio* and *I rede þat in þe Cite called Bytrus et cetera quod invenies in vigilia pentecosten*. After the end of the sermon for the Eve of Pentecost (p. 171) the heading *Narracio* introduces the missing material, which is marked in the margin by a cross.

87–127 *þenne . . . com*: From the *LA* legend of the Exaltation of the Cross (Graesse 1846: 608–9; Maggioni 1998: 930–8; Ryan 1993: ii. 171). Cf. *SEL* (D'Evelyn & Mill 1956–9: ii. 395/159–184).

88 *hyred . . . in*: 'rented a house to live in from a Jew'.

89 *Nichodemus*: John 3: 1–15, 7: 50, 19: 39.

91 *fro . . . Iewes*: 'out of sight of the Jews' (cf. *by cause that the iewis sholde not se it* f). Only J offers the reading *fro*, from which α has been emended.

116–20 *Take . . . folth*: All jussives: 'let us take . . . fill . . . carry . . . anoint . . . cry . . . take'.

126–7 *of . . . com*: Perhaps a local addition to Mirk's text (only in αDHIJK and Group B). The blood of Hailes was a phial of Christ's blood presented to the Cistercian abbey at Hailes in Gloucestershire in 1267 by its founder, Edmund, son of Richard, earl of Cornwall. Despite Mirk's assertion that it came from the bleeding image, it was indeed said to be the blood of Christ. On its later destruction, see Marshall 1995.

128–36 *As . . . cetera*: From the *LA* legend of St James the Apostle (Graesse 1846: 303; Maggioni 1998: 458; Ryan 1993: i. 276–7).

132 *cloþus*: The erroneous repetition of *crosus* is probably by eyeskip, and the emendation is attested by Group A and *LA* (*cruces sanguineas vestibus suis insitas invenit*, Graesse 1846: 303). Group B is dependent on a text close to α: *thanne wern the crossis full of bloode* (abcdeh, *and fond the crossis all blodie* f).

34. 1 Lent (second sermon)

Hand D*. See Appendix III.vi for full collation and vol. 1, Introduction, §6.1.2 for discussion. No known source, but for material used elsewhere in *F* and in *MS* see ll. 64–5n, 151–65n. EF omit ll. 151–90. Not in Group B or Rev., nor several Group A MSS.

3 *Hortamur . . . vj°*: The first verse of the day's epistle, 2 Cor. 6: 1–10. Mirk takes as his theme *Hortamur* (*we amonysche ȝow*, l. 5, cf. ll. 38, 61, 119, 149, 228), which allows him to address his parishioners as directly as St Paul (who presents himself to the Corinthians as a co-worker and fellow-sufferer for Christ's sake), cf. *ryȝte . . . ȝow*, ll. 16–17. Mirk's familiar tone continues as he calls his parishioners *my childur in God* (l. 17) and himself *a synful man as þou arte* (l. 141).

10–12 *But . . . tyme*: 'But because a man needs his (i.e. God's) grace more at this time than at any other, therefore in his high mercy now in these days of Lent he gives more abundant (grace *sc.*) than at any other time'. The separation of *þeise dayes* from *off Lenton* is probably the result of starting a new page.

19–20 *Ȝe haue . . . fayre*: 'You have a common saying among you, and say that God's grace is worth a new fair'. Cf. Whiting 1968: F14, G413–14.

25–8 *ffor . . . dampnacion*: 'for, though a man had never so much riches and prosperity here (which come entirely from the grace of God), unless he receive that grace (i.e. riches and prosperity) well and please his God with it, it will rebound to his damnation'.

30–1 *and . . . howne*: 'and so (they *sc.*) very readily see a speck of dust in another man's eye who cannot see a beam in their own'. Cf. Matt. 7: 3, Luke 6: 41, which confirms the emendation from D (*mylston* G, lacuna in EF).

52–7 *And . . . gode*: Untraced.

57–8 *Nolo . . . viuat*: Ezek. 18: 32.

64–5 *as . . . God*: From St Anselm, *Liber Meditationum et Orationum* (*PL* 158: 0723). Also used *MS* (*omne peccatum offendit deum*, Oxford, Bodleian Library MS Bodley 632, f. 81^{v}). Only αD are correct in the attribution.

74–118 *Narracio . . . fyre*: Tubach 1969: 230/2939.

76 *wedde*: E has the superior reading, *wowed*.

122–3 *þere . . . rythewysnesse*: 'there where he is is truth and righteousness', *viz.* truth and righteousness are where he is. EFG preserve the correct reading, *is is* (*is* D, *as* α).

124–6 *os . . . vs*: Job 9: 3.

127 *vndampnud*: *vndemyd* (G) is the superior reading.

129 *hauynge . . . doth*: Variously corrupt in all MSS. α's *honynge* is here emended to *hauynge* (DFG). αDF have a lacuna after *stabul* (within a longer lacuna in E: *hauynge . . . doth*), which is emended from G (*feyth*). DFG share the reading *comyth to hym* for *he doth*, presumably caught by eyeskip in their exemplar from *comon to hym*, l. 128.

130–4 *ȝyf . . . purcatory*: 'if a curate should give you more penance than you need, what is more shall be repaid and stand you in great joy of increase before God; if he gives exactly right, you are quit; but if he gives you too little, then you who have too little (penance *sc.*) will have it made up in purgatory'. In *þe þe* (l. 131) the first *þe* ('to you') is the dative case (2 sg.

pron.) and the second *þe* is the (originally) instrumental case of the definite article ('by the more').

144–6 *alle . . . helle*: 'all that is now concealed in confession (i.e. not confessed) shall be known to all the world at the Day of Judgement with great confusion (to the sinner *sc.*), and then shall he who conceals (it *sc.*) be judged for it by God (i.e. not by a fellow man, the priest) into the fire of hell'.

147 *Horrendum . . . omnipotentis*: Heb. 10: 31.

151–65 *Narracio . . . oþur*: Also in the sermon for 2 Lent (see 20/102–16n).

166–9 *He . . . distress*: 'He also shows grace in making amends, inasmuch as, for a little penance that a man does here (on earth *sc.*), God forgives him the great penance in hell and also sets a man at large to do his penance and not in confinement'. The scribe of α misinterprets *wil*, 'inasmuch as, since' (*MED* **while** *conj.* 3c) as 'wants' and writes *he wil* (l. 166), cf. *he wyl*, l. 169, *he wil*, l. 170 (*MED* **willen** *v.*(1)). With the spelling *wille*, the conjunction is used again at 183–4n.

183–4 *graciusly . . . last*: 'graciously he accepts a man's (attempt to make *sc.*) amends, inasmuch as (*wille*), in return for a penance that lasts a short time, he forgives him the penance that shall last for ever'.

191–227 *Narracio . . . aȝayne*: Tubach 1969: 232/2960.

208 *oþur two men*: α begins with two men and ends with one man: *þay saw* (l. 209), *þei dud ryson* (l. 222), *he rosse up* (l. 223), *þis man . . . he tolde hem* (ll. 225–6). *þis oþur men was* (l. 221) appears to combine singular and plural forms. DEFG begin with two men keeping watch over the sick sinner and then focus on one man for the dénouement (ll. 221–2), F emphasizing that it is one of the two men who gets up at l. 222.

232–3 *In . . . Amen*: The envoy in textura, followed by decorative pen squiggles, is only in α and marks the end of Hand D*'s inserted stint.

35. St John at the Latin Gate

Hand D. Dependent on *LA* (Graesse 1846: 311–22; Maggioni 1998: 471–2; Ryan 1993: i. 284–5). EFH exhibit selective minor omissions. Not in Rev.

2 *Seynte . . . day*: St John's attempted martyrdom at the Latin Gate was celebrated on the dedication day of the church built on that site, 6 May.

5 *Ephesy*: Ephesus, where St John traditionally lived before his exile (AD 81–96) to the island of Patmos in the Aegean Sea, where he was believed to have written the NT Book of Revelation before returning to Ephesus in his old age (AD 96–8) to write his gospel and three epistles.

6–7 *wherefore . . . sacrifice*: 'because of which he would have forced him to have offered sacrifice'.

10 *þe . . . Rome*: Domitian.

12–13 *wyche . . . pepul*: 'witch [not exclusively female at the time] and traitor and troublesome person and deceiver of the people', cf. *LA in qua [epistola] magnus sacrilegus et Deorum contemtor et crucifixi cultor nominatur* (Graesse 1846: 311).

18–19 *alle . . . scorne*: 'all men laughed him to scorn'. Cf. *LA omnes capilli pro derisione a capite praescinduntur* (Graesse 1846: 311).

19–27 *þan . . . hym*: Cf. 8/12–21n.

20 *Porte Laton*: The Latin Gate (*Porta Latina*), south of the city of Rome, where the attempted martyrdom of St John was said to have occurred.

23–4 *he . . . derlyng*: Cf. 8/4n.

25 *dede . . . poudyr*: 'dead and all boiled to powder'.

28 *a chyrche*: San Giovanni a Porta Latina, built in the fifth century and still containing twelfth-century frescoes of St John.

31 *for . . . penaunce*: αI's corrupt reading *before of no penaunce* is emended from DJ but may arise from a phrase such as *by fear of no penance*, cf. *by no penans* H, *by no feere of peyne* K, *by (no) way of penance* ABCabcdeg.

32–41 *þanne . . . worchep*: For the details of St John's mother's death at Vetulana in Campania, the area south of Rome, and her later burial in Rome through the agency of her elder son, St James the Great, see *LA* (Graesse 1846: 312).

36 *a . . . Vetulan*: 'a city (which *sc.*) was called Vetulan' (L. *Vetulana*).

42–78 *In . . . same*: Used earlier (8/120–9n) and so om. C (*et cetera. Require in festo sancti Iohannis in ebdomada natalis domini*) and b (*as it makes mynd afore at sant Iohnys day in crystynmesse a myracle of sant Iohn*).

43–4 *he . . . sake*: 'he would deny no poor man what he asked in the name of St John'.

54–5 *þei . . . hemself*: 'they were completely uncertain of themselves', cf. *we ben al dyswary of oure way*, l. 60 (*MED* **disware** *adj.* b).

56–7 *with too chylderen*: As a virgin, John was particularly associated with the innocence of children. For his habit of referring to his followers as children, see 7/84–5n.

61–2 *woldyn . . . oures*: 'would gladly have lodging for our company'. The phrase *for of oures* would seem to mean 'for (those *sc.*) of our (people/goods)', cf. *MED* **oures** *pron.* 1b '*of* ~ from ours, among ours, of ours; of our goods'.

77–8 *whoso . . . same*: Cf. *SEL* (D'Evelyn & Mill 1956–9: ii. 610/519): *þulke ring is ȝute at Westm[i]nstre*. The ring of Edward the Confessor, with one sapphire and eight red stones, is recorded in an inventory of 1388 (Legg 1890: 199, 223).

36. Rogation Days

Hand D. Dependent on *LA* (Graesse 1846: 312–16; Maggioni 1998: 473–9; Ryan 1993: i. 285–9), part of which has already been used for St Mark's Day, the occasion of the Greater Litany (see 31/62–89n). The Rogation Days (L. *rogare*, 'to pray') are the occasion of the Lesser Litany. F ends at l. 60; H exhibits selective minor omissions. G provides two versions of the sermon (McIntosh & Wakelin 1982), G(1) (Hand A, language 5) and G(2) (Hand D, language 2), both Group A texts but from different exemplars. Group B paraphrases and condenses ll. 8–22; e begins imp. (ll. 1–5, *De . . . excusyn*, om. through lost ff.). For details of R1, see O'Mara and Paul 2007: ii. 1142–3.

2 *þeise . . . Wednesday*: The Rogation Days fall on the Monday, Tuesday, and Wednesday before Ascension Day (Sermon 37). They were instituted *c.*458 by St Mamertus, Bishop of Vienne in Gaul, as an appeal to God to bring an end to volcanic eruptions (Graesse 1846: 313–14).

6–7 *none . . . þer*: 'no one must excuse himself from these processions who can possibly (*MED* **godli** *adv.* 4a) be there'. For the processions, see 46–60n.

30–5 *For . . . dede*: From Robert Grosseteste, *Commentarius in Libros Analyticorum Posteriorum Aristotelis*, bk. 2, ch. 3 (Rossi 1981: 354–5).

31–4 *fendes . . . erþe*: 'devils that flutter in the air are still so terrified of the thunderburst with which Crist came to the gates of hell and drove them out, that, when they hear thunder, they fall down to earth'. The syntax is confused, with the subject *fendes* (l. 31) repeated at l. 33. See too 58–60n.

39–40 *þei . . . schylder*: According to *IPP*, a serious enough offence to be sent to the bishop (Kristensson 1974: 160/1657–161/1658).

46–60 *Wherefore . . . away*: Following *LA*, a king leading his host into battle with trumpets and banners, to the terror of his enemies, is compared to the Rogationtide processions, where the people, with banners and handbells, follow the parish cross, the symbol of Christ the King, to the terror of the devil. According to the *Sarum Missal*, the effigy of a dragon goes first, then of a lion, then the banners, and finally the procession in order (Legg 1916: 150/32–4). See Duffy 1992: 136–9.

47–8 *ryght . . . batel*: 'just as when a king goes to battle'.

58–60 *For . . . away*: The fear of devils falling to earth explains the medieval practice of ringing church bells during thunderstorms (French 2001: 264, n. 23).

61–71 *At . . . cetera*: *LA* (cf. Tubach 1969: 241/3078).

62–3 *þei . . . letanye*: An important element of the Rogationtide ceremonies (Legg 1916: 153/1–154/32).

64–5 *Sancte . . . nobis*: The Trisagion, most common in the Good Friday service (Legg 1916: 113/1, cf. 112/37).

68–9 *God . . . holy*: Lev. 11: 44.

37. Ascension Day

Hand D. Dependent on *LA*, largely from the ascension material (Graesse 1846: 318–27; Maggioni 1998: 480–92; Ryan 1993: i. 291–8), augmented from the resurrection material (see 12–14n, 34–5n, 103–31n). For a comparison of the sermon with its source, see vol. 1, Introduction, §2.1. E ends l. 102. For details of R1, see O'Mara and Paul 2007: ii. 1147–8.

2 *hegh . . . fest*: One of the chief feasts of the Church year, celebrated forty days from Easter Sunday and so always on a Thursday.

3–5 *os . . . hande*: Cf. *ascendit in celum sedet ad dexteram patris* (Legg 1916: 211/11), a clause in both the Nicene and Apostles' Creeds (see 65–8n and 40/93–107n). For the ascension, see Mark 16: 19; Luke 24: 50–3; Acts 1: 1–12.

6–11 *Wherefore . . . dome*: For the paschal candle as a symbol of Christ, and its lighting on Holy Saturday, see 28/90 and 28/90–102n.

9 *þis fourety dayes*: Luke 24: 51 records Christ's ascension as if on the same day as the resurrection, although, according to Acts 1: 3, it occurred forty days later (see 2n and cf. *Fro Astur Day to þis day*, ll. 12–13).

12–14 *Botte . . . tymes*: For the appearances of Christ before his ascension, see the *LA* material on the resurrection of Christ (Graesse 1846: 239–42; Maggioni 1998: 361–4; Ryan 1993: i. 219–22).

14–21 *But . . . heven*: Mark 16: 14–20; Luke 24: 36–53; Acts 1: 12 (v. 12 records the apostles' return to Jerusalem from the Mount of Olives).

21–2 *þer . . . sene*: For images of the impression of Christ's feet in the rock after his ascension, see Réau 1955–9: ii. 2/585–6. Jacobus records the belief that, when a church was built on the site, it proved impossible to lay a pavement over the footprints (Graesse 1846: 319).

22–3 *þe . . . mercy*: 'the olive tree produces oil, and that (oil *sc.*) signifies mercy' . For the oil of mercy, see 15/201n.

24 *in . . . Olyvete*: Acts 1: 12.

29–33 *He . . . ham*: Explained in detail in *LA* (Graesse 1846: 321), where the statement is also ascribed to *Raby Moyses* (Maimonides), *maximus philosophus* (cf. *grete phylosophur*, l. 30).

32 *But . . . beste*: 'but he that measured this distance knew best', as Jacobus himself says: *Utrum autem hoc verum sit, Deus scit* (Graesse 1846: 321).

34–5 *he . . . bondam*: In the period between his crucifixion and resurrection, Christ released from hell the souls of righteous pagans, cf. the resurrection material in *LA* (Graesse 1846: 242–5; Maggioni 1998: 365–9; Ryan 1993: 222–4). The descent into hell (the Harrowing of Hell) forms a clause in the Apostles' Creed (*descendit ad infernos*).

37–43 *os . . . victory*: The five causes are extracted from the statement attributed to Bede in *LA* (Graesse 1846: 322). Cf. Bede, *In Lucae Evangelium Expositio*, bk. 6, ch. 24 (*PL* 92: 0630–1). See 50–2n and 1/80–2.

44–8 *rythe . . . vs*: 'just as a lord feels secure who has a reliable and honest lawyer to answer for him before a judge, so, as the surety of all mankind, we have him (i.e. Christ) as our honest lawyer ever ready to answer for us at every impeachment that our enemy makes against us'. The legal metaphor (*sykurnesse* ll. 44, 46, cf. *MED* **sikernes(se)** *n.* 3a) is developed throughout ll. 44–54.

48–52 *Seynte . . . woundes*: Ascribed to St Bernard in *LA* (Graesse 1846: 326), but cf. Ernaldus Bonaevallis, *Libellus de Laudibus Beatae Mariae Virginis* (*PL* 189: 1726).

50–2 *þe . . . woundes*: For the iconography of the Virgin showing her breasts to her Son (in order to remind him of his obligations to her as his mother), see Réau 1955–9: ii. 2/122–3; Short 1956: 212 and n. 34. The more common image is of Christ displaying his wounds (Woolf 1969: Plate 2; Gray 1972: Plate 5). See too 46/128–9n.

52–4 *þan . . . kyng*: 'Then how should he (i.e. any man) be rejected who has two such friends in the court of heaven, and (moreover *sc.*) closest friends (to Christ *sc.*) and (ones who *sc.*) can do most with him (i.e. influence him most)?' A very elliptical passage.

65–8 *þeros . . . beleve*: After the Fall God placed cherubim with a flaming sword at the gates of the Garden of Eden to prevent man's return (Gen. 3: 24), cf. 6/25–33. For *beleve* as 'faith' or, more specifically, 'Creed' (cf. l. 3), see 12/124–34n.

69 *Aperuisti . . . celorum*: From the *Te Deum*, erroneously ascribed to St Augustine or St Ambrose.

71–90 *ȝe . . . heuen*: A free adaptation of a more complex passage in *LA* (see vol. 1, Introduction, §2.1). For a discussion of the *topos*, see Gray 1972: 12–17.

85–7 *þan . . . ioy*: Om. by eyeskip (also om. Af, perhaps independently).

87–90 *þus . . . heuen*: *LA*. Selected from St Augustine's litany of adjectival phrases used by the higher angels to describe Christ (Graesse 1846: 323).

91–7 *þus . . . dede*: Acts 1: 10–11, but without Mirk's reference to Christ's return as judge at Doomsday, for which cf. *et iterum uenturus est cum gloria iudicare uiuos et mortuos* (Legg 1916: 211/11–12, from the Nicene Creed).

103–31 *þan . . . cetera*: From the *LA* material on the resurrection of Christ (Graesse 1846: 237–8; Maggioni 1998: 358–9; Ryan 1993: i. 218), where it is said that a holy man Carpus told it to Dionysius, who wrote of it to Demophilus, a monk who was the recipient of one of Dionysius' ten extant letters (Luibhéid 1987: 278–80).

118 *holpyn . . . with*: 'helped to push them in with them' (cf. *MED* **putten** *v.* 1a(a) 'to push, shove, thrust', ~ *with fet and hondes*, 'thrust with feet and hands').

38. Eve of Pentecost

Hand D. No source known, although material on the seven gifts of the Holy Ghost is common, e.g. *Speculum Vite* (ed. Hanna 2008). For details of R1, see O'Mara and Paul 2007: ii. 1149–50.

8–22 *Wherefore . . . nede*: Mirk's appeal for full confession is direct and personal (*I charge ȝow, ȝe comyn to me, I wil be redy to help in alle that lythe in me*, ll. 8–10). The comparison between the sinful soul and stinking carrion (*For myche more fouler . . . neses*, ll. 15–16) is verbally and rhetorically similar (but in content the antithesis) to 12/93–5. The passage ends in highly rhetorical repetition (*To suche . . . suche . . . suche . . . wyth suche . . .*, ll. 20–1).

23–5 *he . . . hym*: The Holy Ghost is invoked in several of the prayers at Mass and (directly and indirectly) in the lections at divine office on the Eve of Pentecost (Procter & Wordsworth 1882: i. dccccxciii–dccccviii; Legg 1916: 158–60).

27–8 *þei . . . myche*: 'they give to each man, greater and lesser, the same amount'. The reference is to the giving of alms (MED **dol** *n.*(1) 4a).

28–82 *þe . . . ȝeftus*: As noted at l. 79, the sermon focuses on the seven gifts of the Holy Ghost (Isa. 11: 2–3): wisdom (ll. 31–7), understanding (ll. 38–44), counsel (ll. 45–55), fortitude (ll. 56–60), knowledge (ll. 61–4), godliness (ll. 65–70), and the fear of the Lord (ll. 71–8). The vv. from Isaiah were held to prefigure the coming of the Holy Ghost at Pentecost (Acts 2: 1–4).

28–30 *þe . . . anoþer*: Lack of grammatical concord between the subject (*þe Holy Gost*) and predicate (*deluth*, but *ȝeuyn*), and between the singular noun (*man*) and plural pronoun (*hem*).

31 *Somme . . . wysdom*: 'to some he gives the grace of wisdom'.

34–5 *Bote . . . hem*: 'But because they (i.e. scholars) are wise, they do it (i.e. preach) in good time and (preach *sc.*) to such as they hope will carry it (i.e. their preaching) away with them', i.e. they choose an occasion and audience where their words are least likely to fall on deaf ears.

39 *here . . . langage*^{2}: The omission is by eyeskip from a copy-text similar to K, where (unlike the other MSS) *language* is repeated (*hure owne language but also odyre language*). The Group B text accommodates what may have been a longer lacuna: *som menne he geues grace of vndirstondinge of langage, Inglissh, Frensh* (a, with minor variants in the other MSS).

40 *wythoute . . . it*: 'without any effort in learning it'.

51–5 *Somme . . . itte*: The grace of good counsel, or advice, is illustrated by those who (like Mirk himself) follow Christ's commandment to give up their possessions (cf. Luke 18: 22) and enter a religious order, where they are obliged to follow the counsel of their superior. *Wardeyn* is otherwise only used of the head of a friary or the dean of a collegiate church (*MED* **wardein** *n.* 2b).

83–4 *þe . . . ȝeftys*: At the sacrament of confirmation the bishop recites a prayer which asks that God may send the candidate *septiformem spiritum sanctum paraclitum de celis*, after which the seven gifts are rehearsed: (Legg 1916: 131/29–35).

87–99 *þan . . . don*: The *narratio* continues the theme of baptism/confirmation. The bishop was St Remigius of Rheims (d. 533), and the convert Clovis, king of the Franks, here called by his baptized name of Lewys, 'Louis' (Dalton 1967/1927: ii. 69–70, 499–500). For Mirk's treatment of the sacraments of baptism and confirmation, see *IPP* (Kristensson 1974: 96/536–103/674).

92–4 *whan . . . God*: 'when the font was hallowed as far as the anointing (*MED* **ointing(e)** *vbl. n.*) with chrism and (the bishop's clerk *sc.*, cf. l. 91) could not get to it, he (i.e. Remigius) lifted up his hand to God'. α's reading *to þe vyntyng with creme* (*vyntyng* an aphetic form of 'anointing') is elliptical but is parallelled in *to þe takyng of þe creem* (DHJK, cf. *to take þe creem* ABCI). For the anointing with the oil or chrism, see Legg 1916: 131/14–15.

96 *a . . . creme*: The chrismatory was kept as a relic in Rheims cathedral until the French Revolution (Oppenheimer 1953).

99–102 *Hereby . . . hering*: 'although the priest may say the words, the Holy Ghost performs the sacrament and effects the power of the words by hallowing what the priest says in (our *sc.*) hearing'. The assertion that the priest is merely the agent and the Holy Ghost the power behind the sacrament explains the fact that the celebration of the Eucharist may be carried out by an evil priest without adverse effect.

39. Pentecost

Hand D. See Appendix III.vii for full collation and vol. 1, Introduction, §6.1.1 for discussion. Dependent on Scripture and *LA* (Graesse 1846: 327–37; Maggioni 1998: 493–508; Ryan 1993: i. 299–308). F omits ll. 77–121 (*For . . . reste*); EF end at l. 125 (. . . *to*) with a formal conclusion; h has ll. 2–5 but then continues differently and ends imp. For details of R1, see O'Mara and Paul 2007: ii. 1150–1.

2–4 *þis . . . dysciplus*: 'Whit Sunday' has its origins, not in OE *wit*, 'intelligence', but in OE *hwīt*, 'white', the colour of the robes worn by those newly baptized at Pentecost (*OED* **Whit Sunday**).

5–21 *þan . . . worlde*: Mirk distinguishes between wit and wisdom: wit reveals itself in clever speakers and teachers, wisdom in good livers (ll. 5–10). Wit has a high reputation (Mirk here moves deftly from the wit of knowledge, l. 9, to the wit of *sleght*, 'slyness', l. 10), but no one is impressed by the wisdom of holy living (ll. 10–11). The wit which helps a man amass property is considered wisdom, but the wisdom which urges a man to forsake his property and live a poor man for God's sake is considered folly, even though no man can take his property out of this world when he dies (ll. 11–15). The Holy Ghost combines wit and wisdom, the wit of wise preaching and the wisdom of good living, which the apostles received at Pentecost (ll. 15–21). Inevitably, in a passage depending on the repetition of *wit* and *wisdom*, several MSS (including α) have lacunae through eyeskip.

12–13 *he . . . fole*: The reference appears to be to the monastic vow of poverty, with an additional allusion to the apostles' renunciation of the world for Christ's sake (cf. *haddyn . . . pore*, ll. 25–6).

17–18 *a . . . doctrine*: Cf. Dent 1984: E213.

22–68 *þan . . . worlde*: Acts 2: 1–47 (vv. 1–11 are the gospel of the day).

27–8 *And . . . takyn*: 'and then they were all amazed and under threat of being seized by the Jews'.

30–1 *in . . . haddyn*: '(were *sc.*) in hiding (with the need *sc.*) to get themselves food from some secret friends that they had'. Only α has *hulkyng* (*MED* **hulken** *v.*), with other Group A MSS reading *hudlek* (ABCDGK), *hidelles* (EF), *hedulys* (I), *hydnes* (H). The Group B text omits the phrase.

38–40 *os . . . frytyng*: 'as it were the gleam of bright fire in the shape of tongues, burning not hurting, warming not harming, lighting not frightening'. The end-rhyme is frequently lost in the other MSS.

41–2 *þereos . . . clergy*: 'whereas before they were complete simpletons and uneducated men and knew nothing about theology'. A has a longer lacuna; C omits *wery ydiotos and.*

50–1 *werin . . . ben*: The same thunder as at l. 36 (Acts 2: 2).

51 *demyd*: Only αd read *demyd* (*MED* **demen** *v.* 14d, 'to think about (something), imagine'), but F may have had access to a *demyd* text, since the scribe has started to write *dem-*, which he then cancels and substitutes with the most common Group A variant *dowted.*

55–7 *þeise . . . whate*: 'these men have drunk so much must (that is, new wine) that they are completely drunk and so they gabble they know not what'. GH and Group B MSS omit the definition of *must* (*MED* **must** *n.* 1a). α's *ney* (*ney wytte nere whate*) has been emended from the Group A text.

58–60 *we . . . vndir*: Cf. Acts 2: 15, which does not, however, suggest that it was forbidden at the time to eat or drink before 9 a.m.

61–2 *þe*[2] *. . . pepul*: Joel 2: 28. α and most Group A MSS follow Joel (Vulgate *effundam*, 'I will pour out') in reading *holde out*, 'poured out' (*MED* **helden** *v.*). DEF's reading *halowet* is intelligent but clearly not original. Group B has *geue.*

69–121 *Now . . . reste*: Although Mirk introduces only two questions, he follows *LA* in discussing three issues: why the Holy Ghost came in the form of tongues rather than any other member of the body (ll. 69–89, cf. Graesse 1846: 335), why in fire (ll. 90–100, cf. Graesse 1846: 333–5), and why the apostles sat, rather than stood, introduced as *þe othyr skyl*, the second question (ll. 101–21, cf. Graesse 1846: 335–6).

71 *þan . . . forme*: 'then, as to the first (question *sc.*)'. Only α has *forme* (*MED* **forma** *adj.*). E's exemplar has misunderstood *to þe forme* as *to enforme* (cf. *tel* F).

73–4 *Seynt . . . helle*: Jas. 3: 6, cf. *LA* (Graesse 1846: 335). Most Group A MSS pre-modify *tong* with *wykked*, for which the Group B variant is *euell.* While this might appear to offer better readings, Jas. 3: 6 does not qualify 'tongue', and it seems likely that the original reading is the one preserved, without modification, in αDIdf. HJ agree in the ludicrous reading *an angels tong (ys fyrud wyt þe ffyre of helle).*

78 *þe*[1] *. . . Gost*: Although α's reading is shared by most Group A MSS, D's *tonges* makes better sense, i.e. the fire of tongues (which is the characteristic *sc.*) of the Holy Ghost. The Group B text transposes the two nouns: *tunge of fyre* (a, with minor variants).

85 *contyneth*: *MED* **conteinen** *v.* 5a 'persist', b 'continue a practice'.

90–2 *hit . . . harde*: 'it is the nature of fire to make high things low (i.e. burn them to the ground), make cold things warm (i.e. heat them), make soft things hard (burn them to a crisp?), and make hard things soft (wood to ash?)'. Jacobus offers more paradoxes of this sort, relating each to one of the seven gifts of the Holy Ghost (Graesse 1846: 333). Having already used the seven gifts in the previous day's sermon (see 38/28–82n), Mirk prefers a comparison with four of the seven deadly sins and their *remedia*: through the Holy Ghost the high are made low (proud/humble), the cold are made warm (envious/charitable), the hard are made soft (avaricious/generous), and the soft are made hard (lecherous/ascetic), ll. 92–8. The passage offers several opportunities for eyeskip.

101–21 *þe . . . reste*: Mirk's answer is only partly based on Jacobus' answer to that question (Graesse 1846: 335) and is largely taken from the ensuing seven reasons why the apostles were fit to receive the Holy Ghost.

102 *syttyng*: Perversely, ae read *stonding*.

105–12 *ryght . . . reson*: 'just as dry sticks, while they lie together on the fire without disturbance, burn fair and bright, in the same way, while men are together without the sourness and mischiefs of malice (see 107n), each one loves the other and is happy with each other, and all this is created and maintained by good tongues. But as soon as the sticks are thrown about by quarrels and disagreement, at once the fire of love goes out, and the smoke of malice and envy rises between the two parties and irritates the eye of the heart so much that it has not the grace to see reason.'

107 *sowrenes . . . malys*: Although not recorded metaphorically in *MED* **sournes(se)** *n.*, *sowrenes* is common to most Group A MSS (but *sorones* H, *sorowe* J), while the Group B text has *sorynesse* (but d's *sorenes* is closer to the Group A variant). The Group A variant *moystur* (om. Group B) refers back to *drye brondys* (l. 105) and arguably suits the context better than α's *muscheues* (emended in accordance with spellings recorded in *MED* **mischef**).

115–16 *þus . . . sowle*: 'in this way a man is brought to the plight of being lost body and soul'. Group B has some difficulty with *plithe* (*MED* **plight** *n.* 1a 'danger, harm, trouble', 2a 'a condition or state'), and the closest reading to α and Group A is *þus* [*is* om.] *a man in plite to be lorne* (c). For f's variant *poynt*, cf. *MED* **pointe** *n.*(1) 5a, '*in* ~ just about (to do or suffer something), ready'. abeg understand *plite* as pa. p. of *plighten* (*MED v.* a 'to promise or pledge'): 'thus a man is pledged to be lost' (for *lorne* ae read *born*). d simplifies: *þis makes a man to be lorne*.

125–47 *as . . . cetera*: From the *LA* legend of St Gregory the Great (Graesse 1846: 199–200; Maggioni 1998: 285–306; Ryan 1993: i. 181–2).

144–5 *alle . . . made*: In a sermon where α offers a typical Group A text, the reading here is that of Group B (see vol. 1, Introduction, §6.1).

147 *vnbrente, et cetera*: Group B ends at *vnbrente*, but α's *et cetera* is expanded in most Group A MSS to a fuller conclusion, and the scribe of C announces the coming Ember Days.

40. Trinity Sunday

Hand D. Not dependent on *LA* since the feast was not observed until the fourteenth century (see 2n). For Mirk's use of *RDO*, see 15–18n, 22–6n, 48–64n. EF end at l. 79 with a formal conclusion; J omits ll. 10–47 (*ȝe . . . confounden*), 65–120 (*þe . . . Trenite*). For material added to Rev. from *FM*, see 93–107n. For details of R1, see O'Mara and Paul 2007: ii. 1153–5.

1 *De . . . vtilis*: The rubric in IK warns the priest not to speak beyond the text: *De festo sancte trinitatis sermo breuis ad parach*[*i*]*anos sed caueat sacerdos dicens hu*[*n*]*c sermonem ne plus uel ultra aliter dicat quam hic in sequenti scribitur ne forte ducat audiente*[*s*] *in arrorem. . .* (I, with minor variants and greater accuracy in K).

2 *Trinite Sonday*: The first Sunday after Whit Sunday (Pentecost), enjoined by Pope John XXII in 1334 to celebrate the Three Persons in the Godhead (Father, Son, and Holy Spirit, cf. ll. 7–8).

12 *þe . . . fyndyng*: 'the first founding of the Trinity', cf. *þe forme trinite fyndyng* (l. 14). *Forme* (*MED* **forme** *adj*. 'first') was perhaps obsolescent by the date of the Group B text, where it is confused with the noun *forme* (*MED* **forme** *n*.) in most MSS except cd.

15–18 *os . . . person*: *RDO* (*PL* 202: 0163; Douteil 1976: 161l). The conceit is that a trinity was first established in the persons of Adam, Eve, and their offspring, mankind. The agent for this human trinity was the Trinity of Father, Son, and Holy Ghost.

21–2 *in . . . songyn*: Legg 1916: 416/1–2, and for the Mass of the Trinity 384/2–385/7.

22–6 *at*[1] *. . . heven*: *RDO* (*PL* 202: 0163; Douteil 1976: 161l) and so perhaps not of contemporary relevance (om. CG). *Tretus* (αDEF) is unique for 'peal or stroke of a bell' (*MED* **tret(e)** *n*.(1) b), cf. *peylus* ABHIK, *bellis* Group B.

27–47 *þe . . . confounden*: Discussed Fletcher 1987. Despite the equation of Lollards with anti-Trinitarian heretics in the early Christian church (William Thorpe significantly began his 1407 interrogation with Archbishop Arundel by asserting his belief in the Trinity), they were orthodox in this regard (but see Ford 2006: 143–50). The generality of the passage may be a ploy to discourage speculation in an uneducated audience; in *MS* Mirk confronts Lollardy freely and expertly (although that work is directed in

Latin to a fellow priest). See Girsch 1990: xxvii–ix, xxxiii–xlii. For Mirk's other reference to Lollardy, see 41/106–9n.

29 *Lollerdes*: For D's reading *lombardys/lombardes* for 'Lollards' (ll. 29, 32, 37), see Powell 1990.

30–1 *wyth . . . plesyng*: So too ll. 32–3, cf. *MS*, where the phrase *blandis illorum sermonibus* is used of those who deny the Real Presence (cf. Oxford, Bodleian Library MS Bodley 632, f. 90^{v}). The MSS vary between *smethe*, 'pleasing, unctuous, deceitful' (*MED* **smeth(e)** *adj.* 2b) and *smothe*, 'flattering' (*MED* **smoth(e)** *adj.* 3b).

41–4 *God*^{2} *. . . way*: Matt. 5: 44.

43–4 *quite . . . way*: 'not in any way pay them back for their evil deeds'.

46 *sche . . . forth*: 'she (Holy Church) continues to hold her ground' (*MED* **haven** *v.* 5a), cf. *sche has hyr ground forth* bcd (ae are unique in *holdith* for *has* and omitting *forth*). Other MSS either omit the direct object (K) or read *owne* (ABCG), *wyll* (I), or *purpose* (f). DEFH have a plural referent (*þai ben holpun* H), as if to suggest that it is the heretics who hold their ground. The other MSS all have a feminine referent, and forms like *heo* (B), *hoe* (C) may explain *he* in α. See 14/42n

48–64 *þus . . . pepul*: *RDO* (*PL* 202: 0139; Douteil 1976: 134Au). *Alpynyus* (l. 53) has been retained, since it is witnessed by all the MSS, occasionally with a medial *-ph-* (BFJcd). Some scribes clearly had problems with the name (*hispimius*? H, *all pynnyous(s)e* ae). In fact, Alcuin is intended, although no Pope Alexander lived during his lifetime (*c.*735–804). Beleth may have had in mind Alexander II (1061–73), although he actually refused a petition for Trinity Sunday, which was not instituted until 1334 under John XXII.

63 *loued*: The majority Group A reading (but *leued* BD, *beleuyd* J and Group B). The two are easily confused, and *leued* (*MED* **leven** *v.*(4)) seems more appropriate (although Mirk deals with both belief and love in the following discussion, ll. 67–77). See 71n.

67–9 *he . . . dampned*: Based on the final clause of the Athanasian Creed (which K quotes here), particularly relevant to Sermon 40 since it differs from the other two Creeds (see 93–107n) by focusing on the Trinity and the nature of Christ as both man and God.

71 *he þat loueth*: Emended from ACGHKabeg, whose *loueth* is preferable to *beleueþe* (BDEFcdf), given that the focus is on the importance of love. Not in I.

72 *loue . . . lake*: Whiting 1968: L508, Dent 1984: L485.

74–5 *feyth . . . experiment*: 'faith has no merit where man's understanding provides the proof'. From St Gregory the Great, *XL Homiliarum in*

Evangelia Libri Duo, bk. 2, homily 26 (*PL* 76: 1197). For the same quotation in *MS*, cf. Oxford, Bodleian Library MS Bodley 632, f. 77ᵛ.

80–4 *for . . . beleve*: 'because many men's wits are slow and dull to believe what they cannot see or hear, unless they be brought to understanding by notable *exempla*, therefore, although this *exemplum* may not be entirely praiseworthy, yet in the main it may illuminate a man's understanding to such an extent that he may the more readily come to belief'.

82 *þogh . . . commendabul*: Only αH have the determiner *þis*, and the more general *þe ensampull* of the other Group A MSS (*hit* CG) may represent the original reading, since Group B also generalizes the statement. A generalized comment may be preferable, since the *exemplum* that follows does not deserve singling out as unworthy of commendation and may even have been a favourite of Mirk, cf. *IPP* (Kristensson 1974: 93/470–83). See Powell 2006: 170–1.

84–107 *þan . . . Gost*: From Alexander Neckam (cf. *maystyr Alexander*, l. 89), *De Naturis Rerum*, ch. 15 (Wright 1863: 136).

84–5 *and . . . snowe*: 'and on ice and on snow'.

90–1 *And . . . þervpon*: Ps. 135 (*AV* 136): 6.

93–107 *Wherefore . . . Gost*: As the basis of Christian belief, the doctrine of the Trinity is fundamental to the two main Creeds of the Church, the Nicene Creed and the simpler Apostles' Creed. Mirk's material broadly follows the Nicene Creed. For the occasions on which it was said during Mass, see Legg 1916: 15/28–37, and for the Creed itself 211/2–18. For use of the Creeds elsewhere in *F*, see 17/87–91n, 41/80–1n. Rev. interpolates here an *exemplum* from *FM* which allegorizes the arms of England, with the three leopards representing the Trinity (Wenzel 1989: 568/150–66).

108–18 *þis . . . God*: All three persons of the Trinity were present at the baptism of Christ (Matt. 3: 13–17; Mark 1: 9–11; Luke 3: 21–2; John 1: 29–34): the Father who spoke from heaven, the Son who was baptized, and the Holy Ghost in the form of a dove.

121–31 *I . . . it*: Cf. St Augustine, *De Trinitate*, bk. 9, ch. 4 (*PL* 42: 0965). Not in the life of St Edmund of Abingdon, but for another legend involving St Edmund and a ring, see *SEL* (D'Evelyn & Mill 1956–9: ii. 496/83–100).

132–47 *I . . . Trinite*: Cf. Tubach 1969: 377/2986. Traditionally told of St Augustine, who wrote *De Trinitate* (see 121–31n).

41. Corpus Christi

Hand D. Not dependent on *LA* (but see 163–80n) since, although the feast was introduced during Jacobus' lifetime, it was not observed until the fourteenth century (see 8–9n). C ends imp. (ll. 112–232, *þat . . . mirakul* om.); E ends l. 162 (2 ff. are missing between ff. 135–6 and the last 3 ll. of f. 135^{v} are canc., but there is no lacuna); F repeats part of the sermon later in the collection (pp. 249–56) as four sections (ll. 117–41, 142–63, 163–82, 185–232), each headed *Alia narracio*; G has both the sermon and three fragments from a Group B version of the text, not noted McIntosh & Wakelin 1982 (see 18–23n); K adds an extra *narratio* (see 162n). Rev. divides the sermon into two: ll. 1–42 (rearranged and augmented by more recent indulgences, 18–23n) and 43–232 (ll. 163–84, *þan . . . ende*, om.); R2 also omits ll. 117–32 (*I . . . passyon*). For details of R1, see O'Mara and Paul 2007: ii. 1156–7, 1158–9.

3–7 *þe*^{1} *. . . purkatory*: Celebrated the Thursday after Trinity Sunday to honour the Host, transformed at the consecration into the Body and Blood of Christ (L. *Corpus Christi*, 'the body of Christ'). The medieval Church taught that through transubstantiation good Christians were redeemed from their sins and the souls in purgatory were given relief from their sufferings (see 65/2–3n). For a wide-ranging study of the doctrine and its ramifications, see Rubin 1991, particularly pp. 108–29 (on *narrationes*), 213–32 (on sermons, with an analysis of this sermon pp. 222–4).

8–9 *þan . . . sacurment*: Pope Urban IV instituted the feast in 1264, but it was not celebrated in England until 1318. See Rubin 1991: 164–212.

11–15 *Wherefore . . . .body*: Mirk links the two modern feasts, Trinity Sunday and Corpus Christi Day, through the need for perfect belief in two hard doctrines, both open to heresy.

15–16 *þat*^{1} *. . . .Gost*: Through the Holy Ghost the Host is transformed into the body and blood of Christ by the power of the *holy wordys* spoken by the priest at the consecration: *Hoc est enim corpus meum* (Legg 1916: 222/16). See 30–42n.

18–23 *he . . . euremore*: These pardons of Urban IV are substantially updated in cd, MS Harley 2250, and Rev. by those of Martin V and Eugenius IV, as ratified at the Council of Basle in 1434. After the sermon for the Nativity of St John the Baptist, G provides these details in three separate sections relating to each pope (ff. 132^{v}–33^{r}). On indulgences, see Rubin 1991: 211–12.

22–3 *to . . . euremore*: 'to last for ever to their merit'.

24–30 *þan . . . hym*: The sacrament of the Mass was inaugurated by Christ himself in the Last Supper (Matt. 26: 26–8; Mark 14: 22–4; Luke 22: 19–20). The details of all three gospels, together with those words of Christ specific to Luke 22: 19, were incorporated into the canon of the Mass (Legg 1916: 222/10–25). On the use of Last Supper material in Corpus Christi sermons and other texts, see Rubin 1991: 214–15, 298–302.

30–42 *and*^{1} *. . . peyne*: The power to consecrate the Host is not that of the priest himself but of the Holy Ghost (see 15–16n) and so independent of the worth of the priest. The virtue of the Eucharist is not therefore affected by the vice of a priest, although he himself will be punished after death. Mirk here refers obliquely to two related principles of Lollardy (which he elaborates in Part IV of *MS*): the denial of the doctrine of transubstantiation (in part a denial of the priest's power to effect the change from bread to Body and wine to Blood), and the attack on the validity of the priesthood itself.

48–55 *as . . . lyving*: The traditional *merita missae*, formulated by St Augustine in his *Sermones*, sermon 131, ch. 1 (*PL* 38: 0729–30). For their use in other late medieval texts, see Rubin 1991: 63, 108. Despite the reference to *seven ȝeftes* (l. 49), αHIJ and the Group B MSS omit one merit (supplied for α at l. 52).

56–68 *In . . . noght*: Mirk's concern that all should understand the powerful significance of the *viaticum* (i.e. the reserved sacrament administered to the sick and dying) is emphasized by the final *narratio* (see 185–232n). See too *IPP* (Kristensson 1974: 170/1839–174/1912).

59–63 *it . . . dede*: The clause of the Athanasian Creed which deals with the Son, repeated at ll. 157–9 (*it . . . dede*).

63–5 *And . . . fendys*: Cf. Eph. 6: 16.

65–7 *þat . . . byleue*: 'who will assail his soul as soon as it leaves the body in every way they can in order to test whether they can bring him out of the faith'. For an assault by devils at the moment of death, see 14/163–84.

71–7 *þis . . . dampned*: Luke 23: 39–43.

80–1 *wythoute . . . sauid*: Mirk echoes the first line of the Athanasian Creed.

82–99 *Wherefore . . . aftur*: John of Tynemouth (Horstmann 1901: ii. 226/33–227/8), based on *Vita S. Odonis Archiepiscopi Cantuariensis auctore Osberno* (*PL* 133: 0939–40). For the same *narratio* in *MS*, see Oxford, Bodleian Library MS Bodley 632, f. 91^{v}. For numerous analogues, see Tubach 1969: 211–12/2689, and for another legend of St Odo, see 56/95–110n.

88 *whanne . . . fraccion*: 'when he had broken the Host in two'. The fraction (L. *fractio*, 'breaking') occurs just before the consecration of the Host (Legg 1916: 222/14).

102–4 *þe . . . fende*: Not St Augustine but Rabanus Maurus, *Commentariorum in Exodum Libri Quatuor*, bk. 1, ch. 23 (*PL* 108: 0052).

104 *Herefore . . . chyrches*: The rood was visible on the rood-beam separating the chancel from the nave.

106–9 *And . . . agone*: G and Rev. remove the Lollard reference (*whatte-euer . . . agone*, replaced in G by *for only to haue mynde on hem þat they ben made* *after*). For a full discussion of theological approaches to the cross, including those of the Lollards, see Aston 2003. See too the discussion of heresy in relation to the sacrament of the altar (Rubin 1991: 319–34, esp. 324–6). For Mirk's other mention of Lollards, see 40/27–47n.

113–14 *Ymages . . . bokys*: *RDO* (*PL* 202: 0089; Douteil 1976: 85e), where Beleth is quoting St Gregory the Great. See Chazelle 1990.

116 *poyntowres*: Perhaps *e/o* confusion (cf. *peyntoures*, l. 113), but not a unique form (not cited *MED* **peinture** *n.* 'painting', but see *MED* **pointour** with cross-reference to **peintour** *n.*(1) 'a painter').

117–32 *þus . . . passyon*: Cf. Tubach 1969: 53/639. It is notable that the Saracen is accurately represented as referring to Christ as *ȝoure grete prophette* (l. 123).

134–6 *þe . . . worlde*: Cf. Matt. 3: 17; John 3: 16.

137–40 *wyth . . . loue*: A reference to the familiar Charter of Christ, a deed of gift written by Christ with his own blood, which granted salvation to mankind (Spalding 1914; Steiner 2003). See too Gray 1972: 130 and Plate 5; Rubin 1991: 306–8.

140–1 *Sone . . . me*: Prov. 23: 26.

142–53 *þan . . . deth*: Tubach 1969: 210/2671. See too Rubin 1991: 81–2, 120 (n. 228).

157–9 *it . . . dede*: See 59–63n.

161–2 *And . . . laston*: See 29/76n.

162 *laston*: K inserts here a *narratio* about a monk, doubting the sacrament, who asked his chapter to pray for him, with the result that the next day a Child appeared and leapt into the bread as he performed the consecration.

163–80 *I . . . woman*: From the *LA* legend of St Gregory the Great (Graesse 1846: 197–8; Maggioni 1998: 299; Ryan 1993: i. 179–80). Although Jacobus does not name the woman, she is usually called Lasma (α's *Lasyna/Lasina* is the result of minim confusion). The St Gregory Mass was widely treated in both text and image (Duffy 1992: 238–40). See too Rubin 1991: 121–2.

184 *bring . . . ende*: A typical sermon ending, reinforced by several Group A MSS which provide a yet fuller conclusion with *Amen*. However, no extant MS ends at this point.

185–232 *I . . . mirakul*: Untraced. For the procedure involved in taking the *viaticum* to the dying, see Daniell 1997: 34–5, and for popular belief on the matter, see Duffy 1992: 313. See too 56–68n.

185 *Axoburgge*: Probably Exebridge (cf. *exsebrygge* A), not in *Deveneschyre* but just over the border in Somerset (cf. *somersetschyre* K). There was a small Austin priory at Barlinch, just north of Exebridge, which owned land in the area (Duffy 2001: 3). A recent prior of Lilleshall, Roger Norreys (1369–75), had previously served nearby as vicar of North Molton (Chibnall 1973: ii.74).

188 *rythyns*: last rites, or extreme unction (*MED* **righting(e)** *n.* d right-inges).

190–1 *put . . . spayeres*: The priest slipped the ivory box inside one of the slits or openings (*MED* **speier(e)** *n.* a) in his outer garment (*MED* **surcot(e)** *n.* a). The *narratio* is located in an earlier period by the explanation *for . . . spayeres*, 'for at that time men wore surcoats with slits' (om. H and Group B). In I the priest puts the box in his bosom; f omits the details altogether.

205–6 *wente . . . forthe*: Only α and probably an erroneous repetition.

206 *a . . . laste*: 'a pillar of fire (that *sc.*) reached'.

208–10 *þan . . . body*: Cf. the worship of the Christ Child by the ox and ass at 6/57–9. In *IPP* (Kristensson 1974: 84/304–11) Mirk enjoins the priest to teach his parishioners to kneel in the street when they encounter the priest bearing the sacrament.

215–28 *saue . . . away*: The moral of the *narratio* is obscured by the development of this sub-theme of the devil disguised as a black horse.

220 *on . . . wylles*: 'on either knee (cf. *MED* **ner** *adv.*(1) b '~ *nouther* neither one') of my own free will'.

221–2 *it . . . hym*: Phil. 2: 10.

42. St Barnabas

Hand D. Dependent on *LA* (Graesse 1846: 346–9; Maggioni 1998: 523–8; Ryan 1993: i. 318–21), but omitting much detail. Not in Group B or Rev., nor several Group A MSS.

2 *þe . . . apostly*: 11 June. Not one of the original twelve apostles (*he . . . apostolus*, l. 3), but he knew them (ll. 6–10) and accompanied Paul on his first voyage (ll. 11–20) until their dispute over John Mark (ll. 21–34) and his legendary martyrdom at Salamis (ll. 35–48). See Acts 4–15 *passim.*

2–4 *Bot . . . places*: *RDO* (*PL* 202: 0024; Douteil 1976: 11i).

4–5 *Bot . . . loue*: In the few MSS that do not omit this line (i.e. αBD) the text is so corrupt that it cannot be made intelligible and has been left unemended. B reads: *but everywhere his day is woman holy*; D reads: *boþe here and ower his day ys womons holy and plees for godis loue men.*

6–10 *whan . . . spryte*: Acts 4: 36–7.

11–20 *Whan . . . persecusyon*: Acts 9: 26–7.

13–14 *as . . . wolf*: Cf. *LA*: *tam quam lupum agni* (Graesse 1846: 347). The development at ll. 14–18 may be Mirk's own; it echoes 39/92–4 (*So . . . meke*).

19–20 *sewed . . . persecusyon*: Paul and Barnabas were sent together from Antioch on the first missionary journey (Acts 13–15).

22–38 *Poule . . . chere*: Acts 12: 25; 15: 36–41. Barnabas and John Mark went to Cyprus, while Paul went with Silas through Syria and Cilicia. Their later history is dependent on legend (cf. Graesse 1846: 348–9).

24–5 *he*[2] . . . *Poule*: 'he did not dare, but openly opposed Paul'. The ungrammatical *aȝaynestande* is because the scribe has assumed its dependence on *durste not*, i.e. dared not oppose.

30 *for*[1] . . . *son*: Col. 4: 10, where he is said to be Barnabas's sister's son.

39–40 *makyng . . . mawmentry*: 'performing spectacles of their false gods' (*MED* **plei(e)** *n.* 6a). Cf. *LA*: *sic sua festa agentes* (Graessse 1846: 349).

46 *þat . . . Barnabe*: 'what of Barnabas was unburnt'. Jacobus says that the pagans had collected his bones into an urn with the intention of throwing it in the sea.

43. St Winifred

Hand D. Dependent on *Vita II* (*AS* 1887: November i. 708–31, discussed Owen & Blakeway 1825: ii. 36–41) by Robert, Benedictine prior of Shrewsbury (see 84–102n). For a discussion of the sermon, see Girsch 1995. Ed. from α by Horstmann 1880: 314–19 and from the Stonyhurst MS (see Appendix II.vi) by de Smedt 1887: 305–10. For the sermon in the so-called 'Shrewsbury manuscript', see Appendix II.vi. Not in Group B or Rev., nor several Group A MSS.

2 *Thys . . . Wenefreday*: 21 June, the date of her decapitation (see 2–3n). St Winifred was a seventh-century Welsh saint whose midsummer feast was celebrated locally in and around Shrewsbury (the largest town near Mirk's abbey at Lilleshall).

2–3 *It . . . devocion*: 'It is not ordained to be a feast-day except where men have (a special *sc.*) devotion (to the saint *sc.*)'. Mirk wrote before the 1398 constitutions of Roger Walden (see vol. 1, Introduction, §5.3). D alters *not* to *now* and the Stonyhurst transcription omits *not*.

6–7 *And . . . vnderstand*: Whiting 1968: T26. Only αC omit this sentence (which in C is part of a longer omission beginning at *þow*, l. 5). The proverbial pragmatism strikes one as authentically Mirkian, and Mirk certainly put into practice the telling of a tale twice, e.g. 22/135–63 and Add1/93–121.

8 *Bewnow*: The cult of St Beuno (sometimes said to be St Winifred's uncle) was practised alongside her own cult at Holywell in north Wales (see 61n). Only in the *Vitae* of Winifred is he made responsible for raising her from the dead (see ll. 51–8). His principal ministry was at Clynnog Fawr, where he founded a monastery and was eventually buried.

9 *Thewnyth*: Recorded with various spellings. *Vita I* calls him *Teuyth* and *Vita II Theuith*.

18–19 *passyng . . . orderes*: i.e. surpassing the orders of married and widowed women, to whom virgins were always considered superior.

23–4 *Wenfrede . . . greuid*: *Vita I* (Wade-Evans 1944: 290–1 (8)) gives as the reason for her remaining home the need to collect fire, water, and salt for the mass; *Vita II*, as here, cites an indisposition (*AS* 1867: November i. 712(8)).

25–6 *a . . . Craddok*: 'a king's son (who *sc.*) was called Caradoc'. In *Vita I* the name is Karadauc, sone of Alauc (Wade-Evans 1944: 290–1); in *Vita II* Chadracus, son of king Alanus (*AS* November 1867: i. 712(8)).

28 *makyn . . . honest*: 'make herself more presentable'.

36–9 *þan . . . þere*: For the graphic descriptions here and at ll. 44–5 (*Cradok . . . gras*) and 57–8 (*scheo . . . þeronne*), see *Vita II* (*AS* 1867: November i. 712–3(9), 713(10), 714(12)). The details differ markedly from *Vita I* (Wade-Evans 1944: 292–3(12)), where she is beheaded at the door of Beuno's monastery.

48–50 *And . . . helle*: In *Vita II* (*AS* 1867: November i. 713(11)) Caradoc liquefies into the ground; in *Vita I* (Wade-Evans 1944: 292–3(13)) he melts like wax in front of the fire. Despite Beuno's suggestion (l. 46) that Caradoc should ask mercy, αBK and the Stonyhurst transcription omit any such response (perhaps through eyeskip). In the other MSS Caradoc is given a chance to repent, which he rejects. D replaces *And . . . pepul*, ll. 48–9 by *but for he wol not but loȝe þerat*, 'but because he would not, but laughed at the suggestion'. ACI add after *pepul*: *and for he wolde not crye mercy in syȝte of alle pepull*, cf. *Vita II* (*AS* 1867: November i. 713(11)) (most likely the correct reading, since a lacuna by eyeskip is very likely).

59–66 *þan . . . threde*: All the MSS refer to three miracles, although αADI and the Stonyhurst transcription list four, as does *Vita II* (BK's omission of the fourth miracle is part of a larger lacuna, *þe*[2] . . . *seme*, ll. 62–74).

61 *a fayre welle*: The place of the saint's martyrdom gained its name (Holywell, or Treffynon) from this well, where numerous miracles were performed until recent times (see 102–5n).

64–6 *Wherefore . . . threde*: *Vita II* (*AS* 1867: November i. 714(12)) records that her name was previously Brewa, but the whiteness of the throat-scar led to the prefix *wen*, Welsh for 'white' (Modern Welsh *gwyn*). Thus, with changes made to two letters of the name Brewa (presumably, *b* and *w*), she became Wenefreda. In fact, the name Winifred represents an Anglicization of the Welsh *Gwenf(f)rewi*. Mirk's interpretation of the name as 'a white thread' appears to be based on *wen*, 'white' and *fred*, 'thread', a Welsh-English hybrid.

70–83 *Bewnow . . . before*: Much condensed from *Vita II*'s description of how Beuno left Winifred to settle in Clynnog Fawr (*AS* 1867: November i. 715(14)–7(18)) and how, after his death, she left Holywell and visited SS Deiferus and Saturnus before coming to St Elerius at Gwytherin, where she became abbess after his mother, St Theonia, had died, and where she herself ended her days (718(21)–23(32)).

71–3 *as . . . hyr*: The usual 3 fem. sg. pron. in sermon 43 is *scheo* (35 examples, two examples of *sche*). The three scribal examples of *hoo* in these lines look in each case as if they are alterations of *he* (less likely *ho*). The scribe may have misread an exemplar where the feminine pronoun was *he* and then altered it clumsily into an acceptable feminine form (although not the one usual to him). See 14/42n.

71 *as . . . place*: 'as she was warned by revelation, (she *sc.*) went to another place', i.e. Gwytherin.

84–102 *Now . . . now*: Based on the detailed account (*AS* 1867: November i. 726–31) of the Benedictine Prior of Shrewsbury, Robert, who took part in the expedition to Gwytherin which resulted in the removal of St Winifred's bones to Shrewsbury.

85–8 *monkys . . . haddon*: On the monks' unhappiness at their lack of relics and the convenient location of Wales, with its many saints, see *Vita II* (*AS* 1867: November i. 727 (1)).

89–91 *he . . . forth*: The Elizabethan transcriber of the Stonyhurst sermon has misunderstood *prior* and has written: *the Abbott of that house . . . made his prayer, goinge to Wales . . . So went his prayer forthe* (de Smedt 1887: 309(7)), which in turn has misled de Smedt to note that *sacras exuvias e Wallia ab ipso abbate Salopiensi translatas perperam asserit orator* (306).

92 *strench of lordeschep*: 'the power and influence of men in high position'. *Strench* (variant of *MED* **streng(e)** *n.*) is more likely here to mean legal force (*MED* 10), rather than physical strength (*MED* 1a) or unlawful force (*MED* 1f). Although there was much popular opposition, Robert records that the local Welsh prince supported their bid for Winifred's bones, the prior of Chester (one of their party) had encouraging visions, and the priest of the church at Gwytherin was warned in a vision not to hinder their plans (*AS* 1867: November i. 727(3); i. 728–9(5); i. 729 (5)).

93–4 *Seynt . . . ende*: *Vita II* (*AS* 1867: November i. 731(11)), the earliest reference to the (chapel of the) leper hospital of St Giles, of which the abbey was presumably the patron then, as later (Gaydon 1973: ii. 106).

97–9 *in . . . .sekenesse*: Perhaps a reference to the healing of a young cripple at St Giles's church, described by Prior Robert (*AS* 1867: November i. 731(11–12)), which occasioned a great crowd coming to the translation of the saint's bones. Robert, however, does not specify name and village, as does Mirk.

101–2 *setton . . . now*: 'placed her where she is now'. *Vita II* notes that her bones were placed on the altar to SS Peter and Paul (*AS* 1867: November i. 731 (12)). The north aisle of the abbey church still retains the remains of the shrine (*scryne*, l. 113), rebuilt in Mirk's own lifetime by Abbot Nicholas Stevens (1361–99), who was also responsible for the acquisition of St Beuno's bones (Chibnall 1973: ii. 33).

102–5 *God . . . welle*: Both *Vitae* end with details of miracles at Holywell and elsewhere (*AS* 1867: November i. 294–309(21–48), 725–6(34–40), 730–1(10–12)) but do not include the three miracles which Mirk goes on to narrate, which, if not amongst the thirty great miracles written down but now seemingly lost, must be amongst those *not wryton* but clearly widely known in the Shrewsbury area (ll. 103–4). For another Winifred miracle, see 21/144–66n.

107 *a . . . toune*: For *Erkall*, a Shropshire hill recorded 1394, see Gelling (for 1984–5, 1985–6): 124. *Erkal toune* is presumably either High Ercall or Child's Ercall, both within ten miles of the Ercall.

114 *whate . . . wery*: 'what with having kept awake all night and being tired' (*MED* **weri** *n.* '*for* ~ on account of weariness').

114 *he . . . sclepe*: It appears to have been the nature of the recovery that the sick person should fall asleep and wake healed (cf. *Vita II*, *AS* 1867: November i. 730(10), 731(11)).

130–6 *Also . . . deth*: Only this passage survives to testify to the existence of a 'Shrewsbury manuscript' (see Appendix II.vi).

131 *an*[I] *. . . vryne*: The familiar word at the time was probably *atturcoppe* (OE *at(t)or-coppe*, lit. 'poison-head'), used of a venemous spider (*MED* **atter-cop(pe)** *n.* a). The French loan was *vryne* (*arrand* I) (*MED* **arain(e)** *n.* from OF *araigne*, *iraigne*).

139 *þe . . . inne*: The significant product of the Shrewsbury shrine was water in which the saint's bones had been washed for her translation, applied both externally (as here) and internally (as in the miracle at ll. 147–63). Its efficacy was first recorded when dust from the saint's head was mixed with holy water to heal a sick man during her translation to Shrewsbury (*AS* 1867: November i. 730–1(10)).

163 *lyue*: Only D and the Stonyhurst transcription have a formal conclusion: *and soo was. Now pray we þis holy maydyn and martyr þat scho wyl pray for vs to our lord ihesu crist þat we may* [*liue so heere that we may* add. Stonyhurst] *come to þe blysse þat he boght vs to Amen.*

44. Nativity of St John Baptist

Hand D. Dependent on *LA* material for the feasts of St John's nativity and decollation (Graesse 1846: 356–64, 566–75; Maggioni 1998: 873–85; Ryan 1993: i. 328–36, ii. 132–40). EF omit ll. 118–49 (*and . . . cetera*). g ends imp. (ll. 83–149, *in . . . cetera*, om.); h considerably condenses ll. 22–41 (*And . . . dyssese*). Rev. omits ll. 140–9; R2 expands at l. 73 (Zacharias's canticle, John as precursor of Christ, the tokens of love shown John by Christ). For details of R1, see O'Mara and Paul 2007: ii. 1177–9. For details of a sixteenth-century transcription (York, Borthwick Institute, H.C.C.P. 1590/5), see Appendix II.vi.

2 *Seynt . . . Baptyste*: Midsummer Day, 24 June.

2–3 *þat . . . Iordayne*: Matt. 3: 13–17; Mark 1: 9–11; Luke 3: 21–2; John 1: 29–34.

5–12 *In . . . fasting*: For a similar explanation for the introduction of fasting on Maundy Thursday, see 28/76–89n.

12–14 *Bot . . . ȝow*: L. *vigilia*, 'staying awake, watching'; Eng. *even*, 'evening before a festival' (l. 13, *MED* **eve(n)** 2), 'evening' (l. 14, *MED* **eve(n)** 1).

16 *þree maner fyres*: Only one fire (of bones) in *LA* (Graesse 1846: 363–4).

16–17 *One . . . bonfyre*: The etymology is correct (*OED* **bonfire** *n.*).

17–18 *anoþer . . . it*: 'another . . . is called a watch-fire because men sit and watch by it'. Only α and Group B have *wode-fyre*; for the correct *wake-fyre*, see *OED* **wake** *n.*[1] 7.

18–19 *þe . . . fyre*: St. John's Eve coincided with Midsummer Eve as a time of popular celebration which drew on pagan as much as Christian tradition, cf. *Speculum Sacerdotale*, (Weatherly 1936: 166/21–5). For bonfires, see Cressy 1989; Hampson 1841: i. 302–3; Duffy 1992: 138.

20 *as . . . telleth*: *LA* (Graesse 1846: 363), although Beleth merely refers to keeping watch *cum cereis et luminaribus* (*PL* 202: 0095–7; Douteil 1976: 136a).

20–4 *For . . . sekenes*: 'For in that country there is great heat, which so enflames the dragons that they copulate together. And as they fly in the air, they release into the waters dragon-sperm and so poison the waters that many people take their death from that poison and many suffer great sicknes.' A complex passage in all MSS, which Group B augments after *infere* (l. 22).

23 *frogh . . . kynde*: 'their natural froth'. The meaning must be 'sperm' (see 20–4n), not recorded *MED* (*MED* **froth(e)** *n.* a 'foam, spume, froth', b 'foaming saliva').

24–37 *þan . . . wyse*[1]: Not in *LA*. The reference is to the Battle of the Hydaspes River (326 BC), in which Alexander the Great defeated the Indian king Porus with his eighty-five elephants. For an attempt to explain the tenuous connection between frightening elephants and frightening dragons, see Cronin 1942.

24–5 *þan . . . Alysaunder*: 'then there were many great scholars and (they *sc.*) read about King Alexander'.

27–8 *bering . . . bakkys*: 'carrying wooden castles on their backs' (i.e. enclosed seats in which men might sit with some protection from battle).

42–3 *þe . . . lyghtyng*: *LA* (Graesse 1846: 364), cf. John 5: 35. For a remarkable mid-eighteenth-century corroboration of Mirk's explanation of the second fire: 'Being Midsummer Eve there were Bonfires all over the Country, and asking the young man who drove me, what the meaning of it was, he said in these words: "It is the Eve of St. John Baptist: they make a light; it is the light; He came to testify of the light"' (Stokes 1891: 6).

47–9 *Beforron . . . pepul*: Jer. 1: 5.

50–73 *þan . . . borne*: Luke 1: 5–80.

60–5 *And . . . erthe*: Cf. 23/47–58n, 55n. For iconography of the Visitation, see Réau 1955–9: ii. 2/195–201.

75–85 *he*[2] *. . . þer*: For the substance (but not the detail, which is reduced in EFh), see Mark 1: 4–6.

78–82 *a*[2] *. . . fode*: An interestingly detailed development of Mark 1: 6, particularly in the information that the locusts feed on honeysuckle flowers which the poor gather and fry in oil (just as contemporary Italians treat courgette flowers).

85 *wode-hony*: Cf. Vulgate *mel silvestre*.

86–96 *þis . . . Trinite*: Matt. 3: 13–17; Mark 1: 9–11; Luke 3: 21–2; John 1: 29–34. The Trinity was present in the voice of God the Father, the presence of Christ the Son, and the dove as the personification of the Holy Ghost.

88 *wyth hys fyngur*: The importance of the finger, which pointed to Christ, is illustrated by the legend that, when St John's bones were burnt (see ll. 98, 120), the finger remained unburnt. Cf. *LA* (Graesse 1846: 574); *Speculum Sacerdotale* (Weatherly 1936: 166/1–3, 25–8).

98–118 *We . . . it*: Matt. 14: 1–12; Mark 6: 14–29; Luke 3: 19–20. Cf. *LA*

(Graesse 1846: 567–8). The burial of the head by Herodias is not scriptural, although the Vulgate implies that it was the headless body which the disciples removed (and certainly various heads of the Baptist came to be venerated after his execution).

116–17 *hyr . . . priuey*: The burial of the head in a latrine (*MED* **prive** *n.* 2a) is not recorded in *LA*, and is only in αABCI (the other MSS have *pryue place*, 'secret place').

123–7 *þus . . . Criste*: The evidence of the Baptist's holiness is taken from the *LA* list of nine special and singular privileges (Graesse 1846: 358–9).

128–39 *ȝe . . . Iohnes*: In *LA* Jacobus cites (dismissively) the suggestion that this rivalry was occasioned by the the usurping of St John the Evangelist's day by that of the Baptist. Also Tubach 1969: 222/2829.

129–30 *hys . . . .Cristemes*: 27 December (Sermon 8).

130–2 *þan . . . Iohn²*: The syntax (with the suspended subject, *too . . . diuinite*) is confirmed by DGIJ but may involve a lacuna (cf. *hyt fel þat twoo grete maystrus of dyuynyte loueden (oon* canc.*) þese Ionus, oon of hem . . . and þat oþer . . . .* ABCHK, *þese Ionus* om. BCK). The Group B text (cf. DI) confirms that *ȝette* (l. 131), normally 'yet' (see Glossary *sub* **ȝitte**), means 'that': *it fill that two grete maistirs of diuinitee that oon loued that oon saynt Iohn and that othir that othir saynt Iohn* (a, with minor variants), perhaps the result of the scribe's misunderstanding of an original *ȝat*, i.e. *þat* (for ⟨ȝ⟩ for ⟨*þ*⟩, see 21/158n).

140–9 *Two . . . cetera*: Cf. Tubach 1969: 222/2829.

45. SS Peter and Paul

Hand D. Dependent on the two legends in *LA* (Graesse 1846: 368–79, 380–96; Maggioni 1998: 559–75, 576–97; Ryan 1993: 340–50, 350–64), in turn based on the apocryphal *Acts of Paul* and *Acts of Peter* (Elliott 1993: 350–89, 390–438). A omits ll. 46–108 (*stabulnesse . . . desese*), R3 omits ll. 20–95 (*more . . . schapyn*), and b ends imp. (ll. 142–61, *þat . . . schewod*, om.), all through lost ff. G ends at l. 59 (*anone*). For details of R1, see O'Mara and Paul 2007: ii. 1179–80.

2–3 *a . . . Paule*: 29 June. The two saints were commemorated jointly on the day of their martyrdom. Peter was the leader of the apostles; Paul was the persecutor of Christians, famously converted on the road to Damascus (see Sermon 13). After Christ's ascension, both men became apostles to the Gentiles.

6–17 *Criste . . . amenden*: The iconography is the enthroned Christ displaying his five wounds, with SS Peter and Paul on either side.

14 *schewer*: 'one who reveals things' (*MED* **sheuer(e)** *n.* b).

20–1 *Poule . . . heven*: Paul is traditionally depicted with the sword with which he was beheaded, cf. *LA* (Graesse 1846: 383), and Peter with the keys of heaven, cf. Matt. 16: 19. See Réau 1955–9: iii. 3/1034–50 (esp. 1038–9), 1076–1100 (esp. 1082–3).

25–30 *þan . . . servandes*: Acts 9: 1–22. The bulk of the sermon is devoted to Peter, since Mirk had already treated Paul fully in Sermon 13.

29–30 *vndyrlyng . . . servandes*: 'servant to all God's servants'. The phrase (*servus servorum Dei*) is traditionally applied to popes and so would be more appropriate to Peter (as first pope) than to Paul.

32–6 *he*[1] *. . . hym*: Luke 22: 33–4.

37–41 *whan . . . bytturly*: Matt. 26: 69–75; Mark 14: 66–72; Luke 22: 54–62; John 18: 15–27.

38 *he*[1] *. . . Cryste*: 'he swore that he never knew Christ and was wide-eyed with astonishment' (*MED* **staren** *v.* 2). The reading is a little forced but *and stared* is recorded in αI, as an interlinear insert in G, and in Group B. D has *stant*, 'stands', which is no better, and the phrase is omitted in the other Group A MSS.

42–3 *hydde . . . name*: The hiding place is not scriptural, nor the fact that Peter remained separate from the other apostles until Christ called him by name (cf. Acts 10: 13).

46–7 *Criste . . . stone*[1]: Matt. 16: 18. Gk *πετρα* means 'rock' (cf. John 1: 42).

51–8 *He . . . eyon*: Jacobus gives St Clement as the authority for this material (see 100n). He does not record that Peter ate *flesche* (l. 52), although a literal reading of Acts 10: 9–16 (cf. Acts 11: 1–18) might have suggested so.

56–7 *so . . . bosom*: 'so that (he *sc.*) always had a cloth on his person'.

58–9 *þan . . . anone*: Cf. Acts 5: 15. Peter was the first apostle to perform a miracle (Acts 3: 1–11) and became the greatest miracle-worker of all the apostles.

60–6 *And . . . wordys*: C corrects *fowrety* (l. 65) to *syxty*, since, if one man died twenty days into the journey and the other returned and then set out again, the man must have been dead for sixty days in all.

67–76 *þan . . . dude*: Acts 12: 1–11 (the incident which provided the foundation for the feast of St Peter ad Vincula, 1 August). For the custom of keeping watch with bonfires, see 44/18–19n.

77–8 *þan . . . fayth*: The attribution to Peter of a twenty-five-year episcopate in Rome is unsupported but traditional, cf. *LA* (Graesse 1846: 371).

78–118 *Bot . . . pesus*: Acts 8: 9–24, considerably enhanced in *LA* (Graesse 1846: 370–4), again from St Clement (51–8n).

78–9 *fendes lyme*: 'fiend's limb' (*MED* **lim** *n.*(1) 4a '*fendes* ~ follower or agent of the devil'), a Lollard term (Spencer 1993: 480–1 n. 77).

100 *Clement*: Pope after Peter, Linus, and Cletus, but widely considered to have been pope directly after Peter, hence his knowledge of his life and habits. Origen identified him with Paul's fellow-prisoner (Phil. 4: 3).

102–3 *þan . . . pepul*: Paul's sojourn in Rome is confirmed by Scripture, but not Peter's.

110 *Capytolion*: The Capitoline Hill in Rome. Mirk's *toure of Capytolion* (ll. 111–12) is either a misunderstanding or a conflation of Jacobus' statement that he either went up a high tower or, according to Linus, ascended the Capitoline hill (Graesse 1846: 373).

115–16 *It . . . praye*: 'it falls to you to command and me to pray'.

120–2 *done . . . gentil-man*: Jacobus instead explains Peter's crucifixion by his alien status and Paul's beheading by his Roman citizenship.

125–7 *þan . . . Rome*: Jacobus implies that they were not buried together until thrown into a well by Christian Greeks.

127–8 *þan . . . Rome*: The Emperor Constantine built the first churches for the saints, San Pietro (St Peter's) and San Paolo fuori le Mura (St Paul's outside the walls).

130–1 *þe . . . fyscher*: 'the bigger bones are those of the preacher and the smaller of the fisher'.

132–61 *þan . . . schewod*: Not in *LA*. Cf. John of Tynemouth (Horstmann 1901: i. 337/15–338/21). Also very similar to details in Aberystwyth, National Library of Wales MS 21608, the ME prose *Brut* (Marx 2003: 4/20–5/18). The chronicler explains why the abbot of Westminster refused Richard II's demand that the church be reconsecrated after the violence of 1378–9: *for he seide þat the churche off Westmynstre wasse haulowed be Seynt Petir be miracle, and þerfor yt neded not to be haulowed of no oþer mon, and broght forth the crovnacle how Seynt Petyr halowed yt, þe whiche cronicle foloweth herafter in this wise* (4/2–5).

132–4 *þan . . . Petur*: As recorded in Bede, *Historia Ecclesiastica*, bk. 2, ch. 3 (Colgrave & Mynors 1981: 142–5), Ethelbert of Kent built St Paul's Cathedral in 604 in the area ruled by his nephew and underlord, Saeberht of the East Saxons. An early medieval tradition also ascribed the founding of Westminster Abbey (formerly the Benedictine abbey of St Peter) to Saeberht in 616.

140–3 *þis . . . wondyr*: The light comes from the candles, the scent from the incense, and the singing from the chanting of the *Veni, creator spiritus*, the litany of the saints, and the canticle *Benedictus*, all part of the ceremony of consecration or dedication of a church.

153 *bot . . . masse*: For the Mass for the dedication of a church, see Legg 1916: 202–4.

155–7 *alle . . . walles*: The consecration of a church involves an elaborate rite in which candles are lit at twelve crosses on the walls and the external and internal walls are sprinkled with holy water, the doors, altar, internal walls, and floor with Gregorian water (water, salt, ashes, and wine, a mixture prescribed by St Gregory the Great), and the pillars and crosses on the walls with chrism.

159–61 *þe*[1] *. . . schewod*: Since the main ceremony has already miraculously taken place, it only remains for the bishop to sing the Mass and give a sermon (ll. 153–4), after which the people kneel and sing the Latin hymn of thanksgiving, *Te Deum laudamus*.

46. Life of Nero

Hand D. Dependent for the Nero material (ll. 40–92) on the *LA* legend of St Peter (Graesse 1846: 376–7; Maggioni 1998: 570–3; Ryan 1993: i. 346–8). Not in Group B or Rev., nor several Group A MSS.

1 *Denarracio . . . sermo*: Only α uses *sermo* in the title (perhaps an addition to the original rubric). CIK indicate that the material is not to be preached: *Incipit confabulatio inter socios dicenda et non predicanda in ecclesia* (C, f. 47[v]), *sequitur confabulacio de morte Neronis imperatoris non predicanda parachanis sed inter consortes fabulacio* (I, p. 217), *narracio de morte Neronis imperatoris non predicanda* (K, f. 104[v]). The other MSS have no rubric: BH begin no. 46 in the same line as the end of no. 45; D ends no. 45 with *Amen* (f. 109[v]) and begins no. 46 with a two-line initial *Ȝ* (*Ȝet*) (f. 110[r]). See further 140–5n.

18–19 *Whyl . . . ioye*: 'as long as an evil example has influence, he who gave that (example *sc.*) need never come to perfect joy'. The use of *þar* (*MED* **thurven** *v.*) is unique (and odd): the other MSS read *schal*.

20–31 *I . . . me*: Cf. Tundal's vision in John of Tynemouth's *Sanctilogium* (Horstmann 1901: ii. 300–12). For another *narratio* of a chastened and chastised *revenant*, see 1/121–40n.

25–7 *alle . . . hownde*: 'the whole of his body full of cracks (*MED* **chine** *n.* 1a) like an earth wall (baked *sc.*) in the sun, and these cracks stank like a mangy (*MED* **pullen** *v.* 1b, esp. quotation *c.*1410) dog'.

34–8 *þus . . . þerfore*: For Nero's confidence in Simon Magus rather than SS Peter and Paul, see 45/104–22.

40–91 *We . . . hym*: Jacobus wisely notes that this material is apocryphal. Mirk omits the *LA* detail of Nero's same-sex marriage.

40–8 *We . . . þe*: Jacobus' organization of the material is more coherent. When Seneca asks for his wages (ll. 40–2), Nero offers only the bough of a tree to hang himself on (ll. 45–7). Seneca then asks why he has deserved death, and the story unfolds (ll. 42–5, 47–8).

40–1 *whan . . . hym*[2]: 'when Seneca, his master (who *sc.*) taught him in his youth, came to him'.

42–3 *smote . . . swerde*: In *LA* he merely brandishes the sword over his head. Only recorded here (*MED* **bradling**, *adj.* 'with the flat side of the sword').

53 *quasi se necans*: 'as if "killing himself"'. For Mirk's use of another of Jacobus' notorious etymologies, see 86–7n.

54–9 *Annoþer . . . sore*: Mirk omits the detail of Nero's singing the *Iliad* as Rome burned.

58 *tayte*: A Scandinavian loanword (*MED* **tait(e)** *n.* 'entertainment') found only in αC (other variants: *game* BH, *joye* D, *gret chere* I, *sporte* K).

84–7 *þan . . . frogge*: According to *LA*, it was raised inside a stone chamber. When the Romans expelled Nero, they found the frog, threw it out, and burned it: *unde et pars illa civitatis . . . ubi latuerat rana, Lateranensis nomen accepit* (Graesse 1846: 377). The name *Lateran* actually comes from the palace of the Senator Plautius Lateranus, executed by Nero. Mirk has the frog walled up in the great basilica of St John Lateran in Rome.

86–7 *in . . . frogge*: 'that is, in Latin *latens rana*, and in English "hiding frog"'. DH fail to make sense of *daryng* (*MED* **daren** v. 2b(c)) and read *drawyng* and *dryhing* respectively.

89–91 *þan . . . hym*: In *LA* these are alternative accounts of his death.

93 *þus*[1] *. . . lyving*: 'thus a horrible death always follows a wicked life'. The statement is proverbial (cf. ll. 98–9 and see 13/129, 27/5–10), but αDI transpose the noun phrases (for *sueth*, D has *schewythe* and I *folowes*), perhaps by the omission of a preposition such as *thoro* or *aftur*: *and so thoro an euyll begynnyng suethe an foule end* H, *for comonly aftur a cursed lyvyng þer comeþe a foule ende* BCK.

93–5 *þus*[2] *. . . herte*: See 9/71–4n.

95–7 *And . . . herte*: See 27/53n.

97–8 *And . . . hemself*: Nero and Simon Magus conspired to bring about the deaths of SS Peter and Paul (45/95–6).

99–102 *þer . . . helle*: See 45/118 and 78–118n.

103–4 *he . . . dampnacion*: 'he may die well to the world's eye, but in God's eye he goes to his damnation'.

105–39 *Wherefore . . . myght*: *Vitae Patrum* (*PL* 73: 0994–5); Tubach 1969: 345/4533.

128–9 *þan . . . gone*: The soul was believed to leave the body through the mouth at the moment of death. For a MS illustration in which an angel and a devil battle for the soul leaving the body, while Christ (displaying his wounds) and Mary (displaying her breasts) petition God for mercy, see Marks & Williamson (2003): 449 (340). See also Daniell 1997: 40.

140–5 *þis . . . confabulacio*: All the MSS conclude similarly, confirming that the material is for priests, not people, and is not a sermon (*explicit confabulacio* αI).

144–5 *quia . . . simphonia*: The *quia* ('because') belongs properly with the English sentence, but the rest is part of a sequence (i.e. a hymn in rhythmical prose) by Adam of St Victor (d. 1146). The sequence, *Laudes crucis attollamus*, is sung at the feasts of the Invention and Exaltation of the Cross (Legg 1916: 482/31–483/14, cf. 265/21, 321/6). The extract reinforces the theme of Mirk's sermon, the importance of clean speech and clean life.

47. Translation of St Thomas of Canterbury

Hand D. See Sermon 10 for sources. A omits ll. 9–109 (*in*[2] . . . *cetera*), J omits ll. 82–109 (*commaundyng . . . cetera*), a omits ll. 13–109 (*kallud . . . cetera*), all through lost ff. (censorship). Not in Rev. (*Translacio sancti Thome Cantuariensis archiepiscopi placere patet infra natiuitatem domini in historia ibidem*, R1, f. 169^{v})

3 *Seynt . . . Cauntirbyri*: See 10/2n.

5 *þat . . . translatyd*: 7 July, 1220.

10–29 *Furste . . . gouernawnce*: Fitzstephen (Robertson 1875–85: iii. 13–14/1), cf. 10/14–20n.

20 *to*: 'took' (*MED* **taken** *v.*).

23 *Schepe*: Cheapside, the main market and thoroughfare of the city of London (see 10/15n).

30–9 *þus . . . God*: Fitzstephen (Robertson 1875–85: iii. 14/2). Merton Abbey, Surrey was an Austin canon house, like Lilleshall, and, although Thomas was not a canon, he was highly revered by them.

35 *þe . . . houce*: Robert, who became Becket's chaplain and was present at his martyrdom.

40–5 *þan . . . aftyr*: Fitzstephen (Robertson 1877: iii. 17–19/9, 35–7/25).

41 *þe erchebyschop*: Theobald, archbishop of Canterbury.

43 *þe kyng*: Henry II.

47–51 *weryd . . . dayes*: See 10/77–91n.

48–9 *breches . . . hammys*: See 10/82–3n.

52–5 *þus . . . reme*: See 10/107–24n, 107–14n, 114–16n.

56–71 *And . . . Yngland*: Fitzstephen (Robertson 1875–85: iii. 75–6/67), cf. *SEL* (D'Evelyn & Mill 1956–9: ii. 659/1498–660/1514).

72–9 *þan . . . redy*: See 10/125–63n.

75–6 *þe . . . Crystemas*: 29 December, the feast-day of St Thomas of Canterbury.

76–7 *beforen . . . Benet*: Fitzstephen (Robertson 1875–85: iii. 141/141).

78–9 *byried . . . redy*: Fitzstephen records the original burial, which was hurried for fear that the murderers would return and drag the corpse from the church (Robertson 1875–85: iii. 148–9/151). It was not even washed because Becket had been washed in the blood of his martyrdom (Robertson 1875–85: iii. 148/151, cf. 9/59–67n). Thomas's translation is not in Fitzstephen (see 79–108n).

79 *was . . . redy*: '(that *sc.*) was made ready there'. For a similar use of the zero subject relative, see 94n.

79–108 *Bot . . . reme*: All accounts record the miracles, e.g. Fitzstephen (Robertson 1875–85: iii. 149–53/154–6). For the translation, see the letter to Abbot Henry of Croyland (Robertson 1875–85: iv. 425–30), cf. *SEL* (D'Evelyn & Mill 1956–9: ii. 690/17–691/36).

80–1 *þe . . . Steven*: The pope at the time of the translation was Honorius III, but it was Alexander III (1159–81) who had supported Becket in his life and who negotiated the sanctions from Henry II after the martyrdom. Stephen Langton (1207–28) was the officiating archbishop of Canterbury.

83–4 *done . . . pepul*: The body was moved from its original burial place between the altars of SS John the Baptist and Augustine of Canterbury to a new shrine at the east end behind the high altar.

86 *owre . . . rome*: 'over night when he could have some space'. During the day the many pilgrims would be jostling for a sight of the ceremony.

87 *byschoppe of Salysbery*: Richard Poore, bishop 1217–28.

92 *tytul*: L. *titulus*, the correct term for the memorial inscription posted at a tomb (αDcd), but misinterpreted in the other MSS: *lytyll* I, *lytell rolle* BCHK, *litil writing* fh, *letter scrypte* e.

94 *for . . . slayne*: '(who *sc.*) for the right of Holy Church was killed'. See 79n.

94 *fyfte*: Cf. *fyfte*, l. 75. although α has *fowrete*, 'fourth'.

99–100 *þei . . . wykkydly*: 'they loved you most laxly who wounded you so wickedly'. *MED* **losl(i)** *adv.*(c) records only this occurrence, 'with slight fervour'. K provides a Latin verse, citing the source as the saint's legend: *Non te tenere dilexerunt, qui te tam crudeliter attractauerunt. Hec in legenda.*

48. St Margaret

Hand D. Dependent on *LA* (Graesse 1846: 400–3; Maggioni 1998: 616–20; Ryan 1993: i. 368–70), although Mirk omits the disputes between Olibrius and Margaret and the governor's further attempts at persuasion. J begins imp. (ll. 1–5, *De . . . þat*[1], om.) and omits ll. 39–72 (*and . . . and*) through lost ff.; a begins imp. (ll. 1–20, *De . . . of*[1], om. through lost ff.). Not in Rev.

2 *þe . . . Margrete*: 20 July. Probably not an historical figure, the legend of St Margaret was declared apocryphal as early as 494 and her cult suppressed 1969.

3–12 *þagh . . . forthur*: Mirk explains that the day is not a holy day of obligation, unless the church is dedicated to St Margaret, but he recognizes her popularity (see 98–106n) and that people might wish to fast her vigil, as if it were an important feast-day. He warns, however, that fasting is of benefit only to the faster, whereas a mass in church benefits many.

15 *scheo . . . fadur*: Theodosius (Graesse 1846: 400).

34–5 *if . . . lemman*: The distinction in Olibrius' planned treatment of Margaret, which depends on her social class, is already in *LA* (Graesse 1846: 400) but is reminiscent of Chaucer's comment on Alisoun in *The Canterbury Tales*: *She was a prymerole, a piggesnye, / For any lord to leggen in his bedde, / Or yet for any good yeman to wedde* ('The Miller's Tale', ll. 3268–70).

50–1 *alle . . . hym*[1]: 'utterly confounded, with his hands tied behind him' (not in *LA*).

55–6 *nogh . . . me*[1]: 'now such a nothing has gained mastery over me'.

57–9 *where . . . fende*: Cf. Réau 1955–9: iii. 2/880.

60 *Holde . . . fende*: 'stop your gabbling, devil!'

62–3 *My . . . helle*: See 28/151–2n.

69 *and . . . was*: 'and (he *sc.*) said that he was'. The text is corrupt and has been emended from I (*and sayd more how þat he was*). The abrupt change from *oratio recta* to *obliqua* is awkward (and not found in the Group B text).

69–75 *on . . . mowne*: Cf. *SEL* (D'Evelyn & Mill 1956–9: i. 298/203–299/226).

82–4 *scheo . . . men*: 'she begged God that cauldron might be her font, and the water the lotion (*MED* **lavour** *n.* c, cf. *OED* **laver** *n.*(2) 2) and washing of all her sins, and (that she might *sc.*) in this way be baptized into the company of Christian men'. As a pagan, Margaret asks that her instrument of martrydom, the cauldron of water, might serve as the font and water of her baptism.

87–91 *þerwyth . . . commyng*: Only the voice from heaven is in *LA*, the scene having been developed by comparison with Christ's baptism (see 44/2–3n).

90 *turnent*: Recorded as a variant of *MED* **torment** *n.*, but *MED* notes that *n-* forms show some confusion with **tournement** *n.* Those MSS which clearly read *turnement* here (DEFace) picture Margaret as having entered a tournament, or trial of strength, in Christ's name.

95–6 *þe . . . martyres*: Cf. the Innocents and Thomas Becket (9/59–67n, 47/78–9n).

98–106 *Bot . . . euremore*: Cf. *SEL* (D'Evelyn & Mill 1956–9: i. 301/269–88). Margaret's late medieval popularity owed much to these promises; in *LA* she prays for her persecutors and supporters, mentioning particularly women in labour.

108–10 *here . . . hevne*: Not in *LA*, but the dove is a feature of the baptism of Christ (see 87–91n). For the different exits of wicked and holy souls from the body, see 46/114–19, 125–34.

49. St Mary Magdalene

Hand D. Dependent on *LA* (Graesse 1846: 407–17; Maggioni 1998: 628–42; Ryan 1993: i. 374–83), although Mirk omits the translation of the saint's relics to Vézelay and the miracles performed after her death. For the legend and its impact see Jansen 2000. F omits ll. 66–100 (*of . . . ssee*), a omits ll. 25–80 (*aftyr . . . graunte*), b begins imp. (ll. 1–15, *De . . . hys*, om.), R3 begins imp. (ll. 1–119, *De . . . ferus*, om.), all through lost ff. For details of R1, see O'Mara and Paul 2007: ii. 1181–2.

2 *þe . . . Magdale*: 22 July.

3–4 *oure . . . wommen*: Mary Magdalene was the woman from whom Christ cast out seven devils (l. 39) and who witnessed his crucifixion and was first to meet him in his risen state (see 43–50n). St Gregory the Great identified her with the sister of Martha (see 13–18n) and the woman who anointed Christ's feet with oil (see 27–38n). Because of these events she has a higher profile than any other woman in Christ's life, including the Virgin Mary (although Mirk notes that Christ loved her most *aftur his modur*, and he omits Jacobus' further details of Christ's love for her).

5–6 *in . . . grace*: i.e. after Christ's incarnation.

8 *sore*: Emended from Group A (but *greuesly* H, *for* IJ) (om. Group B).

13–18 *þis . . . þerof*: Mary Magdalene is here identified with the Mary who was the sister of Lazarus and Martha, with whom Christ lodged in Bethany the week before his passion (John 12: 1–11). The details of the three lordships are from *LA* and not scriptural.

16 *Magdaleyn Castele*: See 54/20n.

19–23 *þan . . . womman*: The phrase *as many bokys tellyth* affirms the wide circulation of the apocryphal tale. Cf. *SEL* (D'Evelyn & Mill 1956–9: i. 303/9–18). See 8/8–10n.

27–38 *þen . . . more*: Cf. Luke 7: 36–50, although the name *Symond* ('Simon') comes from Matt. 26: 6–13 and Mark 14: 3–9, where the episode occurs in the home of Simon the leper. (K rightly identifies Simon as *leprous* and provides the Vulgate text from Luke.) John 12: 3–8 identifies the woman as Mary, sister of Martha, and locates the event in their home in Bethany.

28 *boyste*: Only αDI (*MED* **boist(e)** *n.* 1a), with *boxe* in the other MSS (cf. l. 35).

33 *therus . . . fette*: 'tears from her eyes washed Christ's feet' (Luke 7: 38). For *therus* (*th-* for *t-*), cf. Glossary *sub* **thechyng**; *heyen* has excrescent *h-*.

33 *fax*: Only in Group A MSS (but *fayre (flaxe* H*) here* HIJ).

36 *softely*: 'meekly, humbly' (*MED* **softli** *adv.* 5b), as in most Group B MSS.

38–41 *þan . . . weron*: Luke 8: 2, but presented here as the same occasion as the anointing of Christ's feet. Cf. Mark 16: 9.

43–50 *scheo . . . body*: The apostles' desertion of Christ is recorded in all the gospels (e.g. Matt. 26: 57), followed by Peter's denial of him (e.g. Matt. 26: 69–75). For Mary's presence at the crucifixion, see Matt. 27: 56; Mark 15: 40; John 19: 25, and for her visits to the tomb, see Matt. 27: 61, 28: 1–8; Mark 16: 1–11; Luke 24: 1–12; John 20: 1–18. In Mark and Luke she brings spices, and in Mark and John the risen Christ appears to her in person.

51–3 *he . . . ȝere*: Jacobus cites St Ambrose for the identification of Martha with the woman with a discharge of blood for twelve (*sic*) years (Matt. 9: 20–3; Mark 5: 25–34; Luke 8: 43–8).

53–4 *reysyd . . . graue*: John 11: 1–44.

55–6 *he . . . fette*: The longest account is in John 20: 1–18 (see too Mark 16: 9–11). At v. 17 Christ specifically says to Mary Magdalene *Noli me tangere*, which makes Mirk's assertion that he let her touch him and kiss his feet very strange. Only Kf notice the problem: K inserts *not*, and f replaces *and . . . fette* by *in tokenyng þat she had goten grace and mercy*.

57–64 *þan . . . Martile*: The rest of the sermon departs from Scripture into widely attested legend. Mirk sketches the travels of the siblings, Mary, Martha, and Lazarus, together with Maximinus, to the south of France, where Mary was believed to have settled in the wooded cave of Sainte

Baume, Lazarus in Marseilles (where he became bishop and died under Domitian), Martha in Tarascon, and Maximinus in Aix. Mirk omits the other travellers, Mary Cleophas and Mary Salome (see 51/66–72n). With their black servant, Sara, they settled where they had landed, at the place of pilgrimage now called Les Saintes Maries de la Mer.

60 *Maximinus*: Only DI correctly render the name (*maxeminus* E).

68–70 *And . . . thus*: Condensed from *LA*, where Mary threatens both the ruler of the province and his wife three times before he asks her to perform the test of making his wife fertile.

102–5 *þan . . . bestys*: The MSS show considerable variation here, although all accord with the basic tenor of the man's speech.

103 *for of myne*: 'in return for (something *sc.*) of mine' (*MED* **min** *pron.* 3a), cf. *prece et pretio* (Graesse 1846: 411).

108 *þat . . . kepon*: 'whom (i.e. his wife and son) he entrusted to Mary Magdalene to keep safe'. The relative clause awkwardly refers back to *hem* rather than the more immediate antecedent *mantyl* (l. 107).

132–4 *Woldest . . . wille*: 'if you would now through your goodness raise my wife to life, then I would ever be bound to be your servant, and (I *sc.*) will (be your servant *sc.*) with a very good will'.

151–2 *þan . . . ȝere*: This confusion of Mary Magdalene with the fifth-century saint Mary of Egypt was standard in medieval legend. Mirk omits the appointments of Lazarus and Maximinus as bishops of Marseilles and Aix respectively.

153 *seven sythes*: i.e. at each of the seven canonical hours.

155–73 *Bot . . . synful*: Jacobus' account is more lucid than Mirk's. The priest is paralysed at the sight of Mary being raised and lowered by angels but recognizes it as a sign and asks Mary for enlightenment. She tells him to warn Maximinus that angels will carry her to him the next day, and, when this happens, Maximinus administers the viaticum. Maximinus was later martyred at Aix and buried alongside Mary Magdalene on a site which became the great abbey of Saint Maximin.

171 *makyd . . . hur*: 'had her legend engraved all round it'. Jacobus records that her tomb was identifiable by these details, even after pagans had razed Aix to the ground. The Group B text confuses *grauen* ('engrave') (*MED* **graven** *v.*(1) 3a) with *graue* ('grave') (*MED* **grave** *n.*): *made a graue therynne and all the lyf of hir they wrote*.

50. St James Apostle

Hand D. Dependent on *LA* (Graesse 1846: 421–30; Maggioni 1998: 650–62; Ryan 1993: ii. 3–10), although Mirk uses only three of the eleven *narrationes*. J omits the first two *narrationes* (ll. 122–50) and Rev. the last two (ll. 132–69). For details of R1, see O'Mara and Paul 2007: ii. 1182–3.

2 *Seynt Iamys day*: St James the Great (or Greater, since the other James is known as James the Less) was celebrated 25 July, the day of his translation to Compostela (73n, *he . . . Spayne*). Jacobus begins his legend by discussing James's similarities to his brother John (see Sermons 8 and 35) and his difference from James the Less (see Sermon 32).

6 *our . . . sonne*: It is Zebedee, the father of James and John, who is recorded more often in Scripture (e.g. Mark 3: 17) than their mother, Mary, known to the Middle Ages as Mary Salome (Mark 15: 40; 16: 1). Medieval tradition made her a half-sister of the Virgin (see 49/57–64n and 51/66–72n).

29 *callyd to hym*: Mirk omits Hermogenes's first reaction, which was to immobilize Philetus through his magic arts, so that he could only be released by touching James's handkerchief.

37–8 *nogh . . . vs*: 'now God's angels have tied us up so . . .'.

39 *God lowse ȝow*: 'may God release you', cf. *exsolvat vos angelus dei* (Graesse 1846: 423).

41 *schathe* Only αD(I) and Group B (not f) use the Scandinavian lexeme at ll. 41 (not I), 45 (*MED* **scath(e)** *n.*). The alternative reading is *harme*.

42–5 *þowf . . . skathe*: 'though you sent us there where (*MED* **as** *conj.* 11) we were bound with burning chains, yet (*MED* **but** *conj.* (also as quasi adj., adv., and prep.) 7a) now we shall bind you and bring you before James who forbids us to do you harm'.

48–9 *My . . . euel*: Cf. Luke 6: 27.

52 *sumwhatte . . . me*: 'something of yours (to have *sc.*) about my person'. In response, James gives Hermogenes his staff.

63–4 *anone . . . Herode*: Acts 12: 1–2. Jacobus says it was the high priest Abiathar who dragged James by a rope halter to Herod Agrippa.

73 *gouerrend*: Perhaps an error since *gouer* ends the line and *rend* begins the next.

73 *he . . . Spayne*: Santiago de Compostela, the burial place of Sant Iago (St James), was an important pilgrim destination from the twelfth century. Chaucer's Wife of Bath had been there, as well as to the more important sites of Jerusalem and Rome and the less important sites of Boulogne and Cologne ('The General Prologue' to *The Canterbury Tales*, ll. 463–6).

74 *Lupa*: L. '(female) wolf', cf. *dud hyr wlues kynde* (l. 84). In the St James frescoes at the basilica of San Antonio in Padua (completed 1379), the demonized Lupa is prominent as the ancestress of the Lupi family which commissioned them from Altichiero da Verona.

76–8 *þe*[1] . . . *þerfore*: The image of the body zooming into the softened stone, which then envelops it like a tomb, is a startling one, and Group B prefers the more sedate *voidid* for *dyvod doun* (*sank downe* f).

95 *there . . . over*: 'where they had passed over'.

110 *bestus*: Emended from all the MSS except BD (*bolus*).

110–11 *al to-drawen hem*: 'completely dragged them apart' (*MED* **todrauen** *v.* 1b). The other Group A MSS (and cd of the Group B MSS) refer to the cart, rather than the disciples, being *to-drawen* ('dashed to pieces', *MED* 2c), which makes greater sense as well as according with the source, cf. *currum dissiparent* (Graesse 1846: 425).

115 *wythowte any tokyn*: 'without any sign', an inadequate rendering of *sine alicujus regimine* (Graesse 1846: 425). Although *tokyn* is corroborated by most Group A MSS (om. HJ), *takyng* was probably the original reading (cf. *withowten any tookenyng of any mon* C, *dryvyng* I). The Group B text, while corrupt, confirms a verbal noun: *(any f) touchinge* abcef, *techyng* d.

122–31 *A . . . hym*: Attributed in *LA* to Pope Callistus writing of a Modena man.

129 *to . . . Spayne*: i.e. to his tomb in Compostela.

130–1 *offred . . . bondys*: A reference to the practice of hanging at a saint's tomb the tokens (e.g. chains, crutches, spectacles) of one's cure.

132–50 *Thre . . . dampned*: Attributed in *LA* to Hubert of Besançon writing of three soldiers from Lyons.

141–4 *For . . . hennes*: Jacobus' account has greater clarity: St James arrives carrying the poor female pilgrim's bag as a shield in his left hand and the sick man's staff as a lance in his right hand in order to drive away the devils.

151–69 *Anothyr . . . cetera*: Again attributed in *LA* to Hubert of Besançon, with the additional information that the men were from Lorraine and that the incident happened in the year 1070. For similarities in the *SEL* account, cf. D'Evelyn & Mill 1956–9: i. 327/199–248.

162 *Schew . . . dede*: St James asks to be shown the sick man in order to assure the pilgrim of his death. *LA* is more succinct: *trade mihi hunc mortem* (Graesse 1846: 426).

164 *fyftene dayes iurney*: The Group B text specifies three days, but the number is confirmed by the source and is clearly meant to make up the fifteen days the pilgrims had lost while their companion was sick (l. 154).

165 *Monte . . . Iames*: Monte del Gozo, five km east of Compostela, where pilgrims gain the first view of the towers of the Cathedral.

166 *þe*² . . . *Iames*: i.e. the canons of the cathedral at Compostela.

51. St Anne

Hand D. No sermon in *LA* since the feast was founded later (but see Graesse 1846: 934–5). For late medieval devotion to St Anne, see Nixon 2005. As with Sermon 4, Mirk takes material from the *LA* legend for the Nativity of the Virgin (Graesse 1846: 585–95; Maggioni 1998: 900–17; Ryan 1993: ii. 149–58), using details of the Virgin's genealogy to create a simple sermon based on the five scriptural women named Anne. E omits ll. 63–84 (*For . . . ofspryng*). For details of R1, see O'Mara and Paul 2007: ii. 1183–4.

2 *þe . . . Anne*: 26 July. The cult of the mother of the Virgin developed at different paces in different countries throughout the Middle Ages (Bannister 1903). It did not become a double feast in England until 1383; by the 1530s Mirk's abbey at Lilleshall had a chapel of St Anne with three altars (Chibnall 1973: ii. 78).

9–14 *þe . . . beforon*: For Hannah (Vulgate Anna) and her husband Elkanah (Vulgate Elcana), see 1 Kgs. (*AV* 1 Sam.) 1. Rather than by *ȝevyng of grete almus*, it was by *deuoute preyer to God* (l. 13) and the promise that her son would be given to God that Hannah became fertile (1 Kgs. 1: 10–12). For the ministry of Samuel, see 1 Kgs. (*AV* 1 Sam.) 1–12.

9–10 *þat . . . Heyly*: 'who is chief (i.e. the most important prophet) after Elijah' (Vulgate Elias), on whom see 4 Kgs. (*AV* 2 Kgs.) 1–2. Samuel became priest of the temple after Eli (Vulgate Heli), on whom see 1 Kgs. (*AV* 1 Sam.) 1–4: 18. A unique reading (the other MSS read *was bysschop* for *is schef*).

15–35 *Anothour . . . aȝeyne*: From the apocryphal Book of Tobit. Tobit (*Thobye . . . þe elder*, l. 26) became poor and blind. His son Tobias (*Tobye þe ȝonge*, l. 21) was sent with a companion (the angel Raphael) to secure a debt from a friend in Media. Tobias, with the help of Raphael, saved Sara, daughter of Raguel, from a demon and married her. Raphael recovered the debt and then enabled Tobias to heal Tobit of his blindness. For the Anna (actually Edna) who married Raguel (l. 15), see Tobit 7: 2; for the Anna who married Tobit (l. 26), see Tobit 1: 9.

18–20 *for . . . seruice*: 'through strong desire for her body and not in worship of God nor with the intention of begetting children to do God's service'.

22 *tysyng*: Only α (*MED* **ticinge** *vbl. n.*), with *techyng* in the other MSS (cf. 20/36n).

23–5 *he . . . schyldron*: 'he abstained from sexual intercourse, and (they *sc.*)

were in their prayers, and so the fourth night (he *sc.*) went to her bed and (they *sc.*) had children'. The verb inflections alternate between singular (*-e*) and plural (*-on*) with the omission of most subject pronouns.

26 *þe . . . elder*: Tobit 1: 9. *AV* distinguishes between Tobit for the older man and Tobias for the younger, but the Vulgate (and so *Douay*) makes no such distinction, so that Mirk is obliged to distinguish *Tobye þe ȝonge* (l. 21) from *Thoby . . . þe elder* (l. 26) and to refer at l. 27 to *þis Tobye þat I haue spokyn of beforen.*

28–9 *werkys . . . charite*: Tobit performed the works of mercy, in that his burial of the dead (Tobit 1: 20–2: 10), when added to the six charitable acts of Matthew 25, produced the seven works of mercy of the Christian Church (see 1/80–109n).

29 *to . . . suffraunce*: 'to test his meek endurance'.

36–43 *þe . . . handes*: Luke 2: 36–8. See 14/56–60n, where Mirk is also concerned that the Annes should not be confused.

37 *Candelmes Dey*: i.e. the feast of the Purification of the Virgin (see 14/2n).

44–86 *þe . . . cetera*: Largely based on the early part of the legend of the Nativity of the Virgin in *LA*.

47–62 *þis . . . Dauid*: Jacobus is careful to explain (Graesse 1846: 585) that, because of the virgin birth, the descent from David which was prophesied by Scripture must have been through Mary, not Joseph (although only Joseph is attested to have been of the house of David, cf. Luke 2: 4). He points out that Matthew and Luke give details only of Joseph's descent because they were used to dealing with male lines of descent: this explains Mirk's comment that there are only a few books which tell openly how Joachim descended from David (see 58n). For Herod's burning of the genealogical books in the temple and their rewriting by followers of Christ, see *LA* (Graesse 1846: 585–6), where it is attributed to Bede.

53–4 *þoght . . . hym*: 'thought he would divert this line of kindred to himself and his heirs after him'. Cf. ll. 56–7, *he . . . hyse* ('he might by this means convey by trickery the lineage of king David down to himself and to his heirs').

56 *conveyon*: The word (αI only) is particularly apt with its suggestion of legal conveyancing (*OED* **convey** *v.* 10, although the first recorded date is 1495 and no such meaning is recorded in *MED*).

58 *bot few bokys*: Jacobus cites John of Damascene for the details of descent through Nathan, Levi, Panthar, Barpanthar to Joachim, Mary's father.

66–72 *And . . . Salome*: Anne was believed to have had three husbands, Joachim, Cleophas, and Salome, by each of whom she had a daughter, all called Mary: the Virgin, mother of Christ; Mary Cleophas, mother of James the Less, Joseph Barsabas, Simon, and Judas; Mary Salome, mother of James the Great and John the evangelist. For the later lives of the latter two Maries, see 49/57–64n.

68 *þan . . . Ioachym*: 'then afterwards Joachim died'.

82–3 *as . . . froyte*: Matt. 12: 33.

52. St Laurence

Hand D. Dependent on *LA* (Graesse 1846: 488–501; Maggioni 1998: 754–73; Ryan 1993: ii. 63–74), using only two of the seven miracles. J ends at l. 138 (*mekenesse*); Rev. omits ll. 145–50. For details of R1, see O'Mara and Paul 2007: ii. 1184–5.

2 *Seynt Laurens day*: 10 August. Laurence was a Roman deacon closely associated with Pope Sixtus II (257–8); both suffered martyrdom under Valerian in 258. Very popular in Rome, he had five basilicas dedicated to him, and his cult spread throughout Europe.

2–4 *þe . . . worlde*: Jacobus notes that some sources attribute these words to St Ambrose rather than Maximus.

3 *schynyth*: Although 'to show' (*schewyth* α) is the focal verb in the divisions of the sermon (ll. 11, 14, 31, 97, etc.), it is not the correct reading here. Emendation is with the authority of all the MSS and is confirmed by the source: *illuminavit mundum plane Laurentius* (Graesse 1846: 498).

8–10 *þan . . . spekyng*: Attributed to St Augustine in *LA*, but cf. instead Lactantius, *De Vera Sapientia et Religione*, bk. 4, ch. 22 (*PL* 6: 0519).

14–16 *Seynt . . . Rome*: Laurence was a native of Spain.

16–17 *archedekon . . . pore*: The archdeacon was the chief attendant to the bishop in all his offices, whose principal duties were to assist him in church services and administer charity in his name.

17–19 *þe . . . deth*: According to *LA*, the emperor who plotted (and accomplished) their death was Decius, only named and put into context at l. 58, when Mirk interrupts the second division of his sermon in order to provide the essential background information which he had so far omitted. See 31–96n.

20 *herkenud ȝarne aftur*: 'earnestly inquired for'. Confirmed by most MSS (but *ynqueryd* JK), but *MED* has only one example, of uncertain definition (**herknen** *v.* 3 '(?)learn (that something is so') and the context suggests rather *OED* **hearken** *v.* 8 'To get to hear of; to search out or find by inquiry' (first recorded 1590).

22–3 *a . . . hur*: 'a widow's house that many poor men were lodged in with her'.

25–7 *mekely . . . drynk*: In imitation of Christ's humility in washing his apostles' feet at the Last Supper (John 12: 4–12). The provision for the poor of food, drink, and clothing (cf. l. 21) fulfils three of the deeds of mercy, and the visiting of the sick (ll. 21–8) fulfils a fourth. The widow herself, in harbouring the poor (l. 22), displays a fifth deed of mercy. See 1/80–109n.

31–96 *He . . . synne*: The order of events in *LA* is chronological, but Mirk begins halfway through with the beheading of Pope Sixtus by Decius. While this explains Laurence's acquisition of the treasure, it does not explain how Sixtus himself acquired that treasure, and Mirk must then provide (ll. 52–78) a flashback to earlier events which interrupts the narrative. Decius' imprisonment of Laurence for withholding the treasure (ll. 49–51) is then taken up again at ll. 78–9 (*And whan he herde Larans hadde þis tresoure . . .*).

36–43 *Holy . . . towarde*: Mirk combines what in *LA* are two dialogues of Sixtus and Laurence, one where Sixtus is taken to prison and Laurence begs to go with him, and another where Sixtus is led to execution and Laurence runs after him, telling him that he has distributed the treasure to the poor. In this second division of the sermon, it suits Mirk's theme (generosity versus covetousness) that the treasure should be the reason for the martyrdoms, rather than the persecution of Christians.

41–2 *may not dyre*: 'cannot last'.

43 *þe . . . towarde*: 'great suffering is planned for you'.

58 *an aunterus in batayle*: Only α. The majority reading is *victorius* (BCGHJK), but D has *evourus* (cf. 14/78–80n, 82n) and I *coreus*. There is a lacuna in Group B.

60–9 *þan . . . Rome*: To confer honour on Decius, Philip rides out to meet him on his return. The phrases *a smal mene* ('a small entourage') and *fer oute of Rome* (Jacobus says Verona, which is very far indeed from Rome) suggest Philip's confidence in Decius but also his vulnerability when Decius turns traitor.

70–1 *what . . . hym*^{1}: 'partly for fear of him and partly for his great manliness', Mirk's own explanation for the senators' easy submission.

76–7 *þei . . . pore*: 'they should share out that treasure, some to Holy Church and the rest (they should *sc.*) give to the poor'.

78–9 *whan . . . preson*: In *LA* Decius hands Laurence over to the prefect Valerian who then hands him to another prefect, Hippolytus. Mirk omits yet another conversion story, in which Hippolytus becomes Christian, Hippolytus being the subject of Jacobus' next legend.

86–7 *Laurens . . . furste*: 'Laurence prayed for three days' respite'. All MSS read *preyed* (except *askid of him* abe), and α's *preying* is uncorroborated and difficult to accommodate syntactically with *and* (l. 87).

90–4 *Lo . . . heven*: The poor, lame, blind, and crippled are shown to Decius as examples of lasting treasure.

99–102 *ȝardus . . . gryderen*: Mirk embellishes Jacobus' *omne genus tormentorum* (Graesse 1846: 491), but the important item is the last, the gridiron on which Laurence was martyred and which became his symbol (see Réau 1955–9: iii. 2, Plate 49).

100–1 *schaftes of yron*: Emended from Group A (*om.* J), but a reading similar to α (*schafes yron*) may have influenced the Group B text (*sharp yrns* abce, *sharpe thornes* f, om. d).

105–7 *Vnblessid . . . sake*: Mirk develops the metaphor inherent in Laurence's words: *infelix, has epulas semper optavi* (Graesse 1846: 491). He omits the further witticisms between Decius and Laurence, which play on *epulae*, 'banquet dishes'.

125–6 *bot . . . folwod*: 'but hurry so that he might be baptized' (i.e. before Laurence died under torture).

131–2 *Wreche . . . rosteth*: 'wretch, this one side is done—turn it and eat it while the other side is roasting'. Laurence's quip continues the feasting metaphor.

145–50 *Seynt . . . dayes*: Cf. St Gregory the Great, *Dialogorum Libri IV*, bk. 3, ch. 47 (*PL* 77: 0305–13). Jacobus correctly names the priest Sanctulus (not so recorded in any *F* MS). Group B is more remote from the source in replacing *alle ten dayes* by *(the) tyme of the werke* abcde (*as longe as his werke lastid* f).

151–64 *I . . . cetera*: Mirk uses only the latter part of Jacobus' story about the Holy Roman Emperor Henry II (1002–24). Only αDI and Group B give the devil's words, ll. 161–2 (cf. Graesse 1846: 495).

155–6 *to*[2] *. . . hym*: 'to see if they might find anything in him', i.e. to use as evidence of their claim to him. Cf. *MED* **geten** *v.*(1) 2c(b).

159–60 *þilk brennyng dekyn*: 'that burning deacon', cf. *adustus ille Laurentius* (Graesse 1846: 495).

161–2 *þe ton ere*: 'the one ear' (reduced from *þat on ere* DIf). The reference is to one handle of the chalice.

162–3 *a . . . Laurens*: Jacobus says it was made for the church at Einstetten.

53. Assumption of the Virgin

Hand D. Dependent on *LA* (Graesse 1846: 504–27; Maggioni 1998: 779–810; Ryan 1993: ii. 77–97), but abridged (see 63–73n, 74–95n) and with only three of the several miracles. The doctrine of the Virgin's bodily Assumption into heaven (L. *assumptio*, 'taking up') was formulated in the sixth century but had its origins in fourth-century apocrypha (Elliott 1993: 689–723). The Virgin as Christ's partner in heaven (ll. 15–16, 23–5) was reinforced by parallels in their end-of-life narratives (see below, *passim*) and led to increasing emphasis on her role as a mediator with her Son (ll. 4–5). See Warner 1976: 81–102 and for iconography Réau 1957: ii. 2/601–35. G provides two extracts and one sermon (McIntosh & Wakelin 1982), the sermon in Hand A, language 10, the extracts from the same (or a very similar) text (*Thys assumpcion was don ioyfully. . . ioyfully*, f. 137[br], cf. ll. 97–126; *But . . . mony*, f. 137[bv], cf. ll. 132–42). Group B has only the second Assumption sermon (no. 54), although Rev. (based on a Group B text) has both sermons (no. 53 much expanded but omitting the final two *narrationes*). For details of R1, see O'Mara and Paul 2007: ii. 1185–7.

3 *þe*[1] . . . *Lady*: 15 August.

5–7 *ȝe* . . . *scryf-fadur*: For those excluded fasting, see 19/7–11n.

10–11 *þan* . . . *infere*: Based on Jacobus: the Virgin was assumed *integraliter* . . . *honorabiliter* . . . *laetanter et excellenter* (Graesse 1846: 510).

11 *holyly*: 'in a holy manner', but it is clear (*boþe* . . . *infere*) that Mirk is translating *integraliter* (see 10–11n), i.e. wholly, both in body and soul.

12–14 *God* . . . *modur*: Cf. 168n. A reference to the fifth commandment (Exod. 20: 12), the only part of Jacobus' discussion of *honorabiliter* that Mirk uses.

14–17 *Wherefore* . . . *angel*: 'and so Christ, in order to show in actual deed what he had taught beforehand (i.e. in the Ten Commandments), in great reverence to his mother, when he was intending to take her out of this world into the bliss where he himself lived, sent an angel . . .'.

18–20 *þe*[3] . . . *spices*: Cf. *SEL* (D'Evelyn & Mill 1956–9: ii. 367/63–4). Neither *LA* nor *SEL* mentions dates (cf. l. 88).

20–38 *And* . . . *þe*: Mirk reduces Jacobus' dialogue between the Virgin and the angel to a message incorporating all the essential information (her coming death, her resurrection, the purpose of the palm branch, the absence of devils from her deathbed), which Mary answers with a reticence appropriate to her reputation, simply requesting to see the apostles before she dies.

22 *Heyle, Mari*: A deliberate echo of Gabriel at the Annunciation (Luke 1: 28, see Add4/3n).

23–4 *þe*[3] . . . *ethen*: 'the third day hence', an echo of Christ's resurrection after three days.

28 *be* . . . *blithe*: Cf. 54/175.

28–9 *in* . . . *þe*: For the appearance of devils at the parting of soul from body, see, for example, the two contrasting experiences at 46/105–39.

34 *and . . . wylle*: 'if it were my Son's will'. Mary's obedience mirrors her submission to God's will at the Annunciation (Luke 1: 38) but also echoes verbally Christ's submission to God's will at his approaching death (Luke 22: 42).

40–1 *Seynte . . . Ephesim*: Cf. 8/68–9, 35/4–5.

44–5 *my . . . cosyn*: Mary addresses John as her son because Christ entrusted them to each other as mother and son (John 19: 26–7), and she addresses him as her blood-relation (*MED* **cosin(e)** *n.* 1a), not 'cousin', because he was the son of her half-sister, Mary Salome (see 51/66–72n).

56–8 *þan . . . eyeon*: St Paul is admitted as an honorary apostle, not having seen Christ with his own eyes but having spoken with him on the road to Damascus (Acts 9: 4–6).

59 *sex . . . wommen*: Jacobus refers only to three virgins who washed the Virgin after her death.

63–73 *And . . . heven*: Abridged from *LA*, where the place of burial is the usual vale of Jehosaphat. The references to Gethsemane (l. 70) and the third day after the Virgin's death link her with Christ, who suffered his agony in the garden of Gethsemane and rose again the third day (cf. Matt. 26: 36–28: 8).

74–95 *þan . . . day*: Abridged from *LA*, where the Jews are struck blind at the same time as the chief priest's hands wither on the bier. For the dramatic representation see Woolf 1972: 286–91. The OT parallel is the Jew Uzzah who was struck down for touching the Ark of the Covenant (2 Kgs. (*AV* 2 Sam.) 6: 6–7).

103–11 *Com . . . þe*: Ed. Powell forthcoming 1. Not recorded *IMEV*, but there are similar elements in *IMEV* 641 (*Come my dere spowse and lady free*), ed. Zupitza 1892: 184–5. Based on the Song of Songs, that lyric is also addressed by Christ to his mother, who is invoked in the first four stanzas by the imperative *Come* with the refrain *Veni: coronaberis* (cf. S. of S. 4: 8).

104 *Com*[1] *. . . boure*: Cf. *LA*: *columba mea, tabernaculum gloriae, vasculum vitae, templum coeleste* (Graesse 1846: 509). *Boure* ('chamber') covers the three nouns *tabernaculum*, *vasculum*, and *templum*.

109 *þi boure aboue*: A conjectural emendation, based on the assumption that *þi boure* (α) and *þin aboue* (DK) reflect respective omissions of one or other of the two similarly patterned words *boure* and *aboue*.

112–16 *þan . . . heven*: For the use of music in the Assumption miracle plays, see Woolf 1972: 288–9.

117 *quene. . . worlde*: For this common triplet, see 23/125–6n.

118–19 *os . . . hevne*: The Virgin was traditionally associated with the *mulier amicta sole* (Rev. 12: 1).

119 *courte of hevne*: For the Virgin as queen of the court of heaven, cf. *Pearl*, esp. ll. 421–80.

122–6 *is . . . euremore*: '(she *sc.*) is of one will and one love with the Holy Trinity, which grants her what she asks and at her prayer rewards all her servants, and so (she *sc.*) sits in heaven next to the Holy Trinity with her body glorified and (she? it? *sc.*) is most certain that these joys will last for evermore'. Here (in a further parallel with Christ) Mary is raised to the status of the Trinity and is one with it, but it is the Trinity, not Mary herself, who grants her requests. The omission of the subject pronouns is potentially confusing, but emendations (corroborated by the other MSS) have been made only to maintain the correct sense.

129–32 *for . . . soule*: Because Christ was of the same flesh and blood as the Virgin, she was exempt (*oute-takyn*, l. 131) from the condition of mankind (i.e to die and suffer bodily corruption) and instead was assumed into heaven body and soul.

132–4 *But . . . þere*: 'but because some doubted it (i.e. the Assumption), it might be that it was by God's ordinance that Thomas of India was not there'.

136 *oure . . . falle*: A painting by Andrea de Passeri di Torno in the cathedral at Como depicts St Thomas holding the girdle to one side, St Paul with his keys to the other, and the crowned Virgin and child above. Filippino Lippi's more famous painting is reproduced in Warner 1976: Plate 10.

138–41 *Ryght . . . is*: For Thomas's doubting of Christ, see 5/8–21n.

142 *probaciones*: 'proofs' (L.), the technical word for evidence such as that accepted in canonization cases.

142–6 *Seynte . . . heven*: Cf. St Bernard of Clairvaux, *In Assumptione B. V. Mariae*, Sermon 4 (*PL* 183: 0427).

143–4 *alle . . . seyntus*: 'everyone would seek it (i.e. make pilgrimage to the Virgin's tomb) as they do Peter and Paul and many other saints'. SS Peter and Paul were buried in Rome, the most prestigious pilgrim resort after Jerusalem (see 45/127–8n).

146–52 *Seynte . . . lyving*: In *LA* these are the first and third of three reasons given by St Augustine to affirm the Assumption, cf. *De Assumptione Beatae Mariae Virginis* (author uncertain), bk. 1, chs. 5, 8 (*PL* 40: 1145, 1148).

152–3 *þan . . . modyr*: 'then he detracts much from the worship of the Son who thinks any filth of the mother'.

153–67 *For . . . moneth*: The anaphoric ((*ful*) *loth*) listing of the Virgin's parts which her Son could not bear to see decay serves to emphasize the role of Mary as mother of Christ, who suckled, kissed, gladdened, washed, cuddled, and bore him. Mirk uses the argument of St Augustine (Graesse 1846: 525–7).

161 *clensud*: Emended from the majority reading, *clensed*, which collocates better with *and wesche* (l. 162) than α's *cluppud*.

168 *he*[1] . . . *modyr*: See 12–14n.

171–81 *Seynt* . . . *heven*: The vision was granted to a German nun, Elisabeth of Schönau (d. 1164), who is here confused with St Elizabeth of Portugal (1271–1336). All *F* MSS read *Elyzabeth of Spayne*, whereas *LA* has only *in revelationibus sanctae Elizabeth* (Graesse 1846: 510). On the saint, see Clark 1999.

180–1 *þus*. . . *heven*: Perhaps an oblique reference to Jacobus' comment that St Jerome believed the Assumption to be apocryphal.

182–9 *Wherefore*. . . *laston*: A very common type of Mary miracle (cf. Tubach 1969: 106/1319, 262/3373, 387/5122, 388/5136, 5139–41, 5145, 389/5150).

188 *holde*: 'go' (*MED* **holden** *v*.(1) 21a, 'to proceed (to a place)'). Unique to α (the other MSS read *go*).

193–4 *alle geynot one*: 'all these things did not prevail'. The verb (*MED* **geinen** *v*. 2) and negative particle are elided (cf. 29/29n); the force of the redundant *one* may be compared with the rare idioms *ben on*, *fon on*, *taken on* (*MED* **on** *adv*.).

196–8 *So* . . . *me*: Emended from all the MSS and explicable by eyeskip from *Seynte Mary, helpe me* . . .

201–20 *A* . . . *mantyl*: Cf. Tubach 1969: 164–5/2041. Jacobus locates the event in Bourges in AD 527 and concludes it with the Jew being burnt in the oven, as in *SEL* (D'Evelyn & Mill 1956–9: i. 227/201–229/242).

54. Assumption of the Virgin (second sermon)

Hand D. The only *F* sermon based entirely on the gospel of the day. J differs markedly (see 28n). Group B and Rev. omit ll. 168–223 (*þan* . . . *Amen*). For details of R1, see O'Mara and Paul 2007: ii. 1187.

3 *holy* . . . *Lady*: 15 August.

7 *quene* . . . *worlde*: Cf. 53/117n.

10–16 *þis* . . . *hure*: For the Virgin's association with the lily and the rose, see 4/59–61, 23/88–110n; for musical associations, see 53/112–16n.

18–19 *Be* . . . *hure*: 'to all appearances, the gospel does not mention her'. For the emendation, cf. *be semyng*, l. 30 (*MED* **seming(e)** *vbl. n.* c *bi(to)* ~).

Only α has this reading, although Group B is equally brief: *and yitt*. The other MSS are explicit: *why makeþe þe gospell of þis day no mensyon of hure?* BCGHK, *mony han meruayl qwhy þe gospell of þis day makyth no mencion of hur* D, *and makys no mencyon of hyr* I.

18 *þe gospell*: Luke 10: 38–42.

20 *castel*: This word, on which the exposition of the gospel hangs, and which led to the development of the legend of Mary and Martha as owners of *Magdaleyn Castele* (see 49/16n), is a translation of the Vulgate *castellum* (Luke 10: 38), which, however, means 'township' (*Douay* 'town').

27 *For . . . necessary*: 'indeed, (only *sc.*) one (thing sc.) is necessary'. Cf. Luke 10: 42.

28 *hure*: From this point (beginning *ffrendys, gostely to your vnderstondyng*) J develops a short independent elaboration (illustrated with Latin scriptural quotation) of the active and contemplative lives as demonstrated by Martha and Mary. The last stanza of the lyric (ll. 217–22) is then utilized as a concluding prayer.

31–4 *Bot . . . into*: For St Anselm's interpretation of Mary as a castle, see *Homilia et Exhortationes*, homily 9 (*PL* 158: 0644). For a discussion of this and similar explications, see Owst 1966/1933: 77–85. See too Owst 1926: 325 n. 4; Spencer 1993: 221.

38–9 *aȝeynestode . . . assayes*: 'withstood the missiles from the devil's catapults and resisted them at every assault'. Mirk reinforces his comparison of the Virgin to a castle (*oure Lady was strong as a castel*, l. 38) by military vocabulary appropriate to an attack on castle walls by catapult. (See Glossary for **castes**, **engynus**, **assaye**, each of which is also capable of a metaphorical reading, so that these ll. can also be read: 'withstood the tricks of the devil's evil designs and resisted them at every attempt').

45 *Quia respexit*: Luke 1: 48.

54–9 *For . . . hym*: 'for just as a man shall not let down the drawbridge to his enemy, though he be ordered (to do so *sc.*), in the same way a man shall not do anything at anyone's command that will let the devil into his soul. Only then shall he let the drawbridge of obedience down, when he is ordered to do what is profitable for his soul, and (then he must let it down *sc.*) the sooner the better, and be obedient to hym (who orders him to do so *sc.*)'.

59–66 *Whan . . . worde*: A reference to the Annunciation (Luke 1: 26–38).

63–4 *and . . . beforen*: Cf. 23/59–65n.

65 *Ecce, ancilla domini*: Luke 1: 3.

68–71 *hyndur . . . þe*: This lengthy lacuna (the result of eyeskip from *hyndur*) is supplied from D, corroborated in all the MSS (but with minor variation).

79 *an . . . sawe*: The emendation (cf. *an old seyde sawe in englisch* K) is based on the assumption that α's *an olde englyse seyde* and D's *an old englysch* (also Group B) reflect respective omissions of one or both of the words *seyde* and *sawe*. Cf. *an olde-seyde saw(e)* in *Morte D'Arthur* (Vinaver 1990: ii.1084/5, iii. 1126/4–5).

79–80 *a . . . herde*: Whiting 1968: M11; Dent 1984: M45.

80–4 *Seynt . . . Galile*: A frequent observation, e.g. *FM* (Wenzel 1989: 704/70–3). For the four occasions, see Luke 1: 34, 38; Luke 1: 46–55; Luke 2: 48; John 2: 3, 5.

91 *modur*: Rev. adds *and so was neuer noon but she*. Cf. *Moder and maiden/ Was never noon but she* (*IMEV* 1367) and see Fletcher 1978.

94 *it . . . feythe*: Heb. 11: 6.

95–8 *for . . . Cryste*: 'for where it seemed to be impossible that she should conceive without sexual intercourse with a man, for it was never before seen, (nevertheless *sc.*) by the teaching and information of the angel she had faith, and so Christ came'.

100–1 *þe . . . vertues*: 1 Cor. 13: 13.

113 *too . . . men*: For the traditional identification of Martha with the active and Mary with the contemplative life, see *De Vita Eremitica*, perhaps by St Augustine (*PL* 32: 1464).

114–19 *þe*[2] *. . . dede*: The busy active life is to be undertaken only for Christ's sake and in order to gain the means to fulfil the seven deeds of bodily mercy (see 1/80–109n). See too 132–45n.

120–30 *þe . . . hemselfe*: Mirk offers a vigorous defence of the contemplative (i.e. the monastic) life against those who think it an easy one (ll. 125–6, *þat þei done no gode bot pleyeth hem*, 'that they do nothing worthwhile but are just enjoying themselves').

127–9 *Seynte . . . Chyrche*: Cf. Augustine, *De Symbolo ad Catechumenos Sermo Alius*, ch. 13 (*PL* 40: 0668, 1269).

129 *Bot . . . avokette*: St Augustine, *Sermones ad Fratres in Eremo Commorantes*, sermon 21 (*PL* 40: 1269).

132–45 *For . . . mercy*: The seven works of mercy fulfilled by Martha are each compared to those which the Virgin performed for her Son.

145–54 *And . . . actyf*: The active life has been defined as one of *trowbul and grete bysynes* (l. 115). Mirk has illustrated the *grete bysynes* of the Virgin by the seven works of mercy (132–45) and now illustrates *trowbul* by the flight into Egypt and Christ's crucifixion.

155–8 *os . . . heven*: Luke 2: 51.

159–60 *scheo . . . hure*: Cf. 62/50–1.

161 *for . . . bettur*: Cf. Luke 10: 42.

167 *Chyrche*: Group B adds: *in exaumple to all crysten menne to perfourme the same lyving as mych as they may and as god will gyf thaim grace and for to serue oure lady* (a, with minor variants in bcdef). The Group B text continues at l. 224.

168 *fyve special ioyes*: See 23/111–32n.

170–223 *But . . . Amen*: Both the prose introduction (adapted) and the lyric occur in London, British Library MS Harley 210, ff. 86ᵛ–88ʳ (*IMEV* 462), with a text presumably copied into this book of prayers from *F*, cf. *These vij ioyus folowynge off owrre lady ben the specyal ioyus that scho hath now and euer schal haue whythowten ende in heuen the wheche scho schewed vnto seynt thomas off cawnturbery* . . . (f. 86ᵛ). The connection with St Thomas of Canterbury is common (see MS Lansdowne 379, Appendix II.ii).

170 *vij . . . heven*: For the seven joys of the Virgin, see 23/111–32n. These seven joys are somewhat obscure: six appear to be contained in the first six stanzas of the lyric (the Virgin has no equal, she lights heaven, she is next in honour to God, Christ grants her every wish, she is still in the flesh, Christ helps all those who honour her), but the seventh stanza suggests that all seven have now been treated. However, MS Harley 210 identifies each of the seven joys (*primum gaudium*, etc.), marking the seventh stanza *septimum gaudium*.

175–223 *Be . . . Amen*: *IMEV* 462. Ed. Powell forthcoming 1. K precedes each stanza except the last (which is set out as prose) with a stanza of the Latin hymn *Gaude flore virginali* (ed. Blume & Dreves 1886–1922: xxxi. 198–9) (the last stanza is not part of the hymn). See Add2/83–95n and Wilmart 1932: 317–60.

210 *beton þere nede*: 'relieve their need'.

224–59 *I . . . cetera*: Tubach 1969: 334/4365. The *narratio* (not in *LA*) takes up the prayer of ll. 220–1 (*graunte . . . syght*). The association of brightness with the Virgin (see 53/118–19n) gave rise to a number of *narrationes* in which sight is lost and gained again through her intervention. Cf. Crane 1911: 257–8, where a blind man composes the response *Gaude Maria* and regains his sight.

243–4 *bothe . . . hur*: 'unless he might have another sight of her'. For *both(e)*, 'but' (not recorded MED), cf. 59/48, 67/78.

55. St Bartholomew

Hand D. Dependent on *LA* (Graesse 1846: 540–8; Maggioni 1998: 830–40; Ryan 1993: ii. 109–16), although Mirk omits lengthy details of Bartholomew's preaching to the king (ll. 87–8). All the MSS suffer lacunae in the *narratio* (see 165–8n, 175n). Group B condenses the material, e.g. ll. 106–10 (*and . . . brennyng*), 184–8 (*Wherefore . . . .cetera*) om. Rev. omits the *narrationes* (ll. 144–88). For details of R1, see O'Mara and Paul 2007: ii. 1188.

2 *Seynt Bartholomeis day*: 24 August. One of the twelve apostles, Bartholomew is notable iconographically for carrying his skin over his arm (he was said to have been flayed alive, cf. Réau 1955–9: iii. 1/181). The acquisition by Canterbury of one of his arms and his association with St Guthlac of Crowland Abbey (see 158–82n) contributed to his popularity in England.

6–7 *Bartholomeus . . . me*: The first sentence of the *LA* legend (but *se* for *me* in Graesse's edn.). Mirk normally avoids Jacobus' etymologies, of which this is one of the worst, not helped by Mirk's inept translations. The meaning is actually simple: God holds up the waters, and so Bartholomew means 'the son of God' (cf. l. 31).

14–16 *þan . . . ben*: Cf. Luke 15: 10.

15 *balle*: Unique but perhaps original (*MED* **bal** *n.* 1a), cf. *halle* (Group A) and *hille/hillis* (Group B) (for which see *MED* **bal** *n.* 10).

21–9 *Of . . . þe²*: Cf. *De Consolatione Mortuorum*, sermon 2, ch. 5, perhaps by Chrysostom (*PL* 40: 1167).

26 *þou . . . dome*: 'you make your accusers dumb', but the scribe has interpreted *dome* as 'judgement' (its meaning at l. 24) and has inserted *itte* as a suitable (but vague) object of *makyst*.

32 *he . . . wyse*: The three divisions identify the ways in which Bartholomew was *hangud vp* (not identical to those in *LA*).

34–8 *He . . . God*: Probably original to Mirk, based on the prayer (*Sursum corda*) and response (*Habemus*) in the celebration of the Mass (Legg 1916: 219/27–8).

37 *heveth*: A more accurate rendering of *Sursum corda* than several MSS (*haue* D, *haue we* ae, *hyng* I, *holdiþ* cd, *lift* f).

40–3 *iche . . . werion*: In *LA* this is part of the idol's description of Bartholomew so that the pagans can recognize him (71–2n).

60 *semyng to hem*: 'it seemed to them'.

60–1 *þe . . . helon*: The word-order is object (*þe . . . man*, rep. *þat*), subject (*he*), predicate (*mythe notte helon*).

66–7 *another mawment*: Jacobus calls him *Berith*.

71–2 *tolde . . . Bartholomewe*: 'described St Bartholomew's features' (the *LA* description is very precise).

87–8 *And . . . feyth*: Much condensed from *LA*.

124 *was*[2] . . . *Polymyus*: Only here do we learn that the king of the land where Astaroth was worshipped was called Polemius. Jacobus provides the information much earlier.

137–41 *þan . . . heued*: Jacobus observes that these three recorded deaths can only be reconciled by assuming that they happened consecutively (as Mirk presents them).

144–57 *We . . . eurer*: In *LA* the city is said to be Benevento in southern Italy, which claims Bartholomew's relics (as does his church in Rome). The emperor is likely to be Frederick I (Barbarossa), Holy Roman Emperor from 1155, who was drowned in Cilicia 1189 *en route* to the Crusades (cf. *þe . . . deth*, ll. 154–6).

158–82 *I . . . hym*: Of several OE lives of St Guthlac (*c*.673–714), the best known was by Felix (see Colgrave 1956, particularly chs. 25–33). At first a soldier, Guthlac became a monk at Repton at the age of 24 and *c*.701 set up as a hermit at Crowland in Lincolnshire, on a site accessible only by boat, where he was attacked by both Britons and devils but consoled by angels and by visions of his patron, St Bartholomew.

165–8 *for . . . hem*: Only D (and to a lesser extent the other Group A MSS) provide material for this lacuna in α and Group B. The omitted material is an essential part of the legend of the saint (cf. ll. 173–4, where Bartholomew tells the devils *to bring hym a3eyne to hys place*). Emendation is based on D (which has its own lacuna at ll. 164–5, *for . . . þere*), but l. 165 (*for . . . wroth*) survives in most other Group A MSS, with an attempt to accommodate the lacuna: *for to dryve hem away þes fendes were wroþe and made him so sore afry3t* (BCGHIJ, with minor variants), cf. ll. 165–9 (*for . . . aferde*). K pragmatically inserts after *wroth*: *and lift hym vp into the ayer*.

175 *bot . . . place*: Only in α and Group B, where it compensates for the omission after *place* (l. 174) of *safe and feyre wythoute eny harme or dysese. þen when he was brou3t ayen to his place* (BCDGHIJK, with minor variants).

184–8 *Wherefore . . . cetera*: The feast-day of St Bartholomew is classed as a *festum feriandum*, to be celebrated by cessation of labour from noon on the vigil (*evon*, l. 184) throughout the following day. See Appendix V.

56. St Alkmund

Hand D. See Appendix III.viii for full collation and vol. 1, Introduction, §6.1.1 for discussion. Ed. Horstmann 1881: cxxiv–cxxvi. For the material on Alkmund, see 42–93n. Written for St Alkmund's church, Shrewsbury (see vol. 1, Introduction, §1.1). Only in three MSS (αDI). Not in Group B or Rev., nor several Group A MSS.

1 *De . . . Salopie*: Only α calls Alkmund 'of Shrewsbury'.

2 *Seynte Alkemundus day*: 19 March, supposedly the date of his death (but see 90n). All three MSS insert the sermon between St Bartholomew (24 August) and the Nativity of the Virgin (8 September), which may relate to the dedication day of St Alkmund's, Shrewsbury. Only α omits the injunction to come to church, which may suggest that there was no local church that celebrated his day (but a similar omission occurs in Sermons 61, 62, 66, 67). Alkmund was a son of Alchred, king of Northumbria 765–74 (but see 43–4n), who was killed in battle *c.*800 (but see 90n), perhaps supporting Mercia (where he had property) against Eardwulf of Northumbria (796–*c.*805).

2–3 *patron . . . chyrche*: The phrase occurs three times. In α the first occurrence has been altered to *a chyrche* (cf. *patron to þis chyrch* l. 42, *patroun of þis chyrch* l. 140). I also emends the references but seemingly independent of α and more thoroughly (see full collation, Appendix III.viii, 42 **to þis chyrch**, 140 **þis**). D has *þis* throughout, together with a further reference in the concluding lines (141n). From this it seems evident that the sermon was written for the dedication day of a church dedicated to the saint (see 138–40n), that D is closest to Mirk's original text, and that α has made a half-hearted, and I a successful, attempt to modify its specificity.

3 *a¹ . . . defendur*: Cf. *RDO* (*PL* 202: 0157; Douteil 1976: 159i). For Mirk's later use of Beleth's material on patrons, see 68/91–4.

4–5 *too . . . erthe*: Although at ll. 2–3 (*He . . . chyrche*) Mirk appears to use the word in the modern sense of patron saint (*MED* **patroun** *n.* 2), his gloss at l. 3 (*defendur*) and the context at l. 4 suggest a meaning closer to *MED* 1a ('the lord of a person or place . . . ruler, protector'), or 1b ('a benefactor of a religious institution, patron'). See 7–31n.

7–31 *He . . . hurthe*: The first division deals with the earthly patron who defends Holy Church from her bodily enemies. Mirk looks back to a previous age when the Church was persecuted by heretics and men of high class and influence defended the right of the Church by their physical presence (*MED* **patroun** *n.* 1a, 1b).

14–20 *And . . . Chyrch*: The pagans desecrated the Christian churches, but, if the Christians were stronger, they settled for verbal derision instead. For I's inversion of pagans/Christians, see collation, Appendix III.viii, 17, **cristen men, þei**.

25 *Surre*: Syria (*MED* **Sirie** *n.*), not Surrey (as glossed Erbe 1905).

32–41 *Holy . . . hym*: The second division deals with the heavenly patron who defends Holy Church from her spiritual enemies.

34 *keputh hys parich*: The context is a general one, but I's specificity (*kepys þis parych*) may be original, cf. 113–14n.

34–5 *be . . . swyng*: 'by their hard labour' (with voicing of *-k*). Used elsewhere by Mirk (29/105), confirmed by D, and more authoritative than I (*to be her her* [sic] *mene and swynke labor*).

38–41 *rythe . . . hym*: For other instances of the common comparison between earthly and heavenly lords, see 36/46–60, 37/71–4.

42–93 *þan . . . angellys*: For two analyses of the extant biographical material, see Thurston and Attwater 1956: i. 635, and Baring-Gould 1872–98: iii. 334–5. Mirk's material is a close paraphrase of a large part of the Life as preserved in an early fourteenth-century MS in Gotha, Germany, which contains sixty-four saints' lives (MS Forschungs- und Landesbibliothek MS I.81, ff. 29–30), discussed and ed. Grosjean 1940: 178–83. The version in *Polychronicon* (Lumby 1865–86: vi. 288–93) is less close.

43–4 *he . . . Northvmburland*: The Gotha Life says he succeeded his father, Aldred (Grosjean 1940: 179/3). In *Polychronicon* (Lumby 1865–86: vi. 290–1) he is the son of Aluredus, king of Northumbria.

64 *þan . . . kyngus*: A reference to the Anglo-Saxon kingdoms of Northumbria, Mercia, Wessex, and East Anglia. Not in the Gotha Life nor *Polychronicon* but in all three *F* MSS.

66–7 *dyke . . . Walys*: 'duke of the Welsh Marches', the borderland between Wales and England (*dux Merciorum* in the Gotha Life, which names him Adelmundus). In *Polychronicon* he is Ethelmundus (Lumby 1865–86: vi. 290–1).

67–8 *deuk of Wyldeschyre*: Unnamed in the Gotha Life (*dux Wiltoniensium*) but Weostanus in *Polychronicon* (Lumby 1865–86: vi. 290–1). The α scribe seems not to have recognized Wiltshire and uses *Wyldeschyre* throughout.

78 *Chylmysforde*: αI (but *Chelmesforde* D). The Gotha Life says that the battle was fought at a place *quod lingua Anglorum Chimeresford nominatur* (Grosjean 1940: 181/7), perhaps Kempsford, Gloucestershire (Owen & Blakeway 1825: ii. 261), still not near Lilleshall (see 117–24n). In *Polychronicon* (Lumby 1865–86: vi. 290–1) the battlefield is at Chymerfort, but there are variations on this place name in both the Latin and English versions.

90 *he was slayne*: 2 November 822, according to the Gotha MS.

95–110 *I . . . rythe*: The incident involving King Athelstan (925–39) occurred at the Battle of Brunanburh in 937 (*Vita S. Odonis*, *PL* 133: 0936–7). See *SEL* (D'Evelyn & Mill 1956–9: i. 71/6–72/24). For another miracle associated with Odo, or Oda (archbishop of Canterbury 942–58), see 41/82–99n.

113–14 *Wherefore . . . sched*: All the MSS refer to *þat place*, which in I appears to have been altered from *þis* (perhaps original).

114–15 *for . . . cuntre*: Alkmund had travelled from Northumberland to protect his possessions in Wiltshire (ll. 70–2, cf. Grosjean 1940: 180/5). In *Polychronicon* he is said to fight on the side of the Mercians.

117 *þe towne of Lylleshull*: The saint's body was first buried in an ancient church at Lilleshall (*antiquam ecclesiam apud Lilleshulle*, Grosjean 1940: 182/8), presumably on the site of the present medieval church of St Michael. I's reading (*a towne of lelyshull*) perhaps shows less knowledge of the town than αD (cf. too l. 119 *Scheropschyre* αD, *thropschyre* I).

117–24 *And . . . kyng*: Not in the Gotha MS and perhaps from local records or folk memory. If the battle was fought at Kempsford (see 78n), Lilleshall would not be an obvious place for Alkmund's burial, but Mirk's explanation of his burial there (ll. 117–21) suggests local tradition. The Gotha MS does not record why the saint was translated to Derby, but again Mirk has an explanation (ll. 122–7).

117–21 *for . . . as*: Emended from DI, but the lacuna may have been at an earlier stage than the scribe's copy-text, since there has been some attempt to accommodate it by linking *seyne* (l. 117) with *olde men* (l. 121) (see apparatus).

121–2 *as . . . tyme*: Perhaps folk memory, but a common myth, recorded, for example, of Oswald's tomb in *Historia Ecclesiastica*, bk. 3, ch. 11 (Colgrave & Mynors 1981: 148).

125–6 *a . . . Chyrch*: *Polychronicon* describes his place of burial after Lilleshall as *Album Monasterium* (Lumby 1865–86: vi. 290–1), which led Owen and Blakeway (1825: ii. 262) to expend some anxiety as to why neither Oswestry nor Whitchurch (both known as 'the white monastery') is known as the site of his burial. However, Mirk, like the Gotha Life, makes plain that *Whyte Chyrch* was on the edge of Derby, cf. *Derbeye in antiquam ecclesiam que anglice Wythe Chirche olim vocabatur* (Grosjean 1940: 182/8). From there it was translated in 1138 to *þere þer it is nowh* (ll. 128–9), cf. *in loco ubi nunc reponitur* (Grosjean 1940: 182/9). The White Church is likely to have been the collegiate church of St Alkmund's, record of which survives in only one (1253) document (Page 1905: ii. 88). By that date it had been united with All Saints', Derby (Page 1905: ii. 87–92), now Derby Cathedral, the second collegiate church in Derby, which was the body's final resting place.

131 *so . . . sauyr*: The opening of saints' tombs is commonly accompanied by the 'odour of sanctity'.

133–4 *a . . . hyt*: Cf. *quidam prophanus et impius* (Grosjean 1940: 183/9).

133 *reneyned*: 'reneged, apostate', an erroneous variant of D's *reneyed* (*MED* **reneien** *v.*(1) 1b). I has **vnreuerent**.

138–40 *Wherefore . . . chyrch*: This sentence (not, of course, in the Gotha MS) clinches the argument that Mirk wrote the sermon for St Alkmund's, Shrewsbury. It was a tradition of the secular canons at St Alkmund's that their college had been founded by Ethelflæd (see 138n and vol. 1, Introduction, §1.1).

138 *a quene . . . Walys*: Ethelflæd, queen of Mercia, who founded St Alkmund, Shrewsbury (Chibnall 1973: 71–3).

141 *doun*: DI preserve variably fuller endings (see collation, Appendix III.viii, **doun**), with D more authoritative than I (*þis patron* D, *þis holy man* I).

57. Nativity of the Virgin

Hand D. Dependent on *LA* (Graesse 1846: 585–95; Maggioni 1998: 900–17; Ryan 1993: ii. 149–58), some of which is also used for the Conception of the Virgin (Sermon 4). For iconography see Réau 1955–9: ii. 2/155–73. A begins imp. (ll. 1–153 om. through lost ff. and the sermon begins *þat neuer schalle haue endyng Amen*); EF are much abbreviated and omit ll. 39–64 (*and . . . vertues*), 89–153 (*and . . . cetera*), ending with a formal conclusion; J has a different *narratio* (see 120–52n); K adds an extra *narratio* (see 152–3n). Group B omits the first *narratio* (ll. 92–113) but continues after the end of α and the Group A MSS (see 152–3n). R1/R3 are based on Group B but reorder the material (see too 152–3n); R2 includes both *narrationes* but omits the material on the Virgin's life. For details of R1, see O'Mara and Paul 2007: ii. 1188–90.

2–3 *ane . . . Lady*: 8 September, nine calendar months after the feast of the Conception of the Virgin, 8 December.

4 *hur . . . Anne*: For St Anne, see Sermon 51.

7–20 *For . . . geton*: For Joachim and Anna's long infertility and the eventual birth of Mary, see 4/6–53.

17–20 *Wherfore . . . geton*: Not in *LA*, but the passage serves to make comparison with the naming of John (the future Baptist, also born after his parents' long infertility) (Luke 1: 58–63).

23–6 *vche . . . passing*: The Christian must be born three times, first at his actual birth, then 'born again' (*efte*, l. 25) by baptism, and finally into heaven. This is a variation of Jacobus' three spiritual births: John in water, Mary in penitence, Christ in glory, which forms the basis for the three divisions of the sermon announced at ll. 26–9.

29–32 *Bot . . . burth-tyme*: Cf. the graphic description of pregnancy and motherhood in *Hali Meidhad* (Millett 1982: 17/23–18/25).

30 *be Goddes sentens*: Gen. 3: 16.

36–54 *Aftur . . . mete*: Details of the Virgin's life have their origin in the early Greek *Protevangelium of James*, which was the source for the *Gospel of Pseudo-Matthew* (Elliott 1993: 48–67, 84–99). Cf. *SENM&C* (Pickering 1975: 62/95–64/124), dependent on *LA* and *Pseudo-Matthew*.

40 *fyftene grees*: Jacobus links these fifteen steps with the fifteen gradual psalms (Psalms 119–33 (*AV* 120–34)), each of which has a Hebrew title translated by St Jerome as *canticum graduum*.

49 *toke . . . rewle*: The Virgin's daily schedule (attributed by Jacobus to St Jerome) is compared to the Rule undertaken in entering a religious order.

56 *quene of maydenes*: A familiar title for Mary, cf. 14/147.

56–8 *And . . . mowthe*: Not in *LA*. For the silence of the Virgin, cf. 54/77–84.

58–64 *þus . . . vertues*: The Virgin is the supreme spice-shop, but the simile, *swete os any spicery*, is commonly used of saintly corpses (see Glossary *sub* **spycery(e)** *n.*).

67–76 *A . . . forth*: From *LA*, cf. *RDO* (*PL* 202: 0152; Douteil 1976: 149a).

78–9 *hyr . . . Iordane*: Matt. 3: 13–17; Mark 1: 9–11; Luke 3: 21–2; John 1: 29–34. The baptism of Mary and the apostles is not scriptural, though many others were baptized with Christ.

80–2 *ryght . . . womman*: Christ fulfilled the male duties required by the OT and NT, and Mary the female duties. For the practice of drawing parallels between Christ and Mary, see headnote to Sermon 53.

82–3 *at . . . also*: Jesus acquired his rightful title (*Goddys sone*, l. 86) after his baptism (cf. Matt. 3: 17; Mark 1: 11; Luke 3: 22), as did his mother Mary (*Ihesu modur*, ll. 87–8).

88 *wasse . . . name*: '(the name of Jesus' mother *sc.*) was the more surpassing (i.e. superior) name (than that of Joseph's wife *sc.*).

89–91 *Wherefore . . . hure*[3]: For Mirk's interest in explaining familiar iconography, cf. 12/46–54n, 23/88–110n, 48/57–9n. Wooden and stone images of the Virgin and Child were the most common of all medieval European images (Réau 1955–9: ii. 2/93–102).

114–19 *For . . . laste*: The Assumption of the Virgin (Sermons 53–4).

117–18 *quene . . . worlde*: See 23/125–6n.

120–52 *I . . . Lady*: Not in *LA*. Cf. Tubach 1969: 219/2790. J provides an alternative *narratio*: a priest who was devoted to the Virgin did not believe in the sacrament of the altar so asked the Virgin to pray for him to her Son.

After the consecration of the Host, he found that the Host had disappeared but a woman was sitting on the altar with a Child in her arms. He accused her of taking the Host, but the Child rose and sat on the corporas, where he reformed as the Host, to the joy of the priest. For numerous analogues, see Tubach 1969: 211–12/2689.

121 *London*: Of Group B, only in cd: the other Group B MSS depend on a copy-text where London has been misinterpreted: *fro his londinge* abe, *whan he was londid* f.

124 *Wylton*: The specification of Wilton is interesting, and the Group B text reads only *Wiltshyre*. The Jew would appear to have been involved in the cloth trade (or in financing the cloth trade), given the places he visited.

152–3 *and . . . cetera*: Om. Group B, which (together with R1/R3) adds details of the Virgin's marriage, concluding: *Seeke the remanent in thannunciacion how thangell gret hir* (a). For the source, see 36–54n, and for a discussion and edition of the Group B text, see Powell forthcoming 2. K adds an extra *narratio* to the Group A text: a monk-author traduced by his cousin suffers the punishment of having his arm cut off, but the rotting arm is restored by the Virgin (from the legend of St John of Damascus, cf. Tubach 1969: 191/2419), after which the monk visits Jerusalem, where a scholarly Jew asks him to draw the Virgin and is converted on seeing her suckle the Child (for St Luke as painter of the Virgin, see Tubach 1969: 277/3576; for an image of the Virgin suckling the Child, see Réau 1955–9: ii. 2/96–7 and Plate 3.

58. Exaltation of the Cross

Hand D. Dependent on *LA* (Graesse 1846: 605–11; Maggioni 1998: 930–8; Ryan 1993: ii. 168–73), but Mirk uses only the narrative material on Chosroes and Heraclius and one of the several *narrationes* (for the use of another, see 33/87–127n). Cf. *SEL* (D'Evelyn & Mill 1956–9: ii. 390–7). J ends imp. (ll. 68–93, *to . . . cetera*, om. through lost ff.). For Group B variation, see 37–40n, 91n. For details of R1, see O'Mara and Paul 2007: ii. 1190–2.

2 *Holy Rode Day*: 14 September. The two feasts of the cross, the Invention (Sermon 33) and the Exaltation (*þe exaltacion of þe cros*, l. 7), celebrated respectively the finding of the cross by Helena, mother of Constantine, in 335 and the restoration of the cross to Jerusalem by the emperor Heraclius in 629. The term 'Holy Rood Day' was used of both feasts (cf. 33/2).

4–5 *þe . . . crosse*: Emended from D (the other Group A MSS omit *þat comuth*). The syntax of α (see apparatus) is replicated in most Group B MSS (not f): *that daye is callid the fyndinge of the crosse that comyth aftir Estir* (a).

5 *Astur*: Om. α through an earlier scribe's misreading of *aftur astur* ('after Easter') as *aftur aftur* (C) and the omission (B) of the second *aftur* as an assumed erroneous repetition. For scribal confusion over Mirk's use of *Astur*, see 29/3–4n, 7n (*and þe astur*), 33–5n.

7 *þe*[3] . . . *crosse*: L. *exaltatio*, 'raising up'.

8–9 *aftur* . . . *Ierusalem*: For the finding of the cross by Helena, see 33/62–85.

10–74 *hyt* . . . *enaunsed*: The cross was pillaged by Chosroes, king of Persia, in 614 and rescued by the Byzantine emperor Heraclius in 629.

15 *such an eure*: α's reading (*MED* **eure** *n.* 'good fortune') is likely to be original, cf. *suche euour* C, *sche euer* D, and see 14/78–80n. The other MSS read variously: *honoure* A, *powere* BIK, *an (euyll J) ende* GHJ. The Group B text paraphrases *han such an eure*: *doon so* abe, *do suche a dede* c, *do moche tribulacion and sorowe to the people* f, but d retains traces of an original reading close to αD: *do syche and euer*.

31–5 *he* . . . *man*: Mirk reduces the extravagance of the *LA* description but retains the king's parody of the Trinity, in which he sits like God on the throne of heaven, with the cross as the Son on his right hand and the town cockerel (see 34n) as the Holy Ghost on his left hand.

32–3 *commaundeth* . . . *crosse*: The *eth* inflection (pa. sg.) is common in Hand D (see Appendix IV.1, item 61). The infinitive *setton* suggests that it is a parallel verb to *callun* and so also dependent on *alle men schuldon*, but the α scribe is not secure in his verb forms and *setton* should be pa. sg. as in the other MSS (e.g. *cummawnendyd* . . . *he sett* A).

34 *towne-cok*: *LA gallum* (Graesse 1846: 606), presumably the cockerel used to wake up a community (cf. figurative use *OED* **cock** *n.*(1) 6). For *towne*, Group B has *tame* (*tame dooke* ae).

37–40 *and* . . . *hemself*: The fight over the Danube is treated differently in the Group B text from α and Group A, partly in the departure from *LA* in the description of the bridge as a drawbridge (*and both the endis shuld be drawen up*), but also in omissions and paraphrases (in which cd are closer to α than the other Group B MSS).

53 *toke þe cros*: 'went on Crusade'.

56 *a parpyn-wall*: *OED* **parpen** *n.* 3b, a thin wall built of parpen stones (*OED* **parpen** 1) or of single bricks, first recorded 1554–5. Cf. *LA*: *quasi murus vel unus paries* (Graesse 1846: 607). Only in αI (ABCGHJK *holle*, D *clene*, *playne* abcdef) but clearly original in its technical specification.

71 *he* . . . *aȝeyne*: 'he had put the cross back'.

75–7 *as* . . . *hit*: From St Augustine, *Enarrationes in Psalmos: In Psalmum XXXVI Enarratio*, sermon 3 (*PL* 36: 0366).

78–91 *I . . . man*: In *LA* the incident is located in Hagia Sofia, Constantinople, cf. *SEL* (D'Evelyn & Mill 1956–9: ii. 394/133–395/158).

91 *folowod*: Group B adds *and he shewyd the roode all bloody*, a reference to the *LA* detail that the Jew retrieved the rood from a well where he had hidden it.

91–3 *Now . . . cetera*: Not in Group B (but *and as I hope had heuen at þe laste et cetera* f). In place of α's *et cetera*, the Group A MSS (not H, which ends after *knelon* l. 91) have a full conclusion reminding the priest to announce the forthcoming Ember Days (Sermon 59): *þat he gyff yow full belewe in the crosse and in his passion that he sufferid on þe crosse by the whiche beleue ȝe schall cum before hym in the day of dome þeras the crosse and all þe instrumentis of his passion schall be schewyd and so be vertu of þe crosse cum to þe ioye þat euer schalle laste Amen And also forȝete not to prononwce þe hymbrynge dayes for euer on þe wenday nexte aftur þe exaltacion of þe crosse þey schalle begynne. þof þe exaltacion be on þe wennysday þen schalle þey begyn on that day seyevonnyght* (A, with generally minor variants in BCDGIK, but C continues: *Now shull ȝe make a specyal prayere et cetera*). On the proclamation at sermons of forthcoming feasts, see Wenzel 2005: 62–3.

59. Ember Days

Hand D. Dependent on *LA* (Graesse 1846: 153–4; Maggioni 1998: 230–2; Ryan 1993: i. 139–40), itself dependent on *RDO* (*PL* 202: 0022–5, 0138–9; Douteil 1976: 10–11, 133–4). Mirk ranges selectively amongst Jacobus' eight reasons for the association between the seasons and the Ember Days. E omits ll. 18–25 (*We . . . company*) but copies the sermon twice; J begins imp. (ll. 1–46, *De . . . drynkus*, om. through lost ff.). Group B and Rev. omit ll. 34–9 (*Fasting . . . merciabul*); b ends imp. (ll. 13–51, *faston . . . graunte*, om. through lost ff.). For details of R1, see O'Mara and Paul 2007: ii. 1192–3.

2 *Thys . . . dayes*: The sermon is inserted between the Exaltation of the Cross (14 September) and St Matthew (21 September), indicating that it is intended for the autumn Ember Days (see 9–11n). In *LA* it is placed after Quadragesima, i.e. for the spring fasts.

3 *Seynt Kalyx*: Callistus I, pope and martyr (d. *c.*222).

6–7 *Oure . . . haddon*: Jacobus' third reason.

7–9 *for . . . Lawe*: 'because we should show that we are God's children and follow the footsteps of our holy forefathers of the Old Testament'. The scribe writes *sewon* for both 'show' and 'follow'. For *s/sch* variation in these words, see Glossary *sub* **schewon** *inf.* 'show' and **sewon** *inf.* 'follow'.

9–11 *Furste . . . wyntur*: The Ember Days are days of fasting on the

Wednesday, Friday, and Saturday after 1 Lent, Pentecost, the feast of the Exaltation of the Cross (14 September), and St Lucy's Day (13 December).

12–25 *March . . . company*: Loosely based on the first and second of Jacobus' eight reasons. Jacobus' first reason relates the seasons to the humours: from this Mirk takes the notion that spring is a dry month (but it is wet in *LA*) when fasting subdues the wet sin of lechery, and that summer (but in *LA* autumn) subdues pride (ll. 12–15, 15–18). Jacobus' second reason informs ll. 15–25, where the summer fast is related to Pentecost, the autumn fast to the harvest of good works, and the winter fast to the death of worldly sins.

12 *slobure and wete*: Emended to agree with CDEFGHI (but *moystenesse and kynde of þe yere* BK). March is the season which dries the wet earth, which is why we should fast then to dry our earthly body from moistures (*humerus*, ll. 14, 15). α interprets *slobure* ('mud', *MED* **slober(e)** *n.* a) and *wet* as *floure* ('flour') and *whete* ('wheat'). Of the Group B MSS, only c agrees with α, and the other MSS are more remote.

14 *enmyus*: Unlikely to be original. The majority reading is *noyes* (*MED* **noious** *adj.* b 'troublesome'). Of the Group B MSS, cd have *noyful* (*nedefull* abef).

30–9 *For . . . merciabul*: Not the reasons Jacobus gives for four fasts of three days. Instead Mirk relates the three days to fasting, prayer, and alms-deeds, antidotes to the seven deadly sins—fasting to gluttony and lechery, prayer to pride (see 36n), sloth, and envy, and alms-deeds to covetousness and wrath.

36 *mekyth*: Emended (αBHI) from the other Group A MSS. Mirk omits a specific mention of pride (see 30–9n) but includes it implicitly here: prayer humbles pride.

40–51 *For . . . graunte*: Based on popular etymology, i.e. that Ember Days are called after cakes baked in the embers of a fire (but *OED* **ember** *n.* 2 suggests that it may be a corruption of OE *ymbryne*, 'revolution of time'). For an interpretation of the scriptural *panis subcinericius* ('bread baked under the ashes', Hos. 7: 8) as penitence, see Alanus de Insulis, *Sermones* (*PL* 210: 0209).

41 *kakon*: Perhaps caught by eyeskip from *bakon* (ll. 42, 43), but perhaps a genuine weak pl.: the word is ON (*MED* **cake** *n.* 1a, first recorded *c.*1225, cf. Norwegian/Swedish *kaka*).

44 *þei*[1] . . . *turne*: In recalling the Ash Wednesday service (see 19/13–17n), Mirk links the Ember Days to Lent fasts.

44–5 *þei*[2] . . . *whanne*: An oblique reference to the common aphorism, *Nichil certius quam mors, nichil incertius quam hora mortis.*

48 *both . . . to*: 'but only what need drives them to'. For *both(e)*, 'but' (not recorded MED), cf. 54/243–4, 67/78.

50 *parteth . . . haue²*: 'share your meals with those who have nothing like what you have'.

60. St Matthew

Hand D. Dependent on *LA* (Graesse 1846: 622–8; Maggioni 1998: 957–64; Ryan 1993: ii. 183–8), including material from the legend of St Andrew (see 56–65n). b begins imp. (ll. 1–78, *Festum . . . was*, om. through lost ff.). For details of R1, see O'Mara and Paul 2007: ii. 1193–4.

2 *Seynt Matheus day*: 21 September. Matthew was one of the apostles and author of the first of the four gospels.

5–8 *þis . . . mekely*: Based on Jacobus' four reasons (Graesse 1846: 625–6), *obedientiae velocitas*, *ejus largitas sive liberalitas*, *ejus humilitas*, *evangelii ipsius in ecclesia magna sollemnitas* (the third and fourth in reverse order).

9–15 *Furste . . . sympul*: Matt. 9: 9.

10 *tenduth alle þerfore*: 'was entirely intent on doing that (i.e. gaining worldly riches)'.

16–24 *Also . . . þerby*: The feast is attributed to Matthew (under the name Levi, used of him by Mark and Luke) at Luke 5: 27–39. Mirk's explanation for the greatness of the feast is purely in terms of numbers, whereas Jacobus provides five reasons.

25–55 *þus . . . boldely*: Condensed from Jacobus' material on Matthew's works.

29–30 *too . . . betawth*: 'two men who were entirely schooled by the devil'. Jacobus names them Zaroes and Arphaxat and says that, after Matthew overcame them, they fled to Persia, where Simon and Jude brought about their downfall.

32 *ȝeuen hem gode*: 'give them goods or property'. Om. Group B. The transitive verb requires a direct object (om. αDI but supplied from the other Group A MSS).

32 *feston*: This reading (α and Group B) is appropriate to the topic of the division (cf. *feste* l. 17, *festod* l. 25), but the majority Group A reading is *susteyne*, perhaps the result of *f/s* confusion (cf. *fostyr* (DH), perhaps a transitional stage).

44–5 *it . . . evel*: Luke 6: 27–9 (not in *LA*).

53 *beleue . . . beleue*: Not elegant and probably erroneous, but a pivotal reading since it incorporates features of both Group A (*be of crystus beleue*) and Group B (*bileeue on cryst* abcde, *bileuen verely in oure lorde* f).

56–65 *For . . . cuntre*: From the *LA* legend of St Andrew (Graesse 1846: 13; Maggioni 1998: 25–6; Ryan 1993: i. 13–14).

66–89 *þan . . . cetera*: After the digression of ll. 56–65, Mirk provides a condensed version of Jacobus' material on Matthew's life and death.

76 *for . . . noþer*: 'because she would follow his advice and no other's'. All the MSS have *wold(e)*, and α's *woldo* is likely to be a syncopated form of *wolde do*, cf. *strangulym* 3/154, *schortyme* 63/9.

76–8 *þan . . . spowsode*: In comparison with *LA*, a distinctly underpowered version of Matthew's refusal to help the king take Ephigenia as his bride. Jacobus' version involves an admonitory sermon and a public condemnation.

85–6 *saue . . . hym*: 'except the king barely escaped and a young child with him'. In *LA* the young child is his son: *solo rege evadente vix cum unico filio* (Graesse 1846: 625).

61. St Michael

Hand D. Dependent on *LA* (Graesse 1846: 643–53; Maggioni 1998: 986–1001; Ryan 1993: ii. 201–11). A omits ll. 51–105 (*In . . . adoune*); EF omit ll. 15–23 (*Also . . . dome*). See 75–82n for material condensed in EF and Group B. R3 omits ll. 21–53 (*He . . . Seynt*) through lost ff. For details of R1, see O'Mara and Paul 2007: ii. 1194–5.

2 *Seynt Michael day*: 29 September. Michael the archangel (Gk 'chief angel') appears first in Dan. 10: 13, where he is called 'one of the chief princes' (*Douay*).

3–5 *Holy . . . hem*: The feast is commonly known as St Michael and All Angels.

5 *scheo*: Emended from *he* (αDHcd), since Holy Church is normally gendered feminine, e.g. 40/46 (cf. *heo* B, *hoe* C, *sche* G, *scho* K, but *(h)it* AJabef, *þay* I). For other examples, see 14/42n.

7–8 *he*[1] *. . . fyghtyng*: Dependent on Jacobus' details of St Michael's past, present, and future roles.

9–12 *os . . . cros*: Attributed to St Gregory the Great only in Maggioni's edn. of *LA*.

11–12 *he . . . cros*: As Christ's own standard-bearer (*banerere*, l. 11), Michael carries Christ's shield, which bears the blazon of his coat of arms, i.e. the sign of the cross. Raphael's painting of the saint in the Louvre, Paris (later than Mirk's day) shows him armed with a shield bearing a red cross on a white background, like that often given to St George (Réau 1955–9: ii. 1/44–51).

12–20 *Wherefore . . . beheste*: From *LA*, where Michael is credited with the parting of the Red Sea (Exod. 14), the leading of the Israelites in the wilderness for forty years (Exod. to Josh. *passim*), and the eventual crossing of the Jordan (Josh. 3: 14–17) into the Promised Land (*londe of beheste*, l. 20, cf. Gen. 12: 7), all actions attributed in the Bible to Moses, Aaron, and their descendants.

20–6 *Also . . . passion*: From *LA*, where Michael is said to receive the souls of the dead into paradise, to be the slayer of Antichrist (Emerson 1981) on the Mount of Olives, to call the dead to rise on the Day of Judgement, and to bring the instruments of the passion to the Judgement.

27–58 *He . . . worchyng*: Michael's miracles in southern Italy (ll. 27–41), England (ll. 42–50), and Rome (ll. 51–7) are based on the first three of the five apparitions of St Michael in *LA*.

27–41 *For . . . dudde*: Cf. *SEL* (D'Evelyn & Mill 1956–9: ii. 402/1–405/102). The incident on Monte Sant'Angelo, one of the peaks of Monte Gargano, north of Bari in present-day Puglia (L. *Apulia*), was commemorated by a sanctuary built on the site.

42–50 *Also . . . neduth*: Jacobus locates the event in Tumba (L. 'tomb'), six miles from Avranches, north-western France. This is the site of Mont Saint-Michel, where in 710 (according to *LA*) the bishop of Avranches, Aubert, was told by the archangel in a dream to build a chapel. Mirk replaces the French location with the more familiar English one, St Michael's Mount in Cornwall, where St Michael appeared to fishermen in 495.

44 *a bole tyed*: αDFI and Group B agree in the reference to a bull (as in *LA*). DFI variably retain Jacobus' detail of its having been stolen by thieves, but the other Group A MSS omit the bull and read instead: *hool (þat was* add. *ABCHK) stoppyd (stoppyd*] *tynde BG, tynde abowte K) with þornis*.

51–7 *In . . . synne*: The appearance of St Michael on the summit of the ruined mausoleum of Hadrian in Rome (later fortified as the Castel Sant'Angelo, cf. *þat ys callet angles towre* add. D after *castel*, l. 55) took place in 590 as St Gregory the Great was leading the people in procession with the recitation of the greater litanies against the prevailing plague. The detail of the fiery arrows killing the people (not in *LA*) was perhaps in origin a metaphor for the plague.

59–85 *He . . . weron*: Two of the four victories ascribed by Jacobus to St Michael, the first where the citizens of Sipontum at Monte Gargano (see 27–41n) were saved from the Neapolitans and the second where Lucifer and his angels were defeated (cf. Rev. 12: 7–12).

74–5 *as . . . sonne*: Jacobus attributes to Haymo the simile which compares the air full of devils to *radius solis minutissimis pulvisculis* (Graesse 1846: 647).

75–82 *But . . . mowne*: Cf. 36/30–41. The passage is condensed in EF (ll.

79–81, *reron . . . harme*[1]), and further condensed in Group B MSS (ll. 77–82, *þan . . . mowne*, replaced by *that fallen in the londe and eeke on watir*).

83–5 *alle . . . weron*: 'all their sorrow is to see that souls are ransomed with angels into heaven, that place of joy where they (once *sc.*) were'. Only α preserves what must be the original reading (*borowed*), technically accurate for the legal process by which souls may attain heaven (*MED* **borwen** *v.* 2 'become surety for (somebody) . . . obtain the release of (somebody) from prison or punishment'). The other MSS have some variant of *beren* ('to carry').

86–102 *Oþur . . . presens*: The role of St Michael in the expulsion of Lucifer and his angels from heaven allows Mirk to introduce a story from the *Navigatio* of St Brendan (see 18/30–54n). His version bears most comparison with the Latin (trans. Barron & Burgess 2002: 36–7) and with *SEL* (D'Evelyn & Mill 1956–9: i. 186/179–188/238). (For *SEL* in the original and in translation, see Barron & Burgess 2002: 292/177–295/226).

91 *berdus . . . snow*: The birds become white on Sunday to honour God. Cf. *SEL* (D'Evelyn & Mill 1956–9: i. 187/204–6) and, for the comparison with snow, *Gilte Legende* (Hamer & Russell 2000: 261/143–5).

93 *satte . . . schep*: Only the Lat. and the imp. Norse versions (Barron & Burgess 2002: 36/274–5) have the detail of the bird alighting on the prow of the ship (*MED* **horn** *n.* 6a(a) 'beak of a ship').

94 *baterud . . . organus*: Cf. the Lat. version (Barron & Burgess 2002: 36). *SEL* compares the wings to the bow of a fiddle (D'Evelyn & Mill 1956–9: i. 186/186–7), cf. *Gilte Legende* (Hamer & Russell 2000: 260/132–4). Not all versions have this detail, and none compares the wings with the sound of organs, as here.

99–100 *But . . . hydur*: 'we are not so separated (from the good angels *sc.*) but that we come here each holy day'. αDI agree in omitting *not* and *but* (found in the other Group A MSS and essential to the sense). The Group B text paraphrases: *we han a remedye on euery holydaye* (a, with minor variants).

100–1 *sewuen . . . day*: 'seven times in the night and in the day', a reference to the singing of the canonical hours throughout the 24 hours. The *Navigatio* is much more detailed about the singing of the birds, and several versions (but not *SEL* or *Gilte Legende*) even include the texts they sing at each canonical hour.

62. St Luke

Hand D. Dependent on *LA* (Graesse 1846: 692–700, esp. 692–4, 699; Maggioni 1998: 1059–70; Ryan 1993: ii. 247–54), reduced to three simple divisions. G cancels and reworks parts of ll. 26–9 (*hys . . . quickeneth*), 41–3 (*a . . . beforne*); H erases ll. 41–3 (*for . . . beforne*); J paraphrases ll. 22–4 (*tokennyng . . . cros*). There are lacunae in HJ (ll. 52–3, *he . . . and*) and cd (ll. 50–3, *lerud . . . and*). For details of R1, see O'Mara and Paul 2007: ii. 1195–6.

2 *Seynte Lucus day*: 18 October. Luke was author of the third of the four gospels.

6–7 *For . . . worde*: Actually OE *gōd spell* ('good story').

12–13 *þeise . . . bestes*: Rev. 4: 6–9 (which has its origins in Ezek. 1: 10). For the iconography, see Réau 1955–9: iii. 1/476–80, iii. 2/928 (Matthew), 870 (Mark), 829–90 (Luke), 712 (John).

13–14 *and . . . Criste*: 'and are so painted on the four parts of the cross for the four parts of Christ'. The expression is clumsy but refers to the depiction of the symbols of the evangelists on the four arms of a cross (see Schiller 1971–2: Plate 476). Only α and Group B MSS include the full text due to lacunae in Group A (l. 13 *of . . . parteys* om. BCDGHIJK, *parties . . . parteys* om. A). f produces a clearer (but not original) explanation: *signifiyng iiij diuers condicions whiche were in criste*.

16–17 *þilk . . . know*: 'those who understand those things must know'.

17–36 *þei . . . bestes*: Jacobus attributes to St Jerome the relation of the symbols to Christ's humanity (Matthew), passion (Luke), resurrection (Mark), and divinity (John).

21–4 *a*[3] *. . . cros*: *LA*, but an alternative explanation was that his gospel begins with the sacrifice of Zacharias in the temple (Luke 1).

25–31 *as . . . lyue*: For the simile from Isidore, see Lindsay 1911: xii. ii/5.

32–5 *an*[2] *. . . monhed*: The eagle's ability to look into the sun was proverbial, cf. *FM* (Wenzel 1989: 64/22–4, 494/28).

39 *in*[1] *. . . dede*: For Mirk's three principals, cf. *affectione, cogitatione et intentione* (Graesse 1846: 694).

41 *wordus godus*: 'world's goods' (lightly emended from α's transposed phrase, 'God's words'). For the common omission of *l-* in *world(ly)*, see Glossary *sub* **worde** *n.* and **worl(el)y** *adj.*

41 *he*[2] *. . . crafte*: Col. 4: 14.

41–3 *as . . . beforne*: 'as books say, a doctor will boldly kill a man, and he had very likely done wrong at some earlier date'. Not in *LA* or Scripture.

42–4 *a*[1] *. . . þus*: Group B replaces the passage by: *and for couetyse slewe many men bodily and perauenture he sawe that he had so offendid his god and he* (a, with several variants in the MSS).

42 *boldely*: Perhaps erroneous (*bodyly* AJ and Group B).

45–6 *as . . . synne*: Perhaps a reference to Matt. 18: 13.

47–9 *he . . . avayle*: Reminiscent of the injunctions against loose speech at 21/5–13.

50–6 *he . . . heven*: Part of the sixth of Jacobus' proofs for the authenticity of Luke's gospel. Cf. 54/159–60.

51–2 *he*² *. . . chylde*: Only α has *scheo* for *he*, perhaps because his copy-text had *he* ('she') (for other examples, see 14/42n).

52–3 *he . . . Lady*: 'he was the greater comfort to our Lady'.

53–6 *how . . . heven*: Of the four evangelists only Luke provides details of the Annunciation (Luke 1), and the Virgin Mary (and other women) figure more prominently in his gospel than any other, thus providing grounds for the tradition that the Virgin narrated her story to him herself.

56–9 *whanne . . . þing*: An accurate estimate of Luke's particular qualities as an evangelist: that he provides close detail of the life of Christ from the moment of his conception, that he supplements this with material from Matthew and Mark, and that he clarifies what can elsewhere be obscure. (Jacobus' seventh piece of evidence for the authenticity of the gospel is that, although Luke was not an apostle, he went to them for details.)

58 *þei . . . forth*: 'they proceeded obscurely'.

61–3 *he . . . cloþing*: Not in *LA* or Scripture.

63–6 *he . . . sake*: Based on Luke's authorship of the Acts of the Apostles as well as his own gospel.

66–8 *alle . . . dethe*: Acts 7: 54–60. See too Sermon 7 and 13/21–7.

68–70 *aftur . . . hem*: For Luke as companion of Paul (persecutor of Stephen), see Acts 16, 20, 27, 28 *passim*.

70–2 *And . . . vertues*: Jacobus cites St Jerome as authority for Luke's death in Bithynia.

71–2 *iiij . . . ten*: Traditionally eighty-four, but Group A agrees with α and Group B has eighty-one.

72–3 *So . . . miraclus*: Jacobus provides only one miracle.

63. SS Simon and Jude

Hand D. Dependent on *LA* (Graesse 1846: 705–11; Maggioni 1998: 1079–87; Ryan 1993: ii. 260–5), omitting everything prior to the conversion of the Persians. H ends imp. (ll. 20–91, *in*² *. . . cetera*, om.). For details of R1, see O'Mara and Paul 2007: ii. 1196–7.

2 *þe . . . Iude*: 28 October. Simon and Jude were brothers of James the Less (see Sermon 32) and so the sons of Mary Cleophas (see 51/66–72n). As apostles of Christ (Luke 6: 15–16), their lives after Pentecost are only known through the tradition that Simon preached in Egypt and Jude in Mesopotomia, and that both suffered martyrdom in Persia.

5–7 *eyther . . . Thadeus*: For *Zelotes* ('the Zealot', perhaps a reference to a strict Jewish sect), see Luke 6: 15; for *Iacobi* ('(brother *sc.*) of James'), see Luke 6: 16. Jacobus explains *Chananeus* as 'from Cana in Galilee' and gives several interpretations of *Thaddaeus* (Syriac, 'praising', 'confession'; see further Graesse 1846: 705–6).

8–9 *þe . . . mynde*: 'the name that a man has in this world dies and passes out of mind'. The subject (*þe . . . hath*) is repeated in the pronoun *hit*.

8 *deduth*: Unique to αD (*MED* **deden** b 'to die').

11 *boke of lyue*: Rev. 13: 8 (also l. 20).

15–17 *Symon . . . fylth*: *LA*, where Simon is said to mean *obediens vel ponens tristitiam* and Jude *confidens vel gloriosus* (Graesse 1846: 705–6).

22–7 *But . . . spirite*: Cf. 21/135–43.

26–7 *herte and spirite*: Emended from D and most Group B MSS, although it may be that *herte* was written by mistake in α's exemplar and should have been cancelled when *spirite* was added (other Group A MSS and f read only *spirite*).

28–67 *But . . . fyssh*: *LA*, a parallel to the legend of the emperor Tiberius who sought Christ's healing power (27/41–58). For the wiping of Christ's face with a cloth, see the details of the vernicle in the Passion material in *LA* (Graesse 1846: 233; Maggioni 1998: 350–1; Ryan 1993: i. 212).

29 *Abagarus*: King of Edessa, where the martyrdom occurred.

29 *dede*: 'did, behaved' (but mistaken in some MSS as *dyed* (AD) and perhaps for that reason om. in other MSS (IJ and Group B)). Cf. 64/25n.

31–2 *Kyng . . . Sauior*: An epistolary salutation, in which Christ's epithet *Sauior* is treated as a surname or title of rank.

44–5 *þou . . . ȝette*: Cf. Christ's rebuke to St Thomas (John 21: 29). It is Thomas (who doubted Christ's resurrection until he saw it with his own eyes) who sends Jude to heal this man who believed without seeing (see 59–60n).

50 *he*: Emended from *scheo*, probably the result of the scribe needing to deal regularly with the problem of a copy-text where *he* might be either masc. or fem. personal pron. (for other examples, see 14/42n).

56–7 *alle . . . makud*: 'entirely different from what the painter could have done'.

59–60 *Seynt . . . Iude*: In the legend of St Thomas (Graesse 1846: 39; Maggioni 1998: 62; Ryan 1993: i. 35), Thomas's body was translated to Edessa (where Simon and Jude were martyred). In both legends Jacobus says that the city can never be attacked because of the miraculous power of Abagarus' letter.

61 *a . . . face*: Cf. Christ's bright face (ll. 52–3).

71–5 *þe*[1] *. . . wroth*: Not in *LA*.

79–81 *askud . . . sake*: 'asked them which they would wish to have: their enemies dead at once before their eyes, or (that *sc.*) they (i.e. Simon and Jude) suffered martyrdom for God's sake'.

84–6 *commawndeth . . . poudyr*: 'commanded the devils that were in them (i.e. the images) to come out, and they (i.e. the apostles) showed them to the people and then totally smashed the images to powder'. The final clause (*and so dude*) indicates that the syntax is faulty, and all the other MSS have infinitives in place of *schewod* and *plukkyd*, i.e. 'commanded the devils that were in them to come out and show themselves to the people and then totally to smash the images to powder' (cf. Graesse 1846: 710).

86–90 *Wherefore . . . apostolus*: α's text is corrupt, but emendation would involve a high degree of intervention. The majority reading is: *wherfore the bysschopus were wonder wrothe and anon þey felle on the apostuls and also to-hewon þem to þe deth þen anon þerwith com a þonder and a lyght and blawe the tempull in þree partis down to þe grownde* (A, with minor variants in BCGIJK, paraphrased f). Probably a lacuna in his copy-text (or eyeskip from *þese* to *peses*) caused the α scribe to omit part of his copy-text, which was probably close to D: *þat þay anone fellen on þes apostoles and all to-hew hom to deth yn peses*. When he reached the sentence where the king buries the apostles, the scribe realized that he must account for their deaths and therefore inserted the unique sentence: *þan . . . apostolus*, with the awkward post-posed noun phrase (*þe byssopes wyth þe pepul*). The Group B exemplar was close to α, since it follows the sense of α at l. 87 (*that thaire goddis fill so to peecis*) and includes α's otherwise unique sentence in the form: *And thanne theise bisshoppis sodenly slewe thapostelis and* (a, with minor variants in bcde).

64. All Saints' Day

Hand D. Dependent on *LA* (Graesse 1846: 718–28; Maggioni 1998: 1099–1112; Ryan 1993: ii. 272–80). A omits ll. 44–88 (*in . . . cetera*) through lost ff.; e is badly damaged. For details of R1, see O'Mara and Paul 2007: ii. 1197–9.

2–3 *a*[2] *. . . Halogh*: 1 November. The day commemorates all those in heaven, known and unknown. For its origins, see 21–5n and Hennig 1948.

7 *for þree causes*: Although Jacobus cites four causes, Mirk uses all four within a threefold division (see 38–53n). J notes a fourfold division at the start of the sermon but not in the body of the text.

10–12 *þei . . . Rome*: The Pantheon (Gk. παν θηων, 'of all the gods', as

Jacobus explains) was built by Agrippa 27–25 BC to honour the Julian family and then rebuilt by Hadrian. It originally housed the statues of the family's two protectors, Mars and Venus. The evocative simile (*rownde as dof-hous*) appears to be Mirk's own, since Jacobus merely calls it *sphaericum* (Graesse 1846: 719).

21–5 *þan . . . dyod*: In AD 610 (Jacobus says 605), Boniface IV persuaded the emperor Phocas to give him the Pantheon as a Christian church dedicated to Sancta Maria ad Martyres, which he filled with martyrs from the catacombs.

25 *and . . . dyod*: 'and so he died', but for 'died'/'did' confusion, cf. 63/29n.

25–7 *þan . . . þus*: In 835, at the suggestion of Gregory IV, the Holy Roman Emperor Louis I extended the observance of All Saints' Day throughout the empire.

31–3 *as . . . Ianiuere*: Jacobus says 5,000 martyrs.

33–6 *Wherefore . . . ȝere*: 'and so Holy Church conveniently ordains that, because it is the case that we cannot honour every saint on his day, we shall have them all on one day and so fulfil in one day what we have left undone all the year'.

38–53 *þis . . . name*: The third division includes both the third and fourth divisions (ll. 38–45, *þis . . . hauing*; ll. 45–53, *And . . . name*) from *LA* (Graesse 1846: 722–6, 726–8).

38–41 *For . . . occupacionus*: 'for although we observe only a few saints' days, yet we are very negligent in our service and forget many things because of ignorance and because we are involved in other worldly occupations'. Emendation of the lacuna (αIh) is from D (although its reading is unique).

41–2 *we . . . trespased*: 'we shall make amends (for *sc.*) what we have failed to observe (*MED* **trespassen** *v.* 1a(a)) in previous feasts'.

54–88 *þan . . . cetera*: In *LA* (as too in E and Rev.) the *narratio* concludes with a visit to purgatory, where the angel asks the custodian of St Peter's to approach the pope with a request that All Souls' Day should follow All Saints' Day in the church calendar.

56–7 *þe . . . ordeyned*: α's transposition (see apparatus) is emended from BGK (also, with variants, CDJh), whose reading agrees with *LA*: *sequenti anno ab hujus sollemnitatis institutione* (Graesse 1846: 727). Misled by a similar exemplar to α, I dates the vision to the second night of the year after the feast was instituted, and Group B places it *withynne ij yeere* of the feast's institution.

57–8 *kepar . . . Rome*: St Peter's, the foremost church in Rome, is the site of the shrine to St Peter built by Constantine, as well as the seat of the pope in

Vatican City. For its appearance in the Middle Ages, see Masson 1965: 510–11.

61 *þe heye auter*: The site of the Constantinian shrine containing St Peter's bones.

68–9 *one . . . camel-skynnus*: St John wears his usual dress of camel-skins (Mark 1: 6).

70 *on . . . byschopp*: St Peter himself.

72 *knytus . . . pepul*: All the MSS have this reading, but Jacobus makes plain that two different sets are involved, soldiers who were martyrs (*knytus*) and others who were confessors (*diuerse pepul*). See too 76–84n.

76–84 *þan . . . mankynde*: The angel identifies the different members of the procession individually as Christ, with the angels (l. 77, cf. ll. 63–4); the Virgin Mary crowned and sitting with Christ, with the virgins (l. 77, cf. ll. 64–6); St John the Baptist, with the old men, who are patriarchs and prophets (ll. 77–9, cf. ll. 68–70); St Peter, with the bishops, apostles, and churchmen (ll. 79–80, cf. ll. 70–1); knights, who are martyrs, confessors, and other true Christians (ll. 81–2, cf. l. 72).

65. All Souls' Day

Hand D. Dependent on *LA* (Graesse 1846: 728–39; Maggioni 1998: 1113–1129; Ryan 1993: ii. 280–90). From this point the Group B text diverges markedly from Group A in omissions, paraphrases, and revisions. C ends illegible f. 87v; e ends imp. (ll. 24–93, *þan . . . holpon*, om. through lost ff.); h omits ll. 34–47 (*For . . . fewe*) and ends at l. 73. Rev. adapts the sermon for a burial or month's mind; R2 ends imp. f. 139v (*thei þat be executorus and ayrys schuld do for þe dede in þe disposyng þer good for þem as þei wold þere ayrys* added to *F* at the equivalent of l. 58). For details of R1, see O'Mara and Paul 2007: ii. 1201–3.

2 *þis . . . Day*: 2 November. Originally to be preached on the eve of All Souls' Day (All Saints' Day), as the other MSS make plain. Of these, BCDGK are the most specific, cf. their readings for *þis day*: *tomorow as ye know wel BCG, as ȝe kneweth well þe morow aftur all halow day D, on the morow aftre alhalowyn day ȝe know well K*. The α scribe has altered the details at l. 2 but not at ll. 4 and 6. The feast was instituted by Odilo, abbot of Cluny (see 41–3n) and brought to England through Archbishop Lanfranc (1005–89).

2–3 *þis . . . preson*: 'this is All Souls' Day that (i.e. the souls) are . . . '. In purgatory those imperfect souls who have committed venial, not deadly, sins (since those guilty of deadly sin are consigned to hell) suffer punishment until their sins are expiated. The sources for purgatory are Matt. 12: 32 and (in the Apocrypha) 2 Macc. 12: 39–45 (Le Goff 1984; Burgess 1988; Duffy 1992: 338–78).

8 *owther . . . alle*: 'either in part or in all' (cf. ll. 19–20). See too 18n.

11–13 *For . . . synne*: As the minimum expected of the ordinary layperson, the prayer *God . . . soules* may be compared with the Paternoster and the Ave Maria (Add4, Add6).

12 *þogh . . . þus*: 'even though one might only say thus'.

14–16 *þree . . . synggyng*: Mirk omits the last of the benefits cited in *LA*: *fidelium et amicorum oratio, elemosinarum largitio, salutaris hostiae immolatio et jejuniorum observatio* (Graesse 1846: 732). Cf. *RDO* (*PL* 202: 0160; Douteil 1976: 160g). See Add2/83–95n.

18 *othur . . . somme*: 'either he releases him of all or of some (of his punishment *sc.*)'.

21–33 *I . . . soules*: Attributed by Jacobus to Peter Cantor. Cf. Tubach 1969: 117/1464(a).

25 *De profundis*: Ps. 129 (*AV* 130): 1, traditionally used in the Office of the Dead, the Requiem Mass (see 65n).

29–30 *vchone . . . crafte*: 'each one with an instrument of his trade in his hand'.

34–6 *os . . . peyne*: Ecclus. 3:33.

36–40 *ȝef . . . fore*: 'if alms are given for those who are in heaven (i.e. if charity is given unnecessarily on the assumption that the souls are in purgatory when in reality they are in heaven), because they (i.e. those in heaven) are not in need of alms, it (i.e. the charity) is put into Holy Church's treasury, and at God's command it is doled out amongst those to whom he assigns it. And then the souls that are helped by it heartily thank those souls that it was done for (i.e. for whom the alms were originally given)'.

41–3 *seyntus . . . bondys*: According to Jacobus (who cites Peter Damian), it was the howling of devils as the souls of the dead were ripped from their clutches by alms-deeds and prayers which prompted Odilo of Cluny (d. 1049) to inaugurate a feast of All Souls (Graesse 1846: 728).

43–6 *in . . . purgatory*: *OED* (**soul** *n.* 26 soul-cake) cites quotations from the seventeenth century (John Aubrey) and from 1896 (Shropshire) which testify to the tradition of baking for the souls of the dead.

48–58 *I . . . hym²*: In *LA*, the dead man was one of Charlemagne's knights. Cf. Tubach 1969: 156/1931.

56–7 *in . . . wluus*: Om. Jh. Cf. *in aere . . . velut leonum, ursorum et luporum*

(Graesse 1846: 739). Group B is more remote from the source: *deuellis* (*fiendes* f).

59 *masses synggyng*: A chantry priest might be paid for singing masses for specific souls, and, in the case of the wealthy, a chantry chapel would be built specifically for such a purpose.

59–63 *whan . . . fore*: Mirk presents it as the special wish of the dead to have masses sung, an activity which emphasized the role of the Church in their salvation (as individual prayers, fasting, and alms-giving did not), as well as providing a source of income for the clergy. It was usual in medieval wills to have masses sung not just for oneself and one's immediate circle but also for 'all Christian souls' (Cooper 1999: 146).

61–2 *ryght . . . febul*: Even at times of fasting, sick and elderly monks were allowed meat.

64–73 *I . . . myth*: Attributed by Jacobus to Peter of Cluny. The bishop's rebuke from the dead comes on an important feast-day (*an heygh haly-day*) because he would look especially fine then (cf. *in magna sollemnitate*, Graesse 1846: 733) and so his rebuke would be the more galling. Cf. Tubach 1969: 192/2422.

65 *requiem*: The first word of the Office for the Mass for the dead, *Requiem eternam dona eis, domine, et lux perpetua luceat eis* (Legg 1916: 431/5).

74–93 *In . . . holpon*: For the *fysseres of Seynte Tybaude*, cf. *piscatores beati Theobaldi* (Graesse 1846: 731). Perhaps St Theobald of Provins (d. 1066), a hermit with a small community, for whom perhaps these fishermen were employed to find fish.

74–5 *in . . . heruest*: Cf. *in autumno* (Graesse 1846: 731).

76 *potagur*: Gk. ποδαγρος (cf. *dolore pedum*, Graesse 1846: 731). Only J of Group A has the less technical *gowty*; Group B paraphrases *was potagur*, e.g. *had such an euell that no thinge might keele him* (a, with minor variants in bcdf).

78 *þrytti masse*: i.e. a trental of masses, which are here to be said without a break.

90–1 *þagh . . . masse*: 'though all may burn, and I too, with the help of God I will sing this mass'. Jacobus does not have the altruistic phrase *and I boþe*.

91 *fondon*: Emended from Group A (the result of *s*/*f* confusion).

66. St Martin

Hand D. Dependent on *LA* (Graesse 1846: 741–50; Maggioni 1998: 1133–53; Ryan 1993: ii. 292–300). St Martin's, Coney Street, York has the most complete cycle of English stained glass (*c.*1442) of the saint, together with some extant inscriptions based on *LA* (for a detailed description, including surviving text, see RCHM York: v. 28–9 and Plate 61. C ends imp. f. 87^{v} (illegible). Group B diverges from Group A (see 66n *sone aftur*). Not in Rev.

2 *Seynte Martine day*: 11 November. Martin of Tours (*c*.316–97) was one of the most popular saints of the Middle Ages (cf. *aftur . . . Chyrch*, ll. 2–3).

6–12 *Furst . . . holynesse*: This incident before the gate of Amiens is the best-known and most illustrated event of Martin's life, e.g. on the west front of the cathedral of San Martino at Lucca. See too Réau 1955–9: iii. 2/915 (5.2).

6–7 *os . . . knytus*: Like his father, Martin was a pagan soldier in the Roman army. According to Jacobus, he wanted to become Christian from an early age but, as the son of a veteran, he was conscripted at the age of 15.

11–12 *he*^{1} *. . . holynesse*: He was baptized at 18 but continued as a soldier for another two years.

12 *os . . . way*: After Martin had travelled through Milan.

13–15 *askud . . . may*: 'asked him where he was intending (to go *sc.*), and (Martin *sc.*) said: wherever God wanted. Then the devil said: "Go where you will, I will be your enemy to the full extent of my powers".'

19–20 *he . . . Towres*: Martin was head of the first monastery in Gaul until 372, when he became bishop of Tours.

20 *see*: Emended (αBK) from DI, confirmed by *LA* (*navis etiam quaedam cum periclitaretur*, Graesse 1846: 744).

22–7 *And . . . gon*: Martin was remarkable at the time for extending his mission into rural areas. Since he was a bishop, Mirk refers to his *visitacion* (l. 23), using the official term for a bishop's inspection of his diocese. For Jacobus this incident and the next (ll. 27–31) illustrate Martin's command over irrational animals.

23–4 *vndur . . . wombe*: 'under the belly of his horse'.

26 *pyghte*: Only αD (*MED* **pight** 'fixed', *pa. p.* of **picchen** *v.*), a more precise meaning than *putte* (BIK and Group B, *tul . . . erth* om. G).

28–9 *þan . . . fro*: The Group A MSS preserve the original reading: *then seide martyn (martyn] he G) to hure torne ayen to þe banke þat þou come fro* BDGIK. α's reading is the result of eyeskip in his exemplar, the scribe of which has caught the clause *hur turne aȝeyne to þe bank* from l. 29 and inserted it (mangled: *turnyd aȝeyne to hur to þe bank*) after *Martyn* (l. 28). The Group B exemplar (with a reading like α) has omitted the redundant phrase *to þe bank* (as emended here): *turnid (aȝen* add. *cd) to hir* abcd, *turned him* f.

31–2 *Anoþer . . . anone*: For Jacobus this shows Martin's humility.

33–5 *He . . . ham*: Mirk misunderstands L. *laedebatur* ('annoyed') to mean 'attacked': *saepe a clericis laedebatur* (Graesse 1846: 745). Only G corrects this interpretation by replacing *hys . . . ham* by: *he wolde not be greued for no rebuke ne wrong*.

35–46 *Anothyr . . . esely*: Cf. Crane 1890: 79, 209–10 (no. 188).

35–6 *os . . . mantyl*: Jacobus emphasizes Martin's simplicity of dress and manner, which made some bishops reluctant to appoint him. Hence, he is seen by the carters as unworthy of respect because he is travelling alone without an entourage (*for þat was his maner*, ll. 35–6) and wearing a rough black cloak.

56–8 *for . . . synne*: 'because he received men who, after they had sinned and were shriven (i.e. had confessed and been absolved), fell again to the same sin', with repetition of the subject pron. *þe* ('they'), l. 57.

58 *and . . . not*: The referent of *sayde* is *þe fende* (ll. 55–6). The fiend may have been right: recidivism (returning to a former sin) was condemned by Christ himself, who said to the woman taken in adultery: 'Go, and now sin no more' (John 8: 11).

66 *Abrahammes . . . me*: 'Abraham's bosom will receive me', cf. *Abrahae me sinus recipiet* (Graesse 1846: 748). Group B is more remote from the source, replacing *Abrahammes barme* (Luke 16: 22) with *god* (abc) and *oure blissid lord* (f) (absent d).

66 *sone aftur*: Replaced in Group B by: *he made to laye him on heyre and asshis and said the vij psalmes and the letanye and thanne* (acd). (b misunderstands *her and askes* and reads: *on hyȝere and askyd above*; f paraphrases). Cf. *LA*: *ubi in cilicio et cinere decumbebat . . . invictum ab oratione spiritum non relaxabat* (Graesse 1846: 748).

67–8 *was . . . Towrus*: According to *LA*, after the saint's death at Candes, Poitiers claimed his body and the men of Tours had to throw it out of a window and take it to Tours by stealth.

68 *a byschopp*: Perpetuus.

77–91 *þan . . . before*: Cf. Crane 1890: 52, 182–3 (no. 112).

77–8 *at . . . translacion*: 4 July.

81–2 *þat . . . gone*: 'that (beggar *sc.*) that was blind carried the cripple on his shoulder, and he (i.e. the latter) instructed the blind man where he should walk'.

88–91 *We . . . before*: Mirk imaginatively develops his source's terse *sunt curati, licet de hoc plurimum tristarentur* (Graesse 1846: 750).

91 *lyued*: Emended from the other MSS: the scribe of α has caught *lyuelode* from l. 90.

67. St Katherine

Hand D. Dependent on *LA* (Graesse 1846: 789–97; Maggioni 1998: 1205–15; Ryan 1993: ii. 334–41). Ed. Nevanlinna 1993 (for the legend, see Lewis 2000 and Jenkins & Lewis 2003). A omits ll. 1–27 (*De . . . But*) through lost ff. and ll. 75–84 (*I . . . before*); J omits ll. 25–63 (*spyte . . . dudon*) through a lost f. Group B diverges from Group A (see 10–12n, 32–4n, 75–84n) and inserts a major addition (see 73–4n). Not in Rev.

2 *Seynte Katerine day*: 25 November. St Katherine of Alexandria supposedly lived in the fourth century.

4 *Seynte . . . dowthur*: The daughter of King Costus (Graesse 1846: 789), half-brother of the Emperor Constantine, king of Britain by right of his mother, Helena (Nevanlinna and Taavitsainen 1993: 11, 21–2).

9 *Maxencius þe emperoure*: For the confusion of Maxentius with Maximinus, noted by Jacobus himself, see 33/43n and Nevanlinna and Taavitsainen 1993: 98 (n. to l. 66).

10–12 *of . . . hem*: *LA*: *audiens animalium diversorum mugitus* (Graesse 1846: 790). In Group B the gods *wern made of golde and siluer in liknesse of bullis* (a, with minor variants in bcdf, om. h) and their noisiness is not mentioned.

12 *Katerine blessyd hur*: 'Katherine crossed herself', cf. *signo crucis se muniens* (Graesse 1846: 790).

24–7 *þan . . . hure*: 'Then the scholars were very scornful that they had been brought from so distant a country to dispute with a woman, when the least scholar from there (i.e. Alexandria) would have been wise enough to have overcome her (in argument).'

32–4 *þere . . . slepe*: 'there was no piece of clothing that they had, nor any hair on their head, disturbed by the fire, but they all lay dead, one beside the other, as fair of face as if they had been asleep', cf. *nec capilli nec vestimenta eorum ab igne in aliquo laederentur* (Graesse 1846: 792). Rewritten in Group B: *by the help of god the fyre did thaim noon harme ne brent not the lest cloth of thaim and yitt they laye faire dede as though they had been on slepe* (a, with minor variants in bcdfh).

33 *as fayre chered*: Emended from ABGK (*wyth as fayre chere* DEF, *as fayr of chere* I).

42 *scheo*: i.e. Katherine.

51 *iiij whelus*: Emended (αcdf) from the other MSS. The text (*too . . . too . . . too . . . too*, ll. 52–4) and the source (*quatuor rotas*, Graesse 1846: 793) make plain that four wheels are involved, two above the victim, the hooks of which tear her upper body, and two below, which tear her lower body. This (as it turns out, ineffectual) means of martyrdom is the one associated with

the saint (as in the 'Catherine wheel' firework) but was not unique to her. For its application to St George (with some differences of detail), see 30/58–9n.

57 *þei*: i.e. the pieces of wheel, cf. *so þat þe gobbettis (gobbettis*] *peces* JK*) ran ouer þe pepull* ABGJK.

73–4 *where . . . day*: Group B expands this clause by a passage (not from *LA*) on St Katherine's shrine at Sinai. Although the Katherine legend often includes a description of the finding of her body on Mount Sinai 130 years after her death and its translation by hermits to their chapel below the mountain (Nevanlinna and Taavitsainen 1993: 14, 112, nn. to ll. 927–33 and 931), the Group B material is unusual in this context and derives from *Mandeville's Travels*. For a discussion and edition of the Group B text, see Powell (forthcoming 2).

75–84 *I . . . before*: DEF relate the story as of a woman (i.e. they diverge from *LA*). Group B adds details not in the source, e.g. that the man's devotion to the saint fell off because he kept the wrong company and stopped fasting her vigil with bread and water, and that the virgins in the ghostly procession all wore crowns, of which Katherine's was the best.

78 *Bothe*: For *both(e)*, 'but' (not recorded MED), cf. 54/243, 59/48.

68. Dedication of a Church

Hand D. Dependent on *LA* (Graesse 1846: 845–57; Maggioni 1998: 1283–98; Ryan 1993: ii. 385–95), with some use of *RDO* (see 78–125n). Group B has numerous minor differences and several major ones (for the most significant, see 8–23n, 37–40n, 67–77n). J omits ll. 8–15 (but see 8–15n, 57n), 97–125 (*Also . . . .cetera*). a ends imp. (ll. 27–125, *halowot . . . cetera*, om. through lost ff.); h omits ll. 24–45 (*þan . . . hym*), 67–77 (*Wherefore . . . boke*). For details of R2, see O'Mara and Paul 2007: ii. 1479–80 (not recorded as *F*).

2 *ȝure church haly-day*: 'your church's holy day', the annual celebration of the day on which a church was consecrated.

5–7 *Mony . . . tyme*: An acknowledgement of Jacobus' five reasons for the consecration of a church, of which Mirk uses only the first (8–36) and third (37–77).

8–23 *Furste . . . hym²*: Group A exhibits numerous variants. Group B (abcdh, paraphrased f) rewrites much of the passage, in particular ll. 10–14 (*to . . . othyr*) and ll. 15–17 (*alle . . . descencion*).

8 *hure*: 'her' (i.e. of Holy Church, cf. l. 103). The assumption of excrescent *h*- in the copy-text may have led α to the form *oure*.

8–15 *For . . . malys*: Replaced in J by *For þe deuyll ys malicyous and lefe* (see 57n).

20–22 *hath . . . hym²*: The referent is *þe fende*: since the devil lives in those who are out of charity with their neighbours, any such person may bring the devil into church, even though the devil of himself is not able to enter a consecrated church.

24–36 *þan . . . aȝeyne*: Cf. St Gregory the Great, *Dialogorum Libri IV*, bk. 3, ch. 30 (*PL* 77: 0288). The church had been returned to Christian use after its appropriation by Arian heretics, and the pig entered when the relics of SS Sebastian and Agatha were brought into the church.

30 *schewuth*: Probably pa. sg. (αI only), cf. *ferruth* l. 117 (*ferut* l. 34). The context is past tense and the other Group A MSS have *schewed* (ll. 30–2, *þus . . . fende*, om. Group B).

37–40 *I . . . ȝitt*: Rewritten in Group B: *many sayn þat þer prayoures ben also gud at home as at þe kyrke and þay erryn foull for* (bc, with minor variants d, some paraphrasing f).

38–9 *as . . . preyere*: Possibly a simplified version of St Augustine, *Sermones ad Populum*, sermon 206 (*PL* 38: 1042): *Ita oratio nostra humilitate et charitate . . . quaerit pacem et consequitur eam.*

39–40 *so . . . wel*: 'so when a man does well, he prays well'.

44–5 *whan . . . hym*: St Augustine, *Sermones ad Fratres in Eremo Commorantes*, sermon 22 (*PL* 40: 1271).

46–57 *But . . . dome*: Jacobus cites John of Damascus's three reasons why the church congregation faces east: to show that we seek our our heavenly home (ll. 46–53), to see Christ crucified there (ll. 53–6), to show that we expect the Day of Judgement from the east (ll. 56–63) (*PG* 94: 1136). Mirk relates this specifically to the orientation (*settyng*, l. 47) of the church to the east. See Add2/25–43n.

50–1 *þof . . . enmy*: 'even though you are exiled from your heritage by the malice of your enemy', a reference to the expulsion of Adam and Eve from paradise through the wiles of the serpent, the devil (Gen. 3: 23–4).

51 *he . . . angel*: It is St Michael who calls men and women to judgement (cf. 61/22–3), but the reference may be to the angels who come to a good man's death, as at 46/125–34.

53 *ȝoure faderes trespace*: The sin of Adam and Eve in eating the apple of the tree of the knowledge of good and evil (Gen. 3).

57 *dome*: Here J inserts *Wherfore ye shull pray hym deuoutely to geve you grace all þat day to be sauyd and come to þe Ioy þat neuer shall haue yende* (which draws on some of the wording and material of ll. 57–63), followed by *For . . . blessyng* (om. earlier from ll. 8–12, but with a lacuna at ll. 10–11:

worshipe god and ys god vayn of hem), after which the scribe returns to l. 57, beginning with a paraphrase: *also god wyllyth þat ye haue very contricion.*

58–63 *contricion . . . mercy*[2]: The three stages of penance—contrition, confession, and satisfaction—lead to absolution of sin, so that the Christian can stand at Christ's right hand (the sinners stand at his left) at the Day of Judgement. There they avoid the rebuke (Matt. 25: 41–3) which is given to those who are condemned to hell for their arrogance in their obstinate refusal to show contrition for their sins or ask for mercy when mercy was available to them.

63 *tyme of mercy*: Cf. *here in this worlde* (Group B). Mercy is not available after a soul is damned to hell.

64–5 *My . . . prayeres*: Isa. 56: 7, reiterated Matt. 21: 13; Mark 11: 1; Luke 19: 46. h continues with a unique addition: *but þer beth many nowadays takyth lytyll hed to þes wordes of crist þey that beth grete gangelerys and talkerys in the chirche and þynkyth ffull lytel where fore the chirche was halowyd and how þat god schold rathere hyre þy prayer in þys place more þan in anoþer place ffor he seyth hymselff euery chyrche þat is ihalowyd in hys name ys an hous off prayer to plese god in et cetera.*

67–77 *I . . . boke*: Not from *LA*, but a common *narratio* in sermon collections, usually involving the devil Titivillus (cf. Tubach 1969: 133/1630a), e.g. *Jacob's Well* (Brandeis 1901: 115, 232), where it is said to derive from Jacques de Vitry (Crane 1890: 100, 233–4 (no. 239)). An Ely Cathedral misericord shows two devils, one writing and the other drawing out the roll with his teeth, either side of two chattering women with a devil leering between them with his hands on their shoulders (illustrated Owst 1926: 177). See too Gray 1972: 171. The Group B text (bcdf) and R2 identify the bishop as St Gregory the Great, the deacon as St Augustine, and the location the pope's chapel (bcdf), with other circumstantial detail.

72–3 *þan . . . Paternoster*: This is what they should have been doing throughout mass, as Mirk explains in *IPP* (Kristensson 1974: 82/264–84/303).

76–7 *and*[2] *. . . boke*: 'and so were removed from that cursed book'. The book is the parchment roll on which the devil was noting the women's sinful talk.

78–125 *Also . . . cetera*: Not *LA*. For use of *RDO*, see 80–4n, 91–4n, 94–100n.

78 *þe long resting*: i.e. the long rest of the body until the end of the world when the dead will rise from their graves (cf. 1/71–3).

80–4 *Ionh . . . chyrch-ȝordys*: *RDO* (*PL* 202: 0157; Douteil 1976: 159i). A corrupt passage (see 80–2n, 80n), much better expressed at Add2/68–73.

80–2 *rich . . . roches*: Emended from the Group A MSS, which all read *ryche men* and have the majority reading *and in þe sydes in* (BCDG), cf. *nobiles vero sepeliebantur in montibus, sive in eorum medio, sive in radicibus*. Cf. Add2/72–3.

80 *hulle-toppes*: Perhaps a locative genitive ('at a hill-top location'), cf. *nythes*, 'at night' (l. 117), but the word-order (*hulle-toppes beried*) is also unusual, cf. *buryed in hulles coppes* (BCDGIJK, with variant *toppes*). Cf. Add2/72–3.

85–7 *Holy . . . chirch-ȝorde*: The *locus classicus* for prayers for the dead is 2 Macc. 12: 40–5. Prayer for the dead was one of the four means by which those who were in purgatory could be helped (see 65/14–16n), and it was the general duty of the congregation to pray for the parish dead.

89–90 *bot . . . þere*: 'unless he has sinned so much that he is not worthy to lie there'. For who should be buried in church and churchyard, see Add3.

91–4 *Iohn . . . enemyes*: *RDO* (*PL* 202: 0157; Douteil 1976: 159i), where Beleth says only that patrons and defenders should be buried inside the church. See Add3 *passim* and Duffy 1992: 331–2. For Mirk's earlier use of Beleth's material on patrons, see 56/7–31n.

94–100 *For . . . bydon*: *RDO* (*PL* 202: 0157; Douteil 1976: 159h). These lines incorporate two *narrationes* (ll. 94–6, 97–100) from *RDO*, both of which have their origin in St Gregory the Great, *Dialogorum Libri IV*, bk. 4, chs. 54–5 (*PL* 77: 0416). They are retold at Add3/17–23.

101–8 *We . . . knylle-mowth*: Not (despite *þe Gestes of France*, l. 101) the *Gesta Francorum* nor *History of the Franks* (nor *Gesta Romanorum*, as Group B). There is clearly some confusion, since Charlemagne (*Karolus*, l. 102) lived *c.*742–814, whereas Eucherius (*Eukrius*, l. 102) was bishop of Lyons *c.*449. For a comparable *narratio*, see 19/110–30n.

110 *Also . . . place*: 'Also there are many who are buried in consecrated ground who walk afterwards.' Normally those buried in consecrated ground would afterwards rest in peace.

110–25 *Also . . . cetera*: Those buried in holy ground who appear after death are seeking absolution of unconfessed sins (cf. *bot þe þrydde dyod and was not assoylud*, l. 116). For a comparable *narratio*, see Add2/44–65, and for other such stories see Joynes 2001. The incident recorded here is so firmly associated with Lilleshall and its environs that its source must be either oral or written tradition of the abbey.

113 *Lullesyll*: By the time of the Group B recension, the connection with Lilleshall had been lost (*luschyll* b, *Basil* c, *Bassyl* d, *basehyll* h, om. f). The name is not repeated at ll. 123 and 124 in the Group B text, but Rev. refers to *Bashehull* and *Bushul* and locates the grave in *Alefford*.

114–15 *he . . . þerfore*: The abbot had excommunicated the men for the theft of his ox, using the Sentence of Excommunication, commonly known as the (Great) Sentence (of Cursing). For the version appended to *F* in α, see Peacock 1902: 60–7; for discussion of the texts, see Pickering 1981.

117 *Halys*: More likely, given the context, to be Hales in Staffordshire, north of Lilleshall, than the more famous Benedictine abbey of Hailes (see 33/126–7n). See further 119n, 119–20n.

119 *syr Thomas Wodewarde*: Only Group A MSS (αBCDGIK) name the priest of Hales, who may be the same man, or related to the man, cited as a manucaptor in a lengthy lawsuit (1269–72) between the abbot of Shrewsbury and John Fitzalan II and III, father and son (Eyton 1854–60: x. 339–40). It may be a coincidence that the abbot of Lilleshall at the time was a certain William de Hales, elected 1270 (Chibnall 1973: ii. 79).

119–20 *aftur . . . þere*: The subject is separated from the predicate by an aside: 'afterwards (he *sc.*) was parson of Ruckley, (but *sc.*) at that time (he *sc.*) was parish priest there', i.e. at Hales. Only αI refer to Wodewarde as previously holding the cure of Ruckley (south of Shrewsbury). He does not figure in the (patchy) lists of medieval incumbents (where one John was chaplain in 1272), nor in those of Hales, but was 'perhaps only a deputy' (Eyton 1854–60: vi. 147).

120–1 *toke . . . man*: Cf. the *narratio* at 41/185–232.

122–3 *to . . . wyf*: The wife is needed because she now has the money to pay the abbot for absolution.

124 *and*^{1} *. . . reste*: 'and earlier (i.e. before that was done) he would not be able to have any rest'. An awkward construction but confirmed by the other Group A MSS (*and er* D, *for ere* BC, *for ȝer* GK). I's reading is unique but preferable (*or els*). Group B paraphrases, e.g. *for he schuld haue no rest to he were asolyd* (b).

Add. 1. Marriage sermon

Hand D. Based on the marriage service according to the *Sarum Missal* (Legg 1916: 413–18, trans. Warren 1911: 143–60 and Murray 2001: 261–70 (rev.)). For contemporary documents relating to medieval marriage, see Murray 2001 and McCarthy 2005. In this latter part of the collection there are numerous minor omissions in α (the result of a poor copy-text, or perhaps fatigue). Not in Group B or Rev., nor several Group A MSS.

4 *þe sacrament*: Marriage is one of the seven sacraments, Mirk's treatment of which dominates the structure of *IPP* (Kristensson 1974: 72/89–81/239 (general advice: baptism, confirmation, marriage, and the Eucharist), 95/526–174/1912 (specific teaching: baptism, confirmation, penance, and extreme unction). For a full discussion of the sacraments, see Nichols 1994: 129–58.

7 *schortely*: Not amongst the shortest sermons, since Mirk provides a full history of the sacrament and the dangers of not appreciating the *charge* ('duty, obligation', ll. 7, 12, 47) with which it is weighted.

7 *sewe*: 'show, demonstrate'. See 59/7–9n.

9 *kepon ȝoure ordur*: Just as 'order' is used of the priesthood, i.e. the sacrament of ordination (*MED* **ordre** *n.* 10a), so it can be applied, as it is regularly by Mirk (ll. 14, 19, 90, 93, etc.), to the wedded state, i.e. the sacrament of matrimony (*MED* **ordre** *n.* 11a).

13 *þe*[1]: The pronoun (the unstressed form of *þei*) is repeated after the lengthy noun phrase (*þei . . . lyuing*, ll. 11–13).

14–121 *Ȝe . . . begynnyng*: As in many medieval sermons, the first division (that the sacrament of matrimony is holy in its origins, cf. *furste for gode begynnyng*, l. 10) is treated more fully than the other two (ll. 122–38, 139–59).

14–21 *Ȝe . . . vylony*: Mirk introduces his history of matrimony by the statement that it was instituted by the Trinity in the creation of Eve in the Garden of Eden (*paradise erthely*, l. 16). Cf. Peter Lombard, *Sententiae*, bk. 4, distinction 26 (Murray 2001: 171/2.1). For the location of the Garden of Eden in the east, see Gen. 2: 8.

15–16 *Fadur . . . est*: 'Father, Son, and Holy Ghost instituted it (the sacrament of marriage) in the earthly paradise (i.e. the Garden of Eden), and (the Garden of Eden *sc.*) is in a place in the east'. The unsignalled change of referent in the second clause is common, e.g. ll. 30, 31, 62, 112 (for clarity, *he* is inserted editorially), 156.

18 *no ne*: 'nor no'. Perhaps the common *e/o* confusion, since *ne no* is more usual (*MED* **ne** *conj.*1, **no** *conj.*1).

19–21 *Holy . . . vylony*: i.e. because the sacrament of marriage was founded in a place of joy (the Garden of Eden), the Church allows it to be performed here on earth with appropriate jollity (i.e. properly solemn or *holy* and without low behaviour or *vylony*).

22–91 *þan . . . hem*: The biography of Adam and Eve from their creation to the Fall (Gen. 1–3), interspersed with Mirk's interpretation of its relation to the Sarum marriage ritual. For a discussion of Gen. 1–3 in relation to the iconography of matrimony, see Nichols 1994: 279–80.

25–8 *þan . . . body*: The words are those of God (Gen. 1: 26–7). Mirk glosses *ymage* as *ymaginacion*, i.e. God imagined man and created him as the product of his imagination. He goes on to explain that man is not made in the physical image of God but in the mental image (*Be . . . body*, ll. 26–7).

Human virtues originate in the soul and migrate from there into the body (*þerfore . . . body*, ll. 27–8).

32–3 *God . . . hymself*: 'God placed one tree that surpassed all others in beauty and power as the best (*MED* **principal** *n.* 3), reserved to himself'.

34–5 *For . . . grace*: The implication is that Adam, in the pleasure he enjoyed in paradise (*in wele*, l. 34), might have forgotten God and his duty to God, had not God through his grace placed the tree of the knowledge of good and evil as a reminder to him.

35–7 *þan . . . deth*: Gen. 2: 16–17.

37–8 *And . . . Eue*: 'and in this way the same prohibition passed from Adam to Eve'. By this Mirk explains the fact that God did not specifically forbid the as-yet-uncreated Eve to eat from the tree.

39 *þan . . . hymself*: Gen. 2: 18.

39–40 *Make . . . hymself*: Cf. Gen. 2: 20. Om. (presumably by eyeskip) in α but emended from I. BK have the longer reading: *make we him an helper lyke to him to bere frute lyke to hemself* (B, with minor variation in K).

40–1 *Here . . . womman*: 'here began the first wedding of man and woman'. Just as God created the world by saying 'Let (there be) . . .' (Gen. 1, *passim*), so his mere statement at Gen. 2: 18, that Adam needed a 'help', is seen to have instituted the sacrament of matrimony.

41–4 *os . . . not*: By including the unscriptural phrase *lyke to hymself* (l. 40) in his translation of Gen. 2: 18, Mirk can claim that it is by God's own disposition or command (*ordynaunce*, l. 41) that marriage should be between those of similar age, rank, and birth. *The Canterbury Tales* supplies ample illustration of the unhappy results of marriage between unequal partners: for difference in age, see, for example, the marriages of John and Alison, the Wife of Bath and her husbands, and January and May ('The Miller's Tale', 'The Wife of Bath's Prologue', 'The Man of Law's Tale'); for differences in circumstances and social rank (*condicions* and *burth*, ll. 42, 43), see Walter and Griselda ('The Clerk's Tale') and the Knight and the Hag ('The Wife of Bath's Tale').

44–8 *In . . . hem*: To begin his comparison between the Genesis account and contemporary marriage ritual, Mirk deals with the reading of the banns at the church porch at the start of the marriage ceremony (Legg 1916: 413: n. 2–2). It is because of God's command that marriage partners should be similar in worldly conditions that the priest asks prospective couples to swear on oath that they are not related outside the permissible laws of consanguinity, that they are not already promised to another, and that they are fully willing to live together and enter into the obligations of matrimony.

45 *wether . . . no*: In *IPP* (Kristensson 1974: 77/167–78/187), Mirk warns the priest to teach the rules of consanguinity at a child's baptism and confirmation, partly as a warning against future marriage contracts. Those who fall within the bounds of consanguinity (ll. 186–7) include the priest (or bishop, in the case of confirmation), his children (!), the child's parents, and the godparents and their children.

45–6 *wheþur . . . other*[2]: Again in *IPP* (Kristensson 1974: 78/188–79/207), Mirk makes plain that the verbal plighting of troth alone makes the marriage legal. If that has already been said to another, the marriage must not take place. This, he explains, is why banns are read on three holy days before the ceremony, the prospective couple are required to bring witnesses to the wedding, and it is celebrated at the church door for all to see (see 45n and 56–7n). On the importance of the verbal agreement, see Nichols 1994: 169–70, 285–6.

46–8 *wethur . . . hem*: For the priest's questions to the couple, see Legg 1916: 413 (n. 2–2), cf. Murray 2001: 263.

49–50 *angellus . . . Adam*: Gen. 2: 19–22, but *and . . . ospring*, l. 53, is unscriptural.

53–4 *wyth . . . womman*: Emended from I (*oute of Adams syde with þe flessch and made hit a woman* BK). α's reading is the result of misinterpreting *syde* as *sayde*, creating the need to alter *made* into direct speech (*make*).

54–5 *flesse*[1] *. . . bon*: Gen. 2: 23, cf. ll. 60–1.

56–7 *And . . . man*: The marriage service proper was conducted at the church door in order to be publicly observed, while only the nuptial Mass took place inside the church. This passage appears to refer to the 'handfasting', when the couple hold hands, a crucial part of the ceremony (Nichols 1994: 169–73, 279–83). Mirk seems to indicate that the priest takes the woman's hand and gives it to the man, although the *Sarum Missal* (Legg 1916: 413/2–7) refers to the father or a friend of the bride giving her hand to the groom ('giving her away'). Cf. Murray 2001: 263.

57–60 *þan . . . angellus*: The man places gold or silver (and the ring) on the service book, or sometimes on a plate. In the *Sarum Missal* (Legg 1916: 413/3–4) it is placed on a shield (*scutum*), or something else (*aliud*), cf. Murray 2001: 264. It is the image of a man (the monarch) on the coins that is important, since it signifies the man's intention to beget children in the image of God (cf. ll. 25–6), by which children the number of angels depleted since the fall of Lucifer (see 28/151–2n) may be increased.

60–2 *þis . . . hymself*: Gen. 2: 23–4.

62–3 *and*[2] *. . . hym*: Emended from BIK, since *louon* depends on *a man schal* (l. 61) and the direct object should be the fem. pron. (not *hym*, which is α's reading). The second clause should therefore be *scheo hym* as emended here, but the confusion may have been initiated by the α copy-text having the form *he* for 'she' (see 69–71n).

65–7 *þe*[1] . . . *Adam*: Gen. 3: 1–6.

67–71 *in* . . . *husbond*: The scribe copies *he* (emended to *scheo*) as the fem. pron. at ll. 67 and 70 (for other examples, see 14/42n).The ring on the third finger is a reminder to the woman to love God more than her husband, since Eve's eating the apple suggested greater concern for Adam than for God. The third finger was believed to carry a vein which ran to the heart (*þat ha veyne to hure herte*, l. 70), cf. *Sarum Missal* in Murray 2001: 264–5, where the authority cited is the *Decretum*, ch. 30. Iconographically at least, the ring-giving would seem less important than the handfasting part of the ceremony (Nichols 1994: 171–2). However, in terms of liturgy, the ring-giving involved more ceremony (Legg 1916: 413/24–414/13, cf. Murray 2001: 264–5).

70–1 *scheo* . . . *husbond*: An echo of the first of the Ten Commandments (Exod. 20: 3), as reinterpreted by Christ in the precepts of the NT (Matt. 22: 37–40).

71–5 *þan* . . . *peyne*: Gen. 2: 16, 24.

75–81 *Herefore* . . . *Trenite*: Once the couple have made their vows at the church door, the priest leads them by the hand into the church (Legg 1916: 416/1–3, cf. Murray 2001: 265) for the celebration of mass, which is the votive Mass of the Holy Trinity (in recognition of the role of the Trinity described by Mirk at ll. 14–16).

82–4 *ȝette* . . . *bestus*: Gen. 3: 21. For *pylches* (l. 83), cf. Vulgate *tunicas pelliceas*.

84–6 *So* . . . *gode*: This refers to the pall (L. *pallium*) ceremony, where a cloth or canopy was held over the couple's heads (Legg 1916: 417/2–6, cf. Murray 2001: 267). This was one of several rituals only carried out if neither partner had been previously married. Like the ring ceremony (67–71n), this would appear to have been less commonly represented in English than in Continental images (Nichols 1994: 173). The association of the canopy with that carried at a funeral by pall-bearers may explain Mirk's interpretation of the symbolism.

86–8 *And* . . . *man*[1]: The reference is to the additional clauses in the priest's injunctions to the woman, which require her *to obey and serve him* (cf. Murray 2001: 263) and *to be bonnie and buxom, in bed and at board* (264). See Legg 1916: 413, n. 2–2.

88–91 *þan* . . . *hem*: The kiss of peace (L. *pax*) is integral to the mass and was performed in the Middle Ages by the kissing of the osculatory or pax-brede. At the nuptial Mass the priest, husband, and wife would each in turn kiss the pax-brede (Legg 1916: 417/32–6, cf. Murray 2001: 269).

93–121 *I*[2] . . . *iholpon*: Already used in the 4 Lent sermon (see 22/135–63n), with minor differences, e.g. the woman is not *half-nakud* (22/140), nor had her pursuer been the servant of the lord who owned the park (22/153–4). Not only does the *narratio* warn of the consequences of adultery, but it also refers back to Mirk's comments on unequal marriages (41–4n), since the adultery is the result of an unsuitable marriage between an *olde knythe* and a *ȝung ladi* (ll. 93, 94).

112–14 *I* . . . *husband*: Cf. ll. 145–6, 150–1, and see 22/155–6n.

119–20 *how* . . . *almus-dedus*: For masses and alms-deeds as two of the four means by which those in purgatory could be helped, see 65/14–16n.

122–5 *Cryste* . . . *before*: See 12/145–56n, where Mirk links the wedding at Cana in Galilee with the marriage of John the Evangelist and Mary Magdalene (see too 125–8n). For Christ's approval of marriage by his act of turning the water into wine at the wedding at Cana, see Peter Lombard, *Sententiae*, bk. 4, distinction 26 (Murray 2001: 171/2.3).

125–8 *In* . . . *wyne*: Mirk supports the custom of asking the priest to the marriage breakfast by stressing the value of his saying 'grace' at the table, comparing it to Christ's blessing at the wedding at Cana in Galilee (John 2: 1–11), by which the water was turned into wine. The ensuing *narratio* is intended to validate sacerdotal benedictions.

129–38 *þan* . . . *poysynnyng*: Cf. Tubach 1969: 368/4876, although presented here as oral history (*I* . . . *dede*, ll. 129–30).

132 *he* . . . *songon*: 'he had not sung mass'. He needed to perform this duty before he could relax with his drinking companions.

133 *Sir* . . . *gone*: The man's familiarity with the priest as a drinking companion does not affect his use of the honorific title *Sir* and the 2nd pers. pl. pron. of respect *ȝe*. (Cf. Add3/2, where Mirk, as equal to the priest, uses the 2nd pers. sg. pron. *þou*.) On the custom of blessing bread and ale, see Gray 1972: 155–6, and for the making of the sign of the cross over food, see Add6/167–9.

134 *God* . . . *do*: 'may God bless it, and I do too'. The Latin words of the benediction follow.

140 *at þe grete*: Emended from BK (*to þe grete* I).

142 *for* . . . *blysse*: Om. through eyeskip and emended from I (cf. *for euer(more* K*) in euerlastynge ioye and blysse* BK). Although BIK agree with α in adding the *narratio*, they first complete the sentence with a formal conclusion: *to þe which weddynge god (god*] *he* I*) brynge yow and me (þat dyed for vs on þe rode tre* add. I*) Amen*.

143–59 *So* . . . *vengeans*: The *narratio* shows the converse of the theme of the division (l. 139): a husband whose obdurate adultery exposes him to disease and death at the hands (or lips) of the devil. For the child seized into heaven and granted divine knowledge, cf. 36/61–71n.

154 *herte-coll*: Not attested in *MED* (but *MED* **herte** *n.* 1d, ~**cove** 'a chamber of the heart?'). BK read *hert*, I *þrote-boll*.

Add. 2. Burial sermon

Hand D. Dependent on the Requiem Mass and burial service according to the *Sarum Missal* (Legg 1916: 431–50) and on material from *LA* and *RDO* already used in Sermon 68 (see 25–43n, 44–65n). For a discussion of the medieval funeral sermon (with a non-*F* sermon ed. from R1), see Powell & Fletcher 1981. Add2 is discussed briefly in Lepine & Orme 2003: 20. See too Binski 1996; Daniell 1997; Saul 2002; Orme 2004; Gilchrist & Sloane 2005. For literary representations of death and burial, see Gray 1972: 176–220; Woolf 1968: 67–113, 309–55, 401–4, 405–6. K adds a final *narratio* (see 115n). Not in Group B or Rev., nor several Group A MSS.

2 *as . . . sen*: The body is present throughout the sermon. α's *heron* (emended from BIK) may be explained by attraction from the next word (*here*).

2 *a . . . alle*: 'Mirror' (cf. L. *speculum*) is a common medieval and Renaissance metaphor for a reflection on a person or topic. Related to this is the use of the word for a pattern of behaviour (*OED* **mirror** *n.* 5a), either a paragon to be followed (5b) or a warning to be avoided (5c). The reflective meaning is particularly valid here, given the common warning to the living by the dead: 'As I was, so you will be' (see Gray 1972: 39 (mnemonic tag), 200, 208–9). For the word in relation to a cadaver tomb and in the title, *Speculum artis bene moriendi*, see Duffy 1992: 307, 316.

3 *God . . . mercy*^{2}: 'may God through his mercy have mercy on him'. The repetition of *mercy* is awkward, and the other Group A MSS read instead: *God of* (*of*] *for* K) *his mercy foryeve him his mysdedes* (BIK).

6–16 *þe . . . amendement*: The first division explains that the body is brought to church to affirm the dead person's obedience to God and the Church during life, and his willingness, after the soul and body are separated at death, that God should take responsibility for his soul (to do with as he might wish) and that the Church (compared to a mother who will not reject an obedient child) should take responsibility for his burial.

9–10 *he . . . Holy Chyrch*: For the bequest of the soul to God and the body to the Church as the preamble formula of a medieval will, see the examples of Exeter wills 1244–1349 in Lepine & Orme 2003: 139–70. See too Duffy 1992: 325–6.

17–66 *þe . . . chyrch*: The second (more expansive) division explains the reasons for church burial and the manner of such burial.

17 *mankynde . . . erth*: The chastening words of St Bernard (*Sermones de Diversis*, sermon 12), that man is conceived in slime, walks through life a bag of excrement, and becomes food for worms after death (Leclercq & Rochais 1957–74: vi. 1/127).

18 *of . . . hymself*: The earth is 'by nature stinking in itself'.

23–4 *is . . . erth*: The reading in BK (*at þe laste schal torne to* (*þe* K) *erthe ayen*) is closer than αI to the priest's words at the Ash Wednesday service (19/16–17).

25–43 *þan . . . way*: The white sheet is a sign that the deceased was contrite and absolved by a priest. The body is oriented so that the corpse may rise to face Christ when he comes from the east at the Day of Judgement (68/56–7). The wooden cross signifies faith in man's redemption through Christ's death on the cross, and the wax candle is laid in the form of a cross to signify the man's death in a state of charity to God and man (cf. *candul of charyte*, 14/111). A measuring rod is laid in the grave as if for the man to use in his pilgrimage to his *long home* (l. 37, cf. *long resting*, 68/78). While a pilgrim's staff might be a defence against attack, this stick is ritually broken because the dead man cannot expect to defend himself against devils after death but must take whatever fate his way of life has prepared for him. For the discovery of such staves in medieval burials, see Gilchrist & Sloane 2005: 169–76. Orme suggests convincingly (2004: 22–4) that the rod might have been used first to measure the body for the grave. (There may also be some connection with the breaking of staves of office by a dead lord's servants and throwing them into the grave.) Finally, earth is cast on the body and the priest asperges it with holy water.

40 *þe . . . hym*: 'the door is fastened on him' (*MED* **tinen** *v.*(2) 1).

40–1 *and*[2] *. . . werkys*: 'and so farewell for ever, and so may it be (cf. *MED* **worthen** *v.*) for him and all his works'. Perhaps, but less likely: 'and so (is it *sc.*) suitable (*MED* **worth** *quasi-prep.* 2b) for him and all his works'.

44–65 *And . . . sesud*: Cf. 68/110–25n, although the details here are both less specific and different (the three men die in a town brawl, all are buried in church, the unabsolved corpse is entered by a devil in the form of an ape, the devil explains the limits of its power, the exorcism is performed by an anchorite). At Sermon 68 the exemplary purpose is to demonstrate that those buried in holy ground who appear after death are seeking absolution of unconfessed sins. Here Mirk develops instead a narrative about the power of the devil to enter unabsolved corpses.

47–8 *þe . . . hosullud*: 'two of them received their last rites and the third was not houselled'. The last rites (*rythus* l. 47, cf. *MED* **right** *n.* 10a) are the sacrament of extreme unction (cf. *hys ful sacrament* l. 45), where the dying man is anointed (*anoylud* l. 49, *anneylid* l. 59) and receives the Host (*hosullud* l. 48). The two practices are part of the same rite, but in this context are used interchangeably. For Mirk's own instructions to the priest administering the last rites and taking the viaticum to the dying, see *IPP* (Kristensson 1974: 163/1699–165/1748, 170/1839–174/1912), and see too 41/185–232n.

52 *a nankur*: An anchorite, a recluse living enclosed in a church or churchyard (here with metanalysis, cf. *ankur*, ll. 56, 64). For details of the life of an anchorite, see *Ancrene Wisse* (Shepherd 1959: xxx–xxxvii).

60–4 *I . . . commaundement*: 'I am not going about like this because his soul is in danger but in order to make others sin against him and judge him other than he is (i.e. assume that he is damned) so that I can accuse him of that (i.e. of making them judge him) at the Day of Judgement and say how they judged their neighbours other than they should do (and *sc.*) contrary to God's commandment.' The thinking is fiendishly convoluted.

67–111 *þe . . . purpos*: The third division explains that the body is brought to church so that the soul may be helped by the prayers and sacraments of the Church.

68–73 *For . . . hulles*: See 68/80–4n.

79–80 *we . . . chyrch*: 'we pray zealously for all whose bones rest in Holy Church or in the churchyard, and for all those (who *sc.*) are brought to church (i.e. for the Requiem Mass)'.

83–95 *But . . . refressyng*: The mass (esp. the Requiem Mass) is the most efficacious of the four principal means to help the dead: fasting, alms, prayer, mass (see 65/14–16n, cf. Powell and Fletcher 1981: *passim*). On the virtue of the mass and its ability to ease the pains of those in purgatory, see *FM* (Wenzel 1989: 404–17, esp. 410–13), and on commemorating the dead, see Lepine & Orme 2003: 239–48. Mirk notes that there is special help in any votive mass which the individual favoured during life, such as a Mass of the Holy Trinity or the Holy Ghost or Our Lady (Legg 1916: 384–91). For the general help of all Christian souls he specifies that, next after mass (*aftur masse*, l. 89), there is efficacy in the psalms, especially the seven penitential psalms (Vulgate nos. 6, 31, 37, 50, 101, 129, 142 (*AV* nos. 6, 32, 38, 51, 102, 130, 143)) with the litany (Procter & Wordsworth (1879–86): ii. 242–60), which act as an antidote to the seven deadly sins. (For the singing of the seven psalms at the end of the burial service, see Legg 1916: 450/24–5.) Other good prayers to be said for the dead are *Placebo* (i.e. Vespers recited the night before the funeral, so called from the first word of the service from Ps. 114 (*AV* 116): 9) and *Dirige* (i.e. Matins the next day, with the nine lessons from Job, so called from the first word of the antiphon from Ps. 5: 8

(*AV* 5: 9)), followed by Lauds and then the Requiem Mass. For Vespers, Matins, and Lauds in the Office for the Dead, see Procter & Wordsworth 1879–86: ii. 271–83; for the Requiem Mass, see Legg 1916: 431–44. (On this, see Duffy 1992: 368–76 and Daniell 1997: 48–51.) Also helpful, according to Mirk, is any recitation of the five joys of Mary (see 23/111–32n), such as that in the verses *Gaude flore virginali* (see 54/175–223n) or *Gaude virgo mater Christi* (Procter & Wordsworth 1879–86: ii. 542). See Duffy 1992: 257–8; Marks and Williamson 2003: 346.

96–111 *þus . . . purpos*: Numerous *narrationes* demonstrate the Virgin's readiness to come to the aid of the dying, provided (s)he has received the last rites (*if . . . Chyrch*, ll. 98–9), even to the extent of tackling the devils surrounding the soul (as at 14/163–84, and see Duffy 1992: 318–19). Here she evokes power over them by reminding the devils of her roles as mother of God and mediator between man and Christ (ll. 103–5), empress of hell (ll. 105–7), and lady of all the world (ll. 107–10) (see 23/125–6n).

100–1 *schewing . . . done*: For the register of sins which devils collect to use against dying sinners, see 68/76–7n.

102–3 *blessud . . . ben*: 'blessed may she be'.

115 *et cetera*: BIK provide a full conclusion, and K adds a final *narratio* (also in C; see Add5/27n). A penniless widow could not afford a mass for her husband's anniversary of death. St Gregory the Great gave her a mass-penny for the priest to say a mass for her husband's soul and all Christian souls. She was reluctant to include anyone other than her husband, but the saint insisted. That night in bed she saw a field full of white souls with her husband's soul the whitest and largest in the midst of them, receiving homage from the others. St Gregory explained that every mass should be sung not just for one soul but for all Christian souls, who will then thank the prime recipient of the mass. Cf. *FM* (Wenzel 1989: 410/120–3, trans. 411). St Gregory is traditionally associated with mass stories because of the famous St Gregory Mass (see 41/163–80n and Duffy 1992: 238–40 and Plate 49).

Add. 3. Burial notes

Hand D. Not a sermon but advice to the priest on who should be buried in church, churchyard, or sanctuary, and who should not be buried in holy ground. Dependent on material from *RDO*, some of it already used in Sermon 68 (see 6–8n, 12–15n, 17–23n, 27–48n, 43–4n). On church and churchyard burial, see Lepine & Orme 2003: 24–38, and (for archaeological investigations) Daniell 1997: 95–109, 186–7. B ends imp. (ll. 9–48, *but . . . seyntwary*, om.), C begins imp. (ll. 1–34, *Qui . . . and*, om.), both through lost ff.; I omits ll. 19–26 (*Also . . . mercy*), perhaps so as to end the sermon on his last page. Not in Group B or Rev., nor several Group A MSS.

2 *sir preste*: Mirk uses the honorific title, *sir*, but uses the 2nd sg. pron. *þou* to a fellow-priest.

6–8 *þilk . . . enmyes*: *RDO* (*PL* 202: 0157; Douteil 1976: 159i), cf. 68/91–4n.

8–10 *Othur . . . þerof*: 'other categories should not be buried in church with no (good *sc.*) reason, but now they are allowed (to be buried there *sc.*) because the church would suffer too great harm by refusing'. Emended from IK (*harme* I, *to myche harme* K).

10–12 *it . . . notte*: 'there is no benefit in a man being buried in church any more than he has (benefit *sc.*) in being buried in the churchyard, because in this case the holy place does not help'.

12–15 *Heven . . . þerof*: *RDO* (*PL* 202: 0157; Douteil 1976: 159g). For the fall of Lucifer, see 28/151–2n, and for Adam's expulsion from paradise see 15/138–51 (Gen. 3: 23–4).

17–23 *For . . . affitur*: *RDO* (*PL* 202: 0157; Douteil 1976: 159h), cf. 68/94–100n.

27–48 *And . . . seyntwary*: *RDO* (*PL* 202: 0158–9; Douteil 1976: 159q–x).

29 *but . . . deth*: 'unless he should beg for mercy (from God) before their death'. *Hure* refers back to *a man or a womman* (l. 28).

29–30 *in . . . forsworne*: For a *narratio* that warns against breaking the marriage vows, see Add1/93–121n.

31–2 *bot . . . satisfaccion*: 'unless it be the case that he has made satisfaction before he dies', i.e. unless he has shown contrition, confessed to a priest, and undertaken the penance imposed on him.

34–5 *he . . . iustes*: For this prohibition, promulgated at the Council of Clermont (1130), see Barber & Barker 1989: 17 (and Index *sub* Church and tournaments).

36 *is . . . lemman*: Cf. Add1/143–59n.

43–4 *Holy . . . hounde*: A markedly affective statement in an otherwise matter-of-fact catalogue based on *RDO*.

44–6 *þow . . . chyrch-ȝorde*: 'though it may be that by the privilege of the court of Rome they are buried within the churchyard' (not *RDO*). By special papal dispensation suicides could be buried within the churchyard, but Mirk appears to disapprove of the practice.

ADD. 4. AVE MARIA

Hand D. Not a sermon but advice to the priest on teaching the *Ave Maria*. Not in Group B or Rev., nor several Group A MSS.

1 *De . . . sermo* Although designated a sermon in α, C's rubric is more accurate: *De salutacione angelica informacio bona parochianorum ad deuotionem nutriendam* (no rubric B, *de salutacione angelica (informacio* C) CK).

3 *þe holy Aue*: *Ave* (L. 'hail') is the first word of the angel Gabriel's salutation to Mary at the Annunciation (Luke 1: 28). One of the key prayers, along with the Paternoster (see Add6) and Creed. In *IPP* Mirk provides English verse versions of all three (Kristensson 1974: 89/404–95/525).

4–6 *Heyle . . . Amen*: An English translation of Luke 1: 28 (*Heyle wommen*), used liturgically with the addition of *and . . . Ihesus* (Legg 1916: 259/21–2).

6–7 *Teche . . . sayne*: Om. BCK, perhaps because of later concerns about the use of the vernacular. See Add6/8–12n. Cf. *IPP*: *Teche hem þus, and byd hem say/ Wyþ gode entent euery day* (Kristensson 1974: 90/408–9). Here Mirk's translation is prose, but in *IPP* he provides a verse version to be learnt by heart: *Hayl be þow, mary, fulle of grace;/ God ys wyþ þe in euery place;/ I-blessed be þow of alle wymmen,/ And þe fruyt of þy wombe Ihesus! Amen!* (Kristensson 1974: 90/422–5).

10 *to . . . devowth*: 'to be greeted devoutly'.

12–32 *I . . . deuocion*: Cf. Tubach 1969: 39/438. Despite its specificity here (see 12n, 13n), the *narratio* is common.

12 *nonnery of Schaftesbery*: A pre-Conquest royal foundation.

13 *Evlalya*: As extravagant a name as Chaucer's prioress, Eglentyne, in 'The General Prologue' to *The Canterbury Tales*.

14–15 *oure Ladyes sawter*: See 4/57–8n.

16 *spakly and passyngly*: 'quickly and cursorily' (*MED* **spakli** *adv.* a; **passingli** *adv.* 2).

22 *in trete*: 'at a moderate pace, with deliberation' (*MED* **tret(e)** n.(1) c, *in* ∼).

ADD. 5. MIRACLES OF THE VIRGIN

Hand D (but see 27n). A single *narratio*, although a second appears to be promised by both the initial and final rubrics; BC do add an extra *narratio* (see 1n, 27n). Not in Group B or Rev., nor several Group A MSS.

1 *De . . . Marie*: Only in α (and inaccurate, since the sermon does not deal with the Virgin). In B there is a one-line gap between Add4 and 5 and no

rubric; in K there is no gap but the rubric *Narracio* is in the margin. For C, see 27n.

2 *Ther . . . lant*: 'once upon a time there was a man (who *sc.*) lent'.

2 *iiij s*: 'four shillings'.

6 *bad hyt hym*: 'asked him for it'.

11 *he com homwarde*: *He* is the moneylender, who turns out (surprisingly) to be the villain of the story. Usury, or moneylending, was proscribed to Christians and became the necessary but much derided profession of Jews. In this *narratio*, however, the focus is less on usury than on the fact that the moneylender, even though he knows the guilt of the debtor, has forced the debtor to perjure himself. The justice is dubious, but the debtor himself is damned for his perjury (*forlorne body and soule*, l. 20), whereas the moneylender suffers only a fright and confinement to his bed for two and a half years. For the perjured debtor, cf. 3/107–27.

13–15 *he*[1] *. . . hed*: The moneylender sees Christ as he will appear at the Day of Judgement (see 1/80–2).

14 *ryght þoe bledyng*: B corroborates α's reading here, which may mean: 'just then bleeding' (*þoe* from OE *þā*, 'then'). The omission of *ryght þoe* in C, and the replacement of *þoe* by the rather weak *so* in K, suggest that there was uncertainty about the reading in an archetype of these MSS, and one might suggest *sore* as the original lexeme.

18–19 *why . . . hym*: 'why he had caused to be damned (lit. made lost) him whom he had redeemed at such a high price, because of the goods that he had sent him'. The final clause (*for . . . hym*, l. 19) would be better placed after *why*; it appears to refer to the gifts of wealth and property which God had bestowed on the lender and which he had put to such poor purpose in using them to bring about the damnation of a fellow-Christian.

21 *þerfore . . . abye*: Supplied from BCK.

21–2 *serteyne . . . hys*: Presumably angels (*his angels* BCK).

27 *Aliud . . . Maria*: Despite the rubric, 'another miracle of St Mary' does not follow in α. Instead, the rubric is followed, in the same line, by another rubric (added later, and so Hand D*) for the Paternoster sermon (Add6/1) (see vol. 1, Plate 5). B, however, continues here (f. 189^{v}) with an untitled Marian miracle (Erbe 1905: 301/8–303/6), and C follows Sermon 68 with the same miracle (MS Harley 2417, ff. 8^{r}–9^{r}), headed *Miraculum de sancta Maria*, followed by Add5 and another *narratio* (f. 9^{v}) which is only otherwise found at the end of the burial sermon in K (see Add2/115n). At this point the *temporale* section of C ends: *ffinitur tractatus temporalis et incipit proprietas sanctorum secundum vsum Sarum per huius Festiallis compilatorem* (f. 9^{v}), and the *sanctorale* section begins (f. 10^{r}). K too ends after Add5: *Explicit liber* *festiuallis quod Iohannes meyre* (f. 171r). The copy-text of α has been corrupt and/or hard to read for several ff. by this stage (see Add1 headnote), perhaps explaining the odd rubrics, but almost certainly explaining why the second rubric is not fulfilled and instead the scribe acquires and copies the Paternoster sermon (Add6).

Add. 6. Paternoster sermon

Hand D* adds Add6 from a corrupt text (for superior readings in ABCDK, see 15n, 56n, 60n, 81–3n, 124–5n). A standard exposition of the seven petitions of the Paternoster (see 13n), in which each is linked to a specific deadly sin (see 38–9n), but with some traces of an originally fuller exposition (see 30–4n, 125n). For a full treatment of the seven deadly sins, including Paternoster contexts, see Bloomfield 1952. The classic text for the exposition of the Paternoster is the *Speculum Vite* (ed. Hanna 2008); for a prose abridgement of the *Speculum*, see *Myroure to Lewde Men and Wymmen* (ed. Nelson 1981). A ends imp. (ll. 114–239, *faruth . . . away*, om.), B begins imp. (ll. 1–15, *De . . . getuth*, om.), both through lost ff.; C is barely readable (f. 1r–v). Not in Group B nor Rev., although Rev. has an additional sermon for Rogation Days which links each of the seven petitions to one of the seven deadly sins, seven gifts of the Holy Ghost, and seven beatitudes and their virtues (R1 f. 108r, R2 f. 68r, ed. Powell 1980: i. 284–93). See O'Mara and Paul 2007: ii. 1145–6.

1 *De . . . parochianos*: So too C, although the sermon is not *breuis* but one of the longest.

2–4 *iche . . . ȝere*: AK specify twice a year, cf. *IPP*: *The pater noster and þe crede,/ Preche þy paresche þou moste nede,/ Twyes or þryes in þe ȝere/ To þy paresch hole and fere* (Kristensson 1974: 89/404–7). The impetus for preaching the tenets of the Church was the Fourth Lateran Council (1215), reinforced in England by the Lambeth Constitutions (1281) and Archbishop Thoresby of York's Injunctions (1357), together with an English version known now as *The Lay Folk's Catechism*. The so-called Lollard version of *LFC* (London, Lambeth Palace Library MS 408) includes the Paternoster, Ave, and Creed (Simmons and Nolloth 1901: 7/59–21/366). Pecham specified quarterly preaching of all the tenets (*quater in anno*, 7, P/16), while Thoresby specified Sundays: *saltem diebus dominicis* (6, C/13), cf. *opon sononndaies* (6, T/49).

8–12 *þan . . . hit*: Only αD (om. BK, cf. Add4/6–7n). The αD scribes envisage a Latin recital (*suche lateyn as ȝe doþe* D), but both Pecham and Thoresby had specified the teaching of *pastoralia* in English (*vulgariter*, Simmons & Nolloth 1901: 7, P/18), *in vulgari*, 6, T/15, *openly on Inglis* (6,

T/49), and vernacular texts are common, e.g. in *IPP* (Kristensson 1974: 90/410–21).

9 *Paternoster*: 'Our Father', the first words of the Lord's Prayer (*oracio dominica*, l. 1).

13 *vij preyeres*: On the division of the Paternoster into seven petitions, linked to other sevens, such as the seven gifts of the Holy Ghost or (as here), the seven deadly sins, see Hussey 1958.

15 *he puttuþ away*: The antecedent appears to be God (l. 14), but the other MSS are clearly correct in taking the Paternoster as the subject (*þat puttyth* D) or its seven petitions (*þey putton* ACK). Cf. *MED* **putten** *v.* 1c(b) '~ *awei* to turn (something) aside, deflect'; 7c '~ *awei* to invalidate, nullify, put an end to', although the best meaning for the context is 2b '~ *abak* defeat, overcome, conquer'.

17–18 *Pater . . . tuum*: The first petition.

18–19 *Fadur . . . halowode*: Cf. *IPP*: *Fader owre þat art in heuene,/ Halowed be þy name* (Kristensson 1974: 90/410–11). Only αD invert determiner and noun (cf. ll. 19–20, 28) and read *owron* (but α *oure*, l. 20 and D *oures*, l. 28). The inversion stems from the Paternoster in OE (*fæder ure*, Scragg 1974: 19), cf. *IPP* (*fader owre*, Kristensson 1974: 90/410) and *LFMB* (*fader oure*, Simmons 1879: 25).

30–4 *alle*[2] . . . *he*: An amalgam of parts of two important tenets of the Church: the first of the Ten Commandments, Exod. 20: 3–4 (cf. Deut. 5: 7–10) and the first article of the Apostles' Creed (*Credo in Deum Patrem omnipotentem, creatorem celi et terre*). The phrase *none oþur bot onely he* suggests the words of Christ to the devil in the temptation in the wilderness, Matt. 4: 10 (cf. Luke 4: 8 and Deut. 6: 13). There may be a trace here of a fuller sermon which linked the petitions to the Ten Commandments.

31–2 *and . . . Fadur*: 'and so leave their false gods and believe in your Father'.

36 *ȝe . . . ȝowreselfe*: The second precept of the NT: Matt. 22: 39.

38–9 *as . . . pride*: The first petition is as an antidote to pride, the second to covetousness (l. 60), the third to envy (l. 86), the fourth to sloth (l. 113), the fifth to wrath (ll. 130–1), the sixth to gluttony (l. 151–2), and the last to lechery (l. 173).

42–3 *for . . . oþur*: 'desires (*dyssiruth* l. 40) to be seen to such advantage in precedence over and surpassing all others'.

46–9 *Lucifer . . . heven*: See 28/151–2n.

49–50 *and . . . amendemente*: 'and (so *sc.*) shall all who follow in his footprints, unless they may obtain the grace to amend their lives'. For the image of following good or bad examples, see too ll. 57 (*sewng . . . schilderon*) and 75 (*sewon . . . doth*). Mirk's emphasis is always on the potential for salvation through mending one's ways, cf. ll. 94–5 (*but . . . passe*) and 184–5 (*bot . . . hym*).

51–2 *þi . . . comen*: 'may your kingdom be to come (*fore to comen*, 'to come'), cf. *IPP* (Kristensson 1974: 90/412). Emended from BCDK (*þe* αA), cf. *þi wille be done* (ll. 71–2).

56 *kyngus*: αD (but perhaps caught in their exemplar from *kyng*, l. 56, and less appropriate than *ayrus* (ABCK, cf. *heyrus*, l. 24).

60 *he*: Although αD agree in this reading, *ȝe* (ABCK) is preferable, cf. *ȝe sleyne* (l. 38), *ȝe schal sclene* (l. 86), etc.

60–1 *for . . . gedur*: 'to save and collect'.

62–4 *ȝif . . . here*: 'if he could have this world as they like it, he would not care at all about entering heaven or God's sight, nor have any other heaven apart from his own pleasure here'. The pronoun changes number in the phrase *at her wille* (*MED* **wil(le)** *n.* 2b(a)).

65 *fadeth . . . floure*: A common simile for the transience of the world, based on scriptural vv. such as Isa. 40: 6–8; Jas. 1: 10–11; 1 Pet. 1: 24 (cf. Job 14: 2; Ps. 102 (*AV* 103): 15; Isa. 28: 1).

73–4 *is . . . ȝowres*: Cf. Luke 22: 42.

75–85 *os . . . myssecheff*: The argument (that it is God who enjoins natural and social hierarchies, e.g. respect from younger to older and from lower to higher social class) is corroborated by its practice among the angelic orders, which were arranged, according to Dionysius the Pseudo-Areopagite's *Caelestis Hierarchia*, in three hierarchies of three choirs each (Seraphim, Cherubim, Thrones; Dominations, Virtues, Powers; Principalities, Archangels, Angels). Cf. 6/24–5 (*for . . . heyghly*) for the high regard for obedience amongst the angels. Mirk is, however, mindful of reciprocal duties amongst the social classes—the lower ranks of society show respect to the higher out of love, but the higher ranks must also respect the lower out of meekness of heart.

81–3 *grace . . . and*: Emended (the result of eyeskip) from D (but *to oþer*, l. 81, emended from ABCK).

90–1 *bene . . . harme*: 'are sorry when they see any man helped and (are *sc.*) well pleased at bad things happening to him'. The envious man contrasts with the good man of ll. 84–5 (*fayne . . . myssechef*, 'each one happy and glad at another's success and sorry at his misfortune').

92 *he*[1] *. . . to*: 'he will add more to it' (by adding more criticism of his own).

99 *vche day fode*: 'daily food'. Cf. *IPP* (*owre vche dayes bred*, Kristensson 1974: 90/416) and *LFMB* (*oure ilk day bred*, Simmons 1879: 25).

105 *and ȝeftur*: αD (*MED* **yefture** *n*. 'the capacity for giving, gift', cf. *in his gyfte* ABCK).

106 *brede . . . fode*: The distinction between corporal and spiritual sustenance in relation to this petition is traditional, cf. *LFC* (Simmons & Nolloth 1901: 9, L/111–14). Only K explicates the meaning of spiritual food by locating the metaphor in the temptation of Christ (Matt. 4: 4).

115–17 *Seynte . . . fendus*: See 1/34–5n.

124–5 *as . . . merciabul*: Supplied from BDK (lacuna in αC).

125 *Beati misericordes*: Matt. 5: 7. There is a trace here of a once fuller exposition, linking the seven petitions to the seven beatitudes (Matt. 5: 3–12).

126 *sew*: 'follow', cf. Matt. 5: 7 (*consequentur*).

132–3 *do . . . may*: 'do the uttermost that he can and (do *sc*.) the vengeance that he can'.

134–5 *but . . . chyldron*: 'but (God sc.) shall condemn such to the pain of hell and make them cursed and unworthy to come among God's children'. Minimal emendation from D produces a readable text, but BCDK's reading is superior: *but suche (suche*] *om. BCK) be dampned ynto þe payne of helle and curset and vnworþy*.

136 *For . . . .mercy²*: Jas. 2: 13 (cited K).

145–50 *Furste . . . synne*: The three stages of sin (suggestion, delight, and consent), developed at ll. 155–65, and traditionally associated with the serpent, Eve, and Adam respectively. See St Augustine, *De Genesi ad Manichaeos* II. 14 (*PL* 34: 0206–7).

152–3 *wit . . . Eue*: Cf. 19/30–2, 19/28–34n.

155–65 *ffurst . . . glotory*: An explication of the three stages outlined at ll. 145–50: first the sight of meat or drink encourages the desire to taste, then the pleasure of the taste leads to eating or drinking immoderately, and finally the deadly sin of gluttony is committed. By way of amplification, Mirk specifies taking too much and too greedily (*for . . . myche*, ll. 157–8), eating too early, e.g. on fast-days (*oþur . . . day*, ll. 158–9), or eating too late, e.g. late suppers, or sitting and drinking too late at night and so breaking the fast that begins on the vigil of the feast-day. Such behaviour will lead a poor man to beggary by encouraging him to waste his goods on delicate food and drink above his station in life.

158 *evowrusly:* 'greedily' (cf. *MED* **yiverous** *adj*. a, 'gluttonous').

167–71 *for . . . surfete*: See Add1/133–5, 133n.

177–85 *And . . . hym*: Warnings against lechery in old men are common in medieval texts, most famously and comically exploited in the predicament of January in 'The Merchant's Tale' of *The Canterbury Tales.*

181 *schalle from hym*: 'shall (go *sc.*) from him'. D attests *from* (*fall from* B), although the α scribe has written illegibly over another word.

183 *mepis*: *MED* **mopish** *adj.* 'stupid' (cf. *mopyssch* B). No variants in *e-* are recorded, and *mepis* perhaps shows *e/o* confusion (but *mepysch* CDK).

186–204 *Narracio . . . man*: The *narratio* has its origins in the apocryphal books of Esdras (1 Esdras 3–4). Cf. Tubach 1969: 98/3868.

186 *maystur of storyes*: The 'master of stories' is Peter Comestor, but Mirk seems to mean merely a compiler of a story collection (not in BK).

193–4 *þat . . . Zorobabel*: The third, and wisest, of Darius' bodyguards.

197–200 *he . . . wepen*: In this context an obscure passage, but it records Zorobabel's description of how Darius' concubine, Apame, put his crown on her head and struck him with her left hand: 'And yet for all this the king gaped and gazed upon her with open mouth: if she laughed upon him, he laughed also: but if she took displeasure at him, the king was fain to flatter, that she might be reconciled to him again', 1 Esdras 4: 31, from the King James Version (Kohlenberger 1997: 1038, 1040).

205–39 *I . . . away*: Untraced, but for a prostitute who repented as the result of a sermon, cf. *GR* (Herrtage 1879: 390–2/LXXII).

206–12 *But . . . aftur*: A long and not entirely grammatical sentence, since the clause introduced at *on a day* (l. 206) never materializes.

SELECT GLOSSARY

The Glossary records words which are obsolete or archaic in present-day English or whose meaning and/or semantic range differ from present-day English, as well as significant dialect variants (e.g. **qwan**, **qwech**) and words whose spelling may cause problems to the reader.

It is a Select Glossary in that unproblematic spellings are not included but those that are problematic (particularly the unusual spellings of Hand D*) are included, e.g. there is no entry for **age** *n.* ('age') but **ache** as a variant spelling is cited, no entry for **charite** *n.* ('charity') but **scharite** is cited, no entry for **nyght** *n.* ('night') but **nythe** and other variant spellings are cited, no entry for **þus** *adv.* ('thus') but **þus** *dem. adj.* and *dem. pron.* ('this') are cited. It is also a Select Glossary in that, although most variant spellings of a headword are included, not all examples are cited (although those cited are chosen from a range of sermons in order to provide examples from different hands and languages). Where a spelling is remote from its main form, it is recorded alphabetically with a cross-reference (e.g. **vtwyth** see **otwyth** *prep.*); only the first form of the cross-reference is cited.

Each entry records headword and variant spellings, grammatical designation, and definition(s), and gives sermon and line references (e.g. 1/1). Spelling variants are listed in order of frequency, where such can be established, and otherwise alphabetically. Parentheses are used to indicate alternative spellings, e.g. **abyde(n)**, where this is convenient. * indicates emendation (e.g. ***anoynte**, 2/*173); 'n' after an entry indicates a discussion in the Explanatory Notes (e.g. 1/1n).

In initial position the digraph ⟨th⟩ is placed within ⟨t⟩, but ⟨þ⟩ occurs separately after ⟨t⟩. In initial position the orthographical variants ⟨u⟩ and ⟨v⟩ have separate entries, according as to whether they are used as vowel or consonant; medially the vowel is recorded before the consonant. Initial ⟨i⟩, whether vowel or consonant, is in alphabetical order. The vocalic variants ⟨i⟩/⟨y⟩ are not differentiated alphabetically but are recorded in the ⟨i⟩ position. In initial position ⟨i⟩ is not differentiated, whether used as a consonant or vowel; the few occurrences of ⟨y⟩ as a consonant are placed alphabetically after ⟨w⟩, followed by ⟨ȝ⟩ (the usual form for /j/), including the occasional ⟨ȝ⟩ for ⟨þ⟩ forms (e.g., **ȝan(ne)** . . . *adv.*). ⟨þ⟩ for ⟨ȝ⟩ forms are within ⟨þ⟩, with a cross-reference where necessary, e.g. **þof** . . . see **ȝef(f)** *conj.*

Abbreviations

1	1st person	*masc.*	masculine
2	2nd person	*n.*	noun
3	3rd person	*n. phr.*	noun phrase
adj.	adjective	*neg.*	negative
adj. abs.	adjective absolute	*obj.*	object
adv.	adverb	*ord.*	ordinal
art.	article	*pa.*	past
card.	cardinal	*pa. p.*	past participle
comp.	comparative	*pers.*	person(al)
conj.	conjunction	*phr.*	phrase
corr. constr.	correlative construction	*pl.*	plural
dem.	demonstrative	*poss.*	possessive
fem.	feminine	*ppl.*	participial
imp.	imperative	*pr.*	present
impers.	impersonal	*pr. p.*	present participle
indef.	indefinite	*prep.*	preposition(al)

pron.	pronoun	*subj.*	subjunctive
refl.	reflexive	*superl.*	superlative
rel.	relative	*v.*	verb
sg.	singular	*vbl.*	verbal
sth.	something		

A

a *pron.* he 38/31

a see **a(n)** *conj.*

abas(s)ched, abaschyd *ppl. adj.* abashed, amazed 5/46, 23/12, 44/93

abyde(n), abydon, abydun, habydon *inf.* wait, delay 1/38, 10/147, 19/60, 29/21, wait for 4/40, 22/103, remain 37/11, 41/27, 43/21; **abyduth, abydyth** *3 pr. sg.* remains 29/22, delays 34/51, 174, 180, waits for 34/181, awaits 48/91; **abyde** *pr. subj. sg.* delay 34/118; **abyde** *imp. sg.* wait 8/116; **abod(e), abo(o)d** *pa. sg.* waited 8/117, waited for 10/96, ~ *aftur* 14/149, rested 43/61, 94

abydynge, abydinge *vbl. n.* delaying 34/14, 49, 60, 120, 179, 201

abye *inf.* pay for (*sth.*) 3/131, 138, 41/204, Add5/*21

abowte, abowtyn, aboute, abowth *adv.* *art(e)/weren/ben(e)/am* ~ are/were/are/am engaged in 2/53, 35/22, 40/33, 38, 142, 144

abrode *adv.* out wide 27/138

abstyne *inf. refl.* abstain 16/122; **abstened** *pa. sg.* 2/26

abul(le) *adj.* convenient 50/83, 87, suitable 29/17, 54/36, ready 29/36

abully *adv.* properly, suitably 29/80

accesse *n.* access, route 37/49

accusatoures *n. pl.* accusers, plaintiffs 55/26

ache *n.* pain 31/30

ache *n.* age 28/162

acolde, akolde *adj.* cold 10/57, 59, 16/50

acordeth *3 pr. sg.* agrees 17/74; **acordyd** *pa. p.* in agreement 44/136

acordyng *adj.* similar, in agreement Add1/43

acurseth *3 pr. sg.* excommunicates 10/134; **acursud, acursed** *pa. p.* 10/133, 27/112, 31/91

adoun(e), adown(e), adow *adv.* down 2/94, 7/60, 61/105

adred(d)e, adred, adrad(e), of drede *adj.* frightened 23/17, 20, 34/102, 35/55, 38/74, 53/27

aduowtry, aduoutri see **avowtry** *n.*

affection *n.* contamination, infection 28/74n

af(f)rayed, aferd, afert *ppl. adj.* frightened 2/60, 3/78, 146, 27/56

aflyxion *n.* affliction 16/121

afryght *ppl. adj.* frightened 43/40

aftur, aftyr *adv.* afterwards 13/81, 83, 22/31, 38/48, 39/4, 43/102, 45/13, 56/122, 127, 66/8, 11, 18, 68/110

aftur, aftyr, after *prep.* after 1/15, 14/49, 31/81, 50/93, along, beside 2/111, (looking) for 6/139, 10/181, according to 33/91, 64/45, for 27/81

agaste *ppl. adj.* frightened 31/*46, 36/33, 41/207

aght see **owith** *3 pr. sg.*

agone *adv.* ago 34/54

agrysud, agrysed, agrysyd, agryson *ppl. adj.* terrified 21/31, 32/123, 33/116, 34/162, 41/92

ay(e) *adv.* always 6/159, 9/102, 27/127, ever 34/221

aldur, alderen, *comp. adj.* older 9/51, 35/56 alderen

algate, al(le)gatus, allegatys, allegate *adv.* always 6/102, 7/32, 22/92, 25/76, 26/81, 31/10, 76, 34/110, 212, 37/13, 45/57, 46/7, 56/51, 60/45, 68/13; at any rate 24/37, 46/47

al(le) *adj.* all, ~ *cristendam/cristondom* throughout all Christendom 14/99, 57/75, ~ *(ȝent) þe world(e)/contre/cuntre* throughout all the world/country 6/35, 41, 86, 7/97, 39/68, 55/162, Add2/35, ~ *hys body* throughout all his body 27/62, ~ *þe lond* throughout all the land 10/28, ~ *þe reme* throughout all the realm 4/89; **allor, allur** *poss.* ~ *clerest* brightest of all 13/43n, cf. *hor ale fette* all their feet 28/15–16n, *owre* ~ *modur*

the mother of us all 11/*53n; **alle** *adj. abs.* everything 34/76
al(le) *adv.* entirely 40/82, 46/90, 60/10, Add1/94, ~ *all* entirely 45/39, ~ *at þe deth* right at the point of death 41/186
almes, almus *n. pl.* alms, gift(s) of charity 3/153, 15/21, an act of charity 10/58, 31/26
almython *adj.* almighty 28/42
aloweth *3 pr. sg.* makes allowances for 15/199; **alowet** *pa. p.* approved of 2/158
also, alse *adv.* as, ~ *wel(le) . . . os* as well . . . as 29/62, 38/75–6, ~ *welle os . . . alse evel* see 29/63–5n
am see **ham(e)** *3 pl. pers. pron. obj.*
amende(n) *inf.* improve 41/34, 41, 45/17; **amendyd** *pa. sg.* 43/141
amendus, amendes *n. pl.* reparation 1/112, 117; **amendus makynge** *vbl. n.* making reparation 34/15, 166, 180
amyabul *adj.* loveable 6/132
amys, omys *adv.* amiss, wrong 1/104, 105, 12/2, 42/28
amony(s)che, amonest *1 pr. sg.* admonish, urge 34/17, 149, 228; **amonysche, amonech** *1 pr. pl.* admonish, urge 34/5, 38
amonk *prep.* among 2/22
a(n), ane see **haue(n)** *inf.*
a(n), ant *conj.* and 3/175, 6/42[1], 18/71, 101, 18/101, 21/106, 50/47
and *conj.* if 4/80, 14/70, 23/78, 24/43, 26/46, 34/187, 36/55[1], 37/100, 101[2], 127, 41/148, 45/58, Add5/17, Add6/22[2], ~ *or* otherwise 68/124
ankur, nankur *n.* anchorite Add2/52, 56, 64
anneylid, anoylud *pa. p.* anointed (at the rite of extreme unction) Add2/49, 59
***anoynte** ~ *we* let us anoint/smear 33/118; **anoynted** *pa. pl.* 33/120
anon(e) *adv.* at once 2/18, 112, 9/46, 30/23, 34/50, 44/71, yet 28/150, ~ *ryght/ryȝte* rightaway 8/32–3, 32/*26, ~ *whan* as soon as 41/65
anonesoeuer *conj.* as soon as 41/105
anont *prep.* against 15/83
antyme *n.* antiphon, a musical composition based on a text of Scripture, sung before each psalm 4/106
***anuyde** *pa. p.* annoyed, troubled 28/163
apayed *ppl. adj.* pleased 10/70
apechyd, appeched, enpeched *pa. p.* impeached 9/41, 56/53, Add6/5
apechyng *vbl. n.* impeachment 37/48
apeyron *inf.* be impaired Add6/182
apocalips *n.* apocalypse 8/65
aposayles *n. pl.* objections 40/73
aposyd, apposut *pa. p.* accused 35/15, ~ *of þys* posed this (question *sc.*) 2/162
aposynges *n. pl.* objections 40/72
apperuth *pa. pl.* appeared Add2/74
aray(e), raye *n.* dress 10/42, 30/19, 31/26, appearance 10/52
arayed *pp.* decorated 29/9, dressed 29/64
araynt *pa. p.* accoutred 44/28
armytage *n.* hermitage 46/138
aros *pa. sg.* rose 2/67
as *conj.* as if 1/122, 3/135, 4/32; when 50/42–5n
asayde *pa. sg.* tested 17/110
aschame *adj. putte to* ~ embarrass 28/7
aschomot, ofschamed *ppl. adj.* ashamed 4/22, Add6/204
asentyd *pa. pl.* came to an agreement 58/39
askyng *vbl. n.* asking, request 3/64, 43/13
askon, askun, asken, ascon *inf.* ask 2/146, 16/116, 21/141, 28/145, 34/*213; **askuste** *2 pr. sg.* 52/93; **askus** *3 pr. sg.* Add6/163; **askud, askyd, asked** *3 pa. sg.* 50/58, 117, 52/154; **askyd** *3 pa. pl.* 53/217
askus, askys *n. pl.* ashes 19/15, 16, 33/135, 59/44
asoyle *inf.* solve, answer 2/*173, absolve 10/134; **assoyle** *pr. subj. sg.* 10/132; **as(s)oylud, asoyled** *pa. p.* 17/22, 68/116, 124, 125
asoyling *vbl. n.* absolution Add2/27
aspyod *pa. sg.* spied 66/63
assaye *n.* test, trial 8/22; **assayes** *n. pl.* assaults, attacks 54/39
assayle *inf.* assail, attack 37/81, 41/65
asse *conj.* as 23/147
assent *n.* agreement 27/39
assyneth *3 pr. sg.* assigns, gives 38/82, 65/39; **assyned** *pa. p.* 38/85
assumpcion(e), assumpcioun *n.* assumption (of the Virgin into heaven) 23/123, 53/3, 10, 126, 134, 54/3

ast *2 pr. sg.* have 12/111
astoned *ppl. adj.* astonished 2/143, 9/31, 56/100
astromony *n.* astronomy 12/19
astur *n.* hearth 29/7n (*and þe astur*)
at *prep.* from 3/107, 33/88, 62/51, 58, on 64/34
atent *n.* intention Add1/58
attyf *adj.* active 54/114
attur *n.* poison 46/11
atturcoppe *n.* spider 43/131n
aunsetrye *n.*, *by* ~ from their ancestors 12/17
aunterus *adj.* bold, daring 52/58
auter, awter *n.* altar 3/169, 170, 171, 28/48, 51, 54, 41/5, 15, 31, 84
auay *adv.* away 15/48
avayle *n.* benefit 17/72, 62/49
avayleth *3 pr. sg.* does good 40/74
auansement *n.* promotion 11/14
avawncen *inf.* promote 34/172; **avanseth, avawnceth** *3 pr. sg.* 12/139, 34/186; **(a)vaunsed** *pa. p.* 56/49, 50
Aue (Maria), Ave the *Ave Maria* ('Hail, Mary') 4/60, 93, 19/74, 76, Add4/3, 10; **Aue(e)s, Avees** *n. pl.* Add4/9, 14, 22
avyse *n.* advice 2/133
avysot *pa. p.* advised, given advice 2/58
avokette *n.* advocate 37/45, 47, 54/129
avowed *pa. p.* made a vow 23/4
avowtry, avoutry(e), aduowtry, auoutri *n.* adultery 4/92, 97, 22/135, 48/67, Add3/28
aweldon *inf.* manage 47/18, 21
awne, awon *pr. pl.*; **awte** *pa. pl.* see **owith** *3 pr. sg.*
awne *adj.* own 24/118, 27/90, 32/7, Add1/79
aȝeyn(e), aȝayn(e), aȝeynes, aȝeynus, aȝaynus *adv.* back 3/111, 119, 142, 146, 10/170, 22/120, 121, 30/39, 31/46, 34/45, 45/63, 46/24, 57/109, 58/71, Add5/3, again 12/41, 45, 46, 22/92, 28/155, 36/66, 45/64
aȝeynestandon *inf.* oppose 56/55; **aȝaynestande** (for *pa. sg.*) opposed 42/25n; **aȝeynestodun** *pa. pl.* 32/119 (see too **ȝe(y)nstonde** *inf.*)
aȝeynus, aȝeyn(e), aȝayne, aȝaynus, aȝanys, aȝenus *prep.* towards 23/60, 25/12, 27/137², Add2/29, facing 46/26, around 6/34, in anticipation of, in preparation for, ready for 20/15, 23/56, 28/20, 32/122, against 24/126, 25/59, 27/50, 120, 137¹, 142, 31/91, 33/57, 34/50, 40/61, 45/26, opposite 30/59, ~ *herte* unwillingly 21/138

B

bayly(f) *n.* bailiff of an estate 13/120, 122
bake *on* ~ *adv.* backwards 53/199
bakster, baxstere *n.* baker 21/72, 75
baldely *adv.* boldly 67/13
balder *comp. adj.* bolder 34/70
baly *n.* belly, womb 10/18
bandam see **bondam** *n.*
bandus *n. pl.* bonds 26/97
banerere *n.* standard-bearer 61/11
baptem *n.* baptism 28/131
***baren** *adj.* barren 27/73
barm(e) *n.* lap 13/91, 57/102; *Abrahammes* ~ Abraham's bosom 66/66, *in hure* ~ at her bosom, in her arms 6/143, *into Goddus* ~ into God's arms 29/51
barrus *n. pl.* metal bars or shafts 52/102
bate *n.* debate, disagreement 6/36
batefull *adj.* fertile, productive 16/141
bathet *pa. p.* bathed, washed 9/80
battys *n. pl.* bats, sticks 53/80
bawded *ppl. adj.* filthy, dirty 34/113
bawdy *adj.* filthy, dirty 34/113
bawmed, bawmet *pa. p.* massaged 32/48, embalmed 49/50
bawmus *n. pl.* (embalming) ointments 49/50
be *prep.* by 18/19, about 18/24¹, to 18/24², throughout 17/17, from 26/17, 32/40², 44, 38/49, 45/129, along 27/85, alongside 45/122, 67/33, because of 32/85
be-bledde *ppl. adj.* covered with blood 58/82, 87
beclyppod *pa. p.* clasped, embraced 19/123
bedene *adv.* all together, as a group 54/186
bedyens *n.* obedience 54/57
bed-stre *n.* bedstraw 17/53
befallen *pa. p.* happened 5/45
before(n), beforon *adv.* in front 27/13, 36/46, 48, in advance 38/47, beforehand 43/58, 62, 65

beggurry *n.* beggary Add6/67
begyle *inf.* deceive, dupe 23/85, 29/29; **bygyled, begyled** *pa. p.* 1/120, 50/15
behalue, behalf *n.* behalf 29/73, 31/94
beheduth *pa. p.* beheaded 67/65
behende *adv.* behind their backs 29/96
behest, byheste *n.* promise 17/105, *114, 28/94, 44/58
behotyng *pr. p.* promising 54/172; **behette** *1 pa. sg.* 52/91, Add6/237; **behettyst** *2 pa. sg.* promised 49/96; **behette, behatte, behytte, behyghte, byhatte, byhette** *3 pa. sg.* 5/50, 17/107, 22/161, 43/145, 67/66, Add1/120
belafte *pa. p.* encumbered 68/21
belde, buldon *inf.* build 30/46, 43/12; **byld** *pa. sg.* built 3/177; **beldyn, byggydde** *pa. p.* 33/129, 43/22
beleue, beleve, byleue, byleve *n.* faith 5/22, 12/131, 133, 37/68, 40/70, 71, 84, 120, 41/67, 70, 80, 60/27, 53; the Creed 12/124, 129
beneson *n.* benison, blessing 5/22
beneþen *adv.* beneath, below 22/39
bequeth *pa. sg.* bequeathed Add2/9
bere *n.* bier, coffin 8/70, 53/27, 76, 77, 82
bere *n.* noise, commotion 57/47
bere(n), beron, boren *inf.* carry 4/55, 25/54, 30/92, 37/42, 38/59, convey 8/52, 127, 35/70, bear 15/147, endure 38/57; **beruth** *pr. sg.* bears 25/26; **beruth** *1 pr. pl.* carry 25/27; **bere** ~ *we pr. subj. pl.* let us carry 33/117; **bere** *imp. sg.* carry 45/152; **bereth** *imp. pl.* 3/142; **bering** *pr. p.* 29/11, 44/27; **bar(e), bere** *pa. sg.* carried 14/*158, 33/54, 34/85, 43/43, ~ *downe* forced down 30/33, ~ *hym* comported himself, behaved 10/39; **beren, bare** *pa. pl.* 3/133, 146, 14/145, 53/19, ~ *on hym* insisted 33/100–1; **bor(n)e** *pa. p.* carried 36/46, 51, 58, 53/23, 27
berer n. bearer, mediatour 43/87
bereue *inf.* deprive 54/257; **berafte** *pa. p.* seized Add5/12
berynesse *n.* grave 33/16
berkuth *pr. pl.* bark 40/61
berne *n.* barn 13/121, 123
berste *n.* burst 36/32, 39/36, 51
besyde(s) *adv.* alongside Add1/98, 145
besommes *n. pl.* besoms, brushes 28/59
be-spredde *pa. sg.* spattered 58/81
bestes, bestus *n. pl.* beasts, animals 1/74, 3/76, 7/97
betake *1 pr. sg.* entrust 10/154; **betok(e), bytok(e)** *pa. sg.* entrusted 3/117, 26/37, gave into charge 35/70, 52/37, handed over 45/63, 50/53, ~ . . . *to kepon/kepun* entrusted to keep 3/145, 49/108; **betokyn** *pa. pl.* handed over 35/75, ~ . . . *to kepon* entrusted to keep 49/81; **betakon** *pa. p.* entrusted 52/32, surrendered 29/24
betawth *pa. p.* schooled 60/30
bete *inf.* beat, strike 2/91, **be(e)t** *pa. sg.* 2/*142, 3/135; **beton** *pa. p.* 3/141
betokeneth, betokeneþ, betokenyth *3 pr. sg.* signifies 26/53, 66, 37/23, 44/97; **betokeneth, betokynneth** *pr. pl.* 20/89, 26/58; **betokened** *3 pa. sg.* 29/92
beton *inf.* relieve (need), satisfy (hunger), comfort 54/210; **bete** *1 pr. sg.* 32/113
betraylon *inf.* to deceive, delude 46/36; **betryled** *pa. sg.* 46/100
bette *pa. p.* kindled 55/28
betwyssen, betwysson *prep.* between 36/36, 61/74
beþenk, bethenk(yn) *inf. refl.* consider, think 8/127, 35/71, 48/41; **bethenkuth** *imp. pl.* 34/120; **byþoght, beþoght, bethowthte** *pa. sg.* considered 2/31, 169, 14/182, 40/143, remembered 4/57, 45/39–40; **beþoȝte** *pa. p.* 27/146
beȝonde, byȝonde *prep.* ~ *see* over the sea, abroad 10/36, 131
by *adv.* nearby 6/28, down 10/152; *prep.* by 4/13, about 4/11, from 9/22, 24, 11/57, 16/21, for the space of 14/18, ~ *þat* by the time that 2/170, 4/61
bydde, byd(d)on *inf.* order, command 55/58, 61/22, 68/68, 98; **bydde** *1 pr. sg.* 8/92, 41/217; **byddyth, bydduth, byddeth, byd, bytte** *3 pr. sg.* says 14/37, commands 19/71, 72, 40/42, invites 29/61, 34/29, 55/36; **byd** *imp. sg.* command 2/164, tell 35/71, 72; **bad(de), bade, bed(e), beed, byd** *pa. sg.* commanded 2/104, 131, 3/24, 8/18, 127, 139, 15/146, 30/33, 39, 46, 31/68, 35/70, 37/19, 39/31, 134, 41/29, 43/55, 50/29, 68/97, invited 3/151, 15/135; **bede** *pa. pl.* ordered 2/104; **bedon, bydon, bede, *bedun** *pa. p.*

ordered 2/159, 17/*42, 20/78, 80, 35/75, 53/7, 54/55, 58, 68/100
byd(d)yng, bydding *vbl. n.* request 10/124, demand 54/56, 68/71, Add1/72
bydyth *3 pr. sg.* waits 14/67; **byde** *pr. subj. sg.* 32/132; **bode** *pa. sg.* 43/23; **bydon** *pa. pl.* 28/84
byfel *pa. sg.* happened 10/208
byfore(n) *prep.* in front of 2/163, 8/28, 10/156, with preference to 3/17
byggar *comp. adj.* bigger 33/49
byg(g)e, byggon, by see **bugge(n)** *inf.*
bygul *n.* ox 31/42
bygul-stede *n.* ox-stall 31/42
byhoued *pa. sg.* was needed 10/116
byldyng *vbl. n. in* ~ being built 43/16
byleyne *pa. p.* had intercourse with 18/14
bynde *inf.* bind, tie 2/92; **byndeth** *pr. pl.* 45/23; **bond** *pa. pl.* 2/100; **bo(u)ndon** *pa. p.* tied up 55/70, bound, obliged 49/133
byry, byrion *inf.* bury 16/53; **byryed, byridon** *pa. pl.* 31/53, 44/118; **beryed, byried, beryet** *pa. p.* 43/82, 83, 90, 44/119, 68/110
byriing *vbl. n.* burying, burial 68/5, 108, Add3/2
byrines(se), byrynes *n.* burial place 68/*89, 96, Add2/81
byschoprych *n.* bishopric 3/104
bysemeth, bysemyth *3 pr. sg.* is seemly, is appropriate 10/142, 175
bysette *pr. subj. sg.* manage, place 10/68; *pa. p.* placed 10/70
bysyeth *3 pr. sg.* ~ *hym* makes an effort 23/82
bysylych adv. busily 39/9
bysines *n.* activity 29/49
bystad *pa. p.* surrounded 15/59
byþoght, beþoght, bethowthte see **beþenk** *inf. refl.*
bywar *inf.* beware, be careful 2/175
blady *adj.* bloody 34/160
blakud *pp.* blackened 29/8
blasus *n. pl.* torches 44/44
blente *pa. sg.* flinched 46/43
bleson *inf.* bless 27/73
blessed *adj.* ~ *mot he be* may he be blessed, bless him 13/40–1
blod *n.* blood 2/101, *on* ~ with blood 2/91
blomys *n. pl.* ingots 18/52
bobeting *pr. p.* striking, as in the game of blind man's buff 26/21
bobud, bobbyd *pa. pl.* struck, as in the game of blind man's buff 27/61, 33/111
boched *pa. p.* swollen 32/51
bode *n.* body 2/91
bodyly *adv.* bodily, in the body 2/155
bogh *n.* bough 46/46
boyste *n.* box, jar 49/28
boystrus *adj.* rude, unmannerly 10/130
boysturly *adv.* boistrously, roughly 6/65
Boke *n.* *þe* ~ the Bible 62/45
bolde *n.* palace 5/51 (*MED* **bold** *n.* (a))
bole, bolus see **bul(le)** *n.*
bondam, bandam *n.* bondage, captivity 37/35, 67/18
bonde n. bondsman 37/63
bone *n.* request, prayer 14/56, 48/106, 54/198
bonechef *n.* good fortune 62/69
bonfyre *n.* bonfire, bone-fire 44/17
bonke *n.* bank 49/64
boo *adj.* both 10/64, 56/75
bord(e) *n.* feast 12/*151, 59/51, meal-table 19/73, *Goddys/Goddus* ~ the high altar 19/70, 29/68, 73, 86
borde *n.* joke 10/73
bordel-house *n.* brothel 2/28
bore(n), ybore(n) *pa. p.* born 2/150, 3/7, 161, 9/29, 32
borewed *pa. sg.* borrowed, took out a loan 3/107; **borowed** *pa. p.* ransomed 61/84
borgh *n.* security, pledge 3/108, 110
borne-day *n.* birthday 57/3
bost(e) *n.* boast 45/32, 34
bot *n.* boat 4/92
bot see **but** *adv.*
bot, bot(t)e, both(e) see **but** *conj.*
bote *n.* remedy 26/89
bote *pa. sg.* bit 43/132
boteler *n.* butler 5/35
both, boþe *adv.* too 14/71, 65/90
both(e) see **but** *conj.*
botus *n. pl.* boots 32/106
bounte *n.* kindness 6/134
boure *n.* chamber 53/104, 109
bout, bowte *prep.* without 14/132, 28/106
bowlde *adj.* bold 22/148
bradlyng *adj.* with the flat side of a sword 46/43 (see 46/42–3n)

brak *pa. sg.* broke 3/121; **brekyn, brekon** *pa. pl.* 48/74, 85
brandes see **brondys** *n. pl.*
brason *adj.* brass 8/15
bredden *pa. pl.* bred 10/83
brende *ppl. adj.* burnished 10/176
bren(ne), brennon, brenne, brennyn *inf.* burn 1/59, 63, 28/35, 39/118, 40/51, 44/42, 46/55, 67/31; **brenneth, brennyth** *3 pr. sg.* 39/75, 88; **brennyn** *pr. pl.* 36/37, 39/106; **bren(n)yng** *ppl. adj.* burning 1/74, 39/81, 90, 132, making bright 44/43; **brend(e), brennyd, brent, brande** *pa. sg.* burned 1/136, 14/106, 16/137, 18/53, 22/157, 158, 46/56; **brendon, brendyn** *pa. pl.* 45/56, 46/28; **brent(e), brend** *pa. p.* 12/63, 29/8, 31/50, 39/144, 42/45
brennyng *vbl. n.* burning 46/54
brenston, brynston *n.* brimstone, sulphur 1/139, 52/101
breres *n. pl.* briars, brambles 17/121
breston *inf.* break Add6/161; **brast(e)** *pa. sg.* broke 10/159, 31/20, broke open 18/26, 48/48; **broston** *pa. pl.* broke 66/39
bresud *pa. p.* smashed 55/128
breþeynge *vbl. n.* breathing 32/17
breþ(e)ren, breþer(on), bredren *n. pl.* brothers 8/133, 10/75, 15/17, 16/30, 45/35, 43, *100
brygel *adj.* brittle 40/96
brygte, bryt(h)e *adj.* bright 7/89, 29/90, 41/209
brynggon, bryngyng *inf.* bring 9/50, 23/83; **brynghut** *3 pr. sg.* brings 14/170; **brogh(t)** *pa. sg* 1/10, Add4/3; **browth(e), browght, brogth** *pp.* 16/118, 119, 21/52, 39/115
broch *n.* spit, skewer 1/138
broch *n.* underpants, drawers 10/83; **breches** *n. pl.* 47/48 (see 10/82–3n)
brondys, brandes *n. pl.* branches 17/118, sticks 39/105, 109
broþel(l), broþelle *n.* lout 34/112, 115, 116
brugge, burg(g)e *n.* bridge 50/95, 96, 54/53, 55, 57, 58/38, 40
buffettud, buffettyd *pa. pl.* struck (with the fist or flat of the hand) 27/60, 33/111; **byfettyd** *pa. p.* 54/150
bugge(n), byg(g)e, byggon, by *inf.* buy 5/66, 11/25, 59, 34/34, 41/135; **bowt(h)e, boute, boght, bogth** *pa. sg.* 21/63, redeemed 1/145, 26/96, 30/5, 31/99; **bowthe, boght** *pa. p.* redeemed 28/148, 41/132
bul(le), bole *n.* bull 61/30, 32, 33; **bullus, bullys, bolus** *n. pl.* 50/106, 107, 112
bulle-synowes *n. pl.* bull-sinews 30/72
bulmen *inf.* bob 1/136
burdes *n. pl.* boards, planks 16/108
burgeneth *3 pr. sg.* produces 37/23, ~ *out* 5/102
burþon *n.* bundle 8/82, 83, 14/139; **burþenes, burþenus** *n. pl.* burdens 15/147, 38/59
buschel *n. pl.* bushels (a measure of 8 gallons) 3/62
but, bot *adv.* only 2/149, 16/164, 30/69, 41/135, 46/33, yet 50/42–5n, *no* ~ only 33/3
but, bot, bot(t)e, both(e) *conj.* but 25/4, 67/78, Add3/14, 33, 38, 42; unless 1/86, 3/108, 124, 14/154, 17/72, 27/113, 29/73, 31/94, 38/12, 41/138, 43/33, 54/243, Add3/29, 31, 35, except 3/109, 41/115, 43/2, 111, 45/51, 46/70, 59/48, ~ *(3)if(f)* unless 32/92, 33/*71, 34/26, 79, 40/81
buxum *adj.* obedient, subject 23/127, 26/99, 52/60, Add2/7

C

***caban** *n.* cave 6/69
caght, kaghte, cawthe *pa. sg.* caught 22/107, was seized with 46/55, 48/32; ***ca(g)ht, caute, cawthe** *pa. p.* caught 66/*64, caught (like an infection) 15/*7, attracted 14/46 (see 14/45–7n), felt 17/35
***calkyng** *vbl. n.* calculation 19/48
calueron *n. pl.* calves 67/11
can *3 pr. sg.* knows 2/164; **connyn** *1 pr. pl.* can, are able to 48/75; **cone, konne** *2 pr. pl.* know 3/80, can, are able to 20/13; **cun, conen** *3 pr. pl.* can 28/6, 41/66; **cowþe** *pa. subj. sg.* might have been able to 9/50; **cowþe, cowde, cowthe, coude, couthe, kowthe** *pa. sg.* knew 13/18, 23/13, 24/104, could 1/130, 21/85, 23/31, 32; **cowþe(n), cowde(n), cowthe, couþon, cowhton, kowthen,** *pa. pl.* knew, understood 39/

42, were able 7/52, 26/30, 33/107, 53/113, 192, could 34/110

canonysid *pa. sg.* ordained as part of the Church calendar 31/75

careyn(e), careynn *n.* carrion, dead flesh 38/12, 16, 53/129, 148, Add2/20

cas *n.* case, matter 2/32

castes *n. pl.* missiles; tricks, plots 54/39

castyte see **c(h)astyte** *n.*

caston *inf.* cast, throw 27/51, 54; **castus** *3 pr. sg.* casts 28/119; **castus** *imp. pl.* 32/22; **cast(e)** *pa. sg.* 3/43, 47, 10/66, 41/205; **caston, keston** *pa. pl.* cast, threw 25/15, 42/45, vomited 46/81; *pa. p.* **cast(e)**cast up 2/66, 73, 75, thrown 27/56

catell(e) *n.* possessions 34/94, 38/58, Add6/178, cattle 61/29

cave, kave *n.* cavern, den 6/50, 45/42

cawdren *n.* cauldron 1/139

cedur *n.* cedar 17/128

cely *adj.* innocent, simple 66/24

cense see **(en)cense** *n.*

centuary see **sentuary n.**

cerkul, serkul *n.* circle 6/141, 142, 43/63

certeyn(e), serteyn(e), certeynn, sertayne, sertaynn *adj.* reliable, genuine 57/11, (a) specified 12/19, 48/97, 57/121, *a* ~ a certain number of Add1/130, *in* ~ for a fact, as certainty 29/26–7, 38/11

certyfyed *pa. p.* assured 17/58

cesed see **seson** *inf.* cease, stop

chalangen *inf.* challenge 56/29; **chalangyng** *pr. p.* 1/106; **schallingid** *pa. pl.* 56/18

challeth *3 pr. sg.* calls 12/3; **challed** *pa. p.* 11/75

chal(l)ys, schalys, chalis *n.* chalice 5/103, 41/89, 92, 95, 52/162, 56/16, 58/19

chanon *n. seculer* ~ secular canon 4/91; **chanonus, schannenys** *n. pl.* 47/31, 50/166

chansel *n.* chancel (of a church) 7/102

chanseler *n.* chancellor 10/25

chapmen *n. pl.* merchants 34/191

char(e) *n.* chariot, carriage 9/82

charge, scharge *n.* responsibility Pro/3, duty, obligation Add1/7, 12, 47, *þerof no* ~ never mind that 2/135

charge *1 pr. sg.* order 31/94, 46/84; **chargeth** *1 pr. pl.* order 10/103; **charguth** *3 pr. sg.* 34/8; **charged, charget** *pa. sg.* ordered 6/147, Add2/64, charged, entrusted 8/49; *pa. p.* ordered 2/99

chasteyse, schastyse *inf.* chastise, discipline 15/53, *154, 18/99; **chasteyse** *1 pr. sg.* 15/156; **schastysid** *pa. pl.* 15/207; **chasteysed, schastysyd** *pa. p.* 15/159, 39/75

c(h)astyte, schastite *n.* chastity, celibacy 2/125, 3/8, 60/72

chause *n.* cause 14/29

cheftenes *n. pl.* leaders 58/39

cheyre, chyere *n.* chair 2/138, 163

chenes *n. pl.* cracks, lacerations 46/25, 26

chep(pe) *n.* plenty, abundance 2/115, 117

chere, chyre, schere *n.* expression, manner 15/66, 67, 70, 72, 73, 23/10, 57/48, comportment 38/57, 42/38, comfort 62/52, *makyd/makon* ~ pay attention, care for 17/*30–1, 34/171, *wyth glad* ~ very cheerfully 46/111, 113

***chered** *pp.* faced, in appearance 67/33

cherely *adv.* heartily 10/40

chesen *ppl. adj.* choice, special 4/5

chesyng, chosyng *vbl. n.* choosing, selection 3/4, 34

cheson, chese *inf.* choose 3/23, 46/46, 49; **chese** *imp.* 57/149; **ches** *pa. sg.* 45/149; **cheson** *pa. pl.* 7/11, 52; **(s)choson** *pa. p.* 3/21, 18/13, 60/71

chyere see **cheyre** *n.*

chyf *n.* chief, leader 3/24

chyldyng *vbl. n.* childbirth Add3/32

childruns see **schylde** *n.*

chynchese *n.* frugality, meanness 19/102

chypmen *n. pl.* merchants 3/65

chyppe *n.* ship 26/87

chyrch-ȝorde, chyrch-ȝarde, chirch-ȝarde *n.* churchyard Add2/80, Add3/4, 5, 12; **chyrch-ȝordys** *n. pl.* Add2/76

***chyrslych** affectionately, lovingly 2/124

chyualous *adj.* chivalrous 14/82

chyualry *n.* chivalry 14/78

cyde *n.* side 5/77

cypur *n.* cypress 17/128

cladde *pa. p.* clothed 24/111

clanse, clense(n), clenson *inf.* cleanse, purify 15/16, 20/5, 7, 15, 64/38;

clensyth *3 pr. sg.* 59/34; **klens, klansse** *pr. pl.* cleanse 29/33, 34/71; **clense** *pr. subj. sg.* let . . . cleanse 29/80; **clensed** *pa. sg.* 49/39; **klansud, clansed** *pa. p.* 14/9, 34/136, 137
clansyng *vbl. n.* cleansing, purification 14/8, 64/8
claterer *n.* chatterer 54/75
claþes, clathus see **cloþus** *n. pl.*
cleche *imp. sg.* get (water) 3/164; **clawte** *pa. sg.* 40/137
clef(f) *pa. sg.* split 37/111, 63/88
clene, klene *adj.* clean (of sins) 5/107, 22/83; ~ *mayden/maydon(n) n.* virgin 6/63, 8/12, 13/90, 21/34, 23/104, ~ *womman* n. virgin 21/23
clerenesse *n.* brightness 22/46
clerete *n.* radiance 54/229
clergy *n.* learning, scholarship 39/42
clerke *n.* (young) scholar 3/149, chaplain 38/91; **clerkys, clerkus** *n. pl.* schoolchildren 3/151, scholars 7/29, 9/31, 38/31, 44/25, 37, clerics 10/115, 138, 39/43, 41/84, officers 12/38
clerkly, clerkelyk *adv.* in a scholarly way 13/70, 39/137
clyp, clyppon(de) *inf.* trim, cut 28/20, 40, 35/17; **clypped** *pa. p.* 35/18
clyppon, klyppon, cluppe *inf.* hug, embrace 2/97, 24/73, 27/153, 164; **cleppyng** *pr. p.* 53/73; **clyppyd, klyppud** *pa. sg.* 27/150, 53/164
cloystre *n.* cloister 10/140
clokus *n. pl.* clutches 29/51
clos *adj.* intact, pure 23/45
close, closon *inf.* close 23/39, enclose 46/85; **closyth** *pr. sg.* closes 23/41; **closyd** *pa. sg.* enclosed 48/70; **closyd** *pa. p.* enclosed 30/63, 35/22
clotte *n.* block 65/75
cloþus, claþes, clathus *n. pl.* clothes 25/16, 58/81, ~ *of golde* cloth of gold 25/63–4, 47/102, 58/62
clowtinge *pr. p.* mending 31/22
code, kode *n.* coal 1/139, 52/101
cofur, koffur *n.* coffer, chest 57/103, Add6/68
colette *n.* collect 28/164
colud *pa. sg.* cooled 65/76
coluer, koluer, culuor, coluyr, colvyr, colver, coluor *n.* dove 12/121, 128, 16/134, 28/133, 38/96, 39/131, 40/113, 44/94, 48/109, 67/49
comb(e)red, combret, combrod(e) *ppl. adj.* encumbred 6/81, 92, 38/17, 50/10
comeht *imp. pl.* come 1/89; **ycomyn, icomyn** *pa. p.* 55/125, 57/136
comendet, commendut *pa. sg.* commended 2/119, recommended 14/93; **comendet** *pa. p.* praised 2/152
comendyng *vbl. n.* commending, praise 1/42–3
comfordeth *pr. sg.* comforts 48/10; *pr. pl.* 52/121; **comforded, comfordeth, confordet** *pa. sg.* 2/130, 23/20, 42/33; **comfordeth, comforded** *pa. p.* 18/80, 46/113
comyn *adj.* common to all 53/128, usual 57/58, ~ *lyueres/ pepul* ordinary people, the masses 7/34, 18/41, 29/104, Add2/69, ~ *wommen/wymen* prostitutes 3/41, 29/89–90, 107
comynus *n. pl.* commons, ordinary people 45/72
com(m)ament *n.* commandment 52/126, 53/120
commaundeth, commawndeth *pa. sg.* commanded 46/65, 50/66–7, 52/50, 102, 108, 156, 58/32; **comandet** *pa. p.* 3/70
comnabuly, conabully *adv.* appropriately 54/165, conveniently 64/34
compas *n. in* ~ in a circle 41/209
confermed *pa. sg.* ~ *hym* conformed, adapted himself 27/31n
confermyn *inf.* confirm 38/85; **confermyd** *pa. sg.* 31/15; **confermed** *pa. p.* 27/37
confirmacyon *n.* ratification 8/67
confor(d), comforde *n.* comfort 4/30, 14/178, 30/81
confucyon, confusyon confusion, ruin 1/45, 47, 85
conielyd *ppl. adj.* congealed 40/96
conyng *vbl. n.* ability 33/91, 60/26, learning 39/9
coniured, coniurid *pa. sg.* conjured, called on/up 28/29, Add1/112, Add2/56
connande see **couenand(e)** *n.*
consayle *inf.* cajole 22/74; **consaylyng, conseling** advising *pr. p.* 38/52, discussing 55/148; **cownsaylyd, conseylud, counselyd** *pa. sg.* advised

27/48, 34/194, 42/7; **cownseylud** *pa. p.* 34/204
con(s)cyens *n.* conscience 1/38, 103
conseyt *n.* knowledge 14/35
conseyuveth *pa. sg.* conceived 23/90
conspiracion *n.* design, plan 31/17n
constreynud, constreyned *pa. pl.* forced 12, 32/13
contyneth *3 pr. sg.* persists, continues 39/85
conveyon *inf.* convey 51/56n
convenabul *adj.* suitable 44/75
coppe, coupe *n.* cup 3/164, 165, 172, 21/117, 122, 127
corde *inf.* comply, fit in 33/20
cornel *n.* corner 29/29, 66/87
***cors** *n.* corpse, dead body 8/89, 15/*44, *46
corseynt *n.* chief saint 66/3
corvon see **koruen** *pa. p.*
cosyn *n.* blood-relation 53/45, 56/138
costend, coston *n.* custom(s) 10/203, 14/92
co(u)nsel, co(u)nsayle, counseyl(e), cownsayle, counsele, conseyl *n.* counsel, advice 2/128, 5/68, 27/28, 51, 30/8, 11, 25, 33/62, 72, 34/104, 38/45, 46, 51, 54, 40/49, 46/71, 55/150, discussion 55/152, secret 3/52
counseling *vbl. n.* counselling, giving advice 38/50
counterus *n. pl.* counters (in a counting house) 60/12
coupul(l), cowpul *n.* coupling, intercourse 14/32, 34, 16/122, 54/96, couple(s) 16/109, 110
couenand(e), cownande, connande *n.* covenant, agreement 3/113, 11/7, 8, *11, 12, Add6/236
couent, covent *n.* community 10/201, 43/100, 159
couetyse, covetys *n.* covetousness 6/111, 29/48, 52/12, 31, 94, 139
coueton, couette *inf.* desire 21/65, 22/72; **covette** *pa. pl.* 52/140
cownande see **couenand(e)** *n.*
crach(e) *n.* crib, manger 6/30, 52, 57, 15/13
craft(e) *n.* skill, trick 13/88, intervention 23/96; **craftes** *n. pl.* trades, skills 10/33
creature *n.* creator 41/204
creme *n.* chrism or consecrated oil 38/93, 96
cryened *pa. pl.* cried 48/92
crismatory *n.* vessel containing chrism 38/91
cristendam, cristondam, cristyndom(e) *n.* Christian faith 14/99, 45/132, 47/10, 48/69, 105
crystene *inf.* christen, baptize 3/9; **crystened, crystenet, cristoned** *pa. p.* 3/126, 28/32, 33/61, made a Christian 31/23
cristening *vbl. n.* christening, baptism 38/83, 86
crokyd *adj.* crippled 52/89, 55/56
crotches, *cruches *n. pl.* crutches 21/145, 47/*63
crowne *n.* crown of head, tonsure 28/41
crupul *n.* a cripple 66/80, 81
cubytes, cubitus, kubytes *n. pl.* cubits (length of elbow to wrist) 1/54, 16/110, 111, 125, 49/166
cumbur *inf.* burden, trouble 15/196; **cumbrud** *pa. p.* laden 32/58
cumburraunce *n.* dominance, destructive influence 28/155
cun *inf.* give 48/7
curator, curatur n. curate, deputy 34/128, 131
***curse** *n.* excommunicated state 31/92
cursed *pa. p.* excommunicated 10/132; **cursyd** *ppl. adj.* excommunicated 27/111, sinful 41/72
curtesyse *n. pl.* courteous behaviour 43/161
curtyl *n.* outer jacket 45/52
cusse *n.* kiss 26/20, 28/67
cusse, cusson *inf.* kiss 10/122, 47/98; **kus** *imp. sg.* 53/85; ***cusse** *imp. pl.* 12/96; **cussed, custe** *pa. sg.* 4/63, 26/19, 43/43, 66/32; **cussyd** *pa. pl.* 44/148; **(i)cussed** *pa. p.* 3/51, 10/121, 47/98

D

dadul *n.* gossiping 68/65
dayng *n.* dawn 6/121
daye-sterne *n.* day-star 53/19
dalians *n.* entertainment 33/95
dame *n.* lady 2/143, 145, 10/17, 41/199
dampned *pa. sg.* condemned 11/53; **(y)dampned** *pa. p.* 3/73, 8/31, 41/73
daring *ppl. adj.* hiding, concealed 46/87 (see 46/86–7n)

darkly *adv.* obscurely 62/58
date *n.* date from a palm-tree 53/88; **datus** *n. pl.* 53/19
dawyng *vbl. n.* dawn 49/49
debate *n.* dispute, disagreement 5/109, 27/124
deches *n. pl.* ditches 32/126
dede *n.* death 45/18
dede *adj. abs.* dead body 49/100
dedeyne *n.* disdain, contempt 45/108, Add6/*88
deduth *pr. sg.* kills 59/22, dies 63/8
defaut(e), defawte *n.* lack Pro/9, 3/59, 10/47, 27/80, failing 24/79, 31/57, 46/76
defenduth *pa. pl.* defended Add3/7
defowlon *inf.* defile 46/29; **defoule** *pr. subj. sg.* 43/35; **defouled** *pa. p.* 6/164, 9/14, 15/*40
degre(e) *n.* feature 2/151, position Pro/3, 3/105, rank 54/90, Add6/76, 78, 79, age 9/25, grouping 64/44, *in a* ~ at all 11/88, *in alle* ~ in every way 35/67, *in no* ~ not even in the smallest degree 22/69; **degrees** *n. pl.* ranks 15/117
deynteyþus *n. pl.* luxuries, fine food and drink 10/49
deynteth *adj.* delicious, fine 19/111, 60/17
dekenes *n. pl.* deacons 14/143, 145
del *n.* part 10/156
delyuer(on), delyuir *inf.* free, release 21/115, 30/41, hand over 52/46; **deliuer** *pr. subj. sg.* Add6/185; **delyuered, delyuerod** *pa. sg.* liberated 9/101, 30/14; **delyuer(ed), deleuered** *pa. p.* delivered (of a child) 6/55, 56, 23/115, 117, freed 53/200, Add6/184
delon, dele *inf.* share out (with) 22/126, 39/96, 52/32, 76, 65/44, 50; **deluth** *3. pr. sg.* doles out, hands out 38/29; **doluth** *pr. pl.* 38/28; **dalt(e), dalde** *pa. sg.* shared out 5/55, 12/70, 17/78, 52/141; **deleden** *pa. pl.* had dealings 3/8; **dalte, delud** *pa. p.* 52/37, 57/10, 65/38
delus *n. poss.* devil's 13/111
de-marrust *2 pr. sg.* injure? 24/98n
deme, demon *inf.* judge 1/8, 34/123, 128, 139, 38/48, Add2/61; **deme** *pr. subj. sg.* ~ *he* let him judge 34/42; **demyd** *pa. sg.* condemned 46/95; **demyd, demod, demot** *pa. pl.* judged 17/33, Add2/62, wondered 39/51; **demot, demud** *pa. p.* condemned 10/113, judged 34/138
demynge *vbl. n.* judging, judgment 34/14, 122, 141, 149
dennes *n. pl.* dens, caves 1/70
departe *inf.* divide, share 3/139, separate 36/17; **departeth** *3 pr. sg.* shares 38/80; **departed, departyd** *pa. sg.* divided 1/123, 61/15; **departed, departud** *pa. p.* separated 11/97, expelled 61/99
deplyche *adv.* deeply 40/134
De profundis (L.) 'Out of the depths', from the Requiem Mass 19/114n, 118, 119–20, 65/25n, 28
dere *adj.* expensive 21/90
dere *adv.* dear, at a high price 3/131
derling *n.* darling, dearest one 35/24
derth(e) *n.* dearth, famine 2/115, 3/58; **derþus** *n. pl.* 31/84
descende *n.* descent 51/59
deseruyth *pa. p.* deserved Add2/39
desese, dys(s)ese, dissese *n.* injury, harm 1/*111, 7/68, 16/31, 32/15, 35/19, 40/43, suffering 3/35, 87, 16/18, 36, trouble 18/98, 38/20, 66, 44/41, 45/108; **deseses** *n. pl.* misfortunes 21/44, 42/20
desesud, desesed *pa. p.* injured, harmed 29/19, 60/24, devastated 31/56
desyver *n.* deceiver 35/13
despysud *pa. sg.* scorned 31/40
despyte *n.* scornful treatment 26/21, scorn, contempt 31/42; **despytys** *n. pl.* scornful comments 21/43
despitoun, dysspyte *inf.* dispute 40/105, discuss 12/19
destrue, destryen *inf.* destroy 6/106, 8/23; **destryed** *pa. p.* 10/31
deuowred *pa. p.* devoured, eaten up 30/23
***devowrs** *n.* divorce, separation Add6/176
deuowtely, devowth *adv.* devoutly Add4/8, 10
dew *adj.* due, dutiful 56/8
***dewe** *n.* dew 30/65
dewlich *adv.* appropriately 26/65
dewowt *adj.* devout 14/126
dyeted *pa. pl.* fed 46/72
dyggon *pa. pl.* dug 48/73

dyke, deuk, duke *n.* duke 56/66, 67, 75; **deukys, dewkys** *n. pl.* 56/73, 88
dynote *pa. sg.* resounded (with noise) 67/11
dyon *inf.* die 11/89; **dyud, dyod** *pa. sg.* died 10/154, 64/25; **dyodyn, dyudon** *pa. pl.* 6/86, 32/125
dyre, dyron, duren *inf.* last 41/23, 52/42, 53/125; **dured** *pa. sg.* 6/40, 56/133, 64/21, Add2/51
Dirrige from the Requiem Mass Add2/92 (see Add2/83–95n)
dyscypline *n.* discipline, flagellation 10/202
dysconford *n.* cause of concern 11/66
discounforded, discomforded *ppl. adj.* worried 49/111, 56/104
discuron, diskoure *inf.* reveal 24/52, 39/143; **discure** *pr. subj. sg.* 24/43; **diskerud** *pa. sg.* 60/33; **dyscured** *pa. p.* identified 24/41
disparpullud *pa. p.* dispersed, scattered abroad 32/78
dispenseth, dispensith *3 pr. sg.*, ~ *wyth* offers dispensation for, excuses 19/7, 10
dyspytowslyche *adv.* cruelly 27/62
dispoyle *inf.* remove clothes from 27/49; **dysspoylyd** *pa. sg.* stripped 58/67; **despoyled, dispoyled,** *pa. pl.* 7/53, 56/15 , 58/67; **dyspoylud** *pa. p.* 27/49
disporte *n.* hospitality 27/48
disposicion n. disposal 42/9
disputyng *vbl. n.* disputing, argument 7/39
disputyson, dysputacion, disputicion, dysputyson, dysputucioun *n.* disputation 7/19, 22, 24, 44/135, 136, 138
dysputon *inf.* dispute, argue 44/134
dyssayue *inf.* deceive 29/27; **dysseyue** *imp. pl.* 29/30
dyssclaunderer *n.* slanderer 7/51
dyssiruth *3 pr. sg.* desires, wants Add6/40
dystresyd *pa. p.* tortured 45/74
dystresse, destresse, distress *n.* suffering, torture 33/75, 45/69, prison 10/6, 9 (see 10/6n), 34/169, 65/17
dyswary *adj.* confused, uncertain 35/54, 60
diuers(e) *adj.* various 15/26, 28/4, 37/14, 38/57, 61
doctur, dottvr *n.* doctor of the Church, theologian 18/5, 40/59; **doctorus, dotteres** *n. pl.* 6/93, 40/34
dode, dodun *inf.* trim, shave 28/19, 40
dof-hous *n.* dovehouse 64/10
doghtur, dowthtur *n.* daughter 34/157, 51/16, 70, 72, 77, **doghteren, doghteron, doghtyres, doȝteres** *n. pl.* 3/39, 40, 20/52, 27/71, 51/76
dole *n.* handout, alms 38/25, 27
dolfully *adv.* wretchedly 17/39, 46/99
doluth see **delon** *inf.*
dom(e) *n.*judgment 1/8, 30, 34/136, 55/24, trial 2/49, 6/167, *day of* ~ day of judgment 8/67
domus-man *n.* domesman, judge 1/101, 34/142, **domus-men** *n. pl.* 1/118
do(n), done, doun *inf.* do 2/38, 10/135, put 2/92, ~ *hym doun of* take him down from 2/104–5, ~ *his lawe* exculpate himself by oath 3/115–16, 117, ~ *oute* put out, remove 29/7, ~ *to* cause to 8/27, ~ *to dethe* 45/120; **doth, duth** *3 pr. sg.* causes, brings about 38/101, puts Add1/69; **done, dothe** *pr. pl.* do 29/24, 32/53; **do** *imp. sg.* put 53/101; **do(th)** *imp. pl.* do 14/2, ~ *we* let us do 33/109–10; **doing** *pr. p.* ~ *away* putting out, extinguishing 29/13; **dedust** *2 pa. sg.* did 17/46; **dede, dud(e), dude** *pa. sg.* did 2/40, 87, 119, 175, 3/48, 9/57, 25/24, 33/115, 35/14, 19, behaved 63/29, provided 3/92, ~ *of* took off 2/98, ~ *make* caused to be made 43/144, ~ *to (þe) dethe* put to death 30/51–2, 32/84; **dede(n), dedon, duden, dedyn, dyd** *pa. pl.* did 9/37, 49, 33/109, 34/107, 55/*53, performed 35/75, put 17/127, 32/36, 33/112, ~ *to deþe* put to death 12/53, 33/109; **don(e), donne, doun, idone** *pa. p.* done 2/40, 87, 12/155, 23/144, put 9/79, 16/118, 25/32, 28/51, 32/35, 33/31, 66, 41/115, 58/71, 85, ~ *in dede* really happened Add1/130, ~ *to (þe) deth/deþe* put to death 11/60, 30/78
dowere *n.* dowry 33/69
dowyng *vbl. n.* doing, actions 4/50
do(w)me *adj.* dumb 43/149, 151, 44/59, 45/80, 55/26
draght, drogh *n.* attraction, power to attract or draw 9/15, 22/91

draw(e), drawen, drawon *inf.* drag 37/117, Add2/102, attract 6/7, entice 40/33, go 27/129; **drawen** *pr. pl.* 6/128; **draw we** *pr. subj. pl.* let us drag 31/42; **drogh, drow** *pa. sg.* drew 34/160, attracted 6/128, came 66/78, attached (one)self 2/127, ~ *lynage of* was descended from 6/42; **drowe(n), drowyn, drew** *pa. pl.* dragged 7/50, 10/138, 31/47, 42/44, maltreated 33/107; **drawe(n), drawon** *pa. p.* drawn 28/48, attached (one)self 2/56, stretched 28/57, dragged, taken 28/55, 31/43, 53/81, 55/91, 128

drawe-bruge *n.* drawbridge 54/52

drede *n.* fear 1/23, 35, 20/78, 37/80, 49/46, *be noght of* ~ do not be at all frightened 53/27

drede *inf.* fear 36/55, 38/71; **dredest** *2 pr. sg.* 46/45; **dredeth** *3 pr. sg.* 46/45; **dredeth** *imp. pl.* 1/120; **dredde** *pa. sg.* 26/76

drye *inf.* suffer 15/140; **drye** *1 pr. sg.* 65/78

drye-fotte(s) *adv.* with dry feet 61/17, 19

drynche n. drink 46/81

drof(f) *pa. sg.* drove 10/28, 25/47

drogh see **draght** *n.*

dromedaryuus *n. pl.* dromedaries, camels 12/28

droppon *inf.* drip 29/98; **dropput** *3 pr. sg.* drips 29/94; **droppud** *pa. sg.* dripped 10/173

drowne *inf.* drown 2/57; **dround** *pa. sg.* 2/72; **drownot** *pa. p.* 2/69

drownot *ppl. adj.* 2/66

droȝte *n.* drought 31/56

du *adj.* due 6/159

dulful *adj.* doleful, sad 9/84

dun *n.* din, noise 10/34

durst(e) *pa. sg.* dared 13/80, 93, 34/194, 41/148, 42/25, 55/70, 120; **dursnot** *pa. sg.* dared not 34/193; **durst(e)** *pa. pl.* 21/60, 30/94, 39/45, 41/14; **dursnot** *pa. pl.* dared not 39/29

E

eddur see **(n)eddur** *n.*

edyfyed *pa. p.* built 48/3

eft(e) *adv.* again 3/170, 15/114

ef(t)sonus, ȝeftsonus *adv.* again 15/114, 115, 194

eghe see **he(y)gh** *adj.*

eye *n.* fear 6/154, 21/61

eye, (y)ee, hye, heygh, nye *n.* eye 13/130, 34/30, 39/111, 46/103, 54/235, 237, 240, 246, 247, 252, 253; **eyen, e(y)non, eyeon, eyon, (h)yen, heyen** *n. pl.* 6/87, 7/43, 10/135, 14/65, 29/103, 45/56, 58, 49/33, 53/58, 54/154, 230, 240, 254, 257, 258, 60/58

eyled *pa. sg. þe man* ~ was wrong with the man 13/120

eyre *n.* heir 17/11, 20/38; **eyres, heyrus** *n. pl.* 15/17, Add6/24

eyther *adj.* each 44/135, 67/43, each set of 45/128

eyþur, eyther, oyþur *pron.* each 8/82, 83, 15/136, 177, 30/61, 33/38, 44/137, 45/127

elde, helde, ȝelde, olde *n.* age 33/8, 47/63, 60/50, Add6/178

elde *adj.* old, former 28/18; **heldar** *comp. adj.* older Add6/77

eldon *inf.* grow old 41/53

ele, hele, vle *adj.* evil 18/23, 21/47, 22/82, 37/*41, 40/43; **ele** *adj. abs.* 38/48, Add1/85

ellewne *card.* eleven 21/55

ellus *adv.* otherwise 11/50, 28/109

empeched *pa. p.* impeached, accused 3/69

emperas, emperryse *n.* empress 23/125, 53/117, 54/7, 57/118

emperatour *n.* emperor 6/146

emperour(e), emperatour, imperour, hemperoure *n.* emperor 6/38, 135, 52/18, 35, 45, 46, 54

emsample see **ensaumpul** *n.*

en *n.* end 12/144

enaunsed *pa. p.* enhanced 58/74

(en)cense, ensense *n.* incense 6/146, 28/113, 116

encharmyn *inf.* charm, seduce by magic 46/37; **enscharmyd** *pa. p.* 45/104

encreson *inf.* increase Add6/92

encresse *n.* increase, success Add6/84

enfamesche *pa. sg.* starved 32/106

enfamyed *pa. p.* famished 31/57

enfecte, enfecton *pa. p.* infected 32/54, 50/56

enformode, *enformyd *pa. p.* informed, notified 26/32, instructed 49/*116

enforson *inf.* ~ *hym* force himself 15/106; **enforce** *pr. subj. sg.* let (him) make every effort 36/19

engynus *n. pl.* machine for assaulting fortifications, evil designs, tricks 54/39
Englys, Englys(s)e, Englis, Ynglys(se), Ynglis *n.* English (language) 9/3, 14/8, 15/57, 156, 16/59, 17/65, 35/58, 36/67, 44/13, 45/47, 53/3; **Englys(e), Englis** *adj.* 28/18, 29/40, 54/79
engreggon *inf.* aggravate 47/61
enklus *ppl. adj.* enclosed, i.e. a recluse or anchorite 46/110
enon see **eye** *n.* eye
enpeched see **apechyd** *pa. p.*
ensaumpul, ensampul(l), emsampul, hensampul *n.* example 14/48, 15/56, 17/28, 27/101, 28/83, 31/16, 39/20, 40/81, 134, 41/71, 142, 42/28, 43/122, 46/17, 18, 140, *narratio* (as an example) 9/76, 29/82, 34/190, 37/104, 41/82, 118, 163, 46/20, 105, *exemplum*, comparison (as an example) 6/*148, 10/55, 73, 92, 17/31, 24/38, 29/10, 39/18, 40/82
enschaufeth *3 pr. sg.* enflames 44/21
en(s)cheson *n.* reason, *for (by)* ~ *þat* because 14/29, 15/3, 23/136, 24/5, 25/4, 52–3, 28/106, 30/11, 50/80
entysed *pa. pl.* enticed, encouraged 16/31
entysyng *vbl. n.* enticing 2/27
envenomyth *3 pr. sg.* poisons 46/11; **envenummed** *pa. p.* 16/106
er 54/252 see **ore** *adv.*
er see **or (þat)** *conj.*
eraftur *adv.* hereafter, after this time 9/89
erbere *n.* arbour, shaded seating area Add1/131
ere *poss. adj.* their 19/108
er(e)myte, eremythe, her(e)myte, ermet *n.* hermit 43/8, 46/106, 111, 118, 120, 52/153, 157
eritage *n.* heritage 20/69
erlastyng, erlestyng *adj.* everlasting 1/25, 26, 27, 6/77
ernus, ernes, ernys *n. pl.* irons, chains 16/24, 50/91, 124, 126
er(r)on *n.* eagle 62/15, 32
errory *n.* error 57/137
eschew, etchewon *inf.* avoid 1/127, 59/25
ese *n.* comfort 18/45, 35/66, *wel at* ~ very comfortable 35/67
esed *pa. p.* comforted 18/42
ethe *adj.* easy 54/38
ethen, eȝen (*ȝ* for *þ*) *adj.* heathen 31/6, 53/204
ethen see **heþen** *adv.*
eþor *pron.* either, one Add6/229
eþur *see* **oythur** *conj*
euedens *n.* evidence, proof 3/127
evel *n.* illness 43/154; *fallyng* ~ epilepsy 43/108
evelys see **ewles** *n. pl.*
euen see **hewne(n)** *n.*
euen, even, evon *adj.* level 1/69, straight, not crooked 43/116, the same 34/133, ~ *to* alongside 7/74
euen-criston, euen-crysten, euon-cryston, heuen-cryston *n.* fellow-Christian 1/87–8, 14/110, 111, 15/21
evensonges *n. pl.* Vespers 41/19; **euesong-tyme** *n.* the time of the canonical hour of Vespers, the end of the working day 15/115
euer, eu(o)re *n.* good fortune, luck 14/79, 80 (see 14/78–80n), 58/15n
evon, evyn *n.* evening 44/14, vigil 18/3, 23/3, 32/6, 33/3, 44/4, 12, 14, 45/4; **evenes, evonus** *n. pl.* vigils 23/111, 28/108, 44/4
euorus *adj.* eager for renown 14/82n
evowrusly *adv.* greedily Add6/158
euremore *adv.* evermore 18/74, 20/62
eure(r), hever *adv.* ever 19/28, 94, 23/140, 25/35, 27/154, 33/102, 43/162, 45/24, 49/133
ewen-olde *adj.* the same age 27/17
ewles, evelys *n. pl.* sharp-pointed tools (like cobblers' awls) 46/115, 48/39, 52/100
excecutour *n.* executor (of a last will and testament) 1/24
experiment *n.* proof 40/75
expowned, expownot *3 pa. sg.* expounded 39/126, 128, 129, 137
exulyng *vbl. n.* exile 10/41
exulut *pa. p.* exiled 68/50

F

faas, fasee *n.* face 2/149, 53/158, 64/16, 67/81, Add1/79
fache, fachyn, feche, *facche, *inf.* fetch 2/61, 3/89, 14/168, 50/*94, *166, 53/24, *30; **fache** *imp. sg.* 22/10; **fette, fatte** *pa. sg.* 2/15, 22/79, 81, 37/35; **fatten, fatton, fetton** *pa. pl.* 2/50,

14/166, 31/47; **fette** *pa. p.* 30/68, 46/22
fadurres, fadrus *n. pl.* fathers 24/63, prophets 11/64
fayn(e) *adj.* eager 2/61, 39/48, 43/77, 52/48, glad 13/25, 14/142, 33/58, 37/27, pleased 39/108, 56/84, 68/11; ~ . . . *wil* wants very much 34/56, *wolde* ~ *pa. sg.* would like to, would willingly 33/8, 41/147, 53/34, *woldyn* ~ *pa. pl.* would very much like 35/61
fayre *adj.* beautiful 2/140, 3/39, 37/88
falce *adj.* false 22/70
fallon, falle *inf.* fall 34/148, happen 21/78, 34/100; **falleth, falluth** *3 pr. sg.* is fitting 4/20, 46/15; **falleth** *pr. pl.* happen 36/29; **fel(le)** *pa. sg.* befitted 56/123, ~ *hyt,(h)it* ~ it happened 3/38, 93, 32/54, 83, 33/92, ~ *to* fell into 8/108; **fellyn** *pa. pl.* ~ *in* fell to, started to 44/142
fantayse, fantasye, fantesy *n.* fancy, delusion 11/69, 65/92, Add1/155
fare *n. of hys* ~ how he fared 10/169–70
fare *inf.* fare, get on 10/68, 15/35; **faruth, fareth** *3 pr. sg.* fares, is Pro/2, 15/92, 35/62; **ferde, *farede** *pa. sg.* fared, was 13/*123, 35/63, behaved 22/141, ~ *with* treated 24/113; **ferdon** *pa. pl.* fared, experienced 9/15, ~ *wyth* treated 21/32; **ferde, fered** *pa. p.* ~ *wyth* treated 27/69, 60/62
fasee see **faas** *n.*
faste *pa. sg.* fasted 2/35, 3/14; **fasted** *pa. p.* 2/37
faste *adv.* hard 10/62, 63, 19/124, fast, quickly 10/67, 22/140, ~ *be* fast by, near 56/30
fatte, feet *n.* vat, vessel 2/57, 48/80, 82; **fettus** container 21/117
fatten see **fache** *inf.*
fauur *n. for* ~ in order to please him 10/65
fax *n.* hair 35/18, 49/33
febul *n.* feeble, weak 8/135
feet see **fatte** *n.*
***fefteþe** ord. fiftieth 17/63
fey *n.* faith, belief 5/5, 7, 26, 111, 7/11, 18
feyned, feynid ~ *hym* pretended 10/69, 44/112
feyning, feynyng *vbl. n.* pretence 17/19, 71
feynod *ppl. adj.* feigned, false 10/119
feyth, fayth *n.* faith, religion 2/77, 78, 17/147, 37/10
feld *n. haddon þe* ~ held the field, won the victory 56/91
felde, feled, felld *pa. sg.* felt 23/135, 35/24, 43/115, 117, 141, 46/74, 47/52, 57/130, smelt 45/141, 56/131; **feldon** *pa. pl.* smelt 32/116
fele, fely *adj.* many 2/136, 10/48, 15/6, 43/78
felowschep *n.* company 53/203
fen *n.* mud 31/32, 53/81; **fennus** *n. pl.* the Fens of eastern England 55/159
fend, fynd *n.* fiend, devil 1/45, 2/89, 22/56, 158, 41/219; **fendes, fendus, fendys, fyndus, fyndes** *pl.* 1/35, 105, 138, 2/86, 22/114, 117
fer *adv.* far, *of* *~ from afar 20/81, ~ *oure* far beyond the time Add5/4
ferde *n.* fear 23/79, 34/225, 46/116, 53/29
ferde, ferud *ppl. adj.* frightened 33/55, Add6/217
fere *adj.* far 45/60
feres, ferus, ferse *adj.* fierce 11/40, 13/88, 27/28, 42/24, 45/25, 27
fer(re) *adv.* far 3/170, far off 44/44, 45, 117; **ferrer** *comp. adv.* further, beyond Add6/162
ferruth, ferut *pa. sg.* terrified, frightened 68/34, 117
fersed *n.* fierceness 27/34
ferþe *ord.* fourth 41/9, *154, 57/143
ferus *n. pl.* companions 42/46, 49/119, 61/73
feston *inf.* provide a feast for 60/32; **festod** *pa. sg.* 60/25
fethurus *n. pl.* features 55/71
fette, fetton see **fache** *inf.*
fette(e) *n. pl.* feet 54/22, 57/126, Add2/28, Add5/15
fettus see **fatte** *n.*
ffurre see **fyrre** *comp. adv.*
fial, fyal *n.* phial 38/96, 97; **fyalus** *n. pl.* 33/124
fygthon, fyȝton *inf.* fight 10/181, 33/45; **fyghteht** *3 pr. sg.* 13/87; **fawte** *pa. sg.* 27/19; **foghton** *pa. pl.* 61/71; **fowton, foghton** *pa. p.* 25/55, 44/144
fygure, fugur(e) *n.* prefiguration 17/132, 22/4, 77; **fygures** *n. pl.* symbols 40/125

fygured *pa. p.* prefigured 17/104
fylle ~ *we* let us fill 33/117; **fylled, fulled** *pa. sg.* filled 8/60, fulfilled 54/161; **feldon** *pa. pl.* filled 32/126; **fullud** *pa. p.* fulfilled 14/19
fynd(es) see **fend** *n.*
fyndyng *vbl. n.* founding 40/12, 14
fyngurres *n. pl.* fingers 22/42
fyntyng *vbl. n.* excretion 51/32
fyre, fure, fere *n.* fire 1/63, 14/105, 106, 108
fyred *pa. p.* set on fire 65/89
fyr-forkys *n. pl.* forks for poking fires 52/101
firment *n.* firmament, heaven 55/11
fyrre, forre, forthur, ffurre *comp. adv.* farther 3/171, 12/29, further, more 34/25, 48/12
fysche, fyssch *n.* fish 45/150, 151; **fysse** *n. pl.* 45/149
fyscher *n.* fisherman 45/138, 140, 150, 157; **fysseres** *n. pl.* fishermen 65/74
fissing *pr. p.* 45/136
fyt(h)yng *vbl. n.* fighting 44/145, 61/59, 104
flem see **flom** *n.*
flen *inf.* flee, escape 9/56, 56/101, fly 45/110; **fleght, fleth** *3 pr. sg.* flees 38/13, 17; **flen** *pr. pl.* flee 42/14, fly 44/22; **flogh, flow(e)** *pa. sg.* fled 10/158, 27/127, 34/115, flew 55/98, 116; **flowen, flowyn, flowne** *pa. pl.* fled 30/37, 31/52, 33/133, 42/13, 44/35; **flowun** *pa. p.* flown 45/114
flene *inf.* flay 55/140; **flayne** *pa. p.* 55/140
flens *n. pl.* flies 31/81
flesly *adj.* fleshly, physical 39/97
flesly *adv.* in the flesh, human 4/109
flesse *n.* flesh 28/14, 30/72, 32/47, 36/70, 37/16, 41/29
flesse-mete *n.* meat and fish 19/67n (see 19/66–8n)
fliter *n.* scold 54/75
flom, flem *n.* river 12/10, *102, 40/*109, 57/78, 61/18
floteren *pr. pl.* flutter, fly 36/31; **flottered, floterode** *pa. sg.* hesitated, wavered 45/49, 61/87
flot(t)ering *vbl. n.* wavering, vacillating 17/*20, 87, *143
floure *n.* flower 2/125, 23/96
flux *n. rede* ~ chronic dysentry 49/52
folghe, folþe, folth, folowgh, folowhe *n.* baptism 3/148, 5/*70, 9/61, 64, 66, 28/72, 73, 106, 128, 129, 161, 165, 30/40, 33/120
foly *n.* foolishness, vanity 8/108, 118, 21/17, 46/4, 38
foly *adj.* foolish 21/16, 19
folle *adj.* fool Add6/183
folower *n.* baptizer 57/28
folown, folwe, fulwe, *folwyn *inf.* baptize 9/*98, 10/12, 28/107, 44/90; **folwyng** *pr. p.* 44/76; **fulwode, fol(l)owod, folewet, folwed, folwode, folwot** *pa. sg.* 2/78, 5/114, 44/3, 92, 126, 50/59; **folowod(e), fol(o)wed, folwod, folowd(e), fulwod(e), folewde, fowloed, fowlowod, folwot, yfollewed, ifolowod(e)** *pa. p.* 9/9, 59, 66, 99, 11/65, 12/10, 18/62, 28/98, 105, 128, 139, 150, 152, 160, 163, 31/6, 36, 30/43, 33/60, 124, 38/84, 90, 40/110, 44/77, 90, 92, 48/84, 95, 55/117, 57/78, 80, 151, 58/45
folþe, folth see **folghe** *n.*
folwyng(e), folowing(e), folowyng(e) *vbl. n.* baptism 12/7, 28/121, 140, 40/108, 57/78, 82
fond(e) *pa. sg.* found 3/26, provided 3/67, ~ *a serge brennyng,* ~ *any lyght* kept a candle lit 14/164, 172–3, 48/100, ~ *hem* provided for them 10/115; **fo(u)ndon, foundyn, yfound** *pa. p.* found 3/191, 10/43, 44, founded, established 40/15, 19, 65
fonnot *ppl. adj.* mad 58/35
for *prep.* because of 13/82, 27/92, 32/111, 43/24, on behalf of 27/152; **for (to/te)** *prep. phr.* in order to 1/76, 3/139, 10/37, 13/21, 34/128
for *conj.* because 2/131, 14/161, 15/112, 33/60, 35/8, 17, 23, 41/111, 43/161, 44/50, 45/12, 55/159, 60/30, Add5/19^2
forbare *pa. sg.* ~ *hys wyfe* abstained from sexual intercourse 51/23–4
forbeton *pa. p.* badly beaten 46/25
forbode *n.* prohibition Add1/38
forbodon *pa. p.* forbidden 15/131
forbren *pa. sg.* burnt up completely 2/62
forfaderes *n. pl.* forefathers, ancestors 64/51
forgate see **forȝete** *inf.*
forlet *ppl. adj.* derelict 10/32

forlorne *ppl. adj.* lost 23/53, Add5/19, 20
forme *n.* established procedure, practice 12/13, appearance 41/97
forme *adj.* first Pro/15, 5/26, 6/8, 14/30, 31/19, 33/7, 40/14, 15, 41/74, 44/20, Add1/40, former 12/67; **forme(st)** *adj. abs.* first 11/34, 37/37, 39/71, 40/123
forme-fadyr *n.* first father of the human race, Adam 40/16
forre see **fyrre** *comp. adv.*
forscornyd *ppl. adj.* humiliated 35/19
forsete *pa. sg.* forced, stifled 43/134
forsodon *pa. p.* completely boiled 8/17
forsoke *pa. sg.* abandoned 42/22, denied (it *sc.*) 58/86
forsworne *pa. p.* perjured Add3/30
forth, forþe *n.* ford 20/58, 59
forth(e), forþe *adv.* from then on 2/19, away 34/85, forward 41/195, 205, 206, out 34/89, ~ *one* continually 31/88
forthur, forther *comp. adj.* later 47/9, farther forward, at the front 54/67, 68, 71
forthur see **fyrre** *comp. adv.*
fortyþe *ord.* fortieth 14/11
forþynk *inf.* renege on 8/81; **forthynkyth** *3 pr. sg. me* ~ I regret 16/104; **forþoghton** *pa. pl.* reneged on 8/78
forwarde *n.* agreement 44/108
forwhy *conj.* because 20/86
forȝete *inf.* forget 27/10; **forȝetuth** *3 pr. sg.* 27/9; **forȝatte, forȝet, forgate** *pa. sg.* forgot 2/28, 33/56, 93; **forȝeton** *pa. p.* 2/141, 4/68
forȝeue(n), forȝeu(on), forȝevon *inf.* forgive 27/119, 120, 152, 29/25, 42, 32/68, 41/70; **forȝeue, forȝeff** *1 pr. sg.* 27/147, 151; **forȝe(f)veth, forȝeuyth** *3 pr. sg.* 17/26, 34/184, 36/26; **forȝef** *imp. sg.* 27/142; **forȝaue** *pa. sg.* 27/141; **forȝ(eu)en, forȝefne** *pa. p.* 7/61, 27/152, 29/110, 41/51
***fosturse** *3 pr. sg.* fosters Add6/195
fotte-men *n. pl.* footmen 22/24
foule *adv.* horribly 2/47, 46/98
foules *n. pl.* birds 1/60, 62/32
fowle *adj.* ugly 46/83, horrible 46/92, 93
fraccion *n.* the act of fraction (in the Canon of the mass) 41/88
fray(e) *n.* affray Add2/100, calamity 36/62
frayne *2 pr. pl.* attack Add2/106
fransey *n.* frenzy 46/88
fraternite *n.* a fraternity, a group of people linked by a church or craft 63/21
fredames *n. pl.* privileges 10/205
fre(e) *adj.* noble, gracious 8/7, 59
freyel *adj.* frail 54/37
freylete, frellete *n.* frailty 34/48, 40/97
freke *adj.* bold, brave Add1/95
frenschep n. friends 39/26
freschelych *adv.* eagerly 19/61
fresse *adj.* fresh 28/115, 29/34
freton *pa. pl.* ate away 7/37
fretted *pa. p.* loaded 3/60
freþon *inf.* froth 13/35
Fryde *n.* Friday 10/87
frytyng *pr. p.* frightening 39/40
frogh *n.* froth, specifically semen 44/23
froyte, frut, fryt(he) *n.* fruit 23/99, 31/77, 33/14, 35, 57/18, Add1/30, 66, progeny, children 4/15, 21, 27, 16/73, Add1/74; **fr(o)ytes** *n. pl.* fruits 31/56, 61
frotyd *pa. p.* rubbed 44/83
fulfylled, fulfylde, ffulfyllud *pa. p.* fulfilled, completed, 33/12, 34/134, filled 44/56
fulle *adj. wit a* ~ *mowthe* loudly 29/76–7
fullyng *vbl. n.* fulfilment 64/8
fulþe *n.* filth 9/14, 14/11; **fulþes** *n. pl.* 12/73
fure see **fyre** *n.*
furreur *n.* fur 10/43
furste *n.* time, respite 52/87
fust *adv.* first Add2/98

G

gaynon *inf.* succeed, win 10/38; **gaynot** *2 pr. pl.* do not succeed 29/29; **geynot** *pa. pl.* did not prevail 53/193
galpyng *pr. p.* gaping 1/107
gamen, gamon *n.* game, prize 15/103, 105, pleasure 21/24
ganed see **ȝonyng**
gangerel *n.* gossip 54/75
garlon(d) *n.* garland, wreath 4/60, 61, 62, 67, 68
gaste *n.* spirit, *ȝaf vp þe* ~ died 31/49
gaste *adj.* aghast, horrified 55/176
gastely *adv.* terrifyingly Add1/100

gate *n.* way, road 49/140
gate, gat(te) *pa. sg.* begat 10/13, 17/105, 27/11, got, obtained 32/100
gedre, gedyr, gederon, gadur *inf.* gather, collect 2/76, 44/39, assemble 9/78, 33/72, 34/105; **gedereth** *pr. pl.* collect 44/81; **ged(e)red, gadurod, gedurred, gederud, gadurrude** *pa. sg.* assembled 26/14, 33/44, gained 27/33; **gaderud** *pa. pl.* 34/108; **ged(e)red** *pa. p.* collected 4/55, assembled 9/81, 36/16, 45/111
gendren *pr. pl.* engender, have sexual intercourse 44/22
genelogye, genelagye *n.* genealogy 12/135, 136, 139, 142
gente *adj.* noble 54/208
gentellys *n. pl.* noblemen 56/20
gentelnes *n.* noble or gracious behaviour 4/14
gentyly *adv.* graciously 2/138
gentul, gentil, gentyl *adj.* decent, well-behaved 27/18, well-born, noble 30/22, 26, 48/34, 57/133, gentle, meek 30/36
gentryes *n.* nobility of character 49/69
gere *n.* harness 66/39, 42
geting *vbl. n.* getting, acquiring 41/46, 155
geton *inf.* get 10/37, earn 3/41, beget Add1/58, ~ *hym* acquire; **geteth** *3 pr. sg.* gets, acquires 41/160; **gete** *imp. sg.* acquire 34/81, 82; **geet, gate** *pa. sg.* got 8/30, 10/38, 48/59; **geton** *pa. pl.* begat, became parents to 3/7, ~ *lond on* gained ground 56/102; **get(t)on, getyn** *pa. p.* begotten 57/20, 85, obtained, acquired 34/75, 86, 44/31, 48/56
gydur *adv.* together 64/54
gyldon *ppl. adj.* golden 4/40
gylteles *adj.* innocent 66/25
gylton *inf.* commit sin 19/54; **gylton** *pr. pl.* 15/189; **gultud** *pa. sg.* was guilty Add1/86; **gylton, gult** *pa. pl.* harmed 9/69, 15/188; **gylte** *pa. p.* sinned against 29/42
gynnes, gynnus *n. pl.* devices, traps Add6/154, tricks, schemes Add6/164
gyrdul *n.* girdle, belt 30/34
gyse *n.* types 15/24
gladly *adv.* usually 28/6
gladud, gladuth *pa. sg.* made glad 29/56, 57/16
glauereng *n.* flattery, deception 12/37
glette *n.* slime, mucus 46/82
glode *pa. sg.* glided 12/32, 41/150, 45/59
gloppes *n. pl.* sea-monsters 1/57n
glorifyeth *pa. p.* glorified 53/125
glosyng *ppl. adj.* wheedling, deceitful 29/27
gloteny(e), glotony(e) *n.* gluttony 19/32, 56, 59
glotonry(e), glotery(e), glotory(e), glotterye *n.* gluttony, surfeit of food and drink 19/40, 66, 77, 29/50, Add6/152, 155, 165, 169
gnawe *inf.* gnaw 20/98, 99; **gnaweth** *3 pr. sg.* 20/97; **gnawen, gnawon** *pr. pl.* 29/70, disparage, slander 29/96; **gnew, gnow** *pa. sg.* 19/124, 46/90; **gnawen** *pa. p.* 53/155
godd(e) *adj.* good 16/15, 27/4, 28/111, 34/126, 46/7; **gode** *adj. abs.* good matters 46/3
gode, good(e), *godus *n.* goods, property 1/123, 3/132, 6/102, 105, 33/93, 34/75, 93, 39/*11, 12, 26, 62/*41, alms 3/152, 22/97, 101, 35/46, benefit 21/133
godely, god(de)ly *adv.* graciously 2/173, 36/7 (see **may** *pr. sg.*), 49/172, 53/55, 57/133, 62/53
godys *n. pl.* goads 66/40
gone, go(n) *inf.* walk 8/114, 43/117, 50/135, ~ *to* persevere, carry on 66/73; **goht** *3 pr. sg.* goes 11/99; **goght** *imp. pl.* 12/23; **goyng** *pr. p.* walking 3/55; **went** *pa. p.* 23/47
gospel *n.* a gospel-book 2/24
gost(e)ly *adj.* spiritual 39/40, 56/132
gostly *adv.* spiritually 19/79
gouerrend *pa. sg.* governed, controlled 50/73n
grayeles *n. pl.* grails, graduals 15/217 (see 15/216–17n)
grayth *adj.* ready, quick 28/6
grate *n.* spear-rest 30/32
gratly *adv.* greatly 55/111
grattest, grast(e), greste(y)ste see **gret(t)e** *adj.*
grattur, grettar, grettur see **gret(t)e** *adj.*
graunsyre *n.* grandfather 27/14
graunte *n.* permission 49/80
grauen *inf.* engrave 49/171

gre(e) *n.* step 57/40, 42, degree, rank, position 15/106; ***grece, grees** *n. pl.* steps 28/*150, 57/40, 42
gre(de) see **gret(t)e** *adj.*
gref(fe) *n.* harm 30/76, pain 43/117
greythely *adv.* straightaway 17/140
grenne *n.* noose 18/21; **grynnus** *n. pl.* snares Add6/154
grenne *inf.* grin, grimace 29/69
gresse *n.* grass 15/164
gresse *n.* grease 34/113
gretyn *inf.* greet 23/131; **greting** *pr. p.* 23/139; **gret(t)e** *pa. sg.* 8/128, 23/10, 134, 44/62, 53/43, 64, 182; **grete** *pa. p.* Add4/10
gret(t)e, gre(de) *adj.* great 1/52, 23/66, big 44/79, large numbers of 60/20, ~ *wyth* pregnant with 23/48–9, 62; **grattur, grettar, grettur** *comp. adj.* greater 6/144, 14/37; **grettar** *adj. abs.* 44/142; **grattest, grast(e), greste(y)ste** *superl. adj.* greatest 2/147, 11/74, 17/145, 25/35, 37, worst 49/24, biggest 45/149
grevauns *n.* pain 43/111
greue *inf.* cause distress (to) 30/46, 32/30, 48/77; **greueth** *3 pr. sg.* 32/21; **greuyd, greuid** *pa. sg.* 33/29, 43/24
greues *n. pl.* griefs, unhappinesses 10/116
greuesly, greuoslyche *adv.* grievously, badly 31/29, 36/9, 39/87, 43/108, 48/87
gryderen *n.* gridiron 52/102, 128
grydil, grydyl *n.* griddle, gridiron 52/130, 135
grys *n.* grey fur 10/62
grysbate *inf.* ~ *with þe tethe* grind his teeth (in anger) 33/100; **grysbat** *pa. pl.* ~ *wyth hure teth* 7/38
grysly *adj.* grisly, terrible 34/148
grysly *adv.* terribly 48/86
grobbes *n. pl.* grubs, larvae 53/166
groput *pa. p.* groped, handled 5/25
grounde, grownd *n.* bottom 7/127, 16/28
groundeth *pa. p.* grounded, founded 40/90
grucheth *3 pr. sg.* complains 21/139; **gruccheth, gruche** *2 pr. pl.* 24/76, Add6/110; **grutchit** *3 pr. pl.* 63/24; ***gruche** *pr. subj. sg.* ~ *he* let him complain 34/41
grutchyng, groschyng *vbl. n.* complaining 16/15, 17/116
gult(ed) see **gylton** *inf.*
guttys *n. pl.* entrails 30/73

H

habydon see **abyde(n)** *inf.*
habundawnte *adj.* abundant, generous 34/12
half-dole *n.* half(-portion) Add4/29
haly-day *n.* holy day 22/59, 61, 28/25, 35/45, 43/2, 48/3, 65/66, 68/2, Add6/108
haly-watur, haly-whatyr *n.* holy water 45/156, 53/193, Add2/42–3
halowing, halowyng *vbl. n.* consecration 38/101, 40/62, 45/153
halowon *n. pl.* saints 64/5
halpe see **helpyn** *pr. pl.*
halsyng *vbl. n.* greeting 22/106
halson *inf.* greet 22/104; **halsed, halsodde** *pa. sg.* 22/151, called out in greeting 49/158, 52/124
halt(e) *3 pr. sg.* holds 55/10, ~ *forth* keeps 11/12
halte *adj.* lame 20/65, 45/81, 52/88, 55/56
halton *inf.* limp 20/62
hal(we), halow(n) *inf.* make holy 15/15, consecrate as a holy day 4/80, keep as a holy day, observe 4/98, 31/58, 87, 64/34; **halweth** *3 pr. sg.* keeps as a holy day 13/9; **halowon** *1 pr. pl.* observe 64/37, 39; **halowghe** *2 pr. pl.* hallow, make holy Add6/34; **halow(o)d, halowode, halwed** *pa. sg.* hallow, honour as holy 12/103, 28/128, 31/54, 44/49; **halowod(e), halowed, halogh(ed), halowde, holowd, yhalowode, halwyt** *pa. p.* decreed holy, celebrated 31/63, 40/4, 7, 41/12, 42/4, Add6/19, 29, 38, consecrated 4/89, 28/103, 110, 133, 45/135, 150, hallowed 57/34
ham *1 pr. sg.* am 12/112
ham see **hom** *adv.*
ham(e), home, am *3 pl. pers. pron. obj.* them Pro/5, 1/73, 76, 87, 88, 2/18, 76, 77, 78, 79, 5/114
***hammys, hommes** *n. pl.* thighs 10/83, 47/*49
han *indef. art.* a(n) 22/3
handde *n.* hand, *leyde* ~ *to* laid hands on

66/69–70, *of hys owne* ~ of action, of bravery in battle 19/110
handy-werke *n.* handiwork, creation 34/48
hangon *inf.* hang 55/137; **honguth, hongyth, hanguth** *3 pr. sg.* hangs 55/10, 12, 14, 30; **hongyng, hangyng, hengyng** *pr. p.* 55/8, 9, 36, 39; **hanget, hengyd** *pa. sg.* hung 2/96, 101, 41/72; **hengud** *pa. pl.* 53/83; **hangyd, hangud, hengyd, hengud** *pa. p.* 41/225, 55/32, 34, 43, 45, 121, 134, 143
happed, happut(te) *pa. sg. hyt* ~ it happened 3/59, 57/93, Add5/5
harde, herde *3 pa. sg.* heard 30/51, 35/32, 35, 45/142; **hardon, hardyn, herdon** *pa. pl.* 39/51, 43/156, 44/34, 66; **harde** *pa. p.* 34/112
hardenes *n.* determination 19/92
harlotry *n.* coarse speech 21/16, 19
harm(e) *n. more* ~ *ys/is, more ys/is þe* ~ unfortunately 13/106, 15/22, 16/144, 161, 24/35, 39/8, 65/*47, 68/65
harmes *n. pl.* arms 11/44, 24/91, 92, 27/97
harow *n.* frame for stretching parchment 28/58
has *conj.* as 11/4
hast *n.* haste 9/41
hathuth *3 pr. sg.* hates 26/64
hatte see **hette** *inf.*
hatter *comp. adv.* hotter 22/159, Add1/116
hauen, hauon *n.* harbour 3/57, 61
haue(n), ha(n), a(n), (h)ane *inf.* have 2/71, 73, 3/51, 11/60, 18/23, 20/103, 21/69, 23/79, 26/77, 30/74, 32/74, 34/63, 114, 163, 40/31, 54, 41/108, 44/58, 102, 138, 144, 45/128, 46/89, 129, 48/72, 50/56, 52/146, 55/96, Add1/131; **ha** *3 pr. sg.* Add1/70; ***an** *pr. pl.* 50/37
hauing, hauyng *vbl. n.* possessions 64/45, *aftur hys* ~ in accordance with his resources 15/22
hede-hache *n.* headache 52/23
heye, hyen *inf.* hasten, hurry 34/103, 41/200, 46/75; **hyeth** *3 pr. sg.* 38/18; **hye** *pr. subj. sg.* 38/12; **hyȝeth** *imp. pl.* 34/71; **hying** *pr. p.* 46/114
heygh, heyen see **eye** *n.*
he(y)gh, hye, he(y)ghe, hegh(t), heȝe, hey(ght), eghe, heth, hyegh *adj.* high 6/10, 32/61, 39/91, loud 43/118, fine, excellent 27/101, outstanding 13/72, 34/140, great 13/97, 99, 101, 16/19, 28/16, 29/110, 113, 34/142, 40/7, 14, 41/5, 10, arrogant 13/5, 39/93, 42/16, 45/28, 34, important 32/3, 35/45, 37/2, 40/3, 41/2, 45/2, *on* ~ on high 36/51, 40/103–4, loudly 52/36; **herre, heyer** *comp. adj.* higher 1/54, 2/154, 157, 16/125, 54/86, *87, Add6/79, 82, more important 46/142
he(y)ghly, he(y)gly, heȝly, heyly *adv.* fervently 1/86, 3/85, 6/25, 26/64, 29/72, 44/72, much 27/136, 32/144, 43/68
heyle *imp. sg.* hail! greetings! 2/94
heyre *n.* air 40/104, 65/57
heldar see **elde** *adj.*
helde see **elde** *n.*
held(yn) *inf.* pour 12/150, 40/140; **helde** *pr. subj. sg.* were to pour 8/44; **holde** *pa. p.* 39/61
hele *n.* health, healing 32/99, 43/119, 124, 125, 127, 128, 55/96, 60/50, 63/63, salvation 1/25
hele *n.* heel 48/47
hele see **ele** *adj.*
hel(l)e, helyn *inf.* heal 27/42, 32/92, 94, 43/126; **hellyd** *pa. sg.* 27/42; **helud, helyd** *pa. p.* 29/45, 33/28, 61, 43/126, 55/101
helle-wormes *n. pl.* worms of hell 29/69n
helpes *n. pl.* supplies 3/95
helpyn *pr. pl.* help 36/21; **helpe** *pr. subj. sg.* 39/116; **halpe, holp** *pa. sg.* 3/57, 22/162, 37/122, 54/143; **holpon, holpyn** *pa. pl.* 22/64, 37/118; **holpon, holpyn, holpe(n), iholpon, yholpon** *pa. p.* 2/129, 134, 173, 3/51, 20/91, 22/160, 30/62, 32/25, 34/203, 36/22, 30, 70, 39/27, 41/174, 43/55, 44/41, Add1/121, Add2/67
helte, helde *adv.* readily 34/30, 49/102, fast 31/28, likely 43/123
heluth, heled, helud see **hulle** *inf.*
hemperoure see **emperour(e)** *n.*
hende *n.* end 32/66, 46/5
hende *adj.* gracious 56/45
heny *adj.* any 29/20
henne(s), hene(s), hennys *adv.* hence,

away from here 6/77, 54/222, hence, from now 53/24
hensampul see **ensaumpul** *n.*
heo *3 sg. fem. pers. pron.* she 2/45, 54, 112, 122, 4/6, 33, 46, 48, 7/104, 105, 11/86, 12/70; **ho** 6/47, 47/11; **hoe** 7/105, 12/18 (*obj.*); **hoo** 4/41, 43/71, 72
heo *3 pl. pers. pron.* they 1/56, 2/76, 13/115, 28/159, 29/99, 32/79, 61/25; **he** they 32/11
herbar, herbor *n.* lodging 6/50, 16/50, 35/61, 66
herbar *inf.* lodge 20/44; **iherborowod** *pa. p.* 52/22
herby *adv.* hereby, by this 2/80
herce *n.* hearse of candles 26/47n
herde *adj.* hard, callous 22/97
here *n.* hair-shirt 10/82
here see **or (þat)** *conj.*
hered *pa. sg.* hired 15/115; **hyred** *pa. p.* 15/117
her(e)fore *adv.* wherefore 48/57, 52/17, because of this 25/42, 40/77, 56/48
herer *comp. adv.* higher 22/86, 56/50
heres *n. pl.* ears 24/61
heres *poss. pron.* theirs 1/106
hereto *adv.* with this 17/74
herewyth *adv.* with this, at the same time 12/91
heryed *3 pa. sg.* praised 17/57
herkenud *pa. sg.* ~ *aftur* searched out by inquiry, found out about, searched out by inquiry 52/20n
herne, hyron, hurne *n.* corner 30/46, 33/99, 48/45, 50, hiding-place 30/38
herre see **he(y)gh** *adj.*
herte *n.* heart, *grete* ~ haughtiness 68/62; **herte-coll** *n.* a chamber of the heart Add1/154n
hertefully *adv.* full of renewed confidence 56/102
herthe, herþe, hurthe *n.* earth 11/95, 53/146, 183, 56/31, Add6/103
heruest *n.* harvest, *hotte* ~ autumn 65/75
heth see **he(y)gh** *adj.*
hethynnesse *n.* heathen lands 41/119
hette, hetton *inf.* be called 20/64, 44/70; **hette, hatt(h)e, hytte, hythe** *pa. sg.* is/was called 3/81, 4/19, 5/28, 8/70, 13/62, 17/144, 20/28, 42, 52, 21/63, 103, 40/48, 44/69, 45/107
hette *pa. sg.* ~ *in* beat upon 18/32 (see 18/32–3n)
hette *pa. sg.* ate 32/47
heþen, ethen *adv.* hence, away from here 9/106, 10/160, 30/26
heued(e), hede, heved *n.* head 20/45, 24/44, 48, 27/65, 28/142, 32/47, 70, 37/24, 40/113, 43/37, 38, 43, 51, 48/46, 67/33
heven *inf.* raise, lift 19/197, 53/195; **hef** *imp. sg.* 15/87; **heveth** *imp. pl.* 55/37; **heffud, hof** *pa. sg.* 18/94, 52/117; **heuen, heven** *pa. pl.* 27/96, 49/141; **heuen** *pa. p.* 11/43
heuen-cryston see **euen-criston**
hever see **eure(r)** *adv.*
heuy, heve *adj.* heavy, slow 40/80, wretched, worried 2/166, 15/66, 30/22
hevynes *n.* low spirits 15/67
hew *n.* yew 25/26
hewe *n.* colour 19/85
hewne(n), euen *n.* heaven 31/58, 39/131, 61/88, 66/49
hewon *inf.* hew, cut 33/19; **hew** *pa. sg.* cut 22/144, Add1/*110
hyde, hude *n.* skin 9/100, 19/85
hydewys *adj.* hideous, terrible 1/58, 65
hydirto, hydurto *adv.* up to now 34/62, 37/7
(h)ydur *adv.* hither, (to) here 21/133, 61/40
hydurwarde *adv.* hither, (to) here Add1/152
hye, (h)yen see **eye** *n.*
hyegh *adj.* see **he(y)gh** *adj.*
hyl, hyllyd, hylled, hyllode see **hulle** *inf.*
hylling *vbl. n.* covering Add1/85
hyndewarde *adv.* backward 43/109
hyndlynges *n. pl.* subjects 32/79
hyndur *comp. adj.* farther back, at the back 54/*68, 71
hyndurmaste *pron.* last (in line) 52/154
hyne *n.* servant 13/125; **hynes, hynon** *n. pl.* 13/121, 122
hyre *n.* wages, reward 3/157, bribery 63/77
hyred *pa. sg.* rented 33/88
hyron see **herne** *n.*
his, hys *3 pr. sg.* is 11/3, 12, 12/115, 24/65, 29/23, 31/63, 34/52, 67, 142, 176, 37/84, 89, 39/117, 44/16, 68/12, 39, Add1/84, Add6/17, 142, 163, 203

hyis *poss. adj.* his 34/174
hyrwarde *adv. towarde* ~ towards her 41/191
hyse *n.* slice 19/109
(h)yse *n.* ice 40/84, 87, 89, 95, 103
hytte *pron.* it 25/58
hytte 17/144 see **hette** *inf.*
hof see **heven** *inf.*
hoged, hoget, hoiode *adj.* huge 14/178, 26/74, 37/111, 40/112, 45/87, 61/53
hogedly *adv.* 41/198
hoyle *n.* oil 44/82
hokur *n.* scorn 67/25
hokus *n. pl.* hooks 30/58
holde, holdon *inf.* keep 1/31, 20/13, 25/75, proceed, go 53/188, consider 46/100, ~ *forth* continue, carry on 10/99, ~ *wyth hym* support him 44/106; **halte** *3 pr. sg.* holds 55/10; **holdyn** *pr. pl.* keep 29/24; **holduth** *imp. pl.* keep 26/62; **huld(e), held(e)** *pa. sg.* kept 3/15, 10/*104, 13/125, 55/135, kept hold of 21/70, held back 61/16, 18, controlled 2/51, 33/43, considered 45/31, ~ *vp* raised 34/91, 52/132, 53/32, *197; **helde, heldon, hulde, heldyn** *pa. pl.* held 3/82, 40/28, considered 3/8, 24/8, ~ . . . *her trowthe* kept their word 50/169, ~ *vp* raised 3/82; **holdyn, holdon, holde(n), haldon** *pa. p.* required, bound Pro/3, 6/151, 19/6, 22/68, 28/32, 56/7, considered 14/16, 15/31, 16/77, 17/145, 39/*12, 13, 46/110, 123, 55/104, kept 40/35, ~ *vp* supported 56/35
holde *adj.* old 16/6, 21/136, 22/14, 23/75, 44/12, 48/29
Holde Law(e) see **Olde Lawe** *n. phr.*
holdyn, holdon *ppl. adj.* beholden 37/62, 47/27
holdyng *vbl. n.* keeping 39/96
(h)olyfauntes, olyvauntes *n. pl.* elephants 44/27, 29, 32, 35
holy(ly) *adv.* wholly 27/131, 53/11, 127
hol(le), hole *adj.* unharmed, untouched 3/147, 8/19, 9/90, 27/63, 28/95, 35/26, 41/151, 43/58, healed 6/67, 7/103, 106, 9/98, 21/146, 31/34, 32/26, 97, 33/119, 121, 43/115, 118, 55/82, whole, complete 17/19, 20/17, healthy 37/31, 54/106, ~ *as(se) (any) ffys(s)che/f(f)ysche* as whole as (any) fish 23/147, 32/98, 43/158, 63/67
holly *adv.* in a devout manner 19/14
holowd see **hal(we)** *inf.*
holwe *adj.* hollow 3/116
hom, ham *adv.* home(ward) 2/30, 79, 3/64, 41/231, 49/68, 57/102
hom(e) see **ham(e)** *3 pl. pers. pron. obj.*
home *n.* home, *long* ~ long home, i.e. last resting place, afterlife Add2/37
hommes see ***hammys** *n. pl.*
hondeled *pa. sg.* manhandled 6/65
honest(e) *n.* honourable behaviour 28/77, 88, 47/40, honour 56/129
honest(e) *adj.* clean, decent 14/129, 130, 46/2, 7, 54/78
honestly *adv.* decently, honourably 14/143, 56/123
honysoklys *n. pl.* honeysuckles 44/81
honsel *n.* the first money taken by a trader in the morning, or the first meeting 11/24n
ho(o) , hoe see **heo** *3. sg. fem. pers. pron*
hope *1 pr. sg.* expect, believe 40/8, 68/37; **hopon** *2 pr. pl.* Add6/37; **hopyn** *3 pr. pl.* 38/35; **hop(p)yng** *pr. p.* 40/78, 43/31, 44/121, 65/45, 68/41; **hopyd, hopud** *pa. sg.* 34/203, 43/136; **hopyd** *pa. pl.* 35/63
hopon *prep.* (up)on 2/10, 142
horce *n.* horse 22/72, 158
hore *adj.* dirty, filthy 18/71
horlet see **hurle** *inf.*
horne *n.* beak of a ship 61/93n
horribylyte *n.* horror 1/52
hoselen *inf.* administer the Host at the sacrament of the mass 5/107, **hoseleth** *3 pr. sg.* 5/104, 105; **hosel(l)ed, hosellod** *pa. sg.* 41/165, 166, 180; **hosel(l)ed, hosullud, howselled, vselled** *pa. p.* 28/160, 41/197, 49/168, 53/203, 204, 210, Add2/48
(h)oste *n.* host, army 22/31, 32/129, 33/58, 36/52
houce, howce *n.* house 25/48, 29/11, 13, 16, 18, 19, 37/111, 43/14, monastery 43/88, ~ *of stage* lodging house 39/32–3; **howces** *n. pl.* 29/33
hour(e), hure *poss. adj.* our 14/165, 181, 23/106
housalde, howsalde, howsolde *n.* household 30/43, 31/36, 35/50
hoven, howuen see **oven(e)** *n.*
how *2 pl. obj. pron* you 12/24
howeth, howen see **owith** *3 pr. sg.*

hownde *n.* dog 30/36
howne *adj.* own 32/124, 34/31, 43/14, 61/11
howre *poss. pron.* our 11/29
howsel(l), ho(w)sul, hosel *n.* housel, the Host 5/98, 29/78, 53/206, 219, communion 28/83, 86, 89, 31/82
hubud *pa. sg.* struck? 27/61n
hudde, hydde *pa. sg.* hid 10/85, 24/17, 48/70, 67/79, 81; **hudden** *pa. pl.* 9/19; **hud(e), hydde** *pa. p.* hidden 13/39, 14/106, 33/40, 105, Add2/22
hude see **hyde** *n.*
hugged *pa. p.* disgusted, revolted 27/88
hul *n.* hill 1/54, 33/77; **hulles** *n. pl.* 4/24
huld(e) see **holde** *inf.*
hulkyng *vbl. n.* hiding, secret 39/30
hulle, hyl *inf.* cover 19/127, 28/56, 41/145; **heluth** *3 pr. sg.* conceals 34/146; **heled, hyllyd, hylled** *pa. sg.* covered 22/47, 43/51, 49/107; **huled, hyllyd** *pa. pl.* 15/137, 47/102; **hullud, huled, helud, hyllode** *pa. p.* covered 61/65, concealed 28/50, 34/144
humore *n.* moisture 16/71; **humeres, humurus, humerus** *n. pl.* bodily humours 28/43, 44, 59/14, 15
hunderstande *inf.* understand 16/47
hundrus *n. pl.* courts of the hundred 24/106
hup *prep.* up Add6/27
hurle *inf.* hurl, throw 7/52; **horlet** *pa. pl.* 7/58
hurne see **herne** *n.*
hus *1 pl. pron.* us 34/49
husbond-mon *n.* householder, landowner 1/121
hut(te) *pa. sg.* hit 10/151, 168

I

ianglyng *vbl. n.* jangling, chatter 48/60
Ianiuere January 64/33
iapis, iapus *n. pl.* japes, tricks 15/30, jokes 46/22
i-armode *pa. p.* armed 30/28
icallyd *pa. p.* called 55/162
iche, yche see **vche** *adj.*
ycomyn see **comeht** *imp. pl.*
icore *ppl. adj.* chosen, choice 54/197
ydul adj. careless, frivolous 41/50
ydulnes *n.* idleness, laziness 1/33
ifounde *pa. p.* found 44/5
yfurred *ppl. adj.* decorated with fur 10/62
iherborowod see **herbar** *inf.*
***yleche** *adv.* alike, similarly 38/28
ilernud *ppl. adj.* instructed 31/8
ilke *adj.* same 53/154
ylle *n.* disease 32/51
ille, ylle *adv.* badly 6/7, 79, 88, 97, 29/18
ymage *n.* image, statue 3/129, 135
ymaginacion *n.* imagination, mental image Add1/26 (see Add1/25–8n)
imperour see **emperour(e)** *n.*
infere, (y)fere *adv.* together 2/70, 73, 3/139, 5/12, 9/79, 15/223, 23/28, 31/*41, 33/108, 34/101, 35/55, 39/33, 71, 102, 53/11, 32, as one Add1/25
Ynglys(se) see **Englys** *n.*
innocentry *n.* innocence 9/13
inogh, inow(h), ynoght *adv.* enough, in plenty 3/37, 7/85, 15/167, 21/*91, 25/61, 32/105, 34/77, 106, 41/141, *welle* ~ quite easily 34/106–7
instaunce *n.* insistence 31/13
into *prep.* until, up to 34/173, ~ *þe tyme þat* 33/21
inuitatorium *n.* the invitatory at the beginning of the office of Matins 4/93n
inwyth *adv.* inside, internally 46/144
ioglery *n.* trickery, sleight of hand 60/30
ioynyd *pa. p.* enjoined, instructed 23/4
ioyntes *n. pl.* joints 53/164
ioyust *2 pr. sg.* rejoice, enjoy yourself 24/88; **ioyeth** *3 pr. sg.* pleases 48/9; **ioyued** *pa. p.* delighted 28/147
(y)rayed *pa. p.* arayed, adorned 5/69, 15/26
(y)reysed see **reysen** *inf.*
irongon *pa. p.* rung 26/31
yrus *adj.* angry, wrathful 1/13
is, ys *poss. adj.* his 14/114, 15/15, 20/59, Add6/73
iusterye *n.* judgement hall 24/110
iustes *n. pl.* jousts Add3/35
iustyse, iustice, iustyce *n.* judge 2/45, 50, 35/5, 9, 14
yver *n.* ivory 41/190
ywroght see **worschon** *inf.*

K

kadur, kradul *n.* cradle 3/14, 47/9, 12, 15, 27
kakon *n. pl.* flat cakes, loaves 59/41

kalleth *pr. sg.* calls 6/74; **kalled, kalde** *pa. p.* 8/69, 37/26, 41/3
kanckyr, kanckur *n.* cancer Add1/153, 155
kapte see **kepe(n)** *inf.*
kapulus *n. pl.* horses 6/51
karolus *n.* ring-dances 24/92
kast *inf.* throw 2/57; *imp. pl.* 1/139; **kaste** *pa. sg.* 10/212; **kaston** *pa. pl.* felt (suddenly) 2/16, **kast(e)** *pa. p.* thrown 1/133, 29/66, 37/67, 39/28
kene *adj.* sharp 16/24, 67/53
kepe(n), kepon *inf.* keep 28/140, preserve 28/33, 154, look after 8/107; **keput** *3 pr. sg.* cares 15/151; **keputh** *pr. pl.* keep 29/105; **keppe** *pr. subj. sg.* would take heed, would care about Add6/63; **kep(pe), kapte** *pa. sg.* kept 15/125, kept safe, protected 30/56, 35/24; **kepton** *pa. pl.* protected 56/23, 24, guarded 6/25; **kepp(e)t, kepud** *pa. p.* kept, preserved 28/115, 53/150, kept back 28/105, 108
kepyng *vbl. n.* care, looking after 8/6, 55
kerchef(f) *n.* cloth 22/46, piece of clothing 28/56
kynde *n.* nature 6/16, 9/15, 10/130, 39/90, 44/23, *29, 44, kin, lineage 51/49, 53, 62, flesh and blood 2/156, custom 44/28, *be* ~ naturally 46/44–5, *synne aȝeyn* ~ sin against nature, i.e. sodomy 6/84, 86, *tyme of* ~ the natural time 46/77
kynde *adj.* favourable Add6/102, ~ *wytte* natural understanding, commonsense 46/37
kyn(ne) *n.* kin, flesh and blood 37/57, 44/69, 47/59, birth, lineage 27/82, kind of 17/71
kynnge *n.* king 25/17
klene see **clene** *adj.*
klens, klansse see **clanse** *inf.*
klyppud see **clyppon** *inf.*
knalache *n.* knowledge, familiarity, acquaintance 67/83
knaue-(s)chylde *n.* male child 14/16, 49/87
kne(e) *n.* knee 12/87, 41/216, 218, 220, 221; **kneus, knees, knoes** *n. pl.* 3/82, 6/58, 12/87, 32/51, 68, 35/76, 41/212, 214, 219
knyl *n.* knell 40/22
knylle-mowth *n.* mouth of a kiln 68/108
knythe, knyȝte, knyte *n.* knight 19/110, 22/141, 144, 148, 150, 26/67, 75, 76, 78, 82, 84, 92, 27/122, 124, 126, 133, 34/74, 77, 97, 102; **knytes** *poss.* 26/81; **knythes, knytus** *pl.* 26/15, 43/147, 45/70
knytte *3 pa. sg.* united, joined 6/17; **knytten** *pa. pl.* 24/9
knowe(n) *inf.* know 32/8, 45, 51/7, recognize 10/144, acknowledge 15/*126; **kn(o)we** *1 pr. sg.* 7/114, 115, 10/178; **knaw** *2 pr. pl.* 40/2; ***knowe** *imp. sg.* 10/180; **knew(e)** *3 pa. sg.* 8/*79, *110, 10/*85, 21/96, 23/64; **knewon, *knewen** *pa. pl.* 10/*72, *86, 22/14; **knowen, knowyn** *pa. p.* recognized 21/97, 40/108
knowing(e) *vbl. n.* knowledge 29/92, 39/9
kno(w)lach *inf.* acknowledge 6/153, Add2/16; **knowlache, knowleche** *2 pr. pl.* 12/129, Add6/20; **knowlache** *imp. sg.* 53/86; **knowlachyng** *pr. p.* 12/60, 41/58
kode see **code** *n.*
koluer see **coluer** *n.*
kokul *n.* cockle, weeds 16/72
kote *n.* coat 8/38
konne see **can** *3 pr. sg.*
koruen, corvon *pa. p.* carved 12/47, 48/57
kropon *pa. p.* crept Add5/17
kubytes *n. pl.* cubits (a measurement based on the length of the forearm) 1/54
kutte *n.* cut, wound 2/101

L

lad(de), lade *pa. sg.* led 3/31, 174, 35/6; **ladden** *pa. pl.* 8/136; **lad(d)e** *pa. p.* 35/19, 38/53
laf(f)te, laft *pa. sg.* left 8/11, 32/57, 104; **lafton, laften, laffte** *pa. pl.* 3/31, 32/124, 130, 43/76; **laft(e)** *pa. p.* 3/97, 14/10, 32/76, 39/25; ~ *of* left off, given up 6/84–5
laghon, lauȝon, laght *inf.* 15/67, 98, 21/10, Add6/199; **laȝe, loghuth** *3 pr. pl.* 15/45, 29/67; **logh** *pa. sg.* 46/57, Add6/199, ~ *on* smiled at, looked favourably at 24/*55; *pa. pl.* **lowen** 10/72, 35/18
lay(ȝ)te see **ley(ȝ)te** *n.*

lame see **lem** *n.*
lant *pa. sg.* lent Add5/2, 4, 10
lappud, lappod *pa. sg.* wrapped, covered 6/56, 57/103; **lappyd** *pa. p.* 46/82
large *n.* the open, freedom 45/76 , *at* ~ 34/168
large *adj.* generous 56/58
largely *adv.* liberally 52/95
largenes(se) *n.* generosity, liberality 19/58, 29/48, 52/12, 31, 94, 140
lasse *adj. abs.* smaller 45/131
laste *pa. sg.* lasted 10/54, 75, 33/30, reached 41/206, 48/47
laste see **leste** *conj.*
late *inf.* let flow 46/51
latimer *n.* interpreter 21/97
latte *adj.* slow, sluggish, reluctant 40/80
laudes *n. pl.* one of the seven canonical hours Add2/92
laue *n.* law 18/71
laufully *adv.* legally 7/41
laumbor *n.* amber 33/125
lauyr *n.* medicinal wash 48/83
la(w)ghtur *n.* laughter 17/130, 46/22
lawhyng *vbl. n.* laughing 17/131
lecchur *n.* lecher, lascivious person 23/77
leche *n.* doctor 32/93; **leches** *n. pl.* 9/78, 32/91
led *n.* lead 1/140
lee *pa. sg.* ~ *to* was the business of, fell to 11/54
leeyt see **ley(ȝ)te** *n.*
lef *n.* side 22/47, 48
lef see **leue(n)** *inf.* to leave
leftes *n. pl.* evil ones 1/95n
legge(n), ley, lege *inf.* lay 17/125, 30/54, 41/146, 45/63, lay (a charge) 55/27, ~ *a peny vpon hys hed* give tribute to 6/42, ~ *doun* put aside 1/30, ~ *more to* make more of it Add6/92; **ley** *1 pr. sg.* lay 41/148; **leyste** *2 pr. sg.* lay, place 45/47; **legh, le(y)the, le(y)th, layth** *3 pr. sg.* lays, places 13/91, Add1/57, ~ *away* puts aside 15/216–17, ~ *do(u)n* 1/14, 15/37, 40; **lay, leyd** *pa. sg.* 3/155, ~ *on* laid siege to 32/105
leyne *inf.* bet, wager 22/101
ley(ȝ)te, lay(ȝ)te, leyth, leeyt *n.* lightning 30/87, 31/51, 79, 39/78, 63/88, *bolt of* ~ bolt of lightning 2/61
lek(e), lyk *prep.* like 18/95, 22/45, 26/17, 32/23, 42, 90, 39/38, 131, 41/223, 43/64, 55/105
lekyng see **lykyng** *vbl. n.*
lem, lame *n.* light (of flames), flame 1/136, 39/38, 53/216; **lemes** *pl.* 1/74
lemman *n.* (illicit) lover 48/35, Add1/146, 148, 150, Add3/36, Add 6/213
lene *inf.* lend 3/108
lengar *comp. adj.* longer 42/27
lengar *comp. adv.* longer 46/79
lenyd *pa. sg.* ~ *hym to sclepe* lay down to sleep 26/73
lepur *n.* leprosy 9/99, 33/61, 63/39, 66, a leper 63/29
lere see **leuer(er)** *comp. adv*
lered *adj.* learned, scholarly 13/18
leryng *vbl. n.* learning 38/40
lerud *pa. sg.* learned 62/50; *pa. p.* 32/91
lerud *ppl. adj.* learned, educated 67/8
leson *inf.* lose 13/109, 46/80; **lesud** *3 pr. sg.* 14/114; **leson, lesuth** *pr. pl.* 25/76, 46/33; **lese** *pr. subj. sg.* 13/110, destroy 30/26; **leston** *pa. pl.* lost 12/32; **lore, lorn(e)** *pa. p.* 2/33, 28/102, 39/116, 48/54, 52/92
lesowod *pa. pl.* pastured 61/30
lest *pron.* least (important person *sc.*) 1/93
leste *adj.* smallest 1/103, 54/104
leste, laste *conj.* lest, in case 1/119, 19/33, 24/41, 28/162
lesur *n. a* ~ at leisure 67/19
letany(e) *n.* litany, prayer of petitions used in liturgy 28/138, 31/89, 36/63, Add2/90
lethy *adj.* weak Add6/146, 147
leting *vbl. n.* permission 55/120
lette *n.* hindrance 66/75
lette, letton *inf.* hinder 2/130, prevent 21/143; **lettud** *pa. pl.* prevented 18/84; **lettyd** *pa. p.* 24/8, 56/9
let(t)e *pa. sg.* ~ *bery* caused to be buried 44/116–17, ~ *mak(e)*, *makon* caused to be made 3/129, 161, 162, 33/47, 53, ~ *wryte* caused to be written 2/24; **lette** *pa. pl.* ~ *makon* 33/22; **laton, lette** *pa. p.* let 36/66, released 55/22
lettered *ppl. adj.* literate, educated 46/15
lettyng *vbl. n.* delay 10/210n
lett(r)ure *n.* book-learning Pro/2, 9
lettur *n.* ~ *of warand* letter of warranty 13/30; **letteres** *n. pl.* letters 13/33

leue, leve *n.* permission 14/69, 16/138, 32/100, 46/46, 49, 50/65
leue *n.* belief 17/136
leue *adj.* willing, eager 32/81; dear 40/115
leue(n), leuon, levyn, leve, levon, leuyn(g), lef *inf.* leave 13/102, 108, 15/158, 18/16, 25/50, 26/39, 29/75, 100, 34/57, 38/52, 39/84, 86, 119, 120, 44/11, 55/18, 123, Add6/31, 221; ~ *of* leave off, stop 15/178, 182, 28/34; **leueth, leuyth** *3 pr. sg.* abandons 9/22, remains 26/51; **leuith, leuyth** *imp. pl.* leave 24/130, 34/150; **laf** *pa. sg.* 19/53; **lafton** *pa. pl.* 44/8
leue(n), levon, leuon, levyn *inf.* believe 3/125, 5/*10, 8/29, 37, 18/11, 30/40, 32/96, 122, 40/80, 41/156, 45/83, 55/54, 57/141, Add6/32; **leue, leve** *1 pr. sg.* 32/97, 41/177; **leuest** *2 pr. sg.* 5/21; **leueþ, leueth, leveþ** *3 pr. sg.* 17/88, 41/155, 161; **leue** *2 pr. pl.* 26/3; **leveth, leuyth, levon** *pr. pl.* 37/70, 41/80, 57/145; **leue** *pr. subj. sg.* 17/87; **leue** *imp. sg.* 14/33, Add6/219; **levyng** *pr. p.* 48/26; **leved, leuede** *pa. sg.* 13/52, 45/81, 105, 48/16; **leued(en), leuod, leuedon** *pa. pl.* 6/98, 99, 8/42, 13/49, 51, 32/64; **leevot** *pa. p.* 40/133
leveful *adj.* lawful 44/102
leuer *comp. adj.* preferable 57/149
leuer(er), lever, lere *comp. adv. haue/hast/haddon/hath haddyn/haue/han* ~ would rather 2/46, 13/111, 14/179, 34/51, 38/36, 43/34–5, Add4/31, ~ *hym were* he would rather 46/80; **leuest** *superl. adv. most* ~ *me* most preferable to me, what I like best 48/67–8
leuetenawnte *n.* lieutenant 27/35
lewed, lewod *adj.* lay, uneducated 28/3, 31/88, 39/41, 41/113, 46/12, 62/15
lyf-dayes *n. pl.* the days of one's life 3/11, 4/25
lyflode, lyuelode *n.* living, sustenance 1/33, 15/111, 38/64, 60/22
lyf(te), lufte *pa. sg.* lifted 38/94, 49/127, 53/40
lygge(n), lyggon, lyg *inf.* lie 34/70, lie buried 68/87, 90, ~ *by/be* lie with, i.e. sleep with 2/44, 22/136, 43/26; **lygh(t), lyth(e)** *3 pr. sg.* lies 19/87, 33/118, 34/143, 158, 41/217, 54/52, is buried 8/120, 35/42, 38/10, ~ *to* belongs to 16/53, befalls 45/115–16; **lygge(th), lyggon, lyth** *pr. pl.* lie 39/94, 105, are buried 6/99, 68/86, ~ *to* belong to 54/34; **lyg(g)yng** *pr. p.* lying 41/210, 46/125; **lay** *pa. sg.* ~ *by ham* slept with them 23/16, ~ . . . *on* attacked, besieged 32/105; **lay** *pa. pl.* lay 34/208; **lyne, ley** *pa. p.* lain 25/20, positioned 43/109, been buried 35/38, ~ *by hur/hyr* slept with her 21/65–6, 69, 22/155
lyggyng *vbl. n. harde* ~ hard lying, i.e. sleeping on something hard rather than a bed 62/62
lyght, (a)lyght *pa. sg.* alighted, descended 12/121, 39/37, 132, 44/94, 48/88; **lyghton** *pa. pl.* got down 12/57
lyght *adj.* bright 39/38, 106, trivial 41/51
lyghten, lython, lyghton *inf.* light 14/175, give light to, illuminate 6/6, 91, 40/76, 83, 44/42; **lyghteth, lytheth, lytuth** *3 pr. sg.* illuminates 6/79, 119, 53/118; **lyght(e), lyȝte** *pa. sg.* illuminated 12/76, 77, lit 14/122, 34/223; **lyghtnet, lyght(od), lyȝte** *pa. p.* enlightened, illuminated 6/88, 14/107, 124, lit 26/51, 55
lyghtyng *ppl. adj.* illuminating, making bright 44/43
lykyng, lekyng *vbl. n.* pleasure 4/45, 6/129, 15/42, 38/21, 32, 46/48, 135, Add1/95, inclination, wish 55/76, *at hys* ~ as he pleased 43/116
lykyth *3 pr. sg.* pleases 40/115; **lekyd, lykud** *pa. sg.* liked 2/15, 27/36, 44/100
lyknes, lycones *n.* likeness 35/46, 36/52, 39/69, 71
lykon *inf.* liken, compare 23/36; **lyconeth** *3 pr. sg.* 13/85; **lyked, lykyd** *pa. p.* 62/12, 17
lylions *n. pl.* lilies 45/123
lylokur *comp. adj.* livelier 8/34
lyme *n. fendes* ~ servant of the devil 45/78–9n; **lymes** *n. pl.* limbs 43/115
lyme-mal *adv.* limb by limb 57/31
lynage *n.* lineage 51/53, 57, 76, 57/15
lyne *n.* lineage 51/49
lyst *pr. sg.* wishes 35/77
lysty see **lusty** *adj.*
lytul *adj.* few 54/73

lyue *n.*, *of* ~ alive 5/9

lyven, lyvon, leven, lyffe *inf.* live 34/60, 37/31, 39/124, 45/108, 48/21, 24, 59/16, Add1/47, 77; **levyth, lyved, lyueht** *3 pr. sg.* lives 11/90, 39/17, 46/99; **leuen, levyn, leveth** *pr. pl.* 29/105, 41/6, 48/11; **leuet, lyueden, lyuedon, leuod** *pa. pl.* lived 9/24, 26, 17/37, 32/128, 34/101

lyueray, lyuerey *n.* livery, retainer's uniform 29/64, 65

lyving, lyuyng, levyng, leuing(e), leuyng(e) *vbl. n.* (way of) life 10/90 25/23, 29/107, 32/58, 39/17, 20, living, livelihood 3/41

lyȝte, lytght, *lythe *n.* light 26/25, 26, 62, 37/9, Add6/*70

lyȝte *adj.* cheerful 30/66

lodly, lothly *adj.* loathly, ugly 37/88, 46/78

lof *n.* love 35/71

lofte *n. on* ~ on high 32/67

loggyd *pa. pl.* lugged, dragged 50/64

logh *adj.* low, humble 12/90

loghe *inf.* to humble, degrade 15/12

logh(uth), lowen see **laghon** *inf.*

lokyn, lokon, loke *inf.* see 16/115, 22/122, 34/174; **lokut** *3 pr. sg.* 6/102; **lokut** *pa. sg.* 6/101, 127; **lokon, loketh** *pr. pl.* 6/7, 88; **lokut** *pa. pl.* 6/113[1]

lombe *n.* lamb 4/35

lompemal *adv.* piece by piece 10/212

long(e) *adv.* for a long time 2/44, 93, 45/143

long(e) *prep. phr.* ~ of related to the matter of 16/39, ~ *on* because of 39/117

longuth *3 pr. pl.* pertain 22/48

lord(e)schep *n.* lordship, property, estates appropriate to a lord 36/54, 49/14, 15, 17, 56/71

lore *n.* learning 22/67, 26/100, teaching 46/36

lorelle *n.* laurel 45/113

lor(n)e see **leson** *inf.*

losyng *vbl. n.* releasing 26/98

los(s)e *adj.* loose, free 26/77, 80

loth(e) *adj.* unwilling 16/114, 53/154, 156, 158, 160

lothly *adj.* ugly 55/106

lotte *n.* the lot 18/66, lots 18/64

louren *inf.* look gloomy 15/98

loue-day *n.* a day arranged for arbitration between two opponents 10/119

louid *3 pr. sg.* loves 17/82, 83

lowe *n.* love 39/110

lowen see **laghon** *inf.*

loweth *3 pr. sg.* loves 39/107

lows(e) *adj.* free 52/88, 57/130

lowse *pr. subj. sg.* may (he) release 50/39; **lo(u)sed, *losud** *pa. sg.* released 18/79, 27/*150, 55/59

lowsly *adv.* loosely, laxly 47/100

lowton *pr. pl.* bow, make obeisaunce 54/190; **loutyng** *pr. p.* bowing 3/29, **lowted, lowtud** *pa. sg.* bowed 3/90, 57/57

lucur *n.* riches, money 60/10

lufly *adj.* lovely 26/22

lufte *pa. sg.* lifted 7/43

luyte *adj.* few 24/81

lure *n.* loss 8/97

lust(e), lyst(e) *n.* wish Pro/12, pleasure 19/62, 21/22, 24, 38/21, desire 19/120, lust, lechery 8/46, 15/42, 158, 29/100

lusty, lysty *adj.* eager 15/157, 30/47, 32/133, 38/33, 50, 46/21, 29, fresh-faced 29/89

M

magreyth *prep.* in spite of 20/79

may *n.* maiden, virgin 23/114

may *pr. sg.* can 32/97 ~ *godely* can possibly 36/7; ***mow** *3 pr. sg.* may 11/*96; **may, mow** *1 pr. pl.* can 34/105, 125, 40/105, 50/38; **mon, mow(e)n, mowne, may, moue** *2 pr. pl.* can, may 2/64, 3/87, 6/69, 9/*67, 10/101, 13/73, 21/40, 29/27, 36, 32/132, 37/100, 137, 39/123, 125, 40/93, 96, 102, 41/80, 44/123, 48/75, 55/182; **mow(ne), may, moue, mow(e)n, mon** *3 pr. pl.* may, are able to 1/112, 17/14, 37/53, 40/80, 41/66, 55/15, 68/112, Add4/7; **myth(e), myȝte, mygh(t), myuth, mowthe** *pa. sg.* could, was able to 15/197, 18/12, 25, 20/35, 103, 105, 21/83, 23/142, 25/63, 26/90, 34/127, 35/30, 38/91, 93, 40/51, 43/11, 14, 24, 31, 47/17, 55/120; **mythe, mython, mythyn, myȝton, mygtonn, moght, mygh(t), myghon** *pa. pl.* could 2/167, 10/140, 15/138, 22/99, 24/14, 33/70, 37/82, 41/85,

44/31, 60/42; **myth, mygh** *pa. subj. sg.* might 37/31, 39/51, 44/104; **mygh** *pa. subj. pl.* 41/85
mayde-chyld, maydon-chyld *n.* female child 14/23, 28
maydenhod, maydyn-heuede, maydenhed *n.* virginity 8/8, 14/107, 43/21, 36
maydon, mayden, maydyn *n.* virgin 6/64, 8/12, 43/4, 26, 53, 91, 119; **maydenes, maydenus, maydenys, maydonys** *n. pl.* 4/41, 49, 43/18, 48/18, 30
mayn *adj.* remarkable, outstanding 56/35 (see **swyng** *n.*)
mayne, manye, me(y)ne *n.* household, retinue 15/68, 70, 20/58, 22/123, 43/23, *of* ~ as part of his household 47/42
mayster, maystur, maystyr *n.* master, husband 7/112, 115, leader, chief 8/109, 22/100, 27/31, Master 40/89, scholar 40/132, 138, 140; **maystrus** *n. pl.* leaders 32/66
maystry *n.* superiority, advantage 27/32, 48/56
makon, make *inf.* make 30/81, ~ *(for) (to)* cause to 28/19, 34/175; **makuth, makyth, machuth, makud** *3 pr. sg.* makes 6/101, 29/57, 61, 39/94, 96, 98; **machen, makyd** *3 pr. pl.* 29/11, 45/73; **make** *imp. sg.* put, pose 2/145; **maked, made, makud, makyd, makuth** *pa. sg.* made, forced 2/85, 90, 172, made 29/58, ~ *(for) (to)* caused to 2/75, 86, 90, 112, 170, 8/15, 135, 28/27, 35, 30/70, 71, 85, 33/20, 83–4, 35/9, 39/128, 40/51, 44/115, 120, 55/54; **makud, makyth, maket** *pa. pl.* made 37/26, forced 30/73, ~ *(for) (to)* caused to 3/9; **makuth, makud, maket** *pa. p.* made 26/31, 30/74, 67/52, ~ caused to 3/141
malady *n.* disease 32/87; **maledyes** *n. pl.* 33/118
malys, malis *n.* malice, ill-will to others 3/13, 19, 13/42, malicious intention 15/144
mameleth *pr. pl.* mumble 39/57
manaschyng *pr. p.* threatening 13/36
maner *n.* manor 13/118, 119; **maneres** *n. pl.* 10/30
maner *n.* type 28/72; **maneres** *n. pl.* manners, behaviour 50/85, 56/44
manhed, monhed *n.* manhood 19/36, 62/19, 35, manliness 10/38
manna *n.* manna, i.e. bread from heaven 2/114
man-queller *n.* murderer 58/85
manslawtes *n. pl.* murders 36/37
mante *pa. sg.* meant 10/188
mantyl, mentyl *n.* coat, cloak 21/67, 68. 70, 43/55, 45/53, 49/107, 53/220
martirdam, martirdom *n.* martyrdom 43/5, 79, 44/97; **martirdomus** *n. pl.* 7/72
mased *adj.* amazed, confused 7/97, 39/27
mateynus, matenes, mateynes, mateynys *n. pl.* Matins, one of the seven canonical hours 4/96, 41/20, 64/58, 59, 74, 65/67
mater *n.* (good) cause 6/134, 7/41, (physical) matter 11/82, 14/10; **materes** *n. pl.* points, arguments 7/27
matyd *pa. p.* confounded, amazed 48/50
ma(w)ment, mawmete *n.* idol, false god 6/106, 32/14, 55/50; **mawme(n)tys, ma(w)mentus** *n. pl.* 6/109, 32/11, 55/89, 63/73, 78, 83
mawmentry(e), mawmentr(i)e, mawmentri, mawmetry *n.* idol-worship, worship of false gods 2/85, 5/71, 6/107, 8/23, 14/92, 32/22, 42/40, 48/16, 55/102, 123
me *indef. pron.* (some)one 2/150, 28/141, 65/12
mede *n.* reward 10/192, 15/174, 183, 41/79, 154, 43/18
medelen *inf.* ~ *hym* meddle, get involved 15/75
***medyatour** *n.* mediator 6/16
me(y)ne see **mayne** *n.*
mekon *inf.* humble Add2/15
mel *n.* meal 19/64
membur, membre *n.* physical part 39/70, 72, virile member, penis 11/73; **memb(ur)res** *n. pl.* limbs 7/95, private parts 28/57
mende *inf.* amend, improve 2/24; **mendud** *pa. sg.* 43/143; **mended** *pa. p.* 1/86
mene *adj.* inferior Pro/10
mepis *adj.* stupid Add6/183
mervayle *1 pr. sg.* am amazed 41/121
mesel, mysell *n.* leper 9/77, 18/43, 44/140, 66/32; **meseles** *n. pl.* 44/140

messanger, me(n)ssenger *n.* messager 2/162, 166, 171
mete *n.* food 8/72, 27/80, 32/107, 67/38, meat 20/35, 32/117, 118, 119, 120, 39/30, provisions 3/64, 65, 52/147, meal 2/133, 139, 5/33, 37/15, table 10/48, 51, 34/109; **metus** *n. pl.* types of food 15/27, 52/105, 106
mete-ȝorde *n.* measuring rod Add2/36
metyng *vbl. n.* meeting 14/6
mette *pa. sg.* met 10/10
mette *pa. sg.* measured 37/32; **met** *pa. p.* 2/165
mette *pa. sg.* dreamed 10/14, 21/57, 77; *pa. pl.* 21/73
myche, mykul *pron.* much 34/100, 52/42
myche, mycul, mykul *adj.* much 3/100, 25/71, big 52/164
myche, miche *adv.* (very) much 40/25, 43/53, Add6/8
mydday *n.* the sixth hour of the working day, normally around 12 a.m 15/114
myddel *adj.* medium 10/81
***myghtlas, mytelesse** *adj.* powerless 13/*91, Add6/193
mygtonn see **may** *pr. sg.*
mylk(e)-qwyte *adj.* milk-white 48/87, 109
mylnedewus *n. pl.* mildews 31/80
mylne-stone *n.* millstone 30/54
mynde *n.* memory 6/3, 14/66, 22/36, 25/19, 33/89, 40/25, 41/30, 101, 103, 117, 45/71, reminder 12/99, *hadde (a)* ~ remembered 4/103, 55/170, *haue* ~ *of* remember 30/48, 40/20, *maket(h)/makuth/makuþ* ~ commemorates 12/5, 12, 14/52, 53, 72, 33/85
myndles *adj.* mindless, mad 1/70
myngyng *vbl. n.* remembering 41/46
myngon *inf.* call to mind 45/53
myrroure *n.* mirror, example, warning Add2/2
misance *n. in* ~ *of* to harm, to cause trouble to 10/111
myschef, myssecheff, myschep *n.* mischief, misfortune 3/39, 51, 38/66, 62/69, Add6/85; **mys(e)cheues, mischeuus, *mischeues** *n. pl.* catastrophes 16/32, 34, 27/77, 36/29, troubles 39/*107, 42/20
mysdone *pa. p.* done badly 29/44
myselrye *n.* leprosy 44/147, 60/87
myskepyng *vbl. n.* mishandling, poor care 8/111
myslykyng *vbl. n.* uneasiness, concern 15/36
mys(se) *n.* wrongdoing 47/54, 66/64, 65, (anything) wrong 2/137; *of* ~ 29/109, 45/50
mysse *adv.* amiss 24/128, Add6/*90
mys(se)beleve, mysbeleue, mysbyleue *n.* lack of belief, heresy 11/*24, 27–8, 37/106, 41/86, 97, 172, 174
myssebeleuyd *pa. pl.* did not believe 41/90
mys(se)-beleuid, mys-beleued, mysse-leuod *ppl. adj.* heretical 37/105, 40/45, unbelieving, non-Christian 32/12, 17, Add6/30
mys(se)-dedus *n. pl.* misdeeds 68/58–9, 62–3
misse-doerres *n. pl.* wrongdoers 26/15
mysse-fame *n.* wicked rumour, notoriety 23/79
mysse-speche *n.* bad talk 46/10
mysse-spende *pr. subj.* misspend, make wrong use of riches 34/40
mystoke *pa. sg.* ~ *hym* did wrong Add2/8
miston *pa. pl.* missed, found missing 24/45
myth(e), myuth see **may** *pr. sg.*
myȝte, myth(e), myght, moght *n.* strength 15/*199, 26/91, 28/101, 30/33, 33/114, 40/88, 106, 48/54, 55, might, power 7/2, 29/114, 41/182
mo *comp. adj.* more 16/14
modurhed *n.* motherhood 14/107
moght *n.* see **myȝte** *n.*
moght *pa. pl.* see **may** *pr. sg.*
mog(t)h *n.* mouth 5/41, 46/128
molton *pa. p.* melted 65/92
monas *1 pr. sg.* admonish, urge 34/61; **monyche** *3 pr. sg.* 34/16
mone *n.* moan, lament 23/136, 58/58
mone *n.* lunar (or calendar) month 14/85, 86; **mones** *n. pl.* 23/40
moneth *n.* month 23/44
monicion, monycion *n.* admonition 55/33, 45, 46, 119
monkynde *n.* the nature of man, i.e. flesh and blood 6/26, 85
monsleeres *n. pl.* murderers 12/52
mo(re) *comp. pron.* more 6/81, 12/147, 26/48, 55/146

more *adj.* greater Pro/6, 1/128, 45/121, 60/70, bigger 45/130
morewyth *adv.* moreover 41/75
mornyng, murnyng *vbl. n.* mourning 15/38, 72, 232, 39/24, 41/125
mornynge *ppl. adj.* mournful 30/21
mor-tyd *n.* morning-time 15/28, 114
morw(e)(n), morwoo, morowh(e), morowgh, *moroȝhe *n.* morning 1/122, 3/25, 26, 4/38, 27/*85, 41/26, 48/41, 60/4; *~-tyde* morning 3/44
mo(s)te *1 pr. sg.* must 29/76, 30/25; **mot, moste, mo(t)te** *3 pr. sg.* 1/30, 32, 16/12, 13, 14, 44, 45, 17/23, 24, 32/55, 59, 41/13, 14, 46/143; **most(e), muste** *pa. subj. sg.* might 14/55, 46/105, 48/43, 76, 82, 104; **moton, mote** *pr. pl.* must 15/208, 16/63, 64, 67
mote *n.* speck of dust 34/30; **motus** *n. pl.* 61/74
murth(e), murþe *n.* happiness 2/79, 3/100, 181
muste *n.* new wine 39/56

N

nakydschep *n.* nakedness 16/33
nalle *n.* cobbler's awl 31/29
nam(e)ly, nomely *adv.* especially 6/83, 10/31, 16/13, 28/5, 144, 146, 36/29, 40/79, 46/3, 7
nankur see **ankur** *n.*
nappul *n.* apple 9/72, 15/136
narogh *n.* arrow 61/33
nase see **nese** *n.*
nasse *n.* ass 6/48
ne/ny . . . ny/no *corr. constr.* neither . . . nor 9/*6–7, 20/92
(n)eddur *n.* adder 19/29, 26/71, 80, *olde ~* the devil 19/*30, 26/94; **nedderes** *n. pl.* 22/19, 37/116
nede *n.* (time of) need 2/173, 36/21, necessity 19/7, *at ~* in time of need 30/70, 36/22, 40/45, *in alle here ~* in all their need 38/22, **nedys** *poss.* necessarily 41/13
ned(e)ful *adj.* in need 4/9, necessary 41/44, 57, 46/6
nedeht *3 pr. sg.* needs 14/169; **neduth, *nedet** *pa. sg.* was needed 12/*68, 23/56, 61/50
nedely *adv.* of necessity 16/55, 32/59
nedy *adj.* in need 3/38
neghbur *n.* neighbour 14/112; **neyghbur(r)es, neghburres, neyghtburres, neygthburres, neyteburres** *n. pl.* neighbours 18/97, 36/36–7, Add6/36; **ney(g)hburres, neytheburres** *n. poss.* 22/78, 79, 136
neghe *prep.* near 33/55
neygh, nygh(e), negh(e), neght, ne(y)ȝ, *ney, nyȝe, nyght *adv.* near 25/10, 26/71, 34/111, 43/79, nearly 2/141, 10/64, 27/17, 31/57, 32/67, 35/51, 45/69, 142, 46/73, 52/152, 63/72; *wel ~* well nigh, very nearly 29/*6
ne(y)ne *card.* nine 50/11, 53/167, 54/134
neyþer *pron.* neither (of two) 35/54
neyþur, neyþer, neþþer, nowþer, nowþur . . . ne/no (. . . ne) *conj.* neither . . . nor 1/61, 75, 13/82, 107, 39/60, 82, 50/38, Add6/203
nemod *pa. p.* named 21/19, 20
nere *pa. subj. sg.* were not 16/146
ner(e) *adv.* nearly, almost 34/124, 55/169
nere neþer *adj.* neither 41/220n
nerrar *superl. adj.* nearer 37/72
nerre *superl. adv.* nearer 41/208
nerþeles *adv.* nevertheless 12/*17, 39/13, 42/27
nesche, nesse *adj.* soft 39/92, 96, 97
nese, nase *n.* nose 12/94, 13/35, 86, 55/106
nesen *inf.* sneeze 31/69; **nesed** *pa. sg.* 31/66
nese-thrillus *n. pl.* nostrils 32/87
netherest *superl.adj.* lowest 57/40
neure(r), ner(e), newre *adv.* never 8/34, 15/62, 17/36, 18/87, 98, 20/96, 21/142, 156, 23/19, 28, 27/105, 39/14, 57, 40/74, 45/19
neure-þe-latter *adv.* nevertheless Add3/39
Newe (Law(e)) *n. phr.* New Testament 12/*105, 28/70–1, 57/81
next, nest *adv.* nearest 7/75, next 41/126
nexte *superl. adj.* nearest, quickest 12/27, 41/149, 192, closest 37/53
ny, ne(r), no *conj.* (n)or 7/20, 11/70, 92, 13/81, 29/100, 32/46(2, 3), 34/111^2, 41/34, 39, 46/117^2, 67/69, Add1/18
nye *n.* harm 9/4
nye see **eye** *n.*
nyed *pa. p.* angered, disgusted 9/5
nygh(e), nyȝe, nyght see **neygh** *adv.*

nygh(t), neygh *prep.* near 14/133, 43/14, 44/32, 49/64
nygremancy, nygrymauncy *n.* witchcraft 60/30, 64/15
nis, nys *3 pr. sg.* is not 12/89, 14/50, 28/149, 159
nyth(e), nyȝt(h)e, neyght *n.* night 17/36, 18/78, 20/44, 26/8, 16, 25, 30/79, 33/48, 34/89, 39/114, 41/25, 44/118; **nythes, nyȝtes** *n. pl.* nights 19/22, 26/27
nythes, nyghtus, nyȝtus *adv.* at night 12/18, 15/162, 34/207, 68/117
nyvs *adj.* troublesome, offensive 9/5, *6
nogh, nowh *adv.* now 21/35, 27/6, 48/55, 50/37, 162
noght, not(te), noȝte, nowte *pron.* nothing 6/115, 7/81, 9/69, 11/32, 25/43, 28/84, 34/150, 39/14, 15, 41/195, 43/136, 46/36, 53/27
noghtyng *n.* a nothing, a mediocrity 48/56
noyce *n.* noise 27/55
nomely see **nam(e)ly** *adv.*
nome(n) *n.* name 3/28, 8/40, title 6/139
non *pron.* none 3/108, 109
none *n.* the ninth hour of the working day (3 p.m.) 15/115, 19/60, 26/24, 57/51, 52
none (*þine none* 52/38) see **on(e)** pron.
nonus *pron. poss. for þe* ~ for the occasion 30/74
norys(ch)ed, noressyd, noryschet *pa. p.* brought up 2/124, 22/94, engendered 44/79, nourished 46/62
norys(e), noryce, nory(s)ch, noryth *n.* nurse 23/72, 47/13, 15, 19, 48/17, 28, 54/137
not *3 pr. sg.* does not know 11/92, 15/62
nothe *n.* oath 21/11, 44/114
not(t)e, noȝte, nowte, noute, no(w)ght *neg.* not 24/32, 95, 25/38, 72, 26/11, 62, 27/108, 111, 28/109, 29/29, 30, 35/12, 41/198, 50/169
noþer *adj.* no other 35/47
now *neg.* no 60/42
nowne-power *n.* lack of power or means 16/65–6 (see 16/63–6n)
nox *n.* ox 6/46, 62/21, 68/114

O

occupacion *n.* business 19/92, 28/24, 43/76
ocupye *inf.* occupy, spend (time) 46/141; **ocupyed** *pa. p.* 46/3, 141
odur see **oþur** *pron.*
of *adv.* off 8/33, 10/65, 152, 53/83, 54/39
ofbovem, ofboven *adv.* above 54/100, Add6/43
of(f) *prep.* off 8/33, 124, 10/63, 66, 35/48, on 2/92, by (the agency of) 2/98[1], 16/*25, 55/*118, with 10/173, 16/51, from 10/162, 12/108, 13/46, 22/95, 162, 28/*126, 145, 29/51[2], 33/37[1], 34/45, 41/91, 44/80, 55/24, 108, 63/55, 67/26, in terms of 33/50[1], for 34/49
offeronde *n.* offering 57/41
offratory *n.* offertory 28/156
offre(n) *inf.* offer (sacrifice or tribute) 2/85, 4/17, 21; ***offryn** *pr. pl.* 14/100; **offred** *pa. sg.* 3/174; **offret** *pa. p.* 3/168
offryng *n.* offering (sacrifice or tribute) 4/19
ofschamed see **aschomot** *ppl. adj.*
oght(e), ogh *pron.* anything 10/103, 45/145, 57/57
oythur, *oþur *conj.* or 28/*163, 48/57
oþur, ouþer . . . or *conj.* either . . . or 5/44, 34/80
olde see **elde** *n.*
Olde Lawe, Holde Law(e) *n. phr.* Old Testament 11/64, 12/104, 17/5, 57/80, 59/6, 9, 62/22
olyfauntes, olyvauntes see **(h)olyfauntes** *n. pl.*
olyve *adj.* alive 2/102
onavysed *pa. p.* without anyone to advise us 2/146
on-brydul *adj.* unbridled 13/119n
on(e) *pron.* one 3/24, 4/8, 7/21, 54, 13/62, 14/120, 16/80, 21/102, 33/95, 43/59, someone 44/33, ~ *by anoþur* one from another 2/151, ~ *byfore anoþur* one ahead of another, *hys/is/hur(e)* ~ on his/her own 8/65, 20/59, 43/25, 57/41–2, 47, 66/35, *þine none* on your own, by yourself 52/38
on(e) *adj.* one 3/9, 9/88, 12/29, 87, 21/99, 31/12, 31, 40/86, 43/37, 111, 57/69, 70
on(e) *prep.* by, with 35/69, on 40/84, 85
onest *adj.* beautiful 4/107, 43/28
on-fax *adj.* with their hair let down 9/83n

onix *n.* onyx 23/37
onlych(e) *adv.* only 13/10, 14/13
onneth *adv.* scarcely 1/56
onrobbed, vnrobbod *ppl. adj.* without being robbed 10/26, 29
onsely see **vnsely** *adj.*
onseruod *pa. p.* without offering service or devotion 64/30
onskylfully *adv.* unreasonably 15/25
onswere *n.* answer, reply 2/152, 154, 158
onswere *inf.* answer 2/144, **onswered** *pa. sg.* 3/29
onus, ones *adv.* once 3/15, 53/35, 54/226
opon *inf.* open 34/161, 162
opon *adj.* open 23/42, clear 32/64, openly allowed 45/127
opunlych *adv.* openly 4/20
or *prep.* before 46/77
or see **or(e)** *adv.* and **or (þat)** *conj.*
ordeyn(e) *inf.* arrange, make arrangements 2/133, 65/86; **ordeyneth** *3 pr. sg.* appoints, 34/141, 40/45; **ordeyne** *pr. subj.* 2/129; **orde(y)ned, orde(n)yneth** *pa. sg.* arranged 3/40, 8/30, 43/13, 46/50, appointed 52/16; **ordeyned, ordeyneht** *pa. pl.* 3/96, 44/10; **ordeyned, ordeynot** *pa. p.* appointed 3/33, decreed 15/8, 43/54
ordynaunce, ordenaunce *n.* ordaining, disposition 31/28, 33/31, Add1/41, agreement 50/7
ordur *n.* order of matrimony, the wedded state Add1/9, 14, 19, 90, 93, order of priesthood 31/13; **orderes** *n. pl.* orders (virgins, mothers, and widows) 43/18–19n
or(e), er *adv.* before, earlier 33/14, 54/252, 68/124
orison(e), orisoun, oryson *n.* prayer 25/49, 27/107, 55/34; **orisones, oresenes, orysones, orysonus** *n. pl.* 7/57, 22/94, 27/106, *109, 55/35
or-kom *pa. sg.* overcame 7/26
orybul, or(r)ibul *adj.* horrible 26/71, 27/57, 77, 29/96
orrybullyche *adv.* horribly 24/109
or-toke *pa. sg.* overtook 3/50
or (þat), er, here, yor *conj.* before 2/93, 14/26, 17/59, 24/66, 38/9, 41/193, 44/46, 50, 72, 46/90, 51/42, 53/35, Add1/133, compared to 16/6
os(s)pring, osprynge *n.* offspring, descendants 15/195, 197, 33/36
ostage *n.* hostage 27/22
ost(e) *n.* the Host, the bread of the sacrament 41/89, 150, 169, 180, 229
oste see **(h)oste** *n.*
otwyth *adv.* externally 46/144
otwyth, outewyth, vtwyth *prep.* outside Add2/71, Add3/18, 34
oþur, oþer, odur, othur, other *pron.* the other 33/81, 35/54, 40/123, Add6/229, second 4/9, other one Add1/110, others Pro/2, 13, 4/8, 8/48, 51, 21/57, 111, 29/70, 89, 106, 112, 31/67, 33/19, 39, 39/67, 42/28, 43/14, 45/12, *oþur . . . þe oþur* some . . . the others 29/67
oþur, odur *adj.* other 3/168, 32/8, 35/38
oþur *conj.* or 32/14, 41
oures *pron.*, *for of* ~ for (those) of ours (i.e. our company) 35/61–2
ouermaste *superl. adj.* topmost 57/42
ouersette *pa. sg.* burdened 10/107–8; **ouerset, ouresette** *pa. p.* burdened 17/5, overrun 10/25
oure *adv.* over 22/30, 45/138, 139
oure, owre *prep.* over 20/58, 24/103, 25/64, 26/25, 27/31, 32, 33/45, (over and) above 15/190
oure-fel *pa. sg.* fell on top of 42/41
oure-lygge *inf.* lie on top of 36/39–40
oure-long *adj.* over-long 21/53
oure-nyght adv. overnight 44/6
oure-rechyn *inf.* reach, get hold of 55/85
oure-schargen *inf.* overload 21/160
***oure-sprade** *pa. sg.* spread over, covered 47/24
oure-trowing *vbl. n.* mistrust 21/58–9
oure-weldon *inf.* manage 47/22
ous(e), ows *1 pl. pron. obj.* us 7/119, 15/13, 14, 28/146
outesete *n.* outbuilding 57/125
oute-takyn *ppl. adj.* exempt 53/131
out(he)howtof *prep. phr.* out of 10/100, 113–14, 18/103, 19/42, ~~ *hys hond* out of his control 10/36
outrage *n.* overindulgence 15/29
oven(e), owen, hoven, howuen *n.* oven 37/111, 115, 116, 117, 52/149, 53/211, 215, 216, 218, 219
owe *2 pl. pron. obj.* you 3/143, 5/14

owith, howeth *3 pr. sg.* ought 46/16, owns 41/111; **owon** *1 pr. pl.* ought 64/37; **oweth** *2 pr. pl.* owe 19/95; **(h)owen, awne, awon** *3 pr. pl.* ought 29/28, 53/121, 54/9, Add 6/22; **aght** *pa. sg.* owed Add5/6, **hym** ~ *impers.* he ought 53/21; **awte** *pa. pl.* ought 31/96

owren, owron *adj.* our Add6/18, 28

owtakon, owtetakyn *prep.* except for 16/127, 19/*7, 64/33

owthe *pron.* anything 34/88

owther . . . or, othur . . . other *conj.* either . . . or 65/8, 18, 19–20

P

payed, payut *pa. p.* pleased, satisfied 3/9, 16, 10/169, 16/138, Add1/4; ~ *on* pleased with 59/46

payne *inf.* be in pain, suffer 2/93; **peynyd, payned** *pa. sg.* 26/26; hurt 11/84; **peynid, peynud** *pa. p.* 27/66, 43/108

paynym, paynim *n.* pagan, not a Christian 31/23, 48/16, 56/*25; **paynemys, paynemus, paynymes** *n. pl.* 6/98, 16/27, 56/10, *11, *12, *30

pamand, pament *n.* pavement 10/159, 163; **pamentis** *n. pl.* 45/155

pape *n.* pope 45/101

pappe *n.* breast 23/146; **pappes, pappus** *n. pl.* 27/73, 83, 37/50, 53/154

parcel *n.* part Add1/62

pareschonus, parichionus, parychonus, *parischones *n. pl.* parishioners Pro/4, 56/*23, 40, Add6/4

parich *n.* parish 56/34

parlemend *n.* parliament 10/110

parpyn-wall *n.* a thin wall 58/56n

parte(e), party *n.* part 1/52, 123, 9/54, 33/82, 45/9; *han/haue ~ of man(nus body)* have sexual intercourse with a man 43/20, 48/24; **partyes, partees** *n. pl.* 1/123, 2/75, 28/119, 120

parteth, partuth *3 pr. sg.* departs, leaves 6/75, shares 34/13; **parteth** *pr. pl.* separate 6/121; **partyd** *pa. sg.* divided 27/84, shared 58/51

paschal(l), paskal *n.* paschal candle 28/90, 91, 92, 110, 114, 37/6

pas(e) *n.* pace 41/53, *softe ~* at a moderate pace, slowly 4/38

passyng *adv.* surpassingly 14/136, very 14/54, 46/110

passyng(e), passinge, passynt *adj.* surpassing, superior (to) 12/151, 13/28, 29/40, 43, 45, 106, 112, 33/19, 43/18, 57/55, 114, above, more than 45/12; **passyngar** *comp. adj.* superior, better 57/88

passyngly *adv.* cursorily Add4/16

passyon, passion(e), passyoune *n.* martyrdom 2/6, 83, 30/82, 48/101, suffering 32/18, 42/44

passon *inf.* pass 29/46, 66/34, 62; **passeth, passuth** *3 pr. sg.* surpasses 34/69; **passyd** *pa. sg.* surpassed 54/42, 57/132, passed 57/149; **passyd** *pa. pl.* ~ *forth* proceeded 62/58; **paste** *pa. p.* passed, gone past 66/25

Paternoster *n.* the *Pater Noster* or Lord's Prayer 19/74, 76, 68/73, Add6/3, 9, 13

patriark, patriarch *n.* patriarch, bishop 10/180, father of a tribe of Israel 20/24; **patriarches** *n. pl.* fathers of tribes of Israel 20/32

patron, patroun *n.* the patron saint of a church 43/87, 56/2, 3, 7, 32, *39, 42; **patronus** *n. pl.* 56/4, 22, 30 (see 56/3n, 4–5n)

peyntoures, poyntowres *n. pl.* paintings 41/113, 116n

peyntur, poyntur *n.* painter 63/51, 55, 57

peynust *2 pr. sg.* torment 55/29; **peynot** *pa. p.* 55/29

peysid, pesed *pa. sg.* hung (heavily) 11/43, 27/96

pena(u)nce, penans *n.* penance, punishment (of the Church) 1/44, 8/102, 10/90, 39/48, 98, pain, suffering 31/30, 35/31, 52/80, 57/31, 33

penees *n. pl.* pennies 10/90

peny-reve an official of a manor having authority to collect rents 4/54

pepynce *n. pl.* pippins, grains (of incense) 28/113

perel *n.* danger 16/29

perfette *adj.* perfect 23/57

persud *pa. sg.* went through 17/53; *pa. pl.* 27/66

pese *n.* peace 28/158[2], pax 28/158[1]

pescmal *adv.* piecemeal, in pieces 50/111
peson *n. pl.* pieces Add1/111
pestel see **pystul(l)** *n.*
pych(e) *n.* pitch 1/139, 52/101
pycher *n.* pitcher, jug 33/117
pyghte *pa. p.* fixed 66/26
pylches, pylchys *n. pl.* animal skins 15/146, Add1/83
pylled *pa. p.* (of a dog suffering from mange) stripped of its coat 46/26
pyllud, pylod *pa. sg.* pillaged 56/69, 58/17
pynched *pa. p.* pulled in tight 24/93
pyne *n.* pain, suffering 43/111
pynud *pa. pl.* tortured 32/36
pystul(l), pystyl(l), pestel, pystell, pistul *n.* epistle 15/102, 16/22, 17/75, 20/11, 28/79, 86, 34/7
pytewys *adj.* pitiful 10/213
pytte *n.* pit, hole 40/136, 140
***pytueslych** *adv.* pitifully 21/30
Placebo *n.* part of Requiem Mass Add2/92 (see Add2/83–95n)
playne *adj.* flat 1/69
playne *adj.* ~ *remission* plenary remission 17/23
planed *ppl. adj.* planed, smoothed 16/107
pledur *n.* pleader, advocate 1/98
pleyes *n. pl.* spectacles, performances 42/40
pleyeth *pr. pl.* ~ *hem* amuse/enjoy themselves 54/126
pleynuth, playnon, pleneth *pr. pl.* complain 34/28, 54/126, 63/25; **pleyne** *pr. subj. sg.* 54/74; **pleyned** *pa. pl.* 55/125
plente *adv.* plentifully 2/117
plenteþ *n.* plenty 32/117
pleynteþ *adj.* abundant, copious 10/50
plyghte, plyȝte, plython *inf.* ~ *trowþe/trowthe/trowgh* promise to be faithful (as man to wife, or lover to lover) 10/8, Add6/221, enter into solemn agreement 50/153; **plythe** *pa. sg.* ~ *trowth* 50/157; **plythen** *pa. pl.* ~ *troghte* 50/151; **plyght** *pa. p.* ~ *trowth* 50/157
plithe *n.* plight, unhappy situation 39/115
plowgh *n.* plough 56/12
***pluckud** *pa. p.* ~ *at* cheated, swindled 24/51

poynte *n.* matter Add5/25, moment, instant Add6/47
ponychon *inf.* punish 26/65
popynioyes *n. pl.* parrots 60/52
poppe *n.* pope 31/68
pore *adj. abs.* poor (man's child *sc.*) 14/21
porelych *adv.* poorly, in poverty 6/114
postcomyne *n.* postcommunion 28/159
postyl *n.* apostle 21/41; **postelys, postelus, postolys** *n. pl.* 7/8, 42/8, 45/3, 4, 46/98
potagur *adj.* gout-ridden 65/76
pouste, powste, pousti *n.* power 21/6, 34/111, Add2/42, 44, authority 7/26
prechyth *pa. sg.* preached 60/54
predicacion(e) *n.* preaching Add6/207, 215
prese *n.* press, crowd 38/90
preue, preven *inf.* prove 37/18, 44/133; **preved, preuet** *pa. sg.* proved 2/88, 5/7; **preued** *pa. p.* 35/77
preuyng, prevyng *vbl. n.* proving, providing the evidence for 5/5, 23/91
prime *n.* the first hour of the working day, normally 6 a.m. 15/114
prynste *n.* prince 7/124
princepal *adj. abs.* principal one, best one Add1/33
priuey *n.* privy, latrine 44/117
priuey, pryuey *adj.* intimate, close 22/130, 37/74, secret 33/90, 99, 105, 39/31, 42/47; **priuyer** *comp. adj.* closer, more intimate 37/72
priuete, priuyte *n.* privacy, secret 3/31, 38/75, secrets 8/7, 56, 79, 17/51
priuyly, priuely, pryuely, pryueliche *adv.* secretly 2/126, 3/43, 4/23, 10/96, 23/68, 26/29, 86, 27/36, 39/139
probaciones (L.) *n. pl.* proofs 53/142
profecye, prophesye, profes(s)ye, prophesie, prophecye *n.* prophecy 28/49, 53, 67, 39/126, 127, 137, 146
profettabul *adj.* of benefit 41/108
profythe *n.* profit 28/11
propertenes *n.* properties 54/34
prophecion *pr. pl.* prophecy 39/63; **profecyed** *pa. p.* 39/61
propheted *pa. sg.* prophecied 24/20
proude, prowde *adj.* proud 56/54, 55; **prudder** *comp. adj.* prouder 56/49
prudly *adv.* arrogantly 34/173, 200
punned *pa. pl.* beat, pulverized 32/67

purgatory, purgatori, purcatory, purcatorie, purkatory *n.* purgatory 34/134, 137, 41/7, 48/10
purpos(e), purpus *n.* purpose, intention 2/130, 132, 34/166, *haue here* ~ *forth* succeed in their intention 40/39, *was in* ~ intended 34/153
purposed *pa. sg.* ~ *hym* intended 4/24
pursueth *pr. sg.* 24/25; **pursuen, pursueth** *pr. pl.* 24/23, 30; **pursewe** *pr. subj. sg.* ~ *we* let us follow; **pursewed** *pa. sg.* persecuted 8/25; **pursueden** *pa. pl.* 24/22
pursute, pursewt *n.* persecution 7/78, 62/63, 66
puruey *inf.* ~ *hym* provide for himself 21/80–1
put *n.* pit 8/143
putte(n), putton, puttyn *inf.* put 2/57, ~ *on with* thrust/shove (them *sc.*) 37/118n, keep, store up Add2/61; **puttuþ** *3 pr. sg.* ~ *away* cancels out, overcomes Add6/15n; **pottyng** *pr. p.* putting Add2/10; **put(te)** *pa. sg.* ~ *away* rejected 60/19, ~ *hym forth* put himself forward 10/109; **put** *pa. p.* ~ *away* rejected 37/52, ~ *out of* removed from 3/103

Q

qualme *n.* plague 31/65
quarte *n.* quarter 65/80
que(y)nt *pa. p.* extinguished 14/111, *119, 125
quere *n.* inquiry Add1/44
quere *n.* choir 28/138, 37/8, 43/159
quik, quyk *adj.* alive 18/104, 23/71, ~ *wyth schylde* pregnant 44/60, 61; **quyk(e), quik** *adj. abs.* living persons 17/103, 37/97, 41/63, 159
quikyn *inf.* come to life 41/126; **quikkonod** *pa. sg.* increased, grew more active Add1/155
quynasy *n.* quinsy, inflammation of the throat 23/142
quite, quyte, quiton, quyton *inf.* requite, compensate 1/115, 117, 15/198, 64/85, pay back like for like 40/43; **quyte** *2 pr. pl.* ~ *ȝow* recompense 48/6; **quyte** *3 pa. sg.* ~ *for* compensated for 17/59; **quit(e), quyte** *pa. p.* compensated for 15/173, repaid 34/132, 133
quokon *pa. pl.* quaked 7/95
qwan, qwen *conj.* when 3/41, 36/57
qwech *rel. pron.* which 2/3, *þe* ~ who 3/6
qwelle *n.* wheel 30/58
qwyle see **wyle** *n.*
qwythe *adj.* white 44/94

R

rad(de)ly *adv.* straightaway 15/75, 48/102, 60/7, 9
rafte *pa. sg.* seized 32/107
raghte see **rechyn** *inf.*
raye see **aray(e)** *n.*
rayed see **(y)rayed** *pa. p.*
rakyng *pr. p.* raking, reaching 46/116; **rakyd** *pa. p.* raked 46/118
rankelled *pa. sg.* rankled, festered 43/133
raparayleyng *vbl. n.* restoring 10/30
rapyt *pa. p.* seized Add1/51
raput *ppl. adj.* seized with desire 19/38
rason *inf.* scrape, tear 67/62
raþethurrest *superl. adv.* most quickly 19/57
raven, rawne *n.* raven 16/131, 132
recchyþ *3 pr. pl.* care 24/83; **rotton** *pa. pl.* 14/79
***recchon** *inf.* interpret 21/73
rechelasly *adv.* recklessly, without sufficient care 3/165
recheles *adj.* reckless 24/126
rechyn, reche *inf.* give 19/95, 96, 98, 53/205; **raghte** *pa. sg.* reached, stretched 20/*46
recoure *inf.* recover 49/10; **recoured** *pa. sg.* 49/6
redyly *adv.* eagerly 1/104
redys *n. pl.* reeds 27/65
reduced *pa. pl.* ~ *to mynde* remembered 59/43–4
reem(e), rewme, rem *n.* realm, kingdom 3/86, 10/3, 46, 30/101, 52/59
refylud *pa. sg.* robbed 56/69
reyneth *3 pr. pl.* reign 39/83
reysen *inf.* raise 2/67; **(y)reysed** *pa. p.* 2/68, 74, 77
relef *n.* leftovers 28/85
releue *inf.* relieve, help 3/62
relikkus *n. pl.* relics, preserved body-parts of saints 30/92
remevith, remewod *pa. pl.* removed 56/128, 130; **remevyd** *pa. p.* 37/8

remland, remenand *n.* remnant, rest 12/70, 33/83, 52/77
reneyned *adj.* apostate, one who has reneged on his faith 56/133n
rentud *ppl. adj.* owning property 15/109
rentus, rentys *n. pl.* property 34/74, 80, 43/10
reparen *inf.* repair 10/32
repreue, repryf *n.* reproof, criticism 1/85, 24/15, 28/34, 37; **repreues** *n. pl.* 57/13
repreuid, repreued, repreuyd, reprevet *pa. sg.* reproved, criticized 2/86, 10/109, 30/52, 69, 44/101
requiem (L. rest) *n.* Requiem Mass 65/65n, Add2/93
rerde, rerud *n.* roar 26/89, 62/28
rere-sopperes *n. pl.* late suppers, final meals of the day Add6/159–60
reron *inf.* raise 60/68, build 49/148; **reren, reron, reruth** *pr. pl.* raise 36/35, 38, 60/68, 61/79; **rerud** *pa. sg.* 21/68, 32/27; **rered** *pa. pl.* 7/120
resenes *n. pl.* reasons, arguments 2/88
reseruot *pa. p.* reserved, kept Add1/33
resydyvacion *n.* recidivism 22/91–2
res(s)eyvon, reseyvin *inf.* receive 29/80, 84, 54/37
resting *vbl. n. þe long* ~ final resting place, the grave 68/78
reuel *n.* revelry 15/29, 64, 85
reuescht, revesyd *pa. p.* vested (in garments for the celebration of mass) 14/143, 47/91
reueth *3 pr. sg.* deprives 36/54
reuoleth *3 pr. pl.* indulge in revelry 15/45
reuwet *pa. pl.* pitied 7/96
rew *n. in* ~ in a row 14/148
rewarde *n.* regard, notice 15/176, 179, 31/82
rewle *n.* regimen, monastic Rule 57/49
rewth(e) *n.* pity 2/104, 15/145, 17/40, 21/151, 60/62
ryalich *adv.* royally 19/128
ryb(b)audy, rybawdy, rybaudry *n.* ribaldry, coarse speech 15/*30, 31, 21/16, 38/36, 46/10, 20, 21, 29, 30
rych *adj. abs.* rich (man's child *sc.*) 14/21
rydel *n.* curtain 39/129, 139
ridyng *pr. p.* sailing 49/120
ryght, rythe *n.* right, justice, *be/by* ~ by right, with justice 1/106, 34/63
ryghtes, rythus *n. pl.* last rites Add2/47, 98
ryson(de) *inf.* rise 34/222, 45/55; **ros(s)e** *pa. sg.* rose, got up 3/44, 33/82, 34/223; **ryson, rysen** *pa. pl.* 7/17, 8/41, 40/59; **ryson** *pa. subj. pl.* 8/40; **ryson** *pa. p.* risen in insurrection 44/107
rythe *n.* right, justice, *be* ~ justly, accurately 34/63
rythe *adj.* right-hand 37/57, 41/62
rythe *adv.* absolutely 17/80
ryth(e), ryght, rytȝe, ryhte, ryȝte, ry(g)h, ryghe, rytght os . . . (rythe, **rygh(t), ryhte, ryȝte, rytȝ, rytgh) so** *corr. constr.* just as . . . just so 8/*58–60, 12/76–7, 14/42–3, 19/104–5, 23/94–7, 24/21–2, 28/45–6, 29/11–12, 17–19, 33–*34, 32/129, 36/5, 15–17, 49–52, 37/44–6, 71–3, 95–6, 40/29–32, 35–7, 41/109–11, 45/15–16, 54/92–4, 55/100–01; ~ *so* just in this way 19/32
rythyns *n. pl.* last rites 41/188n
ryved *pa. pl.* sailed 50/70; **ryvod** *pa. p.* 49/83
ryvot *adj.* rife, widespread 1/20
roche *n.* rock 35/37, 61/49; **roches** *pl.* rocks 1/64, 61/46, 48
rode *n.* cross 33/5, 89, 90, 93, 99, 41/111, 115, Add5/13; **rodes** *n. pl.* 41/104
rody *adj.* ruddy, red 29/88, 104, 37/87
roytyng *vbl. n.* rioting 15/29
roppe *n.* rope 31/41
rost *imp. pl.* roast 1/138
rote *n.* root 9/20
rotyd *pa. p.* rooted 46/32
rotton see **recchyþ** *3 pr. pl.*
roue *inf.* stab, pierce 15/93; **rouet, rovyd** *pa. sg.* 5/74, 46/90
rowne *inf.* whisper 68/69
rownyng *vbl. n.* whispering 68/66
rowþeful *adj.* pitiable 11/96
ruyne *n.* fall, fall from spiritual grace 28/152n

S

sacrament, sacurment *n.* sacrament 29/85, 31/83, 41/9, 14, 32, 33, 43; **sacramentys** *n. pl.* last rites 43/80
sacred *pa. pl.* consecrated 3/33
sadde *adj.* firm, fixed 24/82
sad(de)ly *adv.* firmly 6/18, 17/88, 40/106, 41/183

saf *prep.* save for, except for 65/87
sage *n.* sage, prophet 6/139
saght *pa. p.* conciliated 6/173
sayen, sayon *inf.* assay, test, ~ *if* try to find out if 41/66, 68/16; **saye** *imp. sg.* 15/134; **sayed** *pa. sg.* tried 43/117, 56/74
say(ne), seyn(e), seygh, segge *inf.* say 15/181, 16/61, 19/114, 28/88, 29/28, Add2/62, recite 4/59; **seth(e), seyth, setht** *3 pr. sg.* 1/19, 53, 6/156, 11/20, 49, 13/*86; **sayng** *pr. p.* 28/83; **say(de)** *pa. sg.* 2/143, 144, 145, 146, 3/28, *29, 30, 32, 56, 13/54, 19/118; **saydon** *pa. pl.* 19/119; **(y)sayde, (i)sayde, seyde** *pa. p.* recited 4/61, 19/117, said 6/150, 13/55, 48/8
sale *n.* selling 18/20
salme *n.* psalm 17/63; **psalmus, spalmes** *n. pl.* Add2/90, Add4/14
salte *2 pr. sg.* shall 22/51; **sal, sul, scal, sul** *3 pr. sg.* shall 16/65, 95, 27/10, 110, 112, 164, 29/64, 35/73, 36/68, 40/66, 41/51, *52; **sal** *2 pr. pl.* 27/73, 33/2, 35/74, Add6/2; **sal** *3 pr. pl.* 27/72; **schuldyst** *2 pa. sg.* were about to 41/170; **schulde** *pa. sg.* was about to 41/144; **schud** *2 pa. pl.* would 15/132
salue *n.* salve, remedy 15/62, 99, 101, 153, 29/45, 39/99; ***salues** *n. pl.* 15/52
same *pron.* the same thing? 9/59n, 10/83 (see 10/82–3n)
sandel *n.* silk 10/82, 41/146
sandur *comp. adj.* sooner 14/90
sandur, sanner, saunur see **sonner** *comp. adv.*
sauter, sawter *n.* Psalter, Book of Psalms 17/63, 40/91, Add2/89, Add4/14; *oure Lady(es)* ~ set of prayers recited on a rosary 4/57–8n, 69, Add4/14–15
sauacion *n.* salvation 56/83, 62/11
saue, save *conj.* except (that) 28/55, 107, 48/3
sauely *adv.* safely 28/109
saueron *inf.* smell 56/134; **sauereth** *3 pr. sg.* 29/18; **sauered, sauerod** *pa. sg.* 45/141, 53/75
sauor, sauoure, savowre, sawoure, sauer, sauir, sauor, sauur, saver, safuor *n.* smell 27/86, 30/45, 32/115, 116, 127, 50/56, 56/131, 133, Add2/21, taste (for something) 38/32, 46/34
sawe *n.* saying, familiar utterance 34/19, **seyde* ~ 54/79n
schadde *pa. sg.* shed 41/85
schafferyng *vbl. n.* trading of goods 25/50
schaffet *pa. sg.* chafed, warmed 39/46
schaffly *adv.* thinly?, scantly? 2/116
***schaftes** *n.*, ~ *of yron* spear-shafts 52/100–1
schaynus, scheynes, scheynus *n. pl.* chains 16/24, 18/78, 45/22
schalys see **chal(l)ys** *n.*
schamefaste *adj.* timorous, fearful of shame 23/78
schanel *n.* channel, gutter 46/125
schannenys see **chanon** *n.*
schap *n.* shape, body 9/14, 17, 15/136
schapardes *n. pl.* shepards 4/23
schape *inf.* escape 1/101, 15/60, 34/106; **skapud, skope** *pa. sg.* escaped 11/86, 60/86
schapyn *inf.* shape, form 41/163; **schaputh** *3 pr. sg.* ~ *hym* plans 21/46; **schap(p)ud, schappode, schapyd, schapped** *pa. sg.* planned 9/38, 13/22, 44/103, 105, 45/92, 49/75, 52/18, 60/89, ~ *hym* made plans 23/68; **schapud** *pa. pl.* planned 21/60, ~ *hem* 66/85; **schapyn** *pa. p.* planned 45/95
schapyng *vbl. n.* escape 22/36
***schappnes** *n.* hardship, mortification 15/159
scharge see **charge** *n.*
scharge *1 pr. sg.* charge, adjure 29/72
schargeon *inf.* overload 21/161
scharite *n.* charity 17/71, 91, 155, 29/28, 45, 39/95, 97, 48/11
sc(h)artyr, schartur *n.* charter 41/137, 138, 139
schastyse, schastysyd see **chasteyse** *inf.*
schastite see **c(h)astyte** *n.*
schathe, skathe *n.* injury, harm 50/41, 45
scha(u)mbur *n.* chamber, room 21/114, 43/28, 30, 47/21; **schaumburres** *n. pl.* 16/108
schauntement *n.* enchantment 55/54
schef *adj.* chief 21/64, 37/7, 45/3, 51/10
scheynes, scheynus see **schaynus** *n. pl.*
scheke *n.* cheek Add6/198
scheld *pr. subj. sg.* shield, protect 1/144
schelle *n.* shell 40/137

schenscheppe *n.* shame 34/23
scheo-wolf *n.* she-wolf, female wolf 50/74
schep *n.* ship 61/93; **scheppys** *n. pl.* 61/81
schep(pe) *n. pl.* sheep 4/23, 39, 33/23, 48/29
scheppud see **schyppyng** *pr. p.*
scherysched *pa. sg.* cherished, indulged 19/111
scheron *inf.* cut 28/19, 46; *1 pr. pl.* 28/45
schert, schorte, sorte *adj.* short 10/27, 11/93, 16/5, 28/162; **schertur** *comp. adj.* 44/80
scheton *inf.* shoot 1/73
scheþe *n.* sheath 61/55
schewer one who reveals things 45/14
scheweth 11/91, 15/27; **schewing** 26/100; **schewod** 52/35 see **sewon** *inf.*
schewing, schewyng, schowyng *vbl. n.* sign 6/12, 151, 7/72, 8/105, 12/4, *138, 141, 155, 37/8, displaying 41/46, 231
schewon, schewen, schew(e), schowe, scwen, sewe, sewon *inf.* show, reveal 1/81, 6/152, 10/73, 92, 16/113, 41/173, 59/8[1], Add1/7; **schew(e)** *1 pr. sg.* 15/65, 41/149; **schowuet** *3 pr. sg.* 1/42; **schewing, schewyng** *pr. p.* 8/7, 45/8, 15, 21; **schewed, schewod, schew(u)et, schewot, schowed, scheweth, schewuth** *pa. sg.* 1/134, 3/141, 6/118, 7/32, 35, 91, 8/62, 65, 12/78, 152, 13/41, 74, 94, 15/11, 41/176, 52/14, 68/30; **schewyth** *pa. pl.* 7/87, 16/30; **schewed, schewod, schewet, schewot, schowot** *pa. p.* 1/44, 46, 6/143, 12/6, 8, 14, 84, 102, 144, 145, 17/91, 41/71, 45/161, 57/66
schewon *inf.* shoe, mend (shoes) 31/27; **schewod** *pa. sg.* 31/28
schylde *n.* child 15/218, 17/109, 19/8, 23/62, 32/111, 114, 34/217, 40/135, 44/55, 60, 61, 46/69, 70, 76, 78, *on* ~ after giving birth 14/101, *wyth* ~ pregnant 46/66, 69, 70; **schylder, schyld(e)ron, schyldren, schild(e)ron, schildur, schylder** *n. pl.* 15/213, 17/106, 19/8, 20/55, 84, 27/72, 80, 28/93, 30/10, 24; **childruns** *poss. pl.* 28/162
schyppewrake *n.* shipwreck 16/27–8
schyppyng *pr. p.* on a ship 61/89; **scheppud** *pa. sg.* was on a ship 18/31
schyrch *n.* church 21/25, 37/7, 40/44, 48/3
schyref *n.* sheriff
schyrus *n. pl.* shire-courts 24/106
schythes see **sythes** *n. pl.*
schoe *n.* shoe 31/19; **schone** *n. pl.* shoes 31/22, 25, 27, 32/106
schoggod *pa. sg.* shook, bounced 41/193
schoyse *n.* choice 58/47
***schoppe** *n.* shop 3/130
schore *n.* score 16/7
schoson see **cheson** *inf.*
schowyng see **schewing** *vbl. n.*
***schowron** *inf.* scour 20/7
schryf(f)te, scryfte *n.* confession 2/122, 22/90, 32/137, 34/137, 138, 144, 153
schryft-fadur, scryf-fadur, scryf-fadur *n.* confessor, priest 1/39–40, 10/17, 34/136, 138–9, 47/25, 53/7
sc(h)ryne *n.* shrine 43/113, 138, 146
schryne *inf.* enshrine 33/84
schryue(n), scryve, schryuyn, schryuon, schryvon, schryuing *inf.* shrive, confess 1/37, 39, 17/24, 20/73, 21/6, 34/152, 158, 196, 199, 205, 211; **schryuest** *2 pr. sg.* 20/106; **schryue** *imp. pl.* 34/121, 229; **schrof(f), scrof** *3 pa. sg.* ~ *hure/hym* was confessed 14/183, 20/114–15, 21/163, Add6/210; **sc(h)ryuen, sc(h)ryven, schryven, schryuon, schryvon, schriuen, chryuen, schryfvon** *pa. p.* 1/43, 46, 5/107, 20/103, 21/154, 29/74, 102, 34/135, 167, 171, 178, 179, 41/196, Add6/217
schryuing *vbl. n.* confession 17/19, 25/56
sciens *n.* discipline(s) of learning 38/61, 63
sclandere *inf.* slander 2/47
sclepe *n.* sleep 26/73
sclepyng *pr. p.* 9/94; **sclepe, sclepud, sleppe** *pa. sg.* 20/45, 26/87
sclene, sclowe see **slen(e)** *inf.*
scourus *n. pl.* scores (in a counting house) 60/12
scowreges, schoureges, scowreies, scorges, skorges *n. pl.* scourges 2/90, 17/134, 21/27, 27/62, 28/60, 33/111, 52/99, 122, 67/36
scryfte see **schryf(f)te** *n.*

scripp(e), scryppe *n.* pilgrim's bag 50/133, 137, 142
scryppput *pa. sg.* scraped 10/162
scryven see **schryue(n)** *inf.*
scrupul *n.* doubt 5/7
scuche *pron.* such 12/139
scwen 10/92 see **schewon** *inf.* show
sechon, sechyn *inf.* seek, look for 33/63, 43/90; **seche** *pr. subj. sg.* ~ *hys conciens* let . . . search his conscience 29/79–80; **soght, sowthe** *pa. sg.* 41/198, ~ *vp* searched out 40/59; **soght(on), sowton** *pa. pl.* searched, tried to find out 7/39, looked (for) 55/76; **soght** *pa. p.* besought, entreated 2/44
seculer chanon see **chanon** *n.*
seel *n.* seal 41/110
see-sonde *n.* sand 40/135
see-swyn *n.* sea-fish, sea-monsters 1/57
see-warth *n.* seashore 2/66, Add3/47
sege *n.* siege 30/93
seguth *pa. sg.* besieged 32/102
seyde *pa. sg.* attempted, tried 7/24
seying n. *hys* ~ what he said 43/19
seyte *n.* testing 15/188
sek(e) *adj.* sick 33/8, 35/36, 37/88; *adj. abs. pl.* the sick 3/93
seke *adj.* such 15/132
seldon *adv.* seldom, occasionally 45/52
selke *n.* silk 10/82
selle *n.* cell 52/152, 66/47, 55
sellerres *n. pl.* sellers, merchants 25/47
seluer *n.* silver 1/98
seme *n.* seam, line 43/74
semyng *vbl. n. be* ~ as it seems, to all appearances 54/*18, 30, *(was)* ~ it seemed 54/95, 55/60
semly *adj.* good-looking 34/77, 78, 35/56
sende, sent *3 pr. sg.* sends 14/27, 61/10; **sende** *pa. sg.* 8/40
sen(e), se(e), seen, soen, syn, senne *inf.* 3/87, 12/50, 54, 13/59, 64, 76, 28/151, 29/84, 35/54, 78, 40/81, 41/57, 43/148, 46/55, 62; **seest, seste** *2 pr. sg.* 8/28, 16/83; **seth(e), syth, sygh, seght** *3 pr. sg.* 11/37, 98, 13/90, 24/87, 29/29, 46/15; **seen** *1 pr. pl.* 10/135; **sene** *2 pr. pl.* 14/73; **seye** *3 pr. pl.* 5/21; **seen** *pr. subj. pl.* 11/82; **see** *subj. pl.* 27/6; ***seyng** *pr. p.* 15/35; **sagh, segh** *1 pa. sg.* saw 4/67, 46/14; **se(y)gh, sagh, saw(e), seghe, see, sey, seght, seyg(he), sygh, seth(e), sayth, sawghe, segȝh, soght, soe** *pa. sg.* 1/129, 136, 2/11, 66, 110, 3/89, 128, 147, 8/22, 10/107, 172, 11/55, 15/128, 16/103, 148, 22/146, 149, 23/123, 26/41, 78, 89, 27/25, 136, 28/29, 29/86, 89, 33/55, 66, 34/117, 35/30, 39/139, 145, 41/88, 208, 214, 43/42, 67, 115, 44/63, 46/15, 49/69, 50/116; **sen(e), sey(o)n, see(n), s(e)yen, seyn(ne), seon, syon** *pa. pl.* 3/122, 6/22, 26, 7/33, 95, 12/35, 45, 13/56, 15/125, 27/87, 31/39, 33/133, 35/26, 37/76, 79, 41/91, 42/39, 46/87, 48/71, 55/122, 61/68; **(i)seyne, sayne, sey(e)n, sey(v)ne, sene, sayen, seyon, yseye** *pa. p.* 1/128, 4/64, 5/20, 68, 23/101, 27/5, 58, 28/3, 32/31, 39/67, 40/117, 43/61, 44/44
sengul *adj.* single 45/52
sentens *n.* order 57/30; **Sentence** Sentence of Excommunication 68/115
sentuary, sentuari, seyntwary, centuary *n.* sanctuary, chancel Add3/16, 25, 27, 29
serge, syrge *n.* candle 14/151, 155, 157, 160; **serges** *n. pl.* 14/143, 145
sermond *n.* sermon 45/154
seruage *n.* servitude 15/157
seruid, seruet *pa. p.* treated 30/55, provided, loaded 50/123
seser *n.* cider 32/46n
seson *inf.* cease, stop 15/166; **sesed, cesed** *pa. sg.* 3/104, 17/37; **sesed** *pa. p.* 16/132
seson *inf.* defeat (in a debate) 7/21, 56
seson *inf.* make a legal agreement (between parties) 65/83
seth(e), seth(t) see **say(ne)** *inf.*
seth(en), sethon, syþen, sythen, sython *adv.* since 6/31, Add6/48, then 12/95, since that time 23/126, 32/78, afterwards 36/28
seth(on), soþen, syþen þat, syne *conj.* since 2/55, 11/47, 21/154, 25/34, 41/130
sette, setton, settyn *inf.* put 30/16, ~ *at noght* place no value on 41/68, ~ *doune* subjugate 25/61; **settyst** *2 pr. sg.* set store by 24/95; **sette(ht), settyn, *settuþ** *3 pr. pl.* set, plant Add6/*196, place value on 6/125, 126, ~ *lytul/lytyl* pay little attention to 16/163, 164,

~ *noght* place no value on 38/35; **sette** *pr. subj. sg.* let him set 34/39, ~ *honde to* take action Add6/185; **settus** *imp. pl.* set, put 32/23; **sette, set(e), seyt** *pa. sg.* put 3/170, 171, 13/97, 33/90, 43/51, 45/16, 57/110, ~ *at noght* ignored 50/149, ~ *to hande* set (his) hands to, gave a helping hand 37/122; **sett(h)on, cetton** *pa. pl.* put 27/13, 30/15, 43/101, 45/69, 47/102, ~ *notte be* placed no value on 55/127, ~ *oute* set apart, selected 18/63–4; **set(te), isette** *pa. p.* put 2/131, placed, seated 2/138, 7/73, 74, set up 13/97, ordained 18/3, 30/23, 58, ~ *by* valued 39/11

sette, seete *pa. sg.* sat 34/91, 43/57; **set(t)on** *pa. pl.* 33/97, 34/109

seþen *inf.* boil 8/16; **seth** *imp. pl.* 1/139; **(y)sodon** *pa. p.* 8/17, 35/25

sewe Add1/7, **sewon** 59/8[1] see **schewon** *inf.* show

sewon, sew(e), sewen, swe(n), sewond, sue *inf.* follow 8/10, 18/8, 21/42, 33/76, 42/31, 49/20, 55/42, 59/8[2], 60/11, 15, Add6/126; **sueth, sewyth, scheweth** *3 pr. sg.* 11/91, 15/27, 60, 21/21, 36/47, 53; **sewyth, sewon, *sewen** *pr. pl.* 7/72, 11/79, 27/*106; **sewyng, suyng, sewing, suing, schewing** *pr. p.* Pro/11, 6/96, 26/100, 27/99, 36/2, 49, Add2/93; **sewe** *imp. sg.* 57/142; **sewed, sewod, sued, schewod** *pa. sg.* 2/14, 8/11, 26/82, 30/35, 31/7, 34/115, 42/9, 20, 52/35, 60/13, 18; **sewed(on), sewen** *pa. pl.* 2/19, 8/75, 12/55; **sewed, sued** *pa. p.* 39/26, 42/23

sewuen *card.* seven 21/81, 61/100

sextenus *n. pl.* sextons (in charge of the cemetery) 21/30

syde *n. on* ~ aside 47/37, ~ *to* next to 10/83, 47/48

syde *adv.* beside, nearby 55/66

sygh *n.* sight 5/41, 7/35

syk *n.* sigh 22/123

sykyng *vbl. n.* sighing 15/38; **syyngus, sykynges** *n. pl.* 15/57, 19/87

sykon *inf.* sigh 15/98; **syk(e)yng** *pr. p.* sighing 10/*199, 15/140, 19/84; **syed, sykyd, sykud** *pa. sg.* 3/182, 23/135, 66/30

sykur, sykyr *adj.* sure 11/13, 46/99, safe 22/132, 34/104, 37/45[1], reliable 37/45[2]

sykurnesse *n.* surety, security 37/44, 46

sympulnys *n.* ignorance Pro/9

symulacion *n.* pretence, play-acting Add6/79

syne *n.* sign 33/50, 52, 37/43; **synes** *n. pl.* 43/150

syne *conj.* see **seth(on)** *conj.*

syngen *inf.* sin 17/25; **synguth, syngeth, sungeth** *3 pr. sg.* 9/23, 24/24, 36/9, 10, 11, 14; **syngen** *1 pr. pl.* 36/23; **syngut, syngud** *pa. sg.* 15/144, 33/13; **syngyd, synguth** *pa. p.* 39/87, 66/57

syngeres *n. pl.* sinners 36/4

singynge, syngyng *pr. p.* singing 25/16, 33; **syngeht** *3 pr. sg.* sings 9/10; **songon** *pa. pl.* sang 25/29

synow *n.* sinew 20/61

syre *n.* sir 3/29, **syres** *n. pl.* 3/32

syrkotys *n. pl.* surcoats, outer garments 41/191

sismatus *n. pl.* schismatics 27/110

systeres *n. pl.* sisters, fellow-nuns 43/81

syt *inf.* sit 10/51; **syt(te)** *3 pr. sg.* 2/163, 41/62, 45/6; **satte** *pa. sg.* 43/25; **seton, syton** *pa. pl.* 10/47, 37/14, 43/130, 131

syth *n. maken a* ~ *wyth* to provide a satisfactory answer to 11/50

sythe, sygh(t), syȝte, sytgh(t), seghte *n.* sight 4/32, 18/86, 88, 24/118, 29/33, 91, 32/123, 33/116, 34/222, 38/75, 41/52, 116, 134, 43/39, 60/31; **syghþes, sygthes, sythes** *n. pl.* 11/97, 27/57, Add5/16

sythe *prep.* times (i.e. x) 16/46n

syþen, sythen, sython see **seth(en)** *adv.*

sythes, sythen, schythes *n. pl.* times 16/24, 49/153, 54/82, 61/100

skapyng *vbl. n.* escaping 14/51

skapud see **schape** *inf.*

skylfully *adv.* with reason 11/50

skyl(le), skyle, skyll *n.* reason 25/52, 26/8, 14, 23, 40/27, 65, 41/69; **skyl(l)es, skyllys, skyllus, *skeles** *n. pl.* reasons 13/*11, 14/36, 51, 19/18, 26/8, 27, 40/12, 41/44, 59/30

skyrre, schare, skare, rock 49/107, 110, 124, 130

skope see **schape** *inf.*

skorge *inf.* scourge Add5/22

skoured *pa. p.* scoured, lacerated 46/25
slaȝte *n.* murder 32/55
sleyng *vbl. n.* killing 9/42
sleyte, sleght *n.* trickery 20/37, 39/10; **sleytus, sleytys** *n. pl.* acts of deception 27/32, 51/57
sleyȝtely *adv.* craftily Add6/144
slem *n.* slime Add2/17
slen(e), sle(e), sclen(e), sleyne *inf.* kill 2/58, 105, 9/28, 44, 46, 53, 22/66, 24/59, 27/20, 36/40, 46/61, 64, 60/79, Add6/86; **sle(y)gh, sleth(e), slegth** *3 pr. sg* 13/87, 59/22, 62/42, Add3/38, 42; **slogh, sclow(e), slew(e), s(c)loghe, scloght, sleowȝe, slowghe** *pa. sg.* 3/121, 5/39, 22/144, 24/57, 27/19, 27, 53, 124, 32/16, 114, 34/84, 46/53, 94, 60/81; **s(c)lowen, slew** *pa. pl.* 7/100, 27/30, 30/98, 44/36, 46/97; **slayn(e)** *pa. p.* 3/70, 9/38, 27/126
***slobure** *n.* moisture 59/12n
slowth, sclowthe, slowþe *n.* sloth (one of the seven deadly sins) 1/34, 15/28, 29/48, 36/11
smalle *adj.* tight, narrow 24/93
smeke *n.* smoke 33/78
smertyng *pr. p.* smarting, hurting 39/39
smethe *adj.* speciously attractive 40/30, 32
smyte *inf.* cut 30/86, strike 34/50, 72; **smyteth** *3 pr. sg.* strikes 16/165, 34/73; **smot(te)** *pa. sg.* 3/184, 10/150, 151, 24/57, 43/37; **smyt(t)on, smeton** *pa. p.* 16/162, 34/63, 114, 45/124, 60/87
soffron see **suffyr** *inf.*
softely *adv.* quietly 49/36, slowly 50/159, humbly, patiently 66/34
softe pas see **pas** *n.*
sogh *n.* truth 15/134
sogh *adj.* true 45/158
soght see **sen(e)** *inf.*
soght see **sechon** *inf.*
soke *n.* suck 27/74
soke *inf.* suck, take milk from one's mother 3/15; **sewkyth** *3 pr. sg.* sucks 44/80; **sowkyng** *pr. p.* 47/64; **sek** *pa. sg.* 53/155
soko(u)r, sokur *n.* soccour, help 2/56, 128, 4/72, 28/145, 36/13, 46, 41/6, 43/31
sokur *inf.* help 2/174, 4/82, 34/33, 41/153; **sokur** *pr. subj.* 39/116; **sokored** *pa. p.* 36/28
solden, sowldon *pa. pl.* sold 32/129
sollempe, solemp *adj.* solemn 25/18, 41/2
somdel *adv.* somewhat, rather 44/80
some, summe *n.* sum, amount 34/86, number 34/108
somwhatte *pron.* something 38/81
sond *n.* sand 8/144
sond(e), sende *n.* sending, what is sent 16/36, 52/133, 56/132, 63/58, a message 15/179, 53/33
sonner, sanner, sonnar, saunur, sandur *comp. adv.* sooner 10/188, 16/166, 40/83, 43/127, 54/58, 64/46, 49; **sonnest** *superl. adv.* very soon, at once Add2/20
sor *adj.* sore 11/32
sore *adv.* loudly 23/136
sory, sore *adj.* sorry 4/26, 10/207, 17/68, wretched 10/112, 218, 23/120
sorogh *n.* sorrow 47/78, 61/83
sorsory *n.* sorcery 11/24
sote *adj.* sweet 12/94, 28/116, 29/34, 38/97; **sother** *comp. adj.* 53/19 (see too **spycery(e)**)
soth(e) *n.* truth 37/18, *for* ~ indeed 35/77
sother see **sote** *adj.*
sotly *adv.* truly 50/146
so þat *conj.* provided that 17/17, 69, 50/39, 40
soþen see **seth(on)** *conj.*
soudan *n.* sultan 3/188
souderes *n. pl.* soldiers 54/107
soupe *inf.* have supper, dine 33/96; **sowped** *pa. p.* 41/25
souper n. supper, dinner 33/97
sow *inf.* sow 16/69; **sew** *pa. sg.* 16/70
sowne *inf.* sound 26/33; **sowneth** *pa. pl.* seem 46/102
sowrenes *n.* sour behaviour, meanness of spirit and behaviour 39/107
spayer *n.* slit, opening in a garment 41/190; **spayeres** *n. pl.* 41/191 (41/190–1n)
spakly *adv.* cursorily Add4/16
spalmes see **salme** *n.*
spare, sparon *inf.* make savings 19/102, Add6/61, cease 39/82; **sparuth** *3 pr. sg.* give up 28/38
spareden *pa. pl.* locked, barred 10/139

sparhauke *n.* sparrowhawk 10/184, 186
sped(e), spedon *inf.* prosper, succeed 4/88, 14/84, 63/54
sped(e)ful *adj.* profitable 15/43, 17/61, 54/58, relevant 20/30, useful 38/29, advantageous 68/41, beneficial Add6/9
speken *pa. pl.* spoke 6/27, 10/52
spende *pa. sg.* spent 3/37; **spende, spendud, spenduth** *pa. p.* expended, used 52/95, 103, ~ *owte* spent up 34/76
spycery(e), spicery *n.* spice-shop 7/119, *(as) swete/sote os any* ~ (as) fragrant as a spice-shop 33/78, 35/39, 53/75, cf. **spyceres schoppe** 57/59
spyche *n.* pitch 34/225
spyeres *n. pl.* spies 21/98
spyllon *inf.* destroy 34/37; **spylud** *pa. sg.* destroyed 26/60; **spylled** *pa. pl.* died 3/59; **spylled, spyllyd** *pa. p.* 49/85, 66/20
spyres *n. pl.* spirals 22/45
spysed *pa. pl.* spurned 7/18
spyte, spyton *inf.* dispute, enter into formal argument 7/25, 67/8, 23, 25; **spytyng** *pr. p.* discussing 12/21, disputing 13/19; **spytud, sputed** *pa. sg.* disputed, argued 13/21, 23/107, 108; **spyted** *pa. pl.* 7/18
spytusly, spytwsly *n.* scornfully 1/95, 24/12, 33/100, 55/167, 173, terribly 37/112
spose *n.* spouse, wife 4/110
spowsehed, spowsode *n.* marriage 60/78, Add3/30
sprade, spredde *3 pa. sg.* spread out 27/138, 139; **sprad(de)** *pa. p.* 27/138, 36/48, 39/21, 68, 41/130
sprente *pa. sg.* spurted 58/81
springyth *3 pr. sg.* sprinkles Add2/42; **sprong** *pa. sg.* sprang, gushed 3/92
spryt(h)e, sp(r)yrite, *n.* spirit 37/17, 68/121, Add1/51, Add2/96, 97, 98, Add5/11, 13, 24; **sprytus** *n. pl.* spirits 34/111
sputte *inf.* spit 60/36
stabul *adj.* stable, firm 8/139
staf(f) *n.* staff, walking stick 3/118, 119, 50/53, 137, 143; **stawes, staves** *n. pl.* staves 47/64, 52/99
stage *n. houce of* ~ lodging house 39/32–3
stelle *inf.* steal 41/224; **stalle, stel** *pa. sg.* stole, crept 2/126, 48/110; **stelon, stalle** *pa. pl.* stole 3/132, 44/118; **ystolon** *pa. p.* 3/134
stared *pa. sg.* was wide-eyed with astonishment 45/38
starf *pa. sg.* died 2/111
state *n.* estate, rank 6/133, age 9/45
stede, stude *n.* position 1/54, 55, 3/103; *in ful gret* ~ in very great stead 9/89–90, *in hys* ~ in his place 32/104, *in (þe)* ~ *of* instead of, in place of 7/115, 44/52
steffly *adv.* stiffly, resolutely 32/63
steyen, steyon *inf.* rise, ascend 23/121, 37/77; **stey, stegh, stay, steyed** *pa. sg.* 18/62, 30/84, 37/4, 11, 21, 24, 29, 36, 44, 40/101; **st(e)yed** *pa. p.* 8/53, 13/18, 18/56, 37/91, 39/23
steying *vbl. n.* rising 37/75, ascension 37/59
stene *n.* tankard Add1/130, 135; **stenes** *n. pl.* stone jars 12/149
stene-bothom *n.* bottom of a tankard Add1/136
stened, stenud *pa. p.* stoned 7/129, 13/24
***stenton** *pr. pl.* cease 1/142
step *pa. sg.* departed (from earthly life) 17/102n
stering(e) *vbl. n.* stirring 33/28, disturbance 39/106, encouragement 21/78
sterres *n. pl.* stars 1/73
steruyd *pa. sg.* died 22/113
stewen *n.* voice 22/34
styfly *adv.* firmly, insistently 33/106
styked *pa. sg.* stabbed 9/72; **stekyd, stykyn** *pa. p.* stuck 28/114, 45/156
stynche *n.* stench, smell 16/82, 44/38, 40
stynton *inf.* cease, stop 8/63; **stynt** *pa. sg.* 43/38
styre, ster, steren, styrron *inf.* move 55/91, stir, encourage 29/81, 40/10, 43/106, 48/13, 50/38; **steris** *3 pr. sg.* moves 43/116; **steryng** *pr. p.* moving 41/121; **stered, styrred** *pa. sg.* stirred 33/27, moved 33/92; **sterud** *pa. p.* inspired 58/44
styrte, sterte *pa. sg.* dashed 48/51, ~ *on bak* started back 53/199
stody *n.* studying 40/144
stodying *vbl. n.* in deep thought 39/130[1]

stody(on) *inf.* think hard 39/135, 40/130; **stodying** *pr. p.* 39/130², 40/122, 134; **stodied** *pa. sg.* 40/132
stoffon *inf.* stuff, fill 34/106
stok *n.* stick, trunk 19/88
stompes, stompus *n. pl.* stumps 43/110, 53/84
stonen *inf.* to stone 7/51
stonkyn *pa. pl.* stank, smelled 46/26
ston(te) *3 pr. sg.* stands 11/19, 23/88
stowpud *pa. sg.* stooped, bent over 3/165
strayt *adv.* tight 2/101
strangaste *superl. adj.* strongest 32/73
strangulym *pa. sg.* + *3 sg. pron. obj.* ('him') strangled him 3/154
straute, strawte *pa. p.* stretched 41/130, 43/116
straw *inf.* strew 29/14; **strawing** *pr. p.* 29/12; ***strawdon** *pa. pl.* strewed 25/14; **strawde** *pa. p.* 29/10
streyned *pa. pl.* stretched 27/93
streytenesse *n.* ascetism 39/98
strench(e), strenth, strenkch, strengh, strenþeh *n.* strength 38/56, 40/88, 94, 49/80, 54/40, Add6/193, 197, ~ *of lordeschep* power/influence of men in high places 43/92n
strenkþen *inf.* strengthen Add6/109; **strenktheth** *3 pr. sg.* 65/63; **strenthet** *pa. p.* 54/73
stryed *pa. p.* strewn 10/46
strype *inf.* strip 2/90
stryue *inf.* fight 34/125
stroy *inf.* destroy 16/106; **stroyeth** *3 pr. pl.* 16/86; **stryed** *pa. pl.* 3/94; **stroyud** *pa. p.* 32/74
stude see **stede** *n.*
studfast *adj.* steadfast 10/99, firmly grounded 2/78
studfastly *adv.* steadfastly 2/88
stufly *adv.* boldly 2/51, intransigently 7/35
sturbans *n.* disturbance 44/104
suctessoure *n.* successor 45/102
suffyr, suffur, soffur, soffron, suffron *inf.* suffer 16/12, 14, 21, 42/35, allow 20/111, 42/27, Add6/183; **suffreth** *3 pr. sg.* allows Add1/20; **suffur** *imp. sg.* 12/114; **suffur** *pr. subj. sg.* let 55/185; **suffred** *pa. sg.* suffered 16/22, allowed 10/65, 46/36; **suffred** *pa. p.* suffered 16/23, allowed Add3/9
suffrage *n.* prayer; **suffrages** *n. pl.* 36/18
suget *n.* subject, inferior 6/153
suget, sogette *adj.* subject, subjugated 6/39, 25/62
suggestyon *n. fals* ~ fraudulent statement 3/70
sul see **salte** *2 pr. sg.*
sulle *inf.* sell 11/25
sumtyme *adv.* at one time 37/66, 105
sungeth see **syngen** *inf.*
sunne *n.* sin 2/13
surfet(e) *n.* overindulgence (in food and drink) 15/26, 19/4, Add6/171
suspendut(h) *pa. sg.* suspended 55/47, 65, 119
suspexcion *n.* suspicion 26/85
swall *pa. sg.* swelled 43/133
***swerust** *2 pr. sg.* swear 24/96; **swere** *pa. sg.* 3/110, 118
swestest see **swet(t)e** *adj.*
swete *inf.* exude (moisture) 1/60; **swetteth** *3 pr. sg.* 40/92; **swat(te)** *pa. sg.* 11/36, 39, 26/12
swethel-bande *n.* swaddling clothes 54/140
swet(t)e, swote *adj.* sweet 23/129, 45/123, 57/144; *superl. adj.* **swestest** 45/141
sweven, sweuen *n.* dream 10/17, 21/57, 77, *79; **swevenus** *n. pl.* 21/73
swynk(e), swyng *n.* hard work, physical labour 1/33, *be here/hur mayn* ~ by their sheer hard work 29/105, 56/34–5
swyrde *n.* sword 15/6, **swyddes** *n. pl.* 7/89
swyþe *adv.* very much 8/111
swolewe *inf.* swallow 1/107; **swolowed** *pa. sg.* 43/50, 60; **iswollon** *pa. p.* 23/142
swot *n.* sweat 15/141, 147
swote see **swet(t)e** *adj.*
swowned *pa. p.* fainted 49/102

T

tabullus *n. pl.* tablets 22/42
tackyd *pa. p.* tacked, nailed 24/93
taght(e), ta(w)gh, tawthe, toght *pa. sg.* taught 5/78, 15/48, 37/10, 43/69, 46/41, 62/53, 66/82, directed 32/44; **tawt, taght(on)** *pa. pl.* 36/64, 39/19, 40/34; **taght, taȝte** *pa. p.* instructed 31/7, 46/35

tayte *n.* entertainment, amusement 46/58n
take(n), takyn *inf.* take 34/180, take hold of 2/87, 90, capture 13/88; **takuth** *3 pr. sg.* receives 34/135, 183, ~ *forth* brings out 15/38; **take** *pr. subj. pl.* ~ *we* let us take 33/117; **takuth** *imp. pl.* ~ *hede* take heed 34/20, 140; **to(ke)** *pa. sg.* took 47/19, 20n, ~ *from þe erth* delivered 23/55n, 44/65, 125, ~ . . . *to kepen pa. sg.* entrusted into . . . keeping 3/*136–7 (cf. *bytok . . . to kepun* 3/145); **takon, takutte** *pa. p.* taken, captured 13/92, 57/94, taken on 23/52
tamyd *pa. p.* harmed 67/33
tapur *n.* candle 28/*91, 127; **tapurers** *n. pl.* 28/111
tarying *vbl. n.* tarrying, delay 5/22
tastuth *3 pr. sg.* tests, tempts Add6/146
***techet** *3 pr. sg.* teaches 15/102
teyon *inf.* tie 30/44; **teyhed** *pa. sg.* tied 45/87
telly(n), telle *inf.* tell 1/130, 132, 52/53; **telles** *3 pr. sg.* 1/129; **telleth** *3 pr. sg.* counts 41/53; **tolde** *pa. p.* counted 27/95, 28/59
temp *inf.* tempt 17/49, 19/46, Add6/142
tempas *n.* tempest, storm 2/72
temporal *adj.* earthly 12/87 (see 12/86–7n)
tempur *inf.* temper, moderate 39/123
tende *inf.* attend to 67/20; **tendeet, tenduth** *pa. sg.* was intent on, concentrated on 7/9, 60/10
tende, tendon *inf.* ignite 14/125, 23/25; **tend** *pr. subj. sg.* let him ignite 14/112; **tendon** *pr. pl.* 36/37
tene *n.* vexation 67/35
tenud *ppl. adj.* vexed 52/112
ter *n.* tear 55/19, 21, 22; **terus, therus** *n. pl.* 49/33, 55/14
testament *n.* last will and testament 1/21, 24, 43/135, legal agreement 11/65
teþþes *n. pl.* tithes 19/4
thechyng *n.* teaching 12/65, 13/17
therus see **ter** *n.*
thewes *n. pl.* virtues 56/47
thouthe *pa. sg. hym* ~ it seemed to him 26/70
thrette *n.* threat 60/28
throtte *n.* throat 23/144
tydus *n. pl.* times 15/116
tyl, til, tul *conj.* until 6/26, 15/158, 29/99, 33/11, 41, 34/163
tyl(le), til *prep.* to 6/7, 128, 12/137, 15/213, 215, 219, 220
tyme *n.* time, opportunity 10/10, 21/66, 49/25, *be/in* ~ soon enough, in good time 34/121, 38/34, *þat* ~ *þe* when 59/14
tyneth *3 pr. sg.* is fastened, closes Add2/40
tyrand(e) *n.* tyrant 36/54, 56
tysing, tysyng *vbl. n.* enticing, instigation, plotting 15/194, 20/36, 51/22
tysud *pa. p.* enticed 11/60
tythyngus *n. pl.* tidings, news 18/51
tytul *n.* inscription 47/92n
tytulled *pa. p.* listed 28/7
to *pa. sg.* see **take(n)** *inf.*
to *adv.* too 19/111, 27/136, 143, 28/82, 84, 34/133, 56/80
to *prep.* until 28/33, 108
to-braste *pa. sg.* burst open 45/118
to-brokyn *pa. p.* broken in pieces 57/31
to-drawen *pa. p.* dragged apart 50/110
***to-drof** *pa. sg.* drove them out 36/32
toforon *adv.* ahead 52/40
toggyd *pa. pl.* tugged, pummelled 33/107
toght see **taght(e)** *pa. sg.*
to-hew *pa. sg.* cut into pieces 22/157, Add1/103
tokenyng *vbl. n.* sign, token 44/96
tokennyng *pr. p.* signifying 62/22; **tokened** *pa. p.* signified 57/27
tokyn *n.* token, sign 50/115n; **tokenes** *n. pl.* 1/51, 52
tol-boþe *n.* counting-house, tax-collector's stall 60/9–10
to-marryd *pa. p.* defiled 24/112n
tombul *inf.* tumble, perform acrobatics 44/109; **tomblyng** *pr. p.* tumbling, rolling 43/39
tomorne *adv.* tomorrow 33/51
tone *pron.* one 45/107
tonne *n.* cauldron 8/18, 19, 35/21
to(o) *card.* two 8/74, 21/30, 33/38, 35/50, 56, 41/57, 72, 60/36
to-plukkyd *pa. p.* crushed 63/85
to-poned *pa. p.* pounded, crushed to pieces 30/71
to-pullen *inf.* pull to pieces 55/93
to-rase, to-rason *inf.* scrape, tear 30/61, 48/39; **to-rasud** *pa. p.* 67/53

toren *ppl. adj.* torn 10/57
to-rotyn *pa. p.* rotted 53/163
tote *n.* toad Add1/136
to-teren *pa. pl.* tore to pieces 46/91; **to-tere** *pa. p.* 50/111
toþur *adj.* other 32/115
toure n. tower 45/111, 46/57
towarde *prep. hym/þe* ~ planned for him/you 26/11, 52/43
towne-cok *n.* the town's cockerel 58/34n
tracte *n.* tract 15/215; **tractus** *n. pl.* 15/38, 217 (see 15/216–17n)
trayed *3 pa. sg.* betrayed 28/66; *pa. p.* 26/41
trayst *n.* trust 11/9, 12
traytor *n.* traitor 35/12
traytury(e) *n.* treachery 3/69, 18/22, 26/42, 44, treason 9/42
transe, transon *n.* trance 45/144, Add1/144
translacion *n.* translation, removal of a saint's body to a new shrine 47/85
translatid, translatyd *pa. p.* translated, removed to a new shrine 43/95, 47/5
trappod *ppl. adj.* adorned with trappings 58/55
tras(e) *n.* track, footsteps Add6/49, 57
travayle, trauayl, trauel *n.* work, labour 1/21, 23, effort 38/40, 50/138 , 64/85, ~ *of chylde* childbirth 48/103–4; **travayles** *n. pl.* sufferings 16/32
trauayl(e), travayl *inf.* work, labour, exercise 1/32, 34 35, 28/154, ~ *of chylde* go into labour, give birth 49/86; **traueyleth** *3 pr. sg.* troubles 20/94; **travayle, travelyth** *pr. pl.* labour 39/8, 9; **travelyng** *pr. p.* ~ *of chylde* giving birth 46/61; **trauayled** *pa. sg.* laboured 1/26; **trauaylde, trauaylyd** *pa. p.* laboured 1/26, troubled 20/82, 90
***trauaylyng** *vbl. n.* giving birth 14/50
tre(e), treo *n.* tree 15/124, 126, 130, 131, 26/34, 35, *40, Add1/32, 34, 37, wood 26/31, 33/54, 44/27, 55/51, Add2/30, 31; **tren(e), treys, trees** *n. pl.* 15/124, 17/128, 31/77, 41/128, 44/83, Add1/30, 36
trendyl *pa. sg.* trundled, rolled 41/194
tresoure *n.* treasury 65/37
trespas, trespace *n.* misdeed 42/29, 45/44, 68/53, Add6/119
trespase, trespaces *pr. pl.* ~ *to* sin against 38/70, Add6/120
trete *n.* treaty 10/118, 58/22, *in* ~ carefully, slowly Add4/22, 24
treti *n.* treatise Pro/10, 14
tretus *n. pl.* tollings of a bell? 40/22, 24
tretuth *pr. sg.* ~ *wyth* has dealings with 24/66
trew adj. trustworthy 45/45
trewly adv. honestly 29/105
trewth *n.* honour, *in* ~ honourably 38/64
troghte see **trowth(e)** *n.*
troyling *vbl. n.* deception, delusion 50/21
trompe, trumpe *inf.* blow a trumpet 15/78, 79
tromperes, trumperes *n. pl.* trumpeters 15/78, 79
trone *n.* throne 55/23
trowth(e), troghte, trowgh, trowþe *n.* truth 34/123 (see too **holde** *inf.* and **plyghte** *inf.*)
trulur *n.* troublesome person, deceiver 35/13
trumpes *n. pl.* trumpets 36/48, 50, 55, 57
turment, turnent *n.* torment, suffering 30/61, 48/90, 52/43, 97
turment(o)ures *n. pl.* tormenters, torturers 2/99, 48/107
turne, turnyn *inf.* turn 41/179, convert 16/156, 158, return 19/17; **turned, turnyd** *pa. sg.* turned 27/4, converted 38/89, 45/78; **turnyd, turnud** *pa. pl.* converted 30/50, ~ *vp* overturned 32/130; **(y)turned** *pa. p.* converted 13/4, 13
turnement-gynnus *n. pl.* instruments of torture 52/99
turnyng *vbl. n.* conversion 13/11
tweyon, tway, twey *card.* two 29/89, 106, 34/191, *on* ~ in two 61/16
twelle *card.* twelve 53/6
twye *adv.* twice 34/139
twyn(ne) *adv. in/on* ~ apart 5/109, 39/109

Þ

þagh, þa(h)th, þaw, þaȝ; þow, þoȝ, þogh(e), þohg, þof(f), þoȝf, þowf, þowh, thogh *conj.* although 1/112, 2/149, 4/14, 5/115, 6/113, 173, 21/111, 31/23, 38/100, 39/86, 41/155, 43/5, 61, 132, (even) though 24/60, 28/153,

29/27, 28, 34/21, 25, 36, 173, 43/6, 50/42, 52/113, 54/55, 64/38, *as* ~ as if 38/68, 53/57–8 (see too **ȝow** *conj.*)

þais, þeis, þese *pron.* these 24/31, 34/6, Add1/84

þan (þat) *conj.* when 20/40 (see 20/40–1n) , 21/92, 43/67, 52/72, 55/145, 68/39

þar *3 pr. sg.* need 46/19 (see 46/18–19n)

þare, thare, þor *adv.* there 24/40, 27/144, 29/21, 22, 30/54, 31/21, 33/21, 79, 34/124

þareas, þareos see **þer(e)as** *conj.*

þare þoȝ *conj.* whereas 25/40

þat *pron.* that which, what 19/15, 20/30, 93, 21/53, 24/94, 133, 135, 34/131, 35/44, 38/101, 41/171, 42/46, 46/7, 9, 13, 52/154², 59/49, 63/35, 64/35, 42, the one that 66/81

þat *conj.* so that 6/31, 7/121, 10/143, 18/50, 21/31, 45/44

þe *3 pl. pers. pron.* they 12/32, 21/107, 128, 29/108, 30/69, 31/46, 50, 33/79, 39/42, 44/66, 143², 46/69, 118, 63/75

þeff *n.* thief 4/65, 70, 26/36, **þef(f)us, þefys, þefuus, þeves** *pl.* 3/132, 139, 8/109, 113, 25/49, 33/38

þegh *n.* thigh 20/62

þeis *dem. adj.* this 51/83; **þeis(e), þeys(e), þaise** these 27/109, 28/33, 50, 51, 34/4, 36/2, 6, 20, 24, 39/53, 40/37, 55/14, *165, 173, 174,

þeke see **þilke** *adj.*

þekke *adj.* thick 32/51

þen *adv. from* ~ from that place 52/16, 57/122

þendur (*þ* for *ȝ*) see **ȝonder** *adj.*

þenkon, þenke, þhenkyn *inf.* think 21/9, 41/39, 134; **þenk** *imp. sg.* 19/16; **þowthe, þoght** *pa. sg.* intended 2/24, realized 19/117, pondered 3/181, 34/156

þenne(s), þennus; *adv.* thence, (from) there 31/21, 38/13, 67/39

þeraftur *adv.* after that 10/40, according to it 16/164

þerby *adv.* by it, 16/164, 18/42

þer(e), there *conj.* where 3/185, 8/69, 24/68, 27/57, 33/78, 34/81, 43/72, 82, 49/64, 120, whereas 55/25, though 32/132

þer(e)as, þer(e)os, þareos, þareas *conj.* where 2/55, 56, 24/27, 30/15, 32/85, 38/12, 43/3, 60, 44/117, 45/87, 55/114, 187, 56/121, Add5/13, whereas 33/23, 34/62, 37/65, 39/41, 43/64, 54/132, ~ . . . ~ . . . where . . . there 10/35–8

þer(e)of, þer(e)off, þerof *adv.* of it 2/86, 112, 135, of it 11/19, with it 16/133, as a result of it 21/78, 31/30, from them/it 29/102, 34/71, for it 45/13

þer(e)to *adv.* to it 29/62, 44/111

þere þer/þar *conj.* (there) where 34/122, 43/102, 47/88, 54/86, 95, 149, 56/128, *þere þar* whereas 62/47, *þere . . . þer* where . . . there 45/47

þereþorogh *adv.* through it, because of it 44/24

þer(e)wyth, þer(e)wit, þer(e)with, þarwyth *adv.* with that, at that moment 2/61, 23/146, at that 8/15, 15/68, 27/88, 31/49, 66, 34/94, 36/37, 41/150, 43/49, 44/71

þerfore *adv.* for it 9/39, 22/65, 34/146, 60/10, Add5/21, because of it 10/136, 46/38

þerfro *adv.* from there 1/144

þerin(ne), þerine *adv.* in it 8/17, 15/*61, 34/158, 35/23, 38/32, 34, 41/155, 60/84

þerof(f)e, þerof *adv.* of it 33/26, 52, 41/195

þeron(ne) *adv.* on it 41/146, 43/58

þervpon *adv.* on it 34/40

þhyng *n.* thing 41/135

þi *3 pl. pers. pron.* they 60/35

þidur, þydur, þidyr, þidir, thydyr *adv.* thither, (to) there 1/143, 2/29, 4/42, 12/27, 17/54, 32/10, *102, 35/39, 51, 42/38, 43/17, 39, 66/*78, up to that point 37/16

þidyrwarde *adv.* in that direction 33/130

þike *adv.* hard 18/33

þilk(e), þyke, þylk, þike, þik *pron.* those 1/45, 6/129, 7/68, 8/76, 21/5, 23/127, 27/120, 28/80, 130, 149, 152, 29/62, 104, 31/90, 38/72, 55/184, 57/141, Add1/76, Add2/33, Add 3/6

þilke, þylk(e), þeke, þik(e), þyke *adj.* that 10/178, 48/76, *pl.* those 6/168, 8/96, 15/11, 19/97, 99, 45/9, 53/156, 160, 55/93, 61/47, 65/40

þinge *n. pl.* things Add6/218

þinketh, thynkut 3 *pr. sg. imp. me* ~ it

seems to me 18/38, Add4/26; **þoght, þoȝthe, þowthe** *pa. sg. hym/hure* ~ *impers.* (it) seemed to him/her 1/135, 14/134, 31/26, 57/131–2

þis, þys *adv.* thus 3/73, 15/92, 19/35, 28/67[1], 34/23

þis, þys *dem. adj.* these 9/57, 35/68, 37/9, 40/32

þof(f) see **þagh** *conj.*

þof 34/36, **þoȝ** 34/173 (*þ* for *ȝ*) see **ȝef(f)** *conj.*

þoght *n.* thought 1/03

þondur *n.* (crash of) thunder 2/60

þongk *n.* thanks 10/126

þonken *inf.* thank 1/87; **þongket** *pa. sg.* 10/194

þoo, þo(e) *pron.* those 1/108, 6/76, 79, 29/94, 45/82, those things 62/16

þo(o), þoe *adv.* then 3/122, 6/96, 27/21, Add5/14

þor see **þare** *adv.*

þorgh *adv.* through 4/56

þorgh, thorowg, þoroȝ *prep.* through 21/38, 25/66, 28/95

þorghtout *prep.* throughout 5/74

þoses *adj.* those 27/76

þow, þoȝ, þogh(e), þohg, þof(f), þoȝf, þowf, þowh, thogh see **þagh** *conj.*

þraldam *n.* slavery 11/59, 28/135, 41/136, 48/20

þralle *n.* thrall, slave 37/63

þrete *inf.* threaten 3/85; **þretus** *2 pr. sg.* 3/144; **þreting, þretyng** *pr. p.* 13/35, Add2/101; **þratte** *pa. p.* 39/28, 52/139

þridday, þrydday n. third day 17/102, 30/65, 33/134, 52/89

þries, þryes *adv.* three times 16/26, 27, 25/31, 27/108

þrytte *card.* thirty 1/79

þrowes *n. pl.* struggles 57/25

þruste *n.* thirst 16/33

þruston *inf.* thrust 33/114; **þrusteth** *3 pr. sg.* ~ *doune* stifles, subdues 19/26; **þrust** *pa. sg.* thrust, pushed 48/52; **þrustonud** *pa. pl.* 32/66; **þraste** *pa. p.* 46/116

þus *dem. pron.* this 4/86, 10/61, 40/115

þus *dem. adj.* this 2/120, 124, 132, 164, 3/80, 139, 146, 4/73, 82, 88, 9/105, 10/13, 55, 163, 165[1], 11/20, 15/83, 20/85, 21/15, 37/87, these 9/35

U

uattur see **watur** *n.*

vce *n.* use, custom 26/48

vche, iche, yche *adj.* each 25/50, 53, 26/31, 38, 82, 83, 27/102, 103, 104, 106, 117, 29/29, 41, 36/19, 37/31, 47, 43/143, Add6/2, ~ *a* every 27/94

vchon(e), yschone, ichone *pron.* each (one) 1/65, 3/143, 7/67, 26/49, 50, 32/19, 33/80, 39/37, 107, 108, 40/122, ~ *oþur* one another 8/137

vyntyng *vbl. n.* anointing 38/93

vle see **ele** *adj.* evil

vmbecluppud *pa. sg.* surrounded, enveloped 12/119; **vmbecluppud, *vmclyppud** *pa. p.* encircled 15/58, 26/*72

***vmbreydon** *inf.* upbraid, reproach, blame 29/97; **vmbreydust** *2 pr. sg.* 24/96

vnbeleuyd *ppl. adj.* unbelieving 32/10

vnbrent(e) *ppl. adj.* unburnt 39/147, 42/46

vnbuxomnes(se) *n.* disobedience 6/23, 24

vnbuxum *adj.* disobedient 36/10

vnderud *card.* hundred 33/41

vndren, vndron, vndir, vndur *n.* the third hour of the working day (9 a.m.) 15/114, 26/24, 39/59, 60, 57/50, 51

vndirlyng, vndyrlyng *n.* underling, servant 37/63, 45/29

vndon(e) *inf.* undo, destroy 40/39, open up 46/62; **vnduden, vndedon** *pa. pl.* undid, opened 3/98, 35/25

vndur *prep.* ~ *hur/hys/þi husband(e)/wyf* when married to someone else (of an adulterous act) 22/155–6, Add1/113–14, 146, 151

vnement *n.* ointment 12/64

vnkynde *adj.* unnatural 31/56, 79

vnkyndenesse *n.* ingratitude 26/63, 65

vnkonyng *adj.* ignorant 51/6

vnkonyngus *vbl. n. pl.* errors of ignorance 64/40

vnkul *n.* uncle 20/42, 51

vnnethe, vnneþe *adv.* scarcely 10/34, 14/120, 23/143, 60/86

vnperfette *adj.* incomplete 18/60

vnponychud *ppl. adj.* unpunished 34/130

vnquytte *ppl. adj.* unrecompensed 34/130

vnschewly *adj.* ugly? 18/72
vnschryuon *ppl. adj.* without having confessed to a priest 29/76, 31/92
vnsely, vncely, onsely *adj.* unhappy, wretched 2/30, 15/192, 43/46, 66/65
vnwarnd *ppl. adj.* unannounced 10/50
vnwyt(t)yng *ppl. adj.* unknown (to) 7/117, 27/37
vnworcheputh *pr. sg.* dishonours 34/65; **vnworschepud** *pa. sg.* 34/65
vp-castyng *vbl. n.* throwing up, vomiting 41/145
vpriste, vprys(t)e *n.* resurrection 23/120, 29/57, 60, 62/24
vp-stying *vbl. n.* ascension 37/26
vryne *n.* spider 43/131n
urled *pa. sg.* hurtle, crash 66/38
vse *n.* custom 14/73
vsed *ppl. adj.* used, accustomed 29/96
vselled see **hoselen** *inf.*
***vsyth** *3 pr. sg.* is accustomed 26/*3, 68/86; **vseth, vson** *pr. pl.* use, are in the habit of (doing sth.) 6/112, 36/59, 65/46; **vsed, vsendon** *pa. pl.* were in the habit of (doing sth.) 44/8, 49/29
vssu *n.* issue, progeny 17/115
vtas *n. pl.* the eighth day after a feast of the Church 11/16, 77, 102, the eight days of a feast (including the feast itself) 41/22
vtmaste *adj. abs.* utmost 48/27
vttur *comp. adv.* farther out 61/50
vtt(u)raste *superl. adj. do þe* ~ do ones utmost Add6/132, *into* ~ to the farthest corners 32/131
vtturmaste, vturmast *adj. abs to (þe)* ~ to the utmost 32/75, 34/182
vtwyth see **otwyth** *prep.*

V

vayes *n. pl.* ways 12/6
vayle *n.* 28/48
vanyteus *n. pl.* worldly affairs, mindless pursuits 15/30
vas *pa. sg.* was 56/58
vaunsed see **avawncen** *inf.*
veinge *inf.* avenge 50/47
veynglory *n.* pompous desire for fame 45/32
vele see **wele** *n.*
vengabul *adj.* vengeful 32/81
veng(y)ans, veng(e)aunce, veniaunce, vengea(u)ns, veni(e)auns, vengawnce, vang(y)ans *n.* vengeance 3/122, 142, 7/*94, 9/74, 103, *104, 27/75, 91, 32/83, 34/51, 37/110, 119, 121, 41/96, 43/48
venym *n.* venom, poison 8/27, *35, 30/74
venometh *pr. pl.* poison 44/23; **venymod** *pa. sg.* 32/17
venummus *adj.* poisonous 22/20
ver(e)y, verr(e)y, wery *adj.* true 11/69, 12/4, 6, 14, 28/101, 32/136, 39/41, 45/158
veren see **wher(e)** *pa. pl.*
very, veri *adv.* truly 41/18, 94, 157
veryly *adv.* truly 12/158
vermyn *n.* vermin, lice 10/83
vertu *n.* power 3/67, 31/34, 33/52, 38/33, 101, 41/11, 15, 217, 226; **vertues** *n. pl.* good qualities 42/17
vertues *adj.* powerful, efficacious 11/74
vylany(e), vyleny(e), vylony *n.* shame, disgrace 22/75, 23/16, 25/37, 71, 58/76, low behaviour 30/27 (see 30/27–9n), Add1/21
vysage *n.* face 32/87
vytayles *n. pl.* foodstuffs 21/82, *92
vytaylyd *pa. p.* collected provisions for 49/77
vouche safe *1 pr. sg.* agree 54/231, 247
vowet *pa. sg.* vowed 2/125
vronge *n.* wrong 24/66

W

wafton *inf.* flap, wave 66/38
wahat see **whatte** *pron.*
wayes *no* ~ in no way, not at all 33/20
waymentacion *n.* lamentation, display of grief 24/87, 26/*53
wayne *n.* waggon 50/106, 107, 108, 114
waior(e) *n.* wager, bet 22/102, 111, 112
***wake-fyre** *n.* watch-fire 44/17–18
wakyng *vbl. n.* keeping vigil 10/91, 44/13, staying awake 15/29, 43/114, 44/12; **wakyngus** *n. pl.* lying awake 16/33
wakyn(ne) *inf.* keep watch (over) 45/70, 47/104; **wakyth** *pr. pl.* 44/15; **wakyn** *pr. pl.* 44/18, 45/71, 73; **weke** *pa. sg.* woke up 57/129; **wokyn** *pa. pl.* kept watch 44/7, 53/62
wallud *pa. sg.* gushed, flowed 32/70, 33/35
walmyng *ppl. adj.* bubbling 35/21
walus *n. pl.* weals 24/94

wan(h)ope *n.* despair 36/41, Add3/42
wanted *3 pa. sg.* lacked 52/147
warde *n.* guardianship 52/45, custody 67/18
warde-corsus *n. pl.* bodyguards Add6/187
wardeynes *n. poss.* (monastic) superior 38/54
war(e) *adj.* aware 3/182, 33/98, 41/206, 210
waryson *n.* pay, salary 46/41
warne *inf.* deny 35/44; **warneth** *3 pr. sg.* 37/68
warne *1 pr. sg.* warn, advise 48/4; **warnyd** *pa. p.* 43/71, 78
warnyng *vbl. n.* prevention 55/23, refusing Add3/10
wassyng *vbl. n.* washing 57/26
wasson, wasse *inf.* wash 20/113, 28/74, 43/140; **wasse(d), wasched, whesse, wossche** *pa. sg.* 28/15, 63, 71, 49/161, 54/138; **woschon, wesson, wesche** *pa. pl.* 49/33, 53/74, 162; **was(s)yn, wassen, wasson(e), waschen, wasschon** *pa. p.* 28/59, 61, 73, 153, 29/111, 34/163, 43/139, 153, 157
watur, water, uattur *n.* water 1/54, 15/162, 28/61, 48/9; **wateres** *poss.* 1/125, 12/119; **wateres** *n. pl.* waters (to include rivers, ponds, etc.) 1/59
waxen *inf.* grow, become 6/61; **wax, wex, wox(e)** *pa. sg.* 2/90, 111, 8/108, 10/78, 18/16; **waxon** *pr. pl.* 19/85
weddelok *n.* marriage 22/69
wede *n.* clothing 2/127, 8/77
wedur *n.* weather 4/87
wedurynge *vbl. n.* weather, nurture Add6/102
wey *n.* scale 52/160; **weyes** *n. pl.* 52/159
weyke *adj.* weak 56/80
weylon *inf.* wail 65/42
weke *n.* wick 14/105
wele, vele *n.* state of well-being, good quality of life 2/124, 15/127, 129, 34/101, good fortune Add1/34
wel(le) *adv.* well 2/134, 34/27
welle in *also welle* see **also** *adv.*
welleth *pr. pl.* well, bubble 2/114
welowing *vbl. n.* fading 60/52
weltheful *adj.* wealthy 24/82
wem *n.* blemish 17/99, 23/42
wenet, wenod *pa. p.* weaned, taken from breast-milk 4/48, 57/36
wenges n. pl. wings 41/130
wenon *inf.* think 11/62; **wenyth** *3 pr. sg.* 46/12; **weneth** *2 pr. pl.* 16/82, 39/59; **wenon** *3 pr. pl.* 46/33; **wenyng** *pr. p.* 21/9; **wende** *pa. sg.* thought 11/56, 45/105, 63/61, 67/48; **wendon, wenden, wend(e)** *pa. pl.* 7/121, 8/17, 16/79, 21/119, 30/65, 32/116, 35/24, 37/17
wepen, wepon *inf.* weep, cry 8/71, 45/56; **wepyng** *pr. p.* 8/100, 47/65; **wep** *pa. sg.* 47/66
wepon *n. pl.* weapons 53/80
were *n.* weir, pool 33/22, 24, 25
were 16/94, Add6/56 see **wher(e)** *conj.*
wered *pa. sg.* wore 10/82
werke-day *n.* working day 22/61
werkus, werkys *n. pl.* ~ *of mercy n. phr.* deeds of mercy 1/91, 51/28
wery *n.* weariness 43/114n
werion *inf.* be weary 55/43
werre *comp. adv.* worse 25/71
werredon *pa. pl.* conducted wars 10/209
werren see **wher(e)** *pa. pl.*
***wete** *n.* wet 59/12n
wether *n.* ram 17/120
wether see **wyd(o)ur** *adv.*
wharto *conj.* why 53/49
whas *pa. sg.* was 43/74
what(e) . . . what(e)/whatte *corr. constr.* partly . . . partly 10/27; ~ *for . . . (~) f(f)or* partly for . . . partly for 28/23–4, 32/72, 43/114, 45/81, 52/70
whatte, wahat *pron.* what 2/172, 24/20, 75
whe *1 pron. pl.* we 34/125
whech *pron.* what 7/64
wheyed *pa. sg.* ~ *vp* tipped the scales 52/161
whelp(p)ys *n. pl.* whelps, puppies 20/86, lion cubs 62/26, 27
wher(e), wheron, wheren, wheryn, werren, veren *pa. pl.* were 12/52, 14/119, 180, 17/107, 18/75, 29/107, 31/23, 34/191, 43/139, 44/25, 45/10; **where, wore** *pa. subj. sg.* were (to be) 12/51, 17/75, would be 34/196, was 31/23, 34/164
wher(e), whare, were *conj.* where 16/94, 33/75, Add6/56; at which 14/174, Add6/47
whereaboute *pron.* ~ *arte þou* what are you doing? 40/139

wher(e)by *conj.* through which 29/18, 31/20
whereof *adv.* the means 16/63, 64
wherþoȝgh, whereþorogh *conj.* through which 11/54, 38/74
wheþer, whethyr, *wethur *pron.* which (of two) 7/114, 57/149, 63/*79, whichever 58/40
wheþer see **wyd(o)ur** *adv.*
wheþur, wether *conj.* whether 58/*48, Add1/45, 46
whil, whyl þat, wil(le) (þat), whul *conj.* while, as long as 27/45, 111, 29/*67, 68, 39/143, 46/58, 57/112, 64/37, inasmuch as 34/166, 183 (see 166–9n)
whyle *n.* time 20/25, 28/23
whypud, wyppe *pa. sg.* wiped 63/55, 66
whyt *n.* wits 13/125
***whyt-mete** *n.* dairy produce 19/67 (see 19/66–8n)
whoo see **wo(o)** *n.*
whot *adj.* hot 1/135
wyce see **wyse** *n.*
wyche n. user of magic 35/12
wydewe, wedewe *n.* widow 8/70, 91
wyd(o)ur, wythur, wether, wheþer *adv.* whither, where . . . to 4/28, 23/137, 57/150, 66/13, 14, 15
wyle, qwyle *n.* *(for) a* ~ for a time 26/52, 55
***wyle** *n.* trick 15/74; **wylus** *n. pl.* 27/32
wylfulleche *adv.* willingly 12/115
wylle *n.* will, desire 41/17, 221; *my wylles* of my free will, willingly 41/220
wille *adv.* well 34/177
wil(le) (þat) see **whil** *conj.*
wylnyst *2 pr. sg.* desire 63/45; **wylnyng** *pr. p.* 15/25
wilte, wyl(te) *2 pr. sg.* are willing 32/96, 34/157, 211, 214; **wil, wol, wyl** *3 pr. sg.* is willing 34/169, 170, 171, 174, 180, 230; **wyllen** *2 pr. pl.* 37/100; **wyl** *pr. pl.* are willing 34/212, 37/101; **wolle** *pr. subj. sg.* wish 32/94; **willyng, wyllyng** *pr. p.* desiring 26/75, 40/146; **wold** *pa. subj. sg.* ~ *God* would God, I wish to God 2/73; **wold(e)** *pa. sg.* would, wanted to 2/87, wished 43/54; **woldust** *2 pa. sg.* were willing 34/219; **wolde** *1 pa. subj. sg.* was willing 34/218; **wolde** *3 pa. subj. sg.* should want to 34/173; **woldon** *pa. pl.* would, intended to 2/71
wyndow *inf.* winnow 44/121
wynt *n.* wind 3/184
wyntur, wyntir *n. pl.* years 34/95, 98, 100, 101
wypte *pa. sg.* wiped 43/44, 57
wyrchon, wyrcheth, wirkyd see **worschon** *inf.*
wyried *pa. p.* worried, attacked 45/88, 90
wyse, wyce *n.* way 5/98, 33/7, 42, ways 41/66, 43/135
wyste, woste see **wyt(t)on** *inf.*
wyt *adj.* white 37/87
witalle *adv.* aswell 34/27
wytenes *n.* witness, testimony 12/135
wyth *adv.* with it, aswell 2/132, 3/12
wyth *conj.* by 53/150
wythdraweth *3 pr. sg.* detracts 53/152; **wythdrow** *pa. sg.* ~ *hym* withdrew, left 42/26; **wythdrowon** *pa. pl.* withdrew, kept back 63/72
wythin *prep.* inside 29/24
wythin(e)forth, withineforth(e), withineforth(e), wythinneforþe, *adv.* inside 6/92, 19/79, 20/5, 25/74, 28/47, 36/25
wythin(n)e, witinne *adv.* inside 29/11, 32, 30/94
wythyn-tre *n.* willow tree 41/201
wythout(e), wythowtyn, witowten, witowtyn, wythough, witowton, witoȝten, *prep.* without 17/19, 20, 71, 87, 142, 143, 28/141, 30/70, apart from 43/103, 48/93
wythouteforth *adv.* outside 16/123, 20/4
wythouton, withowtyn *adv.* outside 10/96, 28/46
wythstrayne *inf.* restrain 21/14
wythur see **wyd(o)ur** *adv.*
wytinly, wytinglyche, *adv.* wittingly, knowingly 20/100, 31/91
wytte *n.* cleverness 28/4, 46/4, learning 39/3, 6, 9, 10, sanity 43/151
wytteryng *vbl. n.* knowledge 61/36
wyttyng *vbl. n.* news 2/172, 61/92
wyt(t)on, wytyn, wytte, weton *inf.* know 31/90, 33/40, 35/10, 37/71, 39/69, 138, 43/41, 57/71; **wyttyng** *pr. p.* 25/81; **wot(te), wote** *1 pr. sg.* know 2/46, 4/28, 15/180, 32/91, 34/78; **wot(te), wotteth** *3 pr. sg.* 16/94, 36/12, 41/40; **wytteth** *2 pr. pl.* 39/59; **wyt(te), wyttuth** *3 pr. pl.* 7/62, 39/57,

68/46; **wyte** *imp. sg.* know 2/107; **wyst(e), weste** *pa. sg.* knew 2/35, 3/88, 6/171, 11/67, 23/136, 25/11, 31/20, 33/73, 34/200, 41/25; **woste** *1 pa. sg. subj.* 29/75
wlateful *adj.* disgusting 11/81
wlaten *inf.* retch, feel disgust 11/82
wlues *n. poss.* wolf's 50/84; **wluus** *n. pl.* wolves 65/57
wode *pa. sg.* waded 26/90
wod(e) *adj.* angry 2/90, mad 2/111, 33/106, 55/78, 83, 85, ~ *wrogh/wrothe* furiously angry 5/60, 18/75, 34/114
wode-hony *n.* wood-hony 44/85n
woldo (from *wolde do*) would do 60/76
wolnyth *3 pr. sg.* wishes, longs for 65/60
wolward *adj.* wearing wool next to the skin (as a penance) 10/197
wolwod *pa. p.* wriggled 53/166
wombe *n.* womb 10/15, 46/62, stomach 18/26, 19/65, 46/73, 66/24
wonde *pa. sg.* wound, tied 28/56; **wondet** *pa. p.* 15/6
wondud *pa. sg.* wounded 31/28; ***wonde** *pa. pl.* 61/66
wondur, wondor *adv.* wonderfully, very 14/131, 16/78, 33/53, 58, 36/57
wone *n.* habit 18/16
won(e)d, wonte *pa. p.* wont, accustomed, in the habit of 1/84, 2/28, 4/58, 18/15, 19/98
wonnon(n) *pa. p.* won, gained 25/81, conquered 32/74
wonon *inf.* live 33/88; **wonon** *pr. pl.* 55/161; **woned, wonyd** *pa. sg.* 27/124, 33/94, 97
wonte *inf.* want, lack 3/63; **wontud** *pa. pl.* 3/65
wo(o), whoo, woe *n.* woe, misery 1/97, 109, 111, 137, 3/36, 32/18, 25, 45/48, ~ *is/ys me/hym/þe trew man*, woe is me, etc. 1/143, 4/27, 21/145, 22/9, 24/*50; **woes** *n. pl.* 43/112
worchep(on), worchep(p) *inf.* worship 32/7, 24, 51/4; **worcheppud** *3 pr. sg.* 34/67; **worschep(yth)** *pr. pl.* 37/60, 41/112; **worcheputh** *imp. pl.* 32/24, 41/181; **worcheppot** *pa. p.* 55/103
worching(e), worchyng *vbl. n.* working, performing 2/65, 81, 3/129, deeds 28/112, action 40/19, 41/16
worde *n.* world 1/46, 48; **wordys, *wordus** *poss.* 46/103, 62/*41
wore see **wher(e)** *pa. pl.*
worl(el)y, wordely, worldy *adj.* worldly 2/9, 6/115, 34/66, 54/121, 128, 57/62
worme *n.* dragon 30/30; **wormys, wormus, wormes** *n. pl.* snakes 31/80, 37/116, insects 32/88, 44/78
wor(s)chep, wyrschep, vorchep *n.* worship, honour 15/25, 40/5, 6, 10, 25, 27, 43/4, 55/4, 53, 57/16, respect 54/78
worschep(p)yng *vbl. n.* worshipping 40/13, 66
worschon, wyrchon *inf.* work 28/38, 55/184; **wyrcheth** *3 pr. sg.* effects, performs 38/100; **wroght(e), worched** *pa. sg.* brought about 9/71, acted, performed 43/67, 102, 45/84, 50/21, 121; **wrowgthon** *pa. pl.* performed 63/69; **wroght(e), ywroght, iwirkyd** *pa. p.* performed 3/101, 23/91, 43/105, worked 55/187
worth see **wroth(e)** *adj.*
worthe *pr. subj. sg.* may it be Add2/41 (see Add2/40–1n)
worthe, worthi, worthy, worþe *adj.* worthy 24/68, 34/66, 67; worth, the equivalent in value to 34/20, 22, 24, 46
wortus *n. pl.* roots, vegetables 45/52
woso *pron.* whoso 13/129
woste, wot(te), wotteth see **wyt(t)on** *inf.*
wowe *n.* wall 43/132, 51/32
wrache *n.* vengeance 9/54, 27/74
wrast *pa. sg.* spurted 2/101
wrastel(en), wrastelyn *inf.* 20/71, 75, 79; **wrastelen** *pr. pl.* 10/64; **wrasteled** *pa. sg.* 20/60
wrasteler *n.* wrestler 20/70
***wrastelyng** *vbl. n.* wrestling, struggle 14/159
wrath *n.* wrath, anger 2/90
wrath *inf.* anger, annoy 15/135; **wraþthud** *pa. sg.* angered 26/43; **wrathed** *pa. pl.* 7/93
wreken *inf.* avenge 5/73; **wreke** *imp. sg.* 34/92; **wrokyn** *pa. p.* 39/115
wrengeth *3 pr. sg.* wrings 5/103; **wryngyng** *pr. p.* 49/109; **wrong, wrynggyd** *pa. sg.* 46/58, 49/91
wreþe *n.* wreath 24/89
wryed *pa. sg.* turned 12/48
wrytte *n. holy* ~ holy Scripture 29/76
***wryþen** *pa. pl.* plaited 27/64

wroghly *adv.* angrily 15/74
wroght(e) see **worschon** *inf.*
wroth(e), wrogh(t), worth *adj.* wrathful, angry 1/102, 3/134, 5/60, 73, 6/173, 9/38, 37/107, 121, 42/40, 42, 45/67, *85; **wroþer** *comp. adj.* 66/34
wrotte *pa. sg.* wrote 22/42
***wundur** *adv.* wonderfully, amazingly Add1/100

Y

yee, yen see **eye** *n.* eye
yode see **ȝod(d)e** *pa. sg.*
yor see **or (þat)** *conj.*

Ȝ

ȝa *interj.* yes 34/99
ȝaf (*ȝ* for *þ*) see **ȝow** *conj.*
ȝan(ne) (*ȝ* for *þ*) *adv.* then 51/5, 57/41
ȝard(e) see **ȝerde** *n.*
ȝarne see **ȝerne** *adv.*
ȝarring, ȝerring, ȝarryng *vbl. n.* roaring 44/30, 33, 35
ȝate *n.* gate 2/141, 142, 171, 31/19, 35/20; **ȝates, ȝatys** *n. pl.* 3/185, 6/25, 45/24
ȝe *interj.* yes 41/197
ȝede see **ȝod(d)e** *pa. sg.*
ȝef(f), ȝif(f), ȝyf *conj.* if 4/80, 7/19, 26/11, 28/12, 76, 109, 29/75, 30/39, 32/20, 53/143
ȝefte, ȝyfte *n.* gift 38/30, 40, 59, 63, 78, 41/32, 37, **ȝeftes, ȝeftys, ȝeftus, ȝyftes, ȝyftis, ȝyftys** *n. pl.* 1/98, 24/77, 38/26, 79, 82
ȝeftur *n.* gift Add6/105
ȝey (*ȝ* for *þ*) *3 pl. pron.* they 55/66
ȝeynbye *inf.* buy back, redeem 6/19
ȝe(y)nstonde, ȝeynstande *inf.* withstand 7/26, 56/81, oppose 13/19; **ȝeynstod(e), ȝeynstod** *pa. sg.* opposed 2/88, 39/145, resisted 2/106; **ȝeynsto(n)den, ȝeynestodon** *pa. pl.* resisted 7/32, 35, 61/98 (see too **aȝeynestandon** *inf.*)
ȝeynstondyng *vbl. n.* withstanding, resisting 8/45
ȝelde see **elde** *n.*
ȝelle, ȝellon *inf.* yell 1/142, 65/42; **ȝelling, ȝolling, ȝollyng** *pr. p.* 55/179, Add2/101, 110
ȝellyng *vbl. n.* yelling 55/174
ȝen (*ȝ* for *þ*) *adv.* then 35/59
ȝent see **al(le)** *adj.*
ȝerde, ȝard(e) *n.* rod 10/87, 202, 41/201, 202, stalk 53/18; **ȝerdes, ȝerdus, ȝardus** *n. pl.* rods 8/82, 84, 16/26, 52/99
ȝeryeth, ȝerþe *n.* earth Add6/104, 116
ȝerne, ȝarne, ȝurne *adv.* freely 11/32, violently 18/33, energetically 63/25, eagerly 34/199, 35/22, 41/87, 52/20, 61/*61
ȝette (*ȝ* for *þ*) *dem. adj.* that 44/131
ȝeu(e), ȝef(f), ȝeuen, ȝeuon, ȝevon, ȝevyn, ȝeffon, ȝyf *inf.* give 2/132, 4/16, 5/67, 6/159, 162, 16/49, 50, 95, 25/84, 27/23, 154, 28/139, 29/83, 91,30/12, 34/201, 35/46, 37/25, 98, 102, 43/11, 155; ~ *vp* give up, surrender 32/128; **ȝeue** *1 pr. sg.* 29/77; **ȝe(ue)th, ȝeffeth, ȝeffuth, ȝefuyth, ȝeueth, ȝeuith, ȝeuyth, ȝeveth, ȝevoth, ȝef(f), ȝyff, geffyth** *3 pr. sg.* 15/45, 16/87, 90, 91, 93, 19/27, 26/58, 34/10, 11, 37, 49, 122, 126, 128, 132, 133, 169, 178, Add1/56; **ȝeyu** *pr. pl.* 15/41; **ȝeve** *pr. subj. sg.* 39/122; **yef** *imp. sg.* 41/140; **ȝeueth** *imp. pl.* 19/106; **ȝeueing, ȝefvyng** *pr. p.* 25/52, 27/101; **ȝaf(f), ȝeue, gaf** *pa. sg.* gave 2/98, 20/32, 26/57, 88, 28/14, 69, 35/48, 71, 44/49, ~ *hyr goste* surrendered her soul 43/81, ~ *vp þe gost* gave up the ghost, i.e. died 2/109–10, 41/152; **ȝyffon, ȝef, ȝaf, ȝeve(on)** *pa. pl.* gave 1/91, 96, 27/74, 30/9, 66/40; **ȝe(ue)n, ȝeven** *pa. p.* 19/107, 26/46, 28/66, 137, 39/18, 57/18
ȝydur (*ȝ* for *þ*) *adv.* thither, (to) there 22/13
ȝitte, ȝet(t)e, ȝytte, yitte, ȝet, ȝote *adv.* yet 15/186, 215, 17/146, 29/81, 30/73, 43/54, 45/73, still 30/65, 32/79, 34/173, 36/33, 37/16, 41/79, 45/155, 156, 46/47, 65/46, furthermore 32/80, even now 3/17
ȝod(d)e, ȝede, yode *pa. sg.* went 1/124, 125, 2/10, 28, 110, 5/38, 26/9, 42, 27/131, 30/96, 34/76, 89, 97, 50/54; **ȝodyst** *2 pa. sg.* 44/48; **ȝodon, ȝode(n), ȝodyn, ȝedon** *pa. pl.* 3/96, 5/72, 9/36, 15/69, 25/12, 28/95, 39/32, 46
ȝokuth *imp. pl.* yoke 50/106; **ȝokyd** *pa. p.* 50/114

ȝoldon *inf.* ~ *vp þe goste* give up the ghost, die 27/103; **ȝolde** *1 pr. sg.* yield, give 53/68; **ȝelduth, ȝoldeth** *3 pr. sg.* gives 34/45, ~ *vp þe goste* 19/87; **ȝeld** *imp. sg.* 2/97; **ȝold(e)** *pa. sg.* ~ *vp/up þe gost* 3/91, 26/38, 32/70–1; **ȝoldon** *pa. pl.* ~ *hem* surrendered themselves 33/58

ȝonder, ȝondur, þendur (*þ* for *ȝ*) *adj.* yonder, over there 10/58, 45/151, 57/138

ȝongar, ȝongur *comp. adj.* younger Add6/77

ȝonyng *pr. p.* yawning 1/107; **ganed, ȝonyd** *pa. sg.* yawned 31/66, 68, 48/45

ȝont *adv.* yonder, over there 2/12

ȝore *adv.* long since 52/105

ȝow *2 pl. pers. pron.* you 34/217

ȝow, ȝof, ȝaf, (*ȝ* for *þ*) *conj.* although 21/158n, 27/114, 34/118, 43/123, 53/56 (see too **þagh** *conj.*)

ȝowþe, ȝowght, ȝoghe *n.* youth 3/7, 46/41, 48, 60/50

ȝus, ȝis *interj.* yes 21/11, 158, 34/214, 58/87 (see too **ȝa, ȝe** *interj.*)

GLOSSARY OF PROPER NAMES

The Glossary of Proper Names is comprehensive (although references to God, Jesus Christ, and the Holy Ghost are not recorded), but references are limited to four entries for each sermon, after which 'etc.' indicates further examples. Since it is medieval practice to cite a person by Christian name with optional surname, such entries are listed under the Christian name. Variant spellings are listed in order of frequency (where there is no such order, they are listed alphabetically). Initial ⟨i⟩ and ⟨u⟩, whether vowel or consonant, are in alphabetical order.

Aaron Aaron, brother of Moses 61/13

Abagarus king of Edessa 63/29, 32

Abbanes messenger of the king of India 5/28, 30, 34, 61

Abya Hebrew priest 44/52

Abraham, Habraham Abraham 12/137, 141, 17/92, 93, 104, 105, etc., 20/48; **Abrahammes** *poss.* 66/66

Adam Adam, the first man 1/21, 9/15, 15/121, 123, 134, 135, etc., 33/7, 36, 40/16, 17, Add1/29, 33, 36, 37, etc., Add3/14, Add6/152; **Adam(us)** *poss.* 28/124, Add1/*54

Adam man healed by St Winifred 43/107, 112

Addeley 30/102n

Adelston King Athelstan 56/97

Aduent(e) Advent, the season before the Nativity of Christ Pro/15, 1/3, 15/41

Alexander Pope Alexander (II?) 40/54, 47/80 (see 40/48–64n)

Alexandur, Alysaundyr the city of Alexandria 31/18, 67/10

Alysaunder, Alisa(w)ndir Alexander the Great 44/25, 29, 36

Alkemond(e), Alkemunde St Alkmund 56/42, 70, 81, 84, etc.; **Seynte Alkemundes day** the feast of St Alkmund 56/2

Alle Soule Day All Souls' Day 65/2

Allessaunder/Alexander (Nekkam) Alexander Neckam 26/66, 40/89

All Halogh (the feast of) All Saints 64/3

Alpheus husband of Mary Cleophas 51/78

Alpynyus a scholar 40/53 (see 40/48–64n)

Amasa killed by Joab 24/55, 56

Ambros St Ambrose 23/74, 26/64

Ananias disciple who came to Paul 13/62

Ancelme, Anselme St Anselm, theologian and Archbishop of Canterbury 34/64, 54/31

Androw(e), Andraw, Andrew St Andrew 2/13, 21, 32, 34, etc., 60/59, 64, 65; **Seynt Andrewes day** 2/2; **Androwes** *poss.* 2/113

Anne St Anne, mother of the Virgin Mary 4/12, 13, 25, 26, etc., 14/56[2], 51/2, 5, 44, 48, etc., 57/4, 7, 19, 33, etc.

Anne Hannah, mother of Samuel 51/9, 11, 12, 14

Anne Anna, wife of Raguel 51/15

Anne Anna, wife of Tobit 51/26

Anne Anna, who received Christ in the temple 14/53, 56[1], 61, 51/36, 38, 39

Antecriste, Antecryst Anti-Christ 8/66, 61/21

Antyoche the city of Antioch 30/89

Apocalyps Apocalypse, Book of Revelation 61/70

Appul(l)ea Apulia, present-day Puglia 31/55, 61/27

Armeny Armenia 16/128

Arostodinus a pagan bishop 8/24

Ascencion Day the feast of the Ascension 40/5–6

Asya Asia 8/14

Aske Wednesday Ash Wednesday, the first day of Lent 19/13

Assumpcio(u)n, *þe (holy) ~ of oure Lady* the feast of the Assumption of the Virgin 18/48, 53/3, 54/3

Astorothe Astaroth, a pagan idol 55/51

Astrages a king, brother of Polymius 55/124

Astur, Astren, Astron, Estur Easter 10/32, 19/3, 31/81, 32/5, 34/62, 37/7, 58/*5; ~ *Day* 17/8, 18/47, 20/9, 23/118, 28/21, 29/3, 5, 37/*12–13, 40/5,

41/126, 53/202; ~ *Even/Evon* 15/213, 28/90, 103, 135; ~ *morowon* 49/163; ~ *Saturday* 15/218–19; ~ *weke* Easter week 15/212, 16/58, 22/36–7, 28/97, 31/95
Ato grandfather of Pontius Pilate 27/12
Attyla Attila the Hun 40/48
Auberte earl of Venice 41/142
Austyn, August(ine), Austene St Augustine 1/20, 6/82, 7/107, 11/20, 49, 13/85, 24/24, 27/8, 113, 34/52, 37/69, 41/48, 102, 46/18, 52/9, 53/146, 54/127, 58/75, 68/38
Axoburgge Exebridge 41/185n

Balaham Balaam 12/15
Bares, Barus the city of Bari 3/95, 99
Barys a hill in Armenia 16/129
Barnabe St Barnabas 42/2, 15, 18, 21, etc.
Barnarde see **Bernard(e)**
Barpanther Joachim's father 51/65, 66
Bartholomew(e), Bartholomey St Bartholomew 55/5, 6, 8, 31, etc., **Seynt(e) Bartholomeis/Bartholomew day** the feast of St Bartholomew 55/2, 159–60
Bathe Bath, Somerset 57/151
Bede St Bede, author 1/121, 28/115, 37/37
Bedle(e)m, Beddelem, Bethleem the city of Bethlehem 6/29, 45, 95, 160, 9/32, 47, 12/39, 40, 44, 55, 23/84
Benet St Benedict 47/77
Beniamyn Benjamin, Joseph's youngest brother 21/113, 127; **Beniamynnus** *poss.* 21/117
Bernard(e), Barnarde St Bernard of Clairvaux 1/35, 12/68, 15/*119, 20/16, 24/86, 37/49, 53/142, 54/81, Add6/115
Bernarde a prisoner released by St James 50/122
Betaynn, Betanye the city of Bethany 25/7, 49/16
Bewnow, Bewnaw St Beuno, North Welsh saint 43/*8, 40, 45, 51, etc.
Byretus Berith in Syria 33/87
Bytynye Bithynia in Asia Minor 62/70
Boneface þe ferthe Pope Boniface IV 64/21–2
Brendan, Brandan St Brendan 18/31, 33, 39, 45, etc., 61/88
Brewa former name of St Winifred 43/65
Brystow Bristol, Gloucestershire 57/123, 124

Caluarye, Caluery the hill of Calvary 17/127, 27/67, 93, 33/77
Candelmas(se)/Candelemas/Candelmes/Candulmas/Kandulmasse Day Candlemas Day, the feast of the Purification of the Virgin 14/2, 87, 116, 128, 18/48, 29/5, 51/37
þe Cane of Galile/Galylee Cana in Galilee 12/11, 54/84
Canturbyry, Canturbury, Canterbyry, Canturbery, Caunterbery, Caunterbury, Cauntirbery, Cauntirbyri the city/province of Canterbury 10/78, 124, 128, 179, etc., 41/83, 47/3, 73, 93, 56/96
Capytolion the Capitoline hill in Rome 45/110, 112
Carpe see **Karpe**
Ceolus Coel, king of the Britons 33/65
Cepontyne the city of Sipontus, Italy 61/60
Cesarce Caesarea 5/29
Charles, Kyng the emperor Charlemagne 11/73 (see too **Karolus**)
Chepe see **(S)chepe**
Chyldermas/Chyldremas Day Holy Innocents' Day, the feast of the massacre of the Innocents 9/3, 10/127
Chylmysforde Kempsford, Gloucestershire? 56/78n
Cipur Cyprus 42/37
Cythea Scythia 32/9
Clement Pope Clement I 45/100
Cleophas second husband of St Anne 51/69
Coleyn(e), Colayn the city of Cologne 5/114, 6/100, 12/82
Constantyn(e) the emperor Constantine 9/77, 33/42, 43, 44, 47, etc., 36/61
Cornewayle Cornwall 61/43
Corpus Christi (the feast of) Corpus Christi 41/3
Cosdre, Cosdra Chosroes, king of Persia 58/14, 21, 27, 46
Crad(d)ok Caradoc, a prince of North Wales 43/26, 32, 37, 44
Cryste(n)mas, Criste(n)mes,

Cristonmes(se), Cristemesse, Cristmas, Crystonmas Christmas 12/3, 20, 15/7, 40/5, 44/130, 47/76, 95, 59/11; ~ *Day* Christmas Day 18/47, 23/115
Crowland place of Benedictine abbey in Lincolnshire 55/158

Damasce the city of Damascus 13/38
Darius Darius, king of Persia Add6/187
Dauid Dauid, Hebrew king and author of the Psalms 13/14, 40/91, 46/130, 132, 51/49, 50, 57, 59, etc.; **Dauid** *poss.* 17/137
Decius a general 52/58, 62, 63, 68, etc.
Denmark Denmark 4/75
Derby the town of Derby 56/124
Deveneschyre the county of Devon 41/185
Dyalogges the *Dialogues* of St Gregory the Great 68/*27
Dyoclisiane the emperor Diocletian 30/51
Domycyan the emperor Domitian 8/13
Dominek St Dominic 16/147, 157
Drusyan(a) Drusian, a widow 8/70, 71, 91
Dunstane St Dunstan 14/115; **Donustannes** *poss.* 14/122

Edmunde of Pownteney St Edmund of Abingdon (d. Pontigny 1240), Archbishop of Canterbury 40/121
Edward(e) (þe Confessour) St Edward the Confessor 8/120, 121, 35/42
Eg(g)eas Egeas, a judge 2/85, 90, 104, 107, etc.
Egypt(e), Egyppe Egypt 6/108, 9/56, 21/62, 93, 22/7, 79, 23/84, 28/94, 61/13
Elchana Elkanah, father of Samuel 51/11
Elysabeth, Elyzabeth, Elizabeth Elisabeth, mother of John the Baptist 23/48, 49, 51[1], 55, 44/60, 61, 62, 64, etc., 54/83; **Elysabeth** *poss.* 23/51[2]
Elisabeth/Elyzabeth (of Spayne) St Elisabeth of Portugal 53/171, 177 (but see 53/171–81n)
El(l)eyne, Heleyn(e), Elyn Helena, mother of Constantine 33/41, 63, 64, 67, etc., 58/6, 8
Embryng/Embring Dayes Ember Days 59/1, 2, 40
Eng(e)lon, Engelond, Eng(e)lande see **Yngland(e)**
Ephesim, Ephesy the city of Ephesus 8/69, 35/5, 53/41
Ephifanus Epiphanus, father of St Nicholas 3/6
Epiphany the feast of the Epiphany 12/3
Eraclius the emperor Heraclius 58/21, 25, 36, 41, etc.
Erkal the Ercall, a hill in Shropshire 43/107n
Ermogenes, Ermogynes Hermogenes, sorcerer 50/14, 22, 28, 36, etc.
Esau, Esaw Esau, brother of Jacob 20/28, 29, 34, 36, etc.
Esechyel the prophet Ezechiel 39/126
Estur see **Astur**
Ethelberde King Ethelbert of Kent 45/132
Eue, Eve, Ewe Eve, the first woman 9/15, 11/53, 14/30, 15/123, 130, 134, 147, etc., 19/31, 38, 33/36, 40/17, Add1/38, 82, Add6/153
Eufigenia Ephigenia, princess of Nadabar 60/*69, *74, 75; **Eufigenias** *poss.* 60/83
Eukrius the bishop Eucherius 68/102
Eulalya, Evlalya a nun Eulalia Add4/13, 18

Februa Februa, mother of Mars 14/*85, 89, 97
Fylberde, Fylberte St Philibert 23/141, 143
Flemmynges Flemings (from Flanders) 10/25
Foca the emperor Phocas 64/22
Fra(u)nce France 10/39, 114, 119, 123, 27/24, 38/89, 47/68, 71, 52/55, 57, 59, 57/121, 68/102
Fredwek the emperor Frederick I 55/145

Gabriel, Gabryel the angel Gabriel 23/6, 10, 89, 107, 44/51, 54/59, 83, 62/53, Add4/3
Galile, Galelye, Galylee Galilee, region of Israel 2/17, 12/11, 37/94, 45/107, 54/84
Garganes, Garganus, Monte Gargano, a hill in Puglia, Italy 61/28, 64
George St George 30/4, 5, 18, 27, etc.
Gestes of France Gesta Francorum 68/101 (see 68/101–8n)

Gestus/Gestes of (þe) Romaynus/ Romanes *Gesta Romanorum* 24/102, 25/58–9, 55/144
Gethsamany, **Gethsemany** Gethsemane 53/70, 92
Gylbard, **Gylbert** Gilbert, father of St Thomas of Canterbury 10/4, 5, 9, 11, etc.
Gyles, *Seynt ~ chyrch* the chapel attached to St Giles' hospital, Shrewsbury 43/93–4n
Glowcestur Gloucester, Gloucestershire 57/123
Goddys Sonnonday, **Goddus Sonunday** God's Sunday, i.e. Easter Sunday 29/4, 55
Gode Fryday Good Friday 27/3–4, 128
Gowdolok St Guthlac, hermit of Crowland 55/158
Gregory(e), **Gregor(i)** St Gregory (Pope 590–604) 5/23, 13/115, 31/74, 39/125, 127, 130, 134, etc., 40/59, 41/168, 172, 175, 178, 52/145, 61/9, 53, 68/26; **Gregory(e)**, **Gregorius** *poss.* 39/133, 41/164, 61/51
Gregorius Pope Gregory IV 64/26

Habraham see **Abraham**
Hayles the abbey of Hailes 33/127
Haymo Haymo of Auxerre 28/78 (see 28/76–89n)
Halys Hales, Staffordshire? 68/117n
Heyly the prophet Elijah 51/10
Heleyn(e) see **El(l)eyne**
Herod(e), **Herowde** Herod the king 6/107, 9/27, 28, 30, 32, etc., 12/34, 36, 38, 39, etc., 27/34, *38[1], 38[2], 44/99, 100, 102, 105, etc., 46/93, 50/64, 66, 51/53, 59
Hyrtachus Hirtacus, king of Nadabar 60/74
Holy Lond the Holy Land 10/6
Holy Rode Day Holy Rood Day, the feast of the Invention of the Cross 33/2, 58/4–5, the feast of the Exaltation of the Cross 58/2
Holy þrusday/þursday Maundy Thursday 17/102–3, 23/122
Hugo Moruyle Hugh de Morville 10/129

Iacob Jacob, father of Joseph 12/16, 20/24, 25, 28, 29, etc., 21/55, 92
Iacob St James the Less, son of Mary Cleophas 32/39, 41; **Sent Iacobus day** the feast of St James 32/4 (see too **Iamus/Iames (þe lasse/lesse)**)
Iames/Iamus/Iamys (þe more) St James the Great, son of Mary Salome 32/40[2], 35/38, 50/5, 16, 18, 22, etc., 51/81–2; **Seynt Iamys day** the feast of St James 50/2; **Iames, Iamys, Iamus** *poss.* 50/27, 68, 111
Iamys author of the Epistle of St James (assumed to be St James the Less) 39/74
Iamus/Iames (þe lasse/lesse) St James the Less, son of Mary Cleophas 26/17, 18, 32/40[1], 41, 45, 56, etc., 51/79 (see too **Iacob**)
Ieremye, Ieromy, the prophet Jeremiah 24/19, 63, 27/76, 44/45
Ierico the city of Jericho 19/21
Ierom St Jerome 1/53, 19/*67, 64/31
Ieropolym Hierapolis 32/34
Ierusalem the city of Jerusalem 7/108, 10/165, 166, 180, 209, 12/30, 80, 13/14, 32, 19/21, 129, 25/11, 34, 27/34, 71, 75, 79, 28/94, 30/90, 93, 32/54, 56, 73, 80, etc., 33/63, 69, 84, 128, 35/51, 39/32, 49, 42/12, 49/14, 75, 110, 51/36, 40, 46, 53, 57/38, 58/9, 11, 17, 53, 62/65, 63/33
Ievrye, Iewry, Iuri, Iury, þewry Jewry, the land of the Jews, i.e. Judea 12/24, 30, 18/68, 27/36, 50/12
Iew(e) Jew 3/107, 108, 109, 112, etc., 23/92, 94, 99, 102, etc., 33/88, 94, 100, 104, 53/201, 57/120, 58/78, 86, 88; **Iewes, Iu(w)es** *n. pl.* 6/95, 7/16, 129, 8/22, 9/27, 29, 11/50, 12/16, 26, 34, 13/29, 14/15, 16/*25, 17/125, 18/10, 18, 23/76, 24/4, 11, 20, 22, etc., 26/29, 27/107, 108, 110, 32/43, 77, 96, 129, etc., 33/32, 37, 70, 91, etc., 39/28, 48/64, 49/57, 59, 50/63, 69, 54/69, 62/65; **Iewes, Iues** *poss. pl.* 13/19, 14/12, 45, 18/70, 32/66
Ynde India 5/24, 27, 30, 50, 12/75, 44/26, 53/133, 55/49, 105, 63/59
Yngland(e), Eng(e)lon, Engelond, Eng(e)lande England 1/121, 4/74, 10/9, 117, 118, 120, etc., 33/65, 66, 35/61, 63, 69, 41/118, 47/44, 71, 81, 93, 56/64, 66, 97
Innocen(te)s the Holy Innocents 7/76,

86, 9/4, 10, 57, 46/94; **Innocentes Day** Holy Innocents' Day, the feast of the massacre of the Innocents 9/2–3

Ioab Joab, killer of Amasa 24/54, 55

Ioachym, Ioachim Joachim, father of the Virgin Mary 4/6, 18, 20, 22, etc., 51/48, 58, 61, 68, 57/7, 37; **Ioachymes** *poss.* 51/66

Iob the prophet Job 15/118, 34/125

Ioel the prophet Joel 39/61

Iohanna Joanna, mother of St Nicholas 3/6

Iohn a converted Jew 57/151

Io(h)n/Io(h)ne/Ionh/Ihon (Baptyst/Baptiste) St John the Baptist 2/*8–9, 11, 14, 12/108, 114, 115, 120, 23/49, 54, 55, 44/15, 43, 45, 46, etc., 57/23, 27–8, 64/78; **Io(h)nes/Ionys (Baptiste)** *poss.* 44/19, 51, 86, 97, etc.; **Seynt Ionys day Baptyste** the feast of St John the Baptist 44/2

Io(h)n/Ionh Belet(te), Belete, Bellette John Beleth, author of *Rationale Divinorum Officiorum* 18/4, 25/34, 27/98, 28/39, 40/*15, *49, 41/113, 44/20, 57/67, 68/80, 91, Add2/68, Add3/17

Io(h)n/Ion(e)/Iohne/Iohnn ((þe) eua(u)ngeliste/euangelyst(e)/euaungelyste) St John the evangelist, son of Mary Salome 7/75, 84, 8/3, 13, 15, 19, etc., 12/146, 25/6, 26/36, 35/6, 12, 14, 23, etc., 44/128, 141, 46/86, 49/19, 20, 50/6–7, 51/*82, 53/40, 41, 43, 45, etc., 61/70, 62/5, 15, 31, 34, Add1/124; **Ion(n)es/Ionus/Iohn ((þe) euangeliste/ euaungelyste/ ewangeliste)** *poss.* 8/123, 32/41, 35/17, 32, 44, 47, 50/6–7; **Seynte Iones at þe Porte Latyn day** the feast of St John at the Latin Gate 35/2

Iohn (Mark) a follower of Paul and Barnabas 42/22, 32, 46

Iohnes *pl.* SS John the Baptist and John the Evangelist 44/130, 139

Ion Crysostom, Ionn Grysostomum St John Chrysostom, Church doctor 5/113, 55/21

Iordayne, Iordan(e) the river Jordan 12/10, *103, 40/110, 44/3, 88, 57/79, 61/18

Iosaphus Josephus, Jewish historian 16/128, 27/78

Ioseph Joseph, father of the Virgin Mary 6/*44, 54, *62, 68, 9/55, 11/*61, 62, 12/67, 137, 23/8, 59, 61, 69, etc., 51/36, 68, 54/69; **Iosep(h)** *poss.* 57/85, 87

Ioseph Ioseph, son of Jacob 21/51, 55, 56, 63, etc.; **Ioseph, Ioseps** *poss.* 21/92, 110

Ioseph . . . Barsabas Joseph Barsabas, son of Mary Cleophas 18/64, 51/79–80

Yrelande, Yrelonde Ireland 16/78, 46/21

Ysaac Isaac, son of Abraham and father of Jacob 17/104, 109, *111, 116, etc., 20/26, 33, 48

Ysacar Ysachar 4/19n

Israel Israel, the later name of Jacob 20/64, 70

Israel the tribe of Israel 4/22, 25/17; *þe pepul of* ~ the Israelites 22/8, 51/10, 61/16; *þe schildron of* ~ the Israelites 28/93

Iudas Judas, the Jew who revealed the True Cross 33/73, 75

Iudas (Iacobi/Thadeus), Iude St Jude, son of Mary Cleophas 51/80, 63/2, 7, 16, 60, etc.

Iudas (Schariote) Judas Iscariot 18/12, 13, 31, 36, etc., 26/14, 19, 41, 28/66, 32/44

Iulyan apostata Julian the Apostate, emperor of Rome AD 361–3 44/119

Iuri/Iury see **Ievrye**

Kalyx Pope Callistus I 59/3

Kandulmasse Day see **Candelmas(se) . . . Day**

Karolus the emperor Charlemagne 68/102 (see too **Charles, Kyng**)

Karpe, Carpe a holy man Carpus 37/105, 107, 119, 126

Katerine St Katherine 67/4, 12, 23, 27, etc.; **Seynte Katerine day** the feast of St Katherine 67/2

Kyngus, *þe Boke of* ~ the Book of Kings (4 books in the Vulgate but in *AV* 2 Books of Samuel and 2 Books of Kings) 24/53–4

Laban Laban, uncle to Jacob 20/42

Lasyna, Lasina Lasma 41/164, 166, 170 (see 41/163–80n)

Laterens St John Lateran, church in Rome 46/86

La(u)rens, Larans, Laurence St

Laurence 14/*145, 52/6, 10, *15, 19, etc.; **Seynt Laurens day** the feast of St Laurence 52/2

Lazar(us) Lazarus, brother to Mary and Martha 25/8, 10, 25, 49/15, 53, 60

Legenda Aurea (L.) 'Golden Legend' of Jacobus de Voragine Pro/11, 58/78, 64/55, 65/22, 68/25

Lenton, Lente Lent 20/3, 6, 21/2, 22/2, 28/48, 126, 34/12

Leui son of Nathan 51/64

Lewys Clovis, later Louis, King of the Franks 38/89

Lya Leah, wife to Jacob 20/52

Lyberius Pope Liberius (352–66) 31/76

Lylleshul(l), Lul(le)shull, Lullesyll the abbey/village of Lilleshall 56/117, 68/113, 123, 124, Add6/241

Lyncolne the diocese of Lincoln 17/144

Lincolniencis (L. 'of Lincoln') 36/31 (see **Roberde Grosthed**)

Lol(l)eres, Lollardes, Lollerdes Lollards 40/29, 32, 37, 41/107

London the city of London 10/4, 5, 11, 31, etc., 45/133, 47/23, 25, 28, 57/121

Luc(e), Luk(e), Lucas St Luke 54/160, 62/5, 14, 20, 37; **Seynte Lucus day** the feast of St Luke 62/2

Lucifer, Lucyfer Lucifer, the chief devil 2/166, 48/62, 61/71, 97, Add3/13, Add6/46

Lucillus man healed by St Laurence 52/81

Lumbardus Lombards (of northern Italy) 52/147

Lupa a pagan queen 50/74, 79

Magdaleyn Castele Magdalene Castle, supposed ancestral home of Mary Magdalene 49/16

Mambre the vale of Mambre 17/93

March(e) (of Walys) the Welsh Marches, the borderland between Wales and England 56/66–7, 75, 138

Marg(a)rete St Margaret 48/2, 17, 22, 25, etc., **Margretes** *poss.* 48/88

Mary(e), Mari(e), Marya, the Virgin Mary 4/46, 6/5, 125, 126, 12/138, 14/*93, 23/20, 70, 30/102, 40/99, 41/60, 157, 51/3, 66, 77, 53/22, 196, 198, 54/133, 57/20, 37, 40, 58/134, Add1/123, Add4/4

Mari/Mary Cleophe Mary Cleophas, sister of the Virgin Mary 51/70, 78

(Mary(e)/Mari(a)) (Magdaleyn(e)/ Madeleyn/Magdale(ynn)/ Magdaleny/ Magdeleyne/ Mawdeleyne) Mary Magdalene, sister of Martha and Lazarus 5/25, 8/10, 12/146, 25/9, 49/2, 13, 17, 18, etc., 54/19, 22, 27, 109, etc., Add1/124

Mari/Mary (Salome) Mary Salome, sister of the Virgin Mary 51/72, 80

Mark(e), Marc St Mark 31/6, 24, 25, 31, etc., 62/4, 14, 24, 57; **Seynt(e) Marcus/Markus day** the feast of St Mark 31/3–4, 54, 58–9, 74–5

Mars Mars, god of war 14/81, 90

Martha Martha, sister of Mary and Lazarus 25/9, 49/16, 52, 59, 54/19, 21, 23, 26, etc.

Martile the city of Marseilles 49/64

Martyn(e) 66/10, 22, 28, 30, etc.; **Seynte Martine day** the feast of St Martin 66/2; **Martyn(n)us** *poss.* 66/70, 72

Math(e)y St Matthias 18/64, 66, 68, 72, etc.; **Seynt Matheyus day** 18/2–3

Mathew St Matthew 60/5, 25, 33, 38, etc., 62/5, 14, 19, 57; **Seynt Matheus day** 60/2

Max(c)encius the emperor Maxencius 33/43n, 45, 46, 49, etc., 67/9n, 30

Maximilla Maximilla, wife of Egeas 2/112

***Maximinus** the bishop Maximinus 49/60, 162

Maximus St Maximus 52/3

Melayn the city of Milan 12/81

Merton abbey of Austin canons 47/31

Michael(l), Mychael(l), Myghel, Myhael St Michael 53/100, 101, 61/6, 11, 15, 26, etc.; **Seynt Michael day** the feast of St Michael 61/2

Mychael in þe Mownte St Michael's Mount, Cornwall 61/43

Miletus Alexander of Miletus 33/128

Myrre the city of Myra 3/22, 78, 81, 94

Moyses Moses 22/4, 6, 7, 13, etc., 61/13, 14; **Moyses** *poss.* 51/47

Monte Ioy Monte del Gozo, near Santiago di Compostela 50/165

Nadabar the city of Nadabar 60/29, 66

Nathan son of David 51/64

Natiuite, *þe ~ of oure Lady* the feast of the Nativity of the Virgin 57/3
Nazareth, Nasareht, Nasareth, the city of Nazareth 13/48, 52, 23/6, 58, 32/95
Nero the emperor Nero 45/95, 46/4, 35, 40, 42, etc.
(Newe) ȝeres Day, Newe ȝerus Day New Year's Day, the feast of the Circumcision of Christ 11/2, 15, 17, 19
Nychol the name not used of Nicholas 3/10
Nycholas, Nicholas, Nycho St Nicholas 3/7, 10, 26, 27, etc.; **Seynt Nycholas/ Nicholas day** the feast of St Nicholas 3/2, *180, 189, 4/81–2; **Nycholas** *poss.* 3/163
Nichodemus the Jew Nicodemus 33/89n
Nycol an old man Nichol 2/22, 31, 38, 41, etc.
No(y)e Noah 16/105, 110, 118, 119, etc., Add1/17; **Noes** *poss.* 16/120
Normandy Normandy, north-west France 3/188
Northamton the city of Northampton 10/111, Add1/143
Northvmburland Northumberland 56/ 44
Norwyche the city of Norwich 34/192

Octouian, Octouyan the emperor Octavian 6/38, 135
Odo Odo (Oda), archbishop of Canterbury 41/82, 56/96, 103
Olibrius, Olybryus, Olybrius Olibrius, governor of Antioch 48/31, 79, 94, 97
Olyuete, Olyvete, Oliuete, *Mo(u)nte/ hul(le)/hylle/ of* ~ the Mount of Olives 26/9, 37/19–20, 24, 58/54, 61/ 22
Origenes Origen, scholar and writer 52/ 54

Pallida Pallida, sister of Paule 7/98
Palme Sonnenday/Son(un)day Palm Sunday 25/4, 27–8, 52, 29/6, 41/124
Panteon the Pantheon, Rome 64/11
Panther son of Levi 51/65
Pargame the city of Pergamum 8/76
Parys the city of Paris 66/31
Pasch/Pashe Day Easter Day 29/3, 40
Passioun, *Sonday in þe* ~ Passion Sunday 24/2–3
***Pathmos, Phatmos** the isle of Patmos 8/*64, 35/32
Patras the city of Patras 2/84
Paule Paul, brother of Pallida 7/98
Paule see **Poul(e)**
Pellagius Pope Pelagius II (579–90) 31/ 68
Pers Piers Toller, Piers the Usurer 22/ 96, 99, 102, 105, etc.
Pers Persia 58/14, 63/69
Petur, Petre St Peter 2/15, 9/94, 10/ 177, 17/28, 18/58, 28/72, 31/7, 9, 13, 39/57, 45/3, 7, 10, 20, etc., 46/35, 49/ 76, 110, 117, 139, 53/77, 85, 88, 144, 64/80; **Peteres** *poss.* 64/57
Petur, Petyr deacon to St Gregory 39/ 128, 129, 134, 138, etc.
Pharao Pharaoh, king of Egypt 21/72, 22/7, 21, 30, 28/101
Pharasen Pharisee 49/28
Phatmos see **Pathmos**
Phelyp, Phylyppe Philip, brother of Herod 44/99
Philet(e), Phylete disciple of Hermogenes 50/14, 23, 26, 30, etc.
Philyp, Phylyp, Phylipp(e) the emperor Philip 52/54, 55, 56, 61, etc.
Philippe, Phelep, Phelyp St Philip 32/ 8, 20, *27, 32; **Seynt Philippus day** the feast of St Philip 32/4
Pilate, Pylate, Pylatus see **(Pownce) Pylate**
Pylle mother of Pontius Pilate 27/12
Polymyus brother of King Astrages 55/ 124
Porphyrius, Porphirius a soldier 67/41, 63; **Porphyrius** *poss.* 67/44
Porte Latyn/Laton the Latin Gate in Rome 35/2, 20
Poul(e), Paule, Po(w)le St Paul 7/54, 81, 9/95, 10/11, 13/2, 3, 67, 92, etc., 15/101, 155, 16/20, 17/75, 20/11, 21/ 14, 28/79, 87, 34/6, 16, 42/12, 17, 18, 19, etc., 45/3, 7, 10, 20, etc., 46/35, 53/56, 77, 144, 62/68; **Poule(s)** *poss.* 10/15, 13/105, 45/124
Pountney the abbey of Pontigny 10/93
Pownce country associated with Pontius Pilate 27/29, 33
(Pownce) Pylate/Pilate Pontius Pilate 27/5, 7, 11, 15, etc., 46/95; **Pylatus** *poss.* 32/84
Putyfer Potiphar, Joseph's master 21/63

Quadragesine Quadragesima, Lent 19/2, 3
Quinquagesime, *Quinquagesine Quinquagesima 17/*2–3, 3

Raby Moyses the philosopher Maimonides 37/30
Rachel Rachel, wife to Jacob 20/52
Raguel Raguel, father of Sara, wife of Tobias 51/15; **Raguel** *poss.* 51/22
Ramesey the abbey of Ramsey 4/75
Rebecca Rebecca, mother of Jacob and Esau 20/26, 27
Red(d)e See the Red Sea 22/17, 28/95, *98, 61/15
Reynald (Beresone) Reginald Fitzurse 10/128, 130, 134, 149 (see 10/128–9n)
Reynalde of Chestur Reginald of Chester, i.e. Ranulph Higden 18/95
Remys St Remigius of Rheims 38/88
Richard Bryton Richard Briton 10/129
Rycharde St Aichardus/Aichadrus 28/26n
Roberde Grosthed Robert Grosseteste, bishop of Lincoln 17/144–5 (see too **Lincolniencis**)
Robert Brok Robert de Broc 10/161
Rokeley the parish of Ruckley 68/119
Romanus a soldier converted by St Laurence 52/123
Roman(u)s, Romayns Romans 14/78, 87, 27/29, 46/87, 52/69, 64/9
Rome the city of Rome 6/38, 39, 43, 136, etc., 7/107, 8/13, 9/40, 43, 52, 11/75, 14/88, 17/13, 14, 21, 25/60, 66, 27/22, 31/65, 32/85, 100, 103, 104, 33/44, 68, 83, 35/10, 14, 20, 33, etc., 40/48, 44/119, 45/77, 127, 128, 46/56, 52/16, 56, 63, 69, 61/52, 64/10, 12, 16, 17, etc., Add3/45

Salysbery the diocese of Salisbury 47/87
Salome Salome, one of the midwives at Christ's birth 6/63, 65
Salome third husband of St Anne 51/71
Salomon Solomon 15/48, 33/18, 20, 48/70, **Salomon(s)** *poss.* 33/16, 48/71
Samuel the prophet Samuel 51/9, 14
Sancta Sanctorum (L.) Holy of Holies 11/75–6 (see 11/72–6n)
Sara, Sare Sara, wife of Tobias 51/16, 18, 23
Sare Sara, wife of Abraham 17/105
Saresyne, Sarseyne Saracen 41/119, 122; **Sarsynus, Sarsyn(n)es, Sarysenes** *n. pl.* Saracens, Muslims 10/182, 30/93, 98, non-Christians 24/4, 27/110
Sathanas Satan 19/51
Saul Saul, Hebrew king 13/14
Saul(e) Saul, afterwards St Paul 7/54, 13/13, 15, 26, 41, etc.
Scatulus a priest 52/145 (see 52/145–50n)
Schaftesbery the Benedictine nunnery at Shaftesbury Add4/12
(S)chepe Cheapside, a London street 10/56, 47/23
Schere þur(re)sday, Schyre þrusday Maundy Thursday 8/57, 28/12n, 18, 39, 80, 41/24–5
Scheropschyre Shropshire 56/119
Scresbery the city of Shrewsbury 43/84, 85, 130; **Scresberyes** *poss.* 43/93
Seneca the philosopher Seneca 46/40, 43, 44, 49, etc.
Septuagesun Septuagesima 15/3, 210
Sergius Pope Sergius 14/91
Seth Seth, son of Adam 33/9, 14
Sexagesime, Sexagesine, Sexagesym Sexagesima 16/2, 3, 46, 57
Sybul, Sybyl the Sibyl or prophetess 6/139, 141, 143
Siluester, Syluester, Syluestur Pope Silvester 9/77, 98, 33/61
Symeon Simeon, who received Christ in the temple 14/53, 54, 61, 63; ***Symeones** *poss.* 14/6
Symeon a brother of Joseph 21/103, 115
Symond (Simon the leper) 49/28 (see 49/27–38n)
Symond(e)/Symon (Ȝelotes (Ȝ for Z)/ Chananeus) St Simon, son of Mary Cleophas 51/80, 63/2, 6, 15, 68
Symon(d) (Magus) Simon Magus, sorcerer 45/79, 82, 84, 89, etc., 46/36, 99
Synay, *deserte of* ~ the Sinai desert between Egypt and Palestine 22/6; *hul/mounte of* ~ Mount Sinai 22/39, 80, 67/72
Syxtus, Sixte, Sixtus, Pope Sixtus II 52/15, 32, 34, 52, etc.
Spayne, Speyne Spain 50/8, 73, 85, 129, 52/15, 53/171
Staffordschyre Staffordshire 56/119
Steuen(e), Steven, Stephon, Stevne,

Stewne St Stephen 7/3, 13, 17, 20, etc., 13/22, 27, 40/54, 56, 62/67; **Stephenes** *poss.* 7/116
Steven Stephen Langton 47/81 (see 47/80–1n)
Surre Syria 56/25n

Tempse the River Thames in London 45/136
Tenabulles Tenebrae, the Holy Week services held in darkness 26/5
Tenebras (L. *tenebrae*, 'darkness') Tenebrae, the Holy Week services held in darkness 26/5, 27/77
Thadeus see **Iudas** (St Jude)
Thewnyth father of St Winifred 43/9, *11, 13, 23
Thomas, Thomes (of Cauntirbyri/Cawnturbyry) St Thomas of Canterbury 10/3, 13, 21, 27, etc., 47/4, 12, 23, 30, etc., 54/171; **Sent Thomas day** the feast of St Thomas 10/2, **Seynt Thomes day of Cauntirbyri** the feast of (the Translation of) St Thomas of Canterbury 47/3; **Thomas** *poss.* 10/52, *156, 162, 201, etc., 47/15, 32, 82
Thomas (of Ynde) St Thomas of India 5/10, 12, 14, 17, etc., 12/75, 53/133, 63/59; **Sent Thomas day** the feast of St Thomas 5/2; **Thomas** *poss.* 5/22, 43, 101, 53/137
Thomas Wodewarde priest of Hales 68/119
Tybaude St Theobald 65/74 (see 65/74–93n)
Tybur the river Tiber in Rome 27/55
Tyrus father of Pontius Pilate 27/11
Tytus Titus, son of Vespasian 32/101, 104, 105, 128
Tobye þe elder Tobit 51/28, **Thobyes . . . þe elder** *poss.* 51/26
Tobye (þe ȝonge) Tobias 51/21, 23, 27
Tolþe/Twelue Day Twelfth Day, the feast of the Epiphany 12/2, 18/47
Towres, Towrus the city of Tours, France 66/20, 68
Treni (L. 'laments') OT Book of Lamentations 27/76n
Trinite Sonday Trinity Sunday 40/2
Troy the city of Troy 46/54
Turkus Turks 3/93
Twelue Day see **Tolþe/Twelue Day**

þewry (**þ** for I) see **Ievrye**

Vaspasianus the governor Vespasian 32/86, 87, 88, 90, etc.
Venes the city of Venice 41/142
***Vetulan** the city Vetulana 35/36
Vyncent St Vincent 14/145
Vitas Patrum book of lives of the desert fathers 46/106
Vrbane þe ferþe Pope Urban IV 41/9

Walys Wales 43/90, 147, 56/67, 138
Wen(e)frede, Wen(e)fryth, Wynefrede, Wynfryth St Winifred 21/144, 43/16, 23, 34, 65, etc.; **Seynt Wenefreday** St Winifred's day, the feast of St Winifred 43/2; **Wynfryth** *poss.* 43/10, 157
Westmonester, Westmynster, Westemynstyr, Westmystyr, Wesmystur Westminster 8/120, 35/42, 78, 45/134, 136–7, 138
W(h)yt Sonday Whit Sunday 39/2, 40/6, 78
Wyldeschyre Wiltshire 56/68, 71, 79, 91
Wylyam Conquerour William the Conqueror 4/74
Wyllyam Tracy William Tracy 10/129, 210
Wylton Wilton, Wiltshire 57/124
Wysson Evon, Whytson Even Whitsun Eve, Eve of Pentecost 28/103, 136, 38/3
Wysson(tyde), Wytnestyde, Wytsontyde Whitsun(tide) 10/32, 18/47–8, 59/10; **Wysson weke** Whitsun week 59/15–16
Wlstane St Wulfstan 18/96

Ȝebel (**Ȝ** for **þ**) Thebel, one of the midwives at Christ's birth 6/62n, 63

Zacharye, Zac(h)arie, Zacharias, father of John the Baptist 44/51, 54, 57, 68, etc.; **Zacharyes** *poss.* 44/71
Zebedeus husband of Mary Salome 51/81
Zorobabel a bodyguard of Darius Add6/194

APPENDIX I. THE CONTENTS OF THE *FESTIAL* MANUSCRIPTS

The following tables present the contents of all the MSS (see vol. 1, pp. xiii–xiv):

i. The full, or once full, MSS (Groups A and B), tabulated in the chronological sermon order of α;
ii. the full, or once full, Group B MSS, tabulated in the *Temporale/Sanctorale* order of Group B;
iii. the four MSS of the Revision (only the revised *Festial* sermons, not the additional sermons with which the collection is augmented);
iv. the related MSS (ODuGlL) and other MSS containing *Festial* material (with the exception of Cambridge, St John's College MS G.19, which is a copy of a printed edition).[1]

The following criteria apply: only the first folio or page of the sermon is recorded (folios are indicated with superscript 'v' or 'r'); the occurrence of two entries for a single sermon signifies that the sermon appears twice in the manuscript, whether divided, separated, or repeated; – indicates that a sermon is not present; 'imp.' records an imperfect sermon at beginning, end, or medially: 'beg. imp.', 'ends imp.', 'imp.' (the terms are used loosely, since a sermon imperfect at the beginning may continue to be so until very near the end, and one imperfect at the end may have been so since near the beginning). Full details of absent material are to be found in the Explanatory Notes (for the full MSS) and in Appendix II (for other MSS). In C (a text extant in two MSS), '(2420)' or '(2417)' indicates that the f. refers to either MS Harley 2420 or MS Harley 2417. Only c and g are written throughout in double columns, and entries are recorded thus: 7ra (i.e. f. 7 *recto* col. a). In some MSS, ff. omitted by a previous foliator have been marked by 'a', 'b', 'c', or '*', and entries are recorded thus: $90b^{r}$ (i.e. f. 90b *recto*).

[1] For a fragment in Oxford, Bodleian Library MS Latin Miscellaneous C.66, see 22/135–63n.

Appendix I.i. The full, or once full, manuscripts of the *Festial* in the chronological sermon order of α

No.	Item	α	A	B	C	D	E	F	G	H	I	J	K	a	b	c	d	e	f	g	h
	Prayer	3^{v}	3^{r}	1^{r}	1^{r} (2420)	1^{r}	–	1	–	1^{r}	1	–	–	–	–	–	–	–	1^{r}	–	–
	Prologue	3^{v}	3^{r}	1^{r}	1^{r} (2420)	–	–	1	–	1^{r}	1	–	1^{r}	–	–	–	–	–	1^{r}	–	–
1	Advent	4^{r}	3^{r}	1^{r}	1^{r} (2420)	1^{r}	23^{r}, 24^{v}	2, 5	8^{v}, 209^{v}, 262^{r}	1^{r}	1	–	1^{r}	1^{r} (beg. imp.)	2^{r}	7ra	1	–	1^{r}	–	1^{r}
2	St Andrew	6^{r}	5^{r}	4^{r}	10^{r} (2417)	3^{v}	27^{r}	13	213^{r}	3^{v}	7	3 (beg. imp.)	4^{v}	50^{v}	49^{r}	41ra	93	33^{v}	52^{r}	25rb	67^{v}
3	St Nicholas	8^{v}	7^{v}	8^{r}	13^{r} (2417)	6^{v}	33^{v} (imp.)	27	215^{r}	6^{v}	13	9	7^{v}	54^{r}	52^{v}	43rb	98	36^{v}	56^{r}	27va	72^{r}
4	Conception of the Virgin	11^{v}	9^{r}	10^{r}	15^{v} (2417)	8^{v}	3^{r}	209	201^{v}	9^{r}	17	13	10^{r}	57^{v}	56^{r}	45vb	105	39^{v}	60^{v} (bis)	30ra	76^{r}
5	St Thomas Apostle	13^{r}	10^{v}	12^{r}	17^{r} (2417)	10^{v}	35^{r}	36	216^{v}	11^{r}	21	16	11^{v}	60^{r}	58^{r}	47rb	109	41^{r}	63^{r}	31va	–
6	Nativity of Christ	15^{r}	12^{r}	14^{r}	3^{v} (2420)	12^{r}	38^{v} (ends imp.)	273	4^{r}, 9^{r}	13^{r}	25	20 (ends imp.)	13^{r}	62^{v}	60^{r}	48vb	112	43^{r}	65^{v}	33ra	7^{v}, 9^{r}
7	St Stephen	18^{v}	14^{r}	18^{r}	6^{v} (2420)	15^{v}	44^{r} (beg. imp.)	42	–	16^{r}	31	27 (beg. imp.)	16^{r}	66^{r}	63^{v}	51ra	118	46^{r}	69^{r}	35rb	–
8	St John Evangelist	20^{v}	15^{v}	21^{r}	9^{r} (2420)	18^{r}	45^{v}	51	–	18^{v}	36	29	18^{r}	68^{v}	65^{v}	52va	122 (ends imp.)	48^{r}	71^{v}	36vb	–
9	Holy Innocents	23^{r}	17^{v}	24^{r}	11^{v} (2420)	20^{v}	49^{v}	58	–	21^{v}	41	32	20^{r}	71^{v}	68^{r}	54rb	125 (beg. imp.)	50^{v}	73^{v}	38vb	–
10	St Thomas of Canterbury	24^{v}	19^{r}	26^{r}	13^{r} (2420)	22^{v}	53^{r} (ends imp.)	65	–	23^{v}	44	36	22^{r}	73^{v} (ends imp.)	70^{r}	55va	128	52^{v}	75^{v}	40ra	–
11	Circumcision	28^{v}	21^{v}	30^{v}	16^{v} (2420)	27^{r}	60^{r} (beg. imp.)	84, 346	246^{r}	27^{v}	52	45	25^{r}	74^{r}	73^{v}	58rb	135	56^{v}	80^{v}	42vb (ends imp.)	12^{v}

12	Epiphany	30^{r}	23^{r}	32^{v}	18^{v} (2420)	28^{v}	$62a^{r}$	92	248^{r}	29^{v}	56	49	27^{r}	76^{r}	75^{r}	59va	138	58^{r}	82^{v}	44ra (beg. imp.)	15^{v} (imp.)
13	Conversion of St Paul	32^{v}	25^{v}	36^{r}	18^{v} (2417)	32^{r}	$66a^{v}$	–	251^{v}	32^{v}	64	56	30^{r}	79^{r}	77^{v}	61rb	143	60^{v}	86^{r}	45ra	79^{r}
14	Purification of the Virgin	35^{r}	27^{v}	38^{v}	21^{r} (2417)	34^{r}	5^{v} (ends imp.)	213	258^{r}	35^{v}	68	62	32^{r}	81^{v}	80^{r}	62vb	148	63^{r}	88^{v}	46vb	83^{r}
15	Septuagesima	37^{v}	31^{v}	42^{v}	21^{r} (2420)	37^{v}	83^{v}	–	219^{r}, 264^{v}	40^{r}	74	70	35^{r}	1^{v} (imp.)	4^{r}	8va	5	–	3^{v}	–	19^{r}
16	Sexagesima	40^{v}	35^{r}	47^{r}	25^{r} (2420)	41^{v}	$86b^{r}$ (ends imp.)	–	223^{r}, 269^{r}	45^{r}	82	79	39^{r}	5^{r}	7^{v}	11rb	12	–	7^{v}	–	22^{v}
17	Quinquagesima	42^{r}	37^{v}	50^{v}	28^{r} (2420)	44^{v}	$90b^{r}$	–	226^{r}, 272^{r}	49^{r}	87	86	42^{r}	8^{r} (ends imp.)	10^{r}	13rb	17	1^{r} (beg. imp.)	10^{r}	1rb (beg. imp.)	25^{v}
18	St Matthias	43^{v}	30^{r}	53^{v}	24^{v} (2420)	47^{r}	69^{r}	103	–	52^{v}	92	92	44^{v}	85^{r}	83^{r}	65ra	153	66^{v}	91^{v}	49rb	87^{r}
19	1 Lent	45^{r}	40^{r}	55^{v}	31^{r} (2420)	49^{r}	$92a^{v}$	283	229^{v}, 275^{r}	54^{v}	96	96	46^{r}	11^{r} (beg. imp.)	12^{v}	15ra	23	1^{r}	12^{v}	1rb	32^{v}
20	2 Lent	46^{r}	42^{r}	58^{r}	33^{r} (2420)	54^{v}	100^{r}	301	232^{r}, 281^{v}	57^{r}	101	101	48^{v}	12^{r} (imp.)	14^{v}	16vb	27	3^{r}	15^{r}	3ra	–
21	3 Lent	47^{v}	44^{r}	60^{r}	35^{v} (2420)	56^{v}	104^{r}	307	234^{r}, 284^{r}	59^{v}	105	106	50^{v}	13^{r}	16^{r}	18rb	30	5^{r}	17^{r}	4rb	–
22	4 Lent	49^{r}	47^{r}	63^{v}	38^{r} (2420)	59^{v}	108^{v}	315	237^{v}, 287^{r}	63^{r}	111	112	53^{v}	16^{v}	19^{r}	20rb	36	7^{v}	20^{r}	6va (ends imp.)	–
23	Annunciation of the Virgin	50^{v}	49^{r}	67^{r}	26^{r} (2417)	62^{r}	8^{r} (beg. imp.)	220	203^{r}	66^{v}	116	119	56^{r}	86^{v}	85^{r}	66rb	157	68^{r}	94^{r}	50va	89^{r}
24	Passion Sunday	52^{r}	51^{r}	69^{v}	40^{v} (2420)	65^{r}	113^{r}	322	240^{r}, 290^{r}	69^{v}	122	125	59^{r}	19^{v}	21^{v}	22rb	42	10^{r}	23^{r}	7ra (beg. imp.)	120^{r}
25	Palm Sunday	53^{v}	53^{r}	72^{r}	42^{v} (2420)	67^{v}	117^{r}	329	242^{v}, 292^{r}	72^{r}	127	131	61^{v}	22^{r}	23^{v}	23vb	46	12^{v}	25^{v}	8ra	110^{r}

Appendix I.i (*cont.*)

No.	Item	α	A	B	C	D	E	F	G	H	I	J	K	a	b	c	d	e	f	g	h
26	Tenebre	54^{v}	54^{r}	73^{v}	44^{r} (2420)	68^{v}	–	332	244^{r}, 293^{v}	73^{v}	129	135	62^{v}	23^{v}	24^{v}	24va	48	13^{v}	26^{v}	8vb	115^{v}
27	Good Friday	56^{r}	55^{r}																		
	75^{v}–77^{v}, 79^{r-v}	45^{r} (2420)	70^{v}	–	–	295^{r}	75^{v}	132	140	64^{v}	29^{r}	29^{r}	27vb	57	17^{v} (ends imp.)	31^{v}	12ra	118^{r}			
28	Maundy Thursday/Easter Eve	58^{r}	–	78^{r-v}, 80^{r-v}	47^{v} (2420)	72^{v}	–	110	–	78^{v}	137	–	66^{v}	25^{v}	26^{r}	25vb	51	15^{r}	28^{v}	10ra, 11ra	–
29	Easter Sunday	60^{r}	57^{r}	81^{r}	50^{v} (2420)	75^{r}	119^{r}	337	297^{v}	81^{v}	143	147	69^{v}	31^{v}	31^{v}	29va	62	–	34^{v}	13vb	121^{r}
30	St George	61^{r}	59^{r}	84^{r}	28^{v} (2417)	77^{r}	70^{r}	123	–	83^{v}	147	153	71^{v}	89^{r}	87^{v}	68rb	161	70^{v}	96^{r}	52va	–
31	St Mark	62^{v}	60^{r}	86^{r}	30^{r} (2417)	78^{v}	74^{r}	131	–	85^{v}	150	158	73^{r}	91^{r}	89^{r}	69rb	164	72^{v}	98^{v}	53va	93^{v}
32	SS Philip and James	63^{v}	61^{v}	88^{r}	31^{v} (2417)	80^{v}	77^{r}	139	–	87^{r}	153	163	74^{v}	92^{v}, 93^{r}	90^{v}, 91^{r}	70rb, 70vb	167, 168	73^{v}, 74^{r}	100^{r}, 100^{v}	54va, 55ra	–
33	Invention of the Cross	65^{v}, 70^{r}	63^{v}	90^{v}	34^{r} (2417)	82^{v}	79^{v}	150, 171	–	89^{r}	158	170	76^{v}	94^{v}	93^{r}	72ra	171	76^{r}	103^{r}	56rb	95^{v}
34	1 Lent (2nd sermon)	66^{v}	–	–	–	50^{v}	95^{r}	290	277^{v}	–	–	–	–	–	–	–	–	–	–	–	–
35	St John at the Latin Gate	70^{v}	65^{v}	93^{r}	37^{v} (2417)	85^{r}	81^{r}	157	–	91^{v}	163	177	79^{r}	97^{v}	95^{r}	74ra	176	78^{v}	106^{r}	57vb	–
36	Rogation Days	71^{v}	66^{v}	94^{v}	52^{v} (2420)	86^{v}	–	341	92^{v}, 299^{r}	92^{v}	166	181	80^{r}	33^{v}	33^{r}	30vb	65	20^{r} (beg. imp.)	36^{v}	15ra	125^{r}
37	Ascension Day	72^{r}	67^{v}	96^{r}	53^{v} (2420)	88^{r}	121^{v}	–	300^{r}	93^{v}	168	184	81^{v}	35^{r}	34^{r}	31va	67	20^{v}	37^{v}	15vb	–
38	Eve of Pentecost	73^{v}	69^{r}	99^{r}	56^{r} (2420)	90^{v}	–	163	–	96^{r}	173	191	84^{r}	37^{v}	36^{r}	33ra	72	22^{v}	40^{r}	17va	–
39	Pentecost	75^{r}	70^{v}	101^{r}	57^{v} (2420)	92^{r}	125^{r}	175	302^{r}	98^{v}	177	196	86^{r}	39^{v}	37^{v}	34rb	75	24^{v}	42^{r}	18vb	129^{r} (ends imp.)

40	Trinity Sunday	77^{r}	72^{v}	104^{r}	60^{r} (2420)	95^{r}	129^{r}	181	123^{r}	101^{v}	183	204	89^{r}	42^{v}	39^{v}	36ra	79	26^{v}	44^{v}	20rb	–
41	Corpus Christi	78^{v}	75^{r}	107^{r}	63^{r} (2420) (ends imp.)	98^{r}	132^{r}	187, 249	125^{v}, 132^{v}	105^{r}	188	207	91^{v}	45^{v}	42^{v}	37vb	84	29^{r}	47^{v}	22rb	–
42	St Barnabas	81^{v}	78^{v}	112^{r}	38^{v} (2417)	101^{v}	–	–	–	110^{r}	197	220	95^{v}	–	–	–	–	–	–	–	–
43	St Winifred	82^{v}	79^{r}	113^{r}	39^{v} (2417)	102^{r}	–	–	–	–	199	–	96^{v}	–	–	–	–	–	–	–	–
44	Nativity of St John Baptist	84^{r}	81^{v}	116^{r}	42^{r} (2417)	105^{r}	138^{v}	257	129^{v}	111^{r}	205	222	98^{v}	99^{r}	95^{v}	74vb	179	79^{v}	107^{v}	58vb (ends imp.)	98^{v}
45	SS Peter and Paul	86^{r}	84^{r} (imp.)	119^{v}	44^{v} (2417)	107^{r}	–	–	165^{v}	114^{v}	211	231	101^{v}	101^{v}	98^{v} (ends imp.)	76vb	184	82^{v}	111^{r}	–	102^{r}
46	Life of Nero	87^{v}	–	122^{v}	47^{v} (2417)	110^{r}	–	–	–	118^{r}	217	–	104^{v}	–	–	–	–	–	–	–	–
47	Translation of St Thomas of Canterbury	89^{r}	85^{v} (ends imp.)	125^{v}	50^{r} (2417)	112^{r}	–	–	–	121^{r}	222	240 (ends imp.)	107^{r}	104^{v} (ends imp.)	–	78vb	189	85^{v}	114^{r}	–	105^{v}
48	St Margaret	90^{v}	–	127^{v}	52^{r} (2417)	114^{r}	9^{r}	225	–	123^{v}	226	245 (beg. imp.)	109^{r}	105^{r} (beg. imp.)	–	80rb	192	87^{r}	116^{v}	–	108^{r}
49	St Mary Magdalene	91^{v}	–	130^{r}	53^{v} (2417)	116^{r}	12^{r}	233 (imp.)	–	126^{r}	230	249	111^{v}	106^{v} (imp.)	101^{r} (beg. imp.)	81va	195	88^{v}	118^{r}	–	–
50	St James Apostle	93^{v}	–	133^{v}	56^{v} (2417)	119^{r}	–	–	–	129^{v}	237	259	114^{v}	108^{v}	103^{v}	83va	200	91^{v}	121^{v}	–	–
51	St Anne	95^{v}	–	137^{r}	59^{v} (2417)	122^{r}	20^{r}	–	206^{r}	133^{r}	242	268	118^{r}	111^{v}	106^{r}	85va	205	94^{v}	123^{v}	–	–
52	St Laurence	96^{v}	–	139^{r}	61^{r} (2417)	123^{v}	–	–	99^{r}	135^{r}	245	273	119^{v}	113^{r}	107^{v}	86va	208	95^{v}	125^{r}	–	–
53	Assumption of the Virgin I	98^{r}	–	142^{r}	64^{r} (2417)	126^{v}	–	–	$137b^{r}$, $137b^{v}$, 138^{r}	138^{r}	251	–	123^{r}	–	–	–	–	–	–	–	–

Appendix I.i (*cont.*)

No.	Item	α	A	B	C	D	E	F	G	H	I	J	K	a	b	c	d	e	f	g	h
54	Assumption of the Virgin 2	100^{v}	–	147^{r}	67^{v} (2417)	130^{r}	–	–	141^{v}	141^{v}	259	282	127^{r}	116^{r}	110^{v}	88va	211	98^{r}	128^{r}	–	–
55	St Bartholomew	103^{r}	–	152^{r}	71^{v} (2417)	134^{v}	–	–	145^{v}	146^{r}	267	286	132^{r}	119^{r}	114^{r}	91ra	217	101^{v}	131^{v}	–	–
56	St Alkmund	104^{v}	–	–	–	137^{r}	–	–	–	–	274	–	–	–	–	–	–	–	–	–	–
57	Nativity of the Virgin	106^{r}	86^{r} (beg. imp.)	155^{v}	75^{r} (2417)	139^{v}	1^{r}	205	149^{v}	149^{r}	279	296	136^{r}	122^{v}	117^{r}	93ra	222	104^{r}	134^{v}	–	–
58	Exaltation of the Cross	107^{v}	86^{r}	158^{v}	36^{r} (2417)	142^{v}	–	–	152^{v}	152^{r}	285	305 (ends imp.)	140^{v}	125^{v}	120^{r}	95rb	228	107^{r}	138^{r}	–	–
59	Ember Days	108^{v}	–	160^{v}	77^{v} (2417)	144^{v}	137^{r}, 145^{v}	270	154^{v}	153^{r}	289	309 (beg. imp.)	142^{v}	127^{r}	121^{v} (ends imp.)	96rb	231	108^{v}	139^{v}	–	–
60	St Matthew	109^{v}	87^{v}	161^{v}	78^{v} (2417)	145^{r}	–	–	162^{r}	154^{r}	292	309	143^{v}	127^{v}	122^{r} (beg. imp.)	96vb	232	109^{r}	140^{v}	–	–
61	St Michael	110^{v}	89^{v}	163^{r}	80^{r} (2417)	146^{v}	142^{v}	265	163^{v}	155^{v}	295	313	145^{v}	129^{v}	122^{r}	97vb	235	110^{v}	142^{r}	–	–
62	St Luke	111^{v}	90^{v}	165^{r}	81^{v} (2417)	148^{v}	–	–	169^{r}	157^{v}	300	319	147^{v}	131^{v}	123^{v}	99ra	238	112^{v}	143^{v}	–	–
63	SS Simon and Jude	112^{r}	91^{v}	166^{v}	83^{r} (2417)	149^{v}	–	–	170^{v}	158^{v} (ends imp.)	302	322	149^{v}	132^{v}	125^{r}	100ra	240	113^{v}	145^{r}	–	–

64	All Saints	113^{r}	93^{r} (ends imp.)	168^{r}	84^{v} (2417)	151^{v}	–	–	172^{r}	–	306	327	151^{r}	134^{v}	126^{v}	101ra	242	115^{r}	146^{v}	–	63^{r}
65	All Souls	114^{r}	–	170^{r}	86^{r} (2417)	153^{r}	–	–	199^{v}	–	309	330	153^{r}	136^{r}	128^{r}	102ra	245	116^{v} (ends imp.)	148^{r}	–	64^{v}
66	St Martin	115^{r}	–	172^{r}	87^{v} (2417) (ends imp.)	154^{v}	–	–	166^{v}	–	313	–	154^{v}	138^{r}	129^{v}	103ra	248	–	150^{r}	–	–
67	St Katherine	116^{r}	94^{r} (beg. imp.)	173^{v}	–	156^{v}	17^{v}	242	207^{v}	–	316	335 (imp.)	156^{v}	139^{v}	131^{r}	104rb	251	–	152^{r}	–	65^{v}
68	Dedication of a Church	117^{r}	–	175^{v}	5^{v} (2417)	158^{r}	–	–	94^{r}	–	319	338	158^{r}	141^{v} (ends imp.)	46^{v}	105rb	255	–	154^{r}	–	127^{v}
Add1	Marriage sermon	118^{v}	–	178^{r}	–	–	–	–	–	–	324	–	160^{v}	–	–	–	–	–	–	–	–
Add2	Burial sermon	120^{r}	–	181^{r}	–	–	–	–	–	–	330	–	163^{v}	–	–	–	–	–	–	–	–
Add3	Burial notes	121^{v}	–	183^{v} (ends imp.)	1^{r} (2417) (beg. imp.)	–	–	–	–	–	335	–	166^{r}	–	–	–	–	–	–	–	–
Add4	Ave Maria	122^{r}	–	188^{v}	5^{r} (2417)	–	–	–	–	–	–	–	170^{v}	–	–	–	–	–	–	–	–
Add5	Miracles of the Virgin	122^{v}	–	189^{r}, 189^{v}	8^{r}, 9^{r} (2417)	–	–	–	–	–	–	–	171^{r}	–	–	–	–	–	–	–	–
Add6	Paternoster sermon	122^{v}	94^{v} (ends imp.)	184^{r} (beg. imp.)	1^{r} (2417)	160^{r}	–	–	–	–	–	–	166^{v}	–	–	–	–	–	–	–	–

Appendix I.ii. The full, or once full, Group B manuscripts in the *Temporale/Sanctorale* order of Group B

Item	a	b	c	d	e	f	g	h
TEMPORALE								
(Prayer)	–	–	–	–	–	1^{r}	–	–
(Prologue)	–	–	–	–	–	1^{r}	–	–
Advent	1^{r} (beg. imp.)	2^{r}	7ra	1	–	1^{r}	–	1^{r}
Septuagesima	1^{v} (imp.)	4^{r}	8va	5	–	3^{v}	–	19^{r}
Sexagesima	5^{r}	7^{v}	11rb	12	–	7^{v}	–	22^{v}
Quinquagesima	8^{r} (ends imp.)	10^{r}	13rb	17	1^{r} (beg. imp.)	10^{r}	1rb (beg. imp.)	25^{v}
1 Lent	11^{r} (beg. imp.)	12^{v}	15ra	23	1^{r}	12^{v}	1rb	32^{v}
2 Lent	12^{r} (imp.)	14^{v}	16vb	27	3^{r}	15^{r}	3ra	–
3 Lent	13^{r}	16^{v}	18rb	30	5^{r}	17^{r}	4rb	–
4 Lent	16^{v}	19^{r}	20rb	36	7^{v}	20^{r}	6va (ends imp.)	–
Passion Sunday	19^{v}	21^{v}	22rb	42	10^{r}	23^{r}	7ra (beg. imp.)	120^{r}
Palm Sunday	22^{r}	23^{v}	23vb	46	12^{v}	25^{v}	8ra	110^{r}
Tenebre	23^{v}	24^{v}	24va	48	13^{v}	26^{v}	8vb	115^{v}
Maundy Thursday/Easter Eve	25^{v}	26^{r}	25vb	51	15^{r}	28^{v}	10ra, 11ra	–
Good Friday	29^{r}	29^{r}	27vb	57	17^{v} (ends imp.)	31^{v}	12ra	118^{r}
Easter Sunday	31^{v}	31^{v}	29va	62	–	34^{v}	13vb	121^{r}
Rogation Days	33^{v}	33^{r}	30vb	65	20^{r} (beg. imp.)	36^{v}	15ra	125^{r}
Ascension Day	35^{r}	34^{r}	31va	67	20^{v}	37^{v}	15vb	–
Eve of Pentecost	37^{v}	36^{r}	33ra	72	22^{v}	40^{r}	17va	–
Pentecost	39^{v}	37^{v}	34rb	75	24^{v}	42^{r}	18vb	129^{r} (ends imp.)
Trinity Sunday	42^{v}	39^{v}	36ra	79	26^{v}	44^{v}	20rb	–
Corpus Christi	45^{v}	42^{v}	37vb	84	29^{r}	47^{v}	22rb	–
SANCTORALE								
St Andrew	50^{v}	49^{r}	41ra	93	33^{v}	52^{r}	25rb	67^{v}
St Nicholas	54^{r}	52^{v}	43rb	98	36^{v}	56^{r}	27va	72^{r}
Conception of the Virgin	57^{v}	56^{r}	45vb	105	39^{v}	60^{v} (bis)	30ra	76^{r}
St Thomas Apostle	60^{r}	58^{r}	47rb	109	41^{r}	63^{r}	31va	–
Nativity of Christ	62^{v}	60^{r}	48vb	112	43^{r}	65^{v}	33ra	7^{v}, 9^{r}
St Stephen	66^{r}	63^{v}	51ra	118	46^{r}	69^{r}	35rb	–
St John Evangelist	68^{v}	65^{v}	52va	122 (ends imp.)	48^{r}	71^{v}	36vb	–
Holy Innocents	71^{v}	68^{r}	54rb	125 (beg. imp.)	50^{v}	73^{v}	38vb	–

Appendix I.ii. (*cont.*)

Item	a	b	c	d	e	f	g	h
St Thomas of Canterbury	73^{v} (ends imp.)	70^{r}	55va	128	52^{v}	75^{v}	40ra	–
Circumcision of Christ	74^{r}	73^{v}	58rb	135	56^{v}	80^{v}	42vb (ends imp.)	12^{v}
Epiphany	76^{r}	75^{r}	59va	138	58^{r}	82^{v}	44ra (beg. imp.)	15^{v} (imp.)
Conversion of St Paul	79^{r}	77^{v}	61rb	143	60^{v}	86^{r}	45ra	79^{r}
Purification of the Virgin	81^{v}	80^{r}	62vb	148	63^{r}	88^{v}	46vb	83^{r}
St Matthias	85^{r}	83^{r}	65ra	153	66^{v}	91^{v}	49rb	87^{r}
Annunciation to the Virgin	86^{v}	85^{r}	66rb	157	68^{r}	94^{r}	50va	89^{r}
St George	89^{r}	87^{v}	68rb	161	70^{v}	96^{r}	52va	–
St Mark	91^{r}	89^{r}	69rb	164	72^{v}	98^{v}	53va	93^{v}
SS Philip and James	92^{v}	90^{v}	70rb	167	73^{v}	100^{r}	54va	–
St James	93^{r}	91^{r}	70vb	168	74^{r}	101^{v}	55ra	–
Invention of the Cross	94^{v}	93^{r}	72ra	171	76^{r}	103^{r}	56rb	95^{v}
St John at the Latin Gate	97^{v}	95^{r}	74ra	176	78^{v}	106^{r}	57vb	–
Nativity of St John Baptist	99^{r}	95^{v}	74vb	179	79^{v}	107^{v}	58vb (ends imp.)	98^{v}
SS Peter and Paul	101^{v}	98^{v} (ends imp.)	76vb	184	82^{v}	111^{r}	–	102^{r}
Translation of St Thomas of Canterbury	104^{v} (ends imp.)	–	78vb	189	85^{v}	114^{r}	–	105^{v}
St Margaret	105^{r} (beg. imp.)	–	80rb	192	87^{r}	116^{v}	–	108^{r}
St Mary Magdalene	106^{v} (imp.)	101^{r} (beg. imp.)	81va	195	88^{v}	118^{r}	–	–
St James Apostle	108^{v}	103^{v}	83va	200	91^{v}	121^{v}	–	–
St Anne	111^{v}	106^{r}	85va	205	94^{v}	123^{v}	–	–
St Laurence	113^{r}	107^{v}	86va	208	95^{v}	125^{r}	–	–
Assumption of the Virgin	116^{r}	110^{v}	88va	211	98^{r}	128^{r}	–	–
St Bartholomew	119^{r}	114^{r}	91ra	217	101^{v}	131^{v}	–	–
Nativity of the Virgin	122^{v}	117^{r}	93ra	222	104^{r}	134^{v}	–	–
Exaltation of the Cross	125^{v}	120^{r}	95rb	228	107^{r}	138^{r}	–	–
Ember Days	127^{r}	121^{v} (ends imp.)	96rb	231	108^{v}	139^{v}	–	–
St Matthew	127^{v}	122^{r} (beg. imp.)	96vb	232	109^{r}	140^{v}	–	–
St Michael	129^{v}	122^{r}	97vb	235	110^{v}	142^{r}	–	–
St Luke	131^{v}	123^{v}	99ra	238	112^{v}	143^{v}	–	–
SS Simon and Jude	132^{v}	125^{r}	100ra	240	113^{v}	145^{r}	–	–
All Saints	134^{v}	126^{v}	101ra	242	115^{r}	146^{v}	–	63^{r}
All Souls	136^{r}	128^{r}	102ra	245	116^{v} (ends imp.)	148^{r}	–	64^{v}
St Martin	138^{r}	129^{v}	103ra	248	–	150^{r}	–	–
St Katherine	139^{v}	131^{r}	104rb	251	–	152^{r}	–	65^{v}
Dedication of a Church	141^{v} (ends imp.)	(46^{v})	105rb	255	–	154^{r}	–	127^{v}

Appendix I.iii. The four manuscripts of the Revision (revised *Festial* sermons only)

Item	R1	R2	R3	R4
TEMPORALE				
Advent 1	3^{v}	16^{v}	–	13
Advent 2	5^{v}	18^{v}	–	18
Nativity of Christ	7^{r}	19^{v}	–	–
St Stephen	15^{v}	13^{v}	–	–
St John Evangelist	17^{v}	2^{v}	–	–
Holy Innocents	20^{r}	4^{r}	–	–
St Thomas of Canterbury	22^{r}	5^{v}	–	–
Circumcision of Christ	26^{v}	9^{r}	–	–
Epiphany	28^{r}	10^{r}	–	–
Septuagesima	30^{v}	24^{r}	–	33, 43 (ends imp.)
Sexagesima	36^{r}	27^{v}	–	–
Quinquagesima	44^{v}	32^{v}	–	–
1 Lent	53^{r}	36^{v}	–	–
2 Lent	61^{v}	41^{r}	–	–
3 Lent	66^{v}	44^{r}	–	–
4 Lent	71^{v}	47^{r}	–	–
Passion Sunday	78^{r}	50^{v}	–	–
Palm Sunday	82^{v}	52^{v}	–	–
Tenebre	84^{r}	53^{r}	–	–
Maundy Thursday	85^{v}	54^{r}	–	–
Good Friday	86^{v}	54^{r}	–	–
Easter Eve	93^{v}	58^{v}	–	–
Easter Sunday	95^{r}	59^{v}	–	–
Rogation Days	105^{r}	67^{v}	–	–
Ascension Day	111^{r}	69^{v}	–	–
Eve of Pentecost	115^{r}	72^{r}	–	–
Pentecost	116^{v}	–	–	–
Trinity Sunday	121^{v}	74^{r}	–	–
Corpus Christi 1	124^{v}	76^{r}	–	–
Corpus Christi 2	126^{r}	77^{r}	–	–
Dedication of a Church	–	80^{r}		

Appendix I.iii (*cont.*)

Item	R1	R2	R3	R4
SANCTORALE				
St Andrew	130^{v}	82^{r} (ends imp.)	–	–
St Nicholas	134^{r}	84^{r} (beg. imp.)	–	–
Conception of the Virgin	137^{v}	84^{v}, 85^{r}	–	–
St Thomas Apostle	140^{v}	86^{r}	–	–
Conversion of St Paul	143^{r}	88^{v}	–	–
Purification of the Virgin	145^{v}	90^{r}	–	–
St Matthias	149^{r}	91^{v}	–	–
Annunciation of the Virgin 1	151^{r}	–	–	–
Annunciation of the Virgin 2	153^{r}	–	1^{r} (beg. imp.)	–
Annunciation of the Virgin 3	153^{r}	–	1^{v}, 3^{r}	–
St George	154^{r}	94^{v}	3^{r}	–
St Mark	156^{r}	97^{r}, 97^{v}	6^{v}	–
SS Philip and James	157^{v}	98^{r}, 98^{v}	8^{v}	–
Invention of the Cross	159^{v}	100^{v}	11$^{r–v}$, 2$^{r–v}$, 12^{r}–13^{v}	–
Nativity of St John Baptist	162^{v}	103^{r}	13^{v}	–
SS Peter and Paul	166^{r}	106^{r}	17^{v} (imp.)	–
St Mary Magdalene	170^{v}	109^{v}	20^{r} (beg. imp.)	–
St James	174^{r}	111^{v}	21^{v}	–
St Anne	175^{v}	113^{r}	24^{r}	–
St Laurence	177^{r}	114^{r}	25^{v}	–
Assumption of the Virgin 1	179^{v}	116^{r}	28^{v}	–
Assumption of the Virgin 2	182^{v}	119^{v}	33^{r}	–
St Bartholomew	185^{r}	122^{r}	37^{r}	–
Nativity of the Virgin	187^{r}	124^{v}	39^{v}	–
Exaltation of the Cross	189^{v}	126^{r}	42^{r}	–
Ember Days	192^{r}	127^{v}	43^{v}	–
St Matthew	193^{r}	128^{v}	44^{v}	–
St Michael	194^{v}	130^{r}	46^{r} (imp.)	–
St Luke	197^{v}	131^{v}	48^{r}	–
SS Simon and Jude	199^{r}	132^{v}	49^{v}	–
All Saints	202^{r}	134^{v}	53^{r}	–
All Souls	207^{r}	138^{r} (ends imp.)	–	–

Appendix I.iv. The related manuscripts and other manuscripts containing *Festial* material

No.	Item	O	Du	Gl	L	CUL Ee.2.15	CUL Ff.2.38	CUL Nn.3.10	Cardiff Havod 22	Lincoln 133	BL Arundel 279	BL Titus A.XXVI	BL Harley 1288	BL Harley 2250	BL Lans-downe 379	BL Royal 18.B. XXIII	Bodleian Greaves 54	Bodleian Bodley 123	Stony-hurst	York HCCP
	Prayer	–	–	–	–	–	–	–	–	–	–	–	–	–	–	–	–	–	–	–
	Prologue	–	–	–	–	–	–	–	–	–	–	–	–	–	–	–	–	–	–	–
1	Advent	–	–	–	–	–	–	–	80	–	–	–	–	–	–	–	–	–	–	–
2	St Andrew	–	–	–	–	–	–	–	–	–	–	–	–	86va	–	–	–	–	–	–
3	St Nicholas	–	–	–	–	–	–	–	–	–	–	–	–	–	–	–	–	–	–	–
4	Conception of the Virgin	–	–	–	–	3^{r}	–	–	–	–	–	–	–	–	–	–	–	88^{v}, 89^{r}	–	–
5	St Thomas Apostle	–	–	–	–	5^{r}	–	–	–	–	–	–	–	–	–	–	–	–	–	–
6	Nativity of Christ	–	–	–	–	6^{v}	–	–	–	–	–	–	–	–	–	–	108^{v}	–	–	–
7	St Stephen	–	–	–	–	9^{r}	–	–	–	–	–	–	–	–	–	–	–	–	–	–
8	St John Evangelist	–	–	–	–	10^{v}	–	–	–	–	–	–	–	–	–	–	115^{r}	–	–	–
9	Innocents	–	–	–	–	12^{v}	–	–	–	–	–	–	–	–	–	–	–	–	–	–
10	St Thomas of Canterbury	–	–	–	–	14^{r}	38ra	–	–	–	–	–	–	–	–	–	–	–	–	–
11	Circumcision																112^{r}			
12	Epiphany	–	–	–	–	–	–	–	–	–	–	–	–	–	–	–	–	–	–	–
13	Conversion of St Paul	–	–	–	–	–	–	–	–	–	–	–	–	–	–	–	–	–	–	–
14	Purification	–	–	–	–	–	–	–	–	–	–	–	80^{r}	–	–	–	119^{r}	89^{v}	–	–
15	Septuagesima	–	–	–	–	–	–	76^{r}	88	102^{r}	–	–	–	–	–	–	–	–	–	–
16	Sexagesima	–	–	–	–	–	–	81^{r}	100	106^{r}	–	–	–	–	–	–	–	–	–	–
17	Quinquagesima	–	–	–	–	–	–	–	109	109^{r}	–	–	–	–	–	–	–	–	–	–
18	St Matthias	–	–	–	–	–	–	–	–	–	–	–	–	–	–	–	–	–	–	–
19	1 Lent	–	–	–	–	–	–	29^{r}	120	111^{v}	–	–	–	–	–	–	–	–	–	–
20	2 Lent	–	–	–	–	–	–	32^{r}	128	–	–	–	–	–	–	–	–	–	–	–
21	3 Lent	–	–	–	–	–	–	34^{r}	135	–	–	–	–	–	–	–	–	–	–	–
22	4 Lent	–	–	–	–	–	–	37^{v}	145	–	–	–	–	–	13^{v}	–	–	–	–	–
23	Annunciation	–	–	–	–	–	–	–	–	–	–	–	–	–	–	–	–	–	–	–

24	Passion Sunday	289^{r} (beg. imp.)	57^{r}	209	127B^{r} (beg. imp.)	–	–	39^{r}	155	–	–	–	88^{r}	–	–	–	–	–	–	–
25	Palm Sunday	–	–	–	–	–	–	40^{v}	162	–	–	–	–	–	–	–	–	–	–	–
26	Tenebre	–	–	233	–	–	–	–	166	–	–	–	–	–	–	–	110^{v}	–	–	–
27	Good Friday	–	–	244 (ends imp.)	–	–	–	–	173	–	–	–	–	–	–	–	–	–	–	–
28	Maundy Thursday/Easter Eve	–	–	239, 251 (beg. imp.)	–	–	–	–	–	–	–	–	88^{v}	–	–	–	110^{v}	–	–	–
29	Easter Sunday	–	–	–	–	–	–	–	183	–	–	–	–	–	14^{r}	72^{v}	103^{r}	–	–	–
30	St George	–	–	–	–	–	–	42^{r}	–	–	–	–	–	–	–	–	–	–	–	–
31	St Mark	–	–	–	–	–	–	45^{v}	–	–	–	–	–	–	–	–	–	–	–	–
32	SS Philip and James	–	–	–	–	–	–	47^{v}	–	–	–	–	–	85vb	–	–	–	–	–	–
33	Invention of the Cross	–	–	–	–	–	–	–	–	–	–	–	–	86vb	–	–	–	–	–	–
34	1 Lent (2nd sermon)	–	–	–	–	–	–	29^{r}	–	–	–	–	–	86vb	–	–	–	–	–	–
35	St John at the Latin Gate	–	–	–	–	–	–	–	–	–	–	–	–	–	–	–	–	–	–	–
36	Rogation Days	–	–	–	–	–	–	–	–	113^{v}	6^{r}	–	–	–	–	–	–	–	–	–
37	Ascension	24^{r}	–	332	138^{r}	–	–	58^{v}	–	115^{r}	–	–	–	83^{v}	–	–	–	–	–	–
38	Eve of Pentecost	–	–	–	–	–	–	61^{v}	187x	–	–	–	–	–	–	–	–	–	–	–
39	Pentecost	–	–	–	–	–	–	64^{r}	191 (imp.)	117^{r}	–	–	–	–	–	–	107^{v}	–	–	–
40	Trinity Sunday	–	–	–	–	–	–	66r	–	117^{v}	–	–	–	–	–	–	–	–	–	–
41	Corpus Christi	–	–	–	–	–	–	69r	–	–	–	–	89^{r}	84ra	–	–	104^{r}	–	–	–
	St Barnabas	–	–	–	–	–	–	–	–	–	–	–	–	–	–	–	–	–	–	–
43	St Winifred	–	–	–	–	–	–	–	–	–	–	–	–	–	–	–	–	–	unfoliated	–
44	Nativity of St John the Baptist	–	–	–	–	–	–	49^{v}	–	–	–	–	–	–	–	–	–	–	–	unfoliated
45	SS Peter and Paul	–	–	–	–	–	–	52^{r}	–	–	–	–	–	–	–	–	–	–	–	–
46	Nero	–	–	–	–	–	–	–	–	–	–	–	–	–	–	–	–	–	–	–

Appendix I.iv (*cont.*)

No.	Item	O	Du	Gl	L	CUL Ee.2.15	CUL Ff.2.38	CUL Nn.3.10	Cardiff Havod 22	Lincoln 133	BL Arundel 279	BL Titus A.XXVI	BL Harley 1288	BL Harley 2250	BL Lans-downe 379	BL Royal 18.B. XXIII	Bodleian Greaves 54	Bodleian Bodley 123	Stony-hurst	York HCCP
47	Translation of St Thomas of Canterbury	–	–	–	–	–	–	56^{r}	–	–	–	–	–	–	–	–	–	–	–	–
48	St Margaret	–	–	–	–	–	37rb	–	–	–	–	–	–	–	–	–	–	–	–	–
49	St Mary Magdalene	–	–	–	–	–	35va	–	–	–	–	174^{r}	–	–	–	–	–	–	–	–
50	St James	–	–	–	–	–	–	–	–	–	–	–	–	–	–	–	–	–	–	–
51	St Anne	–	–	–	–	–	–	–	–	–	–	–	–	–	–	–	–	–	–	–
52	St Laurence	–	–	–	–	–	–	–	–	–	–	–	–	–	–	–	–	–	–	–
53	Assumption (1)	–	–	–	–	–	–	73^{r}	–	–	–	–	–	–	–	–	–	–	–	–
54	Assumption (2)	–	–	–	–	–	–	–	–	–	–	–	–	–	–	–	–	–	–	–
55	St Bartholomew	–	–	–	–	–	–	–	–	–	–	–	–	–	–	–	–	–	–	–
56	St Alkmund	–	–	–	–	–	–	–	–	–	–	–	–	–	–	–	–	–	–	–
57	Nativity of the Virgin	–	–	–	–	–	–	–	–	–	–	–	–	87rb	–	–	–	–	–	–
58	Exaltation of the Cross	–	–	–	–	–	–	–	–	–	–	–	–	–	–	–	–	–	–	–

59	Ember Days	–	–	–	–	–	–	–	–	101^{r}	–	–	–	–	–	–	–	–	–	–
60	St Matthew	–	–	–	–	–	–	–	–	–	–	–	–	–	–	–	–	–	–	–
61	St Michael	–	–	–	–	–	–	–	–	–	–	–	–	–	–	–	–	–	–	–
62	St Luke	–	–	–	–	–	–	–	–	–	–	–	–	–	–	–	–	–	–	–
63	SS Simon and Jude	–	–	–	–	–	–	–	–	–	–	–	–	–	–	–	–	–	–	–
64	All Saints	–	–	–	–	–	–	–	–	–	–	–	–	–	–	–	–	–	–	–
65	All Souls	–	–	–	–	–	–	–	–	–	–	–	89^{v}	–	–	–	–	–	–	–
66	St Martin	–	–	–	–	–	–	–	–	–	–	–	–	–	–	–	–	–	–	–
67	St Katherine	–	–	–	–	–	–	–	–	–	–	–	–	–	–	–	–	–	–	–
68	Dedication of a Church	–	–	–	–	–	–	–	–	120^{r}	–	–	–	–	–	49^{r}	–	–	–	–
Add1	Marriage sermon	–	–	–	–	–	–	–	–	–	–	–	–	–	–	148^{v}	–	–	–	–
Add2	Burial sermon	–	–	–	–	–	–	–	–	–	–	–	–	–	–	–	–	–	–	–
Add3	Burial notes	–	–	–	–	–	–	–	–	–	–	–	–	–	–	–	–	–	–	–
Add4	Ave Maria	–	–	–	–	–	–	–	–	–	–	–	–	–	–	–	–	–	–	–
Add5	Miracles of the Virgin	–	–	–	–	–	–	–	–	–	–	–	–	–	–	–	–	–	–	–
Add6	Paternoster sermon	–	–	–	–	–	–	–	–	–	–	–	–	–	–	–	–	–	–	–

APPENDIX II. MANUSCRIPT DESCRIPTIONS

The manuscript descriptions are organized broadly in the order of their discussion in vol. 1, Introduction, §3: i. the complete, or once complete, manuscripts, divided into Groups A and B (pp. 539–64);[1] ii. the partial manuscripts, arranged according to repository (pp. 565–83); iii. the four related manuscripts (pp. 584–7); iv. the Revision of the *Festial* (pp. 588–91); v. the manuscript copy of a printed edition (pp. 591–2); vi. manuscripts after the Reformation (where the manuscripts are such that a conventional format of description is inappropriate except in the case of MS Havod 22) (pp. 593–7).

Manuscript descriptions provide the following information: Bibliography: Description(s), Discussion(s), and, where relevant, Edition, Transcription, Plate, Facsimile; Contents; Physical Appearance; Hand(s); Language; Date; History. In Physical Appearance, framing, pricking, and ruling are only noted where apparent. When a MS contains items apart from *F*, framing, pricking, ruling, written space, and ll. to the page normally describe *F*. Lost ff. are only noted where additional information is relevant.[2] *F* sermons are cited in reference to the sermons of this edition, thus: 'cf. *F* 42', 'cf. *F* 42/3–98' (i.e. the sermon in the manuscript is the equivalent of sermon 42, or ll. 3–98 of sermon 42, in the present edition).

A caveat: manuscripts are subject to the decisions (sometimes the whims) of archivists, who appear to be less aware than they might be of the effect of their changes on previous scholarship. During the preparation of these descriptions, alteration has sometimes been necessary to account for changes since the last viewing of a manuscript. Sometimes these changes have been minor, but sometimes radical, as when CUL MSS Ee.2.15 and Ff.2.38 and Gloucester Cathedral Library MS 22 (i.e. *olim* 22) were disbound, reconfigured, and re-foliated/paginated. Errors in the following descriptions may well be the fault of the editor, but the charitable reader will bear in mind the possibility of subsequent alteration to a manuscript.

[1] Excluding the base text, BL MS Cotton Claudius A.II. (for which, see vol. 1, Introduction, §5.1).

II.i. THE COMPLETE, OR ONCE COMPLETE, MANUSCRIPTS

II.i.a. Group A

A London, British Library MS Lansdowne 392
B London, British Library MS Harley 2403
C London, British Library MSS Harley 2420 and 2417 (originally a single manuscript)
D Oxford, Bodleian Library MS Gough Ecclesiastical Topography 4
E Oxford, Bodleian Library MS Douce 60
F Oxford, Bodleian Library MS Douce 108
G Oxford, Bodleian Library MS Hatton 96
H Cambridge University Library MS Dd.10.50
I Cambridge, Gonville and Caius College MS 168/89
J London, Dr. Williams's Library MS Ancient 11
K Southwell Minster Library MS 7

London, British Library MS Lansdowne 392 (A)

BIBLIOGRAPHY: DESCRIPTIONS: Ellis & Douce 1812–19: ii. 113; O'Mara & Paul 2007: ii. 1371–2; DISCUSSIONS: Horstmann 1881: cxviii; Wakelin 1967: 95–6.

CONTENTS

I *Festial*, ff. 2^{v}–95^{v} (ends imp. *trawell to helpe his body and his sowle butt*, cf. Add6/114)

f. 2^{v} Prayer and Prologue followed by *Incipit liber qui Festialis appellatur* (all in 18th-c. hand)[3]

f. 3^{r} Prayer followed by *Incipit prefatio libri qui dicitur festiallis* (in red), Prologue

II Johannes de Deo, *Libellus Dispensacionum*, in two cols., ff. 96^{r}–109^{v}

III *Incipit concordia epistolarum sancti Pauli apostoli* (in red), ff. 110^{r}–111^{r}

IV Latin theological material,[4] ff. 111^{v}, 112^{v}–113^{v}

V Epistles and gospels for various feasts, f. 112^{r}

VI *Incipit prologus sancti euangelij secundum Matheum* (top margin f. 114^{r}), ff. 114^{r}–120^{r}

VII *Incipit prologus in cantica canticorum* (top margin f. 120^{v}), ff. 120^{v}–1^{v}

VIII Index to *Festial*, f. 122^{r-v} (same hand as f. 2^{v})

PHYSICAL APPEARANCE: i (modern card) + i (modern paper) + ii (modern paper, foliated 1–2, 2 *olim* 1) + 93 (parchment, foliated 3–95, *olim* 1 (later 1*)–93) + 2 (blank, paper, unfoliated, *olim* 94–5) + 14 (parchment, foliated 96–109) + 2

[2] Appendix I notes imperfect sermons, while the Explanatory Notes give details of the omissions in each witness.

[3] The Prayer and Prologue have perhaps been copied from elsewhere but may be inaccurate copies of f. 3^{r} (faded).

[4] Ellis & Douce 1812–19: ii. 113: *Sacrosanctae Scripturae loci communes, quorum alii versibus hexametris.*

(small, parchment, made up to size by parchment strips at bottom and outer edges, foliated 110–11) + 2 (small, parchment, not made up to size, foliated 112–13) + 8 (small, parchment, made up to size, foliated 114–21) + i (modern paper, foliated 122) + ii (modern paper) + i (modern card). Approx. 260 × 170 mm, written space 200 × 120 mm. *F* (Item I) framed and ruled. 34–7 ll. to the page. Two foliations (as above), one early in ink 1–122 (endleaf i), the other later in pencil continuing to f. 95. *F* collation $1–6^{12}$, 7^{12} (wants 12),[5] 8^{12} (wants 1–2). Upper half f. 7ʳ oblit.; ff. missing after ff. 85,[6] 93; f. 89 bottom right torn off to 6 ll. up; f. 95 cut in half vertically. Censorship: ff. removed after f. 85. *F* initials, sermon rubrics, and paraphs in red. Some annotative marginalia to *F* (Item I). Top margin f. 3ʳ *This boke is called. The ffestial of englishe Sermones. Necessari to simple Curates and parishe priestes. per* (18th-c. imitating hand?); bottom margin f. 3ʳ *Actor libri dicitur fuisse* [blank] *plommer* (same hand?).[7]

HANDS: One hand for Item I (*F*); different hands for Items II–III, IV, V, VI–VIII.

LANGUAGE: Warwickshire (*LALME* i. 114, LP 4285).

DATE: s. xv med.

HISTORY: The reference to *plommer* (f. 3ʳ) identifies A as the manuscript owned by Thomas Ward of Longbridge, to which the Oxford antiquary and publisher Thomas Hearne (1678–1735), refers (1810: iii, pp. lx–lxi). Hearne discusses Ward's (untenable) identification of the author with Robertus Plimmodunensis (Plymton), Austin canon of Plympton, Devon (*fl.* 1310). He also provides a transcription of the sermon for St Winifred (no. 43) (iii, pp. cxcvi–cxcxi (no. XV)). Thereafter the manuscript entered the collection of Lord Shelburne (1737–1805), first Marquis of Lansdowne, which in 1807 was sold to the British Museum.

London, British Library MS Harley 2403 (B)

BIBLIOGRAPHY: DESCRIPTIONS: Wanley et al. 1808–12: ii. 686–8; O'Mara & Paul 2007: ii. 1357; DISCUSSIONS: Horstmann 1881: cxvii–cxviii; Wakelin 1967: 96; PLATE: Wordsworth & Littlehales 1904: between 142 and 143.

CONTENTS

I *Festial*, ff. 1ʳ–191ʳ

f. 1ʳ Prayer and Prologue followed by *Explicit prefacio. Incipit liber qui vocatur festialis*

f. 191ʳ *Deo gracias*[8]

[5] Quires missing with several more sermons (see Appendix I.i).

[6] Pasted at the bottom of f. 85ᵛ in the hand of f. 2ᵛ: *in his olde age and now is knowen in all Cristendom.*

[7] The blank is unreadable under ultra-violet light, which, however, reveals scribbles in the right margin of f. 3ʳ (*Ihesus off . . ., Good men*).

[8] At the foot of the page are verses in textura in a different hand: *Mentem sanctam habuit, spontaneam mortem sustinuit, honorem Deo dedit, et patrie liberacionem meruit.*

II Articles of Faith in English (*These byn þe xij articules of þe feyth. Peter seyt Credo in deum patrem omnipotentem creatorem celi et terre The secunde þing þat þou scholde know god by þat is þe articul of þe feyth*),[9] ff. 191^{v}–194^{r}

III Ten Commandments in English,[10] f. 194^{r} (ends imp.)

PHYSICAL APPEARANCE: iii (modern card) + i (modern paper) + 194 (parchment) + i (modern paper) + iii (modern card); original bindings pasted inside covers. Approx. 200 × 140 mm, written space 140 × 95 mm. *F* (Item I) framed. 29–31 ll. to the page. Pencil foliation 1–94. Collation 1–15^{10}, 16–19^{8}, 20^{6} (wants 2), 21^{4}, 22^{6} (wants 4–6). Ff. 78 and 79 are transposed,[11] one f. cut out after f. 183, f. 194^{r} cut off horizontally two-thirds down and remounted on parchment, 3 ff. cut out before the endleaves. *F* sermon rubrics, initial letters at beginning of sermons and elsewhere, underlining (including marginal rubrics), and paraphs in red. Some annotative marginalia to *F. Willum Granger*? in a 16th-c. hand canc. f. 194^{v}.

HANDS: One hand for Item I (*F*) (plates Owst 1926: 242; Wordsworth & Littlehales 1904: between pp. 142 and 143); a different hand for Items II–III.

LANGUAGE: Warwickshire (*LALME* i. 112, LP 517).

DATE: s. xv med.

HISTORY: Owned until his death in 1713 by Thomas Whincop(p), or Wyncupp, rector of St Mary Abchurch and St Laurence Pountney, London, 1681–1713. Edward Harley, second Earl of Oxford, bought books from his library in 1720 through Nathaniel Noel (*fl.* 1681–*c.*1753), bookseller (Wright 1972: 253–4, 353).[12] From Harley it passed, in 1753, into the (then) British Museum collection.

London, British Library MSS Harley 2420 and 2417 (C)[13]

MS Harley 2420

BIBLIOGRAPHY: DESCRIPTIONS: Wanley et al. 1808–12: ii. 691; O'Mara & Paul 2007: ii. 1359; DISCUSSION: Fletcher 1980: 518, 521–2.

[9] Cf. Simmons & Nolloth 1901: 30/168, although the reference there is to the Ten Commandments.

[10] After the rubric *þy x commaundementes of god kepe þou hem wel* is the verse *kepe well ten and fle from sevyn / Rule wel vyve and com to hevyn* (*IMEV* 1817). See too Appendix II.i.b (description of b), II.ii (description of BL MS Harley 1288), CONTENTS. The rest of the folio has been cut off and later repaired.

[11] Contemporary note top of f. 79^{r}: *istud folium debet sequi ij folium precedens.*

[12] Cf. f. 1^{r} (in Humfrey Wanley's hand): *Mr. Noel (from Mr. Whincop) Febr. 1719/20.* See Wright & Wright 1966: i. 196 (nn. 1 and 2).

[13] These share a siglum, since they were once a single manuscript, the only Group A manuscript to separate *Temporale* from *Sanctorale*.

CONTENTS

Festial (*Temporale*), ff. 1^r–64^v (ends illegible *oþer ymages of seyntus*, cf. 41/112)

f. 1^r Prayer followed by *Incipit prefatio libri qui uocatur festiallis* (in red); Prologue followed by indecipherable rubric in red.

PHYSICAL APPEARANCE: ii (modern paper) + 64 (parchment) + ii (modern paper). Approx. 190 × 125 mm, written space 140 × 90 mm. Framed and ruled. 30 ll. to the page. Pencil foliation 1–64. Collation 1–8^8. Ff. 1^r, 2^r, 31^r, 64^v badly discoloured. Censorship: *Thomas* canc. ff. 13^r, 16^v; ff. 13^r–16^v lightly canc.; *pardon*, *pope*, *monk*, etc. er. ff. 28^v–29^r, with two long erasures f. 28^v; *pilgrims* er. f. 31^r; *pope(s)* canc. or alt. to *episcopus/episcopi* ff. 60^v, 61^r, 63^r; details of pardons (cf. 41/20–2) alt. to *but yf it be for goddes blessyng* f. 63^r. Sermon rubrics, initial letters at beginning of sermons and elsewhere, and paraphs in red, names and some citations underlined in red. Some annotative marginalia in red or touched with red.

HANDS: One hand, the same as MS Harley 2417.

LANGUAGE: Worcestershire (*LALME* i. 112, LP 702).[14]

DATE: s. xv med.

HISTORY: Already in this state when it entered the possession of Edward Harley, second Earl of Oxford, in 1715 (f. 1^r *30 April 1715* in Humfrey Wanley's hand).[15] Shelfmarks (*42.g./XLII.G.* in pencil inside front cover; *100.D.23/2420* in ink, *19/1 B* in pencil f. i^r) correspond to those of MS Harley 2417. From Harley it passed, in 1753, into the (then) British Museum collection.

MS Harley 2417

BIBLIOGRAPHY: DESCRIPTIONS: Wanley et al. 1808–12: ii. 690; O'Mara & Paul 2007: ii. 1358; DISCUSSIONS: Wakelin 1967: 97; Fletcher 1980: 518.

CONTENTS

Festial (end of *Temporale*, *Sanctorale*), ff. 1^r–87^v (begins imp. *buryed owtwith chyrcheȝord*, cf. Add3/34; ends imp. and illegible in *F* 66, f. 87^v)

f. 9^v *ffinitur tractatus temporalis et incipit proprietas sanctorum secundum vsum Sarum per huius festiallis compilatorem*

PHYSICAL APPEARANCE: iii (modern card) + i (modern paper) + 87 (parchment) + i (modern paper) + iii (modern card); original leather binding with tooled and gilded edges pasted inside covers and *HOMILIES/OLD ENGL/*

[14] The MS was originally assigned to Staffordshire, but North-west Worcestershire is 'more likely' (*LALME* i. 112).

[15] *This Book is evidently the former part of No. 2417* (Wanley et al. 1808–12: ii. 691). The entry in Wanley's *Diary* refers only to MS Harley 2420: *His Lordship brought in an Imperfect MS. of Postils or Sermons, written in old English upon Parchment, in small 4to* (Wright & Wright 1966: i. 10).

MS from spine pasted f. iv^{r}. Approx. 190 × 130 mm, written space 140 × 90 mm. Framed and ruled. 30 ll. to the page. Collation 1^{10} (wants 1), 2–4^{8}, 5^{8} (wants 1, 2, cut out), 6–11^{8}. Pencil notation 1–87. '7' in a post-medieval hand f. 1^{r}. Some discoloration throughout, especially ff. 1^{r}, 86^{v}, 87^{r-v}. Censorship: *now cananyset yn þe courte of Rome and* (cf. Erbe 1905: 17/36–7) er. f. 17^{r}; *pope* er. f. 31^{r-v}, 46^{r-v}, 61^{v}–62^{v}, 84^{v}; ff. 50^{r}–51^{v} lightly canc., with *pope* and *popes legate* canc. f. 51^{r-v}. Sermon rubrics, initial letters at beginning of sermons and elsewhere, and paraphs in red, names and some citations underlined in red. Some annotative marginalia in red or touched with red.

HANDS: One hand, the same as MS Harley 2420.

LANGUAGE: Worcestershire (see MS Harley 2420 LANGUAGE above).

DATE: s. xv med.

HISTORY: The second half of Harley 2420, both parts in the same location before entering Harley's possession (*42.G.* in pencil inside front cover; *100.D.20/2417* in ink, *19/1* B in pencil f. v^{r}).

Oxford, Bodleian Library MS Gough Ecclesiastical Topography 4 (D)

BIBLIOGRAPHY: DESCRIPTIONS: Madan 1897: 181/17680; O'Mara & Paul 2007: iii. 1927; DISCUSSIONS: Wakelin 1967: 104; EDITION: Erbe 1905.

CONTENTS

Festial, ff. 1^{r}–164^{r}

f. 1^{r} Prayer, *Hic incipit liber qui vocatur festiuale* (in red); f. 164^{r} *Explicit liber festiuale* (in black)

PHYSICAL APPEARANCE: i + 164 + i (foliated in pencil 165). Parchment with paper flyleaves. Approx. 220 × 150 mm, written space 160 × 105 mm. Framed, ruled, and pricked. 32–4 ll. to the page. Collation 1–8^{8}, 9^{10}, 10–11^{8}, 12^{8} (wants 8), 13–17^{8}, 18^{10}, 19^{8}, 20^{10} (wants 3). Censorship: f. 44^{v} (equivalent of 17/12–14, *vche . . . ȝere*, canc.); *pope* er. f. 98^{r}; name of pope (Callistus) er. ff. 144^{v}, 151^{v}–152^{r}. Rubrics, paraphs, and initials in red (but f. 1^{r} initial blue with red tracery). Marginal notes in 16th-c. hands. Notes in 15th/16th-c. hands f. 164^{v}, including *Sire Roberte wales(e?)*, *liber iste attenet henryco Gonner Rycmerswort manente*, and *Thomas Asche*, who signs his name at the end of a medical recipe and notes: *hit is to sell att the syne of the crystofer in buclersbury*, i.e. in the City of London.

HANDS: Two hands with possibly a brief intervention by two others.[16]

[16] Wakelin notes only one hand, but McIntosh et al. 1986: i. 149 find four: Hand A (first contribution ff. 1^{r}–97^{v}, second contribution ff. 104^{r}, l. 8–106^{r}), Hand B (ff. 98^{r}–103^{r}, l. 14), Hand C (ff. not given), Hand D (f. 103^{v}, ll. 8–11). The entry is suspect and might be emended: Hand A ff. 1^{r}–97^{v}, 104^{r}, l. 8–164^{r}; Hand B ff. 98^{r}–103^{r}, l. 24, f. 103^{r}, l. 30–103^{v}, l. 8; perhaps Hand C f. 103^{v}, l. 11–104^{r}, l. 7; perhaps Hand D f. 103^{r}, ll. 25–30, 103^{v}, ll. 8–11. Hands C and D may be ghost hands.

LANGUAGE: Staffordshire (*LALME* i. 149).[17]

DATE: s. xv med.

HISTORY: The priest who signs his name f. 164^{v} might be the Robert Waleys who was at Eton and then King's in the mid-15th c. and/or the Robert Waleis who was vicar of Barking, Essex and of East Ham, Essex (Emden 1963: 610). The manuscript was later owned by Thomas Martin (1697–1771) of Palgrave, Suffolk, whose signature is on the back of the front cover and ff. 1^{r} and 164^{r}. From Martin it presumably passed, with various of Martin's papers, to Richard Gough (1735–1809) and thence to the Bodleian Library. Martin notes (f. i^{r}) the existence of a Wynkyn de Worde print of 1496. Later notes (by Gough?) add more information, including notes on Thomas Hearne's account of *F* and the manuscript owned by Thomas Ward of Longbridge (see Appendix II.i.a, description of A, HISTORY).

Oxford, Bodleian Library MS Douce 60 (E)

BIBLIOGRAPHY: DESCRIPTIONS: Madan 1897: 508/21634; *IMEP IV* (Braswell 1987): 25–30;[18] O'Mara & Paul 2007: iii. 1818–21; DISCUSSIONS: Horstmann 1881: cxix–cxx; van Zutphen 1956: xlii–xliii; Wakelin 1967: 104–5; Kristensson 1974: 20–1.

CONTENTS

I *Festial*, ff. 1^{r}–146^{v}

II *IPP*,[19] ff. 147^{r}–189^{r} with English prose degrees of consanguinity f. 150^{r-v} and English prose Sentence,[20] ff. 161^{r}–3^{r}

ff. 188^{v}–189^{r}: *Explicit tractus qui dicitur pars oculi de latino in anglicum [translatus per fratrem Iohannem Mirk Canonicum Regularem Monasterij de Lilleshull cujus] anime propicietur deus Amen* (material in square brackets in Douce's hand below damaged original)

III Sermon for All Saints' Day,[21] ff. 189^{r}–192^{v}

IV Richard Lavynham's *Litil Tretys on the Seven Deadly Sins*,[22] ff. 193^{r}–213^{r}

[17] Hand A first contribution LP 193, second contribution 'language very similar'; Hand B LP 717; Hands C and D also Staffordshire.

[18] Erroneously cited as '*Pars Oculi* or [*Festial*]'. The sermons are not listed.

[19] Kristensson (1974: 20) records Pothmann's note that *IPP* began *Assit principio sancta maria meo* (f. 147^{r}), presumably now trimmed away (there are traces of rubricated descenders in the top margin) but found in the same position before *IPP* in Bodleian Library MSS Douce 103 (once part of Douce 108 (F)) (f. 119^{r}) and Greaves 57 (f. 1^{r}). (See too Kristensson 1974: 67 n.)

[20] Both E and MS Douce 103 (see n. 19 above) contain mid-text a version of the Sentence related to that in α (see vol. 1, §5.1 CONTENTS). For the versions of the Sentence, see Pickering 1981: esp. 229–30.

[21] Not from *F* (despite Wakelin 1967: 104–5), nor from Rev. (despite the four divisions and *narratio* as in Rev.), but an independent revision of the *LA* material (Graesse 1846: 718–28; Maggioni 1998: 1099–1112). Summarized O'Mara & Paul 2007: iii. 1819–20.

[22] See van Zutphen 1956: xlii–xliii, cf. description of MS Harley 1288 (Appendix II.ii).

V Form of confession, largely in English, ff. 213^{r}–227^{r}, followed by English and Latin pastoral notes ff. 227^{v}–228^{r}

PHYSICAL APPEARANCE: i + (231 [236], foliated 1–228, since ff. 62, 66, 85, 86, 90, 91, 92, 97 duplicated as 62a, 62b, etc.) + (2 ff. cut out) + i (f. 229) + inserted contents list in Douce's hand (ff. 230–1). Paper. Approx. 195 × 130 mm., written space 145–55 × 100 mm. 20–5 ll. to the page. *F* collation (Item I): 1–7^{8}, 8^{8} (wants 8), 9–10^{8}, 11^{8} (wants 7, 8),12^{8},13^{8} (wants 6–8), 14–19^{8}, 20^{8} (wants 2, 3), 21^{8} (wants 7, 8). Censorship: *pope(s)* er. ff. 76^{r-v}, 130^{r}, 131^{r}. Rubrics, paraphs, catchwords, and initials touched with red. E normally begins a new sermon on a new page. Pasted slip top f. 1^{r}. Later hands add details of moneys owed (ff. 146^{v}, 228^{v}), a Latin prayer with English title (f. 192^{v}), and a Latin prayer of absolution (f. 228^{r}). Douce's bookplate inside front cover and his notes (f. i^{r-v}) and contents list (ff. 230^{r}–1^{r}).

HAND: One hand, the same hand as F and MS Douce 103.

LANGUAGE: Northamptonshire (*LALME* i. 147).[23]

DATE: s. xv med.[24]

HISTORY: The notes of tithes owed by men often of Welsh surname (e.g. *hopkyn ap jenkyn*, f. 228^{v}), show that by 1492 (*the viij & ixth yere off the Reyn off kyng herry the vijth* f. 228^{v}) the manuscript was in the hands of a priest in the Welsh marches, perhaps Pencoyd, eight miles south of Hereford (*Memorandum how that Wyllyam hopkyn off pencoyd howyth vnto Sir Iohn davyys ffor dyuerys tewthynges and dewtes off the churche xviiij s. viij d.* f. 228^{v}).[25] EF and MS Douce 103 entered the Bodleian Library in 1834 through Francis Douce's bequest.

Oxford, Bodleian Library MS Douce 108 (F)

BIBLIOGRAPHY: DESCRIPTIONS: Madan 1897: 524/21682; Thomson 1979: 277–82 (a description of MS Douce 103, once part of F); *IMEP IV* (Braswell 1987): 38–9;[26] O'Mara & Paul 2007: iii. 1822–4; DISCUSSIONS: Horstmann 1881: cxix; Wakelin 1967: 105.

CONTENTS

Festial, pp. 1–350

p. 1 *prologus* (in red); Prayer; Prologue.

[23] The language of Douce MSS 60, 103, 108 'seems substantially the same' (LP 515). Wakelin (dependent on Angus McIntosh's opinion) is more precise: 'NE Buckinghamshire (the Bletchley–Fenny Stratford area) or in Northamptonshire' (1967: 105).

[24] Kristensson notes (1974: 21) that the watermarks of quires 19–20 (ff. 147–62) are Briquet's *bœf* no. 2782 (1446–8), also found in the six quires which make up *IPP* in MS Douce 103, once part of F (see description of F).

[25] See Appendix II.i.a (description of F, HISTORY) for John Davyys as compiler of MS Douce 103.

[26] The sermons are not listed.

PHYSICAL APPEARANCE: ii (numbered recto and verso i–iv) + 177 (paginated 1–350; pp. 203 and 281 triplicated and numbered 203a–c, 281a–c)[27] + ii (paginated 351–4). Paper.[28] Approx. 215 × 145 mm, written space 145 × 100 mm. 19–22 ll. to the page. Collation: 1–16^{8} (wants 1, 8), 17–19^{6}, 20–2^{8}, 23^{6}, 24^{4}. Rubrics and initials touched with red, but sparingly between pp. 65–112, 175–203a, 244–8, 273–321, 330–50. Pen trials p. 203c; Latin prayer (in a different hand?) p. 204;[29] Latin notes on calendar in same hand as p. 204 (p. 282). Douce's bookplate inside front cover and his notes (f. i^{r})[30] and contents list (p. 351).

HANDS: One hand, the same hand as E and MS Douce 103.

LANGUAGE: Northamptonshire (*LALME* i. 147).[31]

DATE: s. xv med.[32]

HISTORY:[33] F and MS Douce 103 were once a single manuscript (Thomson 1979: 281–2).[34] By the late 15th c. all three Douce MSS (E and F/Douce 103) appear to have belonged to the priest John Davyys,[35] perhaps the John Davys of Merton College, Oxford who became senior proctor of the University 1492–3. But he is recorded only (1499) as vicar of Woolwich and rector of Stone, both in Kent (Emden 1957–9: i. 551–2). EF and MS Douce 103 entered the Bodleian Library in 1834 through Francis Douce's bequest.

Oxford, Bodleian Library MS Hatton 96 (G)

BIBLIOGRAPHY: DESCRIPTIONS: Madan et al. 1937: 853/4124; O'Mara & Paul 2007: iii. 1975–2046; DISCUSSIONS: Wakelin 1967: 106–7; McIntosh & Wakelin 1982: 443–50; O'Mara 1988: 165 (extract from an Easter Day sermon, ff. 197^{v}–199^{r}); Horner 2005: 4070–4.

CONTENTS

I *Festial* sermons and extracts for Advent and Nativity, interspersed with Latin sermons and extracts,[36] ff. 3^{r}–9^{v}

[27] Pp. 203b–c, 204, 281b–c, 282 were originally blank.

[28] For watermarks see description of E.

[29] The prayer for help from the Trinity and all angels ends *mary mircy Quod I.m.*

[30] He copies out the *F* colophon from α and notes: 'See Hearne's Langtoft, pref. LX. and what he says of Saint Winifred.' See Appendix II.i.a (description of A, HISTORY).

[31] See Appendix II.i.a (description of E, LANGUAGE).

[32] See Appendix II.i.a (description of E, DATE)..

[33] See Appendix II.i.a (description of E, HISTORY).

[34] F should therefore be considered alongside Thomson's description of MS Douce 103 (1979: 277–82). For *IPP* in F, see nn. 19 and 20 above.

[35] Only strictly verifiable of E and Douce 103, to which Davyys (Thomson's Hand 5) added several items particular to the diocese of Hereford (Thomson 1979: 277–82, Sections A(a)(iv–x), C(d)(e), E(f)).

[36] O'Mara & Paul (2007: iii. 1977–8) summarize the *F* Advent and Nativity extracts (ff. 8^{v}–9^{v}) but do not note their affilation.

II English *Sanctorale* sermons in calendar order from Nativity of Christ to St Augustine,[37] ff. 10^{r}–92^{r}

III *Festial* sermons,[38] interspersed with Latin and English sermons and pastoral material, e.g. the Corpus Christi Day indulgences added by successive Popes (ff. 132^{v}–133^{r}),[39] the Bedes, or bidding prayers (ff. 135^{r}–136^{r}),[40] the Commandments (ff. 156^{r}–158^{v}), and the Apostles' Creed (ff. 158^{v}–160^{r}),[41] ff. 92^{v}–209^{r}

IV *Festial* sermons in *Temporale* order of Advent to Tenebre (ff. 209^{v}–245^{v}), with an insert of Andrew, Nicholas, Thomas of India (ff. 213^{r}–217^{v}) and Latin homiletic material (f. 218^{r-v})

V *Festial* sermons in Group A order of Circumcision to Purification, ff. 246^{r}–260^{v}

VI *Festial* sermons in *Temporale* order of Advent to Pentecost (including the second sermon for 1 Lent),[42] ff. 262^{r}–305^{r}

PHYSICAL APPEARANCE: ii (cut out) + ii (foliated 1–2) + 299 (3–305, but three ff. are numbered 137a–c and ff. 4 and 14 are separate small sheets attached to ff. 3 and 13 respectively) + ii (ff. 306–7). Paper, except ff. 3 and 9 (parchment). Approx. 200 × 135 mm,[43] written space varies 150–60 mm × 105 mm. 30–2 ll. to the page (*F*). Collation indeterminable.[44] Several blank sheets, perhaps to be filled when further material became available (ff. 98^{r-v}, 106^{v}, 112^{v}, 133^{v}–34^{v}, 136^{v}, 137c^{r-v}, 255^{r}–257^{v}, 261^{r-v}, with f. 261^{r} ruled and framed like f. 260^{v}). An earlier foliation is to the left of the present foliation. Space for rubrication of initials, but no rubrication. Material added at different times in margins, on slips, and on empty leaves, e.g. a paper slip (f. 29*) inserted between ff. 28 and 29, with English and Latin material on the Annunciation (recto) and banns of marriage (verso upside down); a small slip (*Sancta Kate-*) pasted f. 81^{v}; Latin marginalia (ff. 149^{v}–150^{r}); extra material added in English to Pentecost sermon (lower margin f. 303^{v}) and to Palm Sunday sermon (lower margins ff. 242^{v}–243^{r}), and in Latin to Ember Days

[37] Summarized O'Mara & Paul 2007: iii. 1978–2043.

[38] In no clear order except between ff. 137b^{r}–174^{r}, where the order (Assumption to All Saints) is largely chronological, like Group A. The notes on Thomas Becket (ff. 180^{v}–181^{r}) may be a copy of the text in MS Harley 2345 (ff. 57rb–158ra), the work of a Winchcombe (Gloucestershire) monk (Roberts 1992: 177). Three sermons are summarized in O'Mara & Paul 2007: iii. 2043–6.

[39] Not 'SS. Urban, Martin, Gregory', with the implication that these are sermons (McIntosh & Wakelin 1982: 444). For similar material in *F*, see 41/18–23n.

[40] The text of the Bedes (ff. 135^{r}–136^{r}, imp.) is very close to Caxton's in *QS* (*STC* 17957, Blake 1975: 86–9).

[41] Not just 'the fifth Article of Belief' (McIntosh & Wakelin 1982: 444).

[42] Advent 1 ends *amen for charite* (f. 264^{v}).

[43] But f. 137a is approx. 115 mm wide, f. 137b is 125 mm (cropped at right), and ff. 213–17 (a separate insertion) are 150 mm, folded in.

[44] Item I is a quire of 6, with parchment outer leaves, but, while other items have catchwords (recto and verso), they do not relate to quiring and there are no signatures (but *A* bottom margin f. 22^{v}, *B* f. 23^{r}, *C* f. 50^{v} may relate to different booklets).

sermon (f. 155^{v}); indulgences added in English to John the Baptist sermon (ff. 132^{v}–133^{r}); Latin note on burial that day of Robert Whytt B.A. in the cemetery of SS Peter and Paul, attended by his priest-friends (f. 256^{v}).

HANDS:[45] Five hands.[46] Hand A: Items I–III (except Bedes, ff. 135^{r}–136^{r}), IV (except ff. 213^{r}–217^{v}), V, VI (ff. 302^{r}–305^{r} only); Hand B: Item III (Bedes, ff. 135^{r}–136^{r}, only); Hand C: Item IV (ff. 213^{r}–217^{v} only); Hand D: Item VI (ff. 262^{r}–301^{v}, l. 9); Hand E: Item VI (f. 301^{v}, l. 10 to end of f., but perhaps a ghost hand).

LANGUAGE: 'Nineteen different kinds of west and central Midland English' (McIntosh & Wakelin 1982: 445). Of these, eleven kinds are relevant to the *F* material in the manuscript (McIntosh and Wakelin Languages 1–3, 5, 10, 12, 15–19), the longest stints being in Languages 2, 5, and 10.[47] Language 1 occurs only in the first *F* sermon of the manuscript, for the Nativity of Christ (ff. 3^{r}–6^{v}); Language 2 (Warwickshire) is used for the next *F* item, an extract from the Advent sermon (ff. 8^{v}–9^{r}), for the Advent sermon at ff. 209^{v}–212^{v}, for the Tenebre sermon (ff. 244^{r}–245^{v}),[48] for most of Item VI (but not Hand E's portion and perhaps not Hand A's portion);[49] Language 3 (no provenance *LALME*) is used only for the extract from the *F* Nativity sermon (f. 9^{r-v}); Language 5 (Shropshire) is used for Item IV and for some of the *F* sermons in Item III (ff. 92^{v}–96^{v}, 99^{r}–102^{r}, 110^{r}–132^{v}, 165^{v}–168^{v}, 199^{v}–202^{r});[50] Languages 10 and 12 (Staffordshire) are used for other *F* sermons in Item III (ff. 138^{r}–155^{v} and 162^{r}–165^{r}, 169^{r}–174^{r} respectively); Languages 16 and 17 account for three and one *F* sermons respectively in Item V (ff. 246^{r}–254^{v} and ff. 258^{r}–260^{v}). Hand C's material has been inserted into the manuscript later (ff. 213^{r}–217^{v}) and represents language 15. The scrap of writing perhaps in Hand E (f. 301^{v}, l. 10 to bottom of page) is in Language 18, and the completion of that sermon in Hand A (f. 302^{r}, ll. 1–15) is perhaps in Language 19 (north Staffordshire, but see n. 49 above).

DATE: Hands A and C s. xv^{2} (Hand C very practised in his own peculiar style); Hand D s. xv med. (a professional common-law hand); Hand E s. xv med.; Hand B s. xv ex. (a current hand).

HISTORY: Robert Whytt (f. 256^{v}) was identified by Wakelin (1967: 106) as rector of St Peter's, Cheapside 1433–61 (Emden 1957–9: iii. 2042–3).

[45] Only the English material is dealt with here.

[46] 'If we ignore one or two very small scraps' (McIntosh & Wakelin 1982: 447).

[47] *LALME* i: 149 deals only with Languages 2, 5 (LP 704), 8, 12 (LP 529), and 19.

[48] Presumably not ff. 244^{v}–245^{v} (McIntosh & Wakelin 1982: 447), since the sermon begins f. 244^{r}.

[49] McIntosh & Wakelin (1982: 447) attribute f. 302^{r}, ll. 1–15 to both Hand D (language 2) and (correctly) Hand A (language 19). They do not assign a language to the final sermon of the manuscript (ff. 302^{r}–305^{r}), which appears to follow a different exemplar.

[50] McIntosh & Wakelin (1982: 447) cite ff. 199^{v}–202^{r}, perhaps an error, since Hand A's stint does not end until f. 212^{v} and no language is cited for ff. 202^{v}–212^{v}.

REMARKS: The originator of the compilation was probably Hand A, who copied 57 English sermons (Item II) from a collection of *Sanctorale*, which, from their inclusion of sermons for former bishops of Worcester, Wulfstan and Oswald (ff. 16^{r}–17^{r}, 27^{v}–28^{v}), appear to have been acquired from Worcester diocese, where Hand A probably lived.[51] Over a period of time, he added sermons from a number of different (but imperfect?) *F* manuscripts,[52] sometimes repeating sermons already copied (e.g. in Items IV and VI, in different languages), perhaps unaware that they were from the same work. Probably because he had a full run of *Sanctorale* sermons in Item II, he concentrated on *F Temporale* sermons, which at first he copied fairly randomly, interspersing them with Latin sermons, other English sermons, and *pastoralia*; later he copied longer runs of *F* sermons, still predominantly *Temporale* (Items IV and V).

The contribution of the other hands is less. Item VI is a run of seventeen sermons, all *Temporale*, once separately foliated, copied as far as the middle of the penultimate sermon in a professional common-law hand (Hand D), whose stint on f. 301^{v} appears to have been interrupted mid-page so that (following McIntosh & Wakelin) another hand (Hand E) finishes the rest of the page, with Hand A then returning (f. 302^{r}) to complete that penultimate sermon and add a final sermon.[53] Hand C is incidental to the main issue of the compiler of the manuscript—it consists of three *F* sermons (ff. 213^{r}–217^{v}) which have been acquired from elsewhere and inserted (on wider sheets) into the appropriate position in the manuscript. Hand B may have acquired the manuscript after Hand A and is responsible for copying the Bedes onto formerly blank sheets (ff. 135^{r}–136^{r}). His may also be the hand which records Robert Whytt's funeral in 1461 (but see DATE above).

Cambridge, Cambridge University Library MS Dd.10.50 (H)

BIBLIOGRAPHY: DESCRIPTIONS: Luard et al. 1856–67: i. 437/608;[54] O'Mara &

[51] In the note on banns between Richard Wynyard, servant of Richard Wyld, and Johanna Blymyll, servant of Thomas Bewdley (*ambo de ista parochia*, f. 29*^{v}), the names Bewdley and Blymhill are local place names in Worcestershire and Staffordshire respectively.

[52] That these were acquired separately and from different areas is clear from the different languages, which appear to have been copied faithfully (McIntosh & Wakelin 1982: 447). Their suggestion that Hand A's copy-text might already have contained some of these different languages is perhaps corroborated by the fact that the sermons of ff. 137b^{r}–174^{r} are a chronological run (nos. 53–64, all copied by Hand A) but in two different languages.

[53] Elsewhere Hands A and D both copy material in Language 2 (Warwickshire), perhaps suggesting that Hand A provided the material for Hand D to copy for him, but not necessarily endorsing the suggestion that the manuscript might stem from 'somewhere in that region, perhaps at one of the Augustinian houses of Arbury or Maxstoke' (McIntosh & Wakelin 1982: 449).

[54] For the catalogue's inadequacies, see McKitterick 1986: 550.

Paul 2007: i. 11; *IMEP XIX* (Connolly 2009): 51–66;[55] DISCUSSIONS: Horstmann 1881: cxiii (a bare notice); Wakelin 1967: 108.

CONTENTS

Festial, ff. 1^{r}–158^{v} (ends imp. *worchepyd hyly* (*of god* catchwords), cf. *F* 63/19–20)

f. 1^{r} Prayer; Prologue

PHYSICAL APPEARANCE: ii (foliated i, ii) + i (vellum, part of a Latin legal roll) + 158 + ii (foliated iii, iv). Paper. Approx. 215–20 × 145 mm, written space 150–60 × 110–15 mm. 26–9 ll. to the page. Collation: 1–8^{12} (9 canc.), 9^{10}–11^{10}, 12^{10} (1 canc.), 13^{12}–14^{12}. Red decorated 4-line initial *T* (Prayer), red decorated 2-line initial *G* (Prologue and sermon 1), red line-decoration at end Prayer, Prologue, and sermon title, all f. 1^{r} (torn top right but remounted). First initials of sermons and underlining (mostly of Latin) in red; capitals touched with red; sermon rubrics sometimes in red from f. 129^{v} on (previously touched with red, in red boxes, and generally crossed through in red). Annotative marginalia and catchwords touched with red in red boxes. *This MS. belongs to John Worthington, Fellow of .S. Peter's College in Cambridge, A.D. 1688* (vellum flyleaf recto). Frequent Latin and English marginal annotations in 15th- and 16th-c. hands, e.g. ff. 6^{v}, 13^{r-v}, 14^{v}, etc.

HANDS: Five hands, A (ff. 1^{r}–12^{v}), B (ff. 13^{r}–14^{v}), C (ff. 15^{r}–158^{v}), D (ff. 43^{v}, l. 12 to end, 56^{r}, ll. 1–5).[56] Hand C (the bulk of the manuscript) confident and practised, possibly a paid scribe. Hand D ends sermon 51: *quod ADAM* (f. 134^{v}).

LANGUAGE: Hand A Leicestershire (LP 130), Hand C Derbyshire (LP 257) (*LALME* i. 66).

DATE: s. xv med.

HISTORY: John Worthington was a Fellow of Peterhouse, Cambridge, who resigned as a non-juror and died 1738 (Venn & Venn 1922–7: iv. 465).

Cambridge, Gonville and Caius College MS 168/89 (I)

BIBLIOGRAPHY: DESCRIPTIONS: James 1907–14: i. 191; *IMEP XVII* (Rand Schmidt 2001): 20–40; O'Mara & Paul 2007: i. 66;[57] DISCUSSIONS: Horstmann 1881: cxvii; Wakelin 1967: 110.

CONTENTS

Festial, pp. 1–336

p. 1 Prayer (ends *amen for charite*); pp. 1–2 Prologue
p. 336 *Explicit*

[55] The sermons are listed in detail.
[56] For this analysis, see Wakelin 1967: 108.
[57] The statement about the final sermon is erroneous.

PHYSICAL APPEARANCE: i + ii (vellum) + 168 (paginated 1–336) + i. Paper. Approx. 215 × 140 mm, written space 160 × 100 mm. Framed and ruled. 29–31 ll. to the page. Collation 1^{8} + 1, $2–3^{12}$, 4^{14}, 5^{10}, 6^{6}, 7^{12}, 8^{10}, 9^{14}, 10^{12}, 11^{14}, 12^{6}, 13^{6}, 14^{10}, 15^{12}, 16^{8}+1.[58] Paginated 1–336 (but pp. 261–2 misplaced within quire 12 and should be the first folio of quire 13, between pp. 263/4 and 265/6). Censorship: *pope(s)* er. pp. 184–5. First initials to sermons, paraphs, sermon rubrics, and Latin quotations in red. No rubrication to Prologue or first sermon (no title), p. 1. College name f. ii^{r}; pen drawings ff. ii^{v}–iii^{v} (also bottom margin p. 9); pen practices ff. iii^{r-v}; *A Legend booke on the ffestivals* in a 17th-c. hand f. iii^{v}, together with college bookplate and acquisition number cut from previous binding. *Amen Amen Quod dominus Wyllielmus Tybson* p. 62. No marginalia.

HANDS: One hand (William Tybson).

LANGUAGE: North-east Nottinghamshire (*LALME* i. 63).[59]

DATE: s. xv^{3}.

HISTORY: Donated by William Moore (1590–1659), Fellow 1615–47, University librarian 1653–9, and a great benefactor of the College (Venn & Venn 1922–7: iii. 209).

London, Dr Williams's Library MS Ancient 11 (olim London, New College Z.c.19, later Anc. 1) (J)

BIBLIOGRAPHY: DESCRIPTIONS: *MMBL* i. 162; O'Mara & Paul 2007: ii. 1531–2; DISCUSSION: Wakelin 1967: 111.

CONTENTS

Festial, pp. 3–342 (begins imp. *leuyng*, cf. 2/8; ends *yn burell*, cf. 68/96)

PHYSICAL APPEARANCE: ff. ii + 170 + ii. Paper, except for the outermost leaves of each quire, which are parchment. Approx. 200 × 145 mm, written space 145 × 85 mm. Pricked, framed, and ruled. 25–9 ll. to the page. Paginated 1–344, including flyleaves. Collation 1^{16} (wants 1–3, 16), $2–7^{16}$, 8^{16} (wants 14, 16), 9^{16}, 10^{16} (wants 16), 11^{16} (wants 1, 16), 12^{6} (wants 4–5, left as stubs). Rubrics, marginal *Narracio*, and Latin quotations rubricated (letters touched in red pp. 1–13, 52), but no rubrication pp. 92–9, 102–86 (but titles and Latin quotations in darker ink). Initials left for rubrication. Censorship: ff. removed after f. 244. Contemporary Latin marginalia relating to the text, e.g. pp. 72–95 *passim*; marginal notes in English in 18th- and 19th-c. hands, the most frequent hand glossing the meaning of words, e.g. pp. 7, 21, 29, 37, 38, etc. 18th-c. binding, labelled on back strip *MONKISH SERMONS*. Bookplate of Coward College and various pressmarks (some canc.) inside front cover, with note in hand of John Jones: *NB. This Booke seems to be part of the old popish treatise intitled the Festivale . . . Of many things herein related, we*

[58] Catchwords throughout but signatures variable.

may say with Bp. Stillingfleet (Orig. Brit. p. 17) 'They who can in earnest believe [such things] are past all confutation by Reason, having their minds naturally framed to believe Legends.' P Doddridge 1730/pret 4s. and bookplate: *Dr. Williams's Library/The gift of NEW COLLEGE, LONDON/1976'* flyleaf f. i^r.[60] Pen testings, an English recipe for a Latin charm against cramp, and (in a 15th-c. hand) a copy of a Latin licence issued by the bishop of Bath and Wells to Thomas Helpys, rector of St Mary, Saltford (west of Bath) p. 343.

HAND: A poor anglicana formata, the most formal script of the *F* manuscripts.

LANGUAGE: Leicestershire (*LALME* i. 118, LP 584).

DATE: s. xv^2.

HISTORY: Perhaps owned by Thomas Helpys, rector of St Mary, Saltford (p. 343). Bought for 4*s*. in 1730 (flyleaf f. i^r) by the famous Nonconformist minister and writer Philip Doddridge (1702–51) (Deacon 1980), perhaps through the Coward Trust.[61] Ker assumes (*MMBL* i. 162) that Doddridge gave the manuscript to the Dissenting Academy at Northampton, which after his death moved to Daventry, then Wymondley, and later (as Coward College) to London, where it became part of New College in 1850. John Jones (note inside front cover) was a Unitarian minister and classical scholar (*c*.1766–1827) who from 1821 was a trustee of Dr Williams's foundation, to which he bequeathed manuscripts. On the disbandment of New College in 1976, the manuscript was given to Dr Williams's Library (flyleaf f. i^r), the pre-eminent research library of English Protestant Nonconformity, founded in his will of 1711 by the London Presbyterian minister Daniel Williams.

Southwell Minster Library MS 7 (K)

BIBLIOGRAPHY: DESCRIPTIONS: *MMBL* iv. 351–2; Nevanlinna & Taavitsainen 1993: 49–61; *IMEP XV* (Edden 2000): 54–7;[62] O'Mara & Paul 2007: iv. 2481; DISCUSSION: Görlach 1972: 26; EDITION: Nevanlinna 1993 (*F* 67 only).

CONTENTS

I *Festial*, ff. 1^r–171^v

[59] 'Contains some relict forms, but language otherwise apparently of N.E. Notts.'.

[60] Notes attached to f. i^r contain typed details of Erbe (1905) by *G.F.N. 4.11.59* (Geoffrey Nuttall, then lecturer in Church History at New College, London) and of *F* manuscripts and the potential value of the present manuscript by *J. H. P. Pafford 9.11.59* (then Goldsmith's Librarian of the University of London). Below is a handwritten note by *J. C. 14.6.78* (John Creasey, then librarian of Dr Williams's Library) which identifies the hand on the inside front cover as that of John Jones and notes that Jones lists the contents in Dr Williams's Library MS 12.64(18).

[61] The Coward Trust was set up in the will of the London merchant William Coward (1657?–1725), for the advancement of the dissenting cause.

[62] The sermons are not listed.

f. 1^{r} *Christus rex regum prestet michi scribere vere* in red textura; *Incipit prologus libri ffestialis* underlined in red; Prologue
f. 171^{v} *Explicit liber festiualis quod Iohannes meyre*

II Prose lives of eight saints:[63] SS Ursula (Pickering 2004: 258–9, 269) and Katherine of Alexandria (ed. Nevanlinna & Taavitsainen 1993); six saints from the additional lives of the 1438 *Gilte Legende* (Pickering 2004: 255, 267–8), viz. SS Oswald, Dunstan, Edmund the Confessor, Edmund king and martyr, Edward king and martyr, Faith, ff. 175^{r}–202^{r}

PHYSICAL APPEARANCE: ii + i (vellum, part of a Latin sacramentary in double columns) + iii + 202.[64] Paper. Approx. 285 × 205 mm, written space 205 × 125 mm. Framed. 34–7 ll. to the page. Collation 1–10^{12} (11, 12 *canc.*), 11^{12}, 12–13^{10}, 14–15^{12}, 16–17^{8}, 18^{12}. Rubricated running title top right corner each folio recto. First initials to sermons, paraphs, sermon rubrics in red, rubricated Latin marginalia. Original wooden boards and clasp. Occasional English marginalia in a late 17th-c. hand, e.g. *Contempt of Shriueing* f. 53^{r}, *the nature of þe Onix* f. 57^{r}. *H(en) Raper* ff. iii^{v}, 1^{r}. Pasted note on Marian miracle (f. iv^{r}) and contents list (ff. v^{r}–vi^{v}) in hand of Vicar Choral R. F. Smith (d. 1905). In 16th-c. hands f. 202^{v} *Iste liber pertinet Ad fratrem Rycardum*, *Iste liber pertinet Rc? jne?*, *Geo. Saunderson*, *R. Saunderson* (×3), *Io. Boller?* (17th c.?), *Thomas Nydhame*, *Andrew Proudloue Booke*, *Nota est quod frarum? pertinet libro hoc* [*ec*]*c*[*les*[*ia*]*?*.[65]

HANDS: One hand, a current mixture of anglicana and secretary with elementary textura, probably by John Meyre (f. 171^{v}).[66]

LANGUAGE: South Shropshire (*LALME* i. 164–5, LP 80).[67]

DATE: s. xv ex.

HISTORY: R[obert] Saunderson (f. 202^{v}) was perhaps the Franciscan friar in the Oxford convent in 1511 (Emden 1957–9: iii. 1638). The manuscript was donated to the Chapter by Canon Henry Raper, DD (ff. iii^{v}, 1^{r}), admitted as Vicar Choral 1694.

II.i.b. Group B

a London, British Library MS Harley 2371
b London, British Library MS Harley 2391
c Oxford, Bodleian Library MS Rawlinson A.381

63 For incipits and explicits, see Nevanlinna & Taavitsainen 1993: 50–1.

64 Two parchment endleaves from an antiphonal are now kept separately.

65 One of the separated endleaves (*olim* f. 203^{v}) has the name *John Charlement*.

66 Dickens (1959: 20) identified it as the archaizing hand of Robert Parkyn, priest of Adwick le Street 1541–69, but was persuaded otherwise by Ker (for the correction, see Dickens 1982: 224).

67 'Corrigendum: this LP [80] was originally assigned to Staffs. . .&. it became apparent that location in S Salop was more likely').

d Oxford, Bodleian Library MS University College Oxford D.102
e Leeds University Library, Brotherton Collection MS 502
f Durham University Library MS Cosin V.III.5
g Dublin, Trinity College MS 201
h Hatfield House, Cecil Papers 280

London, British Library MS Harley 2371 (a)

BIBLIOGRAPHY: DESCRIPTIONS: Wanley et al. 1808–12: ii. 671–2; O'Mara & Paul 2007: ii. 1328; DISCUSSION: Wakelin 1967: 99.

CONTENTS

I *Festial*, ff. 1^r–141^v (begins imp. *where*, cf. *F* 1/104; ends imp. *was*, cf. *F* 68/27)

II Part of *Consilia Isidori* (Lewis et al. 1985: 491),[68] ff. 142^r–148^v (begins imp.)

III *Narratio* in English of a lustful monk drowned on the way to his mistress but saved from hell f. 148^v, followed by Latin record of the years between scriptural events (incipit: *ab adam usque ad diluuium noe*) ff. 148^v–149^r and Latin verses on the Virgin f. 149^r

PHYSICAL APPEARANCE: iii (modern card) + ii (modern paper, mounted with quire 1) + 149 + i (modern paper) + iii (modern card). Paper. Foliated 1–149. Approx. 200 × 145 mm, written space 155 × 100 mm. Framed with a dry point (e.g. f. 26^r). 27–31 ll. to the page. *F* collation: 1^{16} (wants 1, 2, 4, 14–16),[69] 2^{16} (wants 3), 3^{12}, $4–5^{16}$, 6^{16} (wants 5–8), 7^{16}, 8^{16} (wants 8, 9, 12), 9^{16}, 10^{16} (wants 16). Top portion f. 24 torn away but repaired; sermon 68 discoloured f. 141^v. Censorship: *purgatory*, *pope* er. f. 45^v and details of pardons canc. f. 46^r; f. 73^v inked over; ff. removed after ff. 73, 104; *pope* er. f. 127^r. Initials to first word of sermons blue with red decoration.[70] No other rubrication and no titles to sermons. Occasional minor annotation, e.g. f. 55^r.

HANDS: One hand (III in three different hands), very professional, possibly a scribe in an ecclesiastical or government office.

LANGUAGE: Rutland (*LALME* i. 111, LP 554).

DATE: s. xv med.

HISTORY: Owned by Edward Harley, second Earl of Oxford, whence it passed in 1753 into the (then) British Museum collection.

[68] This consists only of item (i) in the description of c (n. 78 below). It begins imp. (*thee consent not to it kill the serpent*) and proceeds from the heading *Chastitee* to the heading *Despyte of the worlde*.

[69] 1, 2 are now the paper flyleaves mounted with quire 1.

[70] Cf. Scott 2002: 68–9, Plate XX (1450, London?), but less elaborate and without the extended border.

London, British Library MS Harley 2391 (b)

BIBLIOGRAPHY: DESCRIPTIONS: Wanley et al. 1808–12: ii. 680–2; O'Mara & Paul 2007: ii. 1338–51; DISCUSSIONS: Horstmann 1881: cxx–cxxii; Wakelin 1967: 100.

CONTENTS

I Prognostications (*Quando dies natalis domini in dominica contigerit, tunc erit ver ventosus*), f. 1^{r-v}

II *Festial*, ff. 2^r–133^r

f. 133^r *Amen Amen Amen Amen Felix dicetur cum felix finis habetur*

III Macaronic (English/Latin) *narratio* about a man who was told the best way to live his life (*Ther was a gud man and a holy wythall þe wych besought God for to send hym grace . . . take to þe lofe and charyte gyf þou wylt come to heuen*), f. 133^{r-v}

IV *Decem mandata* (Ten Commandments in English verse),[71] f. 134^r

V *Septem capitalia peccata* (seven sins in English verse) (*lefe broder I beseke þe . . . kepe x and leyfe vij/mis-spend not v and go to heuen* (*IMEV* 1817)),[72] f. 134^r

VI Macaronic (English/Latin) form of confession for the use of a priest,[73] ff. 134^r–138^v

VII English sermons and *narrationes*,[74] ff. 138^v–156^r

VIII 39 items from the original (or unexpanded) *Northern Homily Cycle* (Nevanlinna 1972: 1–3; Ward & Herbert 1833–1910: iii. 333–6, 708–9), ending *Amen quod Iohannes Smyth*), ff. 156^v–230^v

IX Latin sermon material and *narrationes* (Ward & Herbert 1833–1910: iii. 333–6), ff. 231^r–235^v

X *Sermo de vij peccatis mortalibus* (macaronic (English/Latin) sermon on the seven deadly sins),[75] ff. 235^v–238^r

XI English form of confession, begins imp. (Jolliffe 1974: 74/C.45), f. 238^v

PHYSICAL APPEARANCE: ii (modern card) + i (modern paper) + 238 + i (modern paper) + ii (modern card). Paper. Approx. 210 × 150 mm, written space 180–90 × 120–30 mm. 29–32 ll. to the page. Collation indeterminable.[76] Ff. missing after ff. 100 (to include loss of Translation of Thomas

[71] Incipit: *þou schalt haue on god in wyrschyp*. Cf. Raymo 1968: 2284/42.

[72] See too Appendix II.i.a (description of B), II.ii (description of BL MS Harley 1288), CONTENTS.

[73] Incipit: *Confitens dicat primo bendicite*; explicit: *Explicit bona confessio pro salute humani generis*. Cf. Raymo 1968: 2273/24.

[74] A Lenten sermon (ff. 138^v–143^r), followed by three *narrationes* and sermons for the Nativity of Christ (ff. 146^v–149^r), St Margaret (ff. 149^r–150^r), St Gregory (ff. 150^r–152^r), Annunciation (ff. 152^r–153^r), and 1 Lent (ff. 153^r–156^r). Summarized O'Mara & Paul 2007: ii. 1339–51.

[75] Incipit: *Confitemini peccata vestra Iacobi 6°*.

[76] Each f. is separately mounted; catchwords at the end of each f. (recto and verso) for Items II–VII and at the end of each verso for Item VIII.

sermon), 121. Top left recto damaged from f. 212 on (most text loss in Items IX–XI). No rubrication Item II (but 2-line gap left for initials, except for first two sermons, ff. 2^{r}, 4^{r}) and no titles to sermons. No significant annotation. *Amen quod Wylliam* margin f. 203^{r}, *Amen quod Iohannes Smyth* at end f. 230^{v}. F. 1^{r} (in Humfrey Wanley's hand): *Given by Mr. Sanderson the Rolls 18 Febr. 1719/20.*

HANDS: Hand A Items I(?)–VII, Hand B Item VIII, Hand C Items IX–XI.

LANGUAGE: Item II (*F*) Nottinghamshire (*LALME* i. 112).[77]

DATE: s. xv^{2}.

HISTORY: Already 'tatter'd' (Wright & Wright 1966: i. 29) in 1720 when it was brought to Humfrey Wanley (f. 1^{r}) by Robert Sanderson (1660–1741), historian and clerk in the Rolls Chapel (Wright 1972: 296). Purchased for the library of Edward Harley, second earl of Oxford, it passed, in 1753, into the (then) British Museum collection.

Oxford, Bodleian Library MS Rawlinson A.381 (c)

BIBLIOGRAPHY: DESCRIPTIONS: Macray 1862: 381–2 (no. 381); O'Mara & Paul 2007: iii. 2195; DISCUSSION: Wakelin 1967: 107.

CONTENTS

I English Sentence of Excommunication (Pickering 1981: 236–7), ff. 1va–2vb

II *Consilia Isidori*,[78] ff. 3ra–6vb

III *Festial*, ff. 7ra–106vb

f. 106vb *Explicit tractatus qui dicitur doctrina simplicium* (an alternative name for IItem II)

IV Ten Commandments,[79] ff. 107ra–111vb

V Seven deadly sins (Jolliffe 1974: 80/F.4),[80] ff. 112ra–115rb

PHYSICAL APPEARANCE: 115 + i (f. 116, perhaps the first f. of another quire). Parchment, except ff. 3–6 and endleaf (paper). Approx. 280 × 190 mm, written space (Item III) 190–5 × 135 mm. Double columns (Item III), 37–9

[77] Hand A uses language 1 (Nottinghamshire) ff. 2^{r}–134^{r}, l. 16 (LP 507), language 2 (Lincolnshire), ff. 134^{r}, l. 17–56^{r}) (LP 588). Hand B is West Riding Yorkshire (LP 474), Hand C Lincolnshire (LP 910).

[78] Otherwise known as *The Gadered Counseyles of Seynte Isodre* (Lewis et al. 1985: 172/491), here it consists of (i) 34 headings, beginning *Consideracion of man hymselfe* (Jolliffe 1974: 110–11/I.22(c), cf. description of a, n. 68 above), f. 3ra; (ii) *Dispite of þe worlde*, f. 5va; *Augustinus de contemptu mundi* (Jolliffe 1974: 109/I.20(a)), f. 5va; *Dispite of the worlde* (*IMEV* 4160), f. 5vb; (iii) Latin *Versus mundani*, f. 6ra; (iv) the seven degrees of meekness and pride (Jolliffe 1974: 87/G.10, 80/F.6), f. 6ra. For (i), (ii), see Horstmann 1896: ii. 367–75; for (ii), (iii), see Furnivall 1867: 87.

[79] The standard orthodox exposition (Raymo 1968: 2284–6/43; Lewis et al. 1985: 48, not 50).

[80] From the *Sacerdos Parochialis* (Raymo 1968: 2272–3/22).

ll. to the column. Foliated in pencil every 5 ff. Collation: 1^4 (1 pasted onto front cover, 2–3 foliated 1–2, 4 stub), 2^4, 3–15^8, 16^8 (wants 6–8), 17^8 (2–4 stubs, wants 5–8, perhaps pasted onto back cover). No rubrication Item I; otherwise red and blue paraphs, red initials, capitals, and underlining. Elaborate initial and illuminated border to first *F* sermon in gold leaf and different coloured inks (f. 7^r); thereafter 3–4 line blue initials to sermons with red tracery at beginning of sermons, red titles, red and blue paraphs. *Assit principio sancta maria meo* in top margin and *Aduentus* in red in top right corner of border f. 7^r. Amongst several scribbles, *Jhon Turner is the true oner of this Booke* inside front cover; *master Turner & neyburs Son* (probably same 16th-c. hand) in margin f. 114^v; *Amen for cheryte* and *Iste liber* (rest er.) in 15th-c. hand inside back cover.

HANDS: One hand for Item III (Hand C).[81]

LANGUAGE: Item III Leicestershire (*LALME* i. 150, LP 661).[82]

DATE: s. xv^2.[83]

HISTORY: Donated to the Bodleian Library as part of a large bequest by Richard Rawlinson, antiquarian and collector (1690–1755).

Oxford, Bodleian Library MS University College Oxford D.102 (d)

BIBLIOGRAPHY: DESCRIPTIONS: Coxe 1852: i. 1.31/CII; *IMEP VIII* (Ogilvie-Thomson 1991): 112–19; O'Mara & Paul 2007: iv. 2273; DISCUSSION: Wakelin 1967: 107–8.

CONTENTS

I *Festial*, pp. 1–261
p. 261 *Ihesus est amor meus*

II *De vtilitate* (incipit: *O homo qui ex anima racionali et humana carne subsistens condicionis humane repletus multis miserijs*), pp. 261–5

III *Crisostomus de concupiscencia* (incipit: *Nemo est eciam sanctorum qui se ab omni concupiscencia valeat separare*), pp. 265–6

IV Incipit: *Hec autem dicit Augustinus quod plures consueuerunt pocius penitere ex necessitate quam ex voluntate*, p. 267

PHYSICAL APPEARANCE: i (Latin textura in double columns)[84] + 134 (paginated 1–268, p. 209 triplicated (a–c) and pp. 254–5 om. (p. 253 '253–5') + shorter inserted bifolium (paginated 269–71(ult.)) + i. Paper. Approx. 220 × 150 mm, written space 160–5 × 115 mm. 27–32 ll. to the page. Collation: 1^{16} (wants 1),

[81] Item I Hand A; Items II, IV, V Hand B (also found together in other manuscripts, e.g. Huntington Library MS HM 744 (Hanna 1984: 34–5/3,4,6)).

[82] Hand B 'belongs very close to that of Hand C'.

[83] Certainly after 1434 (see 41/18–23n). 'Mid-fifteenth century, probably c. 1440–55 from the style of the illuminated border' (Wakelin 1967: 107), cf. Scott 2002: 64–5, Plate XVIII (*c.*1445/6, ?London).

[84] Half a parchment bifolium from a liturgical manuscript, with stub of other half.

$2–3^{16}$, 4^{16} (wants 16), $5–8^{16}$, 9^{8}. Pp. 263–4 torn. Initials, capitals, sermon rubrics, and marginal notes rubricated up to and including p. 119. Occasional marginal notes in a 17th-c. hand, e.g. pp. 258, 260, 261, 262, 266, 267; tailor's accounts pp. 10, 31, 268; *Thomas* and drawings p. 268; contents list pp. 269–70.

HANDS: One hand.

LANGUAGE: Nottinghamshire (*LALME* i. 154, LP 503).

DATE: s. xv^{2}.[85]

HISTORY: Catalogue numbers on the spine and p. 1 (*G.8*, *C11*), together with the 17th-c. contents list, indicate earlier libraries.

Leeds University Library, Brotherton Collection MS 502 (e)

BIBLIOGRAPHY: DESCRIPTIONS: *MMBL* iii.70–1; Pickering & Powell 1989: 12–26; O'Mara & Paul 2007: i. 336–7; DISCUSSION: Wakelin 1967: 110–11; EDITION: Wakelin 1960.

CONTENTS

I *Festial*, ff. 1^{r}–116^{v} (begins imp. *olyffe*, cf. *F* 17/128; ends imp. *chyrch*, cf. *F* 65/24)

II Latin Sequences with English/Latin interlinear gloss, ff. 117^{r}–138^{v} (begins and ends imp.)

PHYSICAL APPEARANCE: iii (f. 1 pasted to iii) + 138 (foliated 2–138)+ iii. Paper. Approx. 210 × 140 mm, written space 150 × 95 mm. Framed and ruled. 32–4 ll. to the page. Collation 1^{12} (wants 1–11), 2^{12}, 3^{12} (wants 7, 8), 4^{10},$5–10^{12}$, 11^{12} (wants 12), 12^{12} (wants 1?), 13^{12} (wants 12?).[86] Pages fragmentary and mounted, becoming worse from f. 85 (text seriously imperfect at ff. 1 and 115–16, ff. missing after f. 19). Partially rubricated (paraphs and initials in red up to and incl. f. 94^{v}, but no rubrication ff. 74^{r}–81^{v}). A pointing hand occurs throughout. The *Temporale* of *F* ends f. 33^{v}, l. 7, followed by pen trials in Latin and English, including *Explicit liber quod Iohn Slareffe*[?] (*MMBL* iii. 70) in a later hand (but same hand as *Nunc finem fiet da michi quod merui* f. 33^{v}). *Sanctorale* begins f. 34^{r}. Notes in lower margins in English (e.g. ff. 14^{r}, 23^{v}, 24^{r}, 83^{v}) and Latin (e.g. f. 33^{v}). Ownership record of Wilfred Merton, Richmond, Surrey and *MS 18* f. ii^{r}; modern notes on watermarks f. ii^{v}; *Henry Chicetor*[?] *ous thes boke* (*MMBL* iii. 71) in a 17th-c. hand f. 90^{r}. *ENGLISH/HOMILIES/MS.*top spine, *CIRCA 1430* lower spine.

HANDS: One hand Item I (a different hand Item II).

LANGUAGE: North-east Leicestershire (*LALME* i. 97, LP 560).[87]

[85] Certainly after 1434 (see 41/18–23n).

[86] Quires 12 and 13 described Ker (*MMBL* iii. 71) as 12^{22}, perhaps originally 12^{24} (wants 1, 24).

[87] According to *LALME*, the language of the *Temporale* (ff. 1^{r}–33^{v}) is close to, but not (at least at first) the same as, the *Sanctorale* (ff. 34^{r}–116^{v}), which 'seems gradually to revert to the first kind of language as the text proceeds'.

DATE: s. xv med.–ex. (Item I earlier than Item II).

HISTORY: Henry Chicetor? (f. 90^{r}) may have been one of the several 17th-c. Henry Chichesters (Venn & Venn 1922–7: i. 332). The manuscript (Merton MS 18 in catalogue 90) was bought from Martin Breslauer in 1958 at a cost of £65 for the Brotherton Collection, University of Leeds. Wilfred Merton, F.S.A. (f. ii^{r}) had bought it in 1913 for 16*s*. from Bertram Dobell of Tunbridge Wells and had it bound by Katherine Adams.[88]

Durham University Library MS Cosin V.III.5 (f)

BIBLIOGRAPHY: DESCRIPTIONS: Botfield 1838: 160–1 (a bare notice);[89] O'Mara & Paul 2007: i. 285; DISCUSSIONS: Wakelin 1967: 111–12; Gameson 2007: 66–7; TRANSCRIPTION: Powell 1980: iii. 98–173 (*Temporale* sermons only).

CONTENTS

Festial, ff. 1^{r}–156^{v}

f. 1^{r} Prayer; Prologue

PHYSICAL APPEARANCE: i + i (medieval, foliated i) + 165 (foliated 1–161 but 72, 91, 95, 121 rep. as 72x, etc.) + i (half-leaf paper insert foliated 161*) + ii (medieval, foliated 162–3) + i. Outer and inner bifolia of each quire parchment.[90] Approx. 260 × 195 mm, written space 190 × 110 mm. Pricked (outer margins only), framed, and ruled. 31–4 ll. to the page. Collation $1–20^{8}$, 21^{6} (wants 5). Censorship: *pope(s)* er. ff. 44^{r}, $45^{r–v}$; *pope* and *purgatorie* er. f. 47^{v}; *(seynt) Thomas* sometimes er. sermon 10, e.g. ff. 75^{v}–76^{r} (replaced in black), 80^{r}, 80^{v}; *pope* er. ff. 99^{v}, 112^{v}, 113^{r}; rubric and first five ll. of sermon 47 canc. f. 114^{r}, *Thomas* er. f. 114^{v}, *Pope Alexander* canc. f. 115^{v}; *pope* er. ff. 125^{r}–126^{v}. The only manuscript to have a historiated initial (f. 1^{r}), showing a tonsured priest *orans* in a hexagonal pulpit with a crimson hanging and gold ornamentation, with an upper background of red and gold and a lower of green and gold.[91] The whole initial is in a square decorated in red and blue. Scott (1996: ii. 282–3) suggests a possible attribution to Illustrator A (active in the late 1450s and early 1460s), responsible for the illumination of the major part of London, BL MS Royal 18.D.II (ff. 6^{r}–162^{v}), consisting of two works of Lydgate seemingly prepared for presentation to either Henry VI or Edward IV by Sir William Herbert and his wife, Anne. First initials to sermons, sermon rubrics, paraphs, and Latin phrases variously in red and blue. Protestant marginal annotations throughout in a mid-late 16th-c. hand, e.g. ff. 8^{v}, 16^{v}, 20^{r}, 22^{v},

[88] Information on slips inserted into the manuscript.

[89] For a copyright draft of the Durham University Library catalogue currently in preparation (hereafter 'catalogue'), see ⟨http://www.dur.ac.uk/library/asc/misc/medmss⟩.

[90] The watermark is lombardic R with cross above on chain-line, cf. Briquet 8941, dated 1467 (catalogue).

[91] See the front covers of the present edition.

23^{v}, 26^{r}, 30^{v}, etc., and in Latin in another hand, e.g. ff. 13^{r}, 65^{r}. *The old English festivall set forth to be read in Churches* in hand of John Cosin f. i^{r}. Other annotations: *Antony smythe* f. 124^{r}; *wyllyam northe*, *thomas northe* f. 142^{v}, *wyllyam*, *Thomas morthe* f. 154^{r}, *Wyllyam northe cetesyne of london and of cawntiberye* f. 157^{r}, *Wyllyam northe* and *thomas northe* f. 161^{v}, all early 16th c.; *mastore heryng*, *master gareate*, *master garite* f. 161^{r}. Contents list f. 160^{r-v} in hand of Robert Harrison, amanuensis to Cosin, another list in a mid-late 16th-c. hand f. 161*^{r}; Latin verse jottings, accounts for parchment, paper, and wax, some canc. f. 161^{r}; Latin jottings ff. 161^{v}, 162^{r}; several copyings of probably two English poems (*IMEV* 1837.55, 1297) in mid-late 15th-c. hands ff. 162^{v}–163^{r} (also 156^{v}).

HANDS: One hand, an expert secretary (facsimile Gameson 2007: 66).

LANGUAGE: Leicestershire (*LALME* i. 87, LP 536).[92]

DATE: s. xv^{3}.

HISTORY: Inked impressions of a piece of printing type (ff. 71^{r}, 72^{r}) are from a face used on the Continent and later in London by T. Berthelet (1524–55), but no printer who used this type printed *F*, nor does this version of the text match any printed edition (catalogue). However, the reference to *Wyllyam northe* as a citizen of London and Canterbury (f. 157^{r}) also suggests that the manuscript may have been in London in the 16th c. The name *Thomas North* (ff. 142^{v}, 154^{r}, 161^{v}) is also found in London, BL Add. MS 35298, f. 1^{r} (*Thomas North Knight*), a *Gilte Legende* perhaps used by Caxton (Doyle, personal communication). The manuscript is in the *c.*1644 list of the books of John Cosin (1594–1672), bishop of Durham, which he left at Peterhouse, Cambridge, and in the *c.*1669 classified catalogue (Durham University Library MS Cosin B.I.23, f. 94^{r}) of his Durham library, from which it entered Durham University Library (catalogue).

Dublin, Trinity College MS 201 (g) (olim **B.4.19**)

BIBLIOGRAPHY: DESCRIPTIONS: Abbot 1900: 28 (a bare notice); O'Mara & Paul 2007: i. 197; DISCUSSIONS: Fletcher 1980: 517, 520–1; Fletcher 2009: 263–4.

CONTENTS

Festial, ff. 1^{r}–59^{v} (begins imp. *-stande*, cf. *F* 17/123; ends imp. *on treys* (catchwords), cf. *F* 44/83).

PHYSICAL APPEARANCE: ii + 59 + ii. Parchment. Approx. 250 × 160 mm, written space 180 × 120 mm. Double columns, 44–6 ll. to the column. Collation 1^{8} (wants 7, 8), 2–5^{8}, 6^{8} (wants 6–8), 7^{8}, 8^{8}.[93] Modern foliation bottom margin, but a 16th-c. foliation top right establishes that the first quire (ff. 1–8) and original ff. 15–16, 52–4 are missing. Margins cut away ff. 14, 25,

[92] Formerly North-east Northamptonshire (as mapped Wakelin 1967: 103).

[93] More than one quire is missing at the end.

55. First few ff. damaged by damp. Blue capitals with rubricated decoration. Contemporary and later marginalia throughout, some almost lost by cropping and erasure. Numerous jottings (Latin and English) in 16th- and 17th-c. hands, including the names: *Christofer foster* ff. 4^{r}, 21^{v}, 32^{r}, 35^{v}, *Wa(l)-ter(us) Fo(r)ster* ff. 6^{r}, 35^{r}, 38^{r}, 50^{r}, 59^{r}; *barnabe & willame & frauncese & walter & Christofer & gorge* f. 34^{v}; *dillone of kastelbrene*? f. 41^{v}, *James Dillon* f. 42^{r}; *John Eaddell*? and *Tho. Eaddell*? f. 42^{r}; *James Stanyhurst* f. 43^{v}; *Richard wad* f. 49^{v}; *WC* monogram and *William Chamerenn* f. 55^{v}, etc. *Dominus Thomas Norreys* (f. 22^{r}) is the earliest signature, probably in the hand of the scribe.[94]

HANDS: One hand (left-handed?), whose use of the *punctus psalteriaris* (e.g. f. 37^{v}) shows that he was used to copying music, as in the musical notation in the margin f. 5^{v} (Doyle, personal communication).

DATE: s. xv^{1}.

LANGUAGE: Anglo-Irish (Louth) (*LALME* i. 77, McIntosh & Samuels 1968: 4).

HISTORY: The Norreys family (f. 22^{r}) was well established in Co. Louth, Ireland.[95] For a connection between England and Ireland (where the manuscript must have been written, presumably in Dublin), a relationship may be posited between Thomas Norreys and Roger Norreys, Abbot of Lilleshall 1369–75, especially given the manuscript's relatively early date.[96] Dublin had a house of Austin canons (now Christ Church Cathedral), of the Arrouaisian order like Lilleshall. Amongst later names, James Stanyhurst (f. 43^{v}) may have been the sometime speaker of the Irish House of Commons and friend of Edmund Campion (d. 1573), whose grandson was James Ussher (1581–1656), the Archbishop of Armagh whose great library was bought by the state in 1656 and placed in Trinity College Dublin in 1661.

Hatfield House, Cecil Papers 280 (h)

BIBLIOGRAPHY: DESCRIPTIONS: Salisbury et al. 1915: 6;[97] O'Mara & Paul 2007: i. 316–31.

[94] See Fletcher 2009: 263–4.

[95] 'Various other names, in marginal scribbles, link the MS with Louth and Meath' (*LALME* i. 77).

[96] See vol. 1, Introduction §1.1.

[97] *FASTS AND FESTIVALS: 15th. cent. – Homilies on the fasts and festivals of the Roman Church. (280).* The contents are briefly described in Stewart's handwritten catalogue (i. 5–6); in the absence of published details the contents are described here in full in relation to the four hands. Sermons not from *F* are in square brackets; incipits, explicits, and summaries of the medieval hands (A, B) are in O'Mara & Paul 2007: i. 317–31, while those of the 16th-c. hands (C, D) are supplied here.

CONTENTS[98]

Hand A

1. Advent (*F* 1), ff. 1^{r} (indecipherable before l. 7)–3^{v}
[2. Advent, ff. 3^{v}–7^{r}]
3. Nativity of Christ (see headnote to *F* 6), ff. 7^{v}–11^{v}
[4. Nativity of Christ, ff. 11^{v}–12^{v}]
5. Circumcision (*F* 11), ff. 12^{v}–15^{v}
6. Epiphany (see headnote to *F* 12), ff. 15^{v}–18^{r} (rest of f. 18^{rv} blank, with neat note at top f. 18^{v}: *Capitulo primio? Explicit cordis in Imo*)
7. Septuagesima (see headnote to *F* 15), ff. 19^{r}–22^{r}
8. Sexagesima (see headnote to *F* 16), ff. 22^{v}–25^{r} (rest of f. 25^{r} blank)
9. Quinquagesima (*F* 17), ff. 25^{v}–28^{v} (rest of f. 28^{v} blank)
[10. Ash Wednesday, ff. 29^{r}–32^{r}]
11. 1 Lent (*F* 19), ff. 32^{v}–35^{v}
[12. 1 Lent, ff. 36^{r}–40^{v}]

Hand B

[13. 1 Lent, f. 40^{v} (written into space left f. 40^{v})]

Hand C (on an inserted quire, ff. 41–52)

[14. 1 Lent,[99] ff. 41^{r}–49^{r} (rest of f. 49^{r} blank, 49^{v}–52^{v} blank)]

Hand D (on an inserted quire, ff. 53–62, ff. 53, 62 blank)[100]

[15. The twelve articles of the faith,[101] ff. 54^{r}–55^{r}]
[16. The seven sacraments,[102] ff. 55^{r}–56^{r}]
[17. The five wits,[103] f. 56^{v}]

[98] The sermon order may reflect an incomplete or disordered exemplar, or the gradual acquisition of sermons, e.g. St Katherine is followed on the same side by St Andrew (although Katherine is normally the last saint's life and Andrew the first), St Mark is followed on the verso by the Invention of the Cross (where SS Philip and James might be expected to come next). However, the order is broadly: *Temporale* and feasts of Christ from Advent to 1 Lent, ff. 1^{r}–40^{v}; *Sanctorale* from All Saints' Day to St Margaret (i.e. the end of a Group B *Sanctorale* and then back to the start), ff. 63^{r}–109^{v}; Lenten to Pentecost sermons interrupted by Advent and the Dedication of a Church (ff. 110^{r}–129^{r}).

[99] Rubric: *Ductus est ihesus*; incipit: *To shew vnto you dere bretherne in god somet tochyng the Gospyll off thys daye for yowre spirituall foode and gostely helthe* [Matt. 4: 1]; explicit: *wyth ys euerlastyng ioye off body and soule to the wych bryng bothe yow and me qui uiuit vnus in trinitate Amen.*

[100] But upper margin f. 53^{r} in Hand D: *Whan the Rayne Raynys than the gosse wynkys/ lyttyl wote the goslyng whate the gosse thynkys – finis.*

[101] Rubric: *Veni sancte spiritus*; incipit: *ffor in as moche as the grounde and fundation off chrystes Lawe stondyth in perfyt feyth and beleue*; explicit: *bothe body and sowle ioynyd togyther shall neuer be seperat more but lyue euerlastyngly togyther.*

[102] Rubric: *The vij Sacramentes*; incipit: *As concernyng the vij sacramentes yow must beleue perftyly that they wer ordend by our sauyour*; explicit: *wych I refer to mans owne conscience wych knowyth hymselff gylty by eny soche poynte.*

[103] Rubric: *The v wyttes*; incipit: *These be as yates to receue and shyt owte all maner of synn for there ys no vice but hyt maye be auoydyd*; explicit: *and qwenche the hete and lust* [*thow canc.*] *tha thow haste to synne.*

[18. The Ten Commandments,[104] ff. 56^{v}–61^{r} (ff. 61^{v}–62^{v} blank)]

Hand A

19. All Saints' Day (*F* 64), ff. 63^{r}–64^{v}
20. All Souls' Day (see headnote to *F* 65), ff. 64^{v}–65^{v}
21. St Katherine (*F* 67), ff. 65^{v}–67^{v}
22. St Andrew (see headnote to *F* 2), ff. 67^{v}–71^{v} (rest of f. 71^{v} blank)
23. St Nicholas (see headnote to *F* 3), ff. 72^{r}–75^{v}
24. Conception of the Virgin (*F* 4), ff. 76^{r}–78^{v}
25. Conversion of St Paul (*F* 13), ff. 79^{r}–82^{v}
26. Purification of the Virgin (see headnote to *F* 14),[105] ff. 83^{r}–86^{v}
27. St Matthias (see headnote to *F* 18), ff. 87^{r}–89^{r}
28. Annunciation (*F* 23), ff. 89^{r}–92^{r}

[29. St George (see headnote to *F* 30), ff. 92^{r}–93^{v}]

30. St Mark (*F* 31), ff. 93^{v}–95^{r}
31. Invention of the Cross (*F* 33), ff. 95^{v}–98^{v}
32. Nativity of St John the Baptist (see headnote to *F* 44), ff. 98^{v}–101^{v}
33. Peter and Paul (*F* 45), ff. 102^{r}–105^{r} (rest of f. 105^{r} blank)
34. Translation of St Thomas of Canterbury (*F* 47), ff. 105^{v}–107^{v} (rest of f. 107^{v} blank)
35. St Margaret (*F* 48), ff. 108^{r}–109^{v}
36. Palm Sunday (*F* 25), ff. 110^{r}–111^{v} (rest of f. 111^{v} blank)

[37. Advent, ff. 112^{r}–115^{r} (rest of f. 115^{r} blank)]

38. Tenebre (*F* 26), ff. 115^{v}–117^{v} (rest of f. 117^{v} blank)
39. Good Friday (see headnote to *F* 27), ff. 118^{r}–119^{v} (last four ll. in Hand B and rest of f. 119^{v} blank)

Hand B

40. Passion Sunday (see headnote to *F* 24), ff. 120^{r}–121^{r}
41. Easter Day (*F* 29), ff. 121^{r}–123^{r}

[42. Easter Day, ff. 123^{r}–124^{v} (rest of f. 124^{v} blank)]

43. Rogation Days (*F* 36), ff. 125^{r}–125^{v} (rest of 125^{v} blank)

[44. Dedication of a Church,ff. 126^{r}–127^{r}]

45. Dedication of a Church (see headnote to *F* 68), ff. 127^{v}–128^{v} (rest of f. 128^{v} blank)

[46. Pentecost (see headnote to *F* 39), f. 129^{r} (ends imp. f. 129^{v} discoloured and blank)]

PHYSICAL APPEARANCE: iii + 129 + i. Paper. Approx. 215 × 135 mm, written space 145–55 × 105–15 mm. (Hand A), 180–90 × 130 mm (Hand

[104] Rubric: *The x commaundement*; incipit: *hyt ys expedyent also for the helthe of mans sowle to know and perfytely vnderstonde the commaundementes*; explicit: *eternally to Reyne with hym yn the heuenly glory to the wych* [*vs canc.*] *brynges qui viuyt et* [*Ryg canc.*] *Regnat trinus et vnus Amen*.

[105] The scribe cramps his hand f. 86^{v} so as to finish at the end of the quire.

B).[106] Hand A framed. 25–7 ll. to the page. Modern pencil foliation replaces early ink foliations. Collation 1^{10}, 2^{10} (wants 7, 8), 3^{10}, 4^{12}, 5^{10} (inserted quire, with bifolium inserted between 9 and 10), 6^{10} (inserted quire), $7–9^{12}$, 10^{8}, 11^{12}, 12^{12} (wants 12). Hand A begins a sermon on a new f. or side. Rubrication relates to the quiring and to Hand A, i.e. quires 1, 8–10 rubricated, quires 6–7 not rubricated but space left for rubricated initials, rubricated initial f. 29^{r}. Bookplate of *James Cecill, Earl of Salisbury, Viscount Cranborne and Baron Cecill of Elsingdon* and former shelfmark *G.d.15* inside front cover; *Homilies on the Fasts and Festivals of the Roman Church. Hand of temp. Edward 4 (Brewer)* in ink and *See Stewart's Catalogue vol 1, p. 5* in pencil f. i^{r}; *iohn thomas symond of* [one-letter cancellation] *the aoutyn*? top margin f. 51^{v}.

HANDS: Four hands (see DATE).

LANGUAGE: Hands A and B Oundle district of Northamptonshire (McIntosh to Wakelin, personal communication).

DATE: Hand A (ff. 1^{r}–40^{v}, 63^{r}–119^{v}) s. xv med.; Hand B (last four lines f. 119^{v}, ff. 120^{r}–1209^{r}) s. $xv^{;3-4}$; Hand C (on an inserted quire, ff. 41–52) s. xvi in.; Hand D (on an inserted quire, ff. 53–62) s. $xvi^{1/2}$.

HISTORY: The manuscript was assembled by a priest for his own use,[107] and the sermons are much abridged and at times rewritten in an idiosyncratic way. Occasionally a sermon begins like the *F* sermon for that day but then continues differently (nos. 29 and 46). It was augmented, seemingly by another priest, later in the 15th c. and again, presumably by two more priests, in the first half of the 16th c. Thereafter nothing is known of the manuscript until it was rebound in 1712 with the bookplate of James Cecil, fifth Earl of Salisbury (1691–1728) pasted inside the front cover, but it is likely to have been in the Cecil family from the time of Robert Cecil, first Earl of Salisbury (1563–1612) (Robin Harcourt-Williams, personal communication).

[106] On inserted quires: written space Hand C 165–75 × 120–30 mm., Hand D 175–200 × 120–30 mm.

[107] See the note on f. 25^{r} (no. 8), or the suggested addition to the text at f. 26^{r}: *Exemplum þerof I rede that þer was a vycius woman al here lyffe and hit apperyd þat S. Austin schuld cum to preche in þat same cyte þer þis woman was, cetera.*

II.ii. THE PARTIAL MANUSCRIPTS

Cambridge, Cambridge University Library MS Ee.2.15
Cambridge, Cambridge University Library MS Ff.2.38
Cambridge, Cambridge University Library MS Nn.3.10
Lincoln Cathedral Chapter Library MS 133
London, British Library MS Arundel 279
London, British Library MS Cotton Titus A.XXVI
London, British Library MS Harley 1288
London, British Library MS Harley 2250
London, British Library MS Lansdowne 379
London, British Library MS Royal 18.B.XXIII
Oxford, Bodleian Library MS Greaves 54
Oxford, Bodleian Library MS Bodley 123
For details of a fragment in Oxford, Bodleian Library MS Latin Miscellaneous c.66, see 22/135–63n.

Cambridge, Cambridge University Library MS Ee.2.15

BIBLIOGRAPHY: DESCRIPTIONS: Luard et al. 1856–67: ii. 31–3/933;[108] Manly & Rickert 1940: i. 126–9; O'Mara & Paul 2007: i. 13–14; *IMEP XIX* (Connolly 2009): 106–8;[109] DISCUSSION: Wakelin 1967: 108–9.

CONTENTS

I 8 *Festial* sermons, ff. 1^r–16^v

1. St Nicholas (cf. *F* 3), ff. 1^r–3^r (begins imp. *disese*, cf. *F* 3/35)
2. Conception of the Virgin (cf. *F* 4), ff. 3^r–5^r
3. St Thomas of India (cf. *F* 5), ff. 5^r–6^v
4. Nativity of Christ (cf. *F* 6), ff. 6^v–9^r
5. St Stephen (cf. *F* 7), ff. 9^r–10^v
6. St John Evangelist (cf. *F* 8), ff. 10^v–12^v
7. Innocents (cf. *F* 9), ff. 12^v–14^r
8. St Thomas of Canterbury (cf. *F* 10), ff. 14^r–16^v (ends imp. *Englond* (*aftur criston men* catchwords), cf. *F* 10/181)

II The 'Man of Law's Tale' from *The Canterbury Tales* (*IMEV* 4019), ff. 18^r–35^v (ends imp. after l. 134)

III The Three Questions from John Gower's *Confessio Amantis*, I/3124–315, ff. 38^r–40^v (begins and ends imp.)

IV The Trumpet of Death from *Confessio Amantis*, I/2083–253,[110] ff. 44^r–46^v (begins imp.)

[108] No longer accurate, since the manuscript has been rebound with missing ff. substituted by blanks.

[109] The sermons are listed in detail.

[110] Not noted Manly & Rickert 1940.

V John Lydgate's *Life of St Edmund and St Fremund* (*IMEV* 3440, 2445, 530), ff. 47^{r}–105^{v} (begins imp. l. 120, preceded by minute fragments)
VI The Long Charter in the B-Text (*IMEV* 4154), ff. 107^{r}–111^{r} (begins imp., cf. Spalding 1914: xxxiv, 52–81)
VII *SEL* legend of St Augustine of Canterbury (*SEL* (D'Evelyn & Mill 1956–9: i. 214–17), *IMEV* 2854), ff. 111^{v}–112^{r}

PHYSICAL APPEARANCE: iii (card) + 112 + iii (card). Paper. Approx. 280 × 200 mm, written space 225 × 145 mm (Item I). Framed (Item I). 28–32 ll. to the page. Collation 1^{16}, 2^{20} (wants 1, 8–11, 13, 20), 3^{10} (wants 1, 5–7),4^{16} (wants 6, 14),5^{16}, 6^{16} (wants 7), 7^{16} (wants 12), 8^{2}. Missing ff. 17, 24–7, 29, 36–7, 41–3, 52, 60, 85, 106 supplied in modern rebinding by blank paper (cut down), fragments pasted onto ff. 18, 19, 22, 23, 30, 34, 47. No rubrication in Item I, although spaces left for titles (which are jotted in margin) and first initials of sermons; other items variously rubricated, with elaborate decorated initials Item II and V (Scott 1996: ii. 255) and drawings throughout (ff. 18^{r}, 19^{v}, 22^{v}, 23^{r}, 31^{v}, 72^{r}, 79^{r-v}, 80^{v}–81^{r}, 98^{r}). Contemporary marginal annotations, e.g. ff. 7^{r}, 10^{r}; 17th-c. pen trials, accounts, and marginalia, e.g. ff. 46^{v}, 50^{r}, 112^{v}, some in the hand of John Bagford (see HISTORY). *A fragment of the Festiuall afterwards printed with some change of some obsolete words* in a 17th-c. hand f. 1^{r} top margin; *Gul: de paguto* [torn]/*Speculum pralotorum/Ranulph Higden Cosienses/Anno 1377 Speculum Curatorum* in the hand of John Bagford pasted in bottom margin f. 1^{r}. *Frances heyley owe this booke* f. 46^{v}, *Wylliam fessher*, *Rychyrd uithan* f. 78^{r}, etc.

HANDS: Two hands (Item I, Items II–VII).[111]

LANGUAGE: North-west Leicestershire (*LALME* i. 67).[112]

DATE: s. xv^{4}.[113]

HISTORY: The manuscript contains an imperfect quire of *F*, together with booklets (Items II, III–IV, V–VII) which, 'although probably all made in the same shop, may have been sold separately' (Manly & Rickert 1940: 128). Francis Heyley (f. 46^{v}) was perhaps admitted to the Middle Temple in 1565; William Fisher (f. 78^{r}) may be too late in date for the man who held the manor of Clapham (d. 1497/8); Richard Witham (*uithan*, f. 78^{r}) was perhaps a priest, with two brothers in the Church (Manly & Rickert 1940: 128). Certainly the manuscript was owned by John Moore (1646–1714), Bishop of Ely, whose library was bought after his death by George I and presented (as the Royal Library) to the University Library at Cambridge in 1715. Most of

[111] But see Wakelin 1967: 109 and Manly & Rickert 1940 for possible extra hands.

[112] *LALME* follows Wakelin's two hands for *F* (but ff. 1^{r}–15^{r}, l. 15; 15^{r}, l. 16–16^{v}), noting that the second hand is 'slightly more northerly than the first, and there is probably a degree of mixture'.

[113] Manly & Rickert note watermarks from 1434–77. Item I is earlier than the rest.

Moore's books and manuscripts were supplied by John Bagford (1650–1716), antiquary (McKitterick 1986: 112 n. 53).

Cambridge, Cambridge University Library MS Ff.2.38

BIBLIOGRAPHY: DESCRIPTIONS: Luard et al. 1856–67: ii. 404–8/1205;[114] McSparran & Robinson 1979: xii–xvii; O'Mara & Paul 2007: i. 15–16; *IMEP XIX* (Connolly 2009): 129–32;[115] DISCUSSIONS: Horstmann 1881: cxi; Wakelin 1967: 109; FACSIMILE: McSparran & Robinson 1979.

CONTENTS[116]

I . . . *þe compleynt of God* (*IMEV* 2714), ff. 3ra–6ra (begins imp.)
II . . . *Pety Joob* (*IMEV* 1854), ff. 6ra–10ra
III . . . *þe prouerbis of Salamon* (*IMEV* 3861), ff. 10ra–14va
IV . . . *the markys of medytacyouns* (*IMEV* 244), ff. 14va–19rb
V . . . *xij profytes þat men may gete in sufferyng of bodely anger* (*IMEV* 257), ff. 19rb–20vb
VI . . . *þe mirrour of vices and of vertues, which also ys clepid þe seuene ages* (*IMEV* 1259), ff. 20vb–21vb (ends imp.)
VII . . . *the seuene salmes* (*IMEV* 1591), ff. 28ra–31va (begins imp.)
VIII . . . *a salutacion of oure Lady* (*IMEV* 1041), ff. 31va–32ra
IX *þe x commaundementis of almyȝty God* (*IMEV* 3685), f. $32^{ra–b}$
X . . . *þe vij werkis of merci bodili* (*IMEV* 3040), f. $32^{rb–va}$
XI . . . *þe vij werkes of merci gostli* (*IMEV* 3262), f. 32va
XII . . . *þe v bodyly wyttis* (*IMEV* 1815), f. 32va
XIII . . . *þe v goostly wyttys* (*IMEV* 1126), f. $32^{va–b}$
XIV . . . *þe vij deedly synnes* (*IMEV* 2770), f. 32vb
XV . . . *þe vij vertues contrarie to þe vij dedli synnes*,[117] ff. 32vb–33ra
XVI . . . *þe xij articulis of þe beleeue*, f. $33^{ra–va}$
XVII . . . *þe vij sacramentis schortly declarid of Seynt Edmonde of Pounteneye*, f. 33va
XVIII . . . *a tretice of þre arowis þat schullen be schett on domesday aȝenste þem þat schullen be dampnedd*, f. 33va–35rb
XIX . . . *the viij tokenes of mekenes*, f. $35^{rb–va}$
XX . . . *þe life of Marye Mawdelyn* (*Festial* sermon for St Mary

[114] No longer accurate, since the manuscript has been rebound with missing ff. substituted by blanks and the material correctly ordered. 16th-c. notes (ff. 18^{v}, 39^{v}) no longer apply (see f. iii^{r} and McSparran and Robinson 1979: xv–xvi, xxi–xxv). See n. 54 above.

[115] The sermons are listed in detail.

[116] Items are normally introduced by an incipit/explicit (i.e. here ends . . . and begins . . .); rubrics recorded above omit the introductory phrases. Where there is no rubric, the item is recorded with a modern title. Items are fully detailed and identified in McSparran & Robinson 1979.

[117] The text that follows is *Wyth scharp þornes þat beth kene* (*IMEV* 4200).

Magdalene, begins *This woman mary mawdelyn was the fyrste . . .*, cf. *F* 49/5–174),[118] ff. 35va–37rb

XXI . . . *the lyfe of Seynte Margaret* (*Festial* sermon for St Margaret, begins *This woman seynte margaret had a grete man*, cf. *F* 48/15–111), ff. 37rb–38ra

XXII . . . *þe life of Seynt Thomas* (*Festial* sermon for St Thomas of Canterbury, begins *Thys holi martryr seynte thomas ye schall knowe that he was borne . . .*, cf. *F* 10/4–216), ff. 38ra–40rb

XXIII The Assumption of the Virgin (*IMEV* 2165), ff. 40rb–45ra

XXIV . . . *þe lyfe of Seynt Kateryn* (*IMEV* 227), ff. 45ra–47vb

XXV . . . *þe chartire of Criste* (*IMEV* 4154), ff. 47vb–50va

XXVI . . . *þe xv tokenys before the day of dome* (*IMEV* 3368), ff. 50va–53ra

XXVII . . . *how the goode man taght hys sone* (*IMEV* 1877), ff. 53ra–54rb

XXVIII . . . *a good ensaumple of a lady þat was in dyspeyre* (*IMEV* 622), ff. 54rb–55ra

XXIX A Lament of the Virgin (*IMEV* 1899), f. 55^{ra-vb}

XXX A Lament of the Virgin (*IMEV* 2619), ff. 55vb–56rb

XXXI The adulterous Falmouth squire (*IMEV* 2052), ff. 56rb–57va

XXXII . . . *how a merchande dyd hys wyfe betray* (*IMEV* 1897), ff. 57va–59rb

XXXIII . . . *a gode mater of the marchand and hys sone* (*IMEV* 1909), ff. 59rb–63^{r}

XXXIV . . . *the erle of Tolous* (*IMEV* 1681), ff. 63ra–70vb

XXXV . . . *Syr Egyllamoure of Artas* (*IMEV* 1725), ff. 70vb–79rb

XXXVI . . . *Syr Tryamowre* (*IMEV* 1177), ff. 79rb–90rb

XXXVII The Emperor Octavian (*IMEV* 1918), ff. 90rb–102vb

XXXVIII Sir Beves of Hampton (*IMEV* 1993), ff. 102vb–134ra

XXXIX The Seven Sages of Rome (*IMEV* 3187), ff. 134ra–156vb

XL Guy of Warwick (*IMEV* 3146, 1906), ff. 161ra–239va

XLI *Le Bone Florence of Rome* (*IMEV* 334), ff. 239va–254rb

XLII Robert of Sicily (*IMEV* 2780), ff. 254rb–257vb

XLIII Sir Degare (*IMEV* 1895), ff. 257vb–261vb (ends imp.)

PHYSICAL APPEARANCE[119]

iii + 247 + i. Paper. Double columns, except ff. 59^{v}–63^{r}. Approx. 290 × 210 mm, written space 210 × 155 mm (Items XX–XXII), elsewhere 195–205 × 155–70 mm. Some framing in dry point. 42–4 ll. to the page (Items XX–XXII). Collation 1^{20} (wants 1, 2), 2^{20} (wants 2–7), 3^{20}–7^{20}, 8^{20} (wants 1, 4, 17–20), 9^{20}–11^{20}, 12^{20} + 1 (after 10), 13^{20}.[120] Foliated in pencil 3–261, with

[118] Items XX–XXII have been adapted as legends. McSparran & Robinson (1979) itemize them separately, and, in order to match their numbering, the same practice is adopted in this description only.

[119] For a full palaeographical description and commentary, see McSparran and Robinson 1979: xii–xvii.

[120] Quire 7 (f. 121) begins signatures (a).

missing ff. 1–2, 22–7, 141, 144, 157–60 now supplied by blank paper (cut down) (for earlier cancelled foliation, see McSparran & Robinson 1979: xiii).[121] Censorship: ff. 38^r–39^v crossed through, f. 40 torn at bottom (f. 19^r crossed through). Rubricated first initials (except Item XIII); spaces left blank for rubrics Items XXXIX, XLI–III; some touching in red throughout. 16th-c. notes, names, scribbles, e.g. part of an English song f. 147^r, Latin tags f. 152^v, *per me Robertum* f. 163^v (see further McSparran & Robinson 1979: xvii). *ANCIENT/POETRY/MS.* from original binding (rebound 1972) and fragments from a printed Latin psalter (originally used to repair f. 140) pasted inside back cover.

HANDS: One hand, but Items I–VI and VII–XLIII written at different times. Hand larger and ink darker from f. 93rb (6 ll. down).

LANGUAGE: Leicestershire (*LALME* i. 67, LP 531).[122]

DATE: s. xv ex. or s. xvi in. (McSparran & Robinson 1979: xii).

HISTORY: Owned by John Moore (1646–1714), Bishop of Ely, whose library was bought after his death by George I and presented (as the Royal Library) to the University Library at Cambridge in 1715 (McKitterick 1986: 129).

Cambridge, Cambridge University Library MS Nn.3.10

BIBLIOGRAPHY: DESCRIPTIONS: Luard et al. 1856–67: iv. 479/2621; O'Mara & Paul 2007: i. 47; *IMEP XIX* (Connolly 2009): 341–8;[123] DISCUSSION: Wakelin 1967: 109–10.

CONTENTS

I *The Cordyal* (MS copy of Caxton's 1479 edition, *STC* 5758),[124] ff. 1^r–28^v (begins and ends imp.)

II 20 *Festial* sermons, adapted and condensed,[125] ff. 29^r–85^r

1. 1 Lent (cf. *F* 34/57–60, 74–232), ff. 29^r–31^v (begins imp. *wherfor*)
2. 2 Lent (cf. *F* 20), ff. 32^r–34^r
3. 3 Lent (cf. *F* 21/2–143), ff. 34^r–37^v
4. 4 Lent (cf. *F* 22/2–36, 96–134), ff. 37^v–39^r
5. Passion Sunday (cf. *F* 24/2–21, 38–52, 102–25), ff. 39^r–40^v
6. Palm Sunday (cf. *F* 25), ff. 40^v–42^r
7. St George (cf. *F* 30/3–10, 18–98),[126] ff. 42^r–45^r
8. St Mark (cf. *F* 31), ff. 45^v–47^v

[121] Note in early 16th-c. hand f. 39vb now redundant: *The Conclusyon of this mater is xix leyvez he[r]aftyr et cetera* (the conclusion is now f. 40).

[122] 'Manuscript in one hand with slightly varying language.'

[123] The sermons are listed in detail.

[124] Blake 1989: 420 (6.ii).

[125] Organized in broad groups: 1 Lent to Palm Sunday, St George to Translation of St Thomas, Ascension to Corpus Christi, Assumption, Septuagesima to Sexagesima.

[126] Expanded from *LA* between ll. 10 and 18.

9. SS Philip and James (cf. *F* 32/3–45, 84–109, 125–38), ff. 47^{v}–49^{r}
10. St John the Baptist (cf. *F* 44/2–24, 43–82, 86–125), ff. 49^{v}–52^{r}
11. SS Peter and Paul (cf. *F* 45), ff. 52^{r}–56^{r}
12. Translation of St Thomas (cf. *F* 47/3–102), ff. 56^{r}–58^{v}
13. Ascension (cf. *F* 37/2–102), ff. 58^{v}–61^{v}
14. Eve of Pentecost (cf. *F* 38/2–99), ff. 61^{v}–64^{r}
15. Pentecost (cf. *F* 39/2–68, 122–5), ff. 64^{r}–66^{r}
16. Trinity Sunday (cf. *F* 40/2–39, 48–69, 74–95, 102–20), ff. 66^{r}–69^{r}
17. Corpus Christi (cf. *F* 41/2–74, 117–41, 185–232), ff. 69^{r}–73^{r}
18. Assumption (cf. *F* 53/2–6),[127] f. 73^{r-v} (breaks off *ych man and wo-*)

[III Great Sentence, ff. 74^{r}–75^{v} (begins and ends imp.)]

19. Septuagesima (cf. *F* 15/2–168, 201–8), ff. 76^{r}–81^{r}
20. Sexagesima (cf. *F* 16/2–45, 57–128, 143–58), ff. 81^{r}–85^{r}

PHYSICAL APPEARANCE: iv + 85 + iv. Paper. Approx. 215 × 145 mm, written space 155 × 110 mm. Foliated 1–85 pencil top right (also foliated 27, 28 bottom right ff. 28, 29). 26–8 ll. to the page. Collation indeterminable (no catchwords or signatures). Lower right half f. 85^{r} torn off but remounted. Item I rubricated (up to and including f. 20^{r}), elaborate brown ink flourishing to first initials of rubrics and sermons Item II (sometimes expanded into faces, e.g. ff. 58^{v}, 61^{v}). Extravagant ascenders and descenders at top and bottom which sometimes expand into figures, e.g. ff. 30^{r}, 71^{r}, 71^{v}. Bookplate of George I inside front cover; in 16th-c. hands *Eliza Bate* f. 1^{r}; *nicolas wheller* f. 73^{v}, *Nicolas Whellere of clene whyk in the countee of staford* f. 75^{v}; accounts dated 1542 f. 85^{r} and (in a different hand) f. 85^{v}.

HANDS: Two hands (Item I; Items II, III).[128]

LANGUAGE: North-east Staffordshire (Wakelin 1967: 103 (map)).[129]

DATE: Perhaps all after 1479 (date of Item I).

HISTORY: The library of George I (bookplate inside front cover) was presented (as the Royal Library) to the University Library at Cambridge in 1715.

Lincoln Cathedral Chapter Library MS 133 (olim C.5.9)

BIBLIOGRAPHY: DESCRIPTIONS: Thomson 1989: 102–4; O'Mara & Paul 2007: i. 345–8; DISCUSSIONS: Fletcher 1980: 518–19, 522; Fletcher 2009: 29–30, 221–2; PLATE: Thomson 1989: Plate 33.

[127] Preceded by: *Ad mea Principia tibi dico salue maria.*

[128] Item I imitates printed type. Wakelin (1967) argues for one hand throughout, but M. R. James's notes indicate two hands, Item I 'large and ugly', Items II (III) 'decent'.

[129] *LALME* i. 68 offers an analysis only of Hand A (Item I, Rutland).

CONTENTS[130]

I Fragments of Latin texts and tables, ff. 1^r–7^v

II William Lyndwood, *Provinciale*, ff. 8^r–39^v (begins imp.), with table of contents ff. 40^r–46^r, followed by Latin notes f. 46^v

III Specimen wills and other documents, ff. 47^r–50^r, followed by Latin notes f. 50^v

IV *Speculum Christiani* (Holmstedt 1933: 42),[131] ff. 51^r–67^v (begins and ends imp.)

V *Incipit tractatus de officio misse*, ff. 68^r–97^v (ends imp.)

VI 11 English sermons, ff. 98^r–120^v, including 10 *Festial* sermons (2–11 below):

[1. Sermon on deadly sin,[132] ff. 98^r–101^r (begins imp. *deddely synne ys because of seuen propertez þat ys in a ded body*)]

2. Ember Days (cf. *F* 59), ff. 101^r–102^r
3. Septuagesima (cf. *F* 15), ff. 102^r–106^r
4. Sexagesima (cf. *F* 16), ff. 106^r–109^r
5. Quinquagesima (cf. *F* 17), ff. 109^r–111^v
6. 1 Lent (cf. *F* 19), ff. 111^v–113^v
7. Rogation Days (cf. *F* 36), ff. 113^v–115^r
8. Ascension Day (cf. *F* 37/2–104), ff. 115^r–116^v (ends imp. *ensampull Narracio*)
9. Pentecost[133] (cf. *F* 39/101–47), f. 117^{r-v} (begins imp. *come*)
10. Trinity Sunday (cf. *F* 40), ff. 117^v–120^r
11. Dedication of a Church (cf. *F* 68/2–30), f. 120^{r-v} (ends imp. *wes*?), followed by fragments on wounds of Christ f. 121^r, accounts and names f. 121^v, scribbles f. 122^{r-v}, and an English poem (*IMEV* 1305) f. 122^v

PHYSICAL APPEARANCE: i + 122 + i. Paper. Approx. 215 × 145 mm, written space 165 × 125mm. 28–30 ll. to the page. Collation: 1^{12} (wants 8), 2^{16} (+ 4), 3^{22} (wants 1–3), 4^{18} (wants 18), 5^{16}, 6^{16} (wants 15, 16), 7^{18}, 8^8 (wants 2, 3) + 1. The beginning of the manuscript is badly damaged by damp, ff. 1–7, 30–1 are fragmentary, and most items are imperfect.[134] Red touching and underlining as far as f. 46^r. *Gylys Wryght* f. 23^r, *Iste liber constat Egidio Wryȝt* f. 46^r,[135] *Ego Egedius Wryght de Flixton* f. 47^v; *Ricardus Wryght* f. 121^v; *William Briden* f. 32^r; references (in Item III) to burial in church/parish of All Saints, Oxford f. 49^{r-v} and to *Macffeld* f. 50^r (see n. 139).

130 Detailed in Thomson 1989: 103 (item 3).
131 Selections from *Tabule* 3–6, 8.
132 Summarized O'Mara & Paul 2007: i. 346–8.
133 Not noted Thomson 1989.
134 Collation is therefore doubtful.
135 Item II may be in the same hand (Fletcher 1980: 518).

HAND: One informal secretary hand, written over time, probably that of Giles Wright, cf. f. 23^{r} (Thomson 1989: 104 and Plate 33).

LANGUAGE: Item VI (*F*) Derbyshire (*LALME* i. 98).

DATE: s. xv^{4}.[136]

HISTORY: The contents strongly indicate a priest as compiler (Fletcher 1980: 518; Spencer 1993: 316), more probable than Thomson's suggested Oxford draper (1989: 103/3.(v)(vi)).[137] (For Wright's associations with Flixton, Lancashire, see Fletcher 1980: 518.)[138] The manuscript was acquired by Michael Honywood (Dean of Lincoln 1660–81).

London, British Library MS Arundel 279

BIBLIOGRAPHY: DESCRIPTIONS: Forshall 1840: i. 1.82; O'Mara 1987a: 125–30; O'Mara & Paul 2007: ii. 917–21.

CONTENTS[139]

I Latin sermon notes in 15th-c. hand, f. 1^{r} (f. 1^{v} blank)
[II Easter Day, ff. 2^{r}–5^{v}]
III Rogation Days (cf. *F* 36/19–71), f. 6^{r-v} (begins imp. *wherfore*)
[IV 1 Lent, ff. 7^{r}–10^{r}]
[V Latin sermon on the text *Maria optimam partem elegit* (Luke 10: 42), ff. 10^{v}–16^{r}]
[VI Latin sermon on the text *Colligite que superauerunt fragmenta* (John 6: 12), ff. 16^{r}–21^{v} (ends imp.), followed by f. 22 blank (two recipes in different hands f. 22^{v})]

PHYSICAL APPEARANCE: iii (modern card) + i (modern paper) + 25 (3 blank and unnumbered after f. 5) + 16 (modern paper, blank and unnumbered) + ii (modern card). Paper. Approx. 215 × 140 mm, written space 150 × 100 mm. Framed. 36 ll. f. 6^{r} (the only full p. of Item III). Pencil foliation top right 1–22. Collation (ff. 1^{r}–22^{v}): 1^{8}, 2^{16} (+ singleton?). *Soc. Reg. Lond ex dono HENR. HOWARD/Norfolciensis.* stamped f. 2^{r}.

HANDS: Begun by a medieval hand, followed by an early 16th-c. hand at f. 6^{r}.

LANGUAGE: Not in *LALME*.

DATE: s. xv$^{3-4}$–s. xvi in.

HISTORY: Given in 1667 to the Royal Society, London (f. 2^{r}) by Henry

136 Item III (f. 50^{r}) includes a will proved 4 Mar. 1480 (Fletcher 1980: 518) in Macclesfield, Cheshire (Spencer 1993: 492 n. 139).

137 Thomson would equate *Egidio Wryȝt* (f. 46^{r}) and *Ego Egedius Wryght de Flixton* (f. 47^{v}) with *Ego E. W. draper* (f. 49^{r}). Fletcher now agrees (2009: 29–30, 221–2), but Spencer's statement of facts remains convincing (1993: 492 n. 139).

138 *LALME* (i. 98) localizes Item IV in Cheshire.

139 Only Item III is from *F*; for incipits, explicits, and summaries of Items II and IV, see O'Mara & Paul 2007: ii. 918–21.

Howard, sixth Duke of Norfolk (1628–?84), as part of a large gift of Arundel manuscripts; later sold (1830) to the (then) British Museum.

London, British Library MS Cotton Titus A XXVI

BIBLIOGRAPHY: DESCRIPTIONS: Planta 1802: ii. 515–16; O'Mara & Paul 2007: ii. 1054–5; DISCUSSION: Pickering & Powell 2005; EDITION: Simmons 1879: 148–54 (Item IV).

CONTENTS[140]

- I short verse quatrain (*IMEV* 2487), followed by signatures and pen practices, ff. 143^{r}–144^{v}
- II verse life of St Alexis (*IMEV* 216), ff. 145^{r}–153^{r}
- III lyric *Erthe oute of erthe* (*IMEV* 604), f. 153^{r-v}
- IV the verse treatise *Merita misse* (*IMEV* 957), ff. 154^{r}–157^{r}
- V John Lydgate's *Fifteen Joys of Our Lady* (*IMEV* 533), ff. 157^{v}–160^{v}
- VI introductory rubric to the *Siege of Rhodes*, f. 160^{v}
- VII carol *Good Gossips* (*IMEV* 2358.5; Robbins 1963–4; Greene 1977: 251–3/419B), ff. 161^{r}–162^{r} (begins imp., f. 162^{v} blank)
- VIII verse treatise *Ypotis* (*IMEV* 220), ff. 163^{r}–172^{v} (begins imp.)
- IX *þe Condicyons of men and wemen*, prose notes attributed to *Secreta Secretorum*, followed (without separate headings) by verse tags (*IMEV* 1297 and 1998), f. 173^{r-v}
- X St Mary Magdalene (cf. *Festial* 49),[141] ff. 174^{r}–179^{r}
- XI prose life of St Katherine (Kurvinen 1960: 16–24, Nevanlinna & Taavitsainen 1993: xi), ff. 180^{r}–202^{v}
- XII *SEL* legend of the Seven Sleepers (*IMEV* 3091), written as prose, ff. 202^{v}–204^{v}
- XII *SEL* legend of Julian the Hospitaller (*IMEV* 2950), written as prose, ff. 204^{v}–207^{r}

PHYSICAL APPEARANCE: i (modern card) + i (card) + 298 (foliated 1–293 but 25*–25*****) + i (paper) i + i (card) + i (modern card). Paper. Approx. 220 × 145 mm, written space 175 × 105–20 mm. 25–7 ll. to the page. Singletons and bifolia are mounted separately throughout the manuscript, with Items IX and X mounted thus: ff. 173–4, 175–6, 177–8, 179 (Item X foliated i–vi in same ink as text, top right ff. 174–9). Ff. missing after ff. 160, 162, 203.[142] Six sections marked A–F (lower margins ff. 143^{r}, 154^{r}, 161^{r}, 169^{r}, 180^{r}, 204^{r}). No rubrication, but some elaborate pen and ink initials, e.g. ff. 192^{v}, 194^{r}, 197^{r}. *Nich: Charles Lancaster Herald/of Armes* f. 143^{r}, *Nich: Charles./Lancaster*

[140] Only the contents of ff. 143^{r}–207^{r} are described here (only Item X is from *F*). Other material is either later or in Latin (index of herbs ff. 61^{r}–80^{v}, verses on plants ff. 82^{r}–126^{v}).

[141] Rewritten, modernized, and remodelled as a saint's legend, not a sermon (Pickering & Powell 2005).

[142] Ff. after f. 160 were already lost when the manuscript was assembled. One survives as London, British Library MS Cotton Vitellius D.XII, f. 43 (Robbins 1963–4).

ff. 179^{v}, 207^{v}; *Rychard Redhood* and *Thomas Redhood* f. 144^{r}; *John stryttell and Jamys stryttell of moberly* f. 179^{r}; *Liber Christophori Septvans alias Harflete Armigeri et Thome Septvans alias Harflete patris sui . . .* of Wingham, Overland, and Ash, Kent f. 266^{r}.

HANDS: Perhaps one hand for ff. 143^{r}–207^{r}.

LANGUAGE: Not in *LALME*. Item XI East Midland (Kurvinen 1960: 20–4).

DATE: s. xvi in. (ff. 143^{r}–207^{r}), within a collection of booklets s. xv–xvii.

HISTORY: For affiliations with Moberley, Cheshire, and Wingham, Kent, see Greene 1977: 297, 466–7; for connections with Durham Cathedral, see O'Mara & Paul 2007: ii. 1055. The ME compilation appears to have been assembled by Nicholas Charles (or Carles), Lancaster Herald 1609–13, although ownership of at least part of the MS is recorded by Sir Christopher Harflete (f. 266^{r}), knighted 1574. It passed from Charles into the Cotton collection (Tite 2003: 193).

London, British Library MS Harley 1288

BIBLIOGRAPHY: DESCRIPTIONS: Wanley et al. 1808–12: i. 648–50; O'Mara & Paul 2007: ii. 1086–7; DISCUSSION: Wakelin 1967: 98–9.

CONTENTS

I *Speculum Christiani*,[143] ff. 1^{r}–33^{r} (begins imp.), f. 33^{v} blank but pen practices

II *De confessione et penitencia narraciones siue exempla* (Ward & Herbert 1883–1910: iii. 681–5), ff. 34^{r}–60^{r} (ff. 60^{v}–63^{v} blank but pen practices ff. 60^{v}–62^{r}; rubricated index to final seven items f. 63^{r}; verse quatrain in 16th-c. hand f. 63^{v}, incipit: *vse well fyven flye from seven*, cf. *IMEV* 1817)[144]

III Richard Lavynham's *Litil Tretys* (van Zutphen 1956: xxxvii–xxxviii),[145] ff. 64^{r}–75^{v} (begins and ends imp.)

IV Form of confession,[146] ff. 76^{r}–81^{v} (begins imp.)

V *Chastising of God's Children* (Colledge & Bazire 1957: 5),[147] ff. 81^{v}–86^{v}

VI *Pro natura pollucionis valde salubris*,[148] ff. 86^{v}–87^{v}

VII *De solempnitate sancti nominis Ihesu Amen*,[149] f. 87^{v} (ends imp.)

[143] The description in Holmstedt (1933: liii–liv) does not compare with the manuscript ('Unfortunately I have mislaid my notes on these two places', liii n. 2).

[144] See too Appendix II.i.a (description of B), II.i.b (description of b), CONTENTS.

[145] Not recognized Jolliffe 1974: 79/F.2(a).

[146] Jolliffe 1974: 69/C.15. Incipit: *I am akawe to god and to oure lady saynt mary.*

[147] Chapters 24 and 25. Incipit: *How þat paciens is a general remdy agayn all traweylys and temptacions.*

[148] Raymo 1968: 2310/122; Jolliffe 1974: 83/F.18; Colledge & Bazire 1957: 5. Rubric: *Pro natura pollucionis valde salubris*; incipit: *Pollucion generally is qwhen a man seid passes f[ro] hym.*

[149] Rubric: *De solempnitate sancti nominis Ihesu Amen*; incipit: *Thys holy name Ihesus when it is called to oure help itt is to vs a glorius lyth for to lyght vs in myrknes of oure sawle.*

VIII *Festial narrationes* (Ward & Herbert 1883–1910: iii. 685–6), ff. 88^{r}–90^{v}:

1. woman saved by burning a candle to the Virgin (cf. *F* 14/164–84), f. 88^{r} (begins imp. *byrnyng*).
2. *Narracio bona de iudice iurante* (cf. *F* 24/102–29), f. 88^{r-v}
3. *Narracio valde bona* (cf. *F* 28/26–38), ff. 88^{v}–89^{r}
4. *Narracio bona* (cf. *F* 41/163–82), f. 89^{r-v}
5. *Narracio bona* (cf. *F* 65/64–73), f. 89^{v}
6. *Narracio de armigero bona* (cf. *F* 65/48–58), ff. 89^{v}–90^{r} (f. 90^{v} blank but Latin practice sentences)

IX Latin version of Nicholas Bozon's *Contes moralisés* (Ward & Herbert 1883–1910: 100–5), ff. 91^{r}–105^{v} (ends imp.)

PHYSICAL APPEARANCE: iii (modern card) + 105 + iii (modern card). Three booklets: ff. 1–63 (Items I and II) parchment, 64–90 (III–VIII) parchment, 91–105 (IX) paper with parchment outer and inner bifolia (ff. 91, 97, 98, 104, 105). Approx. 205 × 130 mm, written space (Item VIII) 145 × 90 mm. Framed (Item VIII). 29–30 ll. to the page. Collation of second booklet 1^{8} (wants 1), 2^{8} (wants 1, 7), 3^{8}, 4^{8} (wants 4, 5). Modern foliation (1–105) replaces older (9–126). Ff. lost between earlier and later foliations in second booklet, e.g. between modern foliation 87 and 88; Item IX previously foliated 112–26. Rubrication, marginal annotation, underlining in red throughout manuscript, with titles of Items VI–VIII and initials of VIII rubricated. Various names and scribbles in late 16th-c. hands: *Jamus Petens?* f. 1^{r}; *Roger Hill*, f. 60^{v}, *Rogerus hill queretur de Christoffero Sage . . .* f. 61^{r}; *Robart Riceson off the toun off Lynkecoun* f. 61^{v}, etc.; *Francis Yerburghe* f. 82^{v}. In a later hand *Mr Le Neve* f. 1^{r}.

HANDS: One hand (hand A) for Items I–VIII.

LANGUAGE: Hand A Lincolnshire.[150]

DATE: s. xv med.

HISTORY: The manuscript may have entered the library of Edward Harley, second earl of Oxford, after the sale (1731) of the books of Peter le Neve (1661–1729), first President of the Society of Antiquaries, or perhaps (since his widow married Thomas Martin of Palgrave) after Martin's death (Wright 1972: 219; see too 274, 365). From Harley it passed, in 1753, into the (then) British Museum collection.

London, British Library MS Harley 2250

BIBLIOGRAPHY: DESCRIPTIONS: Wanley et al. 1808–12: ii. 577–8; O'Mara & Paul 2007: ii. 1208–9; DISCUSSION: Wakelin 1967: 97–8; EDITION: Young 1936 (*F* 28 only).

[150] Two different dialects of Lincolnshire (*LALME* i.110): ff. 4^{v}–16^{v} (English part of Item I, *LALME* LP 221); ff. 64^{r}–90^{r} ('lang. of E Central Lincs., mixed probably with a Nfk. component and possibly with an element from N. Lincs. as well').

CONTENTS

I *Stanzaic Life of Christ* (Foster 1926), ff. 1^{r}–47^{v} (begins imp.)

II *SEL* legend of St Martin (Görlach 1974: 119–20; *IMEV* 3005), ff. 48^{r}–49^{v}

III Abridged version of *Speculum Christiani* (Holmstedt 1933: lxix–lxx), ff. 50^{r}–64^{v}

f. 64^{v} *Explicit Speculum Christiani anno domini m^{o} cccc^{mo} lxxvij^{o}*

IV *Dieta Salutis*,[151] ff. 64^{v}–72^{r}

V Articles of the Faith, Sacraments, Commandments, Deadly Sins, Corporal and Spiritual Deeds of Mercy (brief mnemonics), f. 72rb

VI continuation of Item II: *SEL* legends from St Erkenwald to Exaltation of the Cross (Görlach 1974: 119–20; *IMEV* 428, 2945, 3046, 2842, 2949, 2950, 3389, 82, 3051, 2893, 3388), ff. 72^{v}–83^{v}

VII *Festial* extracts and sermons (Ward & Herbert 1883–1910: iii. 705–7), ff. 83^{v}–87^{v}, followed by English and Latin material f. 87^{v}

1. Ascension Day extract (cf. *F* 37/30–3),[152] f. 83^{v}
2. Corpus Christi (cf. *F* 41), f. 84$^{ra–vb}$
3. Maundy Thursday/Holy Saturday (cf. *F* 28),[153] f. 85$^{ra–vb}$
4. SS Philip and James (cf. *F* 32),[154] ff. 85vb–86va
5. *Narracio de miraculo sancti Andree quomodo diabolus apparuit sancto Cuthberto in specie mulieris* (cf. *F* 2/118–76), f. 86$^{va–b}$
6. *Narracio* (cf. *F* 34/191–232), f. 86vb
7. *Narracio* (cf. *F* 33/87–127), ff. 86vb–87ra
8. *Narracio* (cf. *F* 33/128–36), f. 87$^{ra–b}$
9. *Narracio* (cf. *F* 57/120–53), followed by Latin text on nine benefits of hearing mass, f. 87rb

VIII Commandments, Vices and Virtues, Penance, Confession, partly from *Memoriale Credencium* (Kengen 1979: 10),[155] ff. 88ra–108rb

PHYSICAL APPEARANCE: ii (modern card) + i (modern paper) + 108 + i (modern paper) + ii (modern card). Paper. Approx. 290 mm × 205mm, written space 255 × 175 mm. Item VII framed, with double columns (ff. 83^{r}, 84^{r}–87^{v}). 62–75 ll. to the column, very closely written. Earlier ink foliation 2–88 (now foliated 1–87). Collation indeterminable.[156] Very worn, especially f. 87. Rubrication throughout. *Thomas masse* f. 13^{r}, *Thomas masse esquier*

151 Incipit: *Hic incipiunt themata dominicalia*; explicit: *Explicit iste liber qui dicitur dieta salutis* f. 68^{r}, followed by *Diuisio membrorum capituli primi Diete prime*, etc. in 2 columns (ff. 68^{r}–72^{r}).

152 Added at bottom f. 83^{v} in same hand as the other *F* items.

153 Rubric: *Deus expediat me.*

154 Rubric: *De festo apostolorum Philippi et Iacobi sermo breuis.*

155 Incipit: *For als mykell as ilk man whils he lifs here in þis world.* The *Memoriale* material (ff. 91^{r}–02^{v}, 95^{r}–105^{v}) is interrupted by two blank ff. after f. 93 (93x, 93xx) and legislation concerning chaplains (ff. 94$^{ra–b}$, 94^{v} blank).

156 Pp. separately mounted, no catchwords or signatures.

f. 64^{v}; *Ser Thomas boker hos Thys boke* f. 8^{r}, *Syr Thomas bowker* f. 71^{r}; a macaronic note f. 75^{v} refers to *Elsebyt bothe* of Dunham, Cheshire.

HANDS: Items I–VII probably in one hand (Hand A), Item VIII in a different hand.

LANGUAGE: Cheshire (*LALME* i. 111).[157]

DATE: The *explicit* f. 64^{v} dates Item III to 1477; Item VII is certainly after 1434 (see 41/18–23n).

HISTORY: Presumably of the family of Thomas Massy, of noble birth, rector of Warrington, Lancashire, and Waverton, Cheshire, although the date 1477 precludes Massy himself, who died in April 1463 (Emden 1957–9: ii. 1241). The Massys lived at Dunham Massey (f. 75^{v}), Cheshire (Peterson 1974, 1975, 1977). *Thomas Bo(w)ker* (ff. 8^{r}, 71^{r}) was a chantry priest at Eccles, Lancashire in the 1530s (Wilson 1990: 394).[158] *Elsebyt Bothe* (f. 75^{v}), also of Dunham, may have been the daughter of George Bothe, later wife of Richard Sutton (Ward & Herbert 1883–1910: ii. 690). See Wright 1972: 75, 77, 236, 281. From the collection of Edward Harley, second earl of Oxford, it passed, in 1753, into the (then) British Museum collection.

London, British Library MS Lansdowne 379

BIBLIOGRAPHY: DESCRIPTIONS: Ellis & Douce 1812–19: ii. 110; O'Mara 1987a: 15–16; O'Mara & Paul 2007: ii. 1363–70; DISCUSSIONS: Fletcher 1980: 516–17, 520; O'Mara 1992, 1997; EDITION: Wormald 1936: 172–82 (Item IV).

CONTENTS

I *Oratio Domini Ioannis Damas[ceni]* (parallel columns in Greek and Latin, rectos only),[159] ff. 3^{r}–8^{r}

II English sermons, including two *Festial* extracts from printed editions,[160] ff. 9^{r}–22^{v}:

[1. Good Friday,[161] ff. 9^{r}–12^{v} (f. 13^{r} blank)]

2. 4 Lent (cf. *F* 22),[162] f. 13^{v}

3. Easter Sunday (cf. *F* 29),[163] ff. 14^{r}–17^{r} (f. 17^{v} blank)

[157] Hand A uses three dialects of Cheshire: language 1 (ff. 1^{r}–47^{v}, LP 17), language 2 (ff. 72^{v}–75^{v}, LP 419), language 3 (ff. 83^{v}–87^{v}) 'belongs probably in NE Cheshire, despite Wakelin, p. 103, where it is assigned to extreme W Yorks'.

[158] For Bowker's poor stipend, see Cooper 1999: 116.

[159] Previous foliation (1–4, 13–14) indicates eight missing ff. after present f. 6.

[160] Sermons not from *F* are in square brackets; incipits, explicits, and summaries of these three sermons are in O'Mara & Paul 2007: ii. 1364–70. Latin additions confirm that the *F* sermons are from a printed text of the type of Caxton's 2nd edn. (*STC* 17957).

[161] The text is from the Epistle for Maundy Thursday, but the sermon is for Good Friday (O'Mara & Paul 2007: ii. 1364).

[162] Rubric: *Dominica 4^{a} xl*; incipit: *Vidi afflixiones Pepuli mei Qui est in egipto. clamorem audiui. Pharao rex egipti. Moyses was a fygure of owre lorde Ihesu.* Not noted Fletcher 1980.

[163] Rubric: *In die Ihesus Passe*; incipit: *ffryndys yowe schall vndrestonde that hyt ys a*

[4. All Saints,[164] ff. 18^{r}–21^{r}

[5. All Souls, ff. 21^{v}–22^{v} (ends imp. *and þan þys prest offerd all a weke entyre sacryfyce to god for þat man and whan þe preeste cam*)]

III print of *Exornatorium Curatorum* (*STC* 10628), ff. 23^{r}–35^{v} (completed by hand B, ff. 36^{r}–37^{v}), followed by a medical recipe f. 37^{v}, two carols (*IMEV* 4065 and 78) f. 38^{r} (ff. 38^{v}–39^{r} blank), two medical recipes f. 39^{v}, humours of the body and four elements in Latin f. 40^{r}, English note on the creation of the world f. 40^{v}

IV *The Revelation of the Hundred Paternosters* (Wormald 1936: 165–82),[165] ff. 41^{r}–54^{r} (begins imp. *worsship not only of oon or too dropes but more*)

V Prayers and devotions in Latin and English (Wormald 1936: 166–70), ff. 54^{v}–86^{v}

1. *Hereafter foloweth ffyve speceall prayers which Saynt Austyn made in the worship and compassion of the ffyve sorowes*, followed by 5 Latin prayers for female use (*miseram peccatricem* f. 55^{v}, *miseras peccatrices*, f. 56^{v}), ff. 54^{v}–56^{v}

2. Latin prayers to Christ crucified (*Miserere mei domine et exaudi oracionem meam*), ff. 56^{v}–58^{r}

3. *Summa indulgenciarum xlvj^{m} annorum et vij ac xl dierum*, f. 58^{r-v}, followed by the indulgence, Latin hymn *Stabat mater*, and prayer (*Oracio. Interueniat pro nobis*) ff. 58^{v}–60^{r}

4. *Ista oracio non debet dici . . .* , Latin prayer (*Domine deus pater omnipotens et misericors*) to be said before a crucifix in time of dire need, ff. 60^{v}–64^{v}

5. *The glorious Inuocacion of oure sauyour Ihesu*, the first ten of the fifteen petitions of the (printed) *Jesu Psalter*, cf. *STC* 14563 (*Dominus noster Ihesus Christus humiliauit*), ff. 64^{v}–72^{v}

6. *Oracio Trinitatis* (*O blessed trinyte fader and sone and holy gost*), ff. 72^{v}–74^{r}

7. *This Oreson that foloweth saynt Bede made vppon the seven wordes that cryst spake hongyng on þe cros* (*Lorde Ihesu cryst that spake vij wordes*), ff. 74^{v}–76^{r}

8. Latin instructions on prayer in time of trouble (*Si scis in mortali peccato*), ff. 76^{r}–80^{r}

9. *This vnderwryten ys founde at Rome behynde thawter of saint Petyr . . .*, indulgence, followed by two Latin prayers for the dead to be said when passing through a churchyard, ff. 80^{r}–81^{v}

custumde in plasys of worschyp and in many oþer dyuers plasys. Not recognized as *F* in Jolliffe 1974: 131/N.4.

164 Rubric: *In die omnium sanctorum*. This and the following sermon (rubric: *The commemmoracion of all sowlles*) are adapted from a printed edition of *LA* (O'Mara 1992: 84–95).

165 This and the following item appear to be based on printed items, cf. *STC* 14546, etc., 14563, etc. (O'Mara 1997).

10. *Hereafter ben the vij Joyes shewd by oure lady saint Marye to saint Thomas of Caunterbur*, followed by Latin details and hymn *Gaude flore virginali* (see 54/175–223n), ff. 81^{v}–84^{r}

11. Latin verses (*Exaltata es sancta dei genitrix*), followed by Latin prayer (*Domine Ihesu Christe dulcissime*), f. 84^{r}

12. *Ista oracio est Rome in quodam lapide marmoreo . . .* , Latin indulgence, followed by prayer (*Domine Ihesu christe rogo te*), f. 84^{v}

13. *Sequens hec oracio data fuit beato Bernardo ab angelo . . .* (*Aue maria ancilla trinitatis humilima*), f. 85^{r-v}

14. *Oracio siue confessio viciorum beati Ambrosii deuota* (*Confiteor tibi domine Ihesu Christi omnia mala*), ff. 85^{v}–86^{v} (ends imp. *aperi michi sinum pietatis et ianua misericordie tue et resuscita me*)

PHYSICAL APPEARANCE: ii (modern card) + i (modern paper) + 94 + iv (modern paper) + ii (modern card). Paper. Approx. 200 × 140 mm, written space 175 × 115. Framed (Item II). 27–9 ll. to the page. Three foliations: modern pencil for the whole manuscript, another beginning '3' at present f. 1, the oldest beginning '46' at present f. 40.[166] Collation indeterminable.[167] Some rubrication of Item V. Running heads for Item II (*F* sermons). Pious 16th-c. marginal annotation, e.g. ff. 77^{r-v}, 84^{v}. *I bought this Book out of the Library of Sir Joseph Jekyl. It was formerly Lord Somers. James West. February 1798/9* f. 1^{r}; Latin contents list in 17th-c. hand f. 2^{r}.

HANDS: Three main hands, Hand A (Item I), Hand B (Items II–III), Hand C (Items IV–V).[168]

LANGUAGE: Not in *LALME*.

DATE: Hand B (*F*) s. xvi in.[169]

HISTORY: A *Sammelband* made up of three booklets (I, II–III, IV–V), combining manuscript based on print sources (Items I?, II–V) and actual print (Item III). By the 17th c. its owner was Lord Somers (1651–1716), Lord Chancellor of England, from whom it passed to his brother-in-law, Sir Joseph Jekyl (1663–1738), Master of the Rolls, and thence to James West (*c.*1704–73), President of the Royal Society. Thereafter it was sold to Lord Shelburne (1737–1805), first Marquess of Lansdowne, and in 1807 to the British Museum (Wormald 1936: 166 n. 1).

[166] Item I (ff. 3–8, previously foliated 1–4, 13–14) has eight missing ff. after present f. 6 (but after ff. 1–2 and before Item I are eight blank framed ff. earlier foliated 5–12); Item II (ff. 9–22, previously foliated 15–28) was already imp. at the time of the previous foliation; Item III (ff. 23–35, previously foliated 29–41); Items IV–V consist of remounted fragments, originally foliated 47–92 with another foliation 73–118.

[167] The collation of Item III (print, signatures aij–cij) is 1^{6} (wants 1), 2^{6}, 3^{6} (wants 3–6); elsewhere, each page is separately mounted and there are no catchwords or clearly visible signatures.

[168] Wormald's further change of hand in Item V is not convincing.

[169] Hand A s. xvii; Hand C s. xv ex.

London, British Library MS Royal 18.B.XXIII

BIBLIOGRAPHY: DESCRIPTIONS: Warner & Gilson 1921: ii. 295; O'Mara & Paul 2007: ii. 1381–1474; DISCUSSIONS: Wakelin 1967: 102; Horner 2005: 4121–2; EDITION: Ross 1960.[170]

CONTENTS

I Latin sermons in two hands, ff. 1^r–23^v, 24^r–37^v (ff. 37^v–38^r blank, f. 38^v Latin contents list)

II English sermons and *narrationes* (including three *Festial* sermons), ff. 39^r–156^v, followed by blank f. 157^r, sermon notes in Latin and English ff. 157^v–158^v, Latin outlines to the sermons ff. 159^r–165^v

1. Dedication (cf. *F* 68), ff. 49^r–50^r
2. Easter Day (cf. *F* 29), ff. 72^v–73^v
3. Marriage sermon (cf. *F* Add1),[171] ff. 148^v–149^r

III English sermons, ff. 166^r–73^v

PHYSICAL APPEARANCE: i (modern card) + i (modern paper) + 174 + i (modern paper) + ii (modern card). Paper, with parchment inner and outer bifolia ff. 51/64, 57/58 and singletons ff. 75, 174. Approx. 290 × 210 mm, written space 200 × 140 mm. Framed. 40–3 ll. to the page. Collation 1^{12}, 2^{12} (12 cut out + singleton cut out?), 3^{16} (15 cut out), 4^{12}, 5^{14}, 6^{10} + parchment singleton, 7^{10}, 8–10^{14}, 11^{12}, 12^{10}, 13^{12} (wants 8–11), 14^{10} (wants 2, 3, 6 [later inserted slip? 95 × 200 mm]), 15^8 + singleton (410 × 170 mm).[172] No rubrication, although initials left for rubrication (Item II). *Lumley* in 17th-c. hand f. 1^r. *Quod (Thomas) Looke* appears frequently in scribe's hand, e.g. ff. 37^r, 75^v, including the end of two of the *F* sermons (*quod looke* f. 50^r, *Amen quod Thomas looke þe seruant of god et cetera* f. 73^v). In 16th-c. hands: *Jamis/James Robinson/Robynson* f. 16^r; *John Graunge* f. 21^r; *Oleuer Bregmen* f. 64^r; a 1560 licence to buy barley and other goods, issued by Gyles Alyngton knight to Peter Cooke of Exning, Suffolk f. 174^v.

HANDS: Ross (1960: xvi) distinguishes six hands in the English material ('and possibly more'). The first two *F* sermons are in his Hand 1 (Thomas Looke) and the third in his Hand 4.

LANGUAGE: Berkshire (*LALME* i. 115).[173]

DATE: s. xv^2.

[170] Ross edits fifty-one sermons but excludes the *F* sermons, two *narrationes* (ff. 50^v, 69^v), and Thomas Wimbledon's St Paul's Cross sermon (ff. 39^r–48^v). O'Mara & Paul (2007) summarize all Ross's sermons except 44–6 (ff. 150^r–156^v).

[171] A little abbreviated throughout, in particular replacing Add1/129–42 (*telle . . . blysse*) by: *fynde of Iohn euangelist (þat þer were* canc.*) and many oþer þat blessed and serpentes com owte of þe coppes.*

[172] Ff. 158–74 mounted.

[173] Specifically, east Berkshire near Waltham St Lawrence (Wakelin 1967: 102), the same language as Oxford, Bodleian Library, MS Rawlinson D.101.

HISTORY: Owned (f. 1^{r}) by John Ross, Lord Lumley (1534?–1609) before passing to the Royal Library and the (then) British Museum (1753).

Oxford, Bodleian Library MS Greaves 54

BIBLIOGRAPHY: DESCRIPTIONS: Madan et al. 1937: 748/3826; Holmstedt 1933: lxvi–lxviii; O'Mara & Paul 2007: iii. 1928–73; DISCUSSIONS: Fletcher 1980: 516, 520; Horner 2005: 4074–8.

CONTENTS

I *Speculum Christiani*, ff. 1^{r}–24^{r} (begins imp.)
II Latin notes and *narratio*,[174] ff. 24^{r}–26^{r}
III 26 English sermons for Sundays and feast-days from Advent to All Saints' Day,[175] ff. 26^{r}–63^{v}
IV Latin extracts from *GR*, ff. 64^{r}–85^{v}
V Latin *narrationes*,[176] ff. 85^{v}–102^{v} (ends imp.)
VI English sermons, several containing adapted *Festial* material,[177] ff. 103^{r}–125^{v}
1. Easter Day (cf. *F* 29/75–113), ff. 103^{r}–104^{r} (begins imp. *body of Crist ffor whi and I knewe*)
[2. Second mass of Easter Day),[178]] concluding with *narratio* (cf. *F* 41/163–83), ff. 104^{r}–105^{r}
[3. Rogation Days, ff. 105^{r}–107^{v}]
4. Pentecost (cf. *F* 39/2–4, 19–48), ff. 107^{v}–108^{v}
5. Nativity of Christ (cf. *F* 6/2–5, 34–57, 62–74), ff. 108^{v}–109^{v}
[6. Palm Sunday, ff. 109^{v}–110^{r}]
7. Tenebre (cf. *F* 28/12–25, 26/27–33), ff. 110^{v}–111^{r}
[8. Easter Day, ff. 111^{r}–112^{r}]
9. Circumcision (cf. *F* 11/29–76), ff. 112^{r}–113^{v}
[10. Quinquagesima, ff. 113^{v}–115^{r}]
11. St John Evangelist (cf. *F* 8/3–33, 37–73), ff. 115^{r}–117^{r}
[12. Easter Day, ff. 117^{r}–119^{r}]
13. *Narratio* (cf. *F* 14/126–62), f. 119^{r-v}
[14. Trinity 12, ff. 120^{r}–124^{v}], followed by English sermon notes,[179] ff. 124^{v}–125^{v}, Latin *narratio* (cf. *F* 15/65–96), Latin sermon notes, f. 126^{r-v}

PHYSICAL APPEARANCE: ii + 127 (1–126, 102 *bis*) + ii (i foliated 127). Parchment, with paper flyleaves. Approx. 185 × 130 mm, written space

[174] Incipit: *Propter plures causas quis oraret pro defunctis.*

[175] Summarized O'Mara & Paul 2007: iii. 1929–58. Spencer (1993: 183–4) discusses the orthodox sentiments of these sermons and those of Item VI.

[176] From *FM* (Fletcher 1980: 516 n. 14).

[177] For details of *F* material, see the incipits, explicits, and summaries in O'Mara & Paul 2007: iii. 1958–73. Sermons not from *F* are in square brackets.

[178] Rubric: *Ad secundam missam.*

[179] Fragmentary translation of *FM* (Fletcher 1998: 237 n. 13).

125 × 90 mm. Pricked. 25–6 ll. to the page. Collation: 1^{8} (wants 1–3), $2–4^{8}$, 5^{8} (wants 6–8), $6–8^{8}$, 9^{8} (wants 4, 5), $10–11^{8}$, 12^{8} (wants 7), $13–14^{8}$, (next quire missing), $15–17^{8}$. Initials, rubrics, underlining in red, capitals touched with red (no rubrication ff. 81^{v}–103^{v}).

HANDS: One hand.

LANGUAGE: Item VI not in *LALME*.[180]

DATE: s. xv med.

HISTORY: Bought by Thomas Greaves in 1678.

Oxford, Bodleian Library MS Bodley 123

BIBLIOGRAPHY: DESCRIPTION: Madan & Craster 1922: 147/1986.

CONTENTS

I Latin (model?) memoranda, including notices of banns, f. $1^{r–v}$

II Latin memorandum of Pecham's edict to recite the Sentence of Excommunication quarterly, followed by details of the Sentence in English and the Curse in Latin and English (Pickering 1981: 239), ff. 2^{r}–6^{v}, followed by a (model?) will (8 February 1477) and English verse (*IMEV* 811) f. 6^{v}

III Latin tract on the seven sacraments (dated St Michael's Day 1459),[181] ff. 7^{r}–$51a^{r}$, followed by Latin memorandum of feasts and Latin prayers and verse f. $51a^{r–v}$

IV *GR*,[182] ff. 52^{r}–86^{r}

V *Festial narrationes* and excerpts, ff. 86^{v}–97^{v}:

1. *Miraculum de assumpcione beate Marie* (cf. *F* 53/190–200), f. 86^{v}
2. *Miraculum* (cf. *F* 53/201–20, ending *Now knele we all adowne . . . Amen*), ff. 86^{v}–87^{r}
3. *Miraculum de natiuitate beate Marie* (cf. *F* 57/92–119), f. $87^{r–v}$
4. *Narracion* (cf. *F* 57/120–52, ending *Now ye shall knew don*), ff. 87^{v}–88^{r}
5. *Fabula de* [*assump* canc.] *concepcione beate Marie* (cf. *F* 4/54–72), ff. 88^{v}–89^{r}
6. Extract on founding of feast of Conception (cf. *F* 4/73–90, ending *Now pray we to our lady . . . et cetera*), f. $89^{r–v}$
7. *Fabula de purificacione* (cf. *F* 14/115–25), ff. 89^{v}–90^{r}
8. *Fabula* (cf. *F* 14/126–62), ff. 90^{r}–91^{r}
9. *Fabula* (cf. *F* 14/163–84, ending *and þe blisse of heuen . . . Amen*), f. $91^{r–v}$
10. *Narracion de annunciacione beate Marie* (cf. *F* 23/89–110), ff. 91^{v}–92^{v}

[180] But Items I–III are Somerset (*LALME* i. 149).

[181] Incipit: *Hic incipit breuis tractatulus de vij^tem sacramentis ecclesie*. English at ff. 14^{v}–16^{r}.

[182] Rubric: *De gestis Romanorum*.

11. Extract on five joys of the Virgin (cf. *F* 23/111–26), ff. 92^{v}–93^{r}
12. *Fabula* (cf. *F* 23/133–40), f. 93^{r}
13. *Fabula* (cf. *F* 23/141–9), f. 93^{r-v}
14. *De solempnitate sancte Katerine*, *Narracion* (cf. *F* 67/75–84,[183] ending *and had þe blisse of heuen to hir mede*), ff. 93^{v}–94^{r}
15. *Narracion* (cf. *F* 41/163–80), f. 94^{r-v}
16. *Narracion* (cf. *F* 41/185–232), ff. 94^{v}–96^{r}
17. *Narracion* (cf. *F* 41/142–63), f. 96^{r-v}
18. *Narracion* (cf. *F* 41/118–41), ff. 96^{v}–97^{v}
19. *Narracion* (cf. *F* 40/121–31, ending *MARIA*), f. 97^{v}

VI *Hic incipiunt miracula beate Marie . . .* , ff. 98^{r}–101^{v}, followed by *De uirtute confessionis sequitur narracio* ff. 101^{v}–102^{v}

VII A Sarum Ordinal in Latin, ff. 103^{r}–148^{v}, followed by Latin memoranda and a copy of part of a papal bull dated 3 January 1480[184] ff. 149^{r}–151^{r}

VIII Latin dominical and feast-day sermons, ff. 151^{v}–204^{v}, followed by Latin notes and memoranda ff. 204^{v}–205^{v}

PHYSICAL APPEARANCE: ii + 206 (foliated 1–206 but includes 51a and 51b, a stub) + ii (foliated 206–7). Paper. Approx. 215 × 145 mm, written space 160–75 × 120–35 mm. 22–6 ll. to the page. Collation hard to determine.[185] Occasional red touching and rubrication throughout (not Item V). Memoranda and notes added throughout, e.g. an indenture f. 86^{r} continuing bottom margin f. 85^{v}; a note on stub f. 51b^{r} *These bene þe valys þat I haue hade syn I come to mersay*. Several references to *Thomas vrmestoun* f. 1^{v} (*capellanus parochie de lyme*), e.g. *Quod Thomas vrmyston capellanus* f. 6^{v}, *quod T. Vmyston* f. 86^{r}, *Quod Thomas vrmestoun Capellanus in comitatu Essexe manens* f. 97^{v}, with occasional place names (e.g. Lyme f. 1^{v}, Bebington f. 6^{v}, Mersea f. 51b^{r}, Essex f. 97^{v}). Dates range from 1473 (f. 1^{v}), 1477 (f. 6^{v}), 1479 (f. 86^{r}) to 1489 (f. 205^{v}). *Marmaduke Myddyltoun aw this boke* in 16th-c. hand, f. 161^{v} (upside down).

HANDS: Seemingly several hands, but perhaps only the hand of Thomas Urmeston over time (but see *LALME* i. 146).

LANGUAGE: Staffordshire (Item V) (*LALME* i: 146, LP 726).

DATE: s. xv$^{3-4}$.

HISTORY: In the last thirty years of the 15th c., the manuscript was in the hands of the chaplain, Thomas Urmeston, at first in Lancashire and then Essex. Madan & Craster (1922) suggest that the MS might be the *Anonymus de rebus theologicis* in the 1602 Catalogue.

183 But told of a woman.

184 F. 151^{r} crossed through.

185 Probably mainly quires of 8. Catchwords at ff. 32^{v}, 83^{v} (small), 121^{v}, 125^{v} (small), 153^{v}, 184^{v}. Stubs f. 51b and between ff. 7–8, 102–3, 152–3, 205–6.

II.III. THE FOUR RELATED MANUSCRIPTS

O Oxford, Bodleian Library MS e Museo 180
Du Durham University Library MS Cosin V.IV.3
Gl Gloucester Cathedral Library MS 22
L Lincoln Cathedral Chapter Library MSS 50 and 51

Oxford, Bodleian Library MS e Museo 180 (O)

BIBLIOGRAPHY: DESCRIPTIONS: Madan et al. 1937: 713/3635; Fletcher 1991: 110–11, 129–30; O'Mara & Paul 2007: iii. 1828–1925; DISCUSSIONS: Fletcher 1980: 515–16, 519; Horner 2005: 4122–9; EDITIONS: Fletcher 1977 (no *F* sermons ed.), 1991 (Trinity 20, not an *F* sermon); Morrison (forthcoming); PLATE: Fletcher 1991: 116.

CONTENTS

59 English sermons for Sundays and feast-days from the first Sunday after Easter to Easter Sunday, ending with two sermons for the Dedication of a Church,[186] ff. 1^{r}–311^{v}, including two sermons with adapted *Festial* material:

1. Ascension Day (cf. *F* 37/2–102),[187] ff. 24^{r}–29^{r} (also GlL)
2. Passion Sunday (cf. *F* 24/73–81),[188] ff. 289^{r}–291^{r} (begins imp. *my sydes*) (also DuGlL)

PHYSICAL APPEARANCE: vii + 310 + vii. Paper. Approx. 200 × 135 mm, written space 150 × 85 mm. Framed. 21–7 ll. to the page. Modern foliation top right 1–311 (but 308 omitted) and 312–17 (endleaves). Collation 1–5^{8}, 6^{8} (wants 6), 7–12^{8}, 13^{6}, 14–18^{8}, 19^{8} (wants 4), 20–27^{8}, 28^{8} (wants 6–8), 29–36^{8}, 37^{8} (wants 7), 38^{10} (wants 1), 39^{12} (wants 11–12), 40^{10} (wants 4). F. 1 remounted, f. 309 torn from bottom left to two-thirds across top right. Rubricated 2-line-deep initials, sermon rubrics, and capitals; Latin underlined and pointing in red. *Ion ihon long man* f. 230^{r}; *Clement Chetsam*, *Clement kent* in a 16th-c. hand f. 311^{v}.

HAND: One hand (Fletcher 1991: 110, 116 (Plate)), the same idiosyncratic hand (current anglicana under secretary influence) as DuGlL.

LANGUAGE: Leicestershire.[189]

DATE: s. xv ex.

HISTORY: Acquired for the Bodleian Library in 1656, possibly by Gerard Langbaine (1609–58), Fellow (1633) and Provost (1646) of Queen's College, Oxford, who was closely involved in cataloguing manuscripts at the University libaries (Hunt 1953: i. 114).

186 Summarized O'Mara & Paul 2007: iii. 1828–1925.
187 Summarized O'Mara & Paul 2007: iii. 1836–8.
188 Subsumed under Lent 4 in the summary in O'Mara & Paul 2007: iii. 1916–18.
189 Not in *LALME*, but see description of Gl below.

Durham University Library MS Cosin V.IV.3 (Du)

BIBLIOGRAPHY: DESCRIPTIONS: Botfield 1838: 175 (a bare notice);[190] O'Mara & Paul 2007: i. 290; DISCUSSIONS: Fletcher 1980: 515–16, 520; EDITIONS: Fletcher 1977 (no *F* sermons ed.); Morrison (forthcoming).

CONTENTS

Twelve English sermons for Sundays and feast-days from Advent 1 to Easter Sunday, ff. 1^r–72^v, including one sermon with adapted *Festial* material:

1. Passion Sunday (cf. 24/2–81), ff. 57^r–62^v (also OGlL)[191]

PHYSICAL APPEARANCE: i + ii (s.xvii) + 72 + iii (s. xvii) + i. Paper.[192] Approx. 205 × 150 mm, written space 140 × 85 mm. Framed. 25–8 ll. to the page. Foliated 1–75 (to include endleaves). Collation: $1–2^8$, 3^8 (wants 6), $4–5^8$, 6^{10} (wants 1), $7–9^8$. Most of f. 65 torn away. Initials, sermon rubrics, paraphs, and underlining in red. Contemporary and later marginalia and doodles, e.g. drawings of mermaids (*Siren*) f. 11^r; *Iste liber pertinet ad me Valintinum Guerad* (?)/*Euerad* (?) *prefatibus* (?) *georgius suttun et macuton ffestin* (?)/ *stestin*(?) *In ludo literario cum magistro tynoe* (?) in an early 16th-c. hand upside down bottom margin f. 13^r; man's head with Latin note f. 27^v; *John Simson* in a 17th-c. hand f. 72^v.

HANDS: One hand, the same idiosyncratic hand (current anglicana under secretary influence) as OGlL.

LANGUAGE: Leicestershire.[193]

DATE: s. xv ex.

HISTORY: The contents list (f. iii^v) is in the hand of the Revd George Davenport (d. 1677), chaplain to John Cosin (Bishop of Durham 1660–72), who gave seventy manuscripts collected between 1652–70 for Cosin's public library founded 1669.

Gloucester Cathedral Library MS 22 (Gl) (olim MS 22, second binding, i.e. ff. 45–722)

BIBLIOGRAPHY:[194] DESCRIPTIONS: *MMBL* ii. 955–6; Fletcher 1991: 112–14, 129–30; *IMEP XV* (Edden 2000): 3–20;[195] O'Mara & Paul 2007: i. 297–309; DISCUSSIONS: Brewer 1954: 390–9; Sandred 1971: 11–24; Fletcher 1980: 515–

[190] See n. 89 above.

[191] The same sermon as OGlL, *pace* vol. 1, Introduction, §3.2.1.

[192] The watermark is hand and cuff with cinquefoil, not close to Heawood no. 48, nor Briquet no. 11154 (catalogue).

[193] Not in *LALME*, but see description of Gl below.

[194] The three booklets which originally made up MS 22 were separated and rebound in 1996 as MSS 22 Add., 22, 42, despite their existence as one manuscript since at least the 16th c. All published work except *IMEP XV* and O'Mara & Paul (2007) relates to the pre-1996 state of the manuscript.

[195] The sermons are listed in detail.

16, 519–20; Powell 1980: i. 11–12, 82–107; EDITIONS: Fletcher 1977 (no *F* sermons ed.); Morrison (forthcoming).

CONTENTS

61 English sermons for Sundays and feast-days from the Nativity of Christ to the 25th Sunday after Trinity,[196] pp. 1–672 (*Explicit*, p. 672), including four *F* sermons (2–5 below) and two with adapted *Festial* material (1, 6 below):

1. Passion Sunday (cf. *F* 24/2–81),[197] pp. 209–21, formerly 251–63 (also ODuL)
2. Tenebre (cf. *F* 26), pp. 233–9, formerly 275–91
3. Maundy Thursday (cf. *F* 28/3–89), pp. 239–44, formerly 291–6
4. Good Friday (cf. *F* 27/2–39, 78–142),[198] pp. 244–50, formerly 296–302 (*in þe assent . . . hongur* om.; ends imp. *kny3te*)
5. Holy Saturday (cf. *F* 28/103–166),[199] pp. 251–5, formerly 303–7 (begins imp. *is on ester evyn*)
6. Ascension Day (cf. *F* 37/2–102), pp. 332–41, formerly 384–93 (also OL)

PHYSICAL APPEARANCE: iii + 336 (paginated 1–672) + iii. Paper.[200] Approx. 215 × 150 mm, written space 145 × 85 mm. Framed. 25–30 ll. to the page. Collation $1–42^8$. Rubricated titles, paraphs, initials, underlining. Some running heads supplied in 16th-c. hand. 16th c. Protestant marginalia (e.g. pp. 79, 117, 188, 256, 409, 410, 412, 567, 576, 672), probably in the hands of *Rowlandum Willat*, *Radulphus willetus* (p. 256, formerly 308), *Rodulphus wyllelat* (p. 576, formerly 626).

HAND: One hand, the same idiosyncratic hand (current anglicana under secretary influence) as ODuL.

LANGUAGE: Leicestershire (*LALME*: i. 89).[201]

DATE: s. xv ex. (Sandred 1971: 20; Fletcher 1980: 516).

HISTORY: For the Willets as Oxford graduates, see Brewer 1954: 397–8 (also *MMBL* ii. 955–6), although Fletcher (1991: 114) is doubtful.The fomer third binding (now MS 42) has the names *John Cox of haddon* (p. 55, formerly p. 785) and *master pendilton doctor of diuinite* (p. 66, formerly

[196] The Advent sermons prior to the Nativity sermon which now begins the collection were previously supplied in the first binding of the manuscript (now Gloucester MS 22 Add.), which was therefore more integral to the manuscript than Ker suggests (*MMBL* ii. 955–6) and makes its disbinding the more regrettable.

[197] Summarized O'Mara & Paul 2007: i. 301–3.

[198] The lacunae in this and the next sermon appear not to be the result of lost ff.

[199] The text is Group B, but the separation of Maundy Thursday and Holy Saturday into two sermons is only otherwise found in gR1R2 (see headnote to *F* 28).

[200] The watermarks show that the paper is different from MS Gloucester Cathedral Library 22 Add. (Sandred 1971: 13).

[201] A later opinion than 'southern Bedfordshire, towards the Buckinghamshire border' (Fletcher 1980: 516).

p. 796). For Cox, see Fletcher 1991: 114. Henry Pendleton was a noted preacher who turned his coat from Catholic to Protestant according to regime. From the mid-1550s he was a canon of Lichfield and rector of St Stephen's Walbrook, London (Emden 1974: 440–1). According to Brewer (1954: 398) the manuscript was one of fourteen given to the Dean and Chapter Library after 1660 by Henry Fowler, physician and alderman of Gloucester (*MMBL* ii. 956 is in error.)

Lincoln Cathedral Chapter Library MSS 50 and 51 (L) (olim A.6.2 and A.7.1)[202]

BIBLIOGRAPHY: DESCRIPTIONS: Thomson 1989: 34–6; Fletcher 1991: 111–12, 129–30; O'Mara & Paul 2007: i. 341–4; DISCUSSION: Fletcher 1980: 515–16, 519; EDITIONS: Fletcher 1977 (no *F* sermons ed.); Morrison (forthcoming); PLATE: Thomson 1989: Plate 35.

CONTENTS[203]

54 English sermons for Sundays and feast-days from Advent 1 to Trinity 25: MS 50, ff. 1^r–220^v (38 sermons, begins imp. in Advent 1; ends imp. in Trinity 9); MS 51, ff. 1^r–87^v (16 sermons, begins imp. in Trinity 11; ends with Trinity 25), including two sermons in MS 50 which include adapted *Festial* material:

1. Passion Sunday (cf. *F* 24/2–81),[204] ff. $127B^r$–132^v (begins imp. *whiche of ȝow schall repreve me of synne*) (also ODuGl)
2. Ascension Day (cf. *F* 37/2–102), ff. 138^r–143^r (also OGl)

PHYSICAL APPEARANCE: MS 50: i + 221 + i. Paper. Approx. 205 × 140 mm, written space 140 × 85 mm. Framed and ruled. 24–32 ll. to the page. Modern pencil foliation top right 1–220 (includes ff. 127A and 127B). Collation: 1^8 (wants 1), $2–16^8$, 17^8 (wants 1, 2), $18–28^8$ (quire missing between quires 4 and 5). Hostile comment in 16th-c. hand f. 38^r (*Here begyneth a notabell lye. If he made is wyttynglle hyys damnacyon slepeth not. If he dyd it of Ingnoranc he shall not be esqvesed becawse he hath heard. Henry H-*) and references to the pope canc. throughout. Red touching and underlining. MS 51: i + 88 + i. Paper. Approx. 205 × 140 mm, written space 140 × 85 mm. Framed and ruled. 24–32 ll. to the page. Collation: $1–11^8$, with perhaps a missing first quire (Thomson 1989: 36). Red touching and underlining.

HAND: One hand (Thomson 1989: Plate 35), the same idiosyncratic hand (current anglicana under secretary influence) as ODuGl.

LANGUAGE: Leicestershire (*LALME*: i. 98).

DATE: s. xv ex.

[202] Probably once a single manuscript, separated by 1833 (Thomson, 1989: 36).
[203] Detailed in Thomson 1989: 35–6.
[204] Not Easter as Thomson 1989: 35 (item 23).

II.iv. THE REVISION OF THE *FESTIAL*

R1 London, British Library MS Harley 2247
R2 London, British Library MS Royal 18.B.XXV
R3 Dublin, Trinity College MS 428
R4 Gloucester Cathedral Library MS 22 Add

London, British Library MS Harley 2247 (R1)

BIBLIOGRAPHY: DESCRIPTIONS: Wanley et al. 1808–12: ii. 573–7; O'Mara & Paul 2007: ii. 1093–1207; DISCUSSIONS: Horstmann 1881: cxx;[205] Wakelin 1967: 100–1; Horner 2005: 4061–70; EDITIONS: Powell 1980 (*Temporale* sermons only), 1981 (first six sermons only); PLATE: Powell & Fletcher 1981: 221.

CONTENTS
Revised version of the *Festial*, divided into *Temporale* (30 sermons, including the Christmas feast-days) and *Sanctorale* (32 sermons), interspersed with 30 new sermons (26 *Temporale*, 4 *Sanctorale*),[206] ff. 1^{r}–213^{v}.

PHYSICAL APPEARANCE: iii (modern card) + 214 + i (vellum) + i (modern paper) + iii (modern card). Paper and vellum.[207] Approx. 295 × 210 mm, written space 210 × 135 mm. Pricked and framed. 31–4 ll. to the page. Modern pencil foliation top right ff. 1–214; earlier foliation centre bottom margin (but f. 34 numbered twice). Collation 1^{8} (wants 1, 2), 2–27^{8}. Censorship: erasure and cancellation of *pope*, *pardons*, *indulgences*, with numbers of days (ff. 124^{v}–126^{r}) and *pope (of Rome)* (f. 192^{r}). Ornamental capitals to each sermon, the first blue, thereafter red. Quotations, proper names, and titles usually underlined. Extensive marginal annotation by the scribe (e.g. f. 160^{v}), together with later comments, corrections, doodles, and pen practices (e.g. a bill of 11 July, ff. 44^{v}, 47^{r}, 157^{r}, etc.). *Thomas Miler/Malere* of Milton Ernest, Bedfordshire ff. 31^{v}, 45^{v}; *Thomas Tou(l)d(e)* of Pavenham, Bedfordshire ff. 40^{r}, 45^{v}, 63^{v}, 161^{r}, 197^{r}; *Thomas Heaward* and his daughter *Anne* (f. 43^{v}); *Wyllam Parker* of *Hy Gatte* (f. 63^{v}); *Thomas Sande* (f. 106^{v}); *dominus Alyn*, *gulielmus alyn* (*possessor huius libri*, f. 214^{r}); *Thomas Johnsom* (f. 178^{r}); *John Smyth* and *John Clare* (f. 214^{v}). Various dates in Elizabeth I's reign (ff. 36^{v}, 93^{v}, 144^{r}, 152^{v}), the earliest 1565 (ff. 93^{v}, 152^{v}). F. 214 is blank except for the beginning of an English *narratio* (*recto*) and English notes on fasting and notes of ownership, etc.

HAND: One hand, a good secretary (Powell & Fletcher 1981: 221(Plate)).

[205] A bare account. Horstmann erroneously states that the text is that of Caxton's edition(s).

[206] 84 sermons are summarized in O'Mara & Paul 2007: ii. 1095–1207.

[207] Quires 1 and 2 are vellum, quire 27 paper, intervening quires paper but with vellum innermost and outermost bifoliations.

LANGUAGE: Leicestershire (*LALME* i. 111, LP 539).[208]

DATE: s. xv^{2-3} (post-1434, see 41/18–23n).

HISTORY: The numerous names (Wright 1972: 49, 185, 206, 240, 269, 330, 341), together with the various dates, indicate lay ownership during Elizabeth I's reign. Later owned by Dr John Covel (1638–1722), Master of Christ's College, Cambridge 1688–1722, whose notes occur, particularly on ff. 1, 215 (Wright 1972: 113). Purchased in 1716 for Edward Harley, second Earl of Oxford, whence it passed in 1753 into the (then) British Museum collection.

London, British Library MS Royal 18.B.XXV (R2)

BIBLIOGRAPHY: DESCRIPTIONS: Warner & Gilson 1921: ii. 298; O'Mara & Paul 2007: ii. 1475–83; DISCUSSIONS: Wakelin 1967: 101–2; Horner 2005: 4061–70; EDITIONS: Powell 1980 (*Temporale* sermons only), 1981 (first six sermons only).

CONTENTS

Revised version of the *Festial*, divided into *Temporale* (30 sermons, including the Christmas saints) and *Sanctorale* (32 sermons), interspersed with 31 new sermons (26 *Temporale* and 5 *Sanctorale*),[209] ff. 1^r–139^v (ends imp. *as þei wold þere ayrys*, cf. R1 f. 209^v, l. 2).[210]

PHYSICAL APPEARANCE: i (modern card) + i (modern paper) + 139 + i (vellum) + iii (modern paper) + i (modern card). Paper. Approx. 300 × 210 mm, written space 225 × 150 mm. Framed. 38–40 ll. to the page. Two foliations, one in ink top right 1–141, the second in pencil alongside 84–141 (including final endleaves i–ii), correcting the loss of two ff. after f. 83 (86 renumbered as 84). The second bifoliations of the first two quires (ff. 2–11, 14–23) were transposed at an early stage.[211] Collation 1^{12}–6^{12}, 7^{12} (wants 12), 8^{12} (wants 1), 9^{12}–11^{12}, 12^{12} (wants 10–12). Rubricated initials only for sermons at ff. 1^r, 19^v (also red decoration), although spaces have been left thereafter, often with the letter written in small. Titles to sermons are unspaced, sometimes surrounded by a box (e.g. f. 9^r), sometimes in the margin (e.g. f. 44^r), sometimes omitted (e.g. f. 65^r). No underlining. Some minor contemporary

[208] More precisely, East Leicestershire (Angus McIntosh, personal communication).

[209] In the *Temporale* R2 omits the R1 Pentecost sermon (*F* 39) but includes the *F* sermon for the Dedication of a Church (*F* 68); it omits R1's new sermons for Rogation Days and Trinity Sunday but adds new sermons for Easter and the Dedication of a Church. In the *Sanctorale* it replaces the *F* sermon for the Annunciation (*F* 23) with a new one, adding a new sermon for the Nativity of the Virgin but omitting R1's new Burial sermon. The sermons for the Conception of the Virgin, St Mark, and SS Philip and James (*F* 4, 31, 32) are divided into two each. The *Sanctorale* sermons are more thoroughly revised from *LA* than in R1 or R3. The five R2 sermons not in R1 are summarized in O'Mara & Paul 2007: ii. 1476–83.

[210] See headnote to *F* 65.

[211] The hand of the first foliation (together with an earlier hand) directs the reader from f. 1^v to f. 14^r, from f. 23^v to f. 12^r, from f. 13^v to f. 2^r, and from f. 11^v to f. 24^r.

annotative marginalia (e.g. ff. 42^{v}–43^{v}). Two notices in different hands of confessions heard 1533 and 1536 (*Ales Iamys*, *Elinam Taylar*?) f. 140^{r}, pasted slips of Latin and English sermon material f. 141^{r-v}.

HAND: One hand, an untidy, cramped and badly written secretary.

LANGUAGE: Northants (*LALME* i. 115).[212]

DATE: s. xv^{3-4}.

HISTORY: The notes on the final endleaves (ff. 140–1) indicate that the manuscript was owned by a priest in the 1530s. Thereafter it belonged to the antiquary John Theyer (1597–1673) before passing into the Royal Collection of the then British Museum (Warner & Gilson 1921: ii. 298).

Dublin, Trinity College MS 428 (R3) (olim D.4.10)

BIBLIOGRAPHY: DESCRIPTIONS: Abbot 1900: 66 (a bare notice); O'Mara & Paul 2007: i. 282–3; DISCUSSIONS: Fletcher 1980: 517–18, 521; Horner 2005: 4061–70; EDITION: O'Mara 1980 (the Annunciation and two Assumption sermons).

CONTENTS

Revised version of the *Festial* (23 sermons of the *Sanctorale* only), ff. 1^{r}–56^{v} (begins imp. in the second of the three sermons into which the Annunciation sermon is divided in R1/3 (*to whom said þe jev quan I see a lily*, cf. *F* 23/99); ends imp. in a non-*F* All Saints' Day sermon, [213] (*with sharp axes* catchwords, cf. R1, f. 205^{r})).

PHYSICAL APPEARANCE: ii + 56 + ii. Paper.[214] Approx. 215 × 145 mm, written space 190 × 120 mm. 24–6 ll. to the page. Collation hard to determine, but for an opinion see O'Mara 1980: 6–9. F. 2 is misplaced and belongs after f. 12; ff. are lost within the sermons for SS Peter and Paul (*more . . . schapyn* om., cf. 45/20–95) and Michael (*triumphantis . . . seint*, cf. 61/21–53), and before St Mary Magdalene (begins imp. *shippid and nyrhande seilid*, cf. 49/120).[215] No rubrication or decoration.

HAND: One hand, a very current Anglicana with some Secretary features.

LANGUAGE: Norfolk (Norwich area?) (*LALME* i. 77).

DATE: s. xv ex. (Fletcher 1980: 517), perhaps as late as s. xvi. in. (Doyle, personal communication).

HISTORY: Acquired by James Ussher (1581–1656), Archbishop of Armagh, whose great library was bought by the state in 1656 and placed in Trinity College Dublin in 1661.

212 More precisely, Soke of Peterborough (Angus McIntosh, personal communication).

213 That is, after the rev. *F* All Saints' sermon noted by Fletcher (1980: 521) which begins f. 53^{r}.

214 O'Mara's analysis of watermarks includes the Briquet unicorn watermark (f. 42), which she notes (1980: 14) is roughly approximate to one dated 1505/1509.

215 Missing ff. perhaps included the non-*F* Relic Sunday sermon (which occurs before the sermon for St Mary Magdalene in R1/2).

Gloucester Cathedral Library MS 22 Add (R4) (olim MS 22, first binding, i.e. pp. 1–44)

BIBLIOGRAPHY:[216] DESCRIPTIONS: *MMBL* ii. 955–6; *IMEP XV* (Edden 2000): 21–3; O'Mara & Paul 2007: i. 310–15; DISCUSSIONS: Brewer 1954: 390–9; Sandred 1971: 11–24; Powell 1980: i. 11–12, 26–34; Fletcher 1991: 112–14; Horner 2005: 4062; EDITIONS: Powell 1981 (first four sermons only); Fletcher 1998: 114–16 (fifth sermon, pp. 28–31).

CONTENTS

7 sermons (six from the *Festial* Revision),[217] pp. 1–44:

[1. Advent 1, pp. 1–7]
[2. Advent 2, pp. 7–13]
3. Advent 3, pp. 13–18
4. Advent 4, pp. 18–23
[5. *Sermo pro anima*, pp. 24–33]
6. Septuagesima, pp. 33–43
7. Septuagesima, pp. 43–4 (ends imp. *but*, cf. *F* 15/60)

PHYSICAL APPEARANCE: iii+ 22 (paginated 1–44) + iii. Paper. Approx. 215 × 150 mm, written space 155 × 95 mm. Ruled and framed. 26–8 ll. to the page. Collation 1^6, $2–3^8$. Rubricated titles, initials, paraphs, quotations, and surrounds to marginal commentary. 16th-c. payments, etc. (e.g. pp. 28–9, 35, 40–1).

HAND: One hand, the same as Gloucester Cathedral Library MS 42 (*GR*), *olim* MS 22, third binding.

LANGUAGE: Nottinghamshire (*LALME*: i. 89).

DATE: s. xv^4 (Sandred 1971: 21).

HISTORY: See Gl (Appendix II.iii).

II.v. THE MANUSCRIPT COPY OF A PRINTED EDITION

Cambridge, St John's College MS G.19 (olim 187)

BIBLIOGRAPHY: DESCRIPTIONS: James 1913: 224/187;[218] O'Mara & Paul 2007: i. 98–9; DISCUSSION: Wakelin 1967: 112.

[216] See nn. 194 and 196 above.

[217] The sermons in brackets are not *F* sermons. Sermons 1–4 correspond to R1/R2 sermons 1–4 (only sermons 3/4 are rev. from a *F* sermon, sermon 1); sermon 5 is from the dominical sermons of Nicholas Philip, Franciscan friar at St Mary Magdalen, Oxford (1397–1434) (Fletcher 1998: 58, 66, 80–4); sermon 6 is an amalgam of R1/R2 sermons 16 and 15 (sermon 15 rev. from *F* sermon 15); sermon 7 is the unused portion of R1/R2 sermon 15. Sermons 5–7 are summarized in O'Mara & Paul 2007: i. 311–15.

[218] Bühler (1960: 34) uses James's transcription of the first colophon as 'strong testimony for the scribe's lack of training . . .', but the colophon is accurate and the transcription erroneous.

CONTENTS

I *Festial*, ff. 1^{r}–129^{v}, preceded by title page and date 1499 in a 17th-c. hand f. i^{v}

II *Hamus Caritatis*, ff. 129^{v}–131^{r}

III Latin *tabula* to *Festial*, ff. 131^{v}–122^{v}

IV *Quattuor Sermones*, ff. 132^{v}–160^{r}

V The Great Sentence in English and Latin, ff. 160^{r}–162^{v}

VI *The Bedes on the Sonday*, ff. 162^{v}–164^{r}

PHYSICAL APPEARANCE: i + 166 + i. Paper, except for parchment flyleaves. Approx. 290 × 190 mm, written space 215 × 140 mm. Framed. 35–9 ll. to the page. Collation 1^{10}, 2–7^{12}, 8^{10}, 9–10^{12},11^{12}, 12^{10}, 13^{12}, 14^{16}. Pencil foliation 1–10 and then first f. each quire. Running heads throughout. Approx. 20 × 165 mm cut away right top f. 165^{r}. No rubrication. Colophons ff. 131^{r} and 164^{r} show that the manuscript is a copy of Morin's 1499 Rouen edition of *F* (Items I and II) and *QS* (Items IV–VI) (*STC* 17966).[219] Frequent, often hostile, marginalia in a 17th- c. hand, especially in Items II and IV, e.g. ff. 130^{r}, 164^{v}. Bookplate inside front cover records the 1635 gift of Thomas Wriothesley, fourth Earl of Southampton *ex libris* William Crashaw of St John's College; *ser olifer sinclar of ro-* f. 104^{v}, *Oliuer Sinclar off Rosling knigt* f. 164^{r}; pen practices and notes ff. 164^{r}, 165^{r}, 166^{r-v}, first endleaf recto (with Latin note (*dominus Whytum . . .*) and accounts dated 1578).

HAND: One hand, 'a typical Scottish hand of the end of the fifteenth century' (Parkes, quoted in Boffey & Edwards 1997: 10 n. 22), that of the first scribe of Oxford, Bodleian Library MS Arch. Selden B.24, a Middle Scots Chaucerian anthology (Boffey & Edwards 1997: 9–10; Lyall 1989: 250–3). The scribe also copied at least two other works for the Sinclair family.

LANGUAGE: Partly Scotticized, e.g. *quhan I was hungry*, f. 2^{r}.

DATE: After 1499.

HISTORY: Sir Oliver Sinclair (ff. 104^{v}, 164^{r}) was the younger son by his second marriage of Sir William Sinclair, third earl of Orkney and first earl of Caithness (1404?–80), founder from *c.*1446 of the collegiate church of Roslin, south of Edinburgh, and chancellor of Scotland 1454–6.[220] Thereafter the manuscript came into the possession of William Crashaw (1572–1626), the Puritan clergyman and father of the poet Richard Crashaw, whose library was largely bought by Henry Wriothesley (1573–1624), third Earl of Southampton, patron of Shakespeare. After his death, his son Thomas sent Crashaw's printed books and later, in 1635, his manuscripts to St John's (as Crashaw himself had promised as early as 1615).

[219] For details of the printed editions, see vol. 1, Introduction, §3.4.

[220] Sir Oliver's second son was also Oliver (*fl.* 1537–60) and was noted as an anti-reformer (*ODNB*).

II.vi. MANUSCRIPTS AFTER THE REFORMATION

Cardiff Public Library MS Havod 22
York, Borthwick Institute High Commission Cause Papers 1590/5
Stonyhurst College Library A.II.8
The 'Shrewsbury Manuscript'

Cardiff Public Library MS Havod 22 (Reference Library class no. 2.632)

BIBLIOGRAPHY: DESCRIPTION: Evans 1902: 329–31; DISCUSSIONS: Lewis 1921; Wakelin 1960: ii. 621–4;[221] Wakelin 1967: 112–13; EDITION: Lewis 1925;[222] PLATES: Lewis 1921: between pp. 192 and 193; Lewis 1925: between pp. 32 and 33.

CONTENTS[223]

I Theological fragment, pp. 1–4

II *Y llyfr honn adysc i ddyn pa ddelo i dyly ef gredy a charv duw . . .*,[224] commentary on the Ten Commandments, pp. 7–79

III *Llyma lle mae darn or ffestival*,[225] 15 *F* sermons, pp. 80–195 (ends incomplete):

1. Advent (cf. *F* 1), pp. 80–8
2. Septuagesima (cf. *F* 15), pp. 88–100
3. Sexagesima (cf. *F* 16), pp. 100–9
4. Quinquagesima (cf. *F* 17), pp. 109–20
5. Lent 1 (cf. *F* 19), pp. 120–8
6. Lent 2 (cf. *F* 20), pp. 128–35
7. Lent 3 (cf. *F* 21), pp. 135–45
8. Lent 4 (cf. *F* 22), pp. 145–55
9. Passion Sunday (cf. *F* 24), pp. 155–62
10. Palm Sunday (cf. *F* 25), pp. 162–6
11. Tenebre (cf. *F* 26), pp. 166–72
12. Good Friday (cf. *F* 27), pp. 173–82
13. Easter Day (cf. *F* 29), pp. 183–7[x]

[221] Wakelin's Appendix provides some details of affiliation and a translation of the Pentecost sermon (cf. *F* 39).

[222] The article is in Welsh; the title (see Bibliography in vol. 1) translates as 'Extract from the *Festival* (*Liber Festialis*) from MS Havod 22, pp. 80–195, with Introduction and Notes'.

[223] The main contents are in Welsh, but with many Welsh and English annotations and additions.

[224] 'This book teaches a man in what way he should believe and love God.'

[225] 'This is where there is an extract from the *Festival*.' The rubric, as well as the inclusion in the Quinquagesima sermon of a *narratio* about a man and his five sons, confirms that the source was a printed edition such as Caxton's second edition of 1491 (*STC* 17959), or later.

14. Eve of Pentecost (cf. *F* 38), pp. 187ˣ–91
15. Pentecost (cf. *F* 39),[226] pp. 191–5

IV *Llyma r drydydd ran or llyfr hwn nyd amgen am berlewigfae amarw hynay a ddelont o ddwyfawl gariad . . .,*[227] pp. 195–215; *agoriad kyfrwyddyd,*[228] pp. 215–29; the first part of the *Cyseger Lan Vuchedd,*[229] pp. 229–33; the second part of the *Cyseger Lan Vuchedd*, pp. 233–51

V *Llyma r pader yn jaith ni ynhyn . . .,*[230] the Paternoster, pp. 251–2

VI *Llyma dde all y gredo ynghymraec . . .,*[231] the Creed, pp. 252–5

VII *Llyma ddechre ystoria y wir groc,*[232] history of the True Cross, pp. 255–332[233]

VIII *Llyma ystoria ysbysianys a theitys y fab . . .,*[234] history of Vespasian and Titus, pp. 340–4

IX *Pan ddaroedd yr arglwydd ddioddef kaledi naw mlymedd ar hygain mewn toldi mawr . . .,*[235] life of Christ from the Gospels, pp. 345–90

X *Llyma yfengil . . .,*[236] translation of extracts from the Gospels, pp. 391–413

XI *Llymar kyminiwn ynghymraec . . .,*[237] the Communion, pp. 413–21

XII *Llyma lyfyr tyagat ddysg yr eglwys,*[238] pp. 422–46

XIII *Tri modd y sydd y ddilay meddyliay drwe ofer mewn dyn,*[239] pp. 446–55

XIV *Mewn saith modd y deyellir a fo dyn mewn bychedd dda ay na bo dyw gydac ef . . .,*[240] pp. 455–7

XV *Llyma y pymp pen penaf o holl saint y ddayar . . .,*[241] p. 457

XVI *Llymar pymp kroes penaf . . .,*[242] p. 457

XVII *Saint Awsdin a ddywaid am y gardod mae peth mawr . . .,*[243] pp. 458–9

226 The sermon breaks off mid-line mid-page at the equivalent of 39/75, with a final sentence summarizing ll. 75–89: *Kans o cheri di dduw, ti a ddywedy eirav tanllyd wrth dy gid gristion*, 'since you love God, you will speak burning words to your fellow-Christians'.

227 'Here is the third part of this book, namely on the ecstasies and death of those who experience divine love.'

228 'A simplified exposition.'

229 'A holy way of life.'

230 'Here is the *Pater* in our own language.'

231 'Here is the exposition of the Creed in Welsh.'

232 'Here is the beginning of the story of the True Cross.'

233 Evans (1902) lists Taliesin's Counsels at pp. 333–8, but they have been removed from the manuscript.

234 'Here is the history of Vespasianus and Titus his son.'

235 'When the Lord prepared to suffer hardship for twenty-nine years in great poverty.'

236 'Here is the Gospel.' Described (in Welsh) in Lewis (1921). The title of his article (see Bibliography) means 'extracts from the Gospels'.

237 'Here is the Communion in Welsh.'

238 'Here is a book concerning the teaching of the Church.'

239 'Three ways of disposing of wicked idle thoughts in man.'

240 'Seven ways of recognizing that a man is in a good way of life or that God is not with him.'

241 'Here are the five chief heads of all the saints on earth.'

242 'Here are the five best crosses.'

243 'St Augustine said of almsgiving that it is a great matter.'

XVIII *Rac bydderi . . .*,[244] pp. 460–1

XIX *Llyma ystori yn dangos y modd y troes dyw bawl ebostol . . .*,[245] pp. 464–75

XX *Llyma y dysgibl ar athro . . .*,[246] pp. 477–683

XXI *Gil[d]as pen proffwyd y brytaniaid a ddywaid yn hen ystoria y bryta[niaid] pan yw pedwar peth a wnaeth yr b[rytaniaid] golli y hanrydedd ar ynys fawr . . .*,[247] pp. 683–6

XXII *Llyma beth o basiwn yn harglwydd in Jesy Grist . . .*,[248] pp. 686–728

PHYSICAL APPEARANCE: iii (modern card) + i (old paper, with small blue label (*22* and *L.10.*), mounted on modern paper) + ii (the MS description from Evans 1902 mounted on modern paper) + 362 (paginated 1–728, but pp. 187/(8) followed by pp. 187^{x}/(188^{x}) and pp. 333–8 removed) + iii (modern card). Paper. Approx. 195 × 145 mm, written space 160 × 120 mm. Item IV (*F*) framed. 26–8 ll. to the page. Collation indeterminable as pages remounted (no signatures or catchwords). Pp. 1–2, 45–50, 517–18 fragmentary, as is much of Item XXII. No rubrication or decoration. Blank spaces covered in verse, prose, and pen practices in Welsh and English from late 16th to 18th cc., e.g. *Remember still and bear in mind/a trusty frind in heart is heard* [*is h* canc.] *in find 1655 by me/Jo Tho*[margin cropped] p. 19; *In the name of the father and of Son: and the holy Ghost* and *o lord within thy tabernacle who shall inhabit still or whom wilt thou receve* p. 103; *John Thomas with his Song 1656* p. 339; *Mr Gamage Mr Tho/Mr Sabell*? p. 475. Shelfmarks (*135* and *156* twice) and seal of Sebright collection p. 1; *no 15* p. 5. Paper with Welsh notes in top margin sewn into the manuscript (cut-off tabs?), e.g. pp. 139, 140, 421/2, 445/6.

HANDS: Two hands, Hand A:[249] Items I–III, IV (pp. 242–51), IX–X; Hand B: Items IV–VIII (excluding IV, pp. 242–51), XI–XXII.

LANGUAGE: North-east Wales.

DATE: s. xvi^{3}.

HISTORY: Owned in 1655–6 by John Thomas (e.g. pp. 19, 339), thereafter probably by Edward Llhwyd (?1659/60–1709), naturalist and philologist, and after him by Sir Thomas Sebright (p. 1). Apparently sold to Thomas

[244] 'Against hellfire.'

[245] 'Here is a story showing how God converted the Apostle Paul.'

[246] 'Here is the pupil and the teacher', i.e. the *Elucidarium* of Honorius of Autun (for a manuscript containing an English and a Welsh version, see O'Rourke 2003).

[247] 'Gildas, the chief prophet of the Britons, said in the ancient history of the Britons, when there were four things that made the Britons lose their supremacy over the great island.'

[248] 'Here is something of the Passion of Our Lord Jesus Christ' (Klausner 2005: clx n. 8; Jones 1939).

[249] For a reproduction of p. 112 from Item III (*F*), see Lewis 1925 between pp. 32 and 33; for a reproduction of p. 397 from Item X, see Lewis 1921 between pp. 192 and 193.

Johnes of Hafod (1748–1816), the great bibliophile and estate-builder, some time before the sale by Sir John Sebright of his grandfather's books at Beechwood, Hertfordshire April 1807 (but if so, the manuscript was not lost in the disastrous Hafod fire of 13 March 1807). Apparently given by Johnes before his death to Lucy Williams, daughter of the Revd John Williams of Ystrad Meurig, from whom it passed to her son, William Lawrence Banks, whose heirs deposited the manuscript in Cardiff Public Library (Evans 1902: iii–xi/301).

York, Borthwick Institute High Commission Cause Papers 1590/5

BIBLIOGRAPHY: DESCRIPTION: O'Mara & Paul 2007: iv. 2631; DISCUSSION: O'Mara 1987b; Powell 1994: 14–16.

The Cause Papers of the High Commission record the cases brought before the Council of the North, at its zenith of administrative and judicial power under Elizabeth I, particularly during the Lord Presidency of her cousin, Henry Hastings, third Earl of Huntingdon (1572–95). H.C.C.P 1590/5 deal with the last five years of Huntingdon's service and include papers relating to the case brought against John Minet in 1589/90 by the parishioners of East Drayton, Nottinghamshire. The last of seven charges accuses him of *takinge vpon him to preach in the church and for preachinge of false and erronius doctrine*. A transcript of the sermon preached by Minet is included in the papers and is a version of *F* 44, Mirk's sermon for the feast-day of St John Baptist, from a printed edition such as Caxton's second edition of 1491 (*STC* 17959), or later. For a full discussion, see O'Mara 1987b.

Stonyhurst College Library MS A.II.8

BIBLIOGRAPHY: DESCRIPTION: O'Mara & Paul 2007: iv. 2482–3; DISCUSSION: Girsch 1995; EDITION: de Smedt 1887.

MS A.II.8 in the Library at Stonyhurst College, near Blackburn, Lancashire, consists of papers relating to miracles of St Winifred, presumably bound into the volume (with a handwritten copy of the material in identically bound MS A.II.7) after they had been inspected and published by Charles de Smedt (1887). The Latin introduction to his edition records (305–6) that, having edited the two *Vitae* of St Winifred (*AS* 1863–1925: November i. 691–731), he was made aware of the existence at the Jesuit college of a collection of miracles performed 1556–1668 at Holywell (the scene of the saint's decapitation), recorded in a 17th-c. hand and collected by Father Philip Layton (*alias* Metcalf). Loose (then as now) at the front of the manuscript were papers (now numbered 1–5), of which no. 5 is a transcript in an Elizabethan hand of *F* 43, the sermon for the feast-day of St Winifred. As the earliest record, this was transcribed first by de Smedt (1887: 306–10).

The Elizabethan transcription is headed *The lyfe of St Wenefreide Anno domini 1401*, although the reason for the date is unknown. In his rubric de Smedt associated the sermon with Shrewsbury: *An. 1401.—Sermo habitus Salopiae in die festo St. Wenefredae*, but only because the miracles in the sermon were performed after the saint's translation there (de Smedt 1887: 306). It is not possible to link it to the so-called 'Shrewsbury manuscript' (see next item). The orthography and some lexis have been brought up to date, but textually it is a very good early witness of the sermon (see Explanatory Notes to Sermon 43 *passim*).

The 'Shrewsbury Manuscript'

BIBLIOGRAPHY: DISCUSSIONS: Horstmann 1881: cxii; Wakelin 1967: 112; Girsch 1995.

This manuscript (whether or not it exists or existed) deserves a mention because of its inclusion in Wakelin 1967. Horstmann had inferred the existence of a 'Ms. Shrewsbury' (1881: cxii) from a footnote on p. 181 of Thomas Wright's *History of Ludlow* (1826) and had reproduced the few lines transcribed from that manuscript by Wright (the equivalent of *F* 43/130–6, from the sermon for St Winifred). Wakelin's conclusion, that the lost manuscript was a source of the *F* sermon rather than a copy of *F* itself (1967: 112), has been challenged by Girsch (1995).

A comparison of cruxes (with α as base-text) demonstrates that the transcribed lines (Sh) are closer to A than any other extant text (ABCDIK), including the Stonyhurst transcription (St): 43/131 þat somme callyn an vryne] *om.* ABCKSh; 132 wowe] ADSh; 134 and forsete here breth] ABCISh, and forlet hure breþe K; 135 testament] ABCDIKSh, will St. However, as Girsch demonstrates, it is unlikely that the 'Shrewsbury manuscript' was A itself, nor was it the basis of the Stonyhurst transcript, however attractive it might be to unite a lost 'Shrewsbury manuscript' and a *sermo habitus Salopiae* (see description of the Stonyhurst MS above).

APPENDIX III. FULL COLLATIONS

i. Prayer (Hand A)
ii. Prologue (Hand A)
iii. Sermon 2 (St Andrew) (Hand B)
iv. Sermon 14 (Purification of the Virgin) (Hand C)
v. Sermon 24 (Passion Sunday) (Hand D*)
vi. Sermon 34 (second sermon for Lent 1) (Hand D*)
vii. Sermon 39 (Pentecost) (Hand D)
viii. Sermon 56 (St Alkmund) (Hand D)

Abbreviations

add. added	*foll.* followed
alt. altered	*oblit.* obliterated
canc. cancelled	*om.* omitted
er. erased	*rep.* repeated
eras. erasure	*trs.* transposed

i. Prayer (Hand A)

αABCDFHIf

2–6 God . . . Amen] *in red textura* α, the helpe and the grace of almyȝty god þrowȝ þe besechyng (besechyng] blissing f) of his blessud moder seynte (seynte] *om.* Hf) mary be wyth vs at owre begynning help vs and spede vs here (here] euer f, *om.* H) in oure lyvynge and brynge vs to the (the] his B) blysse þat neuer schall haue endyng amen ABCHf 2 God] G- *in blue, dec., 3 ll. deep* α 5 a] *om.* I 6 Amen] for charite *add.* I

ii. Prologue (Hand A)

αABCFHIKf

2–17 By . . . *prefacio*] *in red textura* α 2 By] B- *in blue, dec.* α, *prec. by* incipit prefatio libri qui dicitur (dicitur] uocatur C) festiallis *in red* AC, incipit prologus libri ffestiallis K, prologus *(in top margin in red)* F, gode men and wommen H owne] *om.* F febul] *om.* H lettrure] lecture K, vndirstondyng ABCFHf fele] wel *add.* ABCHf, know K by] with A bene] stonden F 3 that] and ABC hauen] take *add.* Hf of] mannys *add.* K soulus] sowle K holdyn] bonden BIK to] preche and *add.* K 4 the] *om.* H that cometh] *om.* BIK in] of B

5 schewyng] to shewen FI, to *add.* HKf the] that f, *om.* FHI soffreden and dedun] dyd soffor I 5–7 and . . . and] *hole in MS and text rewritten* F 5 dedun] soo *add.* H 6 loue] sake ABIK the] *om.* FH more] gretter AC 6–8 in . . . But] and in helpe of seyntes f 7 Goddus] gode ACFI seyntys] seruice and in herre H wyth] *om.* A com] *blank space* B the] *om.* ACFK to[2]] and H 8 and] to *add.* I pray to holy] his B to] his AC, the FI, þe *add.* H, *om.* K holy] good K seyntys] prayng hem *add.* B of] for H here] *om.* BH But] and K for] þer ben *add.* C mony] þat *add.* C 9 ham] hemselfe f by] for FK and] also by *add.* ABCHKf letture] lecture and connyng K, connyng ABCFHf therfore] ˋforeˊ *in red* α 10 in] with F, þe *add.* H suche mene] *om.* F mene] men HIf 10–11 as . . . of] and F 10 as . . . drawe] *om.* ABCK as . . . I[2]] *om.* HIf 10–11 this treti sewyng] *om.* HIf 10 treti] ys drawe ABCK 11 sewyng owt of] out suyng the K sewyng] *om.* ABC owt] *om.* AC more addyng to] þys tretyse folowynge *add.* Hf, odyr addycions therto K so he] so þat he ACFIK, whoso Hf that] *om.* FHI hathe] hast A, haue F, schal I 12 therein] herin I he] *om.* K fynde] þere *add.* AC the] *om.* A of[2]] in HIK 13 ȝere] of (of] *om.* f) yche on (on] *om.* BH) *add.* ABCHf for[1]] to FI hym] hem K techyn] techym α and] for *add.* ABC for[2]] *om.* ABCFHKf 14 this] that F alle of] of all I, of alle þe (þe] *om.* Ff) hye (hye] *om.* F) ABCFKf, of þe hede H festis] of (of] in BK) the ȝere *add.* ABCK, therefor *add.* Hf and pray] you *add.* F, *om.* I 14–15 it . . . a] *oblit.* C 15 a] *om.* AFHKf the wyche begynnyth] and so in the worschip of god and oure lady and all þe holy seyntys we thenke to begynne on K the wyche] (ther *canc.*) which he H begynnyth] at *add.* ABCHf forme Sonday] *oblit.* B forme] first FHIKf the] *om.* ABCKf, *canc.* F Aduent] of oure lord ihesu crist *add.* K 16–17 in . . . *prefacio*] *om.* K 16 in] the *add.* AHIf and] *om.* α of[2]] *om.* f the] *om.* α ben] in hevyn *add.* I therein] herein I 17 *Explicit prefacio*] *om.* AFHIf

iii. Sermon 2 (St Andrew) (Hand B)

αABCDEFGHIJKabcdefgh 1–8 *De* . . . holy] *om.* J 1 *De* . . . *apostolo*] de festo sancti andree apostolo E, de festo sancte andree F, de festo sancti andree sermon breuis I, de festo sancti andree et eius solempnitate sermo breuis D, sanctus andreas B, festum sancti andree apostoli H, in die sancti andree cd, a sermon to be saide on seynt andrewe daie f, *no rubric* Gabegh 2 Gode] G- *in blue, dec., 2 ll. deep* α Gode men] and woomen *add.* ABCDEFHIK, *om.* Gh men] mon? g day] N *add.* BC, in holy kyrke *add.* b 2–3 and . . . evon] *om.* E 2 and] ye schalle *add.*

ABCFGHJcf, to *add.* abc fast] in *add.* g 3 evon] all þat byn of lawfull age K þe . . . schul] and h þe qwhech day] and on þe morne IK ȝe schul] *om.* I to[1]] `to´ α God and Holy] þe D, *om.* K and] to *add.* BCEFGHch Holy] *om.* EF 3–4 to[2] . . . do] in þe h to[2] . . . God] *om.* Kabcdeg see . . . do] *om.* f see . . . and] *om.* EFI 3 see] serue D 4 þi] *om.* ABCDG and] to *add.* bc, to serue hym *add.* ACG, serve hym *add.* B, serve god K do worschep to] for to worschip DFI, to worshype CEHg, worschip ABG, *om.* K to] of h, *om.* f þis] his BGHK, þe D, þe þis g seynt] apostull ABCDEFGHI, apostyll seynt andrew K specyaly] *om.* ABCDEFGHIK þre] `þre´ F, specialle *add.* ABCDGHIK, spirituall *add.* EF, thinges and speciall *add.* abeg, *om.* BG, 3 virtutes *in margin* K 5 he[1]] ben a Won] was *add.* Ef, is *add.* Ih, ffyrst K, þat ys to say C, *om.* ABCGH, 1[a] virtus et 2[a] *in margin* K he[2] . . . lyuyng] hys (hye BI) holy lyffynge ABCEFGHIK, his hygh holynes of lyvyng D he hadde] *om.* abcdefgh holynes] hauynge *add.* abeg, that he had *add.* fh and . . . lyuyng] *om.* cdh and was] anothir for abe, anoþer for he was g, the secunde bicause of his f in] his *add.* abeg, *om.* f 5–6 þe . . . doyng] *om.* abefg þe secunde] is *add.* h, (and GI) anoþer BDEFGHI, *om.* AC 6 doyng] and *add.* GK, schewyng (in his living c) ch, schewyd in is lyfeing d þe þrydde] and AC, 3[a] *in margin* K gret[2]] herd I, *om.* H passyon] compassion EHg 7 suffryng] ffyrst *add.* K, ffor *add.* abeg 8 He] 1[a] virtus sancto viuendo *in margin* K of[1]] in cd For] *om.* g of[2]] þat ABCDEFGIK, *om.* f Seynt] senyt α 9 Baptyst] that he *add.* h, þe baptyste J, bastyst α preched] prechinge abcdefg, *om.* HJ deserte] anoon *add.* abcdefgh, deserto α alle . . . ocupacyon] þe worlde h hys] þis B worly] worldes D ocupacyoun] occupacions a, anone *add.* g 10 ȝede] went GK, turned EF to] with K hym and] *om.* J was] become HJ þen] and so K fel] befell DHJ, happid f þat] as Kabeg, *om.* D 11 walkyng[1]] þat way *add.* ACJ, by the waye *add.* abeg, by þat contrey *add.* K, by seynt Ion *add.* h And when Seynt] *om.* abeg when Seynt] *om.* If Seynt] *om.* h Ion] baptist *add.* cdf seth . . . he] *om.* abefg walkyng[2]] comyng K, *om.* GJh sayde] þis *add.* BDJ, thus *add.* EFGHIK 12 dyscypeles] disciple ae, ecce agnus dei *add.* EFJh, ecce agnus dei qui tollis peccata mundi *add.* I, ecce agnus dei qui tollit peccata mundi Iohannis 1 *add.* K Lo] beholde fh, *om.* abcdeg ȝont ys] *om.* h ys] goth ABCG Goddes lombe] þe lombe of god ABCGHIJK away] all *add.* a þe] *om.* cd 13 sunne] sinnes f of] all *add.* H And] *om.* DEFG when] *om.* αABCEFGI herde] sey J, *om.* a þat] and *add.* ABCEFG anon] *om.* Iabcdefgh he] *om.* EF 14 Seynt] *om.* D and] *om.* J sewed] to *add.* H, foolowyd Kbdg And] so *add.* f 15 he lykud hyt] he lykud αE, he lyked hym? g, hym lyket BDI, hym lykyd hit H, hit lykyd hym Jabcdefh wel] þe wordes *add.* EF, *om.* I fette] made feche K, sent aftir abeg, sent for f, left c Seynt] *om.*

Gh to Cryst] þat tyme *add.* K, *om.* abcdefh 16 here] of *add.* J his prechyng] cristes prechyng cd, crist preche h, prechyng K, hym preche ACG And] *om.* K þen] `þen´ α, *om.* HJ kaston] dud kest EF such] *om.* a Crist] than *add.* h, hym b 17 sone aftur] *om.* h aftur] þeraftur ABC as] *om.* DEF 18 by ham] *om.* Hh by] to Kabcdefg and kalled ham] and seyd venyte post me faciam et cetera and *add.* h, *om.* abeg ham[2]] two *add.* H, vidit d*om*inus petrum et andream et vocauit eos at illi relictis rethibus secuti sunt eum Mathei 3° add. K þan] and ACJ, *om.* H bothe] *om.* f anon] *om.* HJ hure] fisch *add.* cdh 19 schyp] schippes HJg hure] *om.* cdh and[3]] so *add.* J sewed] folowed ABCGHJKbf forth] after *add.* d, *om.* Jf 20 euer] aftur *add.* ACKf, alwey after BHJ, ay DI, fro that tyme EF, all hure lyfe after G tyl] vnto the tyme f he] þay e stegh] vp *add.* EFbc, stevynd vpp d, assendid f 21–64 And . . . lyuyng] and than seynt andrew prechyd þe peple þe feythe of cryst and so þorow his holy lyffyng and grete penaunce doyng and also þorow his prechyng and techyng the lawe of crist he sauyd many a sowle from the fowle powur of the fende ffor he was holy in his owen lyffyng by good ensample ȝeuyng to the peple h 21 when . . . heuen] aftur þat þis holy apostulle AC, after þis holy apostle B, aftyr his holy apostell G, after this holy man J, after þis holy H, aftyr þat seynt K he] crist f goo] vp *add.* EF, steyd vp c, ascendid f 21–2 þe worde of God] goddes worde ABCDEFGH, godus wordus I, god wordys J, cristes word K, *om.* abcdefg 22 to] *om.* abcdeg pepul] and *add.* b amonk] and *add.* J, narracio *in margin* H þe whech] þer *add.* K, hem HJ, all oþer b on] was *add.* A, þat was *add.* CHKf, þat þay *add.* b, man I Nycol] Nicholas f hadde] *om.* D 23 syxty] score *add.* F, iij[xx] Eb, iij score Kaeg, lxx H, 70 cd, seuentene f, xl J, l? G wyntur] ȝere ABCEFGabcefg and more] and x abe, and tenne g, *om.* EGHIJcdf But . . . God] and so f by] through abcde 24 mende hys lyf] amende hym ABCGJf, haue mende hym H, amend hym of hys lyfyng b wryte] to write f, hym *add.* K gospel] on a booke *add.* ABCDEFI, yn a boke *add.* HJK hadde] bare f hyt] euer *add.* BEFGHK, euermore *add.* J, þat DEFI wyth] `wyth´ α 25 hym] yn *add.* D hopyng] heering abcdeg, *om.* I þat] by *add.* HJ Goddes worde] godys wordes Jabdeg, he *add.* HJ, god EFI schulde] schull D, *om.* J 25–6 put . . . he] *om.* HJ 25 away] his *add.* ABCDGK, alle suche *add.* f 26 temptacyon] temptacions abefg so] *om.* BG by] `bi´ c þe] *om.* Ab word] wordys Iabcdefg abstened] absteyne H, kep d 27 of[1]] fro ACGHJabdfg, from EFKce hys] þe b, *om.* EFGJacef a whyle] *om.* Jabcdefg by] the *add.* Kabcde entysyng] enchesyn H of[2]] the of *add.* J, *om.* α 27–8 on . . . he[1]] he felle ayene to the synne and f 28 forȝet] forte gete J and ȝede] goyng ayene f ȝede] went HJKabcdeg woned] to do *add.* ABCDGabcdeg, to do byfore *add.* HJ, to do afore tyme *add.* f 29 þydur] þere B þe wemen] þe wooman ACDGIbcf, he B, g *illegible* and sayde] thou *add.* EFH, saying abcefg, *om.* K 30 Onsely] vnsley D, o sely BGJf, sely HIK ham] aȝeyn *add.* GK, and seid *add.* f, heþen D for] *om.* Jf Y] we HJabcdeg mony] grete f, *om.* Jae merueles] many oon *add.* ae 31 þen] there aeg byþoght hym] thoȝt DK þe gospel of God] goddes gospel ABCDEFGHIJ, the gospell K gospel] on hym *add. and canc.* b 32 alle] *om.* D þe] þis DJ cas] cause EFHK, mater f 33 hym[1]] *om.* K God] hertelie *add.* f for hym] *om.* J were not lore] myȝt be saued A lore] forlorne DGK, lost I, dampned f 34 þan] *om.* G wolde] nold EFG neyþur] neuer DGIKf, not HJg tyl] vnto the time f 35 savot] saue Gabcde dampnet] no BDEFGIKafg, noo and AC, none e, not HJbd, nay c 35–6 þanne . . . hym] and so fasted and praied herteli for him fyue daies aftir f 35 he[2]] seant androw A, androw C 36 prayng bysyle] and besily prayd J prayng] hys prayers *add.* H bysyle] faste g hym] and besely *add.* g 36–7 þenne . . . hym] *om.* E 36 þenne] and AC 37 hym] andro I, seynt andrew K Andraw] *om.* DI ryght] *om.* ABCDEFGHIJK has . . . prayed] hast don G has fasted] fastest ABCDEFIK, faste g and prayed] and praiest ABCDEFK, *om.* I 38 Nycol[1]] Nicholas f þen] *om.* B saff] sauet DEFHJKcf Nycol[2]] þis nychol BDGHIK, Nicholas f 39 to hym] *om.* GH bad] made abefg, said cd hym[2]] to *add.* f, *om.* cd dayes] to *add.* e 39–40 bred . . . don] whereas g 39 and[3]] also to *add.* f 40 bysyly] herteli f God] and god wil haue merci on þe *add.* cd, of foryeuenesse *add.* f 40–1 And . . . dyed] *om.* f 40 whan] as sone as G þe] þes HJK, *om.* d were] so *add.* ae don] comen D, endide G, gon b 41 sone] *om.* Ga aftur] *om.* G þis . . . þan] *om.* I þis] *om.* GJabcdeg þan] *om.* Dc come] þer *add.* Dc to] sent *add.* AKf and] þat K sayde] to hym *add.* Hf, thus *add.* K 42 By . . . ylost] by his prayer Nicholl was saued and hadde (hadde] has F) wonnen heuen Narracio EF þy] þe besy K prayere] prayers H, of the *add.* K Y haue wonne] þow hast wonne cd, þou hast gate G Nycol] Nicholas f 43 Also] A- *in blue, dec., 2 ll. deep,* narracio *in margin with red paraph* α, *preceded by* narracio EF, narracio *in margin* BDHd, miraculum *in margin* K, anoþer tyme AC, I rede of EF a . . . cam] þer coom a ȝong mon C a] anoþer Jf mon] þat *add.* EF hym] in maner of counceile *add.* f 44 Syre] seid he *add.* EFKf my] *rep.* a soght] on *add.* H, apon *add.* cf, of *add.* J, bysouȝte BDGIK, dissired ACEd longe] tyme *add.* abdefg, ȝore CGIK, sore HJ, often tymes E, oft F, *om.* BD to] gere me *add.* b lygge] have lyen EF by] with d And] but BDGHIJ for] bicause f, *om.* cd Y] *om.* d 45 wolde] woll ACb, nold EFg do hure wylle] and *add.* cd, *om.* ABCDEFGHIJK do] after *add.* g, fulfille f iustyse] bysshopp abcdefg Wherefore] ryȝt *add.* K 46 schal] mon I be ded] die f and ȝet] *om.* H ȝet] *om.* I haue] had EFGJKabcefg, were d take þe deth] to take the deth abeg, to take my deþ c, be ded EFf, to be ded d þe] *om.* AC þan] for to *add.* f 46–7 so . . . modur] trespas so fowle to (to] aȝenst HJ, allmyȝty *add.* K) god ACGHJK, do so foule trespas afore god B, (for to c) do þat (þat] so d) foule schame to my modur cd 46 so] *om.* b 47 foule] to shame and abe, þe schame and g sclandere] of *add.* g Wherefore] and þerfore ACK, well I wote I shall be dede *rep.* G syre] y pray yow *add.* c, I beseche youe *add.* f, *om.* J þe loue of God] goddes loue ABCDEFGHIJK, þe luf c, I pray you that yee *add.* abdeg, þat ye wol *add.* f 48 may] myȝt H my] þe I sayde] mekely *add.* g Seynt] *om.* CJ 49 Sone] *om.* abcdefg to . . . and] *om.* EF wol] schall cdf 49–50 þenne . . . And] *om.* g 49 þenne] there d, and f 50 anon] þer *add.* AC, so f, *om.* abcde and fatten] to fet B hym] forþe *add.* K þe] *om.* D whan] *om.* DIJ 51 accused] com to accuse f stufly] falsly ABCGHJ, vntruly K, fast F, stratly þen I, *om.* Eabcdefg and] he *add.* I nothyng] nowȝte ABCDEFI 52 answered] seyde ABCEFHJK, spake DGI Seynt] *om.* J and sayde] and spak EF, *om.* ABCGHIJK þe] yong mannys *add.* K, this manys f, `hys´ D modur] o *add.* f 53 for] þe *add.* J, þi *add.* c, the foule *add.* f þy] awne *add.* I, foull *add.* bg, the foule ae, bodie and of thie *add.* f, *om.* c lechery] leþer?/leyer? hert d, þou *add.* f art] is d do] `put´ J þi] awne *add.* I to] the *add.* FKabcef 54 wol] schall HJ 55 sethon] that tyme that *add.* f myght not do] wolde haue done ACDEFGHIK, haþe done BJ dede] synne ACEIJK þat . . . don] and myȝte not spede ABCDEFGHIK, and myȝt not J 56 to[1]] hym *add.* H mon for] mannes acefg, *om.* d for] to gete *add.* J, to haue EF sokur] of hym *add.* J, and mayntenaunce *add.* f þe iustyse] this iustice f, þay I 56–7 to[2] . . . sone] þe son for to be put I, this womans son to be put f to putte] *om.* a 57 þe] this EF, her H sone] childe EF in . . . and[1]] to the deth to ace, to deth to bd, to deþe and to g, to þe deeth and bad þat he sholde be f feet] ful of water *add.* E, sacke GIJ, tunne H and[1] . . . watur] *om.* K hym] *om.* f into a watur] þerin E a[2]] þe Ff, *om.* I to drowne] and ther for to be drowned f to] and Gabcdeg drowne] hym *add.* ABCDGd, be drowned EFHIJK, drenche him abce and[2]] bade put *add.* K, commandid f, put sant *add.* d, saynt *add.* abeg, send *add.* c 58 Androw] he badde put *add.* ABC, to be put *add.* GJf into . . . avysot] *ink faded* α tyl he were] vnto the tyme that (he *canc.*) `I´ be E tyl] vnto the tyme f he[1]] þay I on] *om.* EHJaeg what] maner *add.* G he[2]] andrew B, he rep. c schuld] shall EJ 58–9 slee hym] dye ABCFGHIJKabcdefg, haue E 59 Seynt] *om.* AC to[1] . . . hym] bisilie for this yong man that god wolde send him som comforte f bysyly] *om.* K to helpe hym] for help DK, þat he wolde helpe hym H helpe] *om.* A hym] hem C 60 anon] þer AC, þer *add.* BGHJK com] suche *add.* GK, ther *add.* f hydeus] nose of *add.* f, huch H, grete J, *om.* ACGK þondur] so hydowus *add.* AC þat] hit *add.*

AC, and HJ maked . . . þer] all men were afrayed therof K maked] hem *add.* ABCGHabcdefg, hym *add.* J alle] hom *add.* D, folke *add.* EF, so H, so *add.* J þat[2] . . . and] so þat þey AB, þat þey CDEFGHIJ and] insomoche that theie f 61 were] all *add.* D fach] saint *add.* f, take I And] þan and *add.* α þerwyth] therwithall f com] þer *add.* GK, soche *add.* f bolt] flame J, blast abcdefg 62 leeyt] lightnynge abeg, liȝt cd, thonder I, thundir and of lightnyng f and] that it f forbren] brende ACDEFGHJabcdeg, all to byrnt I þe] this yong manys f modur] to colus *add.* BDGHJ, to cold colys *add.* I, womon to collys ACEF, woman to powdur K in] þe *add.* HIaf men] þe pepull H, all the people f 62–3 he . . . pepul] þe mon was saued and þe iustice and alle þe pepull were torned AC 62 þus] bi his praiere *add.* f he] andrew G þis] þe DGHJKc 63 mon] menn J fro deth] *om.* abcdefg fro] þe *add.* D turned þe iustyse] the iustyce was turned H þe pepul] men G þe[2]] his EF 63–4 of Crist] *om.* abcdefg 64 Crist] and followed hem all *add.* E Herby] wherby Gd, wher c, and thus f vndurstonde] see abcdeg, se herbie f a mon] *om.* H lyuyng] lyfe J, et cetera *add.* c 65 narracio *in margin with red paraph* α, narracio *in margin* AC, 2[a] virtus miraculorum ostensione *in margin* K in] his *add.* h worchyng] doyng ADHJ For] *om.* g on] as g 66 vpon þe see-warth] *om.* abeg vpon] by EFKh see-warth] seesonde ACGHJ, seecoost EF, sewreke I, seesyde h, seesyde where K, wharfe cd, waie f cast] vp *add.* h out of] owt on H, vp of Bf, vp on DGcd, vp from abeg watur] of the see *add.* K, and *add.* h 67 to[1]] *om.* b God] hertyly *add.* h for . . . hym] he might turne f reysen] rere H hym] agayn *add.* I, vp *add.* b to[3]] þe *add.* GK lyve] and *add.* Dh 67–8 þan . . . lyue] and so he was anon then K, and anone he rose vp f þan . . . lyve] *om.* I 67 þan] and ACGh þis body] he D þis] his Fcd, þe BCHJ 67–8 to lyve] vppe AC, *om.* abcd 68 And . . . lyue] than h, *om.* HJ to lyue] *om.* ABCabcdefg lyue] anon *add.* G Seynt] *om.* C hym] *om.* g how] and what maner *add.* f, whi EF 69 þen] and ACKah answered and] *om.* IJ þus] *om.* fh We] sir ther f weren] of us *add.* f 70 ȝong] *om.* h yfere] togedur ACHJKcdfg and[1]] for we *add.* K, whan we *add.* h, whiche f 70 mon] is callyd andrew *add.* h was] callid andrew *add.* f, ferre *add.* h, is AC þis] þe B, a cd, a fer abe, ferre g, soche a h and[2]] so we *add.* ACHJ, we *add.* B 71 woldon] we thoȝt for I, were purposid to f han] *om.* D to[1] . . . herde] to here ABCGHJ, and herd f ha herde] here K ha] *foll. by eras.* α of] *om.* DGK But] and Kf, *om.* G we] *om.* A 72 þe] *om.* J a . . . vs] þer camm (suche f) a tempaste Jf come on vs] roos ACh on vs] *om.* BDEFGHKh and] that f ous] *om.* D alle] euerych one f, *om.* g togedre] ynfere DHI, *om.* ABCEFJKfh 73 wold] to *add.* h þat[1]] *om.* ABCFHJKadf alle[1]] euerichone f, *om.* g vp] here *add.* h, *om.* E ha] *om.* Fc 73–5 yfere . . . londe] *om.* g 73 yfere] togedur ABCEFK, here all togeder d, in oo place f alle^{2}] *om.* ACfh 74 yreysed] vppe *add.* K yfere] togedyr DEHIJf, thorow thi holynes h, *om.* B þen] and anon h, resuscitacio mortuorum *in margin* K alle] *om.* a þe bodyes] they J þe] thes EI, deede *add.* K bodyes] that *add.* f, bones H 75 cast] vp *add.* BKabcdeh to londe] vp f, *om.* abcdeh to] the *add.* K londe] nyȝ þere abowte *add.* AC on] at h partees] places abefg, places within the space of halfe a myle h 75–6 for . . . togedre] hem to be gadurrid all into oo place f 76 hom togedre] þe bodyes G hom] alle *add.* cd togedre] all said ae, all same b, *om.* d and] he *add.* EFh adoun] *om.* E prayng] and praed ACDabdefgh, and praid to god c longe] tyme *add.* c for ham] *om.* c tyl] vnto the tyme f 77 alle] and *add.* ACEFh, vnto the liffe and *add.* f, *om.* EH Seynt Androw] he ACh preched] to *add.* H ham] all þe laghe of god *add.* d þe] law of god and þe *add.* c 78–9 followod . . . he] *om.* J 78 followod] cristende HIabcdefgh alle] *om.* Ih were] all *add.* GKae þe] har g, *om.* H fayth] of crist *add.* K 79 hom] *om.* D hure] þe I much] *om.* GH murth] *om.* J 80 oþur] grete *add.* K þat] it *add.* ab, whiche K to long] *om.* H to^{1}] full G, *om.* CK telle] all *add.* adeg, hem alle *add.* f, now *add.* h 80–2 but . . . yfere] *om.* f 80 herby] by þise ABCG 81 know] well *add.* ACEFGHJ, well wit B, alle *add.* g myghti] grette AC, mervellus K in] of g worchyng of myraclus] miraculus worchyng ABCGHKg, myracles doyng J worchyng] makyng DEF reysed] to lyfe *add.* K, reered AC, arayed H 82 drounet bodyes] men þat wer drownd I, men þat were ded in þe see c drounet] deede ACEFHJabdegh bodyes] men Hd yfere] þorow his holynes et cetera *add.* h, togeddur ABCGc, togeder to lyue HJ, at wonys K 83 Also] I seie *add.* f, 3^{a} virtus passionem sufferendo *in margin* K suffred . . . loue] was perftye in his passioun suffryng h passyon] compassion EH Crystes] godis HJabcdefg in] *om.* b 84 þe^{1}] \`þe´ α Patras] whereas add. h he] þer *add.* h turned] moche peple *add.* h þe^{2}] cristes h, *om.* J feyth] and among all he turne *add.* h þe^{3}] a DHJ 84–5 þe^{4} . . . He] Egeas the which was iustise (of the contre h) (and abcdefg) abcdefgh 84 þe^{4}] a ABCEFGK 84–5 was kalled] hyȝt K 85 He] þat ABCGHJK, *om.* g 85–91 maked . . . hym^{1}] commandid al þo that belyuyd in cristes feyth schuld com and do sacrifyes to here mawmentes whan Seynt Andrew hard this he cam and repreuyd them and seyd hit behouyth þe þat arte a iuge of men to know þi iuge and maker owur lord ihesu christus and þou schudyst cast away þi sowle fro þes deuellys þat ben in þes mawmentes þan seyde Egeas arte þou Andrew þat dyspysyst the temple of owur goddes and turnest men to false lawe ȝowur lord whyll he helde þat opynyoun þe Iuwys put hym to deth than seyd Andrew and þe Iewys had knowen that he had dyed for þe saluacioun of mankyng þei wold not a don so but he wylfully dyed to bryng mankynd to euerlastyng blys þan seyd Egeas how mayst þou sey that he wylfully sufferyd his deyth for pylette and Cayphas att the askyng of þe Iewys they Iugyd hym to deth than seyde Seynt Andrew ȝeys for sothe I mey sey wylfully for ar he were betrayd of his dysciple he seyd to vs that he schuld be bytrayd and we satt at soper he schewyd vs what he was and so I may sey and preue well how þat he sufferyd deth wylfully on the cros the whyche cros is to be worschype of al mankyng and than Eegeas seyd for because þat þou makyst so moche of þe cros þou schallt be crucifyde on the cros and anon commawndyd that he schuld be don h 85 maked] also *add.* E, *om.* c men] *om.* I do . . . ys] goo ae do] vndo EF 85–6 mawmentry . . . fyndes] fals sacrifice G 85 ys] to say *add.* b to offre] for to do offerynge HJ 86 fyndes] þe fend I, cui occurrens sanctus andreas dixit oportebat ut tu qui iudex esse hominum meruisti iudicem tuum qui est in celo cognosceres et agnitum coleres et cetera ut in legenda *add.* K But] and f for] bicause f, *om.* B hym] hem GI, and all hem *add.* EF þerof] þerfor H anon] *om.* AC he] they EF maked to] lette ABCGHJ 87 hym^{1}] *om.* B wold haue hadde] constrayned ABCEGHJK, constrayne DFI hadde] `hadde´ α, made cdf to] *om.* c haue^{2}] *om.* EFGHJabcdefg But] for *add.* BDEFGHJ he] euur *add.* C, *om.* I 88 studfastly ȝeynstod] was stedefaste and withstode J studfastly] feithfully f hym] hem Id, hyt J, *om.* ABCGH and preved] preuyng ABCDEFGHIJK, him *add.* abe mony resenes] mannus reson H, resoun AC resenes] causes abcdeg 88–9 alle men] also they E, þey F 88 alle] oþur *add.* ABCDGHIJK 89 schulde] shull J almyghty] of heuen ABCDEFGHIJK not] no abdef þe] *om.* Eabdef fynd] fyndus CEf, deuyll K þan] therfor HJ, and þerfore AC 90 wod] *om.* d for] *om.* ACDEd wrath] angre f, sorow K men] *om.* f 90–1 take . . . hym^{1}] do androw ABCDEFGHI, do andrew to be K 90 take Androw and] *om.* J strype] strypt b 91 hym^{1}] andrew J bete hym] to be betyn h hym^{2}] his body HJ þat] tyl E alle hys] *om.* J on] of b blod] þan seynd Andrew thankyd god and seyd the more payne that I suffere for the loue of god the more exceptable schall I be in his syȝth and more myrthe schall haue in heuyn with hym that for me and for mankynd suffered gret passioun on the cros *add.* h 92 aftur] that *add.* f, afturward cd, than h, *om.* J he] Egeas h to bynde] *om.* cd bynde . . . and^{2}] *om.* h fett and hond] foote and hande abcdeg, honde and fote ABCDEFGHIJKf fett] foote D abcdefg and^{2} . . . of] to ABCDEFGHIJKabeg, to be don on cd don] to put f of] on h 93 a] þe cdh for] bicause þat *add.* f, þat ABCDEFGHIJ he^{1}] it g payne] him *add.* abeg dyed] war dede HJbcdegh, sholde die f Seynt Androw] he AC Seynt] *om.* BGHJ 94 com . . . was] saw the cros anon h þe place] *om.* I þe^{2}] *om.* I was] made *add.* HJK, maad reedy *add.* ABCDEFI, stode beg sayde] salue crux preciosa suscipe discipulum eius qui pependit in te magister meus christus in legenda sancti andree *add.* K Heyle] *om.* HJ 94–5 be þou] be þe D, þou holy H, hooly ABCGJ 95–6 art . . . Cryst] my maystur (maystur] lorde E) ihesu (crist *om.* J) dyed on ABCDEFGHIJK 95 art] is d 95–6 þe[1] . . . mayster] oure lorde f 95 body] (blode *canc.*) body e, blode cd Cryst] that *add.* abcdeg 96 hanget] dyd heng h mayster] lorde cd 96–8 Y[1] . . . þe] *om.* J 96 Y[1] . . . hert] *om.* abcdefgh 96–8 Y[2] . . . þe[1]] *om.* E 96 Y[2]] and ABCDFGHIK 97 cluppe] alse dh Wherefore now] and pray the h Wherefore] and þerfore AC, I *add.* H, her I *add.* I me[1]] now *add.* I and] I BHI me[2]] now *add.* H 98 myster] lorde E of[1]] on ACabcdefgh, vpon BDGHIK þe] and þenne *add.* ACJfH, þen *add.* BDEFGKabeg, tre than *add.* H He] `he´ α of[2]] all *add.* J, on acd 98–9 ȝaf . . . and] *om.* cd 98 ȝaf] toke ACH, *om.* a 99 ham[1]] `ham´ α, hym HJg, himsilfe f, *om.* D þe] theise ae ham[2]] þe turmentoures cd 99–100 þey . . . iustyse] egeas had commaunded (hem *om.* FH) ABCFHK, egeas commawndyd (hom *om.* E) DEGI, egeas bade hem J of þe iustyse] *om.* h 100 þanne] and G hym] *om.* c to þe cros] *om.* HJ foot] and strayned hym *add.* I 100–1 harde and strayt] fast K 100 harde and] *om.* abcdefgh 100–1 and strayt] *om.* IJ 100 and[2]] so *add.* ABCGH 101 wrast] brast EFHIKabcdefgh, sterte J out at] apon D vch] euery EGKabcdefh a] *om.* ACEFHIJKabcdefh kutte] knot DEFIabcdef, knott that they knytt h, nayl ABCGHJK þus he hanget] and so heyng hym h þus] and þus Kf, þen G 102 dayes] and two nyȝtis *add.* g olyve] lyuyng AC, *om.* aeg prechyng] allway *add.* DK, to *add.* abcdefgh, and precheyng A, and preched C, and preched all way I pepul] þe word of god *add.* ABCGHJ, the feyth of criste *add.* h 102–3 so . . . folk] *om.* h 102 hys] þis c 103 mony] a *add.* DI þowsand] þowsandus ABCEFGJKabcdf, m[1] e, hundyrd H of folk] of folkes abeg, of pepul ABEGHJK, *om.* A 104 for] þe *add.* D, grett *add.* h rewthe] pite f þat] *om.* D þey[1]] the peple h of] on GHJabdeg, vpon AKcf þey[2]] wente to Egeas and *add.* h bede] that *add.* f 104–5 Egeas . . . hym] hym com and lett hym down and but if he wolde com they seyd þei wold sle hym ffor he is an holy man and a trew and a good doctur and h 104 Egeas] to *add.* ae, sholde *add.* f do] take ACHJ 105 doun] *om.* Ea of] fro *add.* E, on H ellys] *om.* ACabcdeg wold] wolle I hym] and *add.* f, tunc egeas pauescens populum promisit se eum deponere simul cepit ire cum eis ut supra *add.* K for] þe *add.* c þe[2]] *om.* b 106 com] ȝude AC to] seynt Andrew ward to *add.* h, and wolde H haue] *om.* EJKabcdefg take] lysed h doun] but *add.* BDFGHJK, and *add.* E, or ellys þei would haue slay hym *add.* cf, *om.* h þan . . . ȝaynstod] and he withstode hym h Seynt . . . and] *om.* ACJ Seynt] *om.* D ȝaynstod] hym *add.* GKf, hem *add.* I 107 seyde] androwe *add.* AC, andrew to *add.* J wyte . . . þat] *om.* h þou[1]] hit AC þat] *om.* ABCEFGK no] powur ne *add.* h myght] mede EF, powere GHJ take] let h 108 here] *om.* Hf þis] þe ABDGHJbfh cros] and sodenly he was lyfte vp a serteyn hyeth that no man myȝth hym reche *add.* h, qui dimidia fere hora immo circumdatus splendore simul cum ipsa luce emisit spiritum ut supra *add.* K þen þer] and therewith h a gret] so gret c, grett d, soche a grett h, such a AC lyght] abowte hym *add.* AC so] *om.* ABCHch 109 þer] *om.* Kc myght] may I hym] of *add.* EFh, in *add.* abegg, by þe space of *add.* J half an] on H owre] and moore *add.* C and] so *add.* f þat] þe Jdh ȝaf] yelde Jd 110 vp] *om.* d þe gost] his spirit f þus] þen AC, and EFGHJKabcdefgh, *om.* I segh] safe g, this *add.* abcdef þat] *om.* G was ded] dyed þus G he ȝode] *om.* H ȝode] went EFGJKabcdefgh homward] and *add.* ACEFGK 111 þan . . . he] and h þan aftur] by ACGK, vppon E, and J þan] and f þe way] that day abcdef, þis day g wax] wexyd h and] so *add.* AHJ sone . . . starf] spurned E sone aftur] *om.* K sone] anon Gf, swowned abe, *om.* HJ among alle men] *om.* I alle] þe *add.* ACH, his K men] pepull ACK he starf] þe devil strangelid hym c starf] dyed Habdefgh, spurned F, fell downe ded I 112 in þe way] schortly d, *om.* abcefgh in] by K way] and brast his nek *add.* E, maximilla ergo amabilis tulit corpus apostoli optimo loco cum aromatibus sepeliuit ut supra *add.* K And] then K when] *om.* Db Maximilla] maxilla Ed, matumlleys J, *om.* h hys wyf] *om.* Jc þerof] here of J, þat was his wif *add.* c 112–13 made . . . take] made take c, tooke a 113 for to take] *om.* f Seynt Androwes body] the body of Seynt Andrew h Seynt] *om.* A body] down *add.* A, of on þe crose *add.* b and] with grett worschyp *add.* h, to be f byryed] berie ABDGJKc hyt] him a, *om.* If tombe] temple J, and *add.* c, wheras owur lord hathe schewyd many grete marvellys and myraclis *add.* h 113–14 out . . . and] *om.* h out . . . tombe] where that abeg, *om.* dh 113 out] *om.* J 113–14 þe whych] þat c 114 tombe] temple J, *om.* f welleth] welled Jabeg, welling d, is wellyng c, walloweth E, sprynkys I out] therof *add.* abceg, of his tombe that helyth meche peple *add.* h, *om.* ABCGHJK 114–17 togedre . . . ynogh] *om.* h 114 togedre] yfere BDEFGHIJ so] in so moche Ef þat[2]] þe ABCEFcf 115 may know] þerby *add.* ABCK, wel *add.* E, knowes I, knewe ae whenne] whadyre K þey schal haue] ys J schal] shulde ab derth] derkyth b and . . . cheppe] or plente K when] þey shal haue *add.* GI, hyt ys *add.* J gret] good G cheppe] plentee abcdefg 116 For] but g hyt] þer AC, they Jc schal] schulde b be[1]] haue Jc dere] derth ABCGHJacdefg, darke b welleth] sprynkys I, spynges d schaffly] schacely AC, scarsely EFGHJKabcdefg, scarce BDI wen] *om.* If hyt] þer A, þei c schal] schuld b be[2]] haue c 117 gret] goode EG, *om.* Kbcf chep] plenteth K, plentee abcdefg welleth] sprenkys I, sprynges d plente] plentwysly DEGHJabcdefg, plentefully F, habundantly K ynogh] *om.* EFJKabcdefg 118 Aftur hyt fel] (Alia *om.* F) narracio I rede þat EF, narracio *in margin in the long hand* α, narracio *in margin* ABCDHIJ, narracio de quodam episcopo anglicano *in margin* K, exemplum c Aftur] aftyrward D, *om.* ABCGJabcdefgh fel] befell Kabcdeh, happed vpon a tyme f þat[1]] after *add.* H a] holy *add.* abe, *om.* J þat[2]] and D wel] so moche f 118–19 so þat] that f, and AC, ffor h 119 alle þyng þat] whatsomeuer f alle] *om.* G comendet] comaunded BGH, wolde commende hit ACh, commytte f to God and] *om.* CDG and] ˋandˊ α to[2]] *om.* EFHIbg 120 þen] and Kf for] when G, so f deuel] had suche envie to him bycause that he *add.* f, fende H myght] by *add.* GJKadeg, haue *add.* h no way] to *add.* gh, not Df hym] hit J out of] fro h þus] his BEFGHIJKabcdefgh, goode AC, *om.* D purpos] on a day *add.* AC, and mynde *add.* J, and vpon a tyme *add.* f, and his good leuyng *add.* h 121 to] ˋtoˊ α þys byschop] him f þys] þe ABEFGHJK in] þe *add.* DJf lykenes] -ke- *over eras.* α fayre] *om.* G hym] *om.* DE 122 scho] he Dc myght] moste ACD scryfte] confession ABCEFGHK, concell Jf and] þen *add.* I, so at þe last *add.* f, *om.* α he] be α granted] hur *add.* ACGbdfg, hit *add.* J 122–3 þan . . . þus] and thane she said f, *om.* abcdegh, illusio diabolica *in margin* K 123 bygan] to speke *add.* D, to sey *add.* H, and seyde *add.* J heo sayde] *om.* ACHJf and] I *add.* GH haue] hase d ben] *om.* HJ 124 chyrslych] chereshely ABCDFGJKabce, cheresely kept and E, charyly H, chyrlych α, tenderly Idf, *om.* h noryschet] and brought vp *add.* f, vp and tenterly kepte *add.* h, ikepte J, brouȝt vppe K But] and K, *om.* af for] whanne *add.* a, wen beg, bicause f, *om.* Jcd see] well *add.* AGJ, saugh a 124–5 þat . . . floure] the worlde abeg 124 þat . . . of] *om.* cdfh þat] *om.* DEFHIJ wele] welth H, wekednes I, ioy J þus] þis ACDGHIJKcdh, þe AEFf ys] nys D 125 floure] þerfore *add.* AC, and *add.* I, and a vanyte *add.* h, vanyte and J, and sone vanissheth awaie therfor *add.* f Y] haue *add.* ABCDGHKcdfh vowet] to leve in *add.* EF, to leve *add.* K, made a vowe to leue J, vsyd h castyte . . . maryed] *om.* B castyte] chaste JK, me chast and vtterly to leue it f when] for K, *om.* abeg 126 a] *om.* h gret] *om.* J prince] and *add.* EFHJ, bot *add.* Iabceg, princes but h for . . . vowe] *om.* f for] *om.* J wold not] nold E 127 away] forth BDEF, forth *add.* H in] a *add.* EGHJKf pore] araye and pore *add.* AC, pure J wede] array Ef when] so than f, *om.* J ȝoure] goode gouernawnce and *add.* HJ gret] *om.* b drogh] me *add.* abeg, camm J 128 to ȝow] *om.* Dh to[2] . . . sokur] *om.* abeg haue] your *add.* D, som goostlie *add.* f of . . . sokur] and socur and conselle of yow and AC, and comfort K, *om.* cf of ȝow] and BDEFGIJh consel and sokur] *om.* d and sokur] *om.* Jh sokur] of ȝow *add.* h Werefor] þerfore ACK syre] *om.* Jabefg 129 ȝow] in the way of charyte *add.* h þat ȝe] to abeg   so] *om.* ACabcdefgh   þat^{2} . . . þat^{3}] *om.* d   Y . . . þat] *om.* abcefgh   holpon] and *add.* AC   fynde] fendes E   129–30 haue . . . me] let me not D   130 power] yn me *add.* J   me of] *om.* Jh   me] *om.* I   130–2 þen . . . hert] he g   130 þen] confortacio episcopi *in margin* K   131 and bad] hure þat *add.* GHaf, þat *add.* Jbcdeh, þat B   heo schulde haue] hur ACK   schulde] shull J   haue] full *add.* H, put full J, *om.* Gabcdefh   God] crist cd   for hee] *om.* EF   for] þat *add.* d, and saide AC   hee] ho D, sche Idf   þat] *om.* d   hadde] hathe ABCGHJ, is I, *om.* f   set] on *add.* I, hir hert *add.* abcdeh, settith hert f   so hegh] in soche *add.* abeh, to god and to suche *add.* cd, such ACGHIJ, *om.* B   131–2 hegh . . . wold] stedfastlie vpon him he wil f   131 hegh] gret D   a] holy *add.* h, *om.* abe   132 purpos] he *add.* abcdeh   132–44 in . . . scho] *almost illegible* A   132 in hure hert] *om.* Gabcde   hure^{1}] þyne ABCH, *om.* J   hert] ȝe *add.* D, he *add.* EFIK, so hye to god and to suche a 144 wold] woll BCFGHJ   ȝeu] send G   hure^{2}] the ABCHJ, þi G   grace] to fulfylle hit *add.* ABCGHJ, to hold hit *add.* EF, of perseuerance *add.* K   wyth] therwith abcdefg, withall h, *om.* EFGHJK   But] and þerfore f   þus] þis ABCDEFGHIJKabcdefh   day] he seid *add.* abe   ȝe schul] abide and *add.* f, þou schalt AC   schul] shulde e   133 and] at the *add.* aeg, at *add.* b   mete] none f   we schul] *om.* I   we] ȝe G, I Kh   133–4 by . . . holpon] do wel cd   133 by gode avyse] *om.* h   by] with HJ   gode] goddis f   avyse] avysement abeg, counsell ABCDEFGHIJK (*exact spelling of A illegible)*, leue f   ordeyne] ordeynd G   so] *om.* Jh   134 ȝow] þe AC, *om.* G   þat . . . holpon] as well as I can h   ȝe schul] þou schalt AC   ȝe] \`ȝe´ α   be wel holpon] (be so fele *canc.* e) doo right well abefg   wel] *om.* D   Nay] excusacio diaboli *in margin* K   sayde scho] *om.* DEFI   sayde] quoþ C   not so] *om.* GHJK   so] *om.* b   lest] ony *add.* bh   135 men] man h, folke H   wolde] woll HJ   haue] a *add.* B, any *add.* acdefgh, evyll *add.* I   suspecyon] on vs *add.* G   of euel] *om.* I   euel] ylle H, yll betwyn vs K   Ʒe] *om.* ABCDEFGHIJK, yeueth ae, yeue fgh, ȝyf c, gyf þou b   no] not e   sayde] quod ABCDEFGI   135–6 þe byschop] he h   136 schul] shulde e   be] haue H   fely] fele D, manye ABCEFGHIJKfh, solen cd   in company] *om.* f   þat] *om.* d   schal] be *add.* Ie   no] euel *add.* EF   137 of mys] amysse betwyx vs K, *om.* abcdefgh   mys] euill ABCGJ, yll H   138 scho gentyly] þe ientill woman H   gentyly] gretly BG   and] so hoe *add.* CJ, so sche *add.* A, so \`sche´ *add.* H, scho was *add.* K   a] þe H   138–9 þe byschop] hym DEFI   139 at] to HJ   þe^{1}] *om.* DEFGHJKbcdgh   But] and K   euer] *om.* GJ   þe byschop] he K   hym] he K   140 hure^{1}] she was f   so^{1}] *om.* EF   he] ye J   so^{2}] sore fh   140–1 vpon . . . þenne] to haue to done with hir and f   140 vpon hure] *om.* EF   vpon] *om.* J   þat^{2}] *om.* d   140–1 hadde nygh forȝeton] said that he might haue fortemptid abeg, myght haue fortempte e, miȝt not wel rewle cd, myȝth haue no rest for temptacioun h 141 nygh] ner HI, almost EFK hymself] and *add.* b, *om.* h þenne] subuencio sancti andree *in margin* K anon] *om.* AC þer] therwith f, *om.* AIK 142 bet . . . ʒate] knokkid f bet] bete BGHIJK, did bete EF, bed α, bad abcdegh, put D, knokked C (A *illegible*) hopon] hopyn d, vpon BEFG, apon IJ, þeron K, vp at H, on C, open Dabcegh (A *illegible*) so harde] lowd and so grym b, and so lowde *add.* h, *om.* J harde] fast K, *om.* d alle] peple *add.* E halle] palys K, hard þat and *add.* d weren[2]] afferd and *add.* EF 143 astoned] þerof *add.* ACK, þerwith *add.* HJbf sayde] *om.* J þe] þis Haeg, thus J byschop] to her *add.* h Dame] damysell ACHJabefg 144 no] nay bcd Syre] and then h sayde] quod AC furst let hym] ʒef hit lyst ʒowe hym to H furst] *om.* EGIf hym] *om.* K 144–6 and . . . for] but J 145 þanne] *om.* h come] *om.* ACDHIabcdefgh 145–6 Dame . . . now] *om.* cdh 145 Dame] damsell H, thanne abefg sayde] quod C byschop] damysell *add.* abefg ʒe] *om.* IK þys] þe ABCEHIabefg 146 we] I GKabef ben] ar H, am GKabef onavysed] not awysed ACf as now] *om.* abefg þan say scho] *om.* Jh, questio diaboli *in margin* K say] said ABCDEFGHIab, *om.* K let asken] aske h let] bade K 147 hym] þis questioun *add.* h what] whiche f ys] was ABCGHJf graste] gretyste ABCDEFGHIJKabcdefgh myracule] merueyll DJKc, wondur h þat] þer *add.* J in] within EFG, *om.* ae a] oon ABC, *om.* d fote] space *add.* h 148 þan] and HJ, *om.* K, responsio andree *in margin* K when . . . þus] wentt the messenger and askyd þe pilgrime þan h when] *om.* g þe] `þe´ α, this e pylgrym] whan he *add.* g þus] þis ABCEGIbcd, þis questyon HJK, of þis g answred and] *om.* BCHJ 149 A . . . fote] man ys made of erþe and his face ys erþe and ys in the space of a foote K A] *om.* E monnes] mennes A, awn *add.* beg, womans owne a faas] for *add.* D þat . . . but] was and is the grettist miracle þat euer god made and yet it is but in the space of f and . . . fote] and also the fote F, *om.* E and] ys *add.* C, not *add.* H, no more *add.* J, A *illegible* owne] on A, one Da, oone GI, *om.* Hcf þagh] if IK, and d, *om.* g 150 þe] `þe´ α, *om.* EFHIJcdf and] or K were] was I stode] were ACf yfere] togeddur ABCGHIJK, afore bcdfgh, a fote fro ae me] men HI, I G, ye JK, yitt *add.* abcdefgh schul] schulde ABCDEGHIK, shuld I abcdefgh 151 knowe] ech *add.* HJ by[1]] from GHJKcfh, fro d, bifore abeg anoþur] oþer J by[2]] in EF degre] then *add.* DEFI, of þe face þen *add.* ABCGK, of her face and *add.* H, of þe face and *add.* J, and *add.* f he] *om.* Bc hadde made] yaue abcdeg made] yeue fh þys] questyoun and *add.* h, his BEFG 152 onswere[1]] onsw`e´re α, in *add.* B, tho *add.* EF, þen *add.* I, exaumple abeg was] commaunded and *add.* B, *om.* α gretly] well H, allowed and *add.* abeg for . . . onswere] *om.* E (for *canc.*), þerfore Gabcefgh, þerof d 153 þanne sayde heo] *om.* I sayde] *om.* J For] bicause f, *om.* ABCDGJ see] þat *add.* ABCDFGHIKabdefh, well þat *add.* EJ ys] ˋysˊ α, *om.* d wys] *om.* FHJ byd] let IJ, gyf b 153–4 make anoþur onswere] and *add.* J, answer to anoþur ABCGK, assoile the ij questioun and f, asoyle me anoþer questyoun h 153 make] soyle H, yeue acdeg, *om.* b 154 onswere] answeryng K Aske hym] *om.* cd Aske] of *add.* EF, let aske G, questio secunda *in margin* K where] wheþer þat Db, whether EFHIJKacdefgh þe] *om.* ABCDEFGHIJKabcdef ys] be BGJ þan] any *add.* H, or Jbcdefh 154–5 þan . . . bodyly] *om.* g þan . . . þys[2]] *om.* E, and abcdefh 154 þan] and AC, *om.* HJK when] *om.* FG 155 þys pylgrym] he ACe þys[1]] þe DHIJK þys[2]] þus H, þen *add.* D, question *add.* K, question and *add.* G he] answhered and *add.* Eabcdefh þeras . . . bodyly] (þe d) erþe ffor cristis body is above heven and þeras is cristis body þer is erþe cd, thereas crystis body is erth is (and it is b) higher thanne heuen abe, that (the f) erthe is hier fh, *om.* G, solucio questionis *in margin* K Cryst ys bodyly] cristus body ys H Cryst] *om.* J bodyly] cristes body is *add.* EF, erþe is harre *add.* K, erth is hyer þen hevyn *add.* I For] for why h, bicause that f, *om.* EF 156 Crystes body] crist I of] *om.* GJabefg oure[1]] natur and *add.* d ys[2]] of *add.* H erþe] and *add.* AC, and it *add.* b þerfor] wherfore BDFGHIJK 156–8 þeras . . . þen] erthe is abowne d 156–7 þeras . . . þe] *om.* c 156 þeras] inasmoche as h 157 Cristys body ys] crist ys bodyly K þer] *om.* abefgh þe] *om.* ABCDEFGHIJKabeg erþe] and *add.* h, and it *add.* b, crystys body D 157 herre þan] aboven ch 157–8 for . . . heuene] þerfore I sey erth is aboue heuen h, ffor crystes body is oure kynde and oure kynde is erth therfore ther as crystes body is erth is higher thanne heuen ae, *om.* EFGJKbcfg 158 þen] any *add.* ACDHI, þat eny B heuene] then *add.* BCDGIK, and *add.* AHJ When] and whan cf he] *om.* d make þys onswere] answerid thus wisely to this questioun f make] yeuen abcdegh wel] gretly GK, *om.* D alowet] commendyd K 159 and . . . in] *om.* H was bede] that he sholde *add.* f, þe bysschop bad he schulde AC was] *om.* DIJ bede] *partly er.* α 160 þen . . . ȝet] nay said shee abcdefgh þen] *om.* E sayde ȝet] *om.* J ȝet] not yet f, *om.* Kh asoyle] aseyle α, answere d, answer to ACEFGKf questyon] *om.* I 160–1 and . . . in] *om.* abcdefg and . . . hym[1]] ere he h 161 come] *om.* I in] late *add.* DEFK, questio tercia *in margin* K hym[2]] *om.* H fer] it *add.* BCDGHIJKabcdefgh þen] and ACHJK 161–2 when . . . þys] *om.* Eh he . . . þys] þis was asked hym AC, herde thys J, responsio apostolica *in margin* K 162 apposut] asked BGHI of] *om.* GI onswered] the messanger *add.* abcdefgh, *om.* AC and . . . messanger] *om.* cd and] *om.* AC sayde . . . messanger] bad him f sayde] þo *add.* B to þe messanger] *om.* abcegh 163 aȝayn] and sey *add.* K he sayde] to þe messagere *add.* D, *om.* ABCGHJKabcdegh to] and byd D syt] sytted G byfore] and temptyth so K in þe cheyre] and *add.* H, *om.* G 163–4 and byd hure] *om.* D 164 make þus onswere] answer to þis A make] soyle H, asoyle h, yeue abcdefg þus] þis CDEFHIJKabcdegh, þe Bf onswere] to this question *add.* f bettur] telle *add.* A for[2]] *om.* D 165 fynde] of hell *add.* K and[1]] þat h hyt] hytte hit D, þe wey ABCGHJK, this waie f neuer] for *add.* BCGHJKabcdefg, but *add.* h wyth] *om.* J 166 Lucyfer] froo hewon to helle (and ABCDGI) þere sche (sche] he I) syttyþ to tempte þe bysshop and to (make hym to ABCDFGI) lese his sowle (sowle] stabulnes G) *add.* ABCDEFGI, fro heuyn to hell and (now J) syttyþ before þe byschope to tempt hym and so (and so] to J) make hym to lese his sowle *add.* HJ, from heuyn to hell and now scho syttyth þere and temptyth the bischop and ys abowte to make hym to leese his sowle *add.* K þen] and HJKabcdefgh when] *om.* G messenger] had *add.* K 166–7 herde . . . he] *om.* G 166 herde] all *add.* K 166–7 was . . . made] cam into the hall and ȝaffe this h 166 al] full J, ryȝt K, *om.* I but] and f ȝet] *om.* DHabcdefg 167 made] his *add.* BGJ, þis *add.* CDFIK, þe *add.* AH, told his E, yaue this abcdefg þat . . . heron] in heryng of all men G alle] men *add.* ABCHJKabcdefgh, þe hall *add.* F, the peple in the hall *add.* E mygtonn heron] hit *add.* AJKfh, hard K þen] and ACf anon] thane f, *om.* Gabcdegh þys] the AJKf 168 away] in syȝt of all men *add.* G wyth] and þer was HJ horybul] grete G, grett smoke and h stench] and *add.* K, noyse abeg 169 þys] the ACDGJKabefgh of] on J hys] þis BCDEFGHJKbcdfgh temptacyon] þat he had *add.* h was] right *add.* fh, fulle *add.* g 170 and anon] on non H, he *add.* ACHacde, *om.* D maked sende] sende ACEFd maked] let G sende] ronne g, his men to go h aftur] for AC þe[1]] þis BCDEFIJbcdgh þat] tyme þat *add.* Jcdfh, *om.* abeg 170–1 þe menssenger] þei h 170 þe[2]] þis Bg 171 come] was com f, ayenne *add.* abcdeg to þe ȝate] *om.* J ȝate] plase H þe[2]] this Fh gon] and myȝte (myȝte] wold K) not be fonde *add.* ABCDEFHIJK 171–2 þe[3] . . . wyttyng] was the byschope sory and prayd god hertyly that he myȝth haue knewlych h 171 þe[3]] þis BI 172 maked alle men] *om.* K maked] prayd d, and H to praye] prayed HK to[2]] *om.* C God] and made all men pray with hym *add.* K sende] hym *add.* ACEFGIKf, hym sum *add.* HJ, hem *add.* BD wyttyng] knowleche B, warnynge J wahat] who K, of ABCEFGHJ þys] þe G 173 was] *om.* ABCEFHJ þat . . . nede] *om.* Jh so godly] god H hadde holpe] hath holpe BG, halpe DEFHIKabcdefg in] at Babcdefg þen] and the nyȝth after h þer] *om.* H 173–4 to hym] *om.* AD 174 sayde] þat *add.* g þen] þat ABCDEFGHIJKabcdefgh 175 gode] gret I loue] lyfe D and[1]] þe *add.* Hg dude] hadde Hh, hed do J to] *om.* ACEFIb bad] be *add.* h hym[2]] eft *add.* D, hereafter *add.* E, *om.* a bywar] effte *add.* BI, after *add.* FH, *om.* abeg 176 tyme] to *add.* h and] also *add.* A, þen *add.* H, bad to *add.* c, to ag, *om.*

Jhe preche] prechyd hc II þat] þis ABCGHJKh pepul] that they my3th beware of the fende and of his whylys *add.* h in] þe *add.* H, for the h helpe] helpyng c, helth fh hure soules] mannys soule c, soule (heyll b) and that they may (the ab) bettir beware of the fende (amen b) abe, hem GI, hem nowe knele we adowne et cetera J, hem (hem] hym H) (now ACDHK) (surrus and dames ABCFH) 3e schall knele downe (and make 3ourr praiers (praiers] prayer D) ABCDHK) to þis (þis] the F) holy apostull sent androw þat he (wolde H) be 3oure mediator bytwene god and yow praying hym þat he (þat he] to BDFHK) 3eue 3ow grace to lede such (a DHK) lyffe here þat hit be plesyng to (almyghty B) god (god] hymselfe D, hym K) (and (3ow A) ABCDFH) to (his blessed modur B) oure lady (sent mare ABCHK) and (to him and F) to all þe (holy BF) cumpany of heywen (amen DF, and ABCDFH) also ye schall pray for the state of (all BDHK) holy churche (and for þe [*er.*] of rome and all his cardenalles D) (et cetera ABCDH) ABCDFHK, hem now knele ye downe and pray to this holy apostle seynt andrewe that he be mediatour to god that ye mowe lyve so here that ye may come to the blisse there he nowe is Amen E 191 hure] *om.* d

iv. Sermon 14 (Purification of the Virgin) (Hand C)

αABCDEFGHIJKabcdefgh

1 *De . . . Marie*] *in red*; de p/ficac/arie *cropped in margin* α, de purificacione beate marie sermo K, de purificacione beate marie (uirginis CH) ACHJ, purificacio beate marie BEFd, purificacio beate marie virginis c, cropped G, a sermon to be saide for candilmas daie f, *om.* abegh 2–4 Suche] S- *in red, dec., 2 ll. deep* α, *preceded by*: goode (goode] good cristen D, cristen HJ) men and woomen 3e (3e] *om.* BDGJK) þat louen (louen] be leue H) to serue (to serue] *om.* D) (god and H) owre lady and (to DG) feste (feste] faste BCDGHJK) her (her] þe HJ, fyue *add.* G) euonnus (euonnus] euen HJ) (wyth K) bred and watur in hy3 (hy3] grete J) mede to yow (yow] youre saulys HJ) ABCDGHJK, *preceded by* goode men and women that loven oure ladyes even for to fast brede and water EF, *preceded by* gud men and women I day] N *add.* BCG haue] *om.* D, a solemp fest in holy kyrk in þe wyrschop of owr lady þat is callud *add.* I Candelmasse Day] the purificacion of oure lady EF 2–3 Wherfore . . . 3ou] and all þo þat byn xij 3ere old and more schall fast the euyn afture yowre deuocion K, *om.* abcdefgh 2 doth] ye *add.* EF, 3e schall fast I, faste J in] *om.* EFIJ þat] þe GIJ 3 as] efter I deuocion] curate B for] and g, *om.* abcdeh Chyrche] mencyon *add.* H 4 maketh] *om.* H myche] grett ABCDEFGHIJ, *om.* Kabcdefgh melody] mynde abegh in worschep] *om.* abcdefgh in] þe *add.* K 4–5 oure . . . Cryst] god

(god] lorde J) ihesu cryste and (of J) his modur and HJ 4 oure Lady] hure BDEFI swete] *om.* abcdefgh 5 oure . . . Cryst] and *add.* ABCGK, and cdfh, *om.* Gabeg specyalyche] *om.* EF in^{1}] for HJKh þre] ij^{o} h þynges] causys J, the fyrst *add.* K, the first is *add.* f, 3 cause *in margin* K in^{2}] of f, and oon is of h oure] her f 6 puryfying] and *add.* I, þe ij^{de} *add.* K, purificacion Jacdefh, praysying α 6–8 in^{1} . . . Lady] *om.* f 6 in Symeones metyng] *om.* h Symeones] and Annus *add.* ABCGHJK, symones αd and] þe iij^{de} *add.* K, anoþer *add.* h in^{2}] of h offryng] for þe furst *add.* h 7 gode men] surrus ACG, *om.* HJabcdeg, 1^{a} causa purificacionis marie *in margin* K kalled] in holy chirche *add.* h, *om.* a of oure Lady] *om.* abcdegh 7–8 þat . . . Lady] *om.* EF 7 ys] to sey *add.* JKfh, callid *add.* a, as moch to sai *add.* c 8 in Englys] as *add.*c, *om.* JKh Englys] tonge *add.* ABCDGI Lady] and not *add.* f 9 þerto] *om.* DJf clansed] at the begynnyng *add.* h so] *om.* HJ wyth] by K þe^{1}] *om.* g wyrchyng of þe] *om.* BHJh wyrchyng] wordys I Gost] to *add.* I þe^{3}] *om.* DEFI 10 conseyuyng] commyng EF Sone] so *add.* I, crist *add.* K þer was laft] *om.* EF was] *om.* ACKabe in hure] was *add.* EF, *om.* Hfh mater] maner BEFHJKaeh 11 of^{1}] *om.* EFg non . . . for] vnclennesse and so f oþur] noþere g fulþe] in here neþer in body ne in sowle *add.* h, þynge þat was fylty A for] *om.* Jh þat] this abeg day^{1}] *om.* J was] callid *add.* f þe fortyþe day] xl. days h 11–12 fro . . . Sone] of hir birth f 11 fro] for α, of EFK 12 was] *om.* α in . . . lawe] in þe lawus of Iewus G, amonges þe Iewes EF þe^{1}] *om.* I 13 of] þe *add.* HJK purgacyon] and *add.* d, purificacion ABCGHJK, purificacion or purgacion and f, Iourificacion D onlyche] *om.* d for] of DEFKg oure Lady] hir birth f but] also *add.* ABCGKf for] of EFK alle] *om.* F of þat lawe] *om.* abcdefgh þat] þe CDEFJ 13–15 Wherfore . . . womon] *om.* K 13–14 Wherfore . . . Lady] *om.* EF 13 Wherefore] and þerfore AC, þerfore c 14 ȝet] into this daie f, *om.* Hh callen] callyd HIh hyt] *om.* Ih Lady] for *add.* f 15–35 þe . . . mon] *om.* h 15 law] lawes EFI þe] *om.* H Iewes] iewe f þen] *om.* ABCHJabcdefg such] schuch α, *om.* EFJ þat^{1}] tyme þat *add.* ABCGHJ was] wer IK 16 knaue-chyld] son Iabef knaue-] man DJcd, maydyn H, *om.* g schulde] *om.* g 16 holden] *om.* abeg vnclene] vp clene α, by þe lawe *add.* D aftur] *om.* a 16–17 hure burth] *om.* abcdefg 16 hure] þe H 17–19 and . . . temple] and so the viij^{tyth} day the child schuld be circumcisid and ȝeve to hit a name and þen afture þat xxxiij^{ty} dayus sche schuld not come into the tempull nor nyȝ hure husbondes bed tyll þe xl^{ti} dayus were complete Precipiebat enim deus in lege ut mulier que de viro suo conceptum primogenitum quadragesimo die natiuitatis presentaret eum domino in templo cum hostijs et hec dies purificacionis vocabatur hec in legenda K 17 þen] after þat B, aftir vij daies *add.* f, *om.* EFH leue] after *add.* EF husbondus bed] husbande abcdefg 18 ȝet] *om.* EFf by þe law] *om.* ACI þe] þat J by^{2}] after EF, *om.* ABCDGHJabefg þre and þrytty] xxxiiij J aftur] þereaftyr g, and *add.* f, *om.* cd so þat] *om.* H þat] *om.* AIJabcdefg tyl] vnto the tyme that the f, *om.* Dd 19 fullud] þan *add.* cd not] *om.* cd temple] and *add.* AC, but *add.* abeg, neithir in the presens of men and *add.* f 20 þen . . . temple] *om.* αEFHJcd þen] whanne a þat day] on the xl^{tyth} day K, aftir the xl^{ti} daies f, *om.* abeg come] goo K to þe temple] *om.* abeg 20–1 offryng . . . hure] *om.* A 20 and] nor H 21 wyth] *om.* f sone] child K and^{1}] ffor f offren . . . a^{3}] if a woman were riche she shuld offre a lambe and if she were EF offren . . . rych] the offringe of a (a] *om.* f) ryche manne (manne] folke f) was abcdefg offren] *om.* K for^{1}] with H, *rep.* α rych] man *add.* D, monnus chelde *add.* ABCGHJ, mannys son þer schuld be offeryd *add.* K for a^{2}] of f for^{2}] with H, the offering of c, *om.* I pore] monnus chelde *add.* ABCGJK, manne *add.* abcdeg, folke *add*, f, she shuld offre *add.* F a payre] *om.* ae 22 turtures] turtelus ACEFGHKbefg, turtul bryddes B, turtyll dowes I too] a payre of culuer EF, of coluer J, coluer *add.* ABCDGHcefg, culuers *add.* ab, dove *add.* Kd And so] þan HJ offrot] offront α, vp *add.* abeg Lady] son *canc.* J for] with abcdefg hure Sone] fone α, a payre of turtuls *add.* H, obtulerunt pro eo domino par turturum aut duos pullos columbarum hec in historia purificacionis *add.* K And^{2}] ffor G 23 of] with f mayde-chyld] doughter f mayde-] wommanne a dowbul] *om.* J þe] theise abeg 24 nota bene *in margin in the long hand* α dayes] both *add.* AC, aforesaide *add.* f of comyng^{1}] or she come EF of^{1}] the *add.* f to . . . comyng^{2}] *om.* cd to] chyrch and *add.* D and] also *add.* H of^{2}] the *add.* f, also J, *om.* D temple] that is iiij^{xx} daies *add.* abeg, iiij^{xx} daies *add.* f, 4 daies *add.* cd, nota de conceptu mulieris *in margin* K 25 techun] seyn Jf seuen] viij J a] þe EF conceiueth] consavyng I, hath conseuyd Jbcfg, haue consayvid d, that hath conceyued ae 25–6 of þe mon] a manchild Jcd, a sonne abefg, *om.* K 26 þe^{1}] a H turne] come abcefg þre and þrytty] xxiij F, xxxiiij Jb, aftur] þat *add.* ACG, þen *add.* B, þat þen *add.* D, þereaftyr g, *om.* EF 27 haue] þe *add.* Haf, hath EF, turne to K of] a *add.* HJabeg and . . . hyt] *om.* AC þen] afture at the xx^{ti} wekys ende *add.* K God] goddys uertu H sende] sendeth BDEFGIJKabcdegh, brynges H, puttith f ȝef] *om.* FHI 28 maydon-chyld] mayde J, doughter f hyt] she J, *om.* a al þe dayes] aforesaid *add.* f, þe tyme H al] *om.* ACEFGJK þe] theise abeg bothe] *om.* IK into^{1}] of ABCDEFGHIJK 29 and] also *add.* ae into] of hauynge AC, also (also *rep.* d) of bcdg, of f, *om.* EF schap of] *om.* d of body] takinge f body] man I þe] *om.* H chause] þat *add.* D, why *add.* K 29–30 for . . . þe^{1}] of oure f 29 for] *om.* G by encheson] for encheson *catchwords* H, the cause K, *om.* BGJ by] *om.*

ACDH encheson] cause EFIabcdeg 30 þat] of cd, *om.* abeg þe forme womon] *om.* HJ forme] furste BEFIK, first formed abcefg, first fowrmij d womon] modir f Eue] had *add. canc.* H vexud] offendyd K, wratthid abceg, desplesid d, whiche greued f God] oure lorde f dude] *om.* abeg þe mon] and *add.* f, Adam EFHJK þe[2]] *om.* DGIabcdeg 30–1 þerfore . . . mon] *om.* EF 31 heo] the woman K ys] more *add.* DJ þen þe mon] is *add.* f, *om.* AC þen] ys *add.* GI, is a *add.* HJ þe] þi d, *om.* ag 32 þus] than f for] þe *add.* K, this f, of J, though the ae, þof b cowpul] copulyng If, complexioun EF, commonyng d womon] þat *add.* H ys] ben f, hit J hymself] hitselfe ACGHJK 33 þerfore] þere H, but f leue wel] trowe ye right wele f, the lawe wull ABCGHJ, law wyll I, lawe ordeyneth a (a] *om.* F) remedy for to clanse hom (hom] hit E, him F) but þen ȝe schull (ye *rep.* F) know wele (wele] *om.* EF) DEF, at þat tyme K þat] *om.* K hadde] haue ABCGHJ to] of Jdf 34 conseyved] com EF, *over eras.* α of[1]] no *add.* EF, by AC, by the cd, by f, with the a, with beg coupul] coupellyng HIf, complexioun EF, commonyng d mon] mankynde F of[3]] by cd 35 was] *om.* α of[1]] fro d maner] of *add.* FHIJKabdefg fulþe] as *add.* H touchyng . . . mon] þat towchith to man but all odure women had nede to þat clansynge for þey were pollute and vnclene K, *om.* B touchyng] to *add.* b, þe *add.* d, techyng c, withoute EF, as by f conseyt] consent Jabeg, consenting f of[2]] to f Nerþeles] ȝett *add.* AC, nota *in margin* I 36 ȝode] went Kbefg temple] þat tyme *add.* I foure] iij h skyles] causus AHJKabcdefgh, 4[or] cause legales *in margin* K þe] *om.* abegh furst] cause *add.* Kd, forme schyle G, prima causa *in margin* H, 1[a] causa scripturam implendo *in margin* K 37 fulfulen] full H þe[1]] this K, *om.* DEH þat] whiche f byddeth] seyth Jf, is schewid cd, *om.* H þus] euer *add.* ABCGHJ, quanto magnus es humilia te in omnibus ecclesiastici 3[o] euyr *add.* K 37–8 þe[2] . . . þyng] quanto maior es (es] *om.* d) tanto te (te] *om.* h) humilies (humilies] humiliate in omnibus h) abcdefgh 37 grettur] þat *add.* BGHIJK, herre þat AC, better þat EF be] euer *add.* BGHJ meker] more meke þou AC, þou *add.* GHJ 38 mak þe] meke þe J, þou make þe K, be þou I in alle þyng] *om.* ACGHJ þus] and so Kf oure Lady] scheo BDEFGHIJK Lady] for *add.* BDEIK, in alle þynge for *add.* ACGHJ þagh] þen d wyst . . . was] were J, *om.* H wyst] welle *add.* ACGK, knew I 39 to] of EF of heuen] *om.* abcdefgh and] scho *add.* G was so] so was BH was] *om.* EF so] full *add.* ABCDEFHK, mych *add.* abdefgh, ful GJ of[2]] so moche *add.* c worschep] wurschyppys H 40 oþur] oþeres g wymmen] *om.* abcdefg mekud] made DEFK hure] herselfe HJ as lowe] *om.* DEFabcdefgh lowe] lower A 40–1 þat was] *om.* ABCGHJKdg 41 hure] þe ch company] þer sche was *add.* c, contre h þe] þen α skyle] cause BHJKabcdefgh, 2[a] causa (legem implendo K) *in margin* HK was] is b 41–2 to . . . law] as the lawe was fulfillid abcg For . . . law] *om.* EFcdh 41 lawe] as *add.* J For] *om.* AC 42 ryght] *om.* f heo] he α, hoe CG, sche AIJf, scheo B, scho DHK 42–3 þe^1 . . . fulfulled] *om.* B þe^1] *om.* G in] of EFfh þe^2] his f, *om.* H of hure Sone] *om.* f 43–4 ryght . . . Sone] offeryng hym d, *om.* EFch 43 hure^1] þe Iaefg and] *om.* H in] hir *add.* J, þe *add.* befg, of D offryng] thoffering a of] *om.* DG 44 into] in E þe] *om.* H doyng for hym] *om.* d for^1] *om.* h por] *om.* FI 45 hure chyldres] þayres I hure] *om.* B chyldres] sonnys J, *om.* H skyle] cause BGHJKabcdefgh, 3^a causa (scandalum vitando K) *in margin* HK was] *om.* d stoppon] þe *add.* ABCEFGHJKabcdefgh Iewes] *om.* D mowþes] *om.* f lest] þat h 46 haddon sayde] schuld not sey h haddon] wold a K þat] *om.* HJcd heo] he I, þay DEFGcd dude not] do *add.* h, had not done I lawe] requered and do here custum was *add.* h so] for to haue f, to *add.* EF, hadden *add.* AC, a *add.* K, *om.* HJ caht] in *add.* f, cast ABCDEFGHJK, take I, haue tan cd, a put here into h gret] *om.* h 47 sklandur] chalange ABCDEFGHIK, chalengyng J, inconvenience f aȝeynes hom] *om.* EF aȝeynes] to ABC hom] hym J, her f, here and here sone BGK tym aftur commyng] in tyme comyng þeraftyr D, in tyme commyng hereafter EF, in tyme after AC, in tyme comynge BGHIJKabcdefgh skyle] cause BGHIJKabcdefgh, 4^a causa (exemplum dando K) *in margin* HK was for] of *canc.* H for] hye *add.* K, to D, to a gret h, an EF, to geve J 48 þey] *om.* J come] mekely *add.* h to] þe *add.* DEFabcdefgh 49 here] chyldrynys *add.* h, *om.* I and] þer to *add.* J, to *add.* f God] heyly *add.* ABCDEFGHIJK, hertly *add* h þat] god *add.* B, he *add.* EFHJabcdefgh hadde] hath ACGJfh, *om.* H ham] hir J 49–50 fro . . . deth] hole and sounde BDHI, saffe and sownde K, *om.* ACEFGJ 49 fro] the *add.* abeg, for α 50 in . . . chyld] *om.* h hure^1] gret *add.* EF, the ad trauaylyng] trawale ABCDEFGI, trauayng α of hure chyld] and in her burth AC, *om.* BDEFGIJK hure^2] thaire ad, *om.* f 50–1 For . . . hyt] *om.* f 50 þer] *om.* c nys] is BEGIKabcdE, *om.* H non] sekenes nere *add.* h euel] disese K 51 so] *om.* ABCGHJK nygh] ner AId, narre B, nerre CGH, nere to K, *om.* J þe] þer to J, *om.* EHcdegh wyth skapyng] and schape H, *om.* Jabcdegh wyth] withoute EF skapyng] schap I as] þen ABCGHIJK doth hyt] þat dothe K 51–2 For . . . puryfying] *om.* h 51 þese] iiij *add.* K, *om.* H skeles] causes BGJKabcefg, comyng d 51–2 Holy Chyrche] god DEF 52 maket] made E mynde] mencion cd 52–3 oure . . . of^2] *om.* d oure . . . of^1] *om.* c 52 oure Lady] hure K puryfying] purificacion K, purifycacion and so J 53–163 Heo . . . *Item*] *om.* E 53–77 Heo . . . þen] *om.* F 53 Heo] he Df, hit Jaeg, holichurche Kh, causa 2aria in symeonis et anne obuiare *in margin* K also] *om.* J mynde] *om.* H þe . . . Anne] aȝeynts hym *add.* K, simeons and annes commeng HJ, symeons and annes commyng ayenst hym B, symeonus and annus comyng aȝeynus G, symones and anne aȝeyncomyng DI, semeonus and annus metyng AC, symeons meting and of anne his wijf f þys] *om.* h 54 a passyng] right an f 54–5 but . . . God[1]] and his most speciall praier or desire was euer f 54 but] and K, *om.* AC for] *om.* BGHJK bysyly] both *add.* I, hylyly H 55 most] mot B, myȝt IKabcdefgh Crist] hym G bodyly] in is face H, *om.* If he[2]] *om.* f dyed] Responsum accepit symeon a spiritu sancto non visurum se mortem nisi prius videret dominum luce 2° *add.* K 55–6 and . . . bone] *om.* c 55 and] so *add.* ABCDGIJK 55–6 God . . . bone] so he did abdegh 55 God] he HJ, *om.* I 56 hym hys bone] his bone to hym H þys Anne] his wiffe f þys] *om.* Jh also] was an oolde woman *add.* G but] this anne was *add.* f, þis was *add.* h, *om.* ABCDGHIJK Anne[2]] *om.* Bf 56–7 oure Lady modur] the modir of oure ladie f 57 but] *om.* I anoþur . . . wedded] anne whiche was the wijf of symeon and she leuyd with him but f anoþur] anne *add.* ACGIJ þat] *om.* I 57–60 wedded . . . dyed] a wedow the whyche lyffyd a holy lyffe many ȝeris in the temple seruyng day and nyȝth and sche prayd (to *canc.*) also to god as symeon dyd þat sche myȝth se criste or sche dyed and so sche dyd h 57 ȝere] with hir housbond *add.* J þen, when] *om.* HJ þen] aftur AC, *om.* GKf 58 was ded] *in margin* H, dyed K heo[1]] he H lyued] wydowe *add.* abeg tyl] still in widewhod vnto the tyme f were] was ACDGHIJcdf foure skore] octoginta iiij[or] *written above* xxiiij J old] of age f and] so *add.* f 59 God] *om.* J day and nyght] euermore I Heo] and she f, and ABCGHJK, þat also þat D, þat anne I hadde . . . grant] had a grante also AC also] a *add.* BGH, *om.* DG grant of God] that grace f grant] grace I, *om.* ae 60 hym] crist Df heo] hee G þen] as this day *add.* h, and J wen] was G, *om.* I 60–2 þe . . . þen] symeon and anne be warnyng of an angell h 61 warned] þis *add.* DHK þys] *om.* ABCGHJKabcdefg Anne] also *add.* K 61–2 And . . . into] that thaie sholde go and mete god in f 62 heo] both *add.* K þen] *om.* HJcd ȝode] wenton K, cam h ham] hym IJKabe broght] breght α hym] hem Habcdeg 63 tempul] and *add.* f, Accepit symeon puerum in manibus et dixit Nunc dimmitis domine spiritum tuum in pace ut supra *add.* K þen] þis ho? man *add.* h tok] tol α hym] criste AC armes] and *add.* H þe[2]] *om.* A 64 cowþe and kussed] myȝt do kyssyng J and kussed hym] *om.* h and[1]] *om.* H þonked] þankyng J 64–5 heghly . . . eynon] a seyd nunc dimittis seruum tuum domine et cetera h 64 heghly] *om.* Jabcdeg þat[2]] he *add.* ABGHabc, he had *add.* C, to K let] he wolde suffir f 65 lyuen] so long *add.* f þat . . . sen] he see H þat] þe G for . . . eynon] that he might se him with his bodily eghin f Wherefore] and G 66 ȝet] *om.* K of[1]] þe *add.* α þys] his BH processyon] processe D, passyon H, *blank* f when a womon] a wommanne whanne shee a when] wherefore H to chyrch] *om.* h to] þe *add.* bcdeg, to *rep.* f 66–7 chyrch . . . at] *om.* D of chyld] after cheldyng ABCIK, aftur (þat J) scho ys delyuyrd HJ 66 of[2]] hyre *add.* b 67 chyrche-] *om.* J and] tak hyre and *add.* b, take and *add.* e, takyth and *add.* g cast] take a 68 watur] and cast it *add.* a and[1]] so *add.* AC clanseth hure and] *om.* f clanseth] clense d and[2]] *om.* h so] also cd, also he h, *om.* ACabeg takuth] takutk α, take f hure[3]] yn *add.* K 68–9 by . . . hure[1]] *om.* abcdefg 69 and bryngeth hure] *om.* h þe] *om.* GH chyrche] dore *add.* J leue] after *add.* bcdegh, allway after *add.* f 69–71 into . . . both] þer H 69 þe[2]] *om.* G 70 chyrche] aftir *add.* a 70–1 and[1] . . . both] *om.* J 70 and[1]] so *add.* f to[1]] *om.* I 70–1 gon . . . both] do as oþer women doth h 70 husbonddus bed] husbande abcdeg and[2]] yf ABCGf haue] had d ben] *om.* α 71 hys] hure husbondes K byfore] that tyme *add.* f heo] he aceg, hym d mot] most DIKabcdeg, ought to f hure] his acdeg, þe K þerfore] þat longyth þerto K, *om.* g he] shee acd both] þerfor *add.* D, also ABKf 72 also] *om.* DGH, causa 3[a] in candelarum oblacione *in margin* K maketh] in *add.* G mynde] mencyon A þys day] *om.* ACabcdefgh offryng] syrus *add.* G, gud men *add.* I, berning f, *om.* I 72–3 ȝe sene þat] for good men as ȝe all well knowyn K, *om.* h 73 sene] well *add.* ACHJ, good men *add.* BD hyt] þis H a] *om.* D comyn] *om.* h of . . . Chyrche] *om.* abcdefgh of] to ABCDGHI, among JK al] *om.* IJ Holy Chyrche] criston men ABCDGHI, cristyne men and women JK come] þer *add.* H to[2]] þe *add.* Dabcdefgh chyrche] holichurche K 74 þys] that abcegh a candel] candelis ABCGHJf in] at H, a J processyon] in ȝowur handis *add.* h, ryȝt *add.* AC as] and Hf crux þagh] *om.* Jch þey] ȝe h, *om.* g wente] ȝuden ABCDGHIJ 75 to] the *add.* abcdegh 75–6 and . . . hure] *om.* K 75 aftur] þey *add.* ABCG, *om.* J offrede] vp *add.* f, offren BDGI, offir it ae, offere it vpe bcd, offeren hem vpp AC, offer vp þer candelys J, to offre hit vp into the prestes hondis h wyth hure] *om.* ACGJabcdh in] hyȝ *add.* G, þe *add.* ch worschep] of hure *add.* C 76 and hegh reuerence] *om.* HJabcdefgh and] in *add.* ACI hegh] *om.* Gd of] to ACa hure] god and owur lady h 77 þen] *om.* ABCGIJabcdefgh, worschip Notate verba signate misteria *in margin* K now] *om.* K hereth] you *add.* ae, ȝe schulle here ABCFGHIJKcfh worschep] feest f furst yfonde] brought to be worshipid in holi chirche f yfonde] begon I ȝe schul here] *om.* ABCDFGHIJKabcdefgh 78 when] what tyme f þe[1]] *om.* J by] with ag gret] *om.* F for] *om.* J 78–80 þey . . . but] it fortuned hem euer more to haue the victorie and so thaie had foryete god and f 79 hadden euore] were euerous BDFG, were errorus J, wer ebreus I, were so (so] *om.* C) euerows and myȝty AC, uyctues H, were chevalrous K euore] euer (euer] euery c) the victorye abcdegh in here doyng] wheresoeuer they ȝede h, *om.* abcde doyng] þat *add.* AD þey] and F, *om.* D rotton] retten D, rek FI, þouȝt ABCGHJKabcdegh not] *om.* K 79–80 þat . . . euer] *om.* F, on god abdeg, vpon god c 79 þat] to D, of F, on h of heuen] *om.* h of] in B heuen] þat *add.* α ȝaf] þat send h 80 euer] honour ABCGHJK, cheualry I, powere and grace h but] þey *add.* AC, euer *add.* abcegh madon] ma(-y- *er.*)don α hem] *om.* H aftur] at F owne] liking and *add.* f lust] lustes K 81 amonge] all *add.* Hfh a] one IK þey kallud] hyȝt K þey] was DFabdeg þat] whyche mawment h byfore] by wold K, on a h, þat *add.* D 82 tyme] before *add.* h, *om.* abcdefg a . . . and] *om.* F chyualous] chyualrous DIKb, chyff ABCGcd, ferys HJ, doughty f knyt] man I and an euorus] *om.* abcdefgh euorus] knyȝt *add.* F, ferus ABCGK, cheffe HJ in] a *add.* h 82–3 Wherefore . . . batel] Deus victorie *add.* K, *om.* FIabcdefgh 83 hym[1]] *om.* D prayng . . . wold] and so thaie hoping if thaie praied to him thaie sholde f ȝerne to hym] him yerne a ȝerne] besily ACF, ofte GI, fast Kcdh, *om.* J hym] in batell *add.* I for to help] hem *add.* J, þat he schuld well spede h for to] of abcdeg þey] they *canc.* `he´ h 84 bettur] in eny þyng þat þey had to doo with hym *add.* K, and also *add.* f 84–7 þey . . . Day] sayd þei wold euer do hym worschipe as (this *canc.* `þat´) day þat was as þis day and for god sufferyd them to haue here entent h 84–5 þey . . . aftur] *om.* α 84 dyd] hym *add.* G worschep] reuerens K modyr] *om.* C þat was called] *om.* I þat was] *om.* F þat] whos name f 85 Februa] and *add.* AGK þe wheche] þis AF, þat GK as] *om.* abcdefg mony] men *add.* ACFGIf, manne d han] one *add.* I opunyon] as *add.* c, of *add.* d, that *add.* f mone] moneth ABCGJKabef 86–7 þat . . . now] as cd 86 þat . . . February] was named aftir her f þat now ys] *om.* F now] *om.* Ha was] is Kg, *om.* Jabe 86–7 February . . . Romans] then þe romans on a candelmasse day J þe[1] . . . now] þis mone þat noue is þe ffurst day is callud H 86 forme] fruste ABDFIKabefg þe[2]] þis ABCFGIKabefg mone] moneth BGKaf 87 þat ys now] as ab þat] *om.* Kf ys now] is *add.* A, now is called BC, we callen G now] *om.* Kf 87–115 now . . . þat] *om.* F 87 Day] even and so f þys] þe ABCDGKabcdefgh al] þe *add.* ACGIJK, oon f, as þat h nyght] longe *add.* K, al *add.* h, in the yere all the night *add.* f 88 and blases] *om.* abcdefgh and[1]] grete *add.* K blases] blase H and candeles] *om.* ACJK and[2]] of K brennyng] in handis *add.* h, brennyg α in] the *add.* ah 89–90 womon . . . doyng] mawment mars h 89 womon] *om.* G hopyng . . . worchep] *om.* abcdefg hopyng] all *add.* G for] by H þys[2]] the K worchep] þat þey dude to hure *add.* K þe] *om.* HJ 90 sandur help] soner theire bones whiche thaie askid f sandur] sonner abceg, raþer ABCDGHIJK, *om.* d in here doyng] *om.* abcdefg in] al *add.* GK 91 þen] and so in the same f was^{1}] com AC þer] *om.* a pope] *er. and* man? *written over* C, *er.* I was called] heght DK Sergius] and *add.* ABCG, sarges and J, agyus I For] when AC, and when Kh, and bicause þat f he segh] þat *add.* beg, that theise *add.* a, þes I, they J cristen] *om.* K 92 drawen] drough abeg to þys] þus to HJ þys] þes I, his eg, þat B, suche K mawmentry] mawmentus I, mawment b turne] fordoo abcdefgh þat] þe AHJ, this abcdegh foule] soule α, folow h, vnthrifti f coston] and (to h) turne (turne] turnyd bfg) it (it] *om.* g) abcdefgh 93 into] þer to H Goddus worchep] worshepe to god J and] to *add.* J, to his modir *add.* f Seynt] *om.* Hd Marye] marre α and^{2}] so he *add.* ACJ, so *add.* K commendut] cummawendid ABCDGKabcdefgh, commond HIJ 94 þat . . . wymmen] euery man and woman K þat] to f, *om.* ABCDGHIJg men and wymmen] peple c to^{1}] schuld Ibcdegh, that they shulde f þys day] *om.* abcdeg þys] same *add.* DHI, þe same ABCGJ, þat h to^{2}] the *add.* abcdfegh 95 vchon] of þam *add.* d, yche mon to A, ych of thaim abefh, ych of of hem c, eure of ham g, euery oon G, euery man of hem J, *om.* K offren] vp *add.* abe brennyng] brennyg α, *om.* Ka in] þe *add.* IJKabfh of] god and of *add.* K oure Lady and] *om.* I 95–6 and . . . Sone] *om.* K 95 and] of *add.* ABCGJfh 96 swete] *om.* HJabcdefgh Sone] the whyche wold as þat day offre hymselfe in þe temple for þe saluacyon of al mankynde *add.* h 96–8 So . . . so] insomoche f 96 So . . . tyme] and so they abcdegh So] þus ABCGHJ vche mon aftur] aftur alle men AC vche] euery JK aftur] *om.* K prosese] prosse α lafton] loste h þe] þat K 97 þat^{1} . . . Februa] of þis mawment h þat^{2}] þe ADGJ, this abcde Februa] and to hure son mars *add.* K worschep] hit GI, *om.* H 98 to^{1}] god and to *add.* J to hure Sone] *om.* J to^{2}] *om.* Iadeg hure] de *add. at end of line* α so] *om.* H þat] *om.* J now] *om.* Ic 98–9 þys . . . halwod] es callud a solemp fest H 98 þys] the K solempnyte] selempnyte α, of þis fest *add.* K 99 halwod] þorow *add.* BD, þorowout *add.* IJh, holdyn þrouȝ K, in *add.* abcdefg al] alȝond CG, alaboute H, *om.* DIK cristendam] the world K and^{1}] therfore K vche] euery GJKfg and^{2}] *om.* Iaf and chyld] *om.* HJ of age] *om.* H 100 cometh] schall come I þys] þat J to] þe *add.* CDHabcdefgh offryn] brennyng *add.* DK, offyng α candeles] a brynnyng kandull ABCGHIJ þaght] *om.* Jcdh þe] þey ABCDGIJKabcdefgh, ȝe α wente] ȝuden ABCGHJ, wer Dabcdefgh 101 to . . . chyld] *om.* abcdefgh on chyld] *om.* J on] of ABCGHIK hopyng] trustyng h þe] þis ACDGHIabcdegh 102 to hure] heyre *add.* AKfh, son oure lady *add.* J, here H, *om.* Iae erþe] to oure lady *add.* H reward] rewerend α þerfore] *om.* GHIabcdefgh 103 mon] mow BJg, mowen CG, may ADIKabcdefh, nouwe H be] by H sekur] sure D, sewre trewly h þerof] of acdefh, Accipe per ceram carnem de virgine puram Per lumen numen deitatis quia cacumen metrista (versus *in margin*) K for] *om.* J 104 and^{2} . . . self] also hit betokenyth his godhede ihyd in his manhede K, *om.* abcdefgh and^{2}] *om.* α a monvs self] Amoncvs self α, a monnus owne selfe ABCGH, a man hymselfe DJ, manus I 104–5 a^{2} . . . soule] in a candil be iij thinges that is to say weike waxe and fire whiche betokyneth the soule of crist that f 104 of] white *add.* ABCDGHJKcdh, wyth I 105 weke] wax J, threde H of] *om.* HIKah wax] and *add.* I, a wyke J brennyng] brennyg α Crystes swete soule] crist H, per ceram humanitatis per lichinum deitatis *in margin* K swete] ABCDGIJKacdegh, w^{t} b 106 wyth^{1}] withyn Jh hys] aune *add.* H, her c monhed] maidenhode cd 106–8 brende . . . and] *om.* h 106 brende] brenneþe D, brennyng J, lightned f, *om.* αIabcdeg þe] *om.* BG hys Godhed] þe holy goste J Godhed] and *add.* B, goodhele H 107–8 Hyt . . . loue] *om.* f 107 bytokeneth] betokinyd H also] *om.* ab modurhed and maydonhed] and *add.* I, herd and namelyhode H and] here *add.* G maydonhed] was þe wex *add.* h lyghtod] lyȝtenyd JKabcdegh 108 þe] *om.* Bbd of] feruent *add.* h loue] to here sone *add.* h also] *om.* I vch] euery JKaefg 109 þat] good *add.* abe doth] good *add.* ABCDGHIJKcdfgh dedus] *om.* abe and^{1}] *om.* I in] with IK, *om.* abcdefgh ful] of *add.*h, good K loue and] *om.* J and^{2}] in I, of cdf 110 to] *om.* Kabeg ȝef] ther be *add.* fh haue] haþe DGf, þat hath h so] *om.* HJh 111 to] any of *add.* H, god or to *add.* f hys^{1}] youre K heuen-cryston] or to his neyghboure *add.* B, or to youre neyborys *add.* K, neghtbur Df, neyburs H wherby] wherefore c, where h, *om.* ABCGHIJabg þat] þan H, þis A, *om.* Kcfh hys^{2}] þis D, youre K, the abeg charyte] of his neighboure *add.* abeg 111–12 be . . . neghbur] *om.* b 111 be] byn K, is ABCDGHIadefgh queynt] with envyte or wrath *add.* h, blynd I, slekyd d 112 furst go he] go he forþe AC go . . . neghbur] let hym go to his neyȝbure let hym be belouyd with hym aȝeyn K he] *om.* GHacdegh be at one] ende AC, even hym BGHI, make hym evyn J, acord hym D wyth] god and *add.* f hys^{1}] thyn ae, *om.* H neghbur] neyburs H, evyn cristen d so] let hym *add.* K, than f, *om.* HJ tend] tynde ACGK, lyȝt Iabcdegh, light (`he´) f hys^{2}] þe Hh candul] of cherite *add.* K 113 aȝeyn . . . candel] *om.* B aȝeyn] Quia sic offers munus tuum ad altare et ibi recordatus fueris quia frater tuus habet aliquid aduersum te relinque ibi munus tuum et reconsiliare fratri tuo et cetera matthei 5° *add.* K, *om.* abcdefh þen] so abeg, com and *add.* h, *om.* f offere] offeryde b hys candel] hit Jacdefg, it vp h, ȝe hem K, *om.* ACb hys] þi H to þe prest] for abcdefg, *om.* h prest] for *add.* BCDGHIJKf, pristes hond for A 113–14 þys . . . elles] and ho so dothe þe contrary for soþe h 113 þys] þat c ys] *om.* H 113–14 Goddes commandemente] the wille of god f 114 commandemente] wyll Kabcdeg and] or abcdeg elles . . . hys] but ȝe don þus ȝe lesyn the K lesud] lesyth

ABCDGHIJabcdefgh hys] þe ABCGHJK meret] mede HI of ys offryng] *om.* abcdefgh ys] youre K offryng] narracio *add.* D 115 Y] we ABCGabcdefgh, narracio (bona g) *in margin* ABKg how] *om.* CGh þat] when *add.* G, *om.* H when heo] *om.* GHJ 116 was] narracio *add.* α gret] *om.* ACabcdefgh wyth chyld] *om.* HIJ wyth hym] *om.* abcdeg heo com] *om.* HJ a] *om.* ABCDFGHIJac Day] when scho cam *add.* H, and was comme *add.* J to] þe *add.* ADFHcd 117 And] so *add.* f alle] *om.* GKdf þe] *om.* F gon] with her *add.* f on precessyon] aboute the chirch F on] a Jf, wyt H, *om.* d wyth] here *add.* G 118 brennyng] brennyg α al] *om.* ACGaf in] *om.* c þe] *om.* G yche] on *add.* DFIcd, man *add.* h, *om.* ABCGHJKf hys lyght] her lightis f, her candelis lyȝte ABHJK, candelus brennyng lyȝt C, hem G, *om.* FI hys] þe g, þer d, *om.* c 119 in hys honde] *om.* f in[1]] in rep. c hys] hur ABCGHIJKd honde] hondus ABCGJ, hondes þen K þe[1]] *om.* c candeles] þat wern *add.* DFIK in þe chyrche] *om.* ABCGHJ in[2]] of g veren queynt] verenquenyt α veren] went I queynt] al at ons *add.* h, vnlyght d, owte AI and] a *add.* ABCDFGHKabdegh, suche a *add.* f 120 wythal, so] wyth also αKbe, therwith also a, also þerwith cdf, with þat h wythal] þerwith ABCGHJ so] *om.* CFGI vnneþe on] no man I, they J myght] not well *add.* J anoþur] oþer J 121 so longe] long so and were c so] *om.* Fabdefg longe] so *add.* abdefg, a grett while A sore agast] sore aferd DIKd, full sore aferde AC, euyl aferde f þen] þer CJKcf, þer *add.* B com] þere *add.* ADHIadegh a] *om.* H fayre] *om.* F lyght] fyre J 122 and] þat J lyght] all *add.* J þe] þat cd candul] candelys Ja þat] sent *add.* ACDFh, was in *add.* H bare in here] *om.* H bare] had ABCDFG, hild K here] *om.* D 123 so . . . al] *om.* cd so of hure] *om.* h so] þen G of hure] at hit AC, offryd hyr condyll D, candell weren *add.* F, candyl *add.* Hf, candelys *add.* J al] þe *add.* G oþur] the people f tokon lyght] of here *add.* cd, þerof *add.* h, were lyȝte ACD, lightned F tokon] her *add.* f, take J 123–4 So . . . lyght] *om.* CFabcdefg 123 So] þat *add.* ADGHIJK in] wytyn HIJ a] lytyll *add.* H whyle] aftyr *add.* D al] þat were in *add.* A 124 was] so *add.* D, full *add.* H, were A aȝeyn] *om.* FHabcdefg tokennyng] tokennyg α, token D, signifiing f þat[1]] *om.* DI he] þe chyld J þat[2]] *om.* ABCDGHIK wombe] þat *add.* ABCDGHK, bodye abcdeg 125 aftur] þeraftur C, aftirward fh, *om.* FG tende] tynde ACDG, tende and lyȝthe h, lyȝt If, lighten abe, lyȝtenyng g, accend d mony] a *add.* Jf, *om.* a monnes] menys b, creatures K þat] euer *add.* I was] so *add.* F, were Kcdfh byfore quent] without I by] with h, wyt wrathe and HJ, with the synne of wrath and of f enuye] envyte and wrathe and so stode ful darke h, narracio *add.* DF, aliud miraculum de sancta maria *add. as rubric* I 126–63 I . . . *Item*] *om.* F 126 I rede of] also abcdeg, also ther was fh, (alia C) narracio *in margin* CGHKg I] we BCG, where we A rede] also *add.* ACH anoþur] a AC womon] there was *add.* abeg dewowt] narracio *add.* α 127 heo ȝaf] often tymes a, oftt tyme bcdefg, on a tyme þer cam to here dore many nakyd folkes and askyd almys h ȝaf] awey *add.* GJ, *om.* α hure] owur ladys h, gret d loue] toke *add.* abcdeg, and sche toke *add.* h, wolde take the most parte of hir *add.* f al] *om.* df þe^{1}] best *add.* h, her cdf hadde] and yaue thaim for the loue of god *add.* abcdeg 127–8 saue . . . hureself] and ȝaue them for þe loue of god and owur lady h 127 saue] on *add.* ABCK 127–8 þe^{2} . . . in] þat scho wend febulst H 127 þe febullest] þe warst d, *om.* ACJ þe^{2}] tho whiche were f 128 þat] hoe had *add.* GK, sche had þat *add.* I ȝode] went Kf hureself] and *add.* K, and so *add.* ABCGH, euery day and J Hyt . . . þat] and þan on h Hyt fel so] and so it happid hir f Hyt fel] *om.* I so] *om.* ACG on] oon G a] *om.* CDGIcd heo^{2}] hoe sche A 129 haue gon] goo J to] þe *add.* HIabcde 129–31 but . . . chyrche] *om.* A 129 but] and Kf for] bicause that f an honest womon] before *add.* BCGHJK, not honest arayde D, not honestly araied f, vnhonest arayd and had no mo but þe werst clothis h, vnhonest abcdeg an] vn *canc.* `one´ I 129–30 durst not for] durstnon α 130–1 for^{2} . . . heo] þat day go to þe chirche and h 130 for^{2}] by cause J non honest cloþs] not siche aray f non] not GJ cloþs] to were *add.* C 130–1 was . . . haue] had before J 131 haue] byfore *add.* C þen] and HJK, and so f men] and wymen *add.* H, women JK, folke f ȝode] went DIKabcdefg to] þe *add.* DIabcdef wondur] full Kh, right f, *om.* HJ 132 sory] heywy AC þat] for D schulde] wolde g bout] owte A, withoute BCDGIKabcdefgh, so withouton HJ masse] on *add.* J þat holy fest] *om.* abcdeg holy] *om.* fh fest] day Kfh Wherfore] and so AC, and f, þen K heo] *om.* f went] forth *add.* f, ȝude ABCGHJ 133 into a] to þe H, to one I was nyght] she had within f nyght] nyyȝ CDG, nyȝ to AB, ner Id yn J, fast by K and . . . prayeres] *om.* J and þer] þat sche g þer was in] þerin sche made I þer] shee *add.* abcde was in] she made f was] scho knelyd doun h prayeres] prayer DI 134 so] *om.* Kcf on] *om.* h þan hure þoght] so she dremed that hir semid f þan] so ABCGHK, *om.* DIJ hure] scho HKabcdegh, *om.* DI þat] *om.* ABCGHJKacdegh 135 chyrche] *om.* α and] þere *add.* K gret] feyre Kd 136 comyng] cum HK and] among all oþer ther was *add.* f, but ABCGHJ on] þat *add.* Df, non H was] more *add*, f, *om.* abeg passyng] passyngly AC, *om.* GHJ fayrere þen any] feyrist J fayrere] fayre DIKdh, faired f þen any of] among K þen] before d any . . . al] an oþur H any of ham] thaie f ham al] all þat oþer AC, al þat oþer fere passyng G, þat oþer B, þe oþer d 136–7 al and] *om.* D 136 al] *om.* abcegh 137 and] sche *add.* b went] ȝude ABCGHj byforen] hem *add.* f wyth] and had ACG, havynge BDHIJK fayre] *om.*

ABCGHJK corone] of gold *add.* K on] of b of schynyng gold] and abcdeg of] *om.* K schynyng] *om.* fh gold] *om.* K 138 þan] and than f, and whan sche cam vp to þe hyȝe auter be þe oon syde h sat] sett here h and] *om.* D al . . . wyth] þe oþer maydenes besyde here h þe oþur] þey H, the maidens f þe] þat Cb, *om.* DK wyth] hur *add.* ABCGHJK, bysyde hir abcdeg, about hir f And] so *add.* f weren] al *add.* cdh set] downe *add.* ABCGHJ, all *add.* K 139 in] *om.* Hh on] an angel h gret] *om.* GHIK burþon] bremyng H furst] ȝe *add.* A, he *add.* CGHIabcdeh, she *add.* Jg, than he f ȝof] to *add.* J 140 maydon] one *add.* I hadde þe corone] was crowned B, on hyr hed *add.* I þe[1]] *om.* α corone] of golde *add.* AC a] won D so] so dalt BD, he deeled to AC 140–1 afture . . . chyrche] eueryche on aftur a candyll H 140 afture] that *add.* abe, delt *add.* IK, he deled *add.* G, she delyd to *add.* J, forth to f, *om.* ABCg 140–1 al . . . þat] as mony as K þe . . . al] *om.* ABCDGI 140 þe[2]] þo d, that abe, *om.* fg 141 maydenes and al] *om.* Jf and al] *om.* abcdegh in] þe *add.* ABCDGIJKabdefg þen] afture *add.* K, so ACDGI, at last H, so atte þe last J, *om.* Bh he] scho DJ, *om.* B to] by abcdefgh þys] þe AKabeg 142 candel] and *add.* ABCDGHIJcf þan . . . fayn] *om.* J þan] *om.* H fayn] glad abcdeg, passing glad f, ful glad þerof h þen segh heo] and anon cam þer þan forthe h þen] and anone f segh heo] com þer G 143 honestly reuescht] *om.* h honestly] *om.* abcdefg reuescht] ravysshed B, rauest H, reuested ACae, reueste bcdf, arayed K and ij] and oþer ij HJ, *om.* αDGIKh ij wyth] *om.* af wyth too] and K, *om.* abcdefg too] *om.* h serges brennyng] serge berers D serges] serkys H, in her hondus *add.* ABCG, yn her honde H, torchys yn hir hondys J, smale tapurs in hure handys K, tapres f brennyng] bremyng H, and so *add.* K, in here handes h, *om.* H 144 goyng] before þe pryst *add.* h, and ȝoden G, born abeg þe[1]] hyȝe *add.* h as] *om.* GHJabeg hure] scho HIKf þoght] þat *add.* Ja, semed that f prest] and *add.* ABCGHIJKabcdefgh too angelus] and bcdfh, *om.* abcdefgh angelus] was *add.* I, were *add.* J 145 þe too dekenes] serges bares H too] *om.* GJK dekenes] seynt steuen *add.* h and[1]] *rep.* α, seynt *add.* J, *om.* abcdefg Laurens] lampus α and Vyncent] *om.* h and[2]] seynt *add.* J þat . . . serges] ware þe dekyns H, *om.* f þat] þay D, *om.* AGJK 145–6 beren . . . begonnon] ȝede before and s. peter stode in þe myddys of þe quere in a cope and began h 145 beren] beyryng A þe[2]] ij *add.* d serges] torchis J, tapurs K 146 so] *om.* BJKabcdefg fayre] *om.* Dacdefg þe] office of þe *add.* BGHIJ masse] and so furþe all the seruys þerof *add.* K a] fulle *add.* ABCGHJ note] and *add.* IK 147 red] done H of] þe *add.* ACGI, and hir J maydenes] heuen abcdefgh furst] *om.* J hure] tapur or *add.* K candel] tapir abeg 147–8 to þe prest] *om.* HK 148 prest] pristus honde AC so . . . rew] aftur hur all þe oþer maydones by rowe AC, al oþer after be rewe G, þan oþer aftur by raue H, afture hure all þat odure be rewe to the prest K, so echone after othir f, *om.* J in] by B, of g But] and CKf al] they J offred] and *add.* ABC, done HJ, done þer offeryng I þe[2]] this cd 149 abod] taryed K aftur] for Af, *om.* C þys] þe AKabeg womon] þenne *add.* CKabcdefgh, and *add.* J, candyll þen *add.* I þe] þis GI quene] of maydenus *add.* C sende] sayde D to hure] aftur þat woman H, after hire J hure[2]] sche schuld h 150 com] and *add.* BCGHIJKabcdefg, goo D offren] hir candell *add.* J, vp her candill *add.* f 150–1 when . . . womon] sche h 150 þe] this abcdeg sayde hys ernde] done H sayde] don c hys] the f ernde] messege Jcdf 150–1 þys womon] scho K, scho answared and H, answered and *add.* BGIJ 150 þys] þe ABGJf 151 sayde] vnswared D nay] for *add.* ACabcdeh, þat B, *om.* DGHIJK leuen] forgo h syrge] candell Jh, tapure Kf but] for K heo wold[2]] *om.* ACHh 152 hyt] stylle *add.* ABCGHJ, scho seyde *add.* K for] the *add.* f gret] *om.* AC deuocyon] that she had therto *add.* f sende] sayde αd, (sent? *over eras.*) to hir f quene] to *add.* d messanger] *om.* H 153 bad . . . hure] sayd Hf bad] hym *add.* ABCGIJK saye] say`e´ α þat] *om.* HKah so] longe *add.* ACKf, *om.* HJ 154 and, but] bot and I and] said *add.* f, *om.* g but] yf *add.* DH wold] woll Babe, not *add.* I, *om.* α offren] hit *add.* Dacd, vp hir candil *add.* f, come K wyth] a *add.* D heo[2]] he α, hoe CG, sche AIJabcefh, scheo B, scho DHKdg hym] *om.* Dabcdegh, that she shold f hyt] þe syrge ABCGH, þe candell J, the tapure Kf of] from ACHKabcef, fro IJdh 155 hure] but *add.* AC, and *add.* Gacdefh, hym a 155–6 ȝet . . . strenþe] *om.* g 155 sayde . . . syrge] sent the thirde tyme and yett she wolde not and f and . . . syrge] *om.* abeh and] scho DHJ not] *om.* C vp þe syrge] hyt vp CG, hit A, *om.* J þe] hur DHIK syrge] tapure K þys] þe ACGHJKabcdefh 156 hyt] þe candell J of] from AGKabcfh, fro IJde wyth strenþe] *om.* Jabdefh but] and JK for] *om.* ACGHJKabcdefh 157 huld] so *add.* D, it so *add.* K fast] and so *add.* ACGabcdeh, so *add.* H, and *add.* J, þat *add.* K bytwysse ham too] and so thaie plukid eche of hem ayenst othir that f bytwysse] bywysse α too] both ACh þe serge] hit K serge] candell Jh, taper f brake] brast g in] þe *add.* ABCDGHIJKabcdefgh myddus] medull ABCGHJ and] þe *add.* I þe[2]] þe *rep.* h 158 bar forth] braforth α, had abcdegh and] she *add.* f þe oþur] *om.* abdegh þe[1]] þat BCDGKf, *om.* J half] part D, *om.* J þe[2] . . . hure] *om.* f þe womon] scho HJ huld wyth hure] had in hyr hand I huld] stylle *add.* ABCHJ, had b wyth hure] *om.* h 159 And] *om.* H in] with HJh þat] þe CKfh, *om.* DGH wrastelyng] bitwene hem bothe *add.* f, wrastebyng α, brekyng h þys womon] scho DIf þys] þe ABGHJabcdegh of hure slep] *om.* h 160 þe serge] *om.* D serge] candell Jh, tapure Kf And] *om.* B þen] *om.* D þonkod] thankyng I hertyly] heytly α, *om.* J 161 þat[1]] þe J wythout] a *add.* abcdeh masse] gospel cdh and] also *add.* ABCGHK, also J for heo] *om.* abcdefgh for] þat GH ȝaf] vp *add.* f, lafte K 161–2 hure . . . lyuod] the candill (to kepe cd) to holy chirch for a relique euer (euer] euery c) aftir abcdeg, þe candyl to holy chirche for a relyke were as hit hath and doth many myracles h, hir tapre to the chirche that she was parisshon of for a riall relik f 162 to kepon] sche kepyd it I lyuod] aftyr narracio *add.* D, aliud miraculum *add.* I 163–84 *Item* . . . aftur] *om.* G 163 *Item* . . . þat[1]] also abefgh, and cd, alia narracio *in margin* ABCHK *Item* . . . a] an noþer ABCDHJ, also a nodure K *Item*] *om.* I þat þer was] of EFI a] anoþer If womon] was *add.* BDHJK, þat was *add.* ACEFIf of] *om.* EHJ so] *om.* ACabcdefg eul] of *add.* EHJ lyuyng] so *add.* C þat heo] and f heo] *om.* abcdgh 164 no] *om.* ABCDEFHIJabcdfh dede] *om.* Iabcdegh in hur lyf] *om.* H in] al *add.* EFIf only] þat sche *add.* ACHIJ serge] taper FKf, grete taper of wex E, lyȝt HJ brennyng] *om.* HJ 165 hure] oure ABCDEFHIJKabcdefgh in þe chyrche] *om.* abcdefgh þe] a ABCDEFJK þen fel hyt] and so f þen] so abcdeg, so þan h hyt] so þat *add.* ACHK when] whem α, þat J 166 dede] and þe *add.* J comon and fatton] wold haue fet EF and fatton hure] to facche þe AC fatton] tooke abcdegh, take f sowle] away *add.* J, with hem *add.* f toward helle] to hellward K, *om.* abcdefgh toward] tward α, to ABCDEFIJ But] and Kabcdefgh when] as h 167 were goyng] þerwith *add.* ch, were gon b, commyn to heell ȝate þerwithe þen (þen] þer C) AC, come to hell yate EF, come atte þe gate J, comme to helle H, were at helle yate BDIK þer] *om.* I þe fendes] hem ACH þe] þes EFK 167–8 þat . . . bold] *om.* g 168 bold] hardy AC forth] to hell EF, *om.* ACDHJabcdefgh wythout] eny *add.* BKabeg 168–9 þen . . . dom] and þei answeryd and seyd h 168 þen] and EF þey] þe fendus BCHJK, þe fyndus to þe angele A 169 þat] *om.* HJabcdefg þer . . . for] *om.* EF þer nedeht] theye (*alt. to* there) nedith a, þis nedid cd, her nedus AH, hure neded BCDK, hyr ned I, hit nedyth J heo] hoe C, sche AEFIJabcef, schoo BDHKdg, þay α hadde] hathe H, did EFJKabcdefg, *om.* h neuer] no *add.* Kd don] no *add.* I, did h, *om.* EFJKabcdefg dede] *om.* H 169–70 in . . . lyue] *om.* abcdefgh 169 al] *om.* ACD 170 angelus] angell H Brynghut] bryngh`u´t α soul] forth *add.* I 170–1 byfore oure Lady] to be demyd h 171 dedon] and þer was owur lady redy *add.* h 171–2 But . . . gode] then seyd þe fendes J 171 But] and ABCHKfh 171–2 heo . . . gode] sche had done no good dede ABCI 171 dede] deden α neuer] no K 172 gode] dede *add.* DEFKabcdefg, dede and þerfor *add.* h, *om.* H go] *om.* EFH helle] but *add.* B Lady] þat *add.* α 173 serge] `taper´ *add.* E, of wax *add.* d, taper FKf, candell Jh brennyng byfore me] byfore me brynnyng of wax c brennyng] to brenne J wold euer] euer she wold J, was hir will abeg, (it c) was euer her wille cdfh wold] haue done *add.* AC euer] more *add.* I, *om.* A whyl] als lang as If hadde] *om.* abcegh lyued] and *add.* ABCHfh 174 þerfore] þen DEFI, and K to hure] *om.* H as[2]] euer *add.* K wher] wherfore ABDEFHIJK, and so C, and abcdefgh heo[2]] *om.* abcdefgh an] þe J 175 serge] taper EFJKf bad hym] so H, *om.* ABCJKabcdefgh hyt] in hell I 175–6 so brennyng] *om.* HJabcdefgh 175 so] *om.* ABCEFK 176 byforen] besyde abcdeg, by h and commandet] commendyng H, commawndyng J þat] ther shuld *add.* EFIabcdefh, þere schulde g fynd] in hell *add.* Kbcdfh, of hell *add.* aeg 176–7 schuld . . . to] *om.* abcdefgh 176 schuld] *om.* EFI177 be . . . to] *om.* AC 177 so] *om.* H come] þer *add.* bcdfgh hyt[1]] *om.* abcdegh hyt[2]] *om.* α, that it sholde f þer] *om.* Kabcdefgh for] *om.* HJ 178 euermore] in comfort of all that were in hell and *add.* f þen] and abcdegh sayden þe fendus] sayde αabcdegh þe] þes I þat] *om.* Iabcdegh 178–9 hyt . . . wherfore] *om.* f 178 hyt] *om.* J schuld] wold K an] in abdegh, *om.* Hc hoget] grett ABCHJK, hie EF, *om.* abcdegh confor] ioye and hese H 179 al] þe sowlus *add.* ACEFJ, them *add.* K ben] were ABCHch wherfore] þerfore þey seyde K, and thanne said the deuell that (that] *om.* cd) abcdeh þey haddon leuer] *om.* g þey haddon] theym were EF, he had abcdeh þey] we J leue þe soule] geve to oure lady J leue] leese H, lose b þe] that BDEFabcdeg þen] þat cg 180 don . . . payne] þat schulde be don and h such . . . payne] that deede abcdefg such an] so mych AC an] high *add.* EF, *om.* JK ese] conforte JK alle] *om.* DEFJ þe soules] *om.* H wher] wher(-en *canc. by red dots*) α, ben DEFIJ in helle] and *add.* I, *om.* BDEFJK in payne] *om.* ACH þen] and than f bad] þan bade *rep.* D, comanded f 181 Lady] þat *add.* g an angel] *om.* I an] *om.* g bere] take abcdegh, to bring f þe[1]] that abeg soule] and bere it *add.* abcdegh aȝayn] aye f so] he *add.* ABCDEFHJKbcdfgh, it *add.* ae, þe angell *add.* I And] so *add.* K 182 when] so *add.* ABC, þen HJ, *om.* K heo . . . to] the bodie had ayene the f heo] it abcegh was comen] come K comen] turned ABCHJ aȝeyn] *om.* Hcdh lyue] and *add.* CHJf, the body EF þen heo] *om.* f þen] *om.* E byþoght] thought abefh hure] *om.* h on] of ABCHIJabcdefg þat] þe AIf, this K, hir abcdh 183 dom . . . aftur] *om.* E was] hade be J ate] toward DEF and[1] . . . hure] *om.* J ȝede] went Kf scrof hure, and] *om.* F hure] clene *add.* f, of hyre myslffyng *add.* h 183–4 was . . . aftur] was an holi woman euer aftir and at the last comme to the blisse of heuen f, aftir lyued and amendid hir lyf (and . . . lyf] *om.* d) and went to (þe bcd) blisse (of heven c) (þat neuer schall haue end b) amen (amen] *om.* e) abcdeg, lyffyd after an holy lyffe and þankyd god and our lady and at þe last (deseruyd *canc.*) deseasyd and ȝede to blis to þe et cetera h 183 was aftur] euer after she was J a] full *add.* K

184 serued] god and *add.* ACJ deuowtly] *om.* HJ alle] þe tyme of *add.* H lyve] lyue dayes ABDF aftur] *om.* AJ, et cetera H, Now et cetera *add.* C, and had þe blysse of heuen to þe wheche blis god bryng you and me to yf hit be his wyll amen *add.* D, and had the blisse of heuen The which blisse god graunte vs Amen F

v. Sermon 24 (Passion Sunday) Hand E

αABCDEFG(1)G(2)HIJKabcdefgh

1–38 *Dominica . . .* how] *om.* g 1 *Dominica . . . modo*] a sermon to be saide on passhion sonday f, *om.* G(1)G(2)abeh *Dominica . . . domini*] de dominica in passione (domini nostri ihesu christi *add. later*) D *domini*] *om.* EFI *sermo . . . modo*] sermo breuis I, *om.* ABCDEFHJKcd 2 Gode . . . wymmen] *om.* Abcdefh Gode] G- *in blue, dec., 3 ll. deep* α day] sonday G(1)Kc Holy] -o- *over* -a-? α Chirche] þe *add.* DEFG(2)Habcdef 2–3 Sonday . . . Passioun] passion sonday ACIJKh 3 þe] *om.* G(1)abcdf Passioun] weeke *add.* abcdf 3–18 for . . . passion] *om.* h 3 for] by *add.* c encheson] because ADEFG(2)JKf þat] of cd his] day of *add.* G(1) 4 passion] for *add.* G(1), as *add.* abe, vpon *add.* cdf day] for þis day *add.* ABCKabcde, and fro this day *add.* f, then *add.* G(2) þe] *om.* H and þe Sarsynnes] *om.* abcdef þe] *om.* H Sarsynnes] phareseus ABCDEFG(2)HJ swyche] an *add.* G(2) 4–5 to hym] at H 5 for] by *add.* c encheson] because ADEFG(1)G(2)Kf, cause Jd þat] *om.* cd vysus] vyse I, mysses a, `ewyl' E repreuid] hem of *add.* I 6 wykkyd] wekydnese I, vnkynde EF þat] then as G(2), bot I, and on J, for on f þei] *om.* αEF fully] full G(2)d asentud] assent G(2), assend H, accordid f, concentyd ABCK 7 to[1]] þe *add.* BCKabcdf dethe] ffor *add.* G(2), and *add.* abcdef Offt] *alt. from* offeryd e, tymes *add.* E, tyme *add.* G(1)f þei] þan H 7–8 abowton . . . weron] *om.* E 7 abowton] in purpos G(1) haue slayne] sle Ka 8 ay] euer ABCFG(1)G(2)HJKabde, euery c, allway f weron lettyd] lafte K weron] *om.* G(1) lettyd be drede] aferde f be drede] *om.* G(2) be] for G(1)JK þe pepul[2]] thay f him] as *add.* CJ, as for *add.* G(2) a] as f, fals *add.* G(2) 9 Botte] as *add.* f day] *om.* f knytten] knyttid a, gederid G(1)K hem] *om.* G(2) so] *om.* BG(1)IJKabcdef þat þei nolde] and wolde G(1)K, for þey wold not J nolde] wolden not ABC, wold G(2)HIabcdef 10 spare] hym *add.* J, spite G(2) lengar] togedyr *add.* G(2) bot] on *add.* c allewayes] algate ABCDEFG(1)G(2)Kf, redy H, nedys J be dede] dye HJK Wherefore] and þerfore K os] *om.* EFG(2) 11 tellys] saith ae (tellis *canc.* e) of] as a as] þat as f tempul] and *add.* E, tell then G(2) 12 spytwsly] spytefully Kcdef hym[1]] in *add.* I so . . . þei] and G(2) so fowle] in so mych ABC fowle] ferforth abcdef to hym þat] *om.* H hym[2]] demonium habes Iohannis 8 *add.* K, hymself αABCDG(1)IJabcde 12–13 he . . . deuel] þe fynde was (was] with G(1)) in hym ABCG(1)IKabcde a . . . hym[1]] offendede f 13 deuel] fynd G(2) and] was *add.* cf alle . . . tempytun] to haue temtyd G(2) alle] was *add.* ACabe, they *add.* J tempytun] tempid c for[2]] and J haue made] make H 13–14 made . . . a] *om.* ABCG(2) 14 hym] *om.* α to] *om.* Iabc a spokun] speke EG(1)HIJKcdf, sey abe summe] euell *add.* abcdef 14–15 putte . . . repreue] repreuyd hym G(2) 15 to] som *add.* a And for] bicause f for] *om.* Kae he tolde] to haue tolde ABCG(1)K þat] *om.* Hc 15–16 of heven] *om.* abcdef 16 heven] and in her males *add.* AC, then *add.* G(1)K redy] anoon *add.* abcdef, about DEFG(2)HJ þe] *om.* ABCEFG(1)G(2)HIJabf Bot] and K for[2]] whan f 17 wel] *om.* ABCG(1)G(2)IJKabcdef malys] as hit ys in the gospell Ihesus autem abscondit se et exiuit de templo ut supra *add.* K hydde hym and] *om.* G(2) ȝode] forthe *add.* BG(1), went G(2)HJKabcdef from hem] *om.* BG(2)HK tempul] and hyd hym from hem *add.* G(2) 18 þus] þis B, therfore f gode men] syrrus AC, frendys J, *om.* abcdef Cryste] god Iabde, god almyghty f þis day] *om.* EG(2)HJ 18–19 Holy Chirche] we h 19 þis weke] *om.* G(2) weke] in *add.* EG(2), of *add.* d, day and so forth vnto ester h þe[2]] holy *add.* J, *om.* G(1) prophette] prophecie of (san *canc.*) Ieromy] Ierome E, Ierom`y´e H þat furste] the first that a furste] he E, *om.* FG(2)HJ 20 propheted] proficied ABCDEF-G(1)HIJKabcdefh, prechithe G(2) tolde] tellyth G(2) how] *om.* abcdefh and whatte maner] that the G(2) and[2]] in *add.* BEFJabf, on *add.* CDHK, of *add.* I, in cdh, `in´ e maner] þe *add.* BHJKbcdefh, wyse AC 21 þe[1]] *om.* ACDEFG(1)G(2)HIJKabdeh schul ȝe] vnderston and *add.* h schul] shulde e ȝe] *om.* H wel] *om.* CI þat] *om.* DI þe[2]] *om.* ABCEFG(1)Ie 22 pursueden] purposyd to do J to þe deth] *om.* h þe] *om.* G(1)HIJabe whyl . . . erthe] *om.* abcdefh whyl he was] here G(2) whyl] when H rythe] *om.* A 23 þere] *om.* G(1)HJK now] no A, *om.* Jabe false] criston *add.* ABCDEFG(1)G(2)HIJKabcdefh men] and wemen *add.* h cristened] *om.* ABCDEFG(1)G(2)HIJKabcdefh þat] *om.* f pursuen] persewyt e hym] now *add.* G(2), now whyle he ys reynyng *add.* h in] om G(2) 24 nota *cropped in margin* α 24–5 And . . . heven] *om.* AEFG(2) 24 And] as G(1)HJfh, for as K, *om.* abcd sayth] þus *add.* h þat] *om.* G(1)JK syngeth] synneth BCDG(1)HIJKbcefh, pursues hym myche d 25 pursueth] pursyud G, dothe persew h hym[1]] crist now whyle he ys h 25–61 in . . . hertus] wherefor folew we hys stappes and kepe we hys commandementes and hys byddynges as trew cristyn men schul do and suffyr we pacyenly for the loue of god as god suffred for owur sakys for what myth he do more for owur loue þan he hath don and ȝyt we be hym ofte tymys full vnkynd h 25–6 þan . . . þan] the J 25 þan] ded *add.* ACK to] þe *add.* c deth] here *add.* G(1)IKf 26 in erthe] *om.* ae ȝe] wee ae wyche] wythe α þeise ben] þey þat pursuyn hym J þeise] þos D, tho G(2), they EFG(1)Kabcdef 27 wyth . . . mowthe] *om.* AC mowthe] meue d saythe] sayd b þus] qui ex deo est verba dei audit *add.* abcdef, *om.* EG(1)K 27–8 in . . . þus] *om.* abcde, that is to say f 28 day] qui est ex deo verba (verbum J) dei audit (et cetera J, Iohannis ut supra K) *add.* G(2)JK where . . . þus] *om.* ACEFG(1)G(2)JK where he] and I þus] quia est ex deo verba dei audit quia non auditits quia ex deo non estis I Who þat] he þat BKabcdef, whosoeuer ADEFG(2)HJ, whoso CI God] good H he[2]] *om.* ACDEFHKabcdef 29 heres] woll here G(2) Goddes worde] the woorde (woorde] wordes f) of god abcdef worde] wurdis H, wordis propteria vos non auditis quia ex deo non estis (ut supra þat ys to sey K) G(2)K, wordys propterea non auditis et cetera J 29–30 Wherefore . . . Godde] *om.* df 29 Wherefore] but ABC ȝe[1]] þat *add.* G(1)K, he Hae, þay I here] herethe Hae, hit *add.* ABC, hem *add.* J notte] goddis word *add.* G(2) for ȝe be] that is a for] *om.* G(1)IK ȝe[2]] þay I, he e be] is e 29–30 of Godde] hym G(2) 30 þus] also G(2) Criste] god ACH, he G(2) hymself] *om.* G(2) scheweth] shewyd J, *om.* F whyche þay] *small over er.* G(1), who hyt K 31 hym] em H now] reynyng *add.* AC, *om.* EIJabcdef in] to G(2) heven] whiche be *add.* f, as scripture seyth gaudent cum male fecerunt et exultant in rebus pessimis prouerbiorum 2 *add.* K þais . . . þai] they that be not clene and G(2) þais] þat *add.* G(1)Kaef, they that EG(2), thos that FI, þos þat haue b bene] so *add.* A gladde whan þai] not clene and G(2) done] any (any] a cd, an f) euyll deyd (deyd] *om.* f) or *add.* bcdf a] mony G(2) foule] sory G(1)K, euell ace dede] dedes G(2) 32 grownded] rotid f foule] euell af and[2]] þat þey AC for] noþyng for *add.* DEJ, no thyng þat is for *add.* G(2) no] *om.* abdef 33 preching] þing FG(2) for no] *om.* Bc no] *om.* Jabdef euer] euery c 33–4 defendeth . . . and[1]] denyithe hore god soche G(2) 33 gulte] gylle H, trespas and excusen hit AC, foule deedis abcde, vnthrifti condiciouns f be] ben e 34 of] as c suche] *om.* f other] *om.* Hbe os] thereas f bene] draw vnto f and ben] *om.* d and[1]] anon thay *add.* f, that E ben] ar A wrothe and] *om.* G(2)f 35 hym] hem ACG(1)G(2)Habcdef þat] and D telleth] wolde reproue f hem] *om.* G(2)f bot sothe] (of b) þer defautys (et cetera abcde) JKabcdef bot] b- *over* n-? α, her ABCDE, þe FG(1)G(2)HI 35–8 For . . . as] Narracio E 35–7 For . . . allegate] *om.* F 35 For] þe *add.* G(1) 36 worlde] peepill abcdef is] *om.* c now] nowadayes Kabcdef, *om.* D þat[1]] for I schal] schud b þat[2]] wolle *add.* ABCG(1)Iabcdef sayth] say If, allegate say ABCabcde, telle G(1), tellyth K 37 sothe] trouþ cdf now allegate] *om.* ABCEG(1)G(2)IJKabcdef allegate] allway DH 38 nota *cropped in margin* α Herby . . . ensaumpul] *om.* E Herby . . . an] wherfore I tell you þis J, narracio *in margin* CH Herby] as f, *om.* H schewen] telle AC ȝow] *om.* BG(1)Kdf an] by f, *om.* Hd ensaumpul] narracio *add.* DEF as . . . how] we (I D) rede þat BD, *om.* ACabcdef as] *om.* FG(1)G(2)HJ how] *om.* EF, þat G(1)G(2)HJK was] wer I 39 sum tyme] *om.* G(2)J a[1]] man that had a *add.* f a[2]] the EFG(2) cyte] of rome *add.* EFG(2) of] *om.* c alle] eny G(1)K, a a, an e 39–40 stolne . . . hadde[1]] *om.* J 39 stolne þing] þynge þat was stoolon A þing] þyngus Dbg and] *om.* G(2) 40 who] *om.* d hit] were that *add.* G(2), hem g, *om.* Hb hadde] hit *add.* G(2), þam *add.* b, stolne hit *add.* H, and *add.* f So] that *add.* G(2), þen G(1)HKabcdeg, it happid *add.* f þare] hit J ȝung] *om.* G(2) þat] *om.* K a] certeyne *add.* AC thyng] ryng J 41 was] *om.* J adrede] aferd G(1)G(2)JKd þat] þe FHJabcdefg leste . . . hym] *om.* abcdefg hadde dyscured] wolde dyskeuer ACEFJ hadde] wolde haue G(2)H 41–2 anone . . . and[1]] *om.* EFG(2)HJ 41 anone] (so B) he *add.* ACabcdeg, *om.* f 42 ȝode to] told hym d ȝode] wente ABG(1)Kabceg, cam f hym] þe mawmet ACc sayde] þus *add.* AC, to hym *add.* G(2)J Wel] wylle A wotte] that *add.* abeg mythe] mightest F, mayesthe ABCJKacfg, may Ie, must bd 42–3 and vylany] *om.* G(2)J 42 and[2]] *om.* b 43 ȝif þou wilte] *om.* abcdefg ȝif] and I wilte] woldest EFG(2)H þat . . . on] my trowyth AC þat] the Kf, *om.* EFG(2)abcdeg God] þat *add.* DEFG(1)G(2)HIJKabcdefg I[1]] *om.* H leue on] *trs.* αBEFG(2)HIJabcdeg leue] beleue G(1)G(2)HJKabcdefg, `b(o *alt. to* e?)e´ E on] vppon G(2)f and . . . me] *om.* G(1) and] yf ABCK þou] wolte *add.* A discure] distrye a, slander d 44 wil] schall ABCG(2)Icd breke þine heuede] all tobarst the G(2) heuede] then *add.* G(1) 44–6 so . . . And] then come this man that had his goode stolen and praied F, *om.* E 44 so] he *add.* AG(2)JK, *om.* H ȝode] rode G(2), went Kabcdefg forth] *om.* Kc þan] thus H, and f sone] anon Kf afftur] *om.* Ka 45 comon þai] come he G(2) þat] and ae miston here þing] hadde the thing awey G(2) miston] owden AC here þing] hym g here] þat A, þe CK, this G(1)H þing] thinges and ae, ryng J, gode G(1)K for to] that he wolde G(2)H 46 hem] hym d, *om.* J hit] *om.* BG(1)K hadde[1]] þat thyng *add.* B, þis goode G(1)K whan . . . longe] þey so longe prayd þat J whan] *om.* H þei] he EFG(2) hadde[2]] *om.* DH preyed] so *add.* DEFH longe] *om.* df 46–7 þis mawment] he B 46 þis] þe CEFG(2)HJKabcdefg, *om.* A 47 spake] to hem *add.* K, beganne to speke G(2) and sayde þus] *om.* cd þus] theose G(1), *om.* ACabefg Tyme is] (þe AC) tymus be ABCDEFG(1)G(2)HIJKabcdefg chaunged] and *add.* ABC 47–8 men bene worsed] *om.* EFG(2) 48 worsed] (wors

G(1)abcefg) (now G(1)) þan they were G(1)abcdefg, waxyn worse J, made wors now þen þey were K and] for ACG(1)K now . . . say] whoso (euer abcefg) saieth abcdefg now] *om.* I þer] *om.* G(1)G(2)K may] dar G(1)K þe] *om.* d bot ȝif] *om.* abcdefg ȝif] *om.* ABCEFG(1)G(2)IK 48–9 his . . . brokon] he haue a brokyn hede J, he schall be all tobarst G(2) 48 heued] schall *add.* ACKabcdefg 50 þus] surrus *add.* AC, for f, Qui veritatem dicit caput fractum habebit *in margin* K wo is] *om.* J wo] woo ABCDEFG(1)Ikabcdef, who α, whoso G(2), who H þe] a G(2) trew] trusty G(2), truist HJ þat schal lyuen] *om.* J þat] and G(2) schal lyuen] lyuyth DEFG(2)H þis] the Eeg For] þat B, *om.* G(2)HJ he] they ae 51 so] *om.* JKf pluckud] plukcud α at . . . syde] to (and fro abeg) abceg, *om.* df at] to B, *om.* EFG(2)I on] *om.* J vche a] euery EG(2)HIJK a] *om.* ACD he] they ae not] *om.* a wytton] know K, *om.* g to] *om.* f whom] trustilye *add.* ae 52 he] they ae schal] trastely *add.* bcdg, may HIJ, may trustly ABC, may trust nor K, trust to and *add.* f discuron] tell IKf, schev d his] thaire ae counsayle] to *add.* f 52–3 þilk . . . For] he that spekeþ feyrest shall (shall] woll K) sennest (sennest] sendyst K) disceyue a man G(1)K 52 þilk] þey ACEFG(2)HJcf, þo d, þos I, he abeg þat] *om.* f wil] wold I furst] soneste ABCIabcdefg, *om.* J disceyuen] discuren α, dyskeuer G(2) 52–3 a man] hym Iabceg, þe d 53 þai willon] that f þai] *om.* Babeg willon] fyrst *add.* DEFG(2)HJ speke . . . For] *om.* I speke] þe *add.* beg fayrest on hym] him the fairest a fayrest] fayre DEFG(2)HJ on hym] *om.* Ecdeg on] to BDFG(2)Jf, with Hb For os] *om.* Kabcdefg For] *om.* ABCK we redon] I rede K, it is writen abcdefg, Narracio *in margin* K redon] rededon α 53–4 in . . . Kyngus] *om.* G(2) 53 þe] *om.* d Boke] bokes F of] þe J 54 how] *om.* AG(2)H weron] was d too] *om.* g þat envyed] envious ich oon (ich oon] (þat c) eiþer cd, eueryone g) to (to] with þe b) abcdeg, eche of hem enuyous to f envyed] eyþer (with K) *add.* BG(1)K, icheon *add.* H, haddon enuy (eyþur ACG(2)H) to (to] at G(2), of J) ACEG(2)HIJ other] þat hetton *add.* AC, that (that] þe c) (oon ac) hight *add.* abcdefg, and one was callyd *add.* G(2), þe wych þat hyȝt I Ioab] Iacob EFG(2)b, Iaalij H and] þat (þat] þe c) othyr *add.* G(2)ac 55 Amasa[1]] amasia abeg þan] and ABCabcdeg, so K, and so f, *om.* G(1) on[1] . . . on[2]] Ioab vpon a tyme met with f on[1] . . . metton] *om.* abcdeg os þei metton] *om.* G(2) metton] this *add.* E Ioab] Iacob EFG(2)b logh . . . and] *om.* Abcdeg logh] lowȝ ABCDHIJ, loughed EFG(1)G(2)K, legh α on] þis *add.* K, *om.* J 55–6 sayde . . . bot] come to hym and bede hym kys hym and clyppyd hym abowte the necke wythe þat on hond and G(2) sayde . . . and[1]] spak to him EF, *om.* G(1) 55 sayde] to amasia (amasia] amasa cd) abcdeg 56 Amasa] *om.* abcdefg toke . . . and] *om.* abcdefg chyn] with that one honde *add.* E bot] and abcdefg

57 þat] þe G(1)HJ, his Aabcdefg hand] behynde him *add.* abcdeg he] *om.* cdf smotte . . . and] *om.* EG(2) in . . . hym] (and g) with a knyf (euen aeg) to the (the] his g) hert abcdeg, behynde to the herte f in þe bak] *om.* F bak] with a knyff *add.* AC and] so *add.* AC þus] it *add.* abcdefg 58 fareth] þis word and *add.* H, þe worlde and *add.* J, by *add.* abcdef pepul] folke d now-on-dayus] now abdef, now by g, þese dayes B, *om.* K þay] þat DG(2) 59 bot . . . hym^2] *om.* HJ bot] and FG(2)abcdefg behynden hym] be his bak turned C hym^1] *om.* Dae þei] *om.* G(2) sclene . . . here] his G(2) here] the ab, *om.* g tonge] tonges G(1)Kf, tongys and do false J, the which is a shreude (shreude] curssid f) swerde (`euen to þe hert´ g) *add.* abcdefg þeyse] this e 60 þoo] þey ADFG(1)G(2)HIJKcdef, of hem BC here . . . ne] pursued (pursued] pursue cdf) him (him] crist cf) in heuen and abcdefg here] heryd H notte] *om.* EFG(2)I Goddys worde] þe worde of god AC worde] wordes G(1)G(2)HIJK 60–1 ne . . . hitte] *om.* G(2) 60 ne] and EFIb þereby] by hem G^{1}IK, by goddis woorde (woorde] wordes b) abcdeg, by the worde of god f for] *om.* IJ 61 hitte] hem G(1)IK heres] but *add.* G(2) it synkus] it syngyth g, þey synketh G^{1}IK it] in α in] vnto G(2), to J 62 compleyneth] hym *add.* ABCG(1)G(2)IKabcdefg greuosly] *om.* AC þis] his ABCG(1)HJKbcdfgh, þe *add. next line* α holy] *om.* ABCG(1)HJKabcdefgh prophete] fulle greuusly *add.* AC 63 Ieremye] Ierome EF and] wherefore he h þus] quid inuenerunt patres vestri in me iniquitatis quia elongauerunt a me Jeremie 2° K, lamentacio Ieremie *in margin* K 63–4 Whatte . . . me] *om.* c 63 gylte] trespas ACf, *om.* K fadurres] in me *add.* AC, by me *add.* abdefgh 63–4 why . . . me] *om.* f 63 why] *om.* ACbdeh 64 þat þei ȝodon] `ȝed´ ȝe G(2) þei] ȝe Idh ȝodon] away *add.* ACG(2)abdegh, wenton DK, went abdeg, go h haue] *om.* ae trespassed] offendid f to ȝow] *om.* EG(2)abefgh in] *om.* G(2)f any] maner (of Iad) *add.* BG(1)IKabcdegh, mony G(2) þinge] wise f 65 telluþe] (hit Cabcdefgh) (to abcdegh) me *add.* ACG(1)G(2)Iabcdefgh for schame] *om.* f to owre pride] *om.* h to] me `let be´ *add.* e, of f, turn b, þat ȝe ben in G(1)K, let be a owre] your DEFG(1)G(2)HJKabef pride] and for shame that *add.* f God] that *add.* f in] *om.* G(1) rythe] side *add.* f, party *add.* h and] *om.* f ȝitte] ryght d 66 he] *om.* G(2) tretuth] tristyth G(2), entreth J wyth] *om.* G(2)ae vs] you DEFG(2)HJ bene] is d vronge] side *add.* f profurreth] vs *add.* ABCG(1)G(2)K, you *add.* J or] ȝef that G(2) we] ye J 67 hit] *om.* I askon] askyd I mekuth] makyth G(2) hym^1] redy *add.* G(2), hymselfe J to vs] *om.* g vs] hem G(1)abcdfh displesuth] dyspison ABCG^{2}IJKabcdeg, beth ful redy to dyspyse h hym^2] them `hym´ e and] he G(1)Ka, þat e scheweth] vs *add.* G(1)K, hym *add.* b luf] itrow *add.* G(2) 68 þere none is] þeras we ben non (non] not K) G(1)K þere] þat bg worthe] worþy ABCDEFG^{1}HIJKabcdefgh, and G(2) oure] thaire ae harder]

hardis H þan] þe *add.* G(1), eny *add.* Jh stonus] ston and G(2) 69 we[1]] they ae þan] þe *add.* G(1)K, eny *add.* h þus] and so G(2) hym] þam d scheweth] to *add.* BCG(1)cdfgh, schewyd to H, to G(2) 70 alle maner of] `al maner´ G(2) maner of] *om.* G(1)abcdefgh of] *om.* ABCDH and[1]] he G(1)K euer] he *add.* G(2), *om.* G(1)J þus] to vs ae, *om.* f 71 lyfte on hygh] lyght I am he G(2), left on die H, left on erth abcdefgh lyfte] vp *add.* CK on] *om.* G(1) for] þat G(2) alle] peple *add.* EG(1), men *add.* HJ, ȝe ABCKabcdefg, *om.* h schal] schulde ABCDEFG(1)HIJKabefgh heron] deme here G(2) spekon] and *add.* G(2) Turne] comyth D 72 wol] speke to you and *add.* H, shall Jd ȝow] þe bg Lo] all *add.* EFG(2), se how *add.* h of brode] and *add.* ae, all *add.* bcdfgh, *om.* G(2)H 73 to[1]] take and to *add.* h clyppon] (þe bg) and (to cg) take *add.* abcefg, halse and take d ȝow] lo *add.* I, thee abcdefg My[1] . . . ȝow] *om.* EF is[1]] down *add.* abeg bowed] down *add.* Icdfh, all *add.* aeg redy] *om.* AG(2) ȝow[2]] lo *add.* I, thee abceg, the and f, *om.* d 73–4 My[2] . . . ȝow] *om.*h 73 syde] sydes G(1)G(2)JKcdf is] ben G(1)G(2)Jcdf 74 opon] (all beg) redy *add.* HIabeg, redy cd schewon] yow *add.* ABCEFG(1)IJK, thee *add.* abcdefg 74–5 my[1] . . . schewne] *om.* G(2) 74 herte] lo how *add.* I to ȝow] *om.* ABCEFG(1)IJKabcdefg handes and] heued α and my fette] *om.* f and] *om.* αH my[3]] *om.* DFabeg blody] bledon ABCDEF-G(1)HIJKbcdfh, bleeding ae, redy *add.* H 75 schewne] to *add.* H ȝow[1]] þe b, *om.* BCacdefg suffred] suffur ABCae ȝow[2]] thee abcdefg ȝet] *om.* G(2) ȝe] don *add.* G(1), thou abcdefgh wry] wryest acdefgh, wrythest b, and turnen awey *add.* E, went G(2) away] fro me *add.* Fbc, alway H 75–7 and . . . ȝeftus] *om.* cd 75–6 and gruche for] *om.* aefgh 75 and] *om.* G(2) 76–7 gruche . . . and] *om.* b 76 gruche] grucched D, gruccing G(2) for to cum] *om.* H 76–7 ȝif . . . and] *om.* aegh 76 ȝif] ȝet D, yit if f 76–7 ȝe . . . and] thoue wilt folow me f 76 to me] *om.* ABCDEFG(1)IK 77 to me[1]] *om.* ABCDEFG(1)HI Cometh . . . wil] and J Cometh to me] *om.* G(1)H Cometh] *canc.* C to me[2]] *om.* K and] for H ȝow] thee abcdefgh 77–8 tresoure . . . ȝow] *om.* EFG(2) 78 I[1] . . . comparrison] *om.* G(1) schall] wull AC ȝow] thee abcdefh wythowton] any *add.* C 78–9 I[2]. . . ȝow] *om.* G(2) 78 wil] sall d 79 ȝow] thee abcdefh lyfe in] *om.* G(1)abcdefgh lyfe] lust K, places I in] and AD, of I, *om.* EFG(2)HJ and pes] *om.* abcdefgh so þat] and so h alle] *om.* G(2) þe] *om.* G(1) defawte] defautes af, fautes ce, fautes þat g, sautes b schal] *om.* a 80 be] founde *add.* Kabcdefgh me] ȝow αABCDEFG(1)G(2)HIJK, thee abcdefgh notte] none d ȝow] me αABCDEFG(1)G(2)HIJKabcdefgh God] oure blissid lorde f precheþ] vs *add.* f, prechyd b techeth] to us *add.* h And ȝet] but H ȝet] *om.* abcdefgh 81 beth . . . fewe] few ther ben f þere] *om.* c bot] ful

Fabcdegh, om. AC fewe] feywoe A wil] *om.* G(2) luyte . . . wordys] but (þey G(1)Kh) letton (all Kabcdefgh) þese (þese] the f) (comfortable K) (wordus ABCIKabcdefgh) passe away (away] *om.* cd) and taken hem not (taken hem not] not hold (alway e) (oon of ac, `on of′ e) (hem BG(1)I-Kabcdfh, `þem′ e) ABCG(1)IKabcdefgh luyte] ne DEFG(2), nor HJ haue] sette H, kepyn J þeis] þe HJ 82 sadde] sadly ACIJ, stidfastly f, hard bcdgh, *om.* G(2)Hae in] to C here] mynd and þer *add.* I, oure c, *om.* ACEF herte] hertys DG(1)G(2)HJKdfh, mynd I 82–3 alle . . . in] they haue more þowȝt noweadays how þey may be riche and save more by h 82 alle] allway abcdeg, euer f, *om.* ABCG(1)K ben] *om.* HI besy] by (by] in BG[1]IKabcdefg) (þer Ig) (hert abcde) þowȝte and dede *add.* ABCG(1)IKabcdefg be ryche] haue (haue] gete G(1)K) rycheyse ABCG(1)K 82–3 weltheful . . . and[1]] *om.* f 82 weltheful] welthe ABCK, welth and tethfull ae, welefull EFJ, wylfull DG(1)G(2)HIbcd, thinke full litill f 83 þis] worlde and *add.* a, his g lyue þat is[1]] world J is[1]] *om.* A here . . . is[2]] *om.* EFG(2)c here] nowe *add.* ABCG(1)IKabdeg, now þan by hys precius sowle *add.* h recchyþ . . . and] setton nowȝte by but AC recchyþ] -þ *over* -d? α, but *add.* G(1)JK, fulle *add.* g, rakes Ie, set H, thinke full f lytul] or nowt *add.* h of] by H, *om.* g þe] þat g, *om.* G(1) lyue] world d comying] to come BIabdegh 83–4 and[2] . . . how] *om.* f 84 bot] ful EFg, *om.* ACDG(2)HJabcdeh hede] entent H sore] peynes *add.* J, *om.*G(2)Hf sufred] passion *add.* abe, that bittir passion f for] vs *add.* ACG(2)I to blysse] þe lyfe g to] the *add.* ABCEG(2)IJacdefh, þat *add.* b, his *add.* G(1)K blysse] lyf abcef 86–94 Wherefore . . . þat] Crist seyth hit G(1) 86 persoun] pardon G(2) maketh] a *add.* ABCIKabcdefgh 87 waymentacion] lamentacion ABCEFG(1)G(2)HIJKabcdefgh for] þe (grett *add.* AIJK) ABCDFG(2)IJKh, of þe E vnkyndenesse] wekdynes G(2) sethe] syȝ A, seith a, saye g, fyndyth J in men] *om.* abcdefg in] with ABCG(2)K men] man BCEG(2)HIKh, mankend A 88 þow] o thoue f, a I for[1] . . . wepe] *om.* h for[1]] grete *add.* E vanite] thow *add.* G(2)d syngust] singeth E ioyust] royteste ABCDK, routes FG(2)IJc, rowtyst Habdeg, routeth E, lawghist I] *om.* ae wepe] and *add.* f, wete G(2) 89 þou hast] *om.* J I] *om.* c þe] on my hed *add.* ABCDEFK, þi loue H, loue of þe *add.* h suffer] sofferd IJ, were abefg, have wered cdh, haue on my hedde G(2), yrust on my hed H 89 a] and J, all e wreþe] wrethen aeg, wrytyng b, wered a garlond J, garlonde G(2)f, crowne cdh 90 strong] prykkyng AC, prikked EFK, tyngynge B, stynkyng D, charpe HJ, *om.* G(2)abcdefgh þornes] þan *add.* H handes] honde EFbeg, a peire of *add.* abcdefgh I] *om.* I 90–1 þi loue] love of the K, thee abcdefgh haue] *om.* G(2)I 91–3 þou . . . nayles] *om.* h 91 þi] -i *oblit. by blue ink of G initial (f. 54[r])* α harmes] hondys JKabe, honde g spradde on brode] *om.* Hg on brode] and þi handys *add.* I, *om.*

abcdf ledyng] to lede abcdf 92 karolus] dawnsus ABCKf, songus G(2) and] so *add.* J, *om.* H I] myne I þi luf] the G(2), the loue of the f haue myne harmes] ar I haue] hadde *add.* G(2) harmes] handes abeg þe] a ACJKabcdefg 93 tackyd] to *add.* b, on add, f, tached (þerto ABCK, to aeg) ABCDEKadeg, stekyd fast G(2), perched I grete] *om.* HJc þi] *om.* H cloþes] cloþe raggyd and D pynched] full *add.* abcdefgh smalle] with clothis *add.* g 93–4 I haue] *om.* abcdefgh 93 I] *om.* K 94 haue] on *add.* J my . . . luf] for þi loue on my body H body] is *add.* abcdefgh for þi luf] *om.* IK þi luf] þe ABCG(2), thee acdefg ful of] mony J, *om.* H grete] *om.* K walus] wale f, whelis aeg, wellys b, holys G(2), wondes d ouer þis] crist seyth þus *add.* K, on thing (ys G(2)) G(2)abcdefgh, þes ar þos I ouer] alle *add.* ACHJ 94–5 þat . . . moste] *om.* F, nota bene *in margin* g 94 þat] hit K, *om.* abcdefgh 95 moste] þat *add.* H, moche þat G(1)K þou settyst] ȝe set I þat] *rep.* h sufferud] soffer I for] þe loue of *add.* h bot] leyth thou þat *add.* h 96 be] with abcdefgh me[1]] my passioun EF, þe αI, thi ABCG(1)Kabcdefgh orybull swerust] þou swerist oryble (-ely *canc.*) G(2) orybull] horyably J, horribly þou EF swerust] swerus αD, swerest EFG(2)HJ, swering thou acdefgh, swerynges þou b, owthes ABCG(1)IK and] *om.* αABCDEFG(1)JKabcdefgh alle day] allway H, þou C, *om.* abcdefgh vmbreydust] vpbraydis c, reyuest abeg me[2]] þerof *add.* C, of my passioun *add.* K, by *add.* H 97 face . . . myne[1]] sydes be my fett be my wondes be my (be my] and d) bd face, be my] *om.* C face] and *add.* G(2)h, be my body *add.* I be my ȝene] *om.* G(1)K ȝene] be my face *rep.* α 97–8 be[2] . . . alle] armys and naylis and be G(2) 97 nayles] by my sydes by my feete by my woundes (and cfh) *add.* acefgh be[3]] *om.* h armes] by my sidus *add.* K 97–8 be[4] . . . blode] *om.* BCG(1)Iabcdefgh 97 be[4]] *om.* A 97–8 be myne blode] my sowle A, by my woundis K 98 so[1]] *om.* B be . . . body] *om.* G(1) alle] the partyes of *add.* K, *om.* Hcd body] þat bled for yow apace *add.* G(2) so[2]] thus f þou] *om.* BG(1)Kcd de-marrust] demertereste ABCG(1), marterys DEFG(2)HIJKabcdefgh 99 me] new aȝen *add.* h be] a *add.* ABCDG(1)HIJK foule] full ae vse and] a *add.* K, a fowle *add.* ABC, vys b, *om.* H custome] þat þow hast *add.* C of sweringe] and (þowe g) swerist (by abeg, to f, þere c) abcdf of] in þi h, *om.* HJ þat] (þat befg) þou *add.* G(2)HJabefgh, (þereas ABC) þou ABCG(1)Kc schuldust] schuldeth A, schuld Hbde done] *om.* G(1)Kag 99–100 reuerens and] *om.* h 100 and worschep to] *om.* K and[1]] do *add.* H worschep] worch`shyp′ e to[1]] for *add.* h, *om.* G(1)aeg to[2]] *om.* G(1)Kabegh passioun] in *add.* E I] `hy′? E suffered] þe and *add.* I 100–1 so sore] *om.* ACh 101 sore] *om.* G(2)HJ þi sake] þe Cf 102 nota *cropped in margin* α, narracio *in margin* BC 102–29 *Narracio* . . . Amen] and þerfor ȝe auȝt to do worchep and to haue þem in grete reuerens and yf ȝe wolde do so þan shewe y ȝow to crist ȝowre kyndnes and þan he at þe day of dome wyll rewarde ȝow the blys of heuen to þe wyche blys he bryng (vn *canc.*) vs et cetera h 102 *Narracio*] *in margin* K, *om.* ABCG(1)G(2)HIJKabcdefg I] we ABC rede] fynde abeg þe[1] . . . *Romaynus*] gestys romanorum IJcd þe[1]] *om.* AG(2)f þe[2]] *om.* ABCEFG(1)G(2)HKabf *Romaynus*] romance beg þe[3]] an ABCK emperoure] of rome *add.* Cc 103 to[1]] of F a[2]] certen *add.* AC, *om.* H a bene] be ABCDEFG(1)G(2)HIJKabcdefg a[4]] *om.* G(2)IJ oure] of H hem] þe pepull ACJ 103–4 Botte . . . comynge] þen AC, where abeg, wherby byfore cd 103 Botte] where B, and so G(1)K, and f, *om.* I 104 before hys comynge] till he com þider J before] so for H hys comynge] that tyme f man] in þat lond *add.* C þat] *om.* FG(1)G(2) kowthe swere] loued ae kowthe] dud G(1)K swere] *om.* bg none] oþer *add.* ADEFG(2), a J, an f, any Cabeg oþus] othe EFG(1)IJKacdefg, of þoe H but] oþur þen C 105 þan . . . he] (but G(2)) then this iustice G(2)J aftur] the tyme *add.* f þat] *om.* aeg þis] þe BH iustice] was *add.* G(1)K, þe *add.* g, man b, *om.* ae he] and *add.* ae alle men] hem A 106–7 on . . . sweron] 106 schyrus] cherchis H and] *om.* α in[2]] *om.* BCDEFG(1)Ka hundrus] cowurpus A, contrayes abcdefg And] for G(1)K 107 weron so wonte] hadden in custom G(1)K so] *om.* BG(2)Habcdeg 107–8 be . . . woundys] bones armes (and K) sydes and by all the menbres of that blessed lord G(1)K 107 Goddys passyon] the passioun of crist c Goddys] cristus AC, the abdefg and armes] *om.* AC and[1]] `and' E, by his *add.* G(2), by his woundys *add.* c, *om.* FJaef and[2]] `and' E, by his *add.* AC, *om.* Ff 108 nota *cropped in margin* α sydes, and blody] *om.* G(2) and] (by C) his *add.* BCI, his A, *om.* Jabce blody woundys] blode and wondys Jabeg, *om.* c woundys] of god *add.* f, and so by alle þe parties of his body *add.* AC, and by his precious body *add.* G(2) þat] and then G(2) þe] maner G(1) 108–9 toke . . . alle] *om.* EFG(2) 108 toke] ensample *add.* K at . . . in] of hym such a J at hem] it G(1)abcdefg 108–9 so . . . alle] and AC 108 so] and had K, *om.* G(1) vse] whyll I 108–9 þat . . . orubullyche] to swere G(1)K 108 þat] they *add.* abeg 109 alle] þay *add.* IJ, þe pepull *add.* D, þay Hf sworon] as *add.* ABCDEFG(2)HJcdf, so *add.* I, did swere as abeg, swere D orybullyche] horibull HIf, orribull oþus AC, *om.* G(2) þei] the iustice and his men G(1)K, he J dyddyn] dyd J, might ae, *om.* bcdfg þan] anone *add.* f, so G(1), that g þis] the BEFG(1)G(2)HJbdfg 110 in] at cd his] þe cd, *om.* abefg iusterye] iusticye G(1)I, iustise G(2)H, iustice and doyng his office K, iugement (and f) Jcdf, iuge abeg, office AC, estate E men] peple E come] to hym *add.* G(2) 110–11 inne . . . seyne] a faire wommanne abcdefg 110 inne] *om.* G(2)H þe] *om.* G(2) 111 þay seyne] was seyen G(1)JK, mon se G(2) alle] and DHJ, *om.* f cladde] cloþed ABCDEFG(1)G(2)JKabcdeg, clothen H, clene I 111–12 a fayre childe] the farest child off all þe world G(2) 112 lappe] armys K, alle *add.* AIJabdefg, and sayd al *add.* H bledyng] blody ABCDEFG(1)HIJKabcdefg, *om.* G(2) and[1]] was *add.* G(2) alle] *om.* I tomarryd] tomartred BDEFG(1)G(2)HIJKf, demartiryd AC, martired abcdeg and sayde] *om.* H and[2]] ho *add.* D 113 Sur] *om.* ABCG(1)IKabcdefg bene] wer I, art ae þai] thou ae (*alt. to* they a) worthi] to haue *add.* BEG(2)HIJKcf haue] hast *alt. to* haue a, *om.* I ferde with] arayed G(1)Kf ferde] faren Hc 114 ben] wer I, A wonder shewed for oathes *in margin* K worthi] wurthe H to haue] þe *add.* ABCDG(1)G(2)Kbcdfg, *om.* H haue deth] dye a 115 answerud . . . and[1]] *om.* HJ þe womman] sche ABCDEFG(1)G(2)IKabcdefg sayde] scho *add.* HJ þus] *om.* G(2)HI 115–16 wyth . . . othus] *om.* G(1)K 115 ȝoure] grett *add.* ABC, thaire ad, *om.* G(2) 116 oribul] horribely ce, falce G(2), *om.* A þus] demartired and AC, *om.* BDEFG(1)JK demembrud] arayed G(1)K Sonne] child Kae 116–17 Ihesu . . . lande] *om.* g 117 And so] also G(2) so] for cd ȝe haue] þou hast EFG(1)G(2)Kd now] *om.* EFG(1)G(2)HIJKabcdefg alle] the pepull of *add.* J, *om.* I þis] þe Jabe lande] and *add.* AC, to swer *add.* Ic, to do *add.* J, pepull H Wherefore] þerfore ACd 118 haue] `haue´ e now] *om.* ABCDEFG(1)G(2)HIJKabcdf awne] iugement and *add.* K þanne] and ACf in] the *add.* abdeg 118–19 þe pepul] men G(2)IKabcdefg 118 þe] *om.* BEH 119 so aftur] *om.* G(2) so] the *add.* G(1), *om.* ACHIJ aftur] afterwarde J, *om.* abcdefg 120 þe] *om.* J weron . . . and] for fere therof f weron] was ABCDFG(1)Icg, *om.* d sorily] sore ABCG(1)G(2)IKabdeg, gretly DEFHJ agast] for feer *add.* abg, aferd BJd 120–1 and . . . sweryng] þat þey laftyn hur grete othis G(2) 120 amendud] did amend E, men I of . . . and] and lafte her AC othus and] *om.* B 120–1 and sweryng] *om.* DEFG(1)HIJKabcdefg 122 syrres and dames] frendes G(2), men and women I, *om.* abcdefg and] *om.* J as] true *add.* abcdefg men] folke IJ, peple K schul] schulde ABCEFG(1)G(2)HIJKabcdefg done] and *add.* ABG(1)K, loueth youre soules and *add.* abcdefg, *om.* ACf 123 and ȝoure swering] *om.* ABCDEG(1)G(2)HIJabcdefg to] *om.* Jf 124 to[1] . . . and[2]] *om.* H techeth] (ye EF) all *add.* DEFJ other] ȝoure seruaunts G(1), youre childryn and youre seruantes K, all the pepull G(2) 124–5 And kneluth now] nowe schull ȝe knele ACG(1)IK 125 kneluth now adowne] *om.* abcdefg now] ye EFG(2), *om.* J preing] (and G(2)) pray (yee abeg) G(2)Iabcdefg, and besecheth almyȝty G(1)K to] allmyghti *add.* E, *om.* G(1)HKf God] crist DFG(2)HJ þat he forȝef] (to ACabcdeg) forȝeue ACabcdefg þat he] wold *add.* I, *om.* H ȝow] all *add.* abeg, ȝoure trespas *add.* G(1) 125–6 þat . . . recheles] as for H 125 ȝe] *om.*

G(2) 126 aȝeynus] to abcdefg 126–7 be . . . to] and so mot it be g, *om.* abcdef 126 be] in G(2) recheles] oþus *add.* A, rechelnesse EF swering] praying and *add.* E 126–7 besecheing . . . to] and all oþer fautis and so þat ye may cum to blis þat euer schal H 126 besecheing] beseke I for] of EFG(2)I his] *om.* G(2) 127 grete] grace and EF, gracius G(2) so] *om.* ABCDEFG(1)G(2)IJK ȝow] now *add.* G(2) tyme] to *add.* J comyng . . . may] to come G(2) comyng] and *add.* G(1)J may] mow ABC 128–9 done . . . to] trespast and don amys and þat he bring yow vnto the blisse of hevyn G(2) 128 done mysse aȝaynus] trespased to AC done mysse] mysdone B aȝaynus . . . modur] *om.* EFJ and[1]] to *add.* AC swete] *om.* I 128–9 haue[2] . . . Amen] all the (holy G(1)) company of heuen and thorewe his gracious godhede to bryng ȝow to þe ioy and blis þat euer shal last amen (amen] et cetera K) G(1)K, (to A) all þe (holy AC) cumpayny of heyuen (et cetera BC) ABC, all þe sayntus in heuen I, bring you to þe ioy (ioy] blisse F) that euer shall last Amen EF, to comme to þe blysse þat neuer shall haue endyng amen J 129 Amen] *om.* adf

vi. SERMON 34 (1 LENT) HAND D*

αDEFG

1–2 *Hic . . . modo*] *om.* DG 1 *Hic . . . scilicet*] *om.* EF *Hic . . . sermo*] *canc. with* [cau]ias *and* nota *with red paraph cropped in margin* α 2 *ut . . . modo*] *om.* EF 3 *Hortamur*] H- *in blue, dec., 3 ll. deep* α ad] *om.* DEFG 5 þus] *om.* G ȝow] and we warned yow *add.* G 6 Crystus] Goddes G 7 pistul] gospell G þe[2]] þis DEFG wordus] word D 8 charguth] to *add.* G Goddus] good DEFG pepul] men G 9 þat[2]] his G veyne] ffor *add.* G 10 man[1]] men EFG, at *add.* EG 11 his grace] *om.* G any oþur] anoþer D, another tyme EFG 12 þeise] the EF, this G, *om.* D off] in EFG þan] in *add.* G 13 he partuth] is partid G 16 now] *om.* G monyche] mevith G 17 amonyche] meue G in] vndyre G þis] that G 18 of God] *om.* G veyne] ffor *add.* G 19 sawe] sayng D and sayne] *om.* G 20 new] *om.* G worþe[2]] *om.* α 21 golde] gode G 22 hit[1]] all *add.* E, *om.* FG 23 schenscheppe] vnworschip G þis] þus DEFG mowne] may DEFG sene] *om.* G 24 reson] know *add.* G worthe] worþy D a] any DEF new] *om.* DEFG But] *om.* G 25 ffurre] forþer DFG, furthere more E ffor] *om.* G 26 prosperite] also *add.* E þat] ȝet G comuth] hit *add.* G grace] and truly *add.* G 27 welle] *om.* E witalle] his herte *add.* G 28–32 But . . . of] *om.* EF 28 þan] *om.* DG pleynuth] euer *add.* G 29 þai] *om.* DG God[2]] he G bydduth] bede G 30 and . . . helde] therfore hit is ofte seyn þat mony one con G so] *om.* D helde] eldyr D þat] and yette he G 31 beme] bene α, mylston G here] his G knowon] well G 32 God] moreouer god E whan he] *om.* EF a] som EF man] men E men] mon DF 33 some] hom DEFG þat] ffor G þei] þer α schul] schuld DEFG 34 so] *om.* EFG byggon] by DF, wynne EG 36 þof] yf DEFG 37 þus . . . pore] *om.* DEFG 38 we] I EG amonech] meue G not] *om.* α 39 þis] the G But] ne G 40–1 but . . . grace] *om.* EFG 41 gruche] gruthe α aȝeynus] his *add.* DEFG 42 man] *om.* DEFG 42–3 take . . . But] *om.* EF 42 take] he *add.* G þank] he *add.* G 43 schal] know and *add.* G fynde hit] haue þat D 43–4 be a man] a man be he DG, whether he be EF 44 or] *om.* G be he] *om.* EF haue] the *add.* G grace] of God *add.* DEFG 45 off God] *om.* E and how] *om.* G ȝelduth] ȝeuyth DEFG aȝayne] and þat *add.* G tellon] him *add.* E 46 worthe] worþy DEF, to G þan] too *add.* G 48 hath] had EF 51 þan] for to doo *add.* G 52 for two causes] þe cause α 53 God] gad α takon] don DEFG anone] *om.* EG a] *om.* EF 54 day] dayes E one] *om.* DEFG now] þou α 55 in heuen] *om.* G þe] that DEF oþur] secunde G ful] off mercy G he is] *om.* EF 55–6 of his grace] *om.* G 55 his] *om.* DEF 56 grace^{1}] he is *add.* F, and mercy he is *add.* E wil^{1}] wold EFG off . . . and] *om.* G off his] *om.* DEF wil^{2}] wold EF 57 levon] þe *add.* DEFG do] take þe DEFG his] the EFG 58 not] þat *add.* G he saþe] *om.* G 59 a] þe G turne . . . and] *om.* G God and] good DEF 60 heruth] se E gracious] þat *add.* G 61 Whereffore . . . vayne] *om.* G grace] of god *add.* F 62 þenkuth] ye *add.* G 63 his] the E vche] euery EG 64 as] *om.* G Anselme] Austyn EFG 65 ȝiff] *om.* G dud] thatte dothe G vnworschepud] vnworshippeth FG, shuld vnworshipp E 66 worlely] erthly E for . . . his] þe E his] the G 67 þan] *om.* DEFG is a man] he (were *canc.*) ‵is′ G worthy] to haue *add.* G þe] *om.* E worcheppud . . . þat] *om.* G worcheppud not] vnworschypyth DEF 68 heven and] *om.* G off^{2}] ouer DEF he] the kyng of englond G 69 he] the kyng of hevyn G in^{3}] *om.* DEFG bownte] godenesse (or bewte *underlined*) G 70 be] ye *add.* F noȝte ȝe] (ȝe G) neuer DEFG 71 ȝoure] *om.* DEFG 72 longe] *om.* G wil smyte] smyteth E 73 he^{1}] *in margin* D 74 Narracio bona *in margin in the long hand* α þat^{1}] *om.* F rentus] rent EF 75 bote] that the which *add.* F myche gode] *om.* F 76 alle spende owte] spended oute al that he had E wedde] wowed E þe] þat DEF was] a *add.* E 77 inow] woman E But] and DFG þis knyȝte] he DFG knyȝte] man E were] a *add.* F, was DE pore] man *add.* F ffor] *om.* DEFG a] *om.* E man] *om.* E of] his *add.* G 78 person] then *add.* EFG scheo] þe lady F to hym þus] *om.* G wote] knowe E welle] þat *add.* DE þou] *om.* E 79 body] persone E schame] my worship E 80 haddust] haue DFG oþur] *om.* DEF myche] *om.* E 81 os . . . golde] *om.* G I] wol *add.* E þe] *om.* DEF 82 many ryche] *om.* G þe] *om.* E 83 wedde] haue DEFG he] þis man E so] hit DEF, *om.* G 84 hym] and bar forth hys gold *add.* D 85 and beryed hym] *om.* G beryed . . . golde] bare awey his golde with him and beried him there EF and[2]] then *add.* G, þen aftyr *add.* DF, then afterward he E bare . . . and[3]] *om.* D come] he *add.* F þe] `þat´ G 86 þis] þe DG, what F off] this *add.* G geton] take awey F and] slayn him and *add.* EG 87 þis nyȝte] tonyght DG 87–9 loke . . . and] *om.* G 88 owthe] se or *add.* F 89 forthe] *om.* DEF stode] stonde G graue] and so he dydde *add.* G 89–90 and[2] . . . graue] *om.* E 91 sette] sete G, sate DEF 91–2 to God] *om.* G 92 þat] (god F) as þou EFG 93 þus] *om.* G my[1]] true *add.* E gode . . . my] *om.* DFG 93–4 and . . . catelle] *om.* E 94 And] then G 95 he schulde] þou schalt DG schulde] shall E vengawnce] and *add.* DEF, on hym *add.* G 96 aȝayne] *om.* G 97 agaste] aferd D ȝode] `went´ D, *om.* G98 alle, and how] howe and all E 98 þis] þe DEFG how þat] *om.* G þat[1]] *om.* DEF 99 þan . . . lady] *om.* G 100 we] togedyr *add.* DEFG 101 xx wyntur] *om.* E wyntur] ȝere D grete] *om.* DEF in[2]] *om.* DEFG wele] welfare EF þis] the G 102 for þis vengaunce] *om.* G for] of DEF 103 þi] your EF 104 We] *om.* G schul] woll DEFG þis] þe G 105 þat] the E we] *om.* G schal] woll G alle] *om.* G 106 hit] vs DEF inow] *om.* G 106–7 so . . . and] *om.* FG 106 schape] scape D 106–7 welle . . . deden] *om.* E 107 deden soo] soo þay dyddyn (But G) DFG, *om.* E 110 was] þer *add.* DFG harper and] *om.* G allegatus . . . mete] all the mete while G allegatus] all way DEF þe] *om.* F 111 may] myght G sprytus] spyryte DEF, thing G þere] nere EF nyȝe] hit *add.* EF, *om.* D powste] powere G 112 þe[1]] a E is harde] *om.* G a boy] *om.* DEFG alle] þat hed *add.* G, *om.* DEF 113 bawded] his hondes *add.* G hys] the G stryngus] of his harpe *add.* G 114 þis] the G wode] wondyr (sory and G) DEFG 114–15 þis broþel] him EG 115 for] *om.* E flow] ron E away] and *add.* E, *om.* G 116 And] Butte G off þe castul] *om.* DEFG 117 how] *om.* DEFG þis[2]] the G sankke] synke DEFG 118 into . . . alle] and was G ȝe may se] *om.* G ȝow] þagh DEFG 119 amonesch] amene G his] the G 120 abydinge] god G welle] *om.* G alle] *om.* DEFG 121 be tyme and] *om.* G schryue] clansyth DEFG 122 For] ffor/ffor α ȝow] *om.* G also] all DEF, *om.* G 122–4 þere . . . For] *om.* G 122 þere þar] þeras DEF 122–3 is is] ys D, as α 124 schulde] schall DEF þor nere] there EF, *om.* D no man] non DEF schapon] scape DEF 125–6 þow . . . vs] we woll schryue vs But we may not answere off one gode ffor a m[1] off evyll G 126 for he] *om.* G 127 myȝte] may DEFG vndampnud] vndemyd G he] *om.* EF hye] mercy and *add.* E 128 he] *om.* D a] *om.* G curator] curat EF, curates G for] to DEFG mekly] *om.* DEFG 129 hauynge . . . doth] *om.* E hauynge] honynge α ferme] forme G feith in] feyth ffor G, *om.* αDF þat] *om.* G he doth] comyth to hym DFG þus] this Criste seyth G 130 evol] be *add.* E, dede be *add.* G a] *om.* G 131 curatur] curat EF, curates G ȝif] ȝeue D þat is more] *om.* G þat] þat *add.* EF hit] *om.* EF be] *om.* G 132 þe] *om.* G God] then *add.* G ȝeffuth] ȝeue þe DEFG 133 evon] than *add.* G But] and *add.* E ȝiff] and FG ȝeff] ȝeue DG þan] *om.* G 133–4 schalt . . . lytul] schall hyt DEFG 134 in] the peynys of *add.* G 134–7 So . . . purgatory] *om.* E 135 off] *om.* G his] *canc.* G 136 mekely] *om.* G schryfte-] goostly G is] þeyringe *add.* (*canc.*) G 137 here be] with þe G in] the peynes of *add.* G 138 schryfte] shryve the E 139 note] neuer EFG, euer D 140 wyche] suche G 140 grace] mercy G God] hathe and *add.* G 141 ordeyneth] ordeynet D 142–3 to ȝow] *om.* E 143 to²] be *add.* G 144 For] ffor α is] `not´ *add.* D in] by G at] in G 145 knowon] opynyd G with] vnto G þan] *om.* G he] *om.* G 145–6 þat heluth] *om.* DEFG 146 þerfore] *om.* G þerfore] þe fore α, wherfore G 148 þat] this hit G 149 amonysche] meue G, charge F ȝow] bothe riche and poer *add.* E 150 hydde] *om.* DEFG 151 Narracio *in margin in the long hand* α *Narracio*] *om.* G 151–91 For . . . ende] *om.* EF 151 For] ffor α þus] this G 153 haue] *om.* G schryvon] ther off *add.* G 156 of] on DG þat] hure G synne] then *add.* G Cryste] that blessid lorde full of mercy *add.* G 158 þat¹] thy G lythe þerinne] þou lyse yn D, þou leuyst in G 159 and] he *add.* G 160 hur] *om.* G hit¹] *om.* G syde] and sayde *add.* D 161 and sayde] *om.* D opon] schew G 162 agrysud] agryed D 164 wore schryuen] had schryuen hur DG þat synne] hure synnes G schryven] off hure synnes *add.* G þe] þat G 165 whyte] as clene G esy] his G 166 makynge] he *add.* α wil, for] wherfore G 167 in] off G 168 and also] for he G also] so D at] þe *add.* D for to do] to G 169–70 hys . . . wylle] hitte G 169 hys penawnce] *om.* D 170 wil] do D done] *om.* D 171–2 makon . . . hym¹] cheressche hym more DG 172 þe] grete *add.* G 173 þoȝ] yf G wolde] woll G ȝitte into] tyll G 175 not] amend *add.* G þan] *om.* DG byndon] hym *add.* DG hande and fotte] *om.* G 176 hys . . . þe] *om.* G hys] *om.* D payne] paynes DG 176–7 his he wille] ys wele D, he is well G 178 men] and wymmen *add.* G 179 wayes] thinges G 180 abyduth] to loke when thow wylte come to *add.* G

181 and graciusly] for G 182–6 wit . . . heuen] withowtyn mercy But rathere he woll þat he haue mercy and not that he be demyd at the vtmoste G 182 to] þe *add.* D vturmast] vtmast D 183 graciusly] gracius α he takuth] *om.* D amendus] þat *add.* α 186 þe courte off] *om.* D For] ffor α 187–8 he wolde aske] had axed G 188 off] to DG wolde] woll D, haue *add.* G 189 wil] wold DG ȝeuon] haue forȝeuyn G mercy] *om.* G herte-] *om.* G 190 wil ȝeue ȝow] tell (yow G) an DG ensampul] and make an end *add.* D 191 Narracio *in margin in the long hand* α and . . . ende] *om.* D rede] þat *add.* G 192 off þe whyche] *om.* G gode] mon and a gode *add.* G 193 for] *om.* G 194 þat] this EF oþur] but *add.* G conseylud] spake to hym G 195 and] councellyd hym to *add.* G hym off] *om.* G hys] evill *add.* G 196 answere . . . how] say DEFG where] is G to] be *add.* DEF schryuon] me *add.* G, schryuen DEF 196–7 he schulde] I schall G 197 fel aftur so] befell G 198 knew] that *add.* EF on] to E 198–9 faste . . . to] that he shuld E 199 ȝarne] blithe F, ȝeue hym councell G hys] a EG 199–200 for . . . euer] and whan the prest wold haue shryven him he seid E 200 euer] ouer D, *om.* FG sayde] *om.* E nay] he wold not *add.* DG, he nold *add.* EF 201 þat] *om.* DEF ȝef . . . mercy] not forȝeue hym DEFG 201–2 for . . . fecche] and sent after E 202 made fecche] made to fecche F, make α 203 and . . . hopud] hopyng E alle] oþer *add.* F þat^{2}] *om.* DF 203–4 wolde . . . cownseylud] they shuld counsell E 203 þere] *om.* DFG and^{2}] *om.* α 204 cownseylud] counsayle D 204–6 made . . . askon] answhered as he did bifore E to^{2} . . . askon] *om.* F 205 as] that G dud] made G 206 none] *om.* D 207 þis] gode *add.* E brennynge] on *add.* DF nyȝtus] euery nyght E, on a nyght G 208 hym^{1}] *om.* G oþur] *om.* G men] me D 209 saw] our lord *add.* G bodely] *om.* G blody wondys] woundes bledyng G 210 mannus bedde] mon G to] *om.* E 210–11 My . . . he] *om.* E 210 My] dere *add.* G 211 quoth he] *om.* DFG not] son *add.* E 212 algatus] alway DEFG ȝeue] do grace and G þe] *om.* DEFG alle] hom *add.* DEF, tho *add.* G 213 askun] askum α mercy] it EFG þan] wyth þat *add.* DF he] ˋthe monˊ E, this mon G For] ffor α, *om.* G wote] knowe EF þat] *om.* DF 214 none] mercy *add.* D sone] *om.* G 215 haue] hit *add.* E answerud] and seyde *add.* G 216 before] yere G Cryste] seyde and *add.* G 217 ȝow] þou DEF be] a *add.* EFG 218 ȝevon] don DFG 219 woldust] hit *add.* G þerwit] he *add.* G 220 þerwit] þen EF þis] the G 221 ay] euer FG, euermore E so] he *add.* G dyed] did forth G þis^{1}] þes F oþur] two *add.* F men] man DEG was] weren F so] sore FG 222 speche] till *add.* G, speches F hit . . . þan] for feer he swouned and E longe . . . dud] almost daye he durst

notte G þei] he D dud ryson] arose F 223 he rosse up] one of hem arose F ly3te] did light F 224 hym dede, and] *om.* G rede] *om.* G 224–5 and^{3} . . . as^{1}] *om.* G 224 alle] *om.* DEF 225 as^{1}] *om.* DF as^{2}] ony *add.* G spyche] pych DF 225–6 for . . . he] *om.* E 225 for ferde] *om.* G aftur] for D 226 men] *om.* G hem] *om.* E case] to euery man *add.* E, cawse G 227 and] *om.* G he] *om.* G 228 amonest] charge EF, warne G þat 3e] *om.* G his] þis DEFG 229 into hys] *om.* EF 230 grace] 'of god' *add.* E 230–1 And . . . and] that he may EF 230 to] *om.* G 231 laston] to *add.* DEFG 232 graunte] bring (bothe E) EFG me] that bou3t vs on þe rode tre G Amen] for charite *add.* E 232–3 *In* . . . Amen] *om.* DEFG

vii. Sermon 39 (Pentecost) Hand D

αABCDEFGHIJKabcdefgh

1 *De . . . sermo*] de dominica pentecostes (sermo breuis ad parochia D) ACD, in die pentecoste GJd, in die pentecosten B, in die sancte pentecostes K, dominica pentecosten EF, de pentecoste H, pentecoste *in margin* c, a sermon to be saide on Wit sondaye f, *om.* abegh 2 Gode] Sode (S- *in blue, dec., 2 ll. deep*) α men] and women *add.* ABCGIJKh, and woymen as *add.* DEF, cristen pepul H 3e knoweth wel þat] *om.* h knoweth] all *add.* K, schall vnderstand I wel] alle *add.* ABCDEFH, *om.* I þat] *om.* EFJKcd day] *om.* AB for] *om.* f, þe *add.* cd 3 encheson] because ADEFJKfh, cawse Gd þe] *om.* H broght] 3aue h wytte and] *om.* f 4 alle] *om.* abcdefgh Crystes] his *add.* g, cristyn Jcd and] all þat byn xij yere olde schall faste the euyn and com to the fonte haloyng *add.* G so] syrs G here] *om.* G prechyng] of the aposteles *add.* G, and *add.* I, teching f aftur] land? *add.* h, *om.* GHJf Crystys] cristen BEFGIJKabefgh 5 þan] but J, and f, and þerffore h, *om.* G schul] shulde abe, may f 5–147 knowen . . . *cetera*] *om.* h 5 knowen] wele *add.* f 5–6 bot . . . wytte] *om.* BEGb 5 bot] and J no] not Dacdef, no3t g For] þer byn *add.* K, *om.* f 6 many] þat *add.* K and^{1} . . . wysly] *om.* af and^{1}] forto *add.* DEF, to *add.* IJKbcdeg wel and] *om.* J and wysly] *om.* bcdeg al to] to bg, the e, *om.* Caf few] many *canc.* fewe a, þat D, that *add.* F, þer byn þat *add.* K 7–8 haue . . . fewe] *om.* E 7 haue wysdom] *om.* HJ wel] for *add.* DFf, thanne *add.* abcdeg For þer ben] DFIabcdefg, *om.* α techeres] and *add.* b, þer byn *add.* ABCHJK, þer is *add.* G bot] and cdf 7–8 more harm is] more ys þe harme ABCG, om. abcdefg 8 al to] but J, a abeg, *om.* cdf fewe] of *add.* K gode] to goode E, weyll b, *om.* acdef doeres and] good *add.* K, *om.* ABCDEFGHIJ and lyueres] *om.* bf, þerafter d

many] þer byn þat labor and *add.* K travayle] laborn Hf 9 bysylych] *om.* HJK to haue[1]] to ben g, aftur knowlege of K wytte and] *om.* cd and] wysdome and *add.* H bot . . . knowing] *om.* b few] that *add.* EF, ther be that *add.* f, þer byn þat laboryth and *add.* K travelyth] laboren f to haue[2]] aftyr DEFIK knowing] knowlegh ABCDEGHJK, knowlaching FI 10–11 þus . . . he] þay wete lyttyl of frayelltys sen by him H 10 þus] this Gbcdg, thes e, the Jaf sleght] sleyþe ABCK, felyth b makyd myche of] mych set by and made of I but] and DEF, the *add.* f of[4]] and J, good lyuyng and of *add.* f 11 noght] not DEIe, lytull ABCGJK For] *om.* J hath] a *add.* f 11–12 wytte . . . hath] *om.* α 11 gete] worldes *add.* C, wordly *add.* f he[2]] om. Fc 12 a] connyng manne and a *add.* abeg man] *om.* abe hath . . . forsake] forsakith abcdefg forsake] þe worldys add. ABGKa, worldes *add.* C, wordly *add.* HJf goode] goodes Bf and] to *add.* K 13 bene] he be B, wyl be b, is acdeg, makith himselfe f pore] pure e Goddys sake] goddis love E, þe love of god BG holdyn] but *add.* GIefg a man] man IJ, he EF 14 ryche] for *add.* g, in þis world *add.* b þe] *om.* I be] made *add.* F, nichil intulimus in hunc mundum haut dubium sed neque auferre quid possumus ad thimotheum 5 *add.* K bringyth] broht HJf 15 and] nor JK hym] whan he gothe *add.* K oute] þerof *add.* ABCabcdg, of hit *add.* H, *om.* I 16 he] *om.* BEIJKabcdefg hym] witte and wisdom that is for to say *add.* f boþe] *om.* Jabcdefg wytte] and wysdome *add.* J of wyse prechyng] *om.* bg of[1]] and HK, *om.* ae wyse] his DEF, *om.* cdf wysdam] and preching *add.* bg of[2]] wyse techyng and of *add.* K 17 gode levyng] wyse lurnyng H he[2]] *om.* E 18 þis] the DEa os] of EF, *om.* GHI ȝeven to] yn DEF to] *om.* I 19 and lyved wel] *om.* G and] þay *add.* I lyved] also *add.* K, lurnud H wel[2]] and *add.* IJ, vertuously f so þat] and H, and so f þat] *om.* DEFJKad be] *om.* J gode] *om.* J 20 and] by *add.* ABDEFGJKde, by here *add.* CIbcf gode] *om.* ABDEFGHIJK of lyving] of holy *canc.* a, *om.* f of[1]] good *add.* ABCDEFGJ, hure good *add.* K, þe *add.* I, in good H 21 alle aboute] about all J, abowte þrouȝout all K, alȝond C, þrogh all DEF, thorw G þe worlde] of cristendome *add.* H, cristundam ABCGJ 22 þis] his e grace] now *add.* ABCDEF, *om.* cd 23 Ihesu] *om.* DE was] *om.* Jabcdefg steyed] stevynd d, vp *add.* Kabcdefg disciplus] þat tyme *add.* K grete] *om.* DEFG care] heuynes J, sorowe f 24 and[1]] in *add.* EFI and[2]] were *add.* C sorowful . . . hertys] all was J, in grete heuynesse of hert f sorowful] soryfull d at] in C, of GK here] *om.* D hertys] hert DE for] bicause that f 24–5 loste . . . haddyn] *om.* C 24 loste] lafte ABDGcd 25 þat] the which F, which f loued] so *add.* ABDEFGHIJKabcdefg haddyn] *om.* BGHae for his loue] *om.* J lafte] lost IKabdefg, loste `for´ hym J alle] *om.* D here] þe J 26 gode] godys GJKabcf here] þe J, *om.* Hcdf sued] schewyd a, folod bdf hym] forth *add.* C, full *add.* H pore] *om.* DEF, in grete pouerte f 26–7 in . . . hym] *om.* HJ 26 þat] *om.* c schulde] schull I 27 þan] so f. *om.* abcdeg þei] *om.* cd alle] *om.* DEFf mased] amased GIJKabcdefg, amated C, manaced EF 27–8 and þratte] *om.* c 27 and] were *add.* ABCG 28 þratte] adrade J, dred abeg, dreding f, *om.* d of] *om.* f þe] *om.* H to ben] leste þey shuld be Jf takyn and] *om.* G kaste] put J 28–9 aftyr . . . deth] so be deed f 28 aftyr] be *add.* J, to be *add.* ABCK, so to be G, þat *add.* g done] to be put H to] þe *add.* BKacdeg 29 þis] þus eg, þat J, hit H here herte] thaim abcdefg herte] hertis ABDEFGHIJK sore and] *om.* H sore] sory abcdg, so sory f and colde] *om.* abcfg colde] heuy G and[2]] þey *add.* CJ, that they abcdefg dursnot] durst not ABCDEFGHIJKabcdefg opynly] *om.* abcdefg 30 among . . . hulkyng] but preuely J opynly] *om.* BDEFGHIKabcdefg bot in hulkyng] *om.* abcdefg hulkyng] hudlek ABCDGK, hidelles EF, hedulys I, hydnes H to] *om.* BG gete] gate G hem] hure K, no bcdg, neithir f mete] nor (no bg, not e) drinke *add.* abcdefg, help H 30–1 of . . . haddyn] *om.* abcdefg 30 of somme] among EF somme] gud *add.* I, *om.* CHJ 31 þat þei haddyn] *om.* G 32 ȝodyn] went Kae into] to EF þe] *om.* H and . . . a] ynto H þere] *om.* I a] mannes *add.* cd 33 of stage] þat hyld hostre d of] a *add.* H stage] ostage Dabceg, ostatage f seton] settyng g infere] yfere BCD, ynne faire ae, togeddur AGIKcf, downe togeder d, þam doun in þer prayers b preying] and prayd b to] almyȝty K one[2]] good a, *om.* J 33–4 and one spryte] *om.* H 33 and] *om.* J one[2]] *om.* Jae 34 for] to H, of abcdefg help] and *add.* ABCDEIJKcfg, hem and *add.* H socor] hem *add.* H and comforde] *om.* HJ grete] *om.* EFHf desese] and *add.* f, ned and distris I þan] and G 35 weryn] þus *add.* DEF, *om.* G preyeres] prayer fg, factus est repente de celo sonus tanquam aduenientis spiritus vehementis vbi erant sedentes actuum 2° *add.* K sownde] son F, sowynyng f, noyse GJ made] *om.* Gg 36 and[1]] *om.* ABCDEFGHIJKabcdefg grete berste of] *om.* K grete] *om.* EF berste] blast HIJdfg, crake Ga 37 com] a done *add.* D, downe *add.* EF and . . . hem] and lyft hem ychone K, and thann ther com a light f, *om.* a on . . . hem] *om.* cd on] yn D, vppon EFe yschone of hem] þam ych on b yschone] vche BDHJ 37–8 in lyknes of] in lykenyng g, lyke G 38 tonges[1]] a tounge B of[2] . . . tonges[2]] *om.* Eabcdefg fyre[1]] et apparuerunt illis dispertite lingue tanquam ignis seditque supra singulos eorum spiritus sanctus ut supra *add.* K os . . . fyre[2]] *om.* F of[3]] a *add.* B schapet] shaping FI 39 brennyng] and *add.* ABCGHJK, but *add.* ae smertyng] and *add.* I warmyng] and *add.* ABCGHJK, but *add.* a, 'bot' *add.* e, *om.* d harmyng] hurting a, barnyng J lyghtyng] and *add.* ABCGHJK, but *add.* a, lightnyng Fcdg 40 frytyng] fryghtnyng F, flytinge Kab, flittyng g, flitering cd, fyhȝtyng HJ, flaynge f, frayyng I, slytyng e fyllyd] fyllyng HJ hem] him f, *om.* F so] *er.* E *with margin entry* her of] the *add.* F gostly] holy goost EF and wysdom] ABCDEFGHIJK, *om.* Abcdefg, and α 41 anone] that *add.* F, *om.* H 41–4 beforyn . . . beforen] þey byfore A 41 beforyn] afore Gf þei weren] *om.* e þei] *om.* b bot] fulle g wery ydiotos and] *om.* C wery] *om.* HIJf ydiotos] dotys I 42 ryght] *om.* CHJK noght cowþen] knewe nothyng JK wysest and] the *add.* abcefg, *om.* BCDEFGHIJKd 43 in] of EFabeg alle] *om.* CEFH worlde] londe J spokyn] speken CD, speke G, speking ae maner] the ae, of *add.* BEFGIJKbcdfg language] langages Da, langis f vndyr] þe *add.* BCDEFGHJcd son] heuyn Kabefg 44 þeras] as þer G, as Jf, as a lityll K beforen] afore G, *om.* d weron] very *add.* K colde and] colde K, *om.* ae sore for fer] ferfull f sore] sory ABCFGabcdeg, hevy J, *om.* K fer of] *om.* DEF, *om.* d of] þe *add.* B 45 and] drede *add.* DEF, *om.* IJKabcdeg of] *om.* G þat þei] and f þat] *om.* HI not] neþer A, nowhere BCEFGIJK, not wher D gon] for fere *add.* C, yn no place *add.* H, abrode *add.* abefg, þense *add.* d soddenly] *om.* abcdefg 45–6 þe Holy Gost] *om.* H 46 so] *om.* BK schaffet] chafet DI, chawfed ACEF, chaufed hem so in hure hertes BG, chafyd J, schawud H, comfortid abcdefg wyth] þe *add.* CEFKf fyre] fere c 46–7 ȝodon and] went and Kae, *om.* DEF 47 preched] and taght *add.* DE, prophecyed and taught F Goddys wordys] þe wurd of god H wordys] worde ABDFabcef, worde not K sparing] not *add.* H no] *om.* K 47–8 drede . . . penaunce] dred bcdfg, dede e, neede a 47 drede of] *om.* HJ ne] of *add.* ABCDEFGK, for no *add.* H, for none J 48 were fayne and] fayn they were and K, fayne they (they *rep.*) were and F, fayn wer for to be I, *om.* abcdefg and redy] *om.* J take deth] do penaunce and dye G take] the *add.* Kacdefg, penauns and *add.* B for Cristis loue] *om.* abcdefg loue] erant autem habitantes in ierusalem viri religiosi de omni nacione que sub celo est ut supra *add.* K, sake HI 49 were] was G þer] they ae, yn þous dais H, *om.* b in] at a os God wolde] *om.* abcdefg þat day] at þat day K, þat daies c, in thaire daies ae, in þay dayys g, in þes days b, in tho dayes f, þos dayse d, *om.* H men of] *om.* J alle] þe *add.* ACDEFI, maner *add.* Jaefg, maner of *add.* bcd 50 nacion] naciones ABCGHIJKcdfg, nacions of (of] in E*)* þe world DEF vnder heuen] *om.* abcdef vnder] þe *add.* D werin comyn] *om.* H togydyr] thider a, *om.* G tempul] pepull b fere] drede I 51 þat[1]] þe ADEFGHIJKdf, *om.* abceg berste] of thonder *add.* E, blast HJ, blast of þonder If, thonder G, noyse K þat þei hardon] þat was hard K, *om.* abcdefg hardon] her I in þe hayre] *om.* f hayre] welkyn ABDEFH, fyrmament CK, skye GI and] they *add.* ae demyd] dyvynyd Kbf, deuyed? *alt. to* deuy`ll´es? g, (dem *canc.*) dowted F, dowted ABCDEFGIJ, marueld H, wondrid ae, ymagenyd c myth] schuld K 52 þan] and HJK os . . . þere] *om.* abcdefg þere] bodeli H into þe tempul] yn H boldely] bodely D, om. Habcdefg 53 þe . . . Cryste] cristus fayth ABDGHIJ, cristes worde F, cristes worde stupebant autem omnes qui eos audiebant quoniam audiebat vnusquisque linguam suam illos loquentes ut supra K, goddis worde E of Cryste] *om.* C þan] insomoche that f þeis men] all the peepill abcdeg, all the people that were there f gretely] *om.* abcdefg astonied] stonyd HI 53–4 and . . . langage] whanne they herd thapostelis speke (in b) all (maner of df) (the abceg) languages (langage bcdef) vndir heuen abcdefg 54 merueleyde þat] *om.* H vchon] vche BJ, euerychon K hem] him EF hys] hur H 55 saydon] say b, *om.* F somme of hem] þai HJ hem] þe men bcfg, þose men d þeise men] they abeg men] *om.* cdf of[2]] *om.* GHabcdefg 55–6 of[2] . . . new] *om.* E of[2] . . . is] *om.* F 56 þat[1] . . . wyne] *om.* GHabcdefg new] now DI alle] *om.* EFJKabcdefg 56–7 so . . . þey] *om.* abcdefg 56 so] *om.* DEFJK þei] *om.* DEFIJK 57 mameleth] momuld I, speken EF þey] ney α wytte] wot *er.* J, om. F nere] neuer ABCJ, not DEFGHIabcdefg whate] þay say *add.* Icd, they meene *add.* abefg þan] on *add.* DEF answered] and þat was *add.* DEF Seynte] *om.* C Petur] saying (þus b) *add.* abcdefg 57–8 for . . . felowes] and said *add.* ABCEFGHJK, *om.* abcdefg 58 alle] *om.* F and bretheren] be? *add.* I, *om.* abcdefg 58–60 os . . . vndir] *om.* abcdefg 59 is[1]] *om.* I þe] þis HJ 59–60 and . . . vndir] *om.* EF 59 and] *om.* HI wytteth] knowyn K 60 not] *om.* G neyþer] *om.* CHJK nor] forto *add.* D, and HJ before] afore G vndir] of þe day *add.* D But] for f was] is f, *om.* Hd 61 profecyed] byfore *add.* H, the prophecye abcdefg þe[1]] *om.* H how þat] whan c, one H how] om. Gd ben] *om.* JKa 61–2 holde out] halowet DEF, hilde out G, helde J, of goddis pepull *add.* H, geue abcdefg, *om.* K 62 plentevously] plenteuous EFKb, strunly H on Goddys pepull] to the pepill abcdefg, *om.* H wyth] yn H, *om.* I 63 alle] maner langage off *add.* H, maner of J tonges] tonge H, pepull J and] of I and prophecion] *om.* abcdefg to say] *om.* CDEFHIJ to[2]] *om.* GK prechen] to all men *add.* f þe] *om.* BGHb 64 beleuyn] levis I in] on E 64–5 þen . . . wordys] and (thanne abcdeg) the pepill abcdefg 64 þat[2]] þe ABCDEFGHIJK herdyn] of *add.* D 65 þeis wordys] þe wordys þey J, goddis wurd H turnyd] drowþ d, fast *add.* abceg, gretly *add.* f Criste] the feith f 65–6 whan . . . þei[1]] *om.* abcdefg 65 comyn] home *add.* J into] to K here] owne *add.* DEFHJK cuntre] contreyus C 66 oþer . . . grete] all the worlde theise abcdef, alle þe worlde his g oþer] moe H, *om.* D þe[1]] thise f, *om.* DF grete] *om.* Hf wondres] wonder J, wordes b 66–7 and . . . feyth] *om.* abcdefg 66 and] of *add.* BG, *om.* H þe[2]] þat B, *om.* CDEFHJ

67 Cristes] cristen DK, the cristen EF þat] *om.* F a] *om.* Eabcdefg 68 ȝerus] the yeer ae þe] þat Jg sprade] in *add.* abdeg, into cf alle] alȝond C, þrogh all DEF, þrowȝ out G, abrode þrouȝout K, abowte *add.* ABHIJ worlde] þen hit falleth *add.* ABHK, þenne longeth hit *add.* C, then hit ys *add.* DEFI, then hit behouyth *add.* G, then ye may aske *add.* J 69 Now] than for *add.* f, *om.* FGIJ, Questio *in margin* K to wytyn] to be wyst C, to know K, *om.* J com] comythe H of] a *add.* H, *om.* D rather] more ae 70 þan] of *add.* CH, in *add.* Kacef, in F, and J any] *om.* f oþer] lyknes of a mannis H membur] menbres G, parte ae, party bcdg, parties f of] a *add.* EFIf mannus] his H why] he com *add.* ABCGHJ, *om.* abcdefg 71 infere] yfere D, togedre BGI, *om.* CJKabcdefg þan . . . forme] *om.* f þan] and *canc.* then J to] *om.* b þe forme] þe fruste ABCDGHIJKabcdeg, enforme you E, tel you F 71–2 why . . . cause] `caus´ is þis b, Solucio *in margin* K why . . . tongys] *om.* acdefg 71 com] to hem *add.* J 72 þis] *om.* g was] is HKacdeg þe cause: for] bicause as to the first bicause f cause] skylle ABCDEFGI a] þe JKcd man] mannes body Jabcdeg, manny body f whyl] whan H it] `hit´ K 73 wel] *om.* DEFK rewlyd] igouernyd K ande . . . rewle] *om.* b ande] right so it is f þe] *om.* cd whan] while Kadef as] *om.* d Seynt] *om.* H 74 sayth] þat *add.* J, *om.* K A] wykked *add.* ABCEFGK, euell *add.* abcg, new(b *canc.*) ill *add.* e, angels *add.* HJ fyred] fret I, kyndylid d þe] *om.* J fyre] fre J helle] *om.* J neure] not Cabcdf, noȝt g be] *om.* H 75 schastysed] chastyd GIcdeg, schast H, chaste J wyl . . . hur] heere abeg þat] the FHf fyre] *om.* HJ hur] there f, *om.* J And] *om.* I for] bicause that f þe . . . nedys] tunges (that ae) moost abcdefg þe] *om.* A 76 þe[1]] *om.* H com] comyþ cd in] lykenes of *add.* Kbefg, the liknes of *add.* ac 76–7 of fyre] *om.* H 77–121 For . . . reste] *om.* F 77 For . . . and] *om.* J For . . . fyre[1]] *om.* cd For] *om.* f ryght] *om.* K os] a *add.* DEK fyre[1]] (fyrys *canc.*) fyre K, menne abefg dryueth] drave b, droffe f, dremyd H þe] wyked *add.* J, a wyckyd *add.* K 78 of[1]] helle *add. and canc.* α leyte] lyȝte A, lyht H, lyȝtenyng Iacdefg, lyȝtynge J, lyghtyng b righte] righe α fyre of tonges] tunge (tunges f) of (þe defg) fyre abcdefg of[2]] a *add.* E, þe *add.* HIJKb 78–9 tonges . . . of] *om.* G 78 tonges] tonge αABCEHIJK of[3]] that is E schulde] shall EHIJ, *om.* f 78–9 dryuen away and] *om.* H 78 dryuen] droffe f 79 and] ore eg ourecomyn] ouercome f þat] *om.* b reyneth] reyned ABCDJKcdf, reynyng at abeg 79–80 þat[2] . . . doth] *om.* I 79 þat tyme] þo ACK, þan BDE 80 in] mony *add.* K mannus tong] mennys tongys Kc and[1]] ȝet *add.* D encheson] because ADEJKf, cause Hd, *om.* G apastolus] appostle f alle] *om.* HK 81 aftur hem] *om.* Hg spekyn] to ham *add.* g wordys] *om.* g is] to say *add.* C 82 for[1]] of E loue] ne for drede *add.* α ne[1]] nother EKcf

for[2]] of E hate] hettered b, awe cd ne[2]] for *add.* ABCDEGJKabdeg, for no c drede] fere H deth] schuld *add.* Kabcdefg sparon] not *add.* J tellyn] to ham *add.* g, þe trowyth to þe *add.* J 83 pepul] of *add.* Jg vyse and here] *om.* abcdefg vyse] w *canc.* \`v´yse I, vycys ABCDEGHJK here[2]] þe ABCDEGI, *om.* HJ synne] synnes EGHJabcdefg þat] þat *add.* DEK reyneth] rent D wythin hem] *om.* I wythin] in ABDEJK, with abdeg, among Hcf hem] *om.* DEK and[2]] for to *add.* f seyn] so g, to hem *add.* K 84 boldely] bodely AD, and sharply *add.* f þat] *om.* DEHJabcdefg whosoeure] whoso BCDEGHJK, whose A, who þat Iabcdef, who g wil] nylle g 84–6 not . . . wil] *om.* J 84 not] \`not´ G, noȝt g leue] bileeue ae, ryleue? g hys] hor DE and] \`wyl not´ *add.* G hym] hom DEJ 84–6 bot . . . hym] and heue his synne H 84 bot] be e, continually *add.* abef, continuably g 85 contyneth] contenys bg, contynue ABCDEGIKacdefg, þerin *add.* ABCGc, hitt *add.* d to] tyll K hys] hor DE, lyues ende and to his *add.* abcdeg, liffis ende *add.* f deth-day] deþe his daye g, *om.* F he schal] they shuld E wythoute] any *add.* C remedy] end f to] ynto D 86 helle] without any grace *add.* f and[1]] *om.* g he[1]] who abcdeg amende] mende DG hym] hem and be sory þerof J hadde] neuer *add.* HJ, haue DEKabcdefg 87 neuer] *om.* HJ greuoslyche] sore b beforen] tyme *add.* E, afore G, ȝyt *add.* K, *om.* abcdefg schal] shuld J þe] blis and to the *add.* K blessed] blisse E of] in d 88 is] to *add.* EHKbg þe] *om.* H precious] *om.* ABCDEGHIJK þat[2]] whiche f, *om.* J brennyth] brennyng J, regneth E 89 alle] *om.* Hf holy] oþur HKabcdefg seyntus] and *add.* H 90 Also] and so J he] brynny *add. but canc.* e com] comyth abcdefg in] into α make] þe *add.* H 91 low] lav f, *om.* J þat thing] þat A, all thyng G, *om.* CDEHIJabcdefg hyegh] hight f, lowe hye þat ys hote *add.* J and] to *add.* BGKf þat[3]] þat *add.* Aa 91–2 ande . . . mak] *om.* D 91 ande] to *add.* f make] *om.* ABCEGHIJK harde] hardyn K, to harden BG 92 þat[1]] þat *add.* A nesche[1]] softe ABCGK and . . . harde] *om.* H and mak nesche] *om.* J and] to *add.* f, *om.* K mak] *om.* ABCDEGIK nesche[2]] softe AC, soften BGK þat[2]] þat *add.* A So] in the same maner of wise f makyth] with hys fure *add.* DE 93 hye hertys] his hart H 93–4 and[1] . . . hem[1]] *om.* abcdefg 93 proude] pourud H þe] *om.* ABCDEGHIJK þat he ȝeveth] *om.* G 93–4 ȝeveth . . . meke] gyf H 93 ȝeveth] hem he makyth hem *add.* JK to be] *om.* ABCDEFGIJK lowe] law loue I 94 meke . . . hem[2]] *om.* ab 94–5 and . . . scharite] *om.* E 94 and] makythe *add.* H lyggeth] leggon A, lyggn I, lye BGH, lyen J, l\`y´es d, lyþe D, byn Kabceg, ben set f colde] *om.* abcdefg in[1]] with pride f, *om.* ae envye] and (in c) pryde and dedly wratth *add.* abcdeg, and wrath *add.* f he . . . warme] *om.* HJ hem[2]] lowe and *add.* abefg warme] warmith hem f in[2]] ynto J 95 and[1]] yn H and[2]] herde *add.* ABCGHJ, tho *add.* f ben] arn D harde] *om.* DHJ in] and α, *om.* HJ gedering] goturryng? H of gode] *om.* H of] worldly *add.* f, *om.* J gode] goodes GJabcfg, goddys e 95–6 and holdyng] hit *add.* ABCG, *om.* Kabcdefg 96 he] *om.* d nesse] (and bcg) good *add.* abcdefg, softe ABCGK liberal] lyverable e dele] with *add.* ABCG, to *add.* DEK, tell to J, gyf good to H, yeue f þe pore] pore I, poer men EH, poure pepull J, *om.* abcdefg 96–7 Goddys sake] the loue of god abcdefg 97 and[1] . . . nesche] *om.* abcdefg to] *om.* J werkys] we`r´kys K scharite] mercy J and[2]] hertus þat byn *add.* ABCGHJK, as the hertes that ben E nesche] softe ABCGK lustus] luste J, that ben soft *add.* abeg 98 makud] maketh ABCDEGIJKabdcefg, hem *add.* EHJKabcdefg wyth] yn DEK, by H doing of penawnce] doing penans H, penaunce doyng G streytenesse] straynes I, hard H of[2]] *om.* HI, in K þus] thys J 99 in alle wayes] alwai cdf, euermore H in] *om.* Jabeg wayes] way J, wysus C, wyse K to] for EK alle[2]] *om.* H maner] of *add.* BDEGIJabcdeg, *om.* H synne] synns Babcdefg 100 and . . . sores] *om.* I and] so *add.* H helyn] helpe J, hel(pe *canc.)* b, þe hele of g þe sowle] þe seke D, sike peple E þe] *om.* g maner] of *add.* Kabcdg, of *(*synnys *canc.)* e sores] sore BG, sorows D 101 þe] þat ABCDEGIJKabdefg, an H, alia causa *in margin* K othyr] toþer c skyl] cause GJ is] *om.* ABCGJ, þis *add.* D to] into D 102 infere[1]] yfere D, togedur BCGIK, *om.* HJabcdefg rather þan] þan raþur H standyng] is *add.* AC, þat is *add.* J, þis is þe cause *add.* B For] þe *add.* ACJ, is bicause that f syttyng] stonding abe infere] yfere D, togedur BGIK, *om.* abcdefg betokneth] betacnud H of] in bcdef 103 in] with ABCGHJ, and bcdfg, *om.* Kae vnite] *om.* H of] and BGabcdefg, *om.* HJK and reste] *om.* abcdefg þe wyche] þat K most] mott AC, *om.* D þat] yif he f 104 wil] wolde A be visitud of] haue abcdefg of] with BG 104–5 for . . . oþer] *om.* Habcdefg 105 ryght] *om.* GH brondys] woode abcdefg whyl þei lygge] þat byn leyde K, if it ligh f, will brynn and hit be layd d, begyn J whyl] wil þowȝ c, though abeg lygge] ben E at þe fyre] *om.* Eabcdefg at] on J 106 wythoute stering] and withstreyneth J wythoute] and withoute d, any *add.* abcdefg þei] *om.* Kdf brennyn] will brenne abcefg, gyfe d fayre and] *om.* Gabcdefg lyght] togedur *add.* ABCDGH, lightly fg, bryȝt K, bryght togedur I 106–7 ryght . . . togydyr] *om.* K 106 ryght] *om.* G so] it is *add.* f whil] whan HI ben] *om.* D 107 sowrenes] sorones H, sorynesse abcefg, sorenes d, sorowe J, euyll wyll G and mischeues] *om.* abcdefg and] or D, (of *canc.*) or K mischeues] muscheues α, moystur ABCDEGHIK, mayster J of] or f malys] `and´ *add.* E, but *add.* H vchon] euery man J, so euery good man K loweth] louyth A, loue H, to a, with bcdefg 108 vchone . . . makyth] cause herof is f vchone . . . oþer] *om.* E vchone] odyr b, euer adeg, *om.* BJKae is] *om.* H of] with ae 108–9 makyth . . . tonges] gode tongus maken and susteynen C, all good tongus makithe and sufficud H 108 makyth] makyng J and susteyneth] *om.* JKabcdefg 109 as sone] anon G þe] *om.* d in twynne] awey *canc.* atwyn EKe, betwyn I, on ij parties c, abrode J, in sonder Gd, togidir f 110 and[1]] or BG anone] anon *rep.* A, and G þan] *om.* CDEGHIJKabcdefg lowe] loue ABCDEGHIJK, the holi goost abcdefg quenchyth] is quenchid f and[2]] þe *add.* BGabcefg smoke] smokeþe DH, smokes d 111 malys and] *om.* J and envye] *om.* abcdefg and[1]] of *add.* ACDEGI envye] and wrath *add.* J rysyth] arysith JK, rise g, raysid d, out *add.* ae, vp *add.* bcdfg betwene] the *add.* f, bytwyx DId, but when G, and[2]] *om.* A 111–12 greuyth . . . herte] settyth manys hert afyre K 111 greuyth] groneþ D so . . . of] euery part of H, euery party of J, the soule (and abcdeg) abcdefg yee] eyen ABCG 112 herte] so *add.* J, *om.* f it] `they´ hit E, þai d may] no *add.* f þenne is] whan H þe] ABCDEGHIJa, *om.* α 113 gost] spret I, is H boyleth] bolnys I, bol`n´es and bol`y´es d, venomyth J þat] þe AHJKabcdefg so] *om.* I in] so mich *add.* ae, with J venome of envye] envy and venym K venome of] *om.* DEGHJ envye] so *add.* J 114 nyth nor day] *om.* abcdefg eure] euermore E, ay D þenketh and] *om.* K þenketh] thenk Haeg, þan goth α and stodyeth] *om.* J stodyeth] studye abeg 115 be] *om.* d wrokyn] awroke K, awreke aceg, awrekid f, wrachud H, wrekyd b, wreke hym d of] on ACGHJKabcdf enmye] enymy *canc.* euyn cristyn and namely on his enmy K, enmys d þus] þis d is] *om.* c, makes d a] many a J, many H browght into plithe] *om.* d browght] *om.* abcefg into] in DHJcf, *om.* abeg plithe] point f, lyke b be] lost and *add.* I, *om.* b 116 lorne] loste JKf, born e, born both a ot] yf *add.* DEGHKabcdefg þe] helpe of the *add.* ABCDGIJK, help of the EH sokur and] *om.* abcdefg sokur] hym *add.* ABCDEGHK and helpe] hym *add.* Jf, *om.* ABCDEGHIK alle] *om.* d 117 longe on] long of DGIJ, long of þe H, along of ae, long of ab, longage of a g, cause of E, þe *add.* c, a *add.* df tonges] tong Habcdefg Wherefore] and þerfore K com] comyth Kabcdfg in] liknes of *add.* abcdefg, wyt H 118–20 of[2] . . . and[1]] oure lang tong of enuy and make us to H 118 of[2]] hem þe *add.* J, the Eade, alle g cursyd tonges] wikked tonges E, wykket D, þe fyr of *add.* d, of *add.* α here] *om.* Ed, þe I malys] of envy *add.* I, is *add.* ae so] to *add.* Cabefg, he *add.* G anoynten] anoynted G 119 hem] hym d wyth] þe *add.* CDEI swetnes . . . grace] (ol *canc.*) oyle of grace and of swetnes G hys] *om.* Aabcefg grace] love J 119–21 þat . . . reste] *om.* abcdefg 119 leue] here *add.* C 120 of[1]] *om.* G wordys] werkes E debate] wrath J to] *om.* BDEHJ 121 wordes] *om.* DJ pes] and charite *add.* H 122 Wherfore, gode men] and women *add.* ABDEGHIJK, nowe gode men and women F, and therfore (sirs abceg) abcdefg Wherfore] whefore α so] *om.* ABCGHJabcdefg þis] the ACDEFHJKabceg, to þe

BGdf þat he ȝeve] to gyf H he] *om.* J ȝeve] grawnte G 123 grace] *om.* G so] *om.* Hf to] *om.* f ȝoure] life and youre *add.* f 123–4 ȝe . . . ȝoure] *om.* D 123 mon] mow ACfg, may BFGHIJKabcde eure] euurmoore Cabcde, eueremore to g, alwey ABGHIJK, algate EF 123–4 and lyven wele] and leue (the DEF) euell ABCDEFGJK, and leue vle HI, *om.* abcdefg 124 þat] to H he] ȝe GKbcdfg, *om.* EFHae fede] feedyn aeg, fynde EHJf, fyndeth F hertys] *om.* H so] þat *add.* α, occupyd *add.* J, *om.* H wyth] þe *add.* DEF þoghtys of] *om.* abcdefg 125 ȝe] þey ABGJ, *om.* d may] mow A, *om.* DEF eure] euermore EF, ay DI, all wey K, *om.* CHJabcdefg 125–47 worthy . . . *et cetera*] redy to do him seruice and that he wol take your soule to the hie blisse of heuen to þe which blisse god bring you and me amen for charite EF worthy] so *add.* g hym] hem H, the holi gost K 126 was] yn his study *add.* HJ, exemplum *in margin* J 126–7 whan . . . Gregory] *om.* J 126 whan he] and H of] þe *add.* C 126–7 of . . . prophesie] *om.* H 126 þe prophette] *om.* abcdefg, narracio *add.* D, narracio *in margin* Kd 127 pope] *er.* Cf, poete ae, Narracio *in margin* K whan] whyle J þis] the GIJKabcf 128 hym] seynt *add.* K Petur] to *add.* J hys] clerc *add.* aeg dekyn] and *add.* J expownot] hit *add.* C, dude expowne hit K and makyd] but he made ABCG 129 drawen] adraw e, be draw f rydel] cloth J, curteyn Kf betwyx] bytwene ABCGHJKabcdef hem] hym and peter d Petur] he d sene] wyt D how] what a, hym nor what K dede] and *add.* I 130 þan . . . stodying] *om.* b þan] and G os] san *add.* H, seynt *add.* Jf stodying and] *om.* f holdyng] hild K 131 handys] hond B to hewnen] *om.* abcdefg, and *add.* b to] toward B, ynto D colver] a *add.* H, dowve Kd, vhyt dove as I 132 os mylke] *om.* JK os] ony *add.* I fette] foot bcdeg bylle] beke J of] as hyt were J, *om.* abdefg brennyng] brende ACH, as *add.* df and²] *om.* f lyght] sate K 133 hur] hys CHJabefg Gregorye mowth] the mouth of Gregore G Gregorye] his BCf 133–6 a . . . mouthe] *om.* K 133 a whyle] *om.* Habcdefg 134 whan] wt H scheo] he ABCDGHJabefg wythdrowe] drowe J it] hym DJ, fro hym I, his byll ABCG þan] anon H Gregor] he f wryte] and *add.* Db, it and *add.* aeg 135 Eftesones] and *add.* f, agayne A, agayne and d whan] and c Gost] began to *add.* I put] in *add.* d hys] hyr I 136 aȝeyne] *om.* J to hys mouthe] *om.* abcdefg to] ynto DGIJ, yn H so] forth *add.* CHJ alle þe tyme] still G alle] ynto J þe] *om.* H tyl] to Icde, vnto the tyme that f, *om.* J hadde makyd] made ABC 137–8 encheson . . . grete] engret D 137 encheson] because AKbcdfg, bycause how ae, cause GHJ he] *om.* f þat²] þe BGHIab, so K harde] *om.* Gabcdefg prophesye] þat was so herde *add.* c so clerkelyk] *om.* c clerkelyk] clarly IK, clanly HJ, hardly abdeg, hard f 138 grete] (so ae) mych abcdefg, *om.* D þerof] *om.* ABDGK

138–9 and . . . dydde] *om.* abcdg 138 þereof] *om.* HIJK 139 so] he ae priuely] *om.* CH, he lokyd *add.* d in] þoro H, by *add.* d þe] *om.* K rydel] cloth J, curteyn Kf he[2] . . . hole] *om.* d he[2]] *om.* HIacef 139–40 all how] *om.* K 139 all] *om.* GJf 140 wyth holy þoghtys] *om.* abcdefg þoghtys] thoȝt J And] so *add.* ABCG, anoon *add.* abcdefg, then DK þe Holy Gost[2]] *om.* αHIJ 141 warned] shewyd abcdf, scheuyth g, sewyd e hym] seynt gregory Df, gregory Kabcdg Petyr] had *add.* abcdeg aspyed] spyed K on] *om.* HIJabcdefg hym[2]] him *canc.* thaim a, *om.* g þan] *om.* ae 141–2 Gregor . . . þerfore] petre was blamyd of gregory K 142 Petur] him HJ þerfore] þerof J, *om.* abcdefg chargyd] charge I heyghly] *om.* Habcdefg 143 whyl þat] whan H he] þay D were on lyue] lyued CKabcdefg were] boþe *add.* D on lyue] lyuyng H ne dyd not] ny (ny] and so CK) he dyd nott ABCDG, ne noȝt he dyd I, and he dyd not H, and so he dyd J, *om.* abcdefg But] þan *add.* cd he[2]] gregory K 144 and heretykys woldyn] an heritique wold abcdefg and] *om.* DHIJK woldyn han brent] branyd H 144–5 alle . . . made] þis (þis] the BCGJ*)* holy monus makyng ABCGHI, þe bokes of þis holy manys makyng D, þe holy man ys werkys J, þat he expownyd K 144 man] made and *add.* α hadde] *om. d*fg 145 made] *om.* f þan] (and abefg) anoon abcdefg Petur] *om.* α ȝeynstode hem and] wold not let hem but J, *om.* G hem] him abcdefg tolde] him *add.* aef opynly] *om.* abcdefg he seygh] *om.* Kabcdefg 146 Gost] *om.* α fede] fedde Kabcdefg, fedyng J wil] whan H he] had *add.* ae þe] þat ABCDHb so] he *add.* CHIJ 147 hys] the K bokys] *om.* G vnbrente] now schalle ȝe knele *add.* A, nowe ye shull knele adowne *add.* J, now knele ȝe adown et cetera besechinge þe holy goste to make yow clene in body and soule so þat ȝe may be redy þat day to receyve þe grace of his yefft þrowȝ þe whyche ȝyfft we may be parteners to þe blisse þat he bowȝt vs to amen *add.* G, also ȝe shull þis wyke faste þe ymbrydayus þat be wedenesday fryday and seturday now *add.* C, þrogh þe grace and þe mercy of god the wheche grace god graunt vs ȝyf hit be his wyll amen *add.* D *et cetera*] *om.* DGIKabcdefg

viii. Sermon 56 (St Alkmund) Hand D

αDI

1 *Salopie*] et eius solempnitate sermo breuis goode men and woymen D, regis sermo gud men and woman I 2 day[1]] N *add.* D day[2]] comyth to þe chirche for to worschip god and saynt alkamunde *add.* D, þerfor come to god and holy kyrk in þe wyrschop of god and of sayn alkemound *add.* I He] þe whech (þat I) DI is] a *add.* I a] þis D 3 a[1]] *om.* D 5 heven] erþe and DI erthe] heuen DI gostely] bodyly DI 6 hur]

om. DI bodyly] gostly DI 7 patron] here *add.* I he] *om.* DI 8 þat²] *om.* D dew] devyne DI 9 dysturbut] dystrowbult D, turbulet I From] ffor yn (yn] at I) DI 10 sum¹] þay I and] *om.* I sum²] same I 10–11 þe paynemys] þe payemys α, *om.* I 11 holy] þe D, *om.* I 12 other] *om.* I paynemys] payemys α 13 dyspyte and] dyspytes and D, *om.* I desese] dosesus D 14 labores] labyr D for] drede of *add.* DI here chyrches] kyrkes I, holy chyrche D 15 as] when I 16 tokyn] dratyd I and trode it] *om.* I 17 cristen men] paynemus I þei] þe criston men I 18 prestes] prest I þat] how DI was] wer I 19 in] to I 20 grete¹] good D grete²] *om.* D 21 þe] þat D sum . . . anothyr] on hom D 22 to defende] þat ys for to be defenders DI man] to *add.* DI 23 parischones] parischon α, parychyng I pes] and *add.* D labores] laboure D 24 in] þat DI so it] *om.* DI done] þeryn DI 25 disturbans] turbans I paynim] payim α it] *om.* D 26 anone] anocle α 27 drawyth] out *add.* D stylle] *om.* DI 28 any] a D 29 anyþing] oght DI þis] þe DI 30 be] to D paynemys] payemys α in] of DI 31 begonnon] begynnys I furste] here *add.* I 33 halowod] of *add.* I 34 keputh] kepte D hys] þis I parich] pareschons D for²] to *add.* I 35 hur] her *rep.* I mayn swyng] mene and swynke labor I Holy Chyrch] holy kyrk *rep.* I vp] *om.* I and] yn D 37 done] *om.* D 38 And] ffor DI a] *om.* α 39–40 sokuruth . . . and¹] *om.* D 39 patron] *om.* αI a] þe I 40 parychonus] or tenantys ryght soo þe saynt þat ys patroun of þe chyrche helpyth and defendyth all þat byn paryschons *add.* D hym²] hem I 41 hys day] *om.* I and] *om.* α 42 to þis chyrch] *om.* I to] of D chyrch] now *add.* DI 43 seynt] alkmunde *add.* DI he] *om.* I 45 of] *om.* I vertues] þat *add.* D 46 kyngdam] kygdam α 47 for] *om.* D eure] alway I, *om.* D 48 þis] þe DI 50 herer] þat *add.* DI 51 meke] meker I werkys] doyng DI algate] allway I in² . . . how] *om.* D 52 ȝeue] make I, *om.* α 54 and²] *om.* I weron] *om.* I 54–5 proude and] *om.* D 55 prowde] styf DI 56 eure] algatys D, allway I alle] þos *add.* I 57 he was] *om.* α 58 in] to D to] of I 60 in] to I sustenid] susteynyng D God . . . chirch] þeryn (to þe worschip of god D) DI 61 eure] allgatys D, *om.* I Goddys ryghte] þe ryght of god DI 64 þere] *om.* DI was] alday *add.* D, wer allway I 65 þer was] *om.* DI 66 of¹] yn D of³] and D 67 and¹ . . . and²] *om.* I man . . . cursyd] *om.* D 68 Wyldeschyre] wyllschyre DI hem] and ouerrode hom *add.* DI 69 refylud] robet? I hem²] *om.* D and þe cuntre] *om.* D cuntre] and dystrewed hem *add.* I 70 persone] man I 71 Wyldeschyre] wylschyre DI and] *om.* DI 73 þe] þos D, þes I 74 sayed] asayde DI han sauid] save I 75 in] þe *add.* I

78 Chylmysforde] chelmesforde D 79 þe] þes DI Wyldeschyre] wylschyre DI sore] soo D 80 notte] no I, *om.* D þe] *om.* I what for þei] and D 81 þerfore] and soo D 83 þe[1]] *om.* DI in] *om.* D 85 God] to god I, *om.* D 86 moste] myȝt I Goddys] gyltles *add.* DI 88 þe[1]] *om.* D 90–1 and . . . mannes] by his helt (helt] help I) DI 91 Wyldeschyre] wylschire DI 92 is] was made DI 94 schewon] you *add.* D wel] apayde *add.* DI plesud] *om.* DI hym] hom DI 95 defense . . . of] *om.* D be] þis DI ensampul] narracio *add.* D 98 land] reme DI 99 hem] þe curset men D brake] barst D faste] *om.* I 99 hylte] crosse D 100 stode] all *add.* DI astoned] astowmfet D 101 begune] wer gon I þei knewyn] *om.* D 102 hertefully] hertely DI on[1]] *om.* DI 103 os] *om.* D 104 wepon] and callud to hym *catchwords bottom f. 105*^{v} α 108 of] *om.* I oute] swerd I 109 of . . . aftur] sonnest of hem I sende] sendys I 110 in] þe *add.* DI 112 sake and Goddys] *om.* DI 114 þat] *alt. from* þis I holy . . . sched] body bledde D 117 haddun] laddyn DI it] hym D þe] a I Lylleshul] Lulselle D, lelyshull I 117–21 for . . . as] of α 118 before] be fonde I 119 Scheropschyre] thropschyre I of[2]] *om.* I 120 þer] *om.* I þat] þe I 121 seyne] tellyth DI, *om.* α 121–2 he was beried] his body lay DI 122 ofte] of D 123 so] *om.* D 125 þer] *om.* I chyrch] kyrkȝerd I 125–6 Whyte Chyrch] whytchirch D, whyt kirk I 126 þer] *om.* I 127 þat] þe I for] too *add.* D 128 causes] caus I and leydon it] *om.* D 129 honest] honeste DI wherefore] where D 130 scheweth] hath schewet D, schowed I remevith] remewet D, remevet I 131–2 not of] of no DI 132 smel] \`s´mel α, sauore D 133 reneyned] reneyed D, vnreuerent I was] *om.* α 134 worþi] where α þe] þat I 136 þus] this D for] *om.* α þe] *om.* D 137 spradde] *om.* α 139 þis] þe I of[2]] *om.* D 140 þis] þat I 141 doun] and pray to þis patron (patron] holy man I) þat he (wyll I) kepe you yn body and yn sowle (from all your enmys and soo come to þe blysse þat god boght you to D) *add.* DI

APPENDIX IV. THE LANGUAGE OF MS COTTON CLAUDIUS A.II

Since McIntosh, Samuels, & Benskin, in *The Linguistic Atlas of Late Mediaeval English* (*LALME*), conflate Hands B/C and provide no discussion of D* (see vol. 1, Introduction, §5.2.1), and since *LALME* provides no linguistic profile (LP) for *F*, an LP of the three main hands of the MS (plus D*) was constructed (IV.1), the results of which are discussed below (IV.2). An LP of the limited information available for Hand A is provided at IV.3. These LPs have been analysed by Dr Keith Williamson of the University of Edinburgh, using the most recent (2008) version of the *LALME* electronic fitting program (IV.4).[1] The discussion at IV.5 raises the question of the exemplars of the hands.

Apart from Hand A, which is analysed in its entirety, analysis is based on eight ff. from each hand, located centrally in the hand, so as to allow the scribe to have worked into his pattern of copying.[2] However, the likelihood of different copy-texts having been used for individual sermons or for quires must be borne in mind in considering the material. Moreover, the sample (although the standard *LALME* method) is too short for one to be certain that the results are anything more than broadly representative of each hand, especially given the complexity of the hands and languages. Only a complete analysis of the whole MS would be fully representative of the orthographic conventions and fully elucidate the nature of what is clearly (at least in the case of Hand D/D*) a *Mischsprache*.

All forms are listed in order of frequency from most to least dominant feature. The features listed are those used by *LALME* to create LPs, including (in view of the border status of the dialect) some specifically Northern and some specifically Southern features (noted in the left column as NOR/SOU). At the end of the table are listed additional items, not from *LALME*, which have been thought relevant for inclusion. For each item the most dominant form is cited first, with the next most frequent form in brackets (34–66% of the frequency of the dominant form) and the next most frequent (33% or less) in double brackets.[3] In the case of more than one dominant form, all such forms are listed in order of frequency without brackets. Where a rare and aberrant form is recorded, its frequency is noted,

[1] For an explanation of an earlier but comparable version of the program, see Williamson 2000.

[2] For Hand B ff. 12^{r}–19^{v}, Hand C ff. 30^{r}–37^{v}, Hand D ff. 95^{r}–102^{v} (D* ff. 57^{r}–64^{v}). Where an item has not been recorded in the sample, the text has been scanned.

[3] Abbreviated forms are omitted, unless they are not material to the evidence, e.g. *r* flourish forms, *ur* abbreviation where *ur* is not relevant.

e.g. ×1 (= once), if it is significant (e.g. *scho* amongst *heo* forms, but not *vch* amongst *vche* forms).

IV.1. Linguistic Profile (LP)

	Hand B	Hand C	Hand D	Hand D*
2 THESE	þese	þese	yeis,[4] yese (yeyse, yeise) ((yis ×1))	yese, yeis (yeise, yaise, yis)
3 THOSE NOR	þoo ×1	—	—	yay, yoo (×1 each)
4 SHE	heo ((scho ×3, hoo ×1, ho ×1))	heo ((scho ×2))	scheo ((sche, schoe ×1))	scheo
5 HER	hure ((hyre))	hure ((here ×2, hoe ×1))	hur (hyr) ((hyre, here))	hur ((hir ×1))
6 IT	hyt ((hit ×1))	hyt	it ((hyt, itte, hit))	hit
7 THEY	þey ((þei))	þey ((þe ×1)) (heo ×1)	yei ((ye ×3))	yei (yai[5]) ((yay, ye, heo ×3, he ×1))
8 THEM	hem (ham) ((hom ×2, am ×1))	ham ((hem, hom ×1))	hem ((ham ×3, yem ×1))	hem
9 THEIR	here ((hure ×2, hare ×1, hore ×1))	hure (here) ((hur ×2, hore ×1))	here ((hure, hur, her, yere* ×1[6]))	here ((her, hore ×1, yer ×1, yere ×1))
10 SUCH	suche (soch, such)	suche (such, schuch ×1)	suche	suche
11 WHICH	þe whech ((whech))	þe wheche	ye wyche (ye whyche) ((ye weche ×2, ye wheche ×1, ye whech ×1))	ye wyche ((ye whyche ×3, whyche ×2, wyche ×2, ye whiche ×1))
12 EACH	vch (vche)	vche ((vch, uch))	vche ((vch-, uche ×1))[7]	vche ((yche ×1))
13 MANY	mony	mony	many ((mony, mani))	many ((mony ×1))

[4] Hand D/D* effectively does not differentiate between ⟨þ⟩ and ⟨y⟩. Their use has been normalized throughout this edition, but initial ⟨y⟩ (for ⟨þ⟩) is here printed as ⟨y⟩ in accordance with *LALME*'s practice. On the importance of the use of ⟨þ⟩ and/or ⟨y⟩, see further below.

[5] *yai* becomes more frequent in the course of the sample.

[6] In a lyric (54/210). Where the lyric records aberrant features, they are marked with *.

[7] *iche* ×1 above l. in same hand 53/205.

	Hand B	Hand C	Hand D	Hand D*
14 MAN	mon	mon	man	man
15 ANY	any	any	any	any (heny ×1)
16 MUCH	mych (meche)	myche, meche (muche) (mech)	myche ((muche, mych))	myche
17 ARE	ben ((beth ×1))	ben ((beth ×1))	ben ((bene, beth ×1))	bene ((ben, beth ×1, ar ×1))
18 WERE NOR	weren (were) ((weron))	weren (weron) ((were)) ((veren ×1)) ((wher ×1))	weron (weren) ((where, were, weryn, wheron))	weron ((were, wheron, where, weren, werun))
19 IS	ys	ys ((hys ×1))	is ((isse*))	is ((his ×2))
20 ART SOU	art	art	arte	arte
21 WAS	was ((wes))	was ((wes))	was	was
22 SHALL	*sg*. schal ((schul)); *pl*. schul ((schal))	*sg*. schal; *pl*. schul (schal)	*sg*. schal, *2 sg*. schalte (schalt), *pl*. schul, *2 pl*. schul, schal ((schullon))	*sg*. schal ((sal, schalle ×1, scal ×1)); *pl*. schul ((schal ×1, schalle *2 pl*. ×1))
23 SHOULD *sg*. NOR & SOU, *pl*. NOR	*sg*. schulde, schuld; *pl*. schuldon, schulden	*sg*. schulde	*sg*. schulde ((schuld)); *pl*. schulden, schuldon (schulde)	*sg*. schulde ((sculde ×1)); *pl*. schulde
24 WILL	*sg*. wol ((wyl)); *pl*. wol	*sg*. wol; *pl*. wol	*sg*. wyl (wil) ((wol ×1))	*sg*. wil ((wyl, wille, wol ×1 each); *pl*. wil (wyl, wyllyn, wollon ×1 each)
25 WOULD *sg*. NOR & SOU, *pl*. NOR	*sg*. wolde ((wold)); *pl*. woldon, wold	*sg*. wold; *pl*. woldon, wold	*sg*. wolde; *pl*. wolde, woldon, woldun	*sg*. wolde; *pl*. woldon
26 TO + *n*. NOR	to ((tylle ×1))[8]	to ((tyl ×1))	to	to
28 FROM	fro	fro	from , fro	fro (frome ×2, ffro ×1, from ×1)
29 AFTER	*conj*. afture; *prep*.adv. aftur	*prep*.adv. aftur	*conj*. aftyr, *prep*. aftur, aftyr; *adv*. aftur (aftyr)	*prep*. aftur (afftur); *adv*. aftur ((afftur))

[8] In rhyme (*hym tylle*) at 6/7, 128.

	Hand B	Hand C	Hand D	Hand D*
30 THEN	þen (þenne) ((þan ×1, þoo ×1))	þen ((þenne, þan ×1))	yan ((yen ×1))	yan ((than ×1, yen ×1))
31 THAN	þen	þen	yan	yan
32 THOUGH	þagh ((þath)) ((þahth))	þagh	yagh (ȝaf, yof, yow, yoghe, thogh ×1 each)	yof, yoȝf, yoȝ, ȝof, yaȝ (×1 each)
33 IF	ȝef	ȝef	ȝef, if	ȝiff ((ȝiff, ȝyf, ȝef, ȝeff ×1 each))
34 AS NOR	as	as	os ((as))	os ((as))
36 AGAINST	aȝeynes, aȝeyn (aȝeynus)	aȝeynes (aȝeyn)	aȝeynus ((aȝeynes ×1))	aȝeynus (aȝayne)
37 AGAIN	aȝeyn	aȝeyn ((aȝayn ×1, aȝanyn ×1))	aȝeyne ((aȝayne))	aȝeyne, aȝayne
38 ERE *conj.*	er	er ((or))	or ((yor ×1)); *adv.* er	or
39 SINCE *adv.*	sethon	sethen	sythen, syne (×1 each)	sython
40 YET	ȝet	ȝet	ȝete, ȝytte (ȝette, ȝit, ȝitte ×1 each)	ȝitte (ȝit, ȝete) ((yitte ×1))
41 WHILE	whyl (whyle)	whyl (whyle)	whylle	whil, whille, wil, wille (×1 each)
42 STRENGTH *n.*		strenth (strenþe)	strenkch ×1	—
44 WH-[9]	w- ×1	w- ×5	w- ×16[10]	w- × 14, qw- ×1[11]
45 NOT	not	not	not (notte) ((noght, nowght, note))	not (note) ((noȝte, notte))
46 NOR	ny (ne)	ne	ne, ny	ne (no, nor ×1)
47 O, A[12] NOR	—	—	haly,[13] *sg.* aght × 1 ('ought')	haly,[14] *sg.* awȝte ×1, *pl.* awne ×1 ('ought')

[9] Only forms other than ⟨wh⟩ are noted.
[10] ×14 in *þe wyche*, also *wan*, *wen*.
[11] *qwelle* 30/58.
[12] Only ⟨a⟩ forms are noted.
[13] *haly-watur* ×1.
[14] *haly chirche* ×2, *haly-day* ×1.

	Hand B	Hand C	Hand D	Hand D*
48 WORLD *n*.adj.	*n.* world; *adj.* worldy	*n.* world	*n.* worlde; *adj.* wordely, worlely ×1 each	—
49 THINK	*pa. sg.* þoght	þenk-; *pa. sg.* þoght	yenk-; *pa. sg.* yoght ((yowthe, thowte ×1 each))	*pa. sg.* yoȝte (yoȝthe, thowte ×1 each)
50 WORK *vb.*	*pa. sg.* wroght	wyrch-	*pa. sg.* worched	worsch-
51 THERE	þer ((þer-)) ((þere))	þer, þere	yere ((there, yer- ×1, yare ×1))	yere (yare[15]) ((yer, thare ×1 each))
52 WHERE	wher ((where)) ((wer-))	wher, where ((wherre ×1))	where ((whar- ×1))	where
53 MIGHT *pa.*	*sg.* myght; *pl.* myghton	*sg.* myght; *pl.* myghton	*sg.* mythe (myght) ((myth)); *pl.* mython	*sg.* myȝte; *pl.* myȝte, myten
54 THROUGH	þorgh	-þroȝgh	thorowgh	yoroȝ
55 WHEN	when ((when þat)) ((wen))	when ((wen)) ((whan)) ((whon))	whan ((wan, wen ×1 each))	whan ((whann, wan, when ×1 each))
56 *n. pl.*	-es, -us ((-ys))	-es ((-us, -on[16]))	-es (-us, -ys) ((-is, -s))	-es (-us[17]) ((-ys, -n(e)[18]))
57 *pr. p.*	-yng	-yng	-yng (-ing)	-ynge (-ing, -yng)
58 *vbl. n.* NOR	-yng ((-ing))	-yng ((-ing, -eng ×1 each))	-yng (-ing)	-ynge (-inge, -ing) ((-yng))
59 *3 pr. sg.* NOR	-eth ((-uth, -yth, -th, -uþ, -ut))	-eth (-uth) ((-et, -ud, -ht ×1 each))	-eth ((uth, -yth))	-eth (-uth, -yth) ((-ey, -uy, -us, -the, -es ×1))
60 *pr. pl.* NOR	-eth (-on, -en, -uth, -un)	-en, -eth (-un)	-on, -eth (-uth, -yth ((-en, -ith, -yn))	-eth, -on, -e, -uth (-en ×2, -es, -yth, -ut, -yn, -on ×1 each)

[15] *yare* becomes more frequent in the course of the sample.

[16] Only in *hynon* (13/121).

[17] *-us* becomes more frequent in the course of the sample, as do *u-* forms in items 59–62.

[18] *schone* ('shoes') ×3, *trene* ×1, *oxon* ×1.

	Hand B	Hand C	Hand D	Hand D*
61 *weak pa.* NOR	*sg.* -ed ((-ud, -te, -yt)); *pl.* -on, -ed, -ut (-et)	*sg.* -ed ((-ud, -od, -ot, -e, -ut)); *pl.* -on (-ed)	*sg.* -ed (-yd, -ud) ((-te, -od, -de, -id, -eth[19], -e, -ode)); *pl.* -on ((-en, -yn, -ed, -et, -e))	*sg.* -ed, -ud[20] ((-de,-id, -yd, -od, -ode)); *pl.* -on, (-ud) ((-ed, -yn))
62 *strong pa. pl.* SOU	-en ((-on, -un, -yn)) ((-e))	-on (-en) ((-un, -yn))	-yn, -on	-on (-en) ((-e, -en, -un, -ne))
63 *weak pa. p.* NOR	-ed, -et ((-de, -ot, -ut, -yd, -d))[21]	-ed ((-od, -ot, -ud, -e, -et))[22]	-ed (-yd) ((-ud, -id, -od, -de, -te, -eth, -uth[23]))	-ed, -ud (-de, -ode, -yd, -te) ((-d, -id, -et ×1))[24]
64 *strong pa. p.* NOR	-en ((-on, -n, -yn, -e))[25]	-en (-on) ((-e, -un))[26]	-on (-yn, -en) ((-e))[27]	-on (-en) ((-yn ×2, -ne ×1))
65 ABOUT NOR	about	abowt, abowte, abowton	aboute, abowte	aboute, abowte (abowtyn ×1)
66 ABOVE NOR	—	aboue, abouen	abouen, ofbouen	—
70 ALL NOR	alle (al)	al ((alle)) ((×1 each))[28]	alle	alle[29]
71 AMONG NOR	among	amonge	among	amonge, among
72 ANSWER NOR	*n.* onswere; *vb.* onswer-	—	*n.* answere; *vb.* answer-	*vb.* answer-
73 ASK	ask-	ask-	ask-	ask- (asc- ×1)
77 BE *pa. p.* NOR	be, ben	—	ben, bene	bene
78 BEFORE	*adv.* byfore; *prep.* byfore ((before))	*adv.* byfore, byforen (byforon); *prep.* byfore, byforen	*adv.* beforen (before, beforne, beforon, toforon); *prep.* before ((beforen, beforne))	*adv.* beforon, before; *prep.* before ((befor))
79 BEGAN TO NOR	*pl.* bygan to	*sg.* bygan to	—	—

[19] *-eth* for *pa. sg.* at 50/66–7, 52/14, 16, 50, 102, 108, 156. At 68/74 *commaundeth* is the catchword at the bottom of f. 117^v but f. 118^r begins *commaundud*. See too n. 23.

[20] *-ud* becomes more frequent in the course of the sample.

[21] ⟨y⟩ prefix ×2.

[22] ⟨y⟩ prefix ×2.

[23] *-eth* and *-uth* for *pa. p.* at 53/125 and 52/95. See too n. 19.

[24] ⟨i⟩ prefix ×2 and ⟨j⟩ ×1.

[25] ⟨y⟩ prefix ×3.

[26] ⟨y⟩ prefix ×3.

[27] ⟨i⟩ prefix ×1 (irregular verb *idone*).

[28] See Glossary *sub* **al(le)** *adj.* for *allor clerest* 13/43.

[29] See Glossary *sub* **al(le)** *adj.* for *hor ale fette* 28/15–16.

	Hand B	Hand C	Hand D	Hand D*
82 BETWEEN NOR	bytwynne ((bytwyxe)) ((bytwisse))	bywysse (*sic*)	—	betwene, betwix
85 BOTH	bothe (boþe)	boo, both, bothe	boye (bothe)	boye
86 BRIDGE SOU	—	—	brugge ((-bruge))	—
87 BROTHER NOR	*sg.* broþur	broþur	*pl.* bretheren, bretheron	broyur
88 BURN SOU	*pa. sg.* brend	brenn-, *pa. sg.*pa. p. brend	brenn-, *pa. pl.* brent, *pa. p.* brend, brente	brenn-, *pa. sg.* brente, *pa. p.* brente (brent)
89 BURY SOU	—	byry, byrion	bery ×2, byry, byrien, byryen (×1 each), *pa. sg.* byried, *pa. p.* beryed	*pa. pl.* byridon
90 BUSY	bysy-	bysy	bysy, besy	besy, bysy
91 BUT	but	but	bot (but)	bot (but) (bote, botte ×1))
92 BY NOR	by	by	be ((by))	be
93 CALL	*pa. p.* kalled	*pa. sg.* callud, kalled, *pl.* caldon, kallud, *pa. p.* kalled	*pa. p.* callyd, called (callud) ((kalled))	—
94 CAME *pa./pa. p.* NOR & SOU	*sg.* com (come) ((cam)), *pl.* comen (comon)	*sg.* come, com, *pl.* comen ((comon)), *pa. p.* comen	*sg.* com (cam), *pl.* comyn ((comen, comon ×1 each)), *pa. p.* comyn	*sg.* come, *pl.* comyn ((comen ×1))
95 CAN NOR	—	con	can, con, cun (×1 each)	can, cun
96 CAST NOR	*pa. sg.* cast	*pa. sg.* cast	*pa. sg.* caste, *pa. p.* caste	*pa. p.* cast, kaste
97 CHOOSE NOR	*pa. pl.* cheson	—	*pa. sg.* chesse, *pa. p.* chosyn, icore*	—
98 CHURCH	chyrch, church	chyrche ((chyrch))	chyrch (chyrche, schyrch, chirch) ((schyrche ×1))	chirche (chyrche) ((chirch))

	Hand B	Hand C	Hand D	Hand D*
99 COULD	*sg.* couþe, *pl.* cowþe, cowþen	*sg.* cowþe, *pl.* couþon	*sg.* cowth, *pl.* cowthen (cowthe, cowhton, kowthen ×1 each)	cowde ×1
100 DAUGHTER NOR	doghtur	—	*sg.* doghtur, *pl.* doghtyres	doȝtur, *pl.* doȝteres
101 DAY *sg.* NOR *pl.* NOR & SOU *sg.* day	*sg.* day	*pl.* dayes	*sg.* day, *pl.* dayes	*sg.* day, *pl.* dayes
102 DEATH NOR	deth	deth	deth ((dethe))	dethe, deth (deye) ((dey))
103 DIE	*pa. pl.* dyodyn	dy-, *pa. sg.* dyed, *pl.* dyedon	dy-, *pa. sg.* dyed	dy-, *pa. sg.* dyed ((dyud ×1)), *pl.* dyed, dyede
104 DO *pr.* sou *pa.* NOR & SOU	*3 pr. sg.* doth, *pa. sg.* dude ((dede)), *pl.* duden (dede, deden, dedon, dudun)	*3 pr. sg.* doth, *pl.* don, *pa. sg.* dude (dud, dede), *pl.* dude (duden, dudon, dedon, ded)	*inf.* don (done), *pl.* doth, done, *pa. sg.* dude, *2 sg.* dedest, *pl.* dud, dudon (dydon, dydyn)	*inf.* done ((do)), *2 pr. sg.* doste, *pr. pl.* done, *pa. sg.* dud, dude, *pl.* dedon, dydon, dudon
105 DOWN NOR	doun ((downe, adoun, adown))	doun ((down, don-))	doun ((doune, adoun, downe))	downe
106 DREAD, SPREAD SOU	—	—	adred, adrede, adredde (×1 each)	*pa. sg.* sprade
107 EARTH NOR	erþe	erþe ((herþe ×1))	erthe (herthe)	erþe
110 EITHER *pron.*	—	—	eyor ×1	eyyur
111 EITHER . . . OR	ouþur + or	—	owther + or (othur + or ×1)	—
113 ENOUGH NOR	ynoght	inogh	inogh	—
114 EVIL SOU	euel	euel, eul	ele[30] (hele)	euel, evel

[30] Taken from outside the sample, but a distinctive feature of Hand D (see Glossary *sub* **ele** *adj.*).

	Hand B	Hand C	Hand D	Hand D*
115 EYE *sg.* NOR *pl.* NOR & SOU	*pl.* enon, eyen	*sg.* eye, *pl.* enon, eynon	*sg.* eye ((nye ×1)), *pl.* eyen (eyeon, eyon, eynon, hyen, yen ×1 each)	*pl.* eyen
116 FAR NOR	fer	*comp.* forre	fer, ferre, *comp.* forthur	ferre
117 FATHER NOR	*sg.* fadur	fadur	fadur	fadur
118 OE *fela* SOU	fele, fely	fele	fele	—
119 FELLOW NOR	—	*sg.* felow, *pl.* felowes	*sg.* felow (felowe), *pl.* felowes	—
120 FETCH SOU	fach-, *pa. sg.* fette, *pl.* fatten	fach-, *pa. pl.* fatton	fach-, fech-, *pa. sg.* fette	*pa. p.* fette
122 FILL SOU	*pa. sg.* fulled	-fulle- (-fule-), *pa. sg.* -fulled, *pa. p.* fullud	*pa. sg.* fylled, -fyllid, -fyllyd	*pa. p.* -fyllud
123 FILTH SOU	fulþe	fulþe(s)	fulthe, fylthe	—
124 FIRE	fure	fyre (fere ×1)	fyre ((fyr-))	fyre (fure ×2, fuyre ×1)
125 FIRST NOR & SOU	*adj.*furst,[31] *adv.* furst	*adj.* furst,[32] *adv.* furst	*adv.* furste (furst)[33]	*adj.* furste,[34] *adv.* furste
127 FLESH	—	flesch, flesch, flesse	flesse	flesse
133 FRUIT NOR	frut (fryt)	—	froyte	froyte(s), frytes
135 GATE SOU	ȝate	—	ȝate	ȝate
136 GET SOU	get-, *pa. sg.* geet, *pl.* geton	get-, *pr. pl.* getheth, *pa. sg.* gat	get-, *imp. sg.* getyth, *pa. p.* geton, -ȝeton	—
137 GIVE *pr/pa. pl.* NOR, *pa. sg.* and *pa. p.* NOR & SOU	*pa. sg.* ȝaf, *2 pa. pl.* ȝeue, ȝaf, *pa. p.* -ȝeuen	*pa. sg.* ȝaf	*pa. sg.* ȝaf ((gaf ×1))	*pa. sg.* ȝaf ((ȝaff, ȝef, -ȝaue)), *pl.* ȝyffon, *pa. p.* ȝeuen ((ȝeue, ȝeuen))
138 GO *2/3 pr. sg.* SOU	—	*3 sg.* goth (goht ×1)	—	*3 sg.* goth, gothe, goþþe
141 HANG *pa.* SOU	*sg.* hanget	—	*sg.* hangyd	—

[31] *forme* ×5: *furst* ×1.
[32] *forme* ×3: *furst* ×1.
[33] Adj. recorded only as *forme* (×3).
[34] *forme* and *furste* each ×1.

	Hand B	Hand C	Hand D	Hand D*
142 HAVE *inf./ pr. pl.* NOR & SOU, *3 pr. sg.* NOR, *pa.* SOU	haue ((han)), *1 pr. sg.* haue, *2* hast, *3* hath, *pa. sg.* hadde ((hade, had)), *pl.* hadden	haue, *2 pr. sg.* hast, ast, *3* hath, *pl.* han ((haue)), *pa. sg.* hadde ((had)), *pl.* hadden (hadden)	haue (a) ((han)), *1 pr. sg.* haue, *2* haste, hase* ×1 each, *3* hath, *pl.* haue, *pa. sg.* hadde ((had ×1)), *2 sg.* haddyst, *pl.* haddon (haddyn) ((hadde))	haue ((a)), *3 pr. sg.* hath, *pl.* haue ((hauon, hath, hathe)), *pa. sg.* hade ((hadde)), *pl.* haddon ((hadden))
143 HEAD NOR	hed	hed	hede-	heued ((heuede))
144 HEAR *pr.* SOU		her-	her- (herr- ×1)	her-
145 HEAVEN NOR	heuen	heuen	heven ((heuen, hevne))	heuen (hevon, heuon, euen)
148 HENCE SOU	heþen	—	hennes, hennys*, ethen ×1 each	hene
149 HIGH	heygh (hegh) (hyegh)	hegh ((heght)) ((heth))	hye (hegh), *comp.* herre	heghe, heȝe (hegh, hey, hegh, hyȝe ×1 each)
150 HIGHT SOU	hette	hette	hatte	—
151 HILL SOU	hul, hulles	hullus	hul	—
152 HIM NOR	hym	hym	hym	hym
153 HITHER	hydur	—	hydur	hydir
154 HOLD *pa.* SOU	*sg.* hulde, huld, *pl.* hulde	*sg.* huld, hulde	*sg.*pl. helde	*pl.* heldon
155 HOLY[35] NOR	holy	holy	holy ((haly))	holy ((haly))
157 HUNDRED	—	hundred	—	—
158 I SOU	y	y	i	j
159 KIND, etc. SOU	kynde, mynde	kynde, mynde	kynde, mynde	kynde, mynde
162 LAND SOU	lond	lond	londe	londe (lande ×1)
163 LAUGH NOR	lagh-, *pa. pl.* lowen	lagh-	lagh-, lauȝ-, *pa. sg.* logh, *pl.* lowen	laȝ-
165 LEAD *pa.* SOU	—	*pa. pl.* ladden	*pa. p.* ladde	*pa. sg.* lade
167 LET *pa.* SOU	*sg.* lette	*sg.* let	*sg.* lete, lette	—

[35] See item 47 above.

	Hand B	Hand C	Hand D	Hand D*
168 LIE SOU	*inf.* lye, *pr. pl.* lyth *pa. sg.* lay	*pa. sg.* lay	*pr. p.* lyggyng, *3 sg.* lythe, *pl.* lyggeth, *pa. sg.* lay	*pa. sg.* lay
169 LIFE NOR	lyf (lyve)	lyue ((lyf))	lyfe (lyue)	lyue ((lyfe, lyf, liue ×1 each))
170 LITTLE	lytyl	lytyl	lytul	lytul
171 LIVE	*pa. pl.* leuet, lyueden	*3 pr. sg.* lyueth, *pa. sg.* lyued, *pa. p.* lyuot	*inf.* lyvyn, *pr. pl.* lyuen, lyfvon	*pr. pl.* lyuon, leuen, *vbl. n.* leuynge
173 LOVE *n.* NOR	loue	loue	loue ((love, luf ×1 each))	loue ((luff, luf ×1 each))
174 LOW NOR	—	logh, lowe	—	—
176 MAY NOR		*sg.* mot, may, *pl.* moten, moue	*sg.* may, *2 pl.* mowe*	*sg.* may, *pl.* may, mowne
177 MON NOR	mon	mon	mon	—
178 MONTH NOR	—	*sg.* mone (-moneth)	*pl.* moneth, monethes	—
180 MOTHER NOR	modur	modur	modur ((modyr))	modur
182 NAME NOR	nome	name	name	—
183 NE + BE SOU	nys	nys	—	nis
184 NE + WILL SOU	—	nol	—	—
185 NE + HAVE SOU	—		—	—
186 NE + WITEN SOU	—	not	—	—
188 NEITHER + NOR	neyþur + ne	neyþur (nowþur) + ne	neyyer + ne	—
189 NEVER NOR	neuer	neuer ((nere))	neure ((neuer))	neuer ((neure, newre))
191 NIGH NOR	nygh	nygh (nyght)	nygh ((nyght))	neghe, ney, neyȝ
193 NO MORE SOU	no more	—	no mo	no more
197 ONE NOR	*adj./pron.* on	*adj./pron.* on	*adj.* on one, *pron.* on, one	*adj./pron.* one
199 OTHER NOR	oþur ((odur))	oþur ((odur))	other, oyer (othyr) ((othur))	oyur ((othur))
201 OUT NOR	out	out	oute (owte)	owte ((oute))

	Hand B	Hand C	Hand D	Hand D*
202 OWN *adj.*	—	owne	owne	owne (awne ×2)
203 PEOPLE NOR	pepul	pepul	pepul	pepul ((pepulle, pepulls))
204 POOR NOR	pore	pore (por)	pore	pore
206 PRIDE, BRIDE, HIDE, etc. SOU	pride	pride, hydon	hydde	pryde, cf.
207 READ *pa.*, *pa. p.* SOU		*pa. p.* red	*pa. sg./pa. p.* redde	—
208 RUN *pr.* NOR & SOU, *pa.* SOU	*pa. sg.* renned	*inf.* rennen	*pa. sg.* ran, *pl.* ronnon	*pa. pl.* ranne (rane)
209 THE SAME SOU	þylk ×1	þylke ×1, þe same ×1	yilke ×2, yilk, þe ilke, yike, yyke (×1 each)	yilke (yilk)
210 SAY pr. stem NOR & SOU, *3 pr. sg./pl.* NOR, *pa./pa. p.* NOR	say-, *3 pr. sg.* seyth (sayth), *pa. sg.* sayde ((seyde, sayed)), *pa. p.* sayde	say-, *3 pr. sg.* sayth, seyth, *pl.* sayen, seyun, *pa.* sayde, *pa. p.* sayde[36]	sey- (say-), *3 pr. sg.* seyth, seythe (saythe, seth), *pl.* seyne, *pa. sg.* sayde	say-, (sey-), *3 pr. sg.* saythe, sayse, *pa./pa. p.* sayde
211 SEE pr. NOR, *pa./pa. p.* NOR & SOU	*1 pr. sg.* se, *pr. pl.* sen, *pa. sg.* seygh (sagh), *pl.* seyen, *pa. p.* seyen ((yseye))	*inf.* seyn, se, seen, syn, soen, *3 pr. sg.* syth, *pl.* sene, sen, seen, *pa. sg.* sagh, segh(t), seygh, *pl.* seyen, see, seon	*inf.* sene ((seyen)), *pr. sg.* see, *pa. sg.* see, seygh (sawgh), *pl.* seyn, *pa. p.* seyne (sene)	*inf.* sene, *3 pr. sg.* sethe, *pa. sg.* saw, seghe ((sawe)), *pl.* sene, *pa. p.* seyne
213 SELF	self	self	selfe (self)	selue (selfe) ((self))
216 SIN *n.*	*n.* synne			
vb.	*n.* synne, syn-	synne	synne (sinne)	
219 SLAIN *pa. p.* SOU	slayn	slayn	slayne	slayne
221 SON NOR	sone	sone	sone ((son))	sone
222 SORROW *n.* NOR	—	sorre (12/110 apparatus)	sorogh	sorow
223 SOUL NOR	soule	soule, sowle	soule	sowle
225 SPAKE, BRAKE *pa.* SOU	*sg.* spak *pl.* speken	*sg.* spak	*sg.* spake ((spak)), brake	*sg.* spake

[36] ⟨y⟩ prefix ×1.

	Hand B	Hand C	Hand D	Hand D*
226 STAR NOR	sterre	sterre	-sterne	—
231 THEE NOR	þe	þe	ye	ye
232 THOU NOR	þou	þou	you	yow
234 THENCE SOU	—	—	—	yenne
235 THITHER	þydur			
(þedur)	þydur	yidur (yider)	yidur	
236 THOUSAND	þowsand	—	—	—
238 TOGETHER	togedur	togedur yfere	togydur, togydyr	togedur, togydur
242 TWO	too (two)	too	too	too (tweyon, tway × 1 each)
243 UNTIL SOU	tyl	tyl	til (tyl) ((tyle))	tylle, til (tille, tul)
244 UPON NOR	vpon	vpon	vpon	vpon
246 WEEK	—	—	—	weke
248 WENT *sg.* NOR & SOU, *pl.* NOR	*sg.* ȝode, went (ȝede, wente)	*sg.* ȝode ((ȝede, wente)), *pl.* ȝedon, ȝodon, wente (ȝoden ×1)	*sg.* ȝode ((wente ×1)), *pl.* ȝodon ((ȝode, wenton ×1 each)	*sg.* ȝode (wente) ((yode)), *pl.* wenton, ȝedon
249 WHAT SOU	wat	wat	whatte ((what, whate))	whate
251 WHETHER	wheþur	—	wheyur, wethur, wether, wehur ×1 each	—
252 WHITHER	wydur	—	wheyer, wether	wydur
253 WHO SOU	who-	wo- ×1	—	who
257 WITEN NOR & SOU (*pr. sg.* NOR)	*1 pr. sg.* wot, *pr. pl.* wyt	*inf.* wyte, *pa. sg.* wyst	*inf.* wytton	*inf.* wyton, *1 pr. sg.* wotte, *1 pa. sg.* woste, *3 pa. sg.* wyste
258 WITHOUT *pron.*	wythout (wythoute)	wythout (wythouten, wythowt, bout ×1)	wythoute ((wythowtyn))	withowtyn, witowtyn (witowten, witoȝten ×1 each)

	Hand B	Hand C	Hand D	Hand D*
260 WORSHIP *n*.vb.	*n.* worschep (worschip) ((wyrschep)), *vb.* worschep-, worschepp-	*n.* worschep ((worchep)), *vb.* worschep-, wyrschepp-, wyrschep-	*n.* worchep (worschep), *vb.* worchep (worschep-)	*n.* worchep ((worschep)), *vb.* worchep- (worchepp-)
261 YE NOR	ȝe	ȝe	ȝe	ȝe
262 YOU NOR	ȝow (owe ×1)	ȝow (ȝou ×1) (how ×1)	ȝow	ȝow
263 YOUR NOR	—	ȝowre	ȝoure	ȝoure ((ȝowre))
264 YEAR NOR	*sg.* ȝere	*pl.* ȝer (ȝere)	*pl.* ȝer, ȝere, ȝerus	*sg.* ȝere, *pl.* ȝerus
265 YIELD SOU	*imp. sg.* ȝeld *pa. sg.* ȝold	—	*1 pr. sg.* ȝolde	*inf.* ȝoldon, *pa. sg.* ȝolde
266 YOUNG NOR	ȝong	ȝong	ȝonge (ȝong, ȝung)	ȝong, ȝung
272 -DOM NOR	—	-dam	-dam	-dam
273 -ER	-ur	-ur ((er)) ((ere))	-ur, -er (-ar) ((-or))	-ur
274 -EST	-est	-est	—	-aste
275 -FUL NOR	ful (full)	-ful	-ful	-full, -ful
276 -HOOD NOR	-hod	-hed	-hodde (-hode, -hed, -hedde ×1)	-hede
277 -LESS NOR	-les	-las	-lasse	-lasse
278 -LY	-ly ((lych))	-ly ((lyche)) ((lych)) ((leche))	-ly ((-lyche ×1))	-ly ((-lyche ×3, -liche ×1))
279 -NESS NOR	-nes	-nesse	-nesse (-nes)	-nesse ((-nes))
280 -SHIP NOR	—	-schoppes	-schep	—
I EVER	er-	euer	eure ((euer- ×1))	eure (euer) (ay ×1)
II OVER		ouer	oure ((ouer ×1))	owre ×1
III BRIGHT	bryght ((brygt))	bryght	bryte, brythe*, *comp.* bryter, bryther	bryte
IV LIGHT	lyght	lyght	lyght (lytgh*, lyght ×1 each)	lyȝte
V KNIGHT	—	knyt	*sg.* knyte ((knyght, knyth, knythe ×1 each)), *pl.* knytus ×1	knythe (knyte) ((knyȝte))

	Hand B	Hand C	Hand D	Hand D*
VI NIGHT	nyght	*sg.* nyght, *pl.* nyghtus	*sg.* nyght ((nyghte)), *pl.* nythes ×1	nyʒte ((nyʒthe))
VII RIGHT	ryght	ryght	ryght, rythe ((ryghte, rytght))	ryʒte ((rytʒ ×1))
VIII SIGHT	sygh	*sg.* syght, *pl.* syghþes	syght ((syghte))	sythe, syʒte

IV.2. The Languages of the Hands

The LP identifies several differences and similarities between Hands B/C, D/D*:

- Hands B and C present a very similar profile.
- Hand D/D* reveals important characteristics in contradistinction to Hands B/C (e.g. items 4, 7, 11, 13, 14, 19, etc.).
- Hand D/D* records many more variants than Hands B/C (despite the sample being 8 ff. in the case of each Hand).
- Hand D/D* therefore offers a more mixed profile than Hands B/C, e.g. *from(e)* as well as *fro* (item 28), *os* (rarely) as well as *as* (item 34), various forms of *not* (item 45).

Nevertheless, Hand D and D* differ in several ways, most notably in Hand D's distinctive use of -⟨th⟩ for -⟨d⟩ (items 61 and 63), medial ⟨th⟩ (items 53, III–VIII), but also in the spellings *ele* and *heven/hevne* (items 114, 145).

- Hand D/D* (especially D*) has more Northern forms, e.g. items 8 (*yem*), 9 *(yer(e))*, 22 *(sal)*, 44 *(⟨qw⟩-)*, 47 (-*⟨a⟩*-), 59 (*-us, -es*), 60 (*-es*), 142 (*-se*), 155 (*haly*), 173 *(luf(f))*, 202 *(awne)*, 210 *(sayse)*, 226 *(-sterne)*, 242 (*tweyon*, *tway*).
- They prefer medial/final ⟨ʒ⟩, e.g. items 32, 45, 47, 49, 53, 54, etc.
- Changes of language within stints are detectable, even within such small samples (see nn. 5, 15, 17, 20 above). In particular, the *LALME* suggestion (i. 105) of a change of language at f. [15] is confirmed: new forms are introduced with Sermon 6 (f. 15ʳ), e.g. *al* (previously *alle*), *church* (previously *chyrch*), *-lych* (previously *-ly*), and the more frequent use of *-us* n. pl. inflexion.

Given that the LPs appear to reflect two different languages (i.e. phonological, morphological, and orthographical characteristics) for Hands B/C and D/D* and that *LALME* did not investigate D* nor anything of Hand D after f. 48ʳ, a comparative analysis has been used to test *LALME*'s placing of the MS in Staffordshire. While the county's geographical position would allow for the variety of forms uncovered in the LP (i.e. westerly, northerly, central, and even perhaps South-West Midland forms),[37] the differences between Hands B/C and D/D* would seem to demand at least some investigation to confirm *LALME*'s opinion. A small number of items was selected to display the clear differences between the two sets of hands.[38]

Item	Hands B/C	Hand D/D*
4 SHE	heo	scheo
6 IT	hyt	(h)it
7 THEY	þey	yei
11 WHICH	þe whech(e)	ye wyche
14 MAN	mon	man
18 WERE	weren	weron
19 IS	ys	is
24 WILL	wol	wyl/wil
28 FROM	fro	fro/from(e)
31 THAN	þen	þan
32 THOUGH	þagh	D yagh (but also -o-), D* predominantly -o-
33 IF	ȝef	D ȝef/if, D* ȝiff
34 AS	as	predominantly os
39 SINCE	seth-	syth-
40 YET	ȝet	also -y-/-i- forms, e.g. ȝytte, ȝitte
53 MIGHT	myght; *pl.* myghton	Hand D myth-, D* myȝt-
55 WHEN	when	whan
64 *strong pa. p.*	-en	-on
78 BEFORE	by-	be-
90 BUSY	bysy	bysy, besy
91 BUT	but	bot
92 BY	by	be
133 FRUIT	frut/fryt (Hand B only)	froyte
189 NEVER	neuer	neure (cf. items II, III)
238 TOGETHER	-ged-	-gyd-
260 WORSHIP	worschep	worchep
266 YOUNG	ȝong	ȝong, ȝung

[37] These might be described as mixed or fudged lects and might be mapped as bundles of isoglosses (for contemporary examples, see Chambers & Trudgill 1998: 110–13.

[38] Forms collected only for the South were excluded as different in kind from forms collected for the North (see Burton 1991 and Benskin 1991b).

A comparison of the items above with the analysis of individual items provided by *LALME* does not discount the possibility of a Staffordshire location for all the hands. Certainly in the case of Hands B/C, most items were recorded in Staffordshire, with some minor exceptions, e.g. items 11 (*þe whech*),[39] 39 (Hand B *sethon*),[40] 78 (Hand C *byforen*).[41] In the case of Hand D/D* the matter proved more complicated. Again, the majority of forms were recorded in Staffordshire, but some were not: items 4 (*scheo*),[42] 7 (*yei*),[43] 34 (*os*),[44] 40 (Hand D *ȝete*, *ȝytte*),[45] 53 (Hand D *myth*, cf. *-th* variously in Hand D/D* in items III–VIII),[46] 90 (*besy*),[47] 189 (*neure*),[48] 260 (*worchep*).[49] Moreover, the differences between D and D* confirmed a different exemplar for D* from that for D (see Introduction, §5.2.3), e.g. items 7 (where D* also uses *yai* more frequently as the sample continues, a Staffordshire form, as *yei* is not),[50] 32 (where B/C (and normally D) have *-agh* but D* prefers ⟨o⟩),[51] 33 (where B/C (and normally D) have *ȝef* but D* prefers *ȝiff*).[52]

Hand D/D* therefore reveals the complexity of the transmission more than Hands B/C. The most consistent locations in the D/D* items discussed above are, in fact, Derbyshire and Shropshire (see nn. 42–52). While Shropshire may be explained by the origins of *F*, Derbyshire provided a solution to the more northerly/central forms encountered. This was confirmed by the fact that Hand D/D* does not effectively differentiate between ⟨þ⟩ as ⟨y⟩. As Benskin has shown: 'Whether a scribe distinguished [⟨þ⟩ and ⟨y⟩] as separate symbols, or confused them as a single letter, depended . . . on the place in which he acquired his habits of written language' (1982: 14). In terms of Benskin's suggested three scribal practices, Hand D/D* conforms largely to the first, which includes the potential of ⟨þ⟩

39 Nearest locations Herefordshire, Warwickshire, Leicestershire (*LALME* iv. 23).

40 Only recorded Worcestershire (*LALME* iv. 70).

41 Only recorded Surrey and Worcestershire (*LALME* iv. 125).

42 Nearest locations Shropshire, Worcestershire, Warwickshire (*LALME* iv. 7). For 'she' spellings with initial *h-*, see i. 307 (map 11); for *heo* and similar spellings, see i. 209 (map 17); for all forms in *eo* see i. 309 (map 19). In all cases *eo* forms are West Midlands, especially south- and mid-west; *h-* forms are mostly clustered in the South-West Midlands but are also recorded farther north and south.

43 Nearest location Derbyshire (*LALME* iv. 11).

44 Nearest locations Derbyshire, Nottinghamshire, Shropshire (*LALME* iv. 61).

45 Nearest locations Shropshire, Nottinghamshire, Leicestershire, and Derbyshire respectively (*LALME* iv. 73).

46 *myth(e)* (*pa. sg.*) is most common in East Anglia (there are no West Midland occurrences), *mythe* is rare but scattered (nearest location Worcester); *mythen* (*pa. pl.*) is recorded only once, Norfolk (*LALME* iv. 95–6).

47 Nearest locations Derbyshire, Worcestershire, Warwickshire (*LALME* iv. 138).

48 Recorded only once, West Riding of Yorkshire (*LALME* iv. 224).

49 Nearest location (*n.*) Shropshire (iv. 292); *v.* recorded only Norfolk (*LALME* iv. 294).

50 *LALME* iv. 11.

51 The ⟨o⟩ forms are more northerly (*LALME* iv. 58 for *yof*, *yoȝ*, *ȝof*, with *yoȝf* not recorded).

52 Nearest locations for *ȝiff* Shropshire, Worcestershire, Warwickshire (*LALME* iv. 60).

and ⟨y⟩ as 'extreme variants of a single letter between which variants there is a range of letter-shapes formally indeterminate, and classifiable as either ⟨y⟩ or ⟨þ⟩' (1982: 14). Only the extreme upper tip of Staffordshire would appear to be a potential ⟨y⟩ area, with Cheshire and Derbyshire more firmly (but still not wholly) within the northern boundary of the isogloss which extends northwards and eastwards into East Anglia (see map Benskin 1982: 15). The security of *LALME*'s location of Hand D in Staffordshire was called into doubt, and it was decided to test it by using the University of Edinburgh fitting program.

IV.3. Linguistic Profile of Hand A (f. 3^{R})

Before considering the results of this, the short LP of Hand A (Prayer and Prologue) needs to be considered. Unless otherwise indicated, occurrences are once only.

Item	Hand A
6 IT	yt, it
7 THEY	thay
8 THEM	home, ham
9 THEIR	her(-e flourish)
10 SUCH	suche
11 WHICH	the wyche
13 MANY	mony
17 ARE	bene ×2, ben
22 SHALL	*sg.* schal
23 SHOULD	*pl.* schuldon
24 WILL	*1 sg.* wolle
44 WH-	wh-, w-
47 O, A	holy
51 THERE	there- ×2, ther-
56 *n. pl.*	-us ×4, -is ×3, -ys ×2
57 *pr .p.*	-yng ×2
58 *vbl .n.*	-yng ×3
59 *3 pr. sg.*	-eth ×2 (-yth, -uth)
60 *pr. pl.*	-en, -eth
61 *weak pa.*	-en, -un
64 *strong pa. p.*	-e, -en
70 ALL	alle
93 CALL	*pa. p.* called

Item	Hand A
98 CHURCH	chyrche
125 FIRST	forme
137 GIVE	*pr. subj. sg.* ȝef
142 HAVE	haue, *1 pr. sg.* haue, *3* hathe, *pl.* hauen
155 HOLY	holy
158 I	y, i
173 LOVE	loue
199 OTHER	othur ×2
201 OUT	owt
202 OWN	owne
213 SELF	selff
223 SOUL	soulus
249 WHAT	what
260 WORSHIP	*n.* worschup
264 YEAR	ȝere
273 -ER	-er
275 -FUL	-ful
279 -NESS	-nys

On the basis of the very limited evidence of Hand A, compared with the (also limited) samples of the other hands, it was clear that Hand A did not show the same profile as any other hand. In particular it records features not found at all in the samples of the other hands (items 6 *yt*, 7 *thay*, 8 *home*, 51 *ther(e)-*, 61 *-un*, 142 *hathe* sg., *hauen* pl., 201 *owt*, 213 *selff*, 260 *worschup*, 279 *-nys*). Of these, it should be noted (items 7, 51) that Hand A uses only ⟨th⟩ (otherwise rare and only in Hand D/D*)[53] and that *-ff* (item 213) is a characteristic of D* (§5.2.1, Hand D*).

IV.4. The University of Edinburgh Fitting Program

The conclusions reached above were largely confirmed by the computer analysis of the LP undertaken by Dr Keith Williamson, and his placings of the hands have been used in the Introduction (vol. 1, §5.2.1), namely, Hand B South Central Staffordshire, Hand C North Staffordshire, Hand D border of East Central Staffordshire and West Central Derbyshire, predominantly Derbyshire (D* a combination of results, reflecting Hands C and D). The result for D* would appear to reflect the different exemplar used by Hand D in these stints and to suggest that Hand D's exemplar could perhaps be

[53] See items 30, 32, 49, 51, 54 in the LP at IV.1. above.

placed (with Hand C) in north Staffordshire. Hand A was placed, unusually, in North Somerset/South Gloucestershire.

IV.5. Exemplar or Scribe?

The fitting program does not allow for an investigation of the complexities of copying and recopying to which the α text was variably exposed (see vol. 1, Introduction §6.1), nor did the LP sample necessarily cover salient features which might be relevant in establishing the exemplar(s) of the hands. It is beyond the scope of the present edition to investigate this complex issue in the detail it deserves. However, the evidence may be refined somewhat by considering once again the individual scribes.

Certainly, the predominant character of the three main hands is (West) Midland, as can be demonstrated by isolating forms common to all. Many of these are widely distributed throughout the Midlands and may be considered linguistically neutral, e.g. items 8 (*hem*), 9 (*here*), 15 (*any*), 16 (*mych(e)*), 17 (*ben*), 21 (*was*), 22 (*schal*), 23 (*schulde*), 24 (*wol*), 34 (*as*), 59 (*-eth*), 60 (*-eth, -en*), 90 (*bysy*), 125 (*furst(e)*), 155 (*holy*), 159 (*kynde*, *mynde*), 162 (*lond(e)*), 216 (*synne*). Where a tendency is shown, it is West Midland, e.g. items 12 (*vche*), 32 (*-agh*), 33 (*ȝef*).[54]

Several of the forms found in all three main hands are less tolerated (as would be expected) by Hand D, particularly D*. For example, while the common spelling *hem* is found in all four hands (item 8 THEM), *ham* is found in three of them and is the more common form in Hand C. D* does not tolerate this South-West Midland form.[55] Similarly, the common spelling *here* is found in all three hands (item 9 THEIR), but *hure* (which is found throughout the West Midlands) is again most common in Hand C and not found in D* (it is not well distributed in the North or Central/East Midlands).[56] Again, the Mid/South-West Midland spelling *ȝef* (item 33 IF) is found only once in the D* sample.[57] It would appear that the exemplars for both Hands B/C and D/D* were West Midland, perhaps South-West Midland for Hands B/C, perhaps Central/North Midland for Hand D/D*. Some further evidence is provided by forms alien to an individual scribe, or more than one scribe. For example, Hands C and D both have difficulty in recognizing their copy-text's use of *he* for the fem. sg. personal pron. (see 14/42n for full references).[58] Hand D* confuses the form *wille* ('while') in

[54] For the distributions, see *LALME* i. 327, 354, 357, dot-maps 89, 198, 209.

[55] For its distribution, see *LALME* i. 316, dot-map 45.

[56] For its distribution, see *LALME* i. 320, dot-map 62.

[57] *LALME* i. 357, dot-map 209.

[58] *He* (item 4 SHE) is found in the South-West Midlands and the South (*LALME* i.308, dot-map 16; iv. 7). It does not appear north of Warwickshire/Worcestershire.

his copy-text with a form of the verb 'to want' (see 29/67–9n, 34/166–9n).[59] The Northern form *haly* (item 155) is recorded only in Hand D/D* (see Glossary *sub* **haly-day, haly-watur**).[60]

The incidence of Northern features in the different hands is of some interest. As noted above (IV.2), Hand D/D* has a more mixed profile than Hands B/C and more Northern forms (especially D*). The one suggests greater complexity in terms of exemplar(s) and the other may be accommodated by the fact that D fits a predominantly West Derbyshire profile, while D* also shows North Staffordshire forms (i.e. that D is West Derbyshire and the exemplar for D* was North Staffordshire). However, Northern features are not limited to Hand D/D*,[61] and there is some slight evidence that not only individual exemplars but even Mirk's original text may have had characteristics more northerly than those of Lilleshall.

Northern *tylle* and *tyl* are found in Hands B and C respectively (item 26 TO). In Hand B the form occurs in the context of three rhyming principals which must be original to Mirk:

for to ȝeue pees to men of good wylle, for te lyghton ham þat lokon ylle, and for te draw vs wyth loue hym tylle (6/6–7).

The lexeme is definitely Northern/Eastern rather than West Midland, even North-West Midland (MED *til* prep., from Northumbrian and ON *til*, cf. OI *til* prep.).[62] It is found in final rhyming position in all the Group A MSS, except EF (*and for to drawe men* (*so add.* F) *to love him*) and HJ (*for to drawe monnys loue to hym* H, *also he drawyth loue to hym of men* J).[63] This third principal is repeated at the start of the third division (*wyth loue he drogh vs hym tylle*, 6/128), with a form of *tylle* preserved in ABCDIK. In the Group B text the rhyme is lost by the replacement of *til* by *to*: *and forto drawe vs with loue to him* (*with loue to] to loue* f) abcdefg.[64]

This evidence would appear to place Mirk's own language in the North of England.[65] Given the suggestion of Kristensson that *IPP*, Mirk's other vernacular work, reveals that 'Mirk had some knowledge of the Northern

[59] *Wille* (item 41 WHILE) with *-ll-* is Midlands and Northern (*LALME* i. 369, dot-map 258).

[60] *LALME* iv. 201. Most common in Yorkshire, farthest south in Warwickshire, Leicestershire.

[61] See e.g. Glossary *sub* **qwan, qwech, qwelle, qwyle, qwythe** (Hands B, D, D*). See *LALME* i. 324, dot-maps 77, 78 (item 11 WHICH), 372, dot-map 272 (item 44 WH-), and 390, dot-map 341 (item 55 WHEN).

[62] *LALME* i. 461–3, dot-maps 618–25.

[63] It occurs only at the equivalent of 6/7 in EF and only at the equivalent of 6/128 in HJ.

[64] It is also lost at the equivalent of 6/128: *to gett the loue of thilke* (*thilke*] *eueri* g) *that seen him* abeg, *with luf he drawiþ* (*drawiþ*] *drughe* d) *vs to hym* (cdh), *with `loue' of tho that sene him* f. At 6/7 h reads *to destrie mawmentre*.

[65] *tyl(le)* is recorded in the Northern counties (*LALME* iv. 47–9), no farther south than Leicestershire.

dialect' (1978: 57), the question is at least raised whether Mirk's original text and the immediate copies made from it were necessarily produced in Lilleshall.[66] In fact, Shropshire evidence for *F* is weak, and it may be that Mirk was not a Shropshire man by birth, and/or that *F* was written at an earlier stage of his life in a context other than Lilleshall (see vol. 1, Introduction, §1.1).[67]

Sermon 9 (also Hand C) reveals a further Northern form in the context of three rhyming principals:[68]

þey lyueden here clanly wythout schame, þey dyeden wythout blame, and were yfollewed in hure blod at hame (9/8–9).

The *hame* rhyme is recorded only in α; the lexeme but not the rhyme is preserved in the Group B text: *and wern crystened in thaire owne bloode at home* (abcdefg, h absent).[69] The phrase *at hame/home* is not, however, an example of Mirk's own rhyme. That would appear to have been the unusual *same*, recorded not only at 9/8–9 but also at l. 59 only in D: *wern folowed yn her same* and *thay wer also folowed yn hor same, yat ys to say, yn hor owne blod.* The authority of this reading is not only by reason of its difficulty (see 9/59n), but also because α demonstrates later in the text not only the stage at which *same* was altered to *hame* (and so entered the Group B text) but also the original reading (9/59): *þey weren also folwed in hure same, þat ys, in hure owne blod.* The evidence would appear to suggest that the Group B text originated in a Northern context.[70]

IV.6. Summary

The hands of MS Cotton Claudius A.II. demand, and would undoubtedly repay, closer attention. However, the main points may be fairly confidently summarized.

Hands B/C are generally more (South)-West Midland in character than Hand D, which is less westerly and more central/northern in origin. Several exemplars may have been involved in the production of the text (particularly that of D and D*), and both non-Northern (*he* fem. sg. pron.) and Northern (*tylle* prep.) forms appear to have featured in some copy-texts. There is

[66] For Scandinavian influence on the lexis of α (*IPP*), see Kristensson 1974: 53; for original rhymes replaced in α (*IPP*) by West Midland forms, see 56–7. Of these, Mirk's rhyming of *tylle/wylle* (ll. 1199–1200) is directly comparable to the present discussion.

[67] A more cautious suggestion would be that Mirk 'occasionally took words from outside his own dialect to meet the exigencies of rhyme' (Kristensson 1974: 56).

[68] The lyrics at 53/103–6, 108–11, 54/175–223 do not provide useful rhyme evidence.

[69] In *IPP* (ll. 89–90), Mirk rhymes *schame/hame*.

[70] *Ham(e)* is preserved only in beg (*home* acdf, h absent). The phrase is retained only in f when the third principal is repeated at 9/59.

reason for considering that Mirk's original text may not have represented the dialect of East Shropshire (Lilleshall) but a more central/northern dialect, and that the Group B text originated in a similar dialect. The fact that the Group B recension broke away at an early stage from Mirk's original text (see §6.1.4) is of interest in this context. Finally, Hand A provides the only extant evidence for the circulation of *F* in the extreme South-West Midlands.

APPENDIX V. THE LIST OF *FESTA FERIANDA*

This list appears in MS Cotton Claudius A.II, ff. 154[va]–155[ra] (see Plates 6 and 7).

[f. 154[va]] Hec sunt festa ab omnibus operibus tenenda per constitucionem Ricardi Arundelis Cantuariensis archiepiscopi, videlicet

In mense Ianuarij Circumcisio domini. Epiphania domini. Item festum illius sancti in cuius honore ecclesia dedicatur: festum dedicacionis ecclesie.

Mense Februarij Puri[fi]cacio beate Marie. Festum sancti Mathie apostoli. *Vigilia.*

Mense Marcij Annunciacio beate Marie. Pascha cum tribus diebus sequentibus. *Vigilia.*

Mense Aprili[s] Sancti Marci euuangeliste. *Vigilia in die.*

Mense Maij Apostolorum Philippi et Iacobi. Inuencio sancte crucis. Sancti Augustini primi Anglorum. *Vigilia.* Ascencio domini. Dies Pentecostes cum tribus diebus sequentibus. *Vigilia.*

[f. 154[vb]] **Mense Iunij** Sancte Wenefrede. *Vigilia.* Natiuitas sancti Iohannis Baptiste. *Vig*[*i*]*lia.* Apostolorum Petri et Pauli.

Mense Iulij Translacio sancti Thome martiris. Sancte Marie Magdalene. Sancti Iacobi apostoli. *Vigilia.* Sancte Anne matris Marie.

Mense Augusti *Vigilia.* Sancti Laurencij martiris. *Vigilia.* Assumpcio beate Marie. Sancti Bartholomei apostoli. *Vigilia.*

Mense Septembris *Vigilia.* Natiuitas beate Marie. Exaltacio sancte crucis. *Vigilia.* Sancti Mathei apostoli. Sancti Michaelis archang[e]li.

Mense Octobris Sancti Luce euangeliste. Apostolorum Symonis et Iude. *Vigilia.*

Mense Nouembris *Vigilia.* Festum omnium sanctorum. Commemoracio [f. 155[ra]] animarum. Sancte Katerine uirginis. *Vigilia.* Sancti Andree apostoli.

Mense Decembris Sancti Nicholai. Concepcio beate Marie. *Vigilia.* Sancti Thome apostoli. *Vigilia.* Natiuitas domini. Sancti Stephani martiris. Sancti Iohannis apostoli et euangeliste. Sanctorum Innocencium. Sancti Thome martiris. Sancti Cedde episcopi. Sancti Georgij martiris.

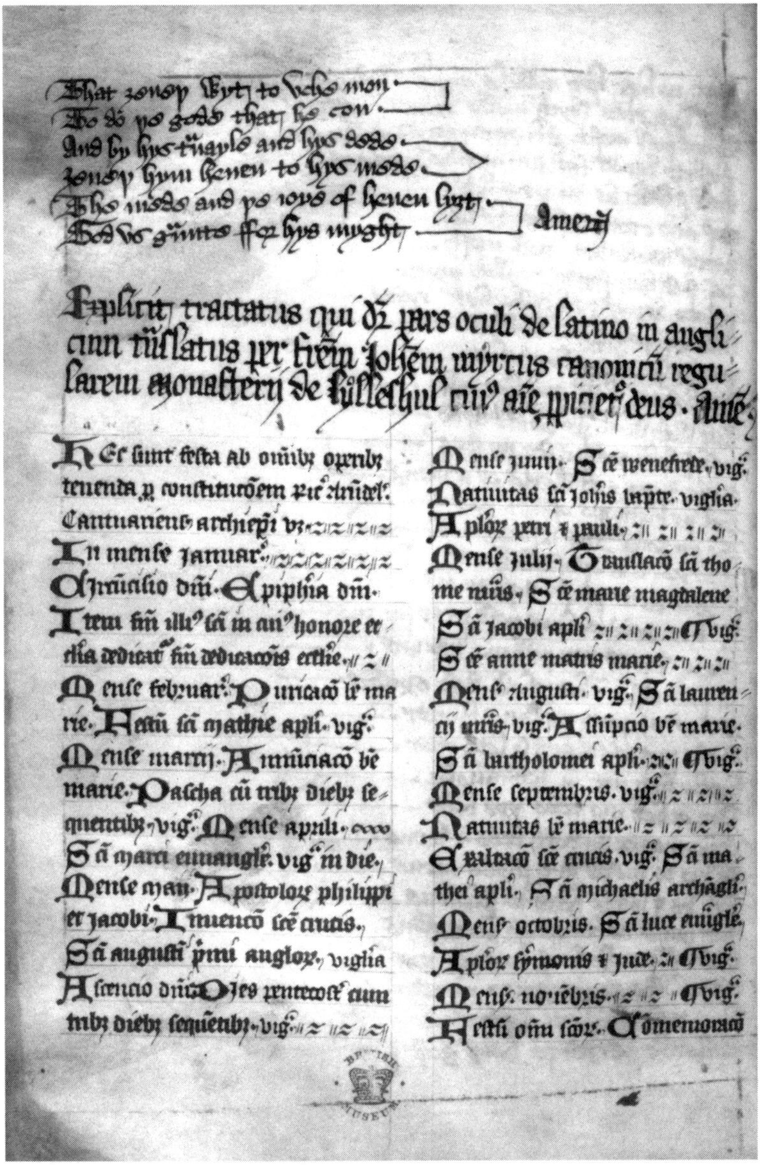

PLATE 6. MS Cotton Claudius A.II, f. 154v
Reproduced by permission of the British Library

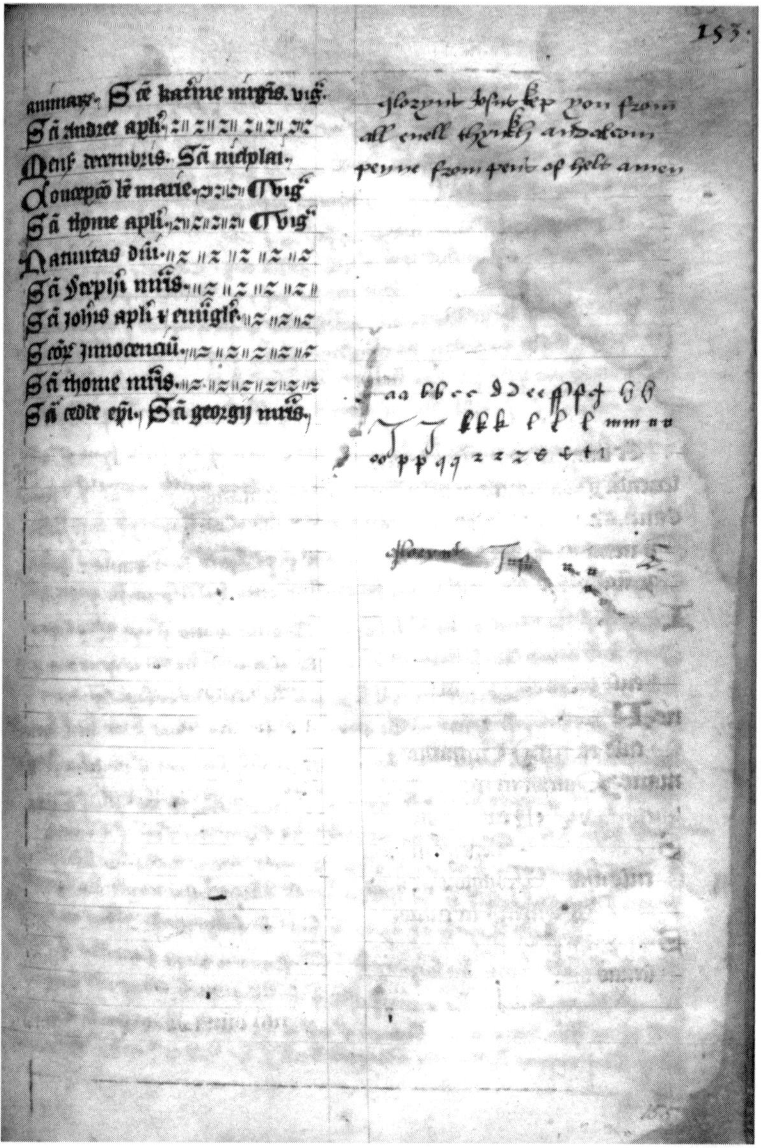

PLATE 7. MS Cotton Claudius A.II, f. 155r
Reproduced by permission of the British Library

BIBLICAL REFERENCES AND ALLUSIONS

The references are to sermons and line numbers in the Explanatory Notes.

OLD TESTAMENT

NEW TESTAMENT

APOCRYPHA

JAYA

ALSO BY THE SAME AUTHOR

The Book of Ram

The Pregnant King

Myth=Mithya: Decoding Hindu Mythology

Sita: An Illustrated Retelling of the Ramayana

Shikhandi and Other Queer Tales They Don't Tell You

The Jaya Colouring Book

The Sita Colouring Book

Devlok with Devdutt Pattanaik

Olympus: An Indian Retelling of the Greek Myths

Devlok with Devdutt Pattanaik 2

Devlok with Devdutt Pattanaik 3

Shyam: An Illustrated Retelling of the Bhagavata